# 群馬県

## 〈収録内容〉

■ 平成29年度は、弊社ホームページで公開しております。
本ページの下方に掲載しておりますQRコードよりアクセスし[illegible]利用ください。

2023 年度 …………… 前期選抜　数・英・国
後期選抜　数・英・理・社・国
2022 年度 …………… 前期選抜　数・英・国
後期選抜　数・英・理・社・国
2021 年度 …………… 前期選抜　数・英・国
後期選抜　数・英・理・社・国
2020 年度 …………… 前期選抜　数・英・国
後期選抜　数・英・理・社・国
2019 年度 …………… 前期選抜　数・英・国
後期選抜　数・英・理・社・国
平成 30 年度 …………… 前期選抜　数・英・国
後期選抜　数・英・理・社・国
平成 29 年度 …………… 前期選抜　数・英
後期選抜　数・英・理・社

解答用紙・音声データ配信ページへスマホでアクセス!　⇒

※データのダウンロードは 2024 年 3 月末日まで。
※データへのアクセスには、右記のパスワードの入力が必要となります。　⇒　239567
※リスニング問題については最終ページをご覧ください。

## 〈各教科の受検者平均点〉

| | 数学 | 英語 | 理科 | 社会 | 国語 | 受検者平均点 | 合格者平均点 |
|---|---|---|---|---|---|---|---|
| 2023年度 | 32.7／59.5 | 29.7／58.8 | －／55.2 | －／54.4 | 29.3／64.5 | 92／292 | 95／295 |
| 2022年度 | 33.9／57.7 | 30.2／57.9 | －／62.0 | －／59.6 | 35.3／62.9 | 99／300 | 104／302 |
| 2021年度 | 26.5／48.0 | 28.9／60.1 | －／51.4 | －／61.0 | 37.2／70.6 | 93／291 | 97／295 |
| 2020年度 | 26.5／48.8 | 28.5／53.6 | －／52.0 | －／52.8 | 32.2／65.2 | 87／272 | 92／279 |
| 2019年度 | 28.8／44.5 | 30.8／56.8 | －／59.0 | －／55.1 | 34.1／56.0 | 94／271 | 98／277 |
| 2018年度 | 31.3／45.7 | 28.6／61.4 | －／47.3 | －／48.6 | 35.8／57.1 | 96／260 | 100／264 |
| 2017年度 | 30.2／54.0 | 29.2／55.8 | －／59.7 | －／54.8 | 34.6／60.6 | 94／285 | 99／293 |

※前期選抜が各50点満点、後期選抜が各100点満点。
※各教科間で傾斜配点を行った場合も100点満点で集計。
※自校作成問題だけで数学・英語を実施した高校の分については、各科の集計対象、5教科の合計から除外。また、一部に自校作成問題を使用した高校の英語については、県教育委員会作成問題の部分を100点満点で集計。
※前期選抜／後期選抜。

# 本書の特長

POINT 1　解答は全問を掲載、解説は全問に対応！

POINT 2　英語の長文は全訳を掲載！

POINT 3　リスニング音声の台本、英文の和訳を完全掲載！

POINT 4　出題傾向が一目でわかる「年度別出題分類表」は、約 10 年分を掲載！

## 実戦力がつく入試過去問題集

- 問題 ……………　実際の入試問題を見やすく再編集。
- 解答用紙 ……　実戦対応仕様で収録。
- 解答解説 ……　重要事項が太字で示された、詳しくわかりやすい解説。
　※採点に便利な配点も掲載。

## 合格への対策、実力錬成のための内容が充実

- 各科目の出題傾向の分析、最新年度の出題状況の確認で、入試対策を強化！
- その他、志願状況、公立高校難易度一覧など、学習意欲を高める要素が満載！

| | |
|---|---|
| 解答用紙ダウンロード | 解答用紙はプリントアウトしてご利用いただけます。弊社ＨＰの商品詳細ページよりダウンロードしてください。トビラのＱＲコードからアクセス可。 |
| リスニング音声ダウンロード | 英語のリスニング問題については、弊社オリジナル作成により音声を再現。弊社ＨＰの商品詳細ページで全収録年度分を配信対応しております。トビラのＱＲコードからアクセス可。 |
| famima PRINT | 原本とほぼ同じサイズの解答用紙は、全国のファミリーマートに設置しているマルチコピー機のファミマプリントで購入いただけます。※一部の店舗で取り扱いがない場合がございます。詳細はファミマプリント（http://fp.famima.com/）をご確認ください。 |
| UD FONT | 見やすく読みまちがえにくいユニバーサルデザインフォントを採用しています。 |

## ～2024年度群馬県公立高校入試の日程（予定）～

☆全日制課程選抜・フレックススクール選抜・定時制課程選抜・連携型選抜

| | |
|---|---|
| 入学願書等受付 | 2／2・2／5 |
| ↓ | |
| 第１回志願先変更 | 2／8 |
| ↓ | |
| 第２回志願先変更 | 2／14 |
| ↓ | |
| 本検査学力検査等実施 | 2／21・2／22 |
| ↓ | |
| 合格者発表 | 3／5 |

※2024年度（令和６年度入試）から，これまでの前期選抜と後期選抜の２回の選抜から，１回の選抜に変更。

※本検査では，検査の１日目に，「国語」，「数学」，「英語(リスニングを含む。)」，「社会」及び「理科」の５教科の学力検査を，各教科５０分で実施する予定。検査の２日目には，面接等を実施する予定。

※詳しくは群馬県教育委員会のHPを参照。

## 2023年度/群馬県公立高校志願状況（全日制課程・フレックススクール前期選抜）

| 学校名 | 学科・コース名 | 学科等別募集定員 | 前期募集人員 | 志願者数 | 倍率 |
|---|---|---|---|---|---|
| 前橋 | 普通（男） | 280 | 84 | 291 | 3.46 |
| 前橋南 | 普通 | 200 | 100 | 230 | 2.30 |
| 前橋西 | 普通 | 160 | 80 | 185 | 2.31 |
| | 国際 | | | | |
| 前橋女子 | 普通（女） | 280 | 70 | 292 | 4.17 |
| 前橋東 | 総合 | 200 | 100 | 207 | 2.07 |
| 勢多農林 | 植物科学 | 80 | 40 | 74 | 1.85 |
| | 植物デザイン | | | | |
| | 資源動物コース | 20 | 10 | 12 | 1.20 |
| | 応用動物コース | 20 | 10 | 30 | 3.00 |
| | 緑地土木 | 40 | 20 | 42 | 2.10 |
| | 食品科学 | 40 | 20 | 40 | 2.00 |
| 前橋工業 | 機械 | 40 | 20 | 40 | 2.00 |
| | 電子機械 | 40 | 20 | 48 | 2.40 |
| | 電気 | 40 | 20 | 39 | 1.95 |
| | 電子 | 40 | 20 | 38 | 1.90 |
| | 建築 | 40 | 20 | 42 | 2.10 |
| | 土木 | 40 | 20 | 50 | 2.50 |
| 前橋商業 | 商業 | 280 | 140 | 280 | 2.00 |
| 前橋清陵 | 普通(昼間部) | 80 | 40 | 95 | 2.38 |
| | 普通(夜間部) | 80 | 32 | 50 | 1.56 |
| 高崎 | 普通（男） | 280 | 84 | 307 | 3.65 |
| 高崎東 | 普通 | 160 | 80 | 187 | 2.34 |
| 高崎北 | 普通 | 240 | 120 | 330 | 2.75 |
| 榛名 | 普通 | 80 | 40 | 54 | 1.35 |
| 高崎女子 | 普通（女） | 280 | 84 | 337 | 4.01 |
| 吉井 | 総合 | 160 | 80 | 103 | 1.29 |
| 高崎工業 | 機械 | 40 | 20 | 37 | 1.85 |
| | 電気 | 40 | 20 | 54 | 2.70 |
| | 情報技術 | 40 | 20 | 56 | 2.80 |
| | 建築 | 40 | 20 | 51 | 2.55 |
| | 土木 | 40 | 20 | 41 | 2.05 |
| | 工業化学 | 40 | 20 | 45 | 2.25 |
| 高崎商業 | グローバルビジネス | 280 | 140 | 230 | 1.64 |
| | 会計ビジネス | | | | |
| | 情報ビジネス | | | | |
| | 総合ビジネス | | | | |
| 桐生 | 普通 | 240 | 96 | 283 | 2.95 |
| | 理数 | 80 | 32 | 92 | 2.88 |
| 桐生清桜 | 普通 | 160 | 80 | 172 | 2.15 |
| | アドバンスト探究コース | 80 | 40 | 81 | 2.03 |
| 桐生工業 | 機械 | 80 | 40 | 68 | 1.70 |
| | 建設 | 40 | 20 | 35 | 1.75 |
| | 電気コース | 20 | 10 | 19 | 1.90 |
| | 染織デザインコース | 20 | 10 | 22 | 2.20 |
| 伊勢崎 | 普通 | 280 | 140 | 282 | 2.01 |
| | グローバルコミュニケーション | | | | |
| 伊勢崎清明 | 普通 | 200 | 100 | 244 | 2.44 |
| 伊勢崎興陽 | 総合 | 200 | 100 | 228 | 2.28 |
| 伊勢崎工業 | 機械 | 80 | 40 | 67 | 1.68 |
| | 電子機械 | 40 | 20 | 37 | 1.85 |
| | 電気 | 40 | 20 | 33 | 1.65 |
| | 工業化学 | 40 | 20 | 29 | 1.45 |
| 伊勢崎商業 | 商業 | 240 | 120 | 188 | 1.57 |
| | 会計 | | | | |
| | 情報処理 | | | | |
| 太田 | 普通（男） | 280 | 84 | 262 | 3.12 |
| 太田東 | 普通 | 240 | 120 | 240 | 2.00 |
| 太田女子 | 普通（女） | 240 | 96 | 237 | 2.47 |
| 新田暁 | 総合 | 160 | 80 | 183 | 2.29 |
| 太田工業 | 機械 | 120 | 60 | 107 | 1.78 |
| | 電子機械 | | | | |
| | 電気情報 | 40 | 20 | 34 | 1.70 |
| 太田フレックス | 普通(Ⅰ部昼) | 80 | 40 | 61 | 1.53 |
| | 普通(Ⅱ部昼) | 80 | 40 | 49 | 1.23 |
| | 普通(Ⅲ部夜) | 80 | 24 | 5 | 0.21 |
| 沼田 | 普通（男） | 120 | 60 | 68 | 1.13 |
| | 数理科学(男) | 40 | 20 | 29 | 1.45 |
| 尾瀬※ | 普通 | 32 | 32 | 6 | － |
| | 自然環境 | 32 | | 19 | － |
| 沼田女子 | 普通（女） | 80 | 40 | 71 | 1.78 |
| | 英数コース(女) | 40 | 20 | 30 | 1.50 |
| 利根実業 | 生物生産 | 80 | 40 | 56 | 1.40 |
| | グリーンライフ | | | | |
| | 機械コース | 20 | 10 | 14 | 1.40 |
| | 土木コース | 20 | 11 | 23 | 2.09 |
| 館林 | 普通（男） | 200 | 100 | 184 | 1.84 |
| 館林女子 | 普通（女） | 200 | 100 | 171 | 1.71 |
| 渋川 | 普通（男） | 200 | 100 | 168 | 1.68 |
| 渋川女子 | 普通（女） | 200 | 100 | 190 | 1.90 |
| 渋川青翠 | 総合 | 160 | 80 | 140 | 1.75 |
| 渋川工業 | 機械 | 40 | 20 | 33 | 1.65 |
| | 自動車 | 40 | 20 | 37 | 1.85 |
| | 電気 | 40 | 20 | 32 | 1.60 |
| | 情報システム | 40 | 20 | 37 | 1.85 |
| 藤岡中央 | 普通 | 160 | 80 | 145 | 1.81 |
| | 理数 | | | | |
| 藤岡北 | 生物生産 | 120 | 60 | 129 | 2.15 |
| | 環境土木 | | | | |
| | ヒューマン・サービス | | | | |
| 藤岡工業 | 機械 | 120 | 60 | 64 | 1.07 |
| | 電子機械 | | | | |
| | 電気 | | | | |

| 学校名/学科・コース名 | | 学科等別募集定員 | 前期募集人員 | 志願者数 | 倍率 |
|---|---|---|---|---|---|
| 富岡 | 普通 | 240 | 120 | 204 | 1.70 |
| 富岡実業 | 生物生産<br>地域産業<br>電子機械 | 120 | 60 | 120 | 2.00 |
| 松井田 | 普通 | 80 | 40 | 46 | 1.15 |
| 安中総合学園 | 総合 | 200 | 100 | 208 | 2.08 |
| 大間々 | 普通 | 120 | 60 | 130 | 2.17 |
| 万場※ | 普通 | 64 | 32 | 22 | − |
| 下仁田 | 普通 | 64 | 32 | 17 | 0.53 |
| 吾妻中央 | 普通 | 80 | 40 | 54 | 1.35 |
| | 生物生産 | 40 | 20 | 43 | 2.15 |
| | 環境工学 | 40 | 20 | 35 | 1.75 |
| | 福祉 | 40 | 20 | 26 | 1.30 |
| 長野原 | 普通 | 64 | 32 | 20 | 0.63 |
| 嬬恋※ | 普通 | 32 | 16 | 1 | − |
| | スポーツ・健康コース | 16 | 8 | 6 | − |
| | 流通ビジネスコース | 16 | 8 | 1 | − |
| 玉村 | 普通 | 80 | 40 | 64 | 1.60 |
| 板倉 | 普通 | 80 | 40 | 48 | 1.20 |
| 館林商工 | 生産システム<br>建築 | 80 | 40 | 61 | 1.53 |
| | 総合ビジネス<br>情報ビジネス | 80 | 40 | 85 | 2.13 |
| 西邑楽 | 普通 | 120 | 60 | 134 | 2.23 |
| | スポーツ | 40 | 40 | 32 | 0.80 |
| | 音楽コース | 20 | 20 | 7 | 0.35 |
| | 美術コース | 20 | 20 | 19 | 0.95 |
| 大泉 | 普通 | 40 | 20 | 31 | 1.55 |
| | 生物生産 | 40 | 20 | 30 | 1.50 |
| | グリーンサイエンス | 40 | 20 | 42 | 2.10 |
| | 食品科学 | 40 | 20 | 42 | 2.10 |
| 市立前橋 | 普通 | 240 | 120 | 244 | 2.03 |
| 高崎経済大学附属 | 普通コース | 245 | 112 | 348 | 3.11 |
| | 芸術コース(音楽系) | 15 | 12 | 10 | 0.83 |
| | 芸術コース(美術系) | 20 | 16 | 29 | 1.81 |
| 桐生市立商業 | 商業<br>情報処理 | 240 | 120 | 235 | 1.96 |
| 市立太田◎ | 普通 | (105) | − | − | − |
| | 商業 | 158 | 80 | 161 | 2.01 |
| 利根商業 | 普通 | 52 | 26 | 27 | 1.04 |
| | 地域経済<br>情報経済 | 108 | 54 | 68 | 1.26 |

※は連携型選抜実施校。連携型選抜の募集人員は定めない。ただし、連携型選抜と前期選抜を合わせた合格者数については、原則として募集定員以内とする。

◎市立太田の普通科(105人)は，すべて内部進学者。

## 2023年度/群馬県公立高校志願状況（全日制課程・フレックススクール後期選抜）

| 学校名/学科・コース名 | | 学科等別募集定員 | 後期募集人員 | 志願者数 | 倍率 |
|---|---|---|---|---|---|
| 前橋 | 普通（男） | 280 | 196 | 230 | 1.17 |
| 前橋南 | 普通 | 200 | 100 | 129 | 1.29 |
| 前橋西 | 普通<br>国際 | 160 | 80 | 106 | 1.33 |
| 前橋女子 | 普通（女） | 280 | 210 | 242 | 1.15 |
| 前橋東 | 総合 | 200 | 100 | 117 | 1.17 |
| 勢多農林 | 植物科学<br>植物デザイン | 80 | 40 | 33 | 0.83 |
| | 資源動物コース | 20 | 10 | 8 | 0.80 |
| | 応用動物コース | 20 | 10 | 17 | 1.70 |
| | 緑地土木 | 40 | 20 | 20 | 1.00 |
| | 食品科学 | 40 | 20 | 21 | 1.05 |
| 前橋工業 | 機械 | 40 | 20 | 21 | 1.05 |
| | 電子機械 | 40 | 20 | 21 | 1.05 |
| | 電気 | 40 | 20 | 21 | 1.05 |
| | 電子 | 40 | 20 | 19 | 0.95 |
| | 建築 | 40 | 20 | 23 | 1.15 |
| | 土木 | 40 | 20 | 24 | 1.20 |
| 前橋商業 | 商業 | 280 | 140 | 141 | 1.01 |
| 前橋清陵 | 普通(昼間部) | 80 | 40 | 48 | 1.20 |
| | 普通(夜間部) | 80 | 48 | 31 | 0.65 |
| 高崎 | 普通（男） | 280 | 196 | 234 | 1.19 |
| 高崎東 | 普通 | 160 | 80 | 115 | 1.44 |
| 高崎北 | 普通 | 240 | 120 | 198 | 1.65 |
| 榛名 | 普通 | 80 | 40 | 19 | 0.48 |
| 高崎女子 | 普通（女） | 280 | 196 | 256 | 1.31 |
| 吉井 | 総合 | 160 | 80 | 36 | 0.45 |
| 高崎工業 | 機械 | 40 | 20 | 21 | 1.05 |
| | 電気 | 40 | 20 | 29 | 1.45 |
| | 情報技術 | 40 | 20 | 34 | 1.70 |
| | 建築 | 40 | 20 | 27 | 1.35 |
| | 土木 | 40 | 20 | 19 | 0.95 |
| | 工業化学 | 40 | 20 | 24 | 1.20 |
| 高崎商業 | グローバルビジネス<br>会計ビジネス<br>情報ビジネス<br>総合ビジネス | 280 | 140 | 102 | 0.73 |
| 桐生 | 普通 | 240 | 144 | 148 | 1.03 |
| | 理数 | 80 | 48 | 78 | 1.63 |
| 桐生清桜 | 普通 | 160 | 80 | 79 | 0.99 |
| | アドバンスト探究コース | 80 | 40 | 64 | 1.60 |
| 桐生工業 | 機械 | 80 | 40 | 34 | 0.85 |
| | 建設 | 40 | 20 | 15 | 0.75 |
| | 電気コース | 20 | 10 | 11 | 1.10 |
| | 染織デザインコース | 20 | 10 | 13 | 1.30 |
| 伊勢崎 | 普通<br>グローバルコミュニケーション | 280 | 140 | 177 | 1.26 |

| 学校名/学科・コース名 | | 学科等別募集定員 | 後期募集人員 | 志願者数 | 倍率 |
|---|---|---|---|---|---|
| 伊勢崎清明 | 普通 | 200 | 100 | 135 | 1.35 |
| 伊勢崎興陽 | 総合 | 200 | 100 | 116 | 1.16 |
| 伊勢崎工業 | 機械 | 80 | 40 | 31 | 0.78 |
| | 電子機械 | 40 | 20 | 18 | 0.90 |
| | 電気 | 40 | 20 | 17 | 0.85 |
| | 工業化学 | 40 | 20 | 17 | 0.85 |
| 伊勢崎商業 | 商業<br>会計<br>情報処理 | 240 | 120 | 101 | 0.84 |
| 太田 | 普通（男） | 280 | 196 | 210 | 1.07 |
| 太田東 | 普通 | 240 | 120 | 143 | 1.19 |
| 太田女子 | 普通（女） | 240 | 144 | 151 | 1.05 |
| 新田暁 | 総合 | 160 | 80 | 108 | 1.35 |
| 太田工業 | 機械<br>電子機械 | 120 | 60 | 57 | 0.95 |
| | 電気情報 | 40 | 20 | 14 | 0.70 |
| 太田フレックス | 普通(Ⅰ部昼) | 80 | 40 | 36 | 0.90 |
| | 普通(Ⅱ部昼) | 80 | 40 | 14 | 0.35 |
| | 普通(Ⅲ部夜) | 80 | 75 | 2 | 0.03 |
| 沼田 | 普通（男） | 120 | 60 | 22 | 0.37 |
| | 数理科学(男) | 40 | 20 | 14 | 0.70 |
| 尾瀬 | 普通 | 32 | 11 | 0 | 0.00 |
| | 自然環境 | 32 | 12 | 0 | 0.00 |
| 沼田女子 | 普通（女） | 80 | 40 | 38 | 0.95 |
| | 英数コース(女) | 40 | 20 | 10 | 0.50 |
| 利根実業 | 生物生産<br>グリーンライフ | 80 | 40 | 37 | 0.93 |
| | 機械コース | 20 | 10 | 5 | 0.50 |
| | 土木コース | 20 | 10 | 1 | 0.10 |
| 館林 | 普通（男） | 200 | 100 | 93 | 0.93 |
| 館林女子 | 普通（女） | 200 | 100 | 90 | 0.90 |
| 渋川 | 普通（男） | 200 | 100 | 93 | 0.93 |
| 渋川女子 | 普通（女） | 200 | 100 | 108 | 1.08 |
| 渋川青翠 | 総合 | 160 | 80 | 78 | 0.98 |
| 渋川工業 | 機械 | 40 | 20 | 20 | 1.00 |
| | 自動車 | 40 | 20 | 16 | 0.80 |
| | 電気 | 40 | 20 | 17 | 0.85 |
| | 情報システム | 40 | 20 | 16 | 0.80 |
| 藤岡中央 | 普通<br>理数 | 160 | 80 | 71 | 0.89 |
| 藤岡北 | 生物生産<br>環境土木<br>ヒューマン・サービス | 120 | 60 | 70 | 1.17 |
| 藤岡工業 | 機械<br>電子機械<br>電気 | 120 | 60 | 15 | 0.25 |

| 学校名/学科・コース名 | | 学科等別募集定員 | 後期募集人員 | 志願者数 | 倍率 |
|---|---|---|---|---|---|
| 富岡 | 普通 | 240 | 120 | 91 | 0.76 |
| 富岡実業 | 生物生産 | | | | |
| | 地域産業 | 120 | 60 | 59 | 0.98 |
| | 電子機械 | | | | |
| 松井田 | 普通 | 80 | 40 | 15 | 0.38 |
| 安中総合学園 | 総合 | 200 | 100 | 107 | 1.07 |
| 大間々 | 普通 | 120 | 60 | 70 | 1.17 |
| 万場 | 普通 | 64 | 41 | 3 | 0.07 |
| 下仁田 | 普通 | 64 | 47 | 6 | 0.13 |
| 吾妻中央 | 普通 | 80 | 40 | 18 | 0.45 |
| | 生物生産 | 40 | 20 | 19 | 0.95 |
| | 環境工学 | 40 | 20 | 16 | 0.80 |
| | 福祉 | 40 | 20 | 9 | 0.45 |
| 長野原 | 普通 | 64 | 45 | 3 | 0.07 |
| 嬬恋 | 普通 | 32 | 28 | 0 | 0.00 |
| | スポーツ・健康コース | 16 | 7 | 0 | 0.00 |
| | 流通ビジネスコース | 16 | 15 | 0 | 0.00 |
| 玉村 | 普通 | 80 | 40 | 37 | 0.93 |
| 板倉 | 普通 | 80 | 40 | 23 | 0.58 |
| 館林商工 | 生産システム | 80 | 40 | 27 | 0.68 |
| | 建築 | | | | |
| | 総合ビジネス | 80 | 40 | 43 | 1.08 |
| | 情報ビジネス | | | | |
| 西邑楽 | 普通 | 120 | 60 | 74 | 1.23 |
| | スポーツ | 40 | 8 | 0 | 0.00 |
| | 音楽コース | 20 | 14 | 0 | 0.00 |
| | 美術コース | 20 | 3 | 3 | 1.00 |
| 大泉 | 普通 | 40 | 20 | 18 | 0.90 |
| | 生物生産 | 40 | 20 | 14 | 0.70 |
| | グリーンサイエンス | 40 | 20 | 20 | 1.00 |
| | 食品科学 | 40 | 20 | 25 | 1.25 |
| 市立前橋 | 普通 | 240 | 120 | 137 | 1.14 |
| 高崎経済大学附属 | 普通コース | 245 | 133 | 208 | 1.56 |
| | 芸術コース(音楽系) | 15 | 5 | 0 | 0.00 |
| | 芸術コース(美術系) | 20 | 4 | 9 | 2.25 |
| 桐生市立商業 | 商業 | 240 | 120 | 123 | 1.03 |
| | 情報処理 | | | | |
| 市立太田 | 商業 | 158 | 78 | 84 | 1.08 |
| 利根商業 | 普通 | 52 | 26 | 5 | 0.19 |
| | 地域経済 | 108 | 54 | 21 | 0.39 |
| | 情報経済 | | | | |

# 数学 ●●●● 出題傾向の分析と合格への対策 ●●●●

## 出題傾向とその内容

〈最新年度の出題状況〉

本年度の出題数は，前期が大問4問，小問にして21問，後期が大問6問，小問にして27問だった。

前期出題内容は，1が数・式の計算，平方根，式の展開，因数分解，回転移動，比例関数，連立方程式，角度などの小問群，2は一次関数，回転体の体積，資料の散らばり・代表値，方程式の応用などの小問群，3は関数とグラフ，4は相似の証明と角度，線分の長さの計量であった。

後期出題内容は，1が数・式の計算，一次方程式，二次方程式，絶対値，関数$y=ax^2$，角度，式の値，平方根，確率，立方体の展開図，資料の散らばり・代表値などの小問群，2は関数とグラフ，3は規則性，4は合同の証明，作図，5は関数とグラフ，6は角度，線分の長さ，面積の計量であった。

〈出題傾向〉

例年，証明や説明をする記述問題や作図・グラフの作成問題が出題されている。手間がかかるが，基本的な事項を身につけておけば確実に解ける問題なので，ケアレスミスには注意したい。

各大問の内容は，前期の1～3，後期の1では，数・式の計算，式の展開，因数分解，一次方程式，二次方程式，確率，作図，資料の活用に関する問題が出題されている。ここでは，教科書を中心とした基礎的な学力が幅広く身についているかが問われている。前期の4，後期の2～4では，関数を利用したり方程式を立てて解を求めたりする問題が出題されている。この中では，理由を説明する問題も出題され，関数を利用する問題では，グラフをかく問題も出題されている。前期の5，後期の5，6は，平面図形，空間図形の問題で，合同や相似・三平方の定理を利用して，線分の長さや面積・体積を求める計量問題が出題されている。この中では，平面図形の証明問題も出題されている。ここでは，筋道の通った説明ができるか，図形に対する応用力が身についているかが試されている。

## 来年度の予想と対策

来年度から，前期・後期が廃止され試験が一本化される。教育委員会が公表している資料には，「検査時期の早期化に応じ，中学校の学習状況等に配慮する」「これまでの前期選抜と後期選抜の出題方針を引き継ぎつつ，中学校学習指導要領の趣旨を踏まえ，知識及び技能とともに，それらを活用して課題を解決するために必要な，思考力，判断力，表現力等をより重視して出題する」と書かれている。すなわち，これまでの前期・後期の試験を演習することが効果的な対策になるだろう。

学習方法は，まず，教科書を中心に基礎力を養うこと。ミスのないよう，正確にかつ速く解く力を身につけるとともに，苦手な単元を残さないことが大切である。また，どの問題を解く場合でも，根拠を明確にしながら，ノートに整理して書くことを心がけるようにしよう。

標準レベルの問題が確実に解けるようになったら，平面図形や空間図形，関数を利用する問題を集中的に解いてみよう。グラフや相似，三平方の定理などを自由に使いこなせるよう，応用力を身につけたい。

### ⇨学習のポイント

・教科書を中心に基礎を固めよう。
・記述問題に備えて，根拠を明確にしながら，ノートに整理して書く習慣を身につけよう。

## 年度別出題内容の分析表　数学

※Aは前期，Bは後期／▒は前期，□は後期で出題範囲縮小の影響がみられた内容

| 出題内容 | | | 26年 | 27年 | 28年 | 29年 | 30年 | 2019年 | 2020年 | 2021年 | 2022年 | 2023年 |
|---|---|---|---|---|---|---|---|---|---|---|---|---|
| 数と式 | | 数の性質 | | | | | | A | B | AB | B | B |
| 数と式 | | 数・式の計算 | ○ | ○ | ○ | AB | AB | AB | AB | AB | AB | AB |
| 数と式 | | 因数分解 | ○ | ○ | ○ | AB | AB | AB | AB | A | B | A |
| 数と式 | | 平方根 | ○ | ○ | ○ | AB | AB | AB | A | AB | AB | AB |
| 方程式・不等式 | | 一次方程式 | ○ | ○ | | A | AB | AB | AB | AB | AB | AB |
| 方程式・不等式 | | 二次方程式 | | ○ | ○ | A | AB | AB | AB | A | AB | B |
| 方程式・不等式 | | 不等式 | | | ○ | | | B | | | | |
| 方程式・不等式 | | 方程式の応用 | ○ | | ○ | A | AB | AB | AB | AB | AB | A |
| 関数 | | 一次関数 | ○ | ○ | ○ | B | B | B | B | AB | AB | AB |
| 関数 | | 関数 $y = ax^2$ | ○ | ○ | ○ | AB | AB | AB | AB | AB | AB | B |
| 関数 | | 比例関数 | ○ | | ○ | | AB | B | AB | B | | AB |
| 関数 | | 関数とグラフ | ○ | ○ | ○ | | | B | | | AB | AB |
| 関数 | | グラフの作成 | ○ | ○ | | A | B | | | | | |
| 図形 | 平面図形 | 角度 | | ○ | ○ | A | A | AB | AB | A | AB | AB |
| 図形 | 平面図形 | 合同・相似 | | ○ | ○ | B | AB | AB | AB | AB | AB | AB |
| 図形 | 平面図形 | 三平方の定理 | | ○ | ○ | A | AB | B | AB | B | AB | AB |
| 図形 | 平面図形 | 円の性質 | ○ | | ○ | AB | AB | AB | AB | AB | AB | AB |
| 図形 | 空間図形 | 合同・相似 | | ○ | | B | | | AB | | | |
| 図形 | 空間図形 | 三平方の定理 | | ○ | | B | | | B | | | |
| 図形 | 空間図形 | 切断 | | | | | | | | | | |
| 図形 | 計量 | 長さ | ○ | ○ | ○ | AB | AB | B | AB | AB | AB | AB |
| 図形 | 計量 | 面積 | ○ | ○ | ○ | | AB | AB | AB | AB | AB | B |
| 図形 | 計量 | 体積 | ○ | ○ | | | AB | A | A | | A | A |
| 図形 | | 証明 | ○ | ○ | ○ | AB | AB | AB | AB | A | AB | AB |
| 図形 | | 作図 | ○ | ○ | ○ | B | B | B | B | B | B | B |
| 図形 | | 動点 | | ○ | | | B | | | | B | |
| データの活用 | | 場合の数 | | | | | B | | | | | |
| データの活用 | | 確率 | ○ | ○ | | AB | AB | AB | AB | | AB | B |
| データの活用 | | 資料の散らばり・代表値(箱ひげ図を含む) | | | ○ | AB | AB | AB | A | AB | B | AB |
| データの活用 | | 標本調査 | | | ○ | | | | B | | | |
| 融合問題 | | 図形と関数・グラフ | | | ○ | | | | | | A | |
| 融合問題 | | 図形と確率 | | | | | | | | | | |
| 融合問題 | | 関数・グラフと確率 | | | | | | | | | | |
| 融合問題 | | その他 | | | | | | | | | | |
| その他 | | | | | | B | | | | | B | B |

— 群馬県公立高校 —

# 英語 出題傾向の分析と合格への対策

## 出題傾向とその内容

〈最新年度の出題状況〉

本年度は，前期は絵に合う英文の語句補充問題が1題，短い会話文による文挿入問題が1題，メール文読解問題が1題，長文読解問題が1題の計4題であった。後期はリスニングテストが3題，会話の内容に合う英文を書く問題が1題，メールの読解問題が1題，会話文読解問題が1題，長文読解問題が1題，英作文1題の計8題が出題された。

リスニング問題は，質問の答えとして適切な絵を選択するもの，対話を聞き空所の発言を選択するもの，放送の内容についての質問の答えを選ぶもの，会話の内容をふまえて英作文するものが出題された。配点は100点満点中28点であり，比率は高い。

語句・文補充問題は，前期はスライドとその説明や短い会話文を，後期は2人の会話を読んで適切な文を補充するもの，クリスマスカードを見てメール文の空所を補充するもので，文法や単語の知識が必要とされた。

会話文・長文問題の小問は，前期，後期共に，語句や文の補充・選択，英問英答，本文の内容に関する条件英作文が中心となっている。条件英作文は文章や提示された場面の内容に合う英文を考えるもので，英文を書く力が試された。前期は提示された状況について20～30語で書くものであった。後期は30～40語の英作文が出題された。あるテーマについて主人公がまとめたポスターの内容について，英語で書くことが求められた。

〈出題傾向〉

会話文中の空所補充や，英作文，英問英答など，英語を記述させる問題が多く出題されるのが特徴である。

後期のリスニングテストは，大問1・2・3で出題され量が多く，大問3では「聞く力」と「書く力」の両方が要求される問題であるので，十分な準備の上で臨みたい。

読解問題は，英文の流れや，全体の内容を問うものが多い。条件英作文では，特定の人物の立場になって英語で述べる必要がある。本年度は自分の考えを英語で表現する出題はなかった。

全体に基本的な力を問う問題であるが，英文を時間内に正確に聞き取る力と読み取る力が求められている。

## 来年度の予想と対策

来年度から，前期・後期が廃止され試験が一本化される。教育委員会が公表している資料には，「検査時期の早期化に応じ，中学校の学習状況等に配慮する」「これまでの前期選抜と後期選抜の出題方針を引き継ぎつつ，中学校学習指導要領の趣旨を踏まえ，知識及び技能とともに，それらを活用して課題を解決するために必要な，思考力，判断力，表現力等をより重視して出題する」「リスニングでは，聞き取る英語の音声を２回流す問題と，１回流す問題がある」と書かれている。すなわち，これまでの前期・後期の試験を演習することが効果的な対策になるだろう。

リスニングに関しては，英語の聞き取りに慣れておく必要がある。聞いた英文に対して英作文する問題が出題されているため，簡単な表現を用いて英文を作る練習をしておこう。

会話文に関しては，教科書を中心に，単語や熟語，文法，構文，語形変化などをしっかり身につけよう。これは英作文対策にもなる。長文読解問題は，普段からある程度の長さの英文に慣れておくことが大切である。本書を使って多くの文章を読み，内容を正確につかみとる練習を積んでおこう。本年度は文化や環境の違いについて(前期大問3，後期大問5)，中学生のホームステイ経験や授業内容について(前期大問4，後期大問7)などについての英文が出題された。昨年度に引き続き群馬県に関すること(後期大問6)が出題されたことにも注目しておきたい。

⇨学習のポイント

・英語長文に多く触れ，文章の内容を正確につかむ練習をしよう。
・単語力を確実に身につけ，読解問題や，英作文問題に取り組もう。

# 年度別出題内容の分析表　英語

※Aは前期，Bは後期／■は前期，□は後期で出題範囲縮小の影響がみられた内容

| | | 出題内容 | 26年 | 27年 | 28年 | 29年 | 30年 | 2019年 | 2020年 | 2021年 | 2022年 | 2023年 |
|---|---|---|---|---|---|---|---|---|---|---|---|---|
| 設問形式 | リスニング | 絵・図・表・グラフなどを用いた問題 | ○ | ○ | ○ | B | B | B | B | B | B | B |
| | | 適文の挿入 | | | ○ | B | B | B | B | B | B | B |
| | | 英語の質問に答える問題 | ○ | ○ | ○ | B | B | B | B | B | B | B |
| | | 英語によるメモ・要約文の完成 | | | | | | | | | | |
| | | 日本語で答える問題 | | | | | | | | | | |
| | | 書き取り | | | | | | | | | | |
| | 語い | 単語の発音 | | | | | | | | | | |
| | | 文の区切り・強勢 | | | | | | | | | | |
| | | 語句の問題 | ○ | ○ | ○ | AB | AB | A | AB | AB | AB | AB |
| | 読解 | 語句補充・選択（読解） | ○ | ○ | ○ | AB | AB | A | A | A | AB | AB |
| | | 文の挿入・文の並べ換え | ○ | ○ | ○ | AB | AB | AB | AB | AB | AB | AB |
| | | 語句の解釈・指示語 | | | | | | | | | | A |
| | | 英問英答（選択・記述） | ○ | ○ | ○ | AB | AB | AB | AB | AB | AB | AB |
| | | 日本語で答える問題 | ○ | ○ | | | | | | | | |
| | | 内容真偽 | | ○ | | | B | B | AB | AB | AB | AB |
| | | 絵・図・表・グラフなどを用いた問題 | | | | | | A | AB | AB | AB | AB |
| | | 広告・メール・メモ・手紙・要約文などを用いた問題 | | | | | | A | B | AB | AB | AB |
| | 文法 | 語句補充・選択（文法） | | | ○ | AB | A | AB | A | AB | AB | AB |
| | | 語形変化 | | | | | | B | AB | | B | |
| | | 語句の並べ換え | ○ | ○ | | A | A | | | | | |
| | | 言い換え・書き換え | | | | | | | | | | |
| | | 英文和訳 | | | | | | | | | | |
| | | 和文英訳 | ○ | ○ | | | | | | | | |
| | | 自由・条件英作文 | ○ | ○ | ○ | AB | AB | AB | AB | AB | AB | AB |
| 文法事項 | | 現在・過去・未来と進行形 | ○ | ○ | | A | AB | AB | AB | AB | AB | AB |
| | | 助動詞 | ○ | ○ | ○ | AB | | AB | AB | AB | AB | AB |
| | | 名詞・冠詞・代名詞 | | ○ | | AB | A | A | A | A | AB | AB |
| | | 形容詞・副詞 | ○ | ○ | ○ | AB | A | AB | AB | AB | AB | A |
| | | 不定詞 | ○ | ○ | | AB | AB | B | AB | AB | AB | AB |
| | | 動名詞 | | ○ | | | B | AB | AB | AB | AB | AB |
| | | 文の構造（目的語と補語） | ○ | ○ | | | A | | B | | AB | |
| | | 比較 | ○ | ○ | | | | AB | B | AB | A | |
| | | 受け身 | | | ○ | | | AB | AB | B | AB | A |
| | | 現在完了 | | ○ | ○ | | | | AB | A | B | AB |
| | | 付加疑問文 | | | | | | | | | | |
| | | 間接疑問文 | | ○ | | | | A | B | ■ | B | |
| | | 前置詞 | ○ | ○ | ○ | B | AB | AB | AB | A | A | B |
| | | 接続詞 | ○ | ○ | ○ | A | AB | | AB | AB | AB | B |
| | | 分詞の形容詞的用法 | | | | A | | | AB | A | A | AB |
| | | 関係代名詞 | | | | | A | B | AB | AB | AB | B |
| | | 感嘆文 | | | | | | | | | | |
| | | 仮定法 | | | | | | | | | | B |

— 群馬県公立高校 —

# 理科 出題傾向の分析と合格への対策

## 出題傾向とその内容

〈最新年度の出題状況〉

大問数は5題で，大問1は第1分野，第2分野から成る小問集合で基礎的な内容，大問2以降は，生物，地学，化学，物理が各1題となっていた。

大問1の小問群は，解きやすい問題であるだけに，ケアレスミスをしてしまうと大きな痛手となることが予想される。大問2～5での問題は，実験や図表を通して思考力を問う問題であった。単元で分かれた知識ではなく，単元をこえて総合的な理解を目指したい。

〈出題傾向〉

実験や観察の目的・方法・結果について考察して解答させる設問が多い。問題文をよく読み，正確に理解する力が要求される。さらに解答を出すには図，グラフ，表などをよく見て必要な情報を集め，頭の中で整理してから考察する科学的な思考力も要求されるので，単なる暗記だけでは不十分である。また，短い文章で理由などを答える問題や計算問題などが頻出であり，この傾向は今後も続くと考えられる。

物理的領域　分析表からもわかる通り，重要単元は，小問や大問などを通じてほぼ全範囲にわたり出題されている。全体的に基礎的事項は確実におさえておきたい。この分野からの出題では，実験結果の分析をともない思考力が試される問題が多くなる傾向が強い。資料は注意深く読みこもう。

化学的領域　物理分野同様，重要単元は小問や大問などを通じて広く出題されているため，基本的内容や代表的な計算問題は確実におさえておきたい。

生物的領域　教科書にない実験も見られたが，全般的に学習した知識で解けるものばかりである。学校での実験にきちんと取り組んでいれば，難なく解けたであろう。観察・実験方法をはじめ，基本事項の確実な理解を試される出題であった。

地学的領域　正確な知識，資料の意味を理解して，考える力が要求される出題が見られた。基本的な原理をしっかり理解して，多くの練習を積んでおきたい。

## 来年度の予想と対策

来年度もほぼ同じような形式で出題されると予想できる。内容は標準的なレベルのものが多いが，解答数が多いので，立ち止まらず，わかるものからテンポよく解いていきたい。

選択式に比べ論述や計算が多いので，単なる暗記にとどまらず，用語や実験結果などを説明できる力を養うことが大切である。また，教科書に出ている図やグラフが説明できるよう，短い文で書く練習をしておくとよい。実験・観察の目的→結果→考察→結論を追ってまとめるようにし，十分に理解しよう。出題範囲は幅広いので，かたよりのない学習が必要である。

⇨学習のポイント

・短文記述の過去問を多く練習し，的確な表現力を身につけておこう。
・出題単元が広いため，全単元における基礎事項は，必ず覚えておこう。

## 年度別出題内容の分析表　理科

※★印は大問の中心となった単元／▒は出題範囲縮小の影響がみられた内容

| 分野 | 学年 | 出題内容 | 26年 | 27年 | 28年 | 29年 | 30年 | 2019年 | 2020年 | 2021年 | 2022年 | 2023年 |
|---|---|---|---|---|---|---|---|---|---|---|---|---|
| 第一分野 | 第1学年 | 身のまわりの物質とその性質 | | ○ | | ○ | | | ○ | | ○ | |
| | | 気体の発生とその性質 | | ○ | ○ | | | | | ○ | | |
| | | 水溶液 | ○ | | | | ○ | ○ | | | ○ | |
| | | 状態変化 | ○ | | | | ○ | | | ○ | | ○ |
| | | 力のはたらき(2力のつり合いを含む) | ○ | ○ | | | | ○ | ★ | | | ○ |
| | | 光と音 | | ○ | ★ | | ○ | ○ | | | ○ | |
| | 第2学年 | 物質の成り立ち | | ○ | ★ | | | ○ | | ★ | | |
| | | 化学変化，酸化と還元，発熱・吸熱反応 | ○ | ○ | | ★ | ○ | ○ | ○ | | | ○ |
| | | 化学変化と物質の質量 | ○ | ○ | ○ | ○ | | ○ | ★ | ○ | | ○ |
| | | 電流(電力，熱量，静電気，放電，放射線を含む) | ○ | | ○ | ★ | ○ | ★ | ○ | ★ | | |
| | | 電流と磁界 | | ★ | | | | | | | | ○ |
| | 第3学年 | 水溶液とイオン，原子の成り立ちとイオン | ○ | | ○ | ○ | ○ | ○ | | | | |
| | | 酸・アルカリとイオン，中和と塩 | ○ | ★ | | ○ | | ★ | | | | |
| | | 化学変化と電池，金属イオン | | | ○ | | ★ | | | | ★ | |
| | | 力のつり合いと合成・分解(水圧，浮力を含む) | ○ | | ○ | ○ | ○ | | ○ | | ○ | ○ |
| | | 力と物体の運動(慣性の法則を含む) | ○ | | | | ★ | | | | ○ | |
| | | 力学的エネルギー，仕事とエネルギー | ○ | ○ | ○ | | | ○ | | ○ | ○ | ○ |
| | | エネルギーとその変換，エネルギー資源 | | | | ○ | | | ○ | ▒ | | ○ |
| 第二分野 | 第1学年 | 生物の観察・調べ方の基礎 | | | | | | | ○ | | | |
| | | 植物の特徴と分類 | ○ | | | ○ | | ○ | | ○ | | ○ |
| | | 動物の特徴と分類 | | ○ | | | | | ○ | | ○ | |
| | | 身近な地形や地層，岩石の観察 | | | | ○ | | ○ | | | | ○ |
| | | 火山活動と火成岩 | ○ | ○ | ○ | | ○ | ○ | | | | |
| | | 地震と地球内部のはたらき | | ★ | | ○ | | ○ | ○ | ★ | | |
| | | 地層の重なりと過去の様子 | | | ○ | ★ | | ○ | ○ | | ○ | ○ |
| | 第2学年 | 生物と細胞(顕微鏡観察のしかたを含む) | | | | ○ | | | | | ○ | |
| | | 植物の体のつくりとはたらき | | ○ | ★ | | ○ | | | | ★ | ○ |
| | | 動物の体のつくりとはたらき | ○ | | ○ | ○ | ★ | ○ | ○ | ○ | | ★ |
| | | 気象要素の観測，大気圧と圧力 | ★ | | ○ | ○ | ★ | | ○ | | ★ | |
| | | 天気の変化 | ○ | | | ○ | | ○ | | | ○ | |
| | | 日本の気象 | ○ | ○ | | ○ | | | | | | |
| | 第3学年 | 生物の成長と生殖 | ★ | | ○ | ★ | | ★ | | | | |
| | | 遺伝の規則性と遺伝子 | | ○ | | | | | | ★ | | |
| | | 生物の種類の多様性と進化 | | ○ | | | | | | | | |
| | | 天体の動きと地球の自転・公転 | ○ | ○ | | | ○ | | ★ | | | |
| | | 太陽系と恒星，月や金星の運動と見え方 | | | ★ | ○ | ○ | ○ | | ○ | | ★ |
| | | 自然界のつり合い | | ○ | ○ | | ○ | | ★ | ▒ | | |
| 自然の環境調査と環境保全，自然災害 | | | ○ | | ○ | | ○ | | | ▒ | ○ | |
| 科学技術の発展，様々な物質とその利用 | | | | | ○ | | | | ○ | ▒ | | |
| 探究の過程を重視した出題 | | | ○ | ○ | ○ | ○ | ○ | ○ | ○ | ○ | ○ | ○ |

—群馬県公立高校—

# 社会　出題傾向の分析と合格への対策

## 出題傾向とその内容

〈最新年度の出題状況〉

本年度の出題数は，大問7題，小問35題である。解答形式は，語句記入が6問，記号選択が20問出題されており，さらに，短文記述が9題出題されている。大問は，滋賀県を題材とした混合問題1題，日本地理1題，世界地理1題，歴史2題，公民2題となっている。小問数は各分野のバランスがほぼとれているといえる。内容的には，基本事項の理解を確認するものが中心となっている。

地理では，地形図・略地図・写真・グラフ・雨温図・図表などを用いて，諸地域の特色，自然・気候・産業・交通・貿易などを問う問題が出題された。

歴史では，発表カードやグラフ・略年表・写真・絵・歴史地図などから各時代の特色，政治・文化・外交などを問う問題が出題された。歴史内容を説明する短文記述も出題されている。世界史について問う設問もあった。

公民では，国の政治の仕組み・財政・経済一般などの基礎知識を問う問題が出題された。18歳成人等の時事的問題も出題されている。

全大問とも生徒の調べ学習を題材として出題されている。

〈出題傾向〉

地理では，地形図・略地図・グラフなどを読み取らせることで，基本知識の定着度を確認し，また，短文記述を通して，説明する力も併せて評価している。

歴史では，テーマ別通史の形式で，歴史の流れがわかっているかを確認している。また，短文記述を通して，歴史的重要事項の理解度を評価している。

公民では，政治経済・国際社会などに対する理解を確認している。さらに短文記述では，知識と理解度を結びつけて思考する力も評価している。

## 来年度の予想と対策

来年度も，今年度と同様に，基本的な内容を確認する出題が予想される。また，短文記述問題が多く出題されるので，普段から重要事項を正確にまとめる練習をしておくことも大切である。

地理では，教科書を通して基礎知識を徹底的に身に付けるだけでなく，日本と世界の諸地域の特色について各種資料を通して分析しておこう。

歴史では，年表や図版や史料集を利用して，歴史の流れを把握しよう。また，歴史的重要事項の原因・結果・影響など，因果関係を理解しておくことも，短文記述の対策として不可欠である。

公民では，教科書に出てくる基本事項の理解を徹底しておこう。また，インターネットの報道などを通して，国内外の諸問題や時事問題と教科書の基本事項を結び付けて考察することが，短文記述の対策として有効となる。

⇨学習のポイント

- 地理では，地形図・雨温図をマスターし，略地図や各種資料を分析・活用しよう！
- 歴史では，教科書の基礎事項をテーマごとにまとめ，歴史の流れをつかもう！
- 公民では，政治・経済の基礎を整理し，国際社会や地方自治にも関心を深めよう！

# 年度別出題内容の分析表　社会

※□は出題範囲縮小の影響がみられた内容

| 分野 | 区分 | 出題内容 | 26年 | 27年 | 28年 | 29年 | 30年 | 2019年 | 2020年 | 2021年 | 2022年 | 2023年 |
|---|---|---|---|---|---|---|---|---|---|---|---|---|
| 地理的分野 | 日本 | 地形図の見方 | ○ | ○ | ○ |  | ○ | ○ | ○ | ○ | ○ | ○ |
|  |  | 日本の国土・地形・気候 | ○ | ○ | ○ | ○ | ○ | ○ | ○ | ○ | ○ | ○ |
|  |  | 人口・都市 | ○ |  | ○ | ○ | ○ |  |  | ○ |  |  |
|  |  | 農林水産業 |  |  | ○ | ○ |  | ○ | ○ | ○ | ○ | ○ |
|  |  | 工業 |  | ○ |  |  | ○ |  | ○ |  | ○ | ○ |
|  |  | 交通・通信 | ○ | ○ |  |  | ○ |  | ○ |  |  |  |
|  |  | 資源・エネルギー |  |  | ○ |  |  |  |  |  |  |  |
|  |  | 貿易 |  |  |  |  | ○ | ○ |  |  |  |  |
|  | 世界 | 人々のくらし・宗教 |  | ○ | ○ | ○ | ○ | ○ | ○ | ○ | ○ |  |
|  |  | 地形・気候 | ○ | ○ | ○ | ○ | ○ | ○ | ○ | ○ | ○ | ○ |
|  |  | 人口・都市 | ○ | ○ |  | ○ |  |  |  |  | ○ |  |
|  |  | 産業 | ○ | ○ | ○ | ○ | ○ | ○ | ○ |  | ○ | ○ |
|  |  | 交通・貿易 | ○ |  |  | ○ | ○ |  | ○ | ○ | ○ | ○ |
|  |  | 資源・エネルギー |  |  |  |  |  | ○ | ○ | ○ | ○ |  |
|  | 地理総合 |  |  |  |  |  |  |  |  |  |  |  |
| 歴史的分野 | 日本史―時代別 | 旧石器時代から弥生時代 | ○ | ○ | ○ | ○ |  | ○ |  |  | ○ |  |
|  |  | 古墳時代から平安時代 | ○ | ○ | ○ | ○ | ○ | ○ | ○ | ○ | ○ | ○ |
|  |  | 鎌倉・室町時代 | ○ | ○ | ○ | ○ | ○ | ○ | ○ | ○ |  | ○ |
|  |  | 安土桃山・江戸時代 | ○ | ○ | ○ |  | ○ | ○ | ○ | ○ | ○ | ○ |
|  |  | 明治時代から現代 | ○ | ○ | ○ | ○ | ○ | ○ | ○ | ○ | ○ | ○ |
|  | 日本史―テーマ別 | 政治・法律 | ○ | ○ | ○ | ○ | ○ | ○ | ○ | ○ | ○ | ○ |
|  |  | 経済・社会・技術 | ○ | ○ | ○ | ○ | ○ | ○ | ○ | ○ | ○ | ○ |
|  |  | 文化・宗教・教育 | ○ | ○ | ○ | ○ | ○ | ○ | ○ | ○ | ○ | ○ |
|  |  | 外交 | ○ | ○ | ○ | ○ | ○ | ○ | ○ | ○ | ○ | ○ |
|  | 世界史 | 政治・社会・経済史 |  | ○ |  |  |  | ○ | ○ |  |  | ○ |
|  |  | 文化史 |  |  |  |  |  |  |  |  |  |  |
|  |  | 世界史総合 |  |  |  |  |  |  |  |  | ○ |  |
|  | 歴史総合 |  |  | ○ |  |  |  |  |  |  |  |  |
| 公民的分野 |  | 憲法・基本的人権 | ○ |  | ○ | ○ | ○ | ○ |  | ○ | ○ |  |
|  |  | 国の政治の仕組み・裁判 | ○ |  | ○ | ○ | ○ | ○ | ○ | ○ | ○ | ○ |
|  |  | 民主主義 |  |  |  |  |  |  |  |  |  |  |
|  |  | 地方自治 |  | ○ |  |  |  | ○ | ○ | ○ |  | ○ |
|  |  | 国民生活・社会保障 |  |  | ○ |  |  | ○ | ○ | ○ | ○ | ○ |
|  |  | 経済一般 | ○ | ○ | ○ | ○ | ○ | ○ | ○ | ○ | ○ | ○ |
|  |  | 財政・消費生活 | ○ | ○ | ○ | ○ | ○ | ○ | ○ | ○ | ○ | ○ |
|  |  | 公害・環境問題 | ○ |  |  |  | ○ |  |  |  |  | ○ |
|  |  | 国際社会との関わり | ○ | ○ | ○ |  | ○ | ○ | ○ |  | ○ | ○ |
| 時事問題 |  |  |  |  |  |  |  |  |  |  |  | ○ |
| その他 |  |  |  | ○ |  |  |  |  |  |  |  | ○ |

―群馬県公立高校―

# 国語　出題傾向の分析と合格への対策

## 出題傾向とその内容

〈最新年度の出題状況〉

本年度も，前期は大問が5題，後期は大問が6題の構成で，内容も例年通りであった。2018年度以降，ほぼ一貫している。

前期は，大問一・二が知識問題，大問三が古文，大問四が漢文，大問五が説明的文章と作文の問題であった。後期は，大問一が説明的文章，大問二が小説，大問三が漢文，大問四が古文，大問五が知識問題，大問六が発表・会話形式の問題と作文の問題であった。

知識問題は，前期・後期ともに，漢字の読み書き・熟語・ことわざ・慣用句・敬語などについて出題された。現代文は，前期は説明的文章のみで，後期は説明的文章と小説の二題が出題された。作文は，前期は説明的文章，後期は発表・会話文の内容を踏まえたうえで，自分の考えを書くというものであった。作文の字数は，前期が110～140字，後期は140～180字であった。

〈出題傾向〉

前期は知識力重視，後期は読解力重視の試験であるといえよう。

知識問題は，漢字の読み書き・熟語・ことわざ・慣用句・敬語などについて，幅広い知識が求められる。

現代文は，前期は説明的文章のみで，後期は説明的文章と小説の二題が出題される傾向にある。現代文は，内容吟味の問題が中心で，説明的文章では特に指示語・接続語の問題と脱文・脱語補充の問題，小説では心情に関する問題など，標準的な形式の問題が多い。記述問題も必ず出題される。

古典は，古文と漢文がそれぞれ独立して出題される。古文であれば歴史的仮名遣い，漢文であれば返り点についての知識を問う問題が必出である。

作文は，前期であれば説明的文章，後期であれば発表・会話文の内容を踏まえたうえで，自分の考えを書くという形式のものが定着しつつある。

## 来年度の予想と対策

来年度から，前期・後期が廃止され試験が一本化される。教育委員会が公表している資料には,「検査時期の早期化に応じ，中学校の学習状況等に配慮する。」「これまでの前期選抜と後期選抜の出題方針を引き継ぎつつ，中学校学習指導要領の趣旨を踏まえ，知識及び技能とともに，それらを活用して課題を解決するために必要な，思考力，判断力，表現力等をより重視して出題する」と書かれている。すなわち，これまでの前期・後期の試験を演習することが効果的な対策になるだろう。

知識問題は，特に漢字の読み書きの占める割合が高いので，日頃から面倒くさがらずに，教科書に出てきた漢字は丁寧に書いて覚えるということをお勧めしたい。

現代文は，説明的文章と小説の問題演習をバランスよく行っておきたい。解答解説を熟読して，なぜそれが正解なのかの根拠をよく理解することを心がけよう。

古文・漢文は，歴史的仮名遣いと返り点についての知識は必ず押さえたうえで，部分訳や語注なども上手く利用しながら，本文の内容を捉える練習をしておくとよいだろう。

作文対策としては，普段から文章の内容を踏まえて，自分の考えを書く練習をするとよいだろう。最初はメモ程度で構わない。慣れてきたら，140字以内，180字以内などと字数を決めて，10～15分程度で書き上げる練習をしよう。

⇨学習のポイント

- 教科書や国語便覧などを使って基礎的な語彙力をしっかり身につけよう。
- 文章を読んで要旨を書いたり，自分の意見を書いたりする練習をしよう。
- 対策が手薄になりがちな，古文・漢文の学習も忘れずに行おう。

## 年度別出題内容の分析表 国語

※Aは前期，Bは後期／（網掛け）は前期，（枠囲み）は後期で出題範囲縮小の影響がみられた内容

| | | 出題内容 | 26年 | 27年 | 28年 | 29年 | 30年 | 2019年 | 2020年 | 2021年 | 2022年 | 2023年 |
|---|---|---|---|---|---|---|---|---|---|---|---|---|
| 内容の分類 | 読解 | 主題・表題 | | | ○ | AB | AB | A | | | | |
| | | 大意・要旨 | ○ | ○ | | | | | A | A | AB | AB |
| | | 情景・心情 | ○ | ○ | ○ | B | B | B | B | B | | B |
| | | 内容吟味 | ○ | ○ | ○ | AB | AB | AB | AB | AB | AB | AB |
| | | 文脈把握 | ○ | ○ | | AB | | B | A | B | | B |
| | | 段落・文章構成 | | ○ | ○ | | B | | A | | B | |
| | | 指示語の問題 | | | | | A | A | A | B | | |
| | | 接続語の問題 | | | | AB | | A | AB | AB | B | AB |
| | | 脱文・脱語補充 | | ○ | ○ | B | AB | AB | AB | AB | AB | AB |
| | 漢字・語句 | 漢字の読み書き | ○ | ○ | ○ | AB | AB | AB | AB | AB | AB | AB |
| | | 筆順・画数・部首 | | | | | B | | | | B | B |
| | | 語句の意味 | ○ | ○ | | | | | A | | | B |
| | | 同義語・対義語 | | | | | | | | | | |
| | | 熟語 | | | | A | A | A | AB | A | A | A |
| | | ことわざ・慣用句 | | | | A | AB | A | A | AB | AB | AB |
| | | 仮名遣い | ○ | ○ | ○ | AB | AB | AB | AB | AB | AB | AB |
| | 表現 | 短文作成 | | | | B | B | | | | | |
| | | 作文(自由・課題) | ○ | ○ | ○ | AB | AB | AB | B | AB | AB | AB |
| | | その他 | | | ○ | | | | | | | |
| | 文法 | 文と文節 | | | | A | A | A | A | | | |
| | | 品詞・用法 | | | | A | A | | A | | | A |
| | | 敬語・その他 | | | | AB | AB | AB | AB | A | A | A |
| | 古文の口語訳 | | | | | AB | B | | AB | A | A | |
| | 表現技法・形式 | | ○ | ○ | | | | | | AB | A | AB |
| | 文学史 | | | | | | | | | | | |
| | 書写 | | ○ | | | | B | B | B | | | |
| 問題文の種類 | 散文 | 論説文・説明文 | ○ | ○ | ○ | AB | AB | AB | AB | AB | AB | AB |
| | | 記録文・報告文 | | | | | | | | | | |
| | | 小説・物語・伝記 | ○ | ○ | ○ | B | B | B | B | B | B | B |
| | | 随筆・紀行・日記 | | | | | | | | | | |
| | 韻文 | 詩 | | | | | | | | | | |
| | | 和歌(短歌) | | | | A | B | B | B | | | |
| | | 俳句・川柳 | | | | | | | | | | A |
| | 古文 | | ○ | ○ | ○ | AB | AB | AB | AB | AB | AB | AB |
| | 漢文・漢詩 | | ○ | ○ | ○ | AB | AB | AB | AB | AB | AB | AB |
| | 会話・議論・発表 | | | | | B | B | B | B | B | B | B |
| | 聞き取り | | | | | | | | | | | |

# 群馬県公立高校難易度一覧

| 目安となる偏差値 | 公立高校名 |
|---|---|
| 75 ~ 73 | <br><br> |
| 72 ~ 70 | <br><br>前橋 |
| 69 ~ 67 | 高崎<br><br>太田，前橋女子 |
| 66 ~ 64 | 高崎女子<br><br>桐生(理数) |
| 63 ~ 61 | 太田女子<br>桐生<br>渋川女子 |
| 60 ~ 58 | 太田東<br>渋川，[市]高崎経済大学附属，前橋南<br>高崎北，前橋東(総合) |
| 57 ~ 55 | 沼田(数理科学)<br>富岡<br>館林 |
| 54 ~ 51 | 伊勢崎(普・グローバルコミュニケーション)，沼田<br>[市]高崎経済大学附属(音楽／美術)，高崎工業(情報技術)，沼田女子(英数)，[市]前橋市立前橋<br>高崎東，館林女子，沼田女子<br>伊勢崎清明，前橋商業(商業) |
| 50 ~ 47 | [市]桐生市立商業(商業・情報処理)，高崎工業(機械／建築)，高崎商業(グローバルビジネス・会計ビジネス・情報ビジネス・総合ビジネス)，西邑楽，前橋西(普・国際)<br>吾妻中央，前橋工業(電子機械)<br>吾妻中央(福祉)，高崎工業(工業化学)<br>伊勢崎商業(商業・会計・情報処理)，[市]太田市立太田(商業)，桐生工業(機械／建設／電気／染織デザイン)，高崎工業(電気)，西邑楽(スポーツ／音楽／美術)，前橋工業(電子／建築) |
| 46 ~ 43 | 高崎工業(土木)，前橋工業(機械)，吉井(総合)<br>桐生清桜(普／アドバンスト探究)，渋川青翠(総合)，館林商工(生産システム・建築／総合ビジネス・情報ビジネス)，前橋工業(電気／土木)<br>吾妻中央(環境工学)，伊勢崎工業(電子機械)<br>吾妻中央(生物生産)，伊勢崎工業(機械／電気／工業化学)，渋川工業(機械／自動車／電気／情報システム)<br>[組]利根商業(普／地域経済・情報経済) |
| 42 ~ 38 | 伊勢崎興陽(総合)，大泉，太田工業(機械・電子機械／電気情報)，利根実業(生物生産・グリーンライフ／機械／土木)，藤岡工業(機械・電子機械・電気)，藤岡中央(普・理数)<br>大泉(食品科学)，大間々<br>安中総合学園(総合)，尾瀬(普／自然環境)，勢多農林(植物科学・植物デザイン／資源動物／応用動物／緑地土木／食品科学)，富岡実業(生物生産・地域産業・電子機械)，榛名，藤岡北(生物生産・環境土木・ヒューマンサービス)<br><br>大泉(グリーンサイエンス)，下仁田，松井田 |
| 37 ~ | 板倉，大泉(生物生産)，玉村，長野原，新田暁(総合)<br>嬬恋(普／スポーツ・健康／流通ビジネス)，万場<br> |

＊( )内は学科・コースを示します。特に示していないものは普通科(普通・一般コース)，または全学科(全コース)を表します。また，[市]は市立を，[組]は組合立をそれぞれ表します。

＊データが不足している高校，または学科・コースなどにつきましては掲載していない場合があります。

＊公立高校の入学者は，「学力検査の得点」のほかに，「調査書点」や「面接点」などが大きく加味されて選抜されます。上記の内容は想定した目安ですので，ご注意ください。

＊公立高校入学者の選抜方法や制度は変更される場合があります。また，統廃合による閉校や学校名の変更，学科の変更などが行われる場合もあります。教育委員会などの関係機関が発表する最新の情報を確認してください。

# 不安という人なつっこい怪物。

## 曽我部恵一｜ミュージシャン

**曽我部恵一**
'90年代初頭よりサニーデイ・サービスのヴォーカリスト／ギタリストとして活動を始める。2004年，自主レーベルROSE RECORDSを設立し，インディペンデント／DIYを基軸とした活動を開始する。以後，サニーデイ・サービス／ソロと並行し，プロデュース・楽曲提供・映画音楽・CM音楽・執筆・俳優など，形態にとらわれない表現を続ける。

受験を前に不安を抱えている人も多いのではないでしょうか。今回はミュージシャンであり，３人の子どもたちを育てるシングルファーザーでもある曽我部恵一さんにご自身のお子さんに対して思うことをまじえながら，“不安”について思うことを聞いた。

### ── 子どもの人生を途中まで一緒に生きてやろうっていうのが，何だかおこがましいような気がしてしまう。

子どもが志望校に受かったらそれは喜ばしいことだし，落ちたら落ちたで仕方がない。基本的に僕は子どもにこの学校に行ってほしいとか調べたことがない。長女が高校や大学を受験した時は，彼女自身が行きたい学校を選んで，自分で申し込んで，受かったからそこに通った。子どもに「こういう生き方が幸せなんだよ」っていうのを教えようとは全く思わないし，勝手につかむっていうか，勝手に探すだろうなと思っているかな。

僕は子どもより自分の方が大事。子どもに興味が無いんじゃないかと言われたら，本当に無いのかもしれない。子どもと仲良いし，好きだけど，やっぱり自分の幸せの方が大事。自分の方が大事っていうのは，あなたの人生の面倒は見られないですよって意味でね。あなたの人生はあなたにしか生きられない。自分の人生って，設計して実際動かせるのは自分しかいないから，自分のことを責任持ってやるのがみんなにとっての幸せなんだと思う。

うちの子にはこの学校に入ってもらわないと困るんですって言っても，だいたい親は途中で死ぬから子どもの将来って最後まで見られないでしょう。顔を合わせている時，あのご飯がうまかったとか，風呂入るねとか，こんなテレビやってたよ，とかっていう表面的な会話はしても，子どもの性格とか一緒にいない時の子どもの表情とか本当はちゃんとは知らないんじゃないかな。子どもの人生を途中まで一緒に生きてやろうっていうのが，何だかおこがましいような気がしてしまう。

### ── 不安も自分の能力の一部だって思う。

一生懸命何かをやってる人，僕らみたいな芸能をやっている人もそうだけど，みんな常に不安を抱えて生きていると思う。僕も自分のコンサートの前はすごく不安だし，それが解消されることはない。もっと自分に自信を持てるように練習して不安を軽減させようとするけど，無くなるということは絶対にない。アマチュアの時はなんとなくライブをやって，なんとなく人前で歌っていたから，不安はなかったけど，今はすごく不安。それは，お金をもらっているからというプロフェッショナルな気持ちや，お客さんを満足させないとというエンターテイナーとしての意地なのだろうけど，本質的な部分は“このステージに立つほど自分の能力があるのだろうか”っていう不安だから，そこは受験をする中学生と同じかもしれない。これは不安を抱えながらぶつかるしかない。それで，ぶつかってみた結果，ライブがイマイチだった時は，僕は今でも人生終わったなって気持ちになる。だから，不安を抱えている人に対して不安を解消するための言葉を僕はかけることができない。受験生の中には高校受験に失敗したら人生終わると思ってる人もいるだろうし，僕は一つのステージを失敗したら人生終わると思ってる。物理的に終わらなくても，その人の中では終わる。それに対して「人生終わらないよ」っていうのは勝手すぎる意見。僕たちの中では一回の失敗でそれは終わっちゃうんだ。でも，失敗しても相変わらずまた明日はあるし，明後日もある。生きていかなきゃいけない。失敗を繰り返していくことで，人生は続くってことがわかってくる。子どもたちの中には，そこで人生を本当に終わらそうっていう人が出てくるかもしれないけど，それは大間違い。同じような失敗は生きてるうちに何度もあって，大人になっている人は失敗を忘れたり，見ないようにしたりするのをただ単に繰り返して生きてるだけなんだと思う。失敗したからこそできるものがあるから，僕は失敗するっていうことは良いことだと思う。挫折が多い方が絶対良い。若い頃に挫折とか苦い経験っていうのはもう財産だから。

例えば，「雨が降ってきたから，カフェに入った。そしたら偶然友達と会って嬉しかった」。これって，雨が降る，晴れるとか，天気みたいなもうどうしようもないことに身を委ねて，自然に乗っかっていったら，結局はいい出来事があったということ。僕は，無理せずにそういう風に生きていきたいなと思う。失敗しても，それが何かにつながっていくから，失敗したことをねじ曲げて成功に持っていく必要はないんじゃないかな。

不安を感じてそれに打ち勝つ自信がないのなら，逃げたらいい。無理して努力することが一番すごいとも思わない。人間，普通に生きると70年とか80年とか生きるわけで，逃げてもどこかで絶対勝負しなきゃいけない瞬間っていうのがあるから，その時にちゃんと勝負すればいいんじゃないかな。受験がどうなるか，受かるだろうか，落ちるだろうか，その不安を抱えている人は，少なからず，勝負に立ち向かっていってるから不安を抱えているわけで。それは素晴らしいこと。不安っていうのは自分の中の形のない何かで自分の中の一つの要素だから，不安も自分の能力の一部だって思う。不安を抱えたまま勝負に挑むのもいいし，努力して不安を軽減させて挑むのもいい。または，不安が大きいから勝負をやめてもいいし，あくまでも全部自分の中のものだから。そう思えば，わけのわからない不安に押しつぶされるってことはないんじゃないかな。

# ダウンロードコンテンツのご利用方法

※弊社 HP 内の各書籍ページより，解答用紙などのデータダウンロードが可能です。

※巻頭「収録内容」ページの下部 QR コードを読み取ると，書籍ページにアクセスが出来ます。（ Step 4 からスタート）

**Step 1** 東京学参 HP（https://www.gakusan.co.jp/）にアクセス

**Step 2** 下へスクロール『フリーワード検索』に書籍名を入力

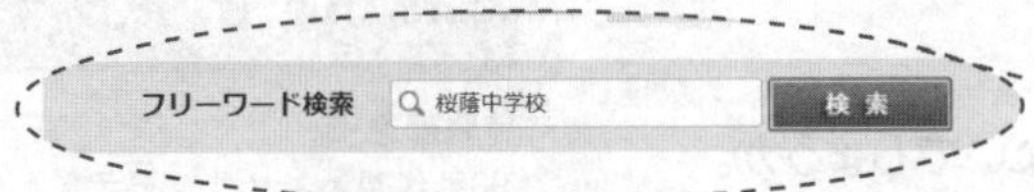


**Step 3** 検索結果から購入された書籍の表紙画像をクリックし，書籍ページにアクセス

**Step 4** 書籍ページ内の表紙画像下にある『ダウンロードページ』を
クリックし，ダウンロードページにアクセス

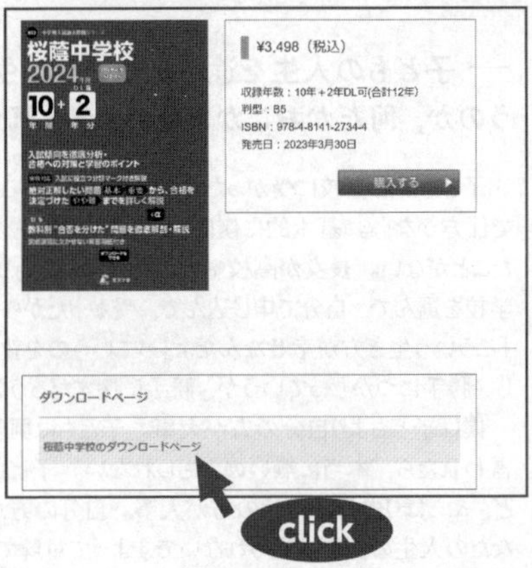


**Step 5** 巻頭「収録内容」ページの下部に記載されている
パスワードを入力し，『送信』をクリック

解答用紙・+αデータ配信ページへスマホでアクセス！ ⇒

※データのダウンロードは 2024 年 3 月末日まで。
※データへのアクセスには，右記のパスワードの入力が必要となります。 ⇒ ●●●●●●

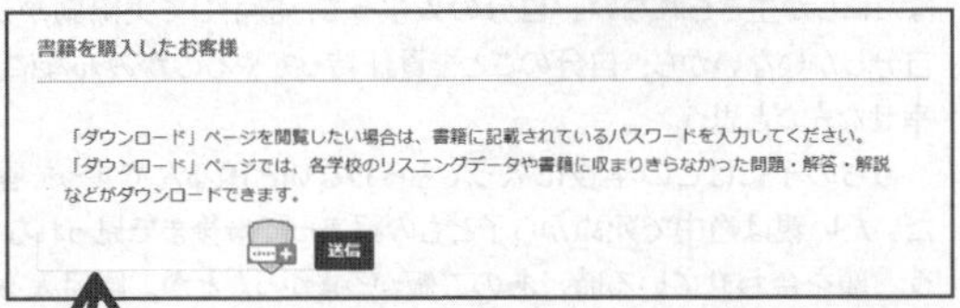


**Step 6** 使用したいコンテンツをクリック
※ PC ではマウス操作で保存が可能です。

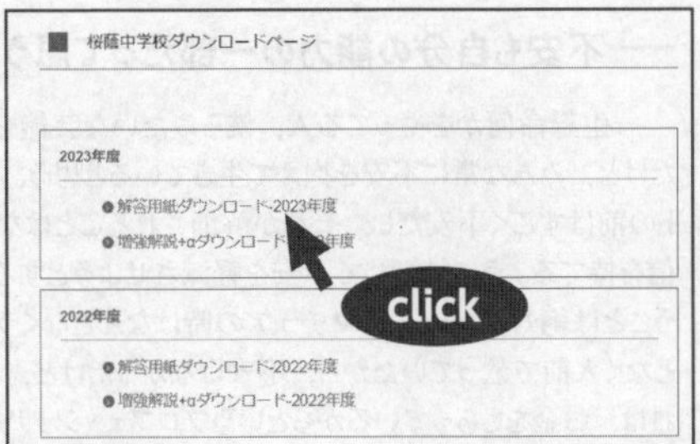

## 群馬県公立高等学校（前期）

# 2023年度

★★★★★★★★★★★★★★★★★★★★★★★★

# 入　試　問　題

2023年度

●くわしい解説……15ページ

# ＜数学＞　時間　40分　満点　50点

**1**　次の⑴～⑺の問いに答えなさい。

⑴　次の①～⑥の計算をしなさい。

①　$-6+4$　②　$5\times(-3)^2$　③　$2\times(-2a)$

④　$3x+4y-(x-y)$　⑤　$(12a-8b)\div4$　⑥　$\dfrac{9}{\sqrt{3}}+\sqrt{12}$

⑵　$(x-1)(y+3)$ を展開しなさい。

⑶　$x^2-2x-15$ を因数分解しなさい。

⑷　次の図のように，長方形ABCDを合同な直角三角形ア～クに分ける。直角三角形アを，点Oを中心にして，反時計回りに180°回転移動させたとき，ちょうど重なる直角三角形をイ～クから１つ選び，記号で答えなさい。

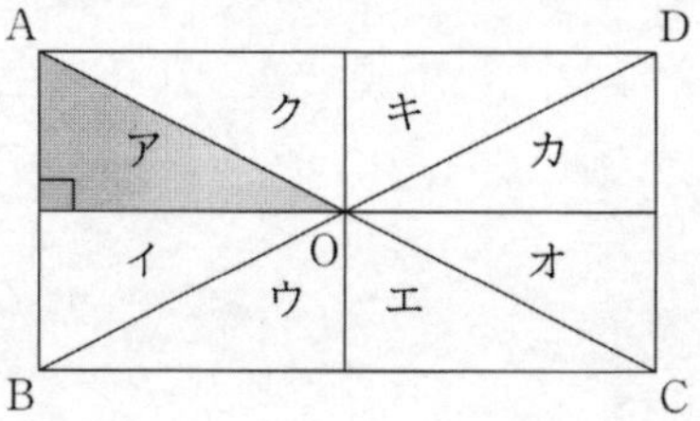


⑸　$y$ は $x$ に反比例し，$x=-4$ のとき $y=-3$ である。$y$ を $x$ の式で表しなさい。

⑹　連立方程式 $\begin{cases}3x+2y=-1\\ y=x-3\end{cases}$ を解きなさい。

⑺　右の図で，$\angle x$ の大きさを求めなさい。

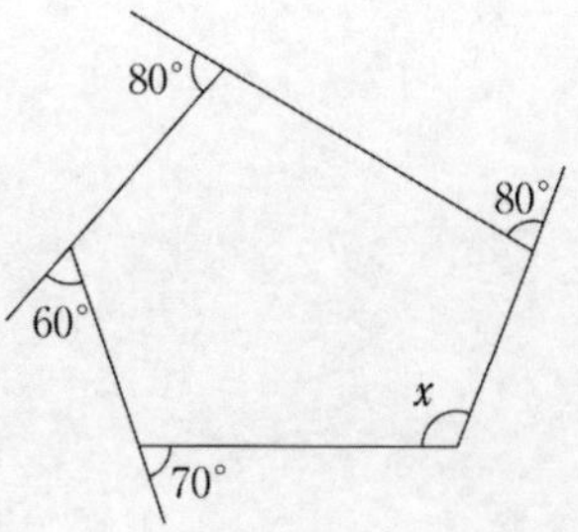

**2**　次の(1)～(4)の問いに答えなさい。

(1)　右の図の直線 $y = ax + b$ における $a$ と $b$ について，正しく表しているものを，次のア～エから１つ選び，記号で答えなさい。

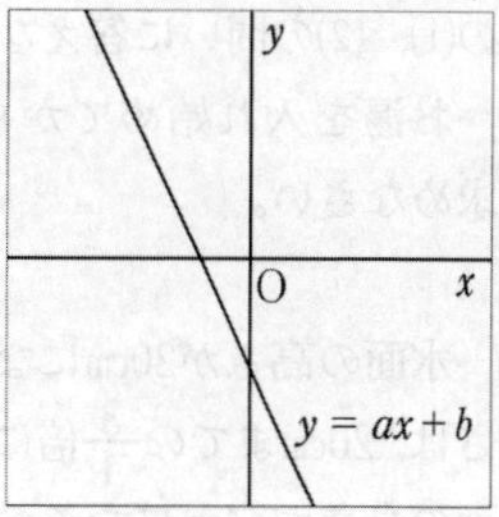


ア　$a + b > 0,\ ab > 0$
イ　$a + b > 0,\ ab < 0$
ウ　$a + b < 0,\ ab > 0$
エ　$a + b < 0,\ ab < 0$

(2)　右の図のような∠C＝90°の直角三角形ABCにおいて，AB＝４㎝，AC＝３㎝である。この直角三角形ABCを，直線ACを回転の軸として１回転させてできる立体の体積を求めなさい。
　ただし，円周率は $\pi$ とする。

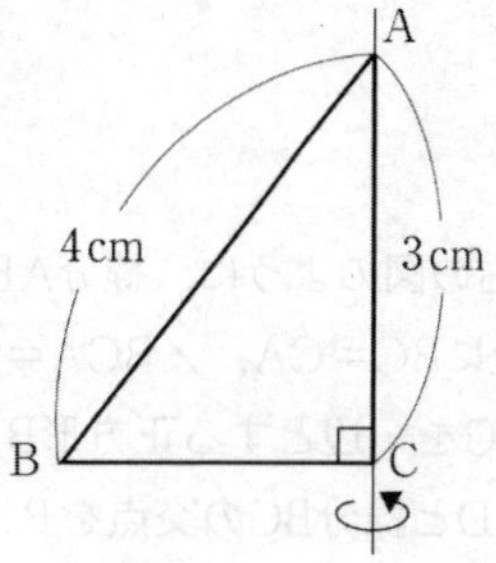


(3)　右の表は，Ａ中学校の生徒80人とＢ中学校の生徒100人について通学時間を調べ，各階級の相対度数をまとめたものである。20分以上25分未満の階級の生徒の人数は，どちらの中学校の方が何人多いか，答えなさい。

| 階級（分） | 相対度数 | |
|---|---|---|
| | Ａ中学校 | Ｂ中学校 |
| 以上　未満 | | |
| 0 ～ 5 | 0.05 | 0.04 |
| 5 ～ 10 | 0.25 | 0.21 |
| 10 ～ 15 | 0.30 | 0.34 |
| 15 ～ 20 | 0.20 | 0.22 |
| 20 ～ 25 | 0.15 | 0.15 |
| 25 ～ 30 | 0.05 | 0.04 |
| 計 | 1.00 | 1.00 |

(4)　ある部活動で，タオルを30枚注文することにした。Ａ店とＢ店でタオル１枚の定価は同じであったが，30枚注文すると，Ａ店では全てのタオルが１枚当たり定価の10％引きになり，Ｂ店では注文したタオルのうちの１枚分が無料になることが分かった。また，タオル30枚の合計金額は，Ａ店の方が1200円安かった。このとき，タオル１枚の定価を求めなさい。ただし，消費税は考えないものとする。
　なお，解答用紙の（解）には，答えを求める過程を書くこと。

**3**　右の図Ⅰのような，直方体の底面から直方体を切り取った階段状の浴槽に，お湯を一定の水量で入れ続ける。次のページの図Ⅱは，空の浴槽にお湯を入れ始めてから $x$ 分後の水面の高さを $y$ ㎝と

図Ⅰ

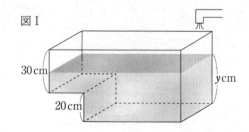

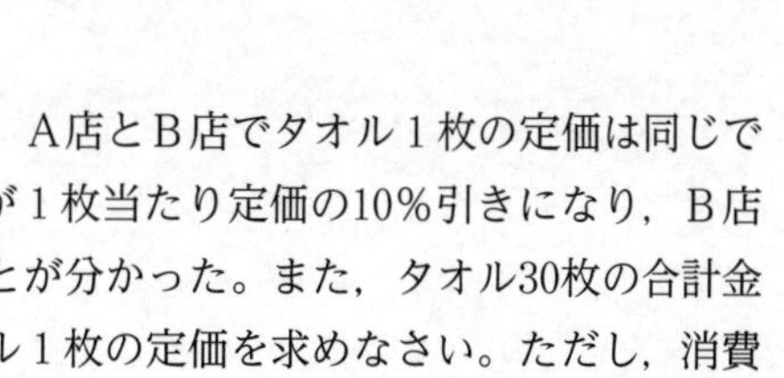

して，$x$ と $y$ の関係をグラフに表したものである。次の(1)，(2)の問いに答えなさい。

(1)　お湯を入れ始めてから３分後の水面の高さを求めなさい。

(2)　水面の高さが20㎝になった後，水面の上がる速さは，20㎝までの$\frac{3}{4}$倍に変わった。このとき，水面の高さが44㎝になるのは，お湯を入れ始めてから何分後か，求めなさい。

図Ⅱ

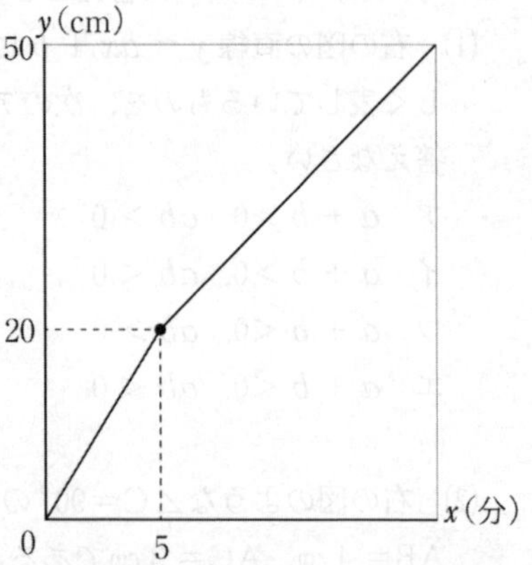


**4**　右の図のように，線分ABを直径とする円Oの円周上にBC＝CA，∠BCA＝90°となる点Cをとり，辺BCを一辺とする正方形BDECを作る。また，線分ADと線分BCの交点をP，線分ADと円Oの交点をQとしたとき，次の(1)~(3)の問いに答えなさい。

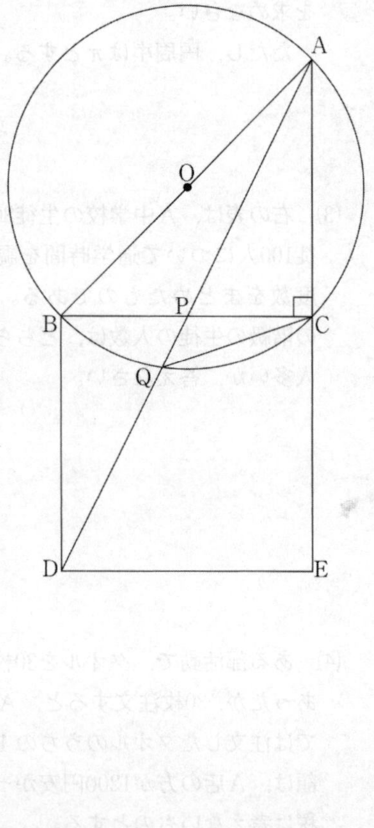


(1)　∠AQCの大きさを求めなさい。

(2)　三角形ABPと三角形CQPが相似であることを証明しなさい。

(3)　BD＝２㎝のとき，CQの長さを求めなさい。

# ＜英語＞

時間　40分　　満点　50点

**1**　次のA～Dは，中学生のAyaが英語の授業で発表した際に用いた4枚のスライドとその説明です。スライドを参考にして，（　）に当てはまる単語をそれぞれ1つ書きなさい。ただし，与えられた文字から始まる単語とすること。

A

Last (S　　　), I went to a park with my family. There were a lot of flowers.

B

I enjoyed（t　　　）pictures.

C

At noon, we（a　　　）lunch. It was very delicious.

D

At a shop in the park, we (b　　　) flowers for my grandmother, and we went home.

**2**　次の⑴～⑶の対話文で，［　　］に当てはまるものとして最も適切なものを，それぞれア～エから選びなさい．

⑴　*A:* I went to Kyoto last month.
*B:* That's nice. ［　　　　　　］
*A:* I went there by car.
*B:* Wow! I thought you went there by *Shinkansen*.
ア　How did you go there?　　イ　When did you visit it?
ウ　Why did you choose Kyoto?　　エ　Where did you go?

⑵　*A:* Happy birthday! This is a present for you.
*B:* Thank you. ［　　　　　　］
*A:* Sure. I hope you like it.
*B:* Oh, I have wanted this! Thank you very much.
ア　May I help you?　　イ　Will you find it?
ウ　Can I open it now?　　エ　Could you say that again?

⑶　*A:* Let's go to the mountains to see stars tonight.
*B:* Sounds good. But it's raining now.
*A:* Don't worry. ［　　　　　　］
*B:* Oh, really? Great.
ア　It will be rainy next week, too.　　イ　It will stop raining this evening.
ウ　It wasn't cloudy in the morning.　　エ　It won't be cloudy tomorrow.

**3**　次の英文は，中学生のMikaとアメリカに住むLucyが交わしたメールのやり取りです。これを読んで，後の⑴～⑷の問いに答えなさい。

Hello Mika,

How are you?

Your basketball team won the *tournament!  I play basketball, too. It will be very nice if I can play it with you someday.

Lucy

Hello Lucy,

Thank you for your e-mail. Let's play basketball together someday!

By the way, you used a hand *emoji in your e-mail. What does it mean? My friends and I use it when we have a question. But I think it was ( ① ) to mean something different in your e-mail.

Mika

Hello Mika,

The hand emoji means an *action called "high-five". Do you know "high-five"? We do it after we do something great. For example, we do it when we *score in a basketball game.

When you do a high-five, first, you raise your right hand. Your friend does the same thing. Then, you hit your friend's hand *above your heads. That action is a high-five. I was happy ( ② ) that your team won the tournament, so I used the hand emoji to do a high-five with you. Do you do high-fives in Japan, too?

Lucy

---

Hello Lucy,

We also do high-fives in Japan! But I have never heard that the hand emoji means that action before. Now I understand why you used that hand emoji. [A] Thank you!

Mika

---

Hello Mika,

I also have a question about the emoji of a woman raising her arms in your e-mail. I think the woman is dancing, so I use the emoji when I am happy. Does it mean the same thing to you, too?

Lucy

---

Hello Lucy,

Actually, the woman emoji means "OK". The woman is making "0" with her arms. I think it comes from "OK". But the woman emoji also means you are happy! I didn't know that. [　B　] Interesting!

Mika

（注） tournament トーナメント　emoji 絵文字　action 動作　score 得点する
above ～ ～の上で

⑴　本文中の（①），（②）に当てはまるものとして最も適切なものを，それぞれア～エから選びなさい。

①　ア　use　　イ　used　　ウ　using　　エ　to use

②　ア　hear　　イ　heard　　ウ　was hearing　　エ　to hear

⑵　本文中の絵文字  について，Lucy がこの絵文字を使って伝えようとした意味として最も適切なものを，次のア～エから選びなさい。

ア　Good bye.　　イ　Good job.　　ウ　I have a question.　　エ　Please stop.

⑶　本文の内容から考えて，A に当てはまる絵文字として最も適切なものを，次のア～エから選びなさい。

ア

イ

ウ

エ

⑷　本文の内容から考えて，B に当てはまるものとして最も適切なものを，次のア～エから選びなさい。

ア　Both you and I play basketball and do high-fives when we are happy.

イ　I use the woman emoji when I am happy, but you use something different.

ウ　You often dance with your friends when you are happy, but I don’t.

エ　We have found another emoji that has different meanings.

**4**　次の英文は，中学生の Shohei が，ホームステイでの体験について，英語の授業で発表したスピーチです。これを読んで，後の⑴～⑷の問いに答えなさい。

Last August, I went to New Zealand and stayed with a *host family. They had a boy who was as old as me. His name was Bob. Before I went there, he sent me an e-mail and said that they had a very large *farm. Also, he said that there were about three hundred *cows on the farm. I love animals, so I was very excited.

I stayed with Bob’s family for two weeks and went to school with Bob. He always helped me at school when I was *in trouble. After school, he helped his family on the farm. At first, I didn’t know what to do. So Bob showed me how to *milk the cows and clean the cows’ beds. Working on the large farm was very hard, but it was interesting to learn something new.

One day, I got up early. When I looked outside, Bob and his father were trying to move the cows. However, some cows didn’t want to move, so Bob’s father was *pushing them. Other cows were running away, so Bob was trying to catch them. I ran to Bob and said, “I will help you!” Bob answered, “Oh, that’s great! Thank you.” Then I helped Bob catch and move the cows. After that, Bob’s father said, “Thank you very much, Shohei. The cows should eat a lot of *grass to make good milk. When there is not enough grass on one area of the farm, we need to move them to another area." Bob said, "I was very glad when you came and helped us. Thank you." I was glad, too. They always helped me, so I really wanted to help them.

Bob and I became very good friends. I will never forget him and the things I learned there. Now I think it is very important to help people when they are in trouble.

（注） host family　ホストファミリー　　farm　牧場　　cow　牛　　in trouble　困って
milk ～　～の乳しぼりをする　　push ～　～を押す　　grass　牧草

(1) 次の【メモ】は，Shohei がスピーチの内容を考える際に作成したものです。[　　] 内に当てはまるものとして適切なものを，後のア～オから全て選びなさい。

【メモ】

Things that Bob did for me:

[　　　　　　　　]

ア　asking me to push the cows
イ　helping me at school
ウ　sending me an e-mail
エ　teaching me how to clean my bed
オ　teaching me how to milk the cows

(2) 次の①，②の問いに対して，本文の内容に合うように，それぞれ 4 語以上の英語で答えなさい。

①　How long did Shohei stay with his host family?

②　What were Bob and his father doing outside when Shohei got up early in the morning?

(3) 本文の内容と合っているものを，次のア～エから 1 つ選びなさい。

ア　Shohei learned that Bob's family had a farm when he arrived there.
イ　Bob often helped Shohei because Shohei was younger than Bob.
ウ　Shohei was not interested in working on the farm because it was very hard.
エ　After moving the cows, Bob's father told Shohei why they needed to do that.

(4) Shohei のスピーチの後で，本文中の下線部の発言に関して，自分が経験したできごとについて話す活動を行いました。そこで，Ryota は，【電車内での経験】の A，B で示されたできごとについて話すことにしました。あなたが Ryota なら，次の [　　] で何と言いますか。次のページの《条件》に従って，英語で書きなさい。

One day, I [　　　　　　　　]

And she said, "Thank you very much."

【電車内での経験】

A
Ryota
B
・・・
どうも
ありがとう
ございます。

《条件》

- □ に，AからBへと続く場面の展開を踏まえて，Ryotaが経験したできごとの内容を，書き出しに続けて20語～30語の英語で書くこと。Bの場面については，Ryotaが発言した内容も考えて書くこと。
- 英文の数はいくつでもよく，符号（ , . ! ? “ ” など）は語数に含めません。
- 解答の仕方は，［記入例］に従うこと。

　［記入例］ Is ___ it ___ raining ___ now? ___ No, ___ it ___ isn't.

こともあるが外れることもある。たとえ外れることがあっても、「ないよりはずっとまし」ということには、きっとみんな同意してくれることだろう。

天気予報で明日の最高気温が三〇℃といわれても、実際には三一℃だったり、二九℃だったりすることも多い。しかし、三〇℃の予報なのに実際には二〇℃、なんてことはほとんどないだろう。未来の予測は、「だいたいこの範囲」というのを教えてくれる。その範囲の近くでずれることは多々あるけど、大きくずれることはそんなにないだろう。地球温暖化など環境問題に関する未来予測も、天気予報と似たようなものである。未来予測は、しないよりはしたほうが「ずっとまし」。予測があるからこそ、僕らは未来のために、いま行動を変えることができる。雨の天気予報に接したら傘をかばんにいれるみたいに、将来の温暖化予測に接したとき、いま行動を変えることが可能なのだ。

（伊勢武史『２０５０年の地球を予測する科学でわかる環境の未来』による。）

㈠　文中□に当てはまる語句として最も適切なものを、次のア～エから選びなさい。

ア　因果応報　　イ　諸行無常　　ウ　他力本願　　エ　本末転倒

㈡　文中A――「やっていることはお坊さんも科学者もおなじだ」とありますが、筆者は、「お坊さん」と「科学者」のどのようなところが同じだと述べていますか。最も適切なものを、次のア～エから選びなさい。

ア　人間の存在は悪であるとし、人々を不安がらせるところ。

イ　現在の行動が、今後どのような結果を招くかを伝えるところ。

ウ　現実を否定する一方、未来への希望について考えさせるところ。

エ　人々に反省を促し、他人に感謝されるような行動を求めるところ。

㈢　文中□に当てはまる語として最も適切なものを、次のア～エから選びなさい。

ア　しかし　　イ　ただし　　ウ　だから　　エ　なぜなら

㈣　文中B――「とても身近な未来予測の例として、天気予報がある」とありますが、筆者がここで「とても身近な未来予測の例」として「天気予報」を取り上げているのはどのようなねらいがあるからだと考えられますか、書きなさい。

㈤　「未来を予測する」ということについて、あなたはどのように考えますか。本文の内容を踏まえて、百十字以上、百四十字以内で書きなさい。

〔訓読文〕

子游問《フ》レ孝《ヲ》。子曰《ハク》、「今之《の》孝者《は》、是《レ》謂《フ》二能《ク》養《フコトヲ》一。至《ルマデ》二於犬馬《ニ》一、皆能《ク》有《リ》レ養《フコト》。不《ずンバ》レ敬《セ》、何《ヲ》以《テ》別《タン》乎《や》。」

（『論語』による。）

（注）子游……孔子の弟子の一人。
　　能く〜……〜できる。

㈠ 〔書き下し文〕中の□には、〔訓読文〕中——「能《ク》有《リ》レ養《フコト》」を書き下し文に書き改めたものが入ります。□に当てはまるように、「能《ク》有《リ》レ養《フコト》」を、書き下し文に書き改めなさい。

㈡ この文章から読み取れることとして最も適切なものを、次のア〜エから選びなさい。

ア 親を尊重する「孝」の心を持たなければ、いずれ親の気持ちも子供から離れていくことになる。

イ 親に対する「孝」と犬や馬に対する「孝」は異なっていると言えるが、実際に区別することは難しい。

ウ 尊敬の念を抱いて接することができれば、犬や馬であっても主人に対して「孝」の気持ちを持つようになる。

エ 親を養うことができるかどうかだけではなく、親を敬う心があってはじめて真の意味での「孝」ということになる。

**五** 次の文章を読んで、後の㈠〜㈤の問いに答えなさい。

環境問題について考えるときは、未来の予測がつきものになる。未来予測は、いま僕らがどのように行動したら未来はどうなるか、ということを教えてくれる。それは、未来をのぞく望遠鏡のようなもの。

現代に生きる僕らの行動が、将来どんな影響を及ぼすのか。仏教の教えでは□という考え方があるけれど、科学による未来予測も意味合いは共通していて、僕らの行動が将来どのような影響を招くか考えること。これにより、「いま環境にわるいことをしたら、こんなわるい未来が待ってますよ」というのを市民に示すことができる。そのむかし、お寺のお坊さんは「わるいことをしたら地獄に落ちますよ」と説法を行い、説得力を増すために地獄の情景を描いた絵を用いたりした。現代の科学者は、未来予測のシミュレーションを行い、その結果をコンピュータグラフィックスで可視化する。Aやっていることはお坊さんも科学者もおなじだ。僕らの前には行動の選択肢がある。僕らひとりひとりが未来を見据えて自分のすべきことを決めるための情報提供をしているのである。

未来予測について、大事な事実がある。科学者はいまだにタイムマシンの開発に成功していない。□、未来を予測しても、それが正解かどうか厳密な意味では確かめようがないのだ。「そんな不確かなものは信じられない」「未来を完璧に予測するのは不可能だから、未来予測なんてする価値ないよ」なんて言う人もいる。しかし、たとえ不完全であっても、未来を予測することにはそれなりの価値があると思う。

Bとても身近な未来予測の例として、天気予報がある。天気予報のおかげで、僕らは雨を予期して傘を持ち歩いたりして、ずぶぬれになるのを避けることができる。確かに天気予報には実用的な価値があるだろう。しかし、天気予報はいつでも確実に当たるわけではない。朝の天気予報ではいい天気だと言っていたのに、夕方になって雨に降られたなどの経験は、みんな持っていることだろう。天気予報は、当たる

㈢ 次の文の□に当てはまる語として最も適切なものを、後のア～エから選びなさい。

何かあれば、必要□お声がけください。

ア に限り　イ にあたり　ウ に応じて　エ につれて

㈣ 次の①、②の対話の□に当てはまる言葉として最も適切なものを、それぞれ後のア～エから選びなさい。

①

Aさん　最優秀賞は彼女だったんだね。これで彼女がプロとしてデビューするのは間違いないね。

Bさん　そうだね。この賞はプロへの□と言われているからね。

ア 登竜門　イ 金字塔

ウ 漁夫の利　エ 背水の陣

②

生徒　今日まで一生懸命練習してきましたが、明日の試合はやはり不安です。

コーチ　大丈夫だよ、これだけ練習したんだもの。間違いなく勝てるさ。私が□よ。

ア 油を売る　イ 肩を並べる

ウ 太鼓判を押す　エ 手塩にかける

## 三

次の文章を読んで、後の㈠～㈢の問いに答えなさい。

ここに人ありて、宝玉を以《もつ》てつぶてとし、雀《すずめ》をうたば、愚なりとて、人必ずAわらはん。至りて、おもき物をすてて、至りてかろき物を得んとすればなり。人の身は至りておもし。然《しか》るに至りてかろき小なる欲をむさぼりて身をそこなふは、B軽重をしらずといふべし。宝玉を以て雀をうつがごとし。

（『養生訓』による。）

（注）つぶて……投げつけるための小石。

㈠ 文中A――「わらはん」を現代仮名遣いで書きなさい。

㈡ 文中B――「軽重をしらず」とありますが、次のア～オのうち、本文中で「軽（かろき物）」と「重（おもき物）」に当たるものとして述べられているものはどれですか。「軽」と「重」のそれぞれについて、適切なものを、ア～オから全て選びなさい。

ア 宝玉　イ 雀　ウ 愚　エ 人の身　オ 小なる欲

㈢ この文章で述べられていることとして最も適切なものを、次のア～エから選びなさい。

ア 何事にもふさわしいものが存在しており、何が適切なのかを見極めないと自分自身が苦しむということになる。

イ ものの価値やありがたさは人によって感じ方が異なるが、日頃から周囲への思いやりを持たない者は愚か者である。

ウ 取るに足らない欲のために自分自身の体を悪くするのは、何が本当に大切なのかを分かっていないということになる。

エ 小さな欲望によって体を壊すことがあるのも事実だが、大きな欲望はむしろ自分自身を大きく成長させるものである。

## 四

次の文章を読んで、後の㈠、㈡の問いに答えなさい。

［書き下し文］

子游《しいう》孝を問ふ。子曰《い》はく、「今の孝は、是《こ》れ能《よ》く養ふことを謂《い》ふ。犬馬に至るまで、皆□。敬せずんば、何を以《もつ》て別《わか》たんや。」（どうして区別できようか、いやできない）と。

# 〈国語〉

時間　四〇分　満点　五〇点

一　次の㈠～㈤の問いに答えなさい。

㈠　次の①～⑤の――の平仮名の部分を漢字で書きなさい。

①　人形をあやつる。
②　きけんな作業を行う。
③　チーム全体をひきいる。
④　たんじゅんな構造の玩具。
⑤　できるだけしゅっぴを抑える。

㈡　次の①～⑤の――の漢字の読みを平仮名で書きなさい。

①　米を水に浸す。
②　雪辱を果たす。
③　余暇を楽しむ。
④　手土産を携える。
⑤　人生の岐路に立つ。

㈢　次の①、②の四字熟語について、――の平仮名の部分に当たる漢字として最も適切なものを、それぞれ後のア～エから選びなさい。

①　意味しん長
ア　心　イ　深　ウ　身　エ　伸

②　五里む中
ア　六　イ　無　ウ　夢　エ　霧

㈣　次の①、②は、(例)で示した熟語と同じように、似た意味の漢字を組み合わせた二字の熟語です。□に当てはまる漢字をそれぞれ書きなさい。

(例)　絵画
①　河□　②　□冷

㈤　次の俳句の季語と句切れの組み合わせとして最も適切なものを、後のア～エから選びなさい。

名月や池をめぐりて夜もすがら　松尾芭蕉

ア　［季語］名月　［句切れ］初句切れ
イ　［季語］名月　［句切れ］句切れなし
ウ　［季語］夜　［句切れ］初句切れ
エ　［季語］夜　［句切れ］句切れなし

二　次の㈠～㈣の問いに答えなさい。

㈠　次の対話の□に当てはまる敬語として最も適切なものを、後のア～エから選びなさい。

Aさん　明日、当社で行われる展示会には、どなたが□。
Bさん　副社長と私が参ります。

ア　伺いますか　イ　召しあがりますか
ウ　お目にかかりますか　エ　お見えになりますか

㈡　次の文の――の部分と同じ意味で「から」が用いられているものとして最も適切なものを、後のア～エから選びなさい。

おなかがすいたから、そろそろ昼食にしよう。

ア　友人から昨日の様子を教えてもらった。
イ　家に帰ってから、本の続きを読もうと思う。
ウ　この衣料品は、ペットボトルから作られている。
エ　毎日走っているから、この程度の登山では疲れない。

前期

# 2023年度
# 解答と解説

《2023年度の配点は解答用紙集に掲載してあります。》

## <数学解答>

**1**　(1)　①　$-2$　②　$45$　③　$-4a$　④　$2x+5y$　⑤　$3a-2b$　⑥　$5\sqrt{3}$

(2)　$xy+3x-y-3$　(3)　$(x+3)(x-5)$　(4)　オ　(5)　$y=\dfrac{12}{x}$

(6)　$(x=)1$，$(y=)-2$　(7)　$(\angle x=)110(°)$

**2**　(1)　ウ　(2)　$7\pi(\mathrm{cm}^3)$　(3)　B(中学校の方が)3(人多い)

(4)　600(円)(求める過程は解説参照)

**3**　(1)　12(cm)　(2)　13(分後)

**4**　(1)　$(\angle \mathrm{AQC}=)45(°)$　(2)　解説参照　(3)　$\dfrac{2\sqrt{10}}{5}$(cm)

## <数学解説>

**1**　(数・式の計算，平方根，式の展開，因数分解，回転移動，比例関数，連立方程式，角度)

(1)　①　異符号の2数の和の符号は絶対値の大きい方の符号で，絶対値は2数の絶対値の大きい方から小さい方をひいた差だから，$-6+4=(-6)+(+4)=-(6-4)=-2$

②　$(-3)^2=(-3)\times(-3)=9$だから，$5\times(-3)^2=5\times9=45$

③　$2\times(-2a)=-(2\times2a)=-(2\times2\times a)=-4a$

④　$3x+4y-(x-y)=3x+4y-x+y=3x-x+4y+y=(3-1)x+(4+1)y=2x+5y$

⑤　分配法則を使って，$(12a-8b)\div4=(12a-8b)\times\dfrac{1}{4}=12a\times\dfrac{1}{4}-8b\times\dfrac{1}{4}=3a-2b$

⑥　$\dfrac{9}{\sqrt{3}}=\dfrac{9\times\sqrt{3}}{\sqrt{3}\times\sqrt{3}}=\dfrac{9\sqrt{3}}{3}=3\sqrt{3}$，$\sqrt{12}=\sqrt{2^2\times3}=2\sqrt{3}$だから，$\dfrac{9}{\sqrt{3}}+\sqrt{12}=3\sqrt{3}+2\sqrt{3}=(3+2)\sqrt{3}=5\sqrt{3}$

(2)　$\boldsymbol{(a+b)(c+d)=ac+ad+bc+bd}$より，$(x-1)(y+3)=\{x+(-1)\}(y+3)=x\times y+x\times3+(-1)\times y+(-1)\times3=xy+3x-y-3$

(3)　たして$-2$，かけて$-15$になる2つの数は，$(+3)+(-5)=-2$，$(+3)\times(-5)=-15$より，$+3$と$-5$だから$x^2-2x-15=\{x+(+3)\}\{x+(-5)\}=(x+3)(x-5)$

(4)　**回転移動**では，対応する点は，**回転の中心**からの距離が等しく，回転の中心と結んでできた角の大きさはすべて等しい。また，図形を180°だけ回転移動させることを，**点対称移動**という。右図で，直角三角形アを，点Oを中心にして，反時計回りに180°回転移動させたとき，点Aと点C，点Eと点Fがそれぞれ重なり，直角三角形オにちょうど重なる。

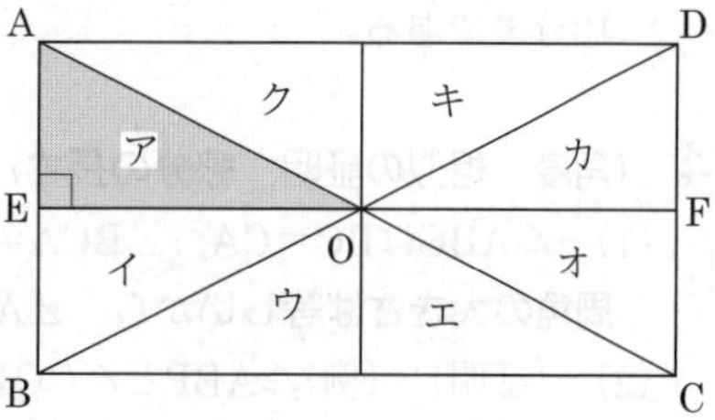


(5)　**yはxに反比例する**から，$x$と$y$の関係は$y=\dfrac{a}{x}$と表せる。$x=-4$のとき$y=-3$だから，これを代入して，$-3=\dfrac{a}{(-4)}$　$a=(-3)\times(-4)=12$　よって，$x$と$y$の関係は$y=\dfrac{12}{x}$と表せる。

(6)　連立方程式$\begin{cases} 3x+2y=-1\cdots\text{①} \\ y=x-3\cdots\text{②} \end{cases}$　②を①に代入して$3x+2(x-3)=-1$　$3x+2x-6=-1$　$3x+2x=-1+6$　$5x=5$　$x=1$　これを②に代入して$y=1-3=-2$　よって，連立方程式の解は$x=1$，$y=-2$

(7)　**多角形の外角の和は360°**だから，$\angle x$ととなり合う外角の大きさは，$360°-(70°+60°+80°+80°)=360°-290°=70°$　よって，$\angle x=180°-70°=110°$

## 2 (一次関数，回転体の体積，資料の散らばり・代表値，方程式の応用)

(1)　定数$a$，$b$を用いて$y=ax+b$と表される関数は一次関数であり，そのグラフは傾きが$a$，切片が$b$の直線である。グラフは，$a>0$のとき，$x$が増加すると$y$も増加する右上がりの直線となり，$a<0$のとき，$x$が増加すると$y$は減少する右下がりの直線となる。また，切片$b$は，グラフが$y$軸と交わる点$(0,\ b)$の$y$座標になっている。問題のグラフは，右下がりの直線であり，$y$軸と交わる点の$y$座標が負であるから，$a<0$，$b<0$。これより，$ab>0$である。また，直線上の$x=1$に対応する点の$y$座標は明らかに負であるから，$y=a\times1+b=a+b<0$である。

(2)　$\triangle$ABCに**三平方の定理**を用いると，$\mathrm{BC}=\sqrt{\mathrm{AB}^2-\mathrm{AC}^2}=\sqrt{4^2-3^2}=\sqrt{7}$ (cm)　よって，できる立体は，底面の円の半径が$\sqrt{7}$ cm，高さが3cmの円錐だから，その体積は$\frac{1}{3}\times\pi\times(\sqrt{7})^2\times3=7\pi$ (cm$^3$)

(3)　**相対度数$=\dfrac{\text{各階級の度数}}{\text{度数の合計}}$**より，各階級の度数＝度数の合計×相対度数だから，A中学校とB中学校の20分以上25分未満の階級の度数は，それぞれ$80\times0.15=12$(人)，$100\times0.15=15$(人)である。これより，B中学校の方が$15-12=3$(人)多い。

(4)　(求める過程)　(例)タオル1枚の定価を$x$円とすると$29x-\frac{90}{100}x\times30=1200$　$2x=1200$　$x=600$　$x=600$は問題に適している。

## 3 (関数とグラフ)

(1)　$0\leqq x\leqq5$における図Ⅱのグラフは，原点と点$(5,\ 20)$を通る直線だから，$x$と$y$の関係は$y=\frac{20}{5}x=4x\cdots$①　と表せる。これより，お湯を入れ始めてから3分後の水面の高さは，①に$x=3$を代入して，$y=4\times3=12$(cm)

(2)　$0\leqq x\leqq5$における水面の上がる速さは$20\div5=4$(cm/分)　水面の高さが20cmになった後，水面の上がる速さは，20cmまでの$\frac{3}{4}$倍に変わったから，その速さは$4\times\frac{3}{4}=3$(cm/分)　これより，$5\leqq x$における図Ⅱのグラフの$x$と$y$の関係は$y=20+3(x-5)=3x+5\cdots$②と表せる。よって，水面の高さが44cmになるのは，②に$y=44$を代入して，$44=3x+5$　$x=13$　お湯を入れ始めてから13分後である。

## 4 (角度，相似の証明，線分の長さ)

(1)　$\triangle$ABCはBC＝CA，$\angle$BCA＝90°の直角二等辺三角形だから，$\angle$ABC＝45°　**$\overset{\frown}{\mathrm{AC}}$に対する円周角の大きさは等しい**から，$\angle$AQC＝$\angle$ABC＝45°

(2)　(証明)　(例)$\triangle$ABPと$\triangle$CQPにおいて$\overset{\frown}{\mathrm{AC}}$に対する円周角は等しいので，$\angle$ABP＝$\angle$CQP…①　$\overset{\frown}{\mathrm{BQ}}$に対する円周角は等しいので，$\angle$BAP＝$\angle$QCP…②　①，②より，2組の角がそれぞれ等しいので$\triangle$ABP∽$\triangle$CQP

(3)　$\triangle$ABCは**直角二等辺三角形で，3辺の比は1：1：$\sqrt{2}$**だから，$\mathrm{AB}=\mathrm{BC}\times\sqrt{2}=\mathrm{BD}\times\sqrt{2}=2\sqrt{2}$ (cm)　$\triangle$ACPと$\triangle$DBPにおいて　CA＝BC＝BD＝2cm…①　$\angle$ACP＝$\angle$DBP＝90°…②

AE//BDより，平行線の錯角は等しいから，$\angle CAP=\angle BDP$…③　①，②，③より，1組の辺とその両端の角がそれぞれ等しいので，$\triangle ACP\equiv\triangle DBP$　よって，$CP=BP=\frac{BC}{2}=1$(cm)　$\triangle ACP$に三平方の定理を用いると，$AP=\sqrt{CA^2+CP^2}=\sqrt{2^2+1^2}=\sqrt{5}$ (cm)　$\triangle ABP\backsim\triangle CQP$より，相似な図形の，対応する線分の長さの比はすべて等しいから，$AB:CQ=AP:CP$　$CQ=\frac{AB\times CP}{AP}=\frac{2\sqrt{2}\times 1}{\sqrt{5}}=\frac{2\sqrt{2}}{\sqrt{5}}=\frac{2\sqrt{10}}{5}$(cm)

## <英語解答>

**1**　A　Sunday　　B　taking　　C　ate　　D　bought

**2**　(1)　ア　　(2)　ウ　　(3)　イ

**3**　(1)　①　イ　　②　エ　　(2)　イ　　(3)　イ　　(4)　エ

**4**　(1)　イ，ウ，オ　　(2)　①　(例)He stayed with them for two weeks.
②　(例)They were trying to move the cows.　　(3)　エ　　(4)　(例)(One day, I) was sitting on the train.  Then I saw an old woman carrying many bags. She couldn’t find a place to sit, so I stood up and said, “ Please sit here.” (And she said, “ Thank you very much.”)

## <英語解説>

**1**　(語句補充：名詞，動名詞，過去形)

A　この前の日曜日，私は家族と公園へ行きました。そこにはたくさんの花がありました。日曜日 = Sunday　B　私は写真を撮ることを楽しみました。 **<enjoy +～ ing (動名詞)>=～することを楽しむ**　C　お昼に，私たちはお昼ご飯を食べました。とてもおいしかったです。eat (食べる)の過去形 ate が適当。　D　公園のお店で，私たちはおばあちゃんにお花を買って，家に帰りました。buy (買う)の過去形 bought が適当。

**2**　(会話文：文の挿入，副詞，助動詞，動名詞)

(1)　A：私は先月京都に行きました。／B：それはいいですね。そこへどうやって行ったのですか？／A：そこへは車で行きました。／B：まあ！　あなたは*新幹線*で行ったのだと思っていました。　空所の直後のAの発言に注目。どうやって行ったのかを答えているのでアが適当。How ～=どのようにして～(手段や方法をたずねる)

(2)　A：お誕生日おめでとう！　これはあなたへのプレゼントです。／B：ありがとう。今開けてもいいですか？／A：もちろんです。気に入ってくれるといいのですが。／B：わあ，私はこれが欲しかったのです！　本当にどうもありがとう。 **<Can I +動詞の原形～?>で「～してもいいですか？」を表す。**

(3)　A：今夜星を見に山へ行こう。／B：いいね。でも今は雨が降っているよ。／A：心配ないよ。夕方に雨は止むよ。／B：まあ，本当に？　最高だね。 **<stop + ～ing (動名詞)>=「～することをやめる」**

**3**　(手紙(メール)文問題：語句補充・選択，語句の解釈，メモ・手紙・要約文などを用いた問題，

文の挿入)
(全訳)　こんにちは，ミカ
お元気ですか？
あなたのバスケットボールチームはトーナメントで優勝したのですね！　私もバスケットボールをやります。いつかあなたと一緒にバスケットボールをできたらとてもいいなと思います。
ルーシー

こんにちは，ルーシー
メールをありがとう。いつか一緒にバスケットボールをしましょう！
ところで，あなたはメールの中で手の絵文字を使いましたね。それはどんな意味ですか？　友だちと私はそれを質問がある時に使います。でもあなたのメールでは何か違うことを意味するために①使われたのだと思うのです。
ミカ

こんにちは，ミカ
手の絵文字は「ハイファイブ」と呼ばれる動作を意味します。「ハイファイブ」を知っていますか？私たちは何かすごいことをした後でそれをします。例えば，バスケットボールの試合で得点した時にそれをするのです。
ハイファイブをする時，まず，右手を挙げます。友だちも同じことをします。そして，友だちの手をあなたの頭の上でたたきます。その動作がハイファイブです。私はあなたのチームがトーナメントで優勝した②ことを聞いて嬉しかったので，あなたとハイファイブをするために手の絵文字を使いました。日本でもハイファイブをしますか？
ルーシー

こんにちは，ルーシー
私たちも日本でハイファイブをします！　でも私は手の絵文字がその動作を意味するということを今まで聞いたことがありませんでした。今はもうあなたがなぜ手の絵文字を使ったのか分かります。　[A]
ありがとう！
ミカ

こんにちは，ミカ
私も，あなたのメールにあった両腕を上げている女の人の絵文字について質問があります。私は女の人が踊っているのだと思うので，嬉しい時にその絵文字を使います。あなたにとっても同じことを表しますか？
ルーシー

こんにちは，ルーシー
実は，その女の人の絵文字は“OK”を表しています。女の人は両腕で“O”を作っています。私はそれは“OK”から来ていると思います。でもその女の人の絵文字はあなたは嬉しい！　ということも表すのですね。私はそのことを知りませんでした。　[B]　私たちは違う意味を持つもう1つの絵文字を見つけました。おもしろいですね！

(1)　全訳参照。　①　**<be 動詞＋過去分詞～>**＝～される(受け身)　②　happy to hear ～＝～と聞いて嬉しい

(2)　全訳参照。3通目のメール(ルーシーからミカへ)の3文目に注目。　Good job ＝よくやった！

(3)　全訳参照。5通目のメール(ルーシーからミカへ)の1文目，及び6通目のメール(ミカからルーシーへ)の2文目に注目。

(4)　ア　あなたと私は2人ともバスケットボールをやっていて，嬉しい時にハイファイブをします。　イ　私は嬉しい時にその女の人の絵文字を使いますが，あなたは違う意味で使います。　ウ　あなたは嬉しい時によく友だちと踊りますが，私はしません。　エ　私たちは違う意味を持つもう1つの絵文字を見つけましたね。(○)　全訳参照。ミカとルーシーは，手の絵文字をそれぞれ異なる意味で使い，女の人の絵文字もまた，使う時の意味合いが違うということが分かった。

**4**　**(長文読解問題：メモを用いた問題，語句補充・選択，英問英答，内容真偽，自由・条件英作文)**

(全訳)　この前の8月，僕はニュージーランドに行き，ホストファミリーの家に滞在しました。その家には僕と同じ年の男の子がいました。彼の名前はボブと言いました。僕が行く前に，彼は僕にメールを送ってくれて，そこには彼らはとても大きな牧場をもっていると書いてありました。また，彼はその牧場には約300頭の牛がいると言っていました。僕は動物が大好きなので，とてもワクワクしていました。

僕はボブの家庭に2週間滞在し，ボブと一緒に学校へ行きました。彼はいつも学校で僕が困っていると助けてくれました。放課後は，彼は牧場で家族の手伝いをしていました。はじめは，僕は何をすればよいのかわかりませんでした。そしてボブが僕に乳しぼりと牛の寝床の掃除の仕方教えてくれました。大きな牧場で働くことはとても大変でしたが，新しいことを学ぶことは興味深いことでした。

ある日，僕は早起きをしました。外を見ると，ボブと彼のお父さんが牛を移動させようとしていました。でも，動きたがらない牛もいたので，ボブのお父さんはそれらの牛を押していました。逃げている牛もいて，ボブがそれらの牛を捕まえようとしていました。僕はボブのところへ走って行って言いました，「手伝うよ！」 ボブは答えました，「おお，それはすごいや！　ありがとう」それから僕はボブが牛を捕まえて移動させるのを手伝いました。その後，ボブのお父さんは言いました，「どうもありがとう，ショウヘイ。牛たちは良い牛乳を作るために牧草をたくさん食べた方がいいのだよ。牧場のある場所に十分な草がない時は，私たちは他の場所に牛たちを移動させなければいけないんだ。」ボブは言いました，「君がやって来て僕たちを手伝ってくれてとても嬉しかったよ。ありがとう。」僕も嬉しかったです。彼らはいつも僕を助けてくれました，だから僕は本当に彼らの助けになりたかったのです。

ボブと僕は親友になりました。僕は決して彼のこと，そしてそこで学んだことを忘れません。今では，僕は人が困っている時に助けることはとても大切だと思っています。

(1)　【メモ】　ボブが僕のためにしてくれたこと　イ　学校で僕を手助けしてくれた　第2段落2文目参照　ウ　僕にメールを送ってくれた　第1段落4文目参照　オ　乳しぼりのやり方を教えてくれた　第2段落最後から2文目参照

(2)　(問題文・解答例訳)　①　ショウヘイはどのくらいの間ホストファミリーの家に滞在しましたか？／彼は彼らのところに2週間滞在しました。第2段落1文目参照。　②　ショウヘイが朝早く起きた時，ボブと彼のお父さんは外で何をしていましたか？／彼らは牛を移動させようとしていました。第3段落2文目参照。

(3)　全訳参照。　ア　ショウヘイはボブの家族は牧場をもっていることをそこへ着いた時に知った。　イ　ボブはよくショウヘイを手助けした，なぜならショウヘイはボブよりも年下だったからだ。　ウ　ショウヘイは牧場の仕事に興味がなかった，なぜならそれはとても大変だからだ。　エ　牛を移動させた後，ボブのお父さんはショウヘイになぜそれをする必要があるのかを教えてくれた。(○)　第3段落最後から4文目に注目。

(4)　(解答例訳)　(ある日，僕は)電車で座っていました。すると，たくさんの袋を持っている年配の女性が目に入りました。彼女は座る場所を見つけることができませんでした，そこで僕は立ち上がって言いました，「どうぞここに座ってください。」(そして彼女は言いました，「どうもありがとうございます。」)

## ＜国語解答＞

一　(一)　①　操(る)　②　危険　③　率(いる)　④　単純　⑤　出費
(二)　①　ひた(す)　②　せつじょく　③　よか　④　たずさ(える)　⑤　きろ
(三)　①　イ　②　エ　(四)　①　川　②　寒　(五)　ア

二　(一)　エ　(二)　エ　(三)　ウ　(四)　①　ア　②　ウ

三　(一)　わらわん　(二)　軽　イ，オ　重　ア，エ　(三)　ウ

四　(一)　能く養ふこと有り　(二)　エ

五　(一)　ア　(二)　イ　(三)　ウ　(四)　(例)未来予測は，外れることがあってもないよりはずっとましであり，これによって行動を変えることができるということを分かりやすく示すというねらい。　(五)　(例)私は，未来を予測することは必要だと考えます。現在の行動が未来に悪影響を及ぼすのであれば，少しでも現在の行動を変えていくことが大切です。未来のことを正確に知ることはできませんが，分からないものだからこそ，できるだけ未来が良いものとなるよう考え，行動することが求められると思います。

(例)私は，未来を予測することは不必要だと考えます。未来を予測したからといって，必ずしもその通りになるとは限らないからです。未来を予測することで，現在の行動を改善できるかもしれませんが，未来を予測しなくても，現在の自分を省みて，大切にすれば，結果として未来が良いものになると思います。

## ＜国語解説＞

一　(知識－漢字の読み書き，熟語，俳句－表現技法)

(一)　①「操る」とは，物を動かして操作する，うまく取り扱う，意のままに人を動かすこと。　②「危険」とは，生命や身体の損害，事故・災害などが生じる可能性のあること。　③「率いる」とは従えて行く，多くの人々を指揮すること。　④「単純」とは，そのものだけで混じり気がないこと。機能・構造・形式などが，込み入っていないこと。考え方やとらえ方が，素直であること。条件・制限などがないこと。　⑤「出費」とは，費用を出すこと。

(二)　①「浸す」とは，液体の中につけること。　②「雪辱」とは，恥をすすぐこと。特に，競技などで負けた事のある相手を破って，名誉を取り戻すこと。　③「余暇」とは，余ったひまな時間。また，仕事の合間などの自由に使える時間。　④「携える」とは，手にさげて持つ，連れ立って行くこと。　⑤「岐路」とは，道が分かれる所，将来が決まるような重大な場面，

脇に逸れた道のこと。

(三) ① 「意味深長」とは，ある表現の示す内容が奥深くて含みのあること。表面上の意味の他に別の意味が隠されていること。② 「五里霧中」とは，物事の様子や手掛かりがつかめず，方針や見込みが立たず困ること。

(四) ① 「河川」は，地表をほぼ一定の流路をもって流れ，湖や海に注ぐ水の流れ。② 「寒冷」とは，ひえびえとして寒いこと。

(五) 松尾芭蕉が読まれたこの俳句の季語は「名月」で，季節は「秋」を表す。また「や」の部分が**切れ字にあたるため，初句切れ**となっている。

**二** **(知識－脱文・脱語補充，熟語，慣用句，用法，敬語)**

(一) 「お見えになる」は，目上の方が「来る」ことを指す**尊敬語**。

(二) 「から」の用法には，**起点・主体・根拠・経過域・手段**がある。文では「おなかがすいた」事を根拠として，「昼食にしよう」としている。よって，エが適当。

(三) 「必要に応じる」とは，何かを行ったり用意したりする事が必要と思われた場合，それを行うといった意味合いの表現。

(四) ① 「登竜門」とは，**出世や成功のための関門**という意味。② 「太鼓判を押す」とは，**その人物や品物の質が，絶対的に良いものであると保証する**ということ。

**三** **(古文－大意，内容吟味，仮名遣い)**

〈口語訳〉 ここに人がいて，宝石を小石とし，雀を撃つならば，愚かであると，人は必ず笑うだろう。非常に，重い物を捨てて，非常に軽い物を得ようとするからである。人の身は非常に重い。それなのに非常に軽い小さな欲を貪って身を損なうのは，軽重を知らないと言う事ができる。宝石で雀を撃つようなものである。

(一) 語頭と助詞以外の「は・ひ・ふ・へ・ほ」は，「ワ・イ・ウ・エ・オ」となる。

(二) 「非常に，重い物を捨てて，非常に軽い物を得ようとする」とある事から，宝石(重い物)をもって雀(軽い物)を撃とうとするのは愚かであると述べている。また，「人の身は非常に重い。それなのに非常に軽い小さな欲を貪って身を損なう」とあるので，**人の身は重く，小さな欲は軽い**としている。

(三) 「軽重」とは**重量の度合いを示しているのではなく，価値や程度の小さいことと大きいことを述べている**。よって，人の身は非常に重いのに，非常に軽い小さな欲を貪って身を損なうのは，本当の価値を知らないと言えるとする。

**四** **(漢文－大意，表現技法)**

〈口語訳〉 子游が孝について訊ねた。子が，「この頃の孝は，十分に養う事を指している。犬や馬でさえ，皆十分に養っている。敬う心が欠けていたら，どうして区別できようか，いやできない」と言った。

(一) 「有」の下にレ点がある事から，「養」を訓んだ後に「有」を訓む。

(二) 十分に養うという意味の孝は，犬や馬でさえ十分に行っている。よって敬う心が欠けていたら，それらと異なる事がないので，敬う心をもってこそ本当の孝と言う事ができるとする。

**五** **(論説文－内容吟味，接続語の問題，脱語補充，熟語，作文(課題))**

(一) 「環境問題について」から始まる段落に，**「未来予測は，いま僕らがどのように行動したら未**

**来はどうなるのか，ということを教えてくれる」**とある。つまり現在の我々の行為に応じて，未来の結果が変わるという，ア「因果応報」が適当。

(二)　「環境問題について」から始まる段落に，「お寺のお坊さんは『わるいことをしたら地獄に落ちますよ』と説法を行い，説得力を増すために地獄の情景を描いた絵を用いたりした。現代の科学者は，未来予測のシミュレーションを行い，その結果をコンピュータグラフィックスで可視化する」とある。つまりどちらも，**現在の行動が，どのような結果になるのかを目に見える形にする，**という点で共通している。

(三)　空欄の前後を見ると，「科学者はいまだにタイムマシンの開発に成功していない」「未来を予測しても，それが正解かどうか厳密な意味では確かめようがない」とある。よって，**前に述べた事柄を受け，それを理由として順当に起こる内容を導く事を意味する**ウ「だから」が適当。

(四)　筆者は天気予報について，「とても身近な」から始まる段落に，「天気予報は，当たることもあるが外れることもある。たとえ外れることがあっても，『ないよりはずっとまし』ということには，きっとみんな同意してくれることだろう」と述べている。そしてそれは，未来予測についても同様な事が言えるとし，「天気予報で」から始まる段落に，「未来予測は，しないよりはしたほうが『ずっとまし』。予測があるからこそ，僕らは未来のために，いま行動を変えることができる」として，**あくまでも予測なのでその通りになるとは限らないが，現在の自分の行動を変えるきっかけとなるもの**であるという事を分かりやすく示している。

(五)　まず，「未来を予測する」事に対して，必要だと思うか，もしくは不必要だと思うかを明確に述べる必要がある。そして，そのように思った理由を本文の内容に沿って書こう。さらに，想定される反論を取り上げながら，自分の考えが分かりやすく伝わるように，文章表現や構成を工夫して制限字数以内におさめよう。

群馬県公立高等学校（後期）

# 2023年度

# 入　試　問　題

2023年度

●くわしい解説……45ページ

# ＜数学＞

時間　45分～60分（学校裁量による）　　満点　100点

**1**　次の(1)～(9)の問いに答えなさい。

(1)　次の①～③の計算をしなさい。

①　$2-(-4)$　　②　$6a^2\times\frac{1}{3}a$　　③　$-2(3x-y)+2x$

(2)　次の①，②の方程式を解きなさい。

①　$6x-1=4x-9$　　②　$x^2+5x+3=0$

(3)　次のア～エのうち，絶対値が最も小さい数を選び，記号で答えなさい。

ア　3　　イ　$-5$　　ウ　$-\frac{5}{2}$　　エ　2.1

(4)　関数 $y=ax^2$ のグラフが点（$-2$，$-12$）を通るとき，$a$ の値を求めなさい。

(5)　次の図において，$\ell \parallel m$ のとき，$\angle x$ の大きさを求めなさい。

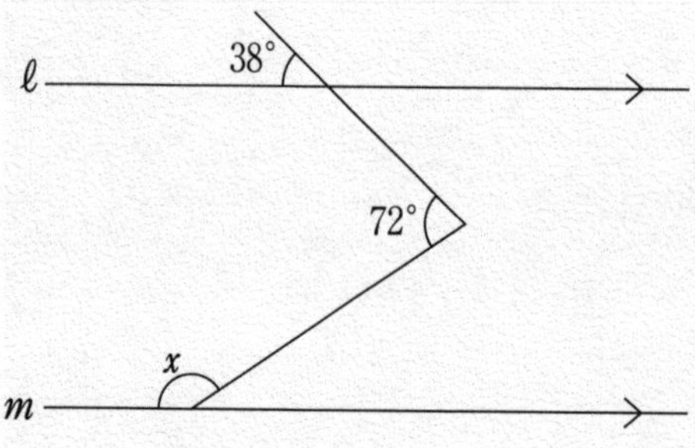


(6)　$a=2+\sqrt{5}$ のとき，$a^2-4a+4$ の値を求めなさい。
ただし，解答用紙の（解）には，答えを求める過程を書くこと。

(7)　1，2，3，4の数が1枚ずつ書かれた4枚のカードを袋の中に入れる。この袋の中をよく混ぜてからカードを1枚引いて，これを戻さずにもう1枚引き，引いた順に左からカードを並べて2けたの整数をつくる。このとき，2けたの整数が32以上になる確率を求めなさい。

(8)　右の図は，立方体の展開図である。この展開図を組み立てて立方体をつくるとき，面イの一辺である辺ABと垂直になる面を，面ア～カからすべて選び，記号で答えなさい。

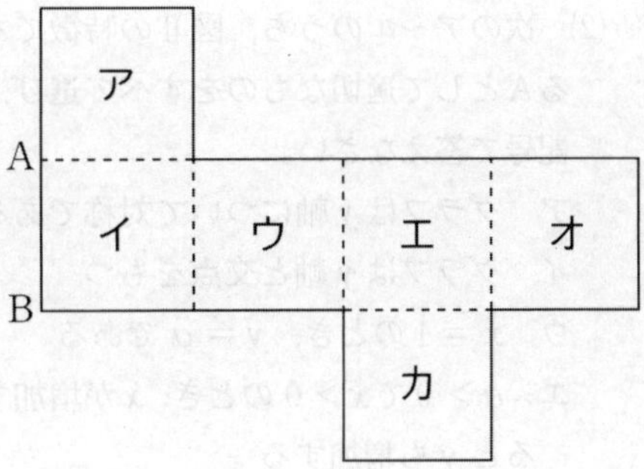


(9)　次の図は，ある部活動の生徒15人が行った「20mシャトルラン」の回数のデータを，箱ひげ図にまとめたものである。後のア～オのうち，図から読み取れることとして必ず正しいといえるものをすべて選び，記号で答えなさい。

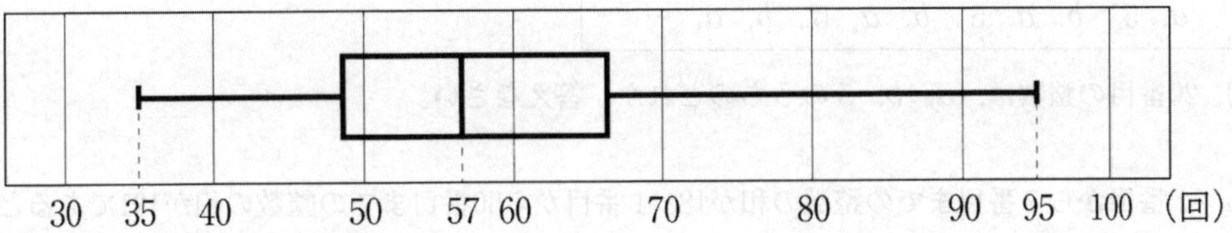


ア　35回だった生徒は１人である。

イ　15人の最高記録は95回である。

ウ　15人の回数の平均は57回である。

エ　60回以下だった生徒は少なくとも９人いる。

オ　60回以上だった生徒は４人以上いる。

**2**　$y$が$x$の関数である４つの式$y = ax$，$y = \frac{a}{x}$，$y = ax + b$，$y = ax^2$について，$a$と$b$が0でない定数のとき，右の例のように，ある特徴に当てはまるか当てはまらないかを考え，グループ分けする。後の(1)，(2)の問いに答えなさい。

例

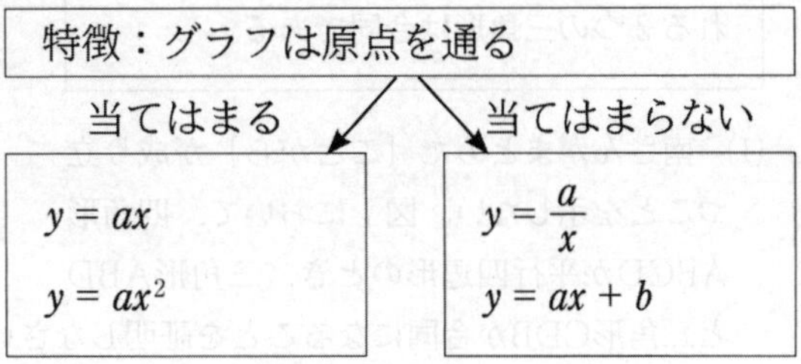


(1)　図Ｉのように，特徴を「変化の割合は一定である」とするとき，次の①，②の式は，どちらにグループ分けできるか。当てはまるグループの場合は○を，当てはまらないグループの場合は×を書きなさい。

①　$y = ax + b$　　②　$y = ax^2$

図Ｉ

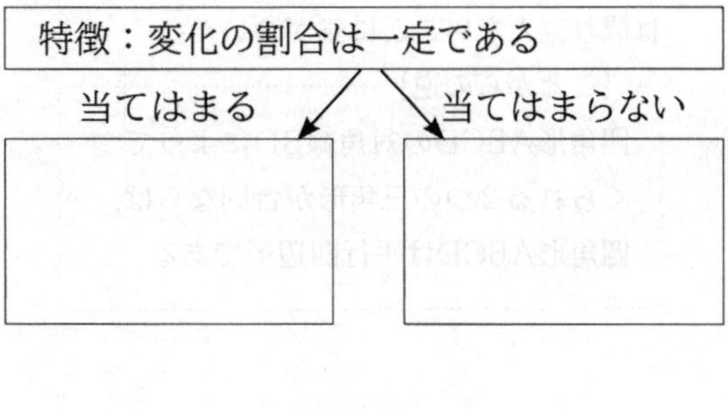

(2) 次のア～エのうち，図Ⅱの特徴であるAとして適切なものをすべて選び，記号で答えなさい。

ア グラフは $y$ 軸について対称である

イ グラフは $y$ 軸と交点をもつ

ウ $x=1$ のとき，$y=a$ である

エ $a>0$ で $x>0$ のとき，$x$ が増加すると $y$ も増加する

図Ⅱ

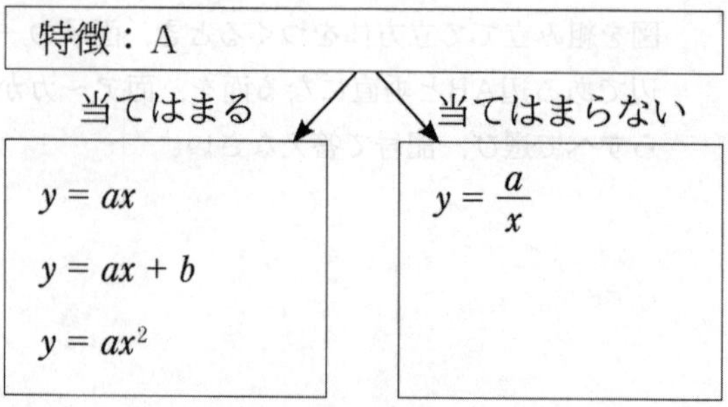


**3** ある整数 $a$，$b$ と5が，次のように $a$ を1番目として左から規則的に並んでいる。このとき，後の(1)，(2)の問いに答えなさい。

$a$，5，$b$，$a$，5，$b$，$a$，5，$b$，$a$，…

(1) 20番目の整数は，$a$，$b$，5のうちのどれか，答えなさい。

(2) 1番目から7番目までの整数の和が18，1番目から50番目までの整数の和が121であるとき，$a$ と $b$ の値をそれぞれ求めなさい。

ただし，解答用紙の（解）には，答えを求める過程を書くこと。

**4** 南さんは，平行四辺形の学習を振り返り，次のように図形の性質に関わる［ことがら］をまとめた。後の(1)，(2)の問いに答えなさい。

［ことがら］

四角形ABCDが平行四辺形ならば，四角形ABCDの対角線BDによってつくられる2つの三角形は合同である。

(1) 南さんがまとめた［ことがら］が成り立つことを示したい。図Ⅰにおいて，四角形ABCDが平行四辺形のとき，三角形ABDと三角形CDBが合同になることを証明しなさい。

図Ⅰ

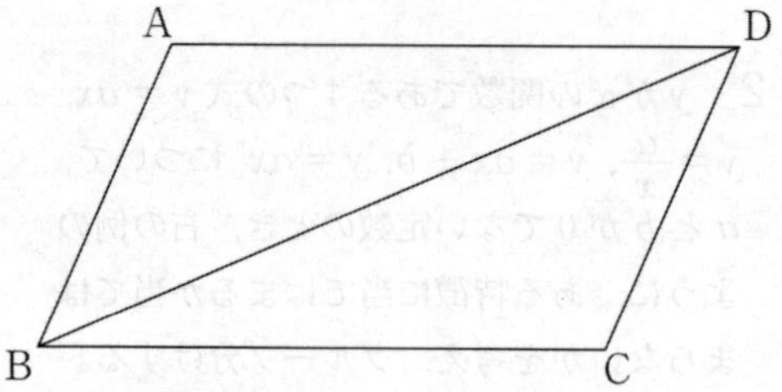


(2) 南さんは自分がまとめた［ことがらの逆］は成り立たないことに気がついた。

［ことがらの逆］

四角形ABCDの対角線BDによってつくられる2つの三角形が合同ならば，四角形ABCDは平行四辺形である。

図Ⅱ

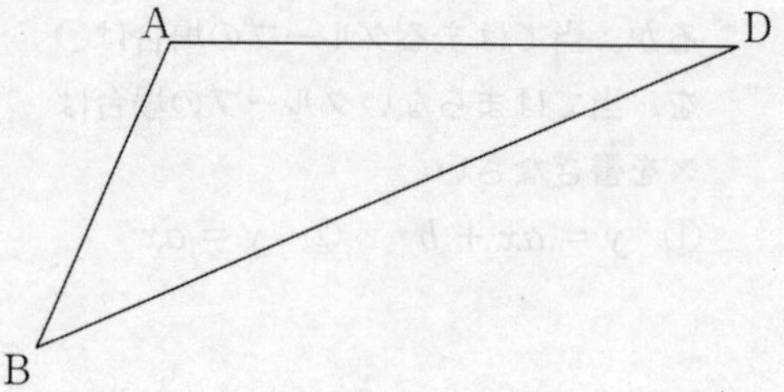

前のページの図Ⅱにおいて，〔ことがらの逆〕の反例となる四角形ABCDを完成させるよう，線分BCと線分CDを，コンパスと定規を用いて作図しなさい。

ただし，作図に用いた線は消さないこと。

**5**　図Ⅰのように，地点Pに止まっていた電車が，東西にまっすぐな線路を走り始めた。電車が出発してから$x$秒後までに地点Pから東に進んだ距離を$y$ mとすると，20秒後までは，$y=\frac{1}{4}x^2$の関係がある。このとき，次の(1)，(2)の問いに答えなさい。

ただし，電車の位置は，その先端を基準に考えるものとする。

(1)　電車は出発してから6秒後までに東の方向へ何m進んだか，求めなさい。

(2)　図Ⅱのように，和也さんは線路と平行に走る道を東に向かって毎秒$\frac{10}{3}$ mの速さで走っている。電車が地点Pを出発したときに，和也さんが地点Pより西にある地点Qを通過し，その10秒後に電車と和也さんが同じ地点を走っていた。

図Ⅲが，電車が出発してから$x$秒後までに地点Pから東に進んだ距離を$y$ mとして，電車と和也さんが地点Pより東を走るときの$x$と$y$の関係を表したグラフであるとき，次の①～③の問いに答えなさい。

①　図Ⅲのグラフ上にある点ア～ウのうち，和也さんが電車より前を走っていることを表す点を1つ選び，記号で答えなさい。

②　地点Qから地点Pまでの距離を求めなさい。

③　和也さんが地点Pを走っていたときの，和也さんと電車との距離を求めなさい。

図Ⅰ

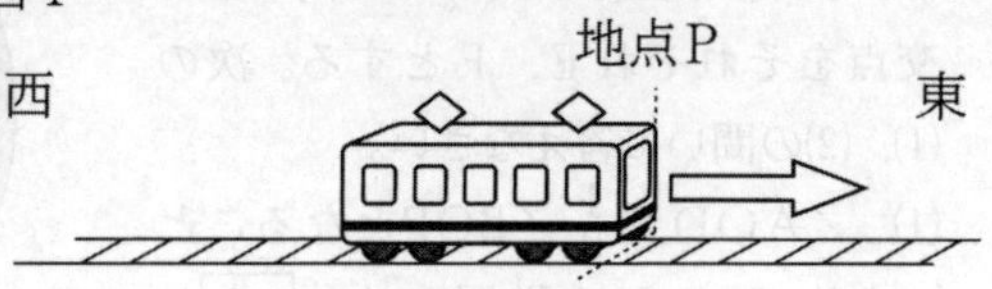


図Ⅱ

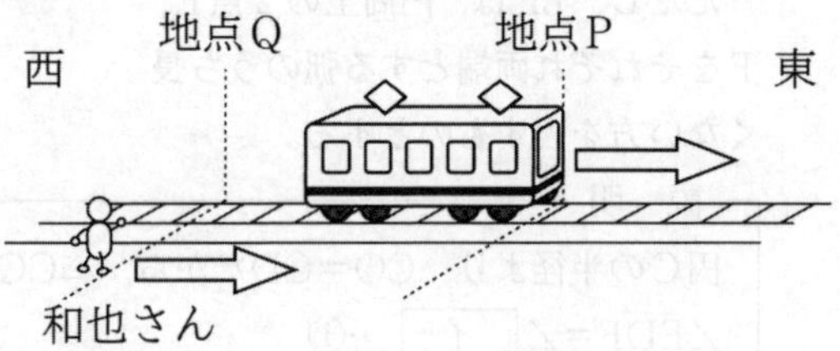


図Ⅲ

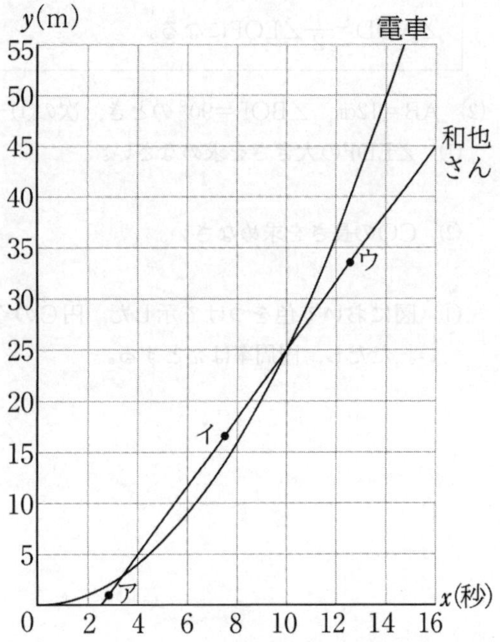

**6** 右の図のように，線分ABを直径とする円Oと，線分OA上の点Cを中心として，線分COを半径とする円Cとが交わるとき，その交点をD，D′とする。また，半直線DO，DCと円Oとの交点をそれぞれE，Fとする。次の(1)，(2)の問いに答えなさい。

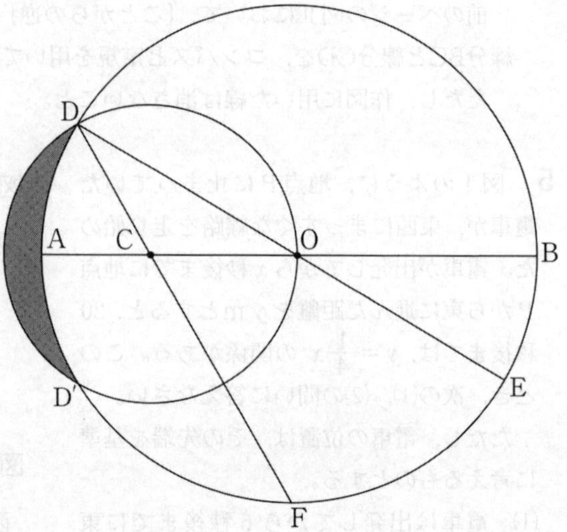


(1) ∠AOD＝$\frac{1}{2}$∠EOFとなることを次のように説明した。［ア］，［ウ］には適する語を，［イ］には適する記号をそれぞれ入れなさい。

ただし，$\overset{\frown}{\mathrm{EF}}$は，円周上の2点E，Fをそれぞれ両端とする弧のうち長くない方を表すものとする。

説　明

円Cの半径より，CO＝CDだから，△CODは［ア］三角形になるので，

∠EDF＝∠［イ］…①

また，∠EDFは$\overset{\frown}{\mathrm{EF}}$の円周角であり，円周角は［ウ］角の$\frac{1}{2}$倍になるので，

∠EDF＝$\frac{1}{2}$∠EOF…②

したがって，①，②より，

∠AOD＝$\frac{1}{2}$∠EOFになる。

(2) AB＝12㎝，∠BOF＝90°のとき，次の①～③の問いに答えなさい。

① ∠EDFの大きさを求めなさい。

② COの長さを求めなさい。

③ 図において色をつけて示した，円Cのうち円Oと重なっていない部分の面積を求めなさい。ただし，円周率はπとする。

# ＜英語＞

時間　45分～60分（学校裁量による）　満点　100点

**1**　これから，No. 1 と No. 2 について，それぞれ 2 人の対話と，対話に関する質問が流れます。質問に対する答えとして最も適切なものを，それぞれの選択肢 A ～ D の中から選びなさい。

No. 1

No. 2

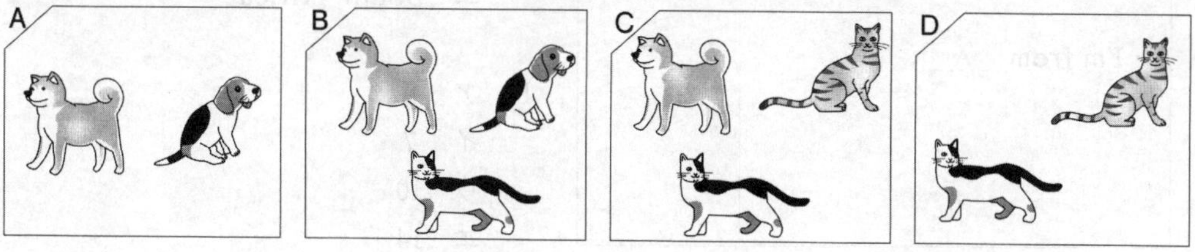


**2**　これから，No. 1 ～ No. 3 について，それぞれ Jack と Miki の 2 人の対話が流れます。Miki が 2 度目に発言する部分で次のチャイムを鳴らします。（チャイム音）チャイムの部分の発言として最も適切なものを，それぞれア～エの中から選びなさい。

No.1

|  |  |
|---|---|
| *Jack:*　・・・・・・ | ア　At three o'clock. |
| *Miki:*　・・・・・・ | イ　For two hours. |
| *Jack:*　・・・・・・ | ウ　Near the station. |
| *Miki:*　［　　　　］ | エ　Ten dollars. |

No.2

|  |  |
|---|---|
| *Jack:*　・・・・・・ | ア　Yes, I am. |
| *Miki:*　・・・・・・ | イ　No, thank you. |
| *Jack:*　・・・・・・ | ウ　I like reading books. |
| *Miki:*　［　　　　］ | エ　It's a book about the history of China. |

No.3

*Jack*:　・・・・・・
*Miki*:　・・・・・・
*Jack*:　・・・・・・
*Miki*:　[　　　　　　]

ア　Yes.　It will be the third time.
イ　Yes.　I have been there four times.
ウ　No.　I have never been there.
エ　No.　It will be the second time.

**3**　これから，国際交流のイベントで，留学生のSaraが行ったスピーチが流れます。次の【スライド】は，その時にSaraが使ったものです。スピーチを聞いて，【スライド】の中の［A］～［C］に当てはまるものとして最も適切なものを，それぞれア～エの中から選びなさい。また，スピーチの内容に合うように，［D］の部分に入る英語を書きなさい。

【スライド】

**My country**

・I'm from ［A］.

↓

**My experience in Japan**

・I came to Japan when I was ［B］.
・We went to many places in Japan.
・We met a woman.　She ［C］.

↓

**My future**

・I want to be a Japanese teacher.
・I want many students ［D］.

A　ア　Australia
　　イ　India
　　ウ　New Zealand
　　エ　South Africa

B　ア　4
　　イ　7
　　ウ　10
　　エ　14

C　ア　took us to our hotel
　　イ　talked with us in English
　　ウ　showed us where to take a bus
　　エ　couldn't find the way to her hotel

**4**　中学生のNaokiがALTのMs. Greenと会話をしています。会話の流れに合うように，会話中の(1)にはNaokiからMs. Greenへの質問を書きなさい。また，(2)，(3)にはMs. Greenからの質問に対するNaokiの答えを，絵を参考にして書きなさい。ただし，(1)~(3)の下線部にはそれぞれ3語以上の英語を書くこと。

Ms. Green: Hi, Naoki.

Naoki: Hi, Ms. Green.
(1) ______________________

Ms. Green: I'm fine, thank you.　Oh, I saw you in the park yesterday.　What were you doing there?

Naoki: I lost my watch.
(2) So ______________________

Ms. Green: Did you find it?

Naoki: Yes, I did.

Ms. Green: Where did you find it?

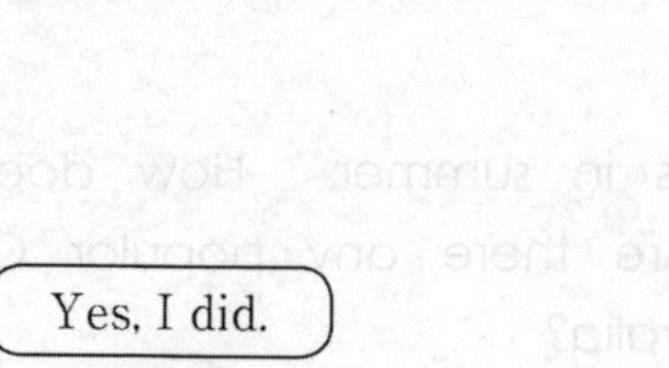

Naoki: (3) I ______________________

Ms. Green: Oh, that's good.

**5**　次のクリスマスカードは，中学生のSachikoが，オーストラリアにいる友人Judyからもらったものです。また，後の英文は，Sachikoが送ったお礼のメールです。これを読んで，英文の意味が通るように，（ア）～（オ）に当てはまる単語を後の［　］内からそれぞれ1語選び，必要があれば適切な形に変えて書きなさい。

> Hi Judy,
>
> I've just（　ア　）your Christmas card.　Thank you very much.　I like the picture of *Santa Claus.　He is（　イ　）with fish and looks so happy!
>
> In the card, you say that you will go to the sea with your family on Christmas.　That's amazing!　If I（　ウ　）in Australia, I could go to the sea with you.
>
> Please tell me more about Christmas in summer.　How does Santa Claus bring presents to children?　Are there any popular Christmas songs（　エ　）by many people in Australia?
>
> I'll（　オ　）a New Year's card to you soon.
>
> Sachiko

（注）　Santa Claus　サンタクロース

［ begin　　live　　receive　　send　　sing　　swim　　win ］

**6**　次の英文は，中学生のMihoが英語の授業で行った発表（presentation）と，その発表についてのクラスでのやり取りの一部です。英文を読んで，後の(1)～(3)の問いに答えなさい。

*Ms. Noda:*　Hello, everyone.　Today, you are going to *introduce places in Gunma to our new ALT, Mr. Smith.　He has just come to Japan and wants to know where he should go in Gunma.　Miho, please start your presentation.

*Miho:* Hello, Mr. Smith. We have heard that you like driving. So I'm going to talk about *Michi-no-Eki* in Gunma. Do you know what they are? *Michi* means "*road" and *Eki* means "station" in English. They are places for people who travel by car. There are many things you can do at *Michi-no-Eki*. For example, you can buy many kinds of *locally produced food such as vegetables and fruits. I like cooking and eating very much, so it is fun to buy many kinds of food there. You can enjoy eating there, too. A lot of *Michi-no-Eki* have a restaurant in them. The restaurant uses locally produced vegetables for dishes and sweets. When I went to the *Michi-no-Eki* near my house last weekend, I had apple cake. It was so delicious. Also, you can see a nice *view if you go to *Michi-no-Eki* near the mountains. You can enjoy seeing beautiful mountains in each season. These are some of the things you can enjoy at *Michi-no-Eki* in Gunma. I hope you will go to them and have fun! Thank you for listening.

After Miho's presentation, Mr. Smith and the students in the class are talking about it.

*Mr. Smith:* Thank you, Miho.

*Miho:* You're welcome. [ A ]

*Mr. Smith:* It was very interesting. I have never been to *Michi-no-Eki*. But now I'm very interested in them because I like cooking, too. Yumi, have you ever been to *Michi-no-Eki*?

*Yumi:* Yes. I often go to the *Michi-no-Eki* near my grandmother's house with my family because we can enjoy *hot springs there.

*Mr. Smith:* Really? That sounds nice.

*Satoshi:* Mr. Smith, there are more things we can do at *Michi-no-Eki*. Some *Michi-no-Eki* in Gunma have parks, and one *Michi-no-Eki* has a museum. We can enjoy playing outside or looking at pictures there.

*Miho:* That's right. In fact, Gunma has the most *Michi-no-Eki* in the Kanto area. If you drive a car in Gunma, you will often see *Michi-no-Eki*. Please go to them.

*Mr. Smith:* [ B ] Miho, please tell me more about them later. I like driving very much, so going to *Michi-no-Eki* sounds really good to me.

*Miho:* Sure!

（注） introduce ～ to …　…に～を紹介する　road　道　locally produced　地元で生産された
view　景色　hot spring　温泉

(1) Miho は，発表の中で次のページの４枚の【スライド】を見せながら話をしました。発表の流れに合わせて使用するのに最も適切な順序となるように，次のページのア～エを並べなさい。

【スライド】

ア

イ

ウ

エ

（国土交通省ホームページより）

(2)　A ， B に当てはまるものとして最も適切なものを，それぞれ次のア～エから選びなさい。

A　ア　How about you?　　　　　　　イ　How was my presentation?

　　ウ　What was your favorite food?　　エ　Why do you think so?

B　ア　I think you should go there.　　イ　I will never do that.

　　ウ　Really?　I don't think so.　　　エ　Thank you.　I will.

(3)　本文の内容について，次の①，②の問いに対する答えとして最も適切なものを，それぞれア～エから選びなさい。

①　Which is true about Mr. Smith?

　ア　He enjoys both cooking and driving.

　イ　He wants to climb the mountains in Gunma.

　ウ　He has been teaching at Miho's school for many years.

　エ　He has been to one of the *Michi-no-Eki* which Miho likes.

②　Which is true about things the students did for Mr. Smith in the English class?

　ア　Miho taught him how to make apple cake in the presentation.

　イ　Miho showed him things people can do and things they cannot do at *Michi-no-Eki*.

　ウ　Yumi asked him to go to Yumi's grandmother's house with his family.

　エ　Satoshi told him about parks and a museum at *Michi-no-Eki* in Gunma.

**7**　次の英文を読んで，後の(1)～(3)の問いに答えなさい。

A junior high school student, Ken, learned about great *inventions in an English class.  His English teacher, Mr. Hayashi, said, "Great inventions have changed our lives, but they have *caused some problems, too.  For example, I think cars are great.  Now, we can go to many places easily by car.  But, because too many people use cars, we hear about some problems such as *accidents or more $CO_2$ in the air. In the next class, you are going to write about a great invention, so start thinking about it. *Take notes about your ideas." Then Mr. Hayashi gave his students this *worksheet.

| |
|---|
| Invention: |
| Question 1 : How has it changed our lives? |
| Question 2 : What problems has it caused? |

Ken decided to write about *smartphones because his mother was talking about her smartphone before. When he came home, he talked about smartphones with his mother. He said to her, "You said that your smartphone helped you a lot when you stayed in *Korea last month. How useful was it?" His mother said, "It was really useful. I don't speak *Korean well, so my smartphone helped me in many ways. When I was hungry, I could find good restaurants very quickly, and my smartphone showed me how to get to them. Also, at the restaurants, I could choose and *order food easily. Because my smartphone has *machine translation, I could change Korean into Japanese and Japanese into Korean very quickly."

She also said, "When I traveled to Korea for the first time in 2008, everything was different. I didn't have a smartphone then, so I bought a map and some books for tourists before the trip. Sometimes it was very difficult to find how to get to restaurants on the map. And I couldn't choose food easily because I couldn't read Korean. When I didn't know how to get to restaurants or order food, I had to ask people. That was also difficult." Ken said, "I see. So smartphones have changed how people travel." His mother said, "Yes, I really think so."

After Ken talked with his mother, he thought about problems which smartphones caused. He remembered that a doctor talked about some problems on the news. For example, our eyes get bad if we look at our smartphones too much. Also, we should not use them for a long time before we go to bed because we cannot sleep well. He also thought, "Some people use their smartphones while they are walking or driving. There are many accidents because of this."

Ken took notes about his ideas on the worksheet. He thought, "I will write about these ideas in the next class. Smartphones are useful, but people who use them should know about their problems, too."

(注) invention 発明品　cause ～ ～を引き起こす　accident 事故　take notes メモを取る
worksheet ワークシート　smartphone スマートフォン　Korea 韓国　Korean 韓国語
order ～ ～を注文する　machine translation 機械翻訳

(1) 次のページの①，②の問いに対して，本文の内容に合うように，それぞれ4語以上の英語で答えなさい。

① What invention did Mr. Hayashi talk about as an example in the English class?

② When did Ken's mother go to Korea for the first time?

⑵ 本文の内容と合っているものを，次のア～エから1つ選びなさい。

ア Ken chose to write about smartphones because he often used his smartphone when he stayed in Korea.

イ It wasn't easy for Ken's mother to change one language into another language with machine translation.

ウ Ken's mother told him about some problems of smartphones, and Ken decided to write about them.

エ Ken has realized that there are both good points and bad points of smartphones that people need to know.

⑶ Ken は，worksheet にメモを取った内容をもとに，次の【作文】を書きました。【作文】中の［ A ］，［ B ］に当てはまるものとして最も適切なものを，後のア～ウからそれぞれ選びなさい。また，［ C ］，［ D ］には，本文から連続する4語をそれぞれ抜き出して答え，【作文】を完成させなさい。

【作文】

People have invented many great things. I think smartphones are one of them. Smartphones have changed how people travel. When my mother went to Korea for the first time, ［ A ］. But this year, her trip to Korea was easier because ［ B ］.

However, smartphones have caused some problems, too. If we use smartphones too much, ［ C ］ and ［ D ］. Also, there are accidents because some people walk and use smartphones at the same time. We should be careful about these problems if we use smartphones.

A　ア she could find restaurants very quickly

　　イ she took a map and some books for tourists with her

　　ウ she didn't have to ask people how to order food

B　ア her smartphone showed her when to order food

　　イ she spoke Korean well and asked people many things

　　ウ her smartphone helped her do things she wanted

**8**　英語の授業で，国連が定める様々な記念日について調べ，ポスターにまとめて発表する活動を行いました。次のページの【ポスター】は，Rio のグループが World Water Day （世界水の日）について調べたことをまとめたものです。後の《条件》に従って，［Ⓐ］～［Ⓒ］に入る内容を英語で書きなさい。

【ポスター】

## March 22 is World Water Day!

People cannot live without water.  It is important for everyone in the world to get clean and safe water easily.

**We need to realize:**

**1. Clean and safe water is necessary for our health.**

We need clean and safe water for （A）, （B）, and so on.

Picture A

Picture B

**2. Getting water easily is also important for children's *education.**

In Japan, we （C）

Picture C

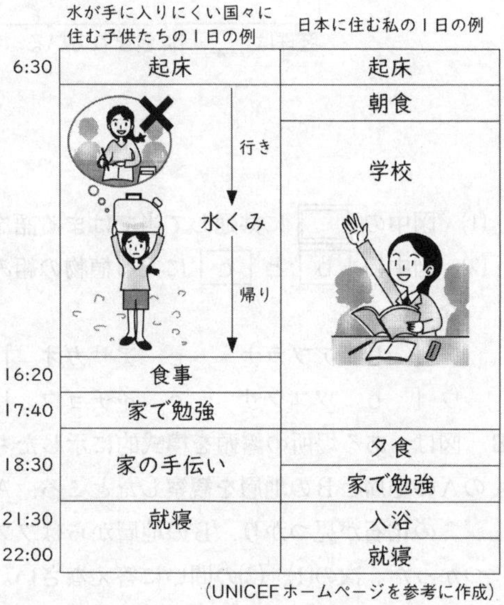

| | 水が手に入りにくい国々に住む子供たちの1日の例 | 日本に住む私の1日の例 |
|---|---|---|
| 6:30 | 起床 | 起床 |
| | | 朝食 |
| | 行き | 学校 |
| | 水くみ | |
| | 帰り | |
| 16:20 | 食事 | |
| 17:40 | 家で勉強 | |
| 18:30 | 家の手伝い | 夕食 |
| | | 家で勉強 |
| 21:30 | 就寝 | 入浴 |
| 22:00 | | 就寝 |

（UNICEF ホームページを参考に作成）

（注）　education　教育

《条件》

・Ⓐ には１語，Ⓑ には３語で，それぞれ Picture A，B に合う英語を書くこと。
・C には，下線部の内容について，Picture C の「水が手に入りにくい国々に住む子供たちの１日の例」と「日本に住む私の１日の例」を比較して分かることを，書き出しに続けて30語～40語の英語で書くこと。ただし，英文の数はいくつでもよい。
・符号（，．！？“ ” など）は語数に含めないこと。
・解答の仕方は，〔記入例〕に従うこと。

〔記入例〕　Is ＿ it ＿ raining ＿ now? ＿ No, ＿ it ＿ isn't.

# ＜理科＞

時間　45分～60分（学校裁量による）　満点　100点

**1**　次のＡ～Ｄの問いに答えなさい。

Ａ　図は，種子植物であるアサガオ，アブラナ，イチョウ，ツユクサを体のつくりの特徴をもとにして分類したものであり，［ a ］～［ d ］には，それらの植物のいずれかが入る。後の(1)，(2)の問いに答えなさい。

図

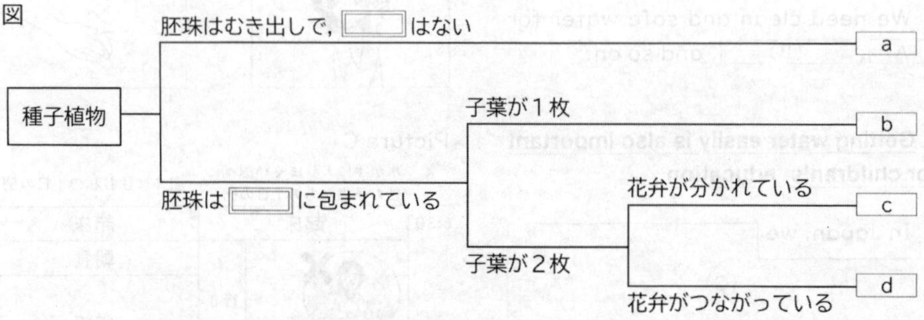


(1)　図中の［　］に共通して当てはまる語を書きなさい。

(2)　図中の［ b ］と［ c ］に入る植物の組み合わせとして正しいものを，次のア～エから選びなさい。

ア［ b　アブラナ　　c　アサガオ ］　イ［ b　ツユクサ　　c　アブラナ ］
ウ［ b　ツユクサ　　c　イチョウ ］　エ［ b　イチョウ　　c　アサガオ ］

Ｂ　図は，ある場所の露頭を模式的に示したものである。図中のＡの地層とＢの地層を観察したところ，Ａの地層からはシジミの化石が見つかり，Ｂの地層からはフズリナの化石が見つかった。次の(1)，(2)の問いに答えなさい。

図

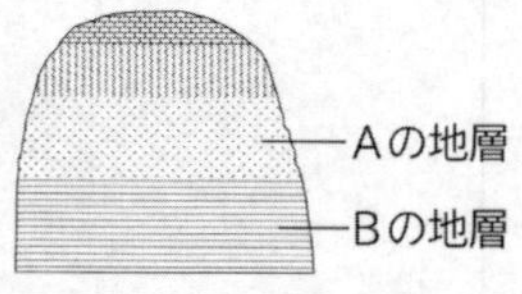


(1)　Ａの地層から見つかったシジミの化石は，Ａの地層ができた当時の環境を推定する手がかりとなる。Ａの地層ができた当時，この地域はどのような環境であったと考えられるか。最も適切なものを，次のア～ウから選びなさい。

ア　あたたかくて浅い海　　イ　寒冷な浅い海　　ウ　湖や河口

(2)　次の文は，Ｂの地層から見つかったフズリナの化石に関連した内容について述べたものである。文中の［ ① ］に当てはまる語を書きなさい。また，②，③については｛ ｝内のア，イから正しいものを，それぞれ選びなさい。

> フズリナの化石のように，地層が堆積した時代を推定するのに役立つ化石を［ ① ］化石という。［ ① ］化石となる生物の条件は，②｛ア　限られた　　イ　様々な｝時代に栄えて，③｛ア　広い　　イ　狭い｝地域に生息していたことである。

C　物質の状態変化について調べるために，次の実験を行った。後の(1)，(2)の問いに答えなさい。

［実験］

パルミチン酸２ｇをゆっくり加熱し，30秒ごとに温度を記録した。図は，その結果を表したグラフである。パルミチン酸が液体になり始めた時間を$t_1$，全て液体になった時間を$t_2$とする。また，$t_1$から$t_2$の間は，温度が一定であり，そのときの温度をＸとする。

図

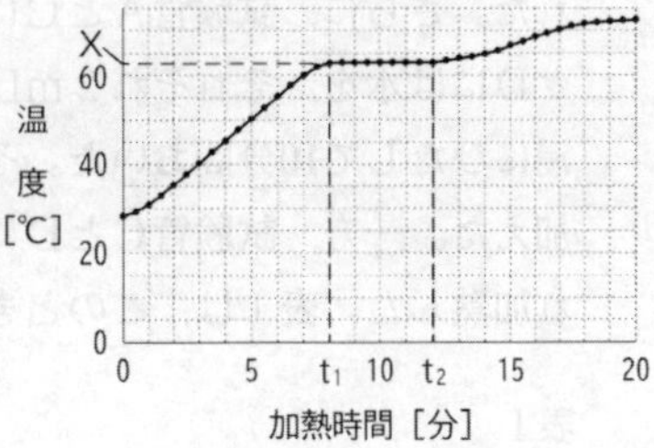


(1)　［実験］におけるＸのように，物質が固体から液体に変化するときの温度を何というか，書きなさい。

(2)　次の文は，パルミチン酸の質量を２倍にして，その他の条件は［実験］と変えずに実験を行ったときの結果についてまとめたものである。文中の①，②について，｛　｝内のア～ウから正しいものを，それぞれ選びなさい。

> パルミチン酸の質量を２倍にしたとき，液体になり始めてから全て液体になるまでの時間の長さは，$t_1$から$t_2$の時間の長さと比べて，①｛ア　長くなる　　イ　変わらない　　ウ　短くなる｝。また，このときの固体から液体に変化するときの温度は，Ｘと比べて，②｛ア　高くなる　　イ　変わらない　　ウ　低くなる｝。

D　棒磁石のつくる磁界について，次の(1)，(2)の問いに答えなさい。

(1)　図Ⅰ中のＮ極から出てＳ極に入る曲線は，棒磁石のつくる磁界の様子を表している。この曲線を何というか，書きなさい。

(2)　図Ⅱのように，固定したコイルの上方のある位置で棒磁石を持ち，棒磁石のＮ極を下向きにしてコイルの中心へ近づける実験を行ったところ，図Ⅲに示す値まで検流計の針が振れた。続いて，同じ棒磁石を用いて，次のア～エの実験を行った。図Ⅳに示す値まで検流計の針が振れたときの実験はどれか，ア～エから選びなさい。ただし，棒磁石を動かす範囲は常に同じとする。

| 実験 | 極の向き | 動かす方向 | 動かす速さ |
|---|---|---|---|
| ア | Ｎ極を下向き | コイルの中心へ近づけた | 速くした |
| イ | Ｎ極を下向き | コイルの中心から離した | 遅くした |
| ウ | Ｓ極を下向き | コイルの中心へ近づけた | 速くした |
| エ | Ｓ極を下向き | コイルの中心から離した | 遅くした |

図Ⅰ

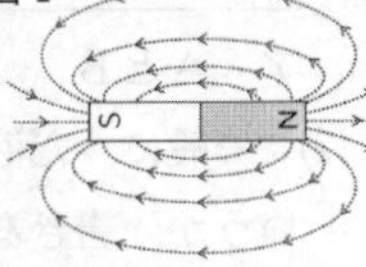


図Ⅱ

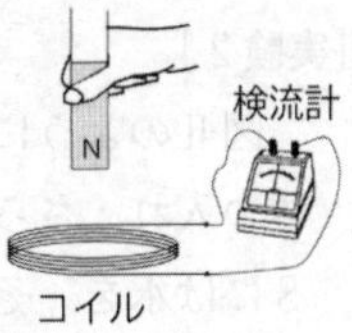


図Ⅲ

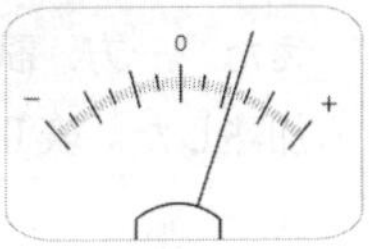


図Ⅳ

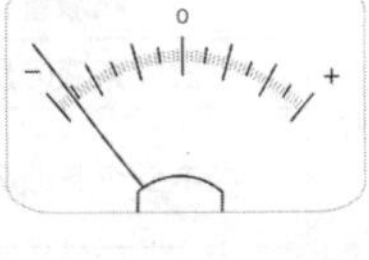


**2**　ＧさんとＭさんは，食物の消化に興味を持ち，だ液のはたらきを調べるために，実験１を行った。その後，ダイコンのしぼり汁にもだ液と同じはたらきがあることを先生から聞き，さらに実験２を行った。後の(1)～(4)の問いに答えなさい。

［実験１］

図Ⅰのように，4本の試験管Ａ～Ｄにデンプン溶液を８mLずつ入れた。さらに，試験管ＡとＣにはだ液をうすめたものを，試験管ＢとＤには水を，それぞれ２mLずつ加え，全ての試験管を約40℃の湯にひたして10分間おいた。その後，試験管ＡとＢにはヨウ素液を加えた。一方，試験管ＣとＤにはベネジクト液を加え，沸騰石を入れ加熱した。表Ⅰは，このときの反応をまとめたものである。

図Ⅰ

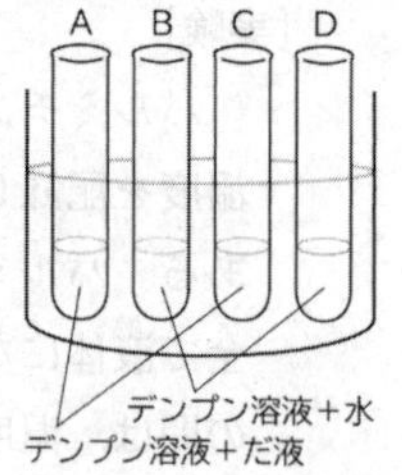


表Ⅰ

| 試験管 | A | B | C | D |
|---|---|---|---|---|
| ヨウ素液の反応 | 変化なし | 青紫色になった | — | — |
| ベネジクト液の反応 | — | — | 赤褐色の沈殿が生じた | 変化なし |

(1)　次の文は，実験１の結果について考察したものである。文中の ① ， ② に当てはまる試験管の組み合わせとして最も適切なものを，後のア～カからそれぞれ選びなさい。

> 試験管 ① を比較すると，だ液のはたらきによってデンプンがなくなったことが分かる。また，試験管 ② を比較すると，だ液のはたらきによって糖が生じたことが分かる。このことから，「だ液にはデンプンを糖に変えるはたらきがある」と考えられる。

ア　ＡとＢ　　イ　ＡとＣ　　ウ　ＡとＤ　　エ　ＢとＣ　　オ　ＢとＤ　　カ　ＣとＤ

(2)　一般に，だ液のような消化液中に含まれ，食物の養分を分解するはたらきをもつ物質を何というか，書きなさい。

［実験２］

図Ⅱのように，4本の試験管Ｐ～Ｓにダイコンのしぼり汁を２mLずつ入れ，さらに，試験管ＰとＲにはデンプン溶液を，試験管ＱとＳには水を，それぞれ８mLずつ加え，全ての試験管を約40℃の湯にひたして10分間おいた。その後，試験管ＰとＱにはヨウ素液を加えた。一方，試験管ＲとＳにはベネジクト液を加え，沸騰石を入れ加熱した。表Ⅱは，このときの反応をまとめたものである。

図Ⅱ

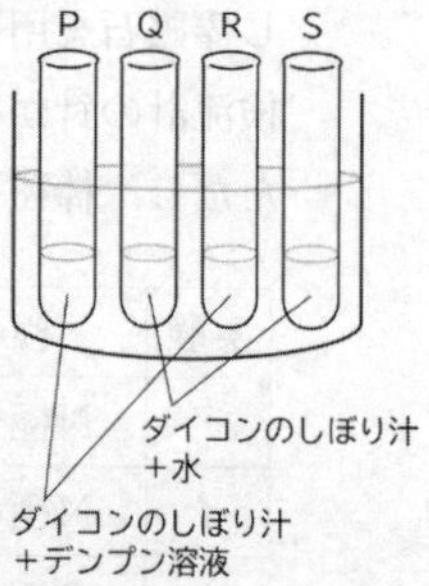


表Ⅱ

| 試験管 | P | Q | R | S |
|---|---|---|---|---|
| ヨウ素液の反応 | 変化なし | 変化なし | — | — |
| ベネジクト液の反応 | — | — | 赤褐色の沈殿が生じた | 色の薄い赤褐色の沈殿が生じた |

(3)　次のページの文は，実験２について，ＧさんとＭさんが交わした会話の一部である。会話文中の下線部について，試験管Ｓでデンプンを加えていないにもかかわらず色の薄い赤褐色の沈殿が生じた理由を書きなさい。

Gさん：実験１の結果と試験管Ｐの結果から，ダイコンのしぼり汁によって，デンプンがなくなったことが分かるね。

Mさん：そうだね。試験管Ｒと試験管Ｓでは，どちらも赤褐色の沈殿が生じたね。調べてみると，沈殿の色が濃いほど，含まれる糖の量が多いことを表すみたいだよ。

Gさん：試験管Ｓで色の薄い赤褐色の沈殿が生じたのは，なぜだろう。

(4)　次の文は，実験の後に，ＧさんとＭさんが交わした会話の一部である。後の①～③の問いに答えなさい。

Gさん：ヒトの体で，デンプンを糖に変えるのは何のためかな。

Mさん：(あ)デンプンを小さな物質にして，小腸から養分を吸収しやすくし，全身の細胞に運ぶためだよ。

Gさん：なるほど。じゃあ，ダイコンが，デンプンを糖に変えるのは何のためかな。

Mさん：葉でつくったデンプンを，小さくて，[　　　]物質である糖に変え，師管を通して体全体へ運ぶためだよ。

Gさん：そうなんだね。糖が体全体の細胞に運ばれた後はどうなるの。

Mさん：ヒトでもダイコンでも，(い)細胞は，糖などの養分から，酸素を使って，生きるために必要なエネルギーを取り出しているんだよ。

Gさん：動物も植物も，生きるために，体の中で似たようなことをしているんだね。

①　文中の[　　]に当てはまる文を，簡潔に書きなさい。

②　次の文は，下線部(あ)についてまとめたものである。文中の[X]，[Y]に当てはまる語の組み合わせとして正しいものを，後のア～エから選びなさい。

デンプンは最終的にブドウ糖に分解され，小腸の柔毛で吸収されて[X]に入り，[Y]に集まった後，血管を通って全身の細胞に運ばれる。

ア［　X　リンパ管　　Y　肝臓　］　イ［　X　リンパ管　　Y　腎臓　］
ウ［　X　毛細血管　　Y　肝臓　］　エ［　X　毛細血管　　Y　腎臓　］

③　下線部(い)について，このような細胞のはたらきを何というか，書きなさい。

**3**　太陽系の天体について学んだＧさんとＭさんは，群馬県内のある地点で，６月のある日に金星と月を観測した。その後，他の惑星についても資料を使って調べ，同じ日の同じ時刻の惑星と月の見える位置を次のページの図Ⅰのようにまとめた。さらに，次のページの図Ⅱのように，地球を含めた太陽系の全ての惑星の密度と半径の関係をまとめた。後の(1)～(3)の問いに答えなさい。

(1)　次の文は，太陽系の天体について述べたものである。文中の[a]，[b]に当てはまる語を，それぞれ書きなさい。

太陽のように自ら光を出して輝く天体を[a]という。また，太陽系には８つの惑星があり，月のように惑星のまわりを公転する天体を[b]という。

図Ⅰ

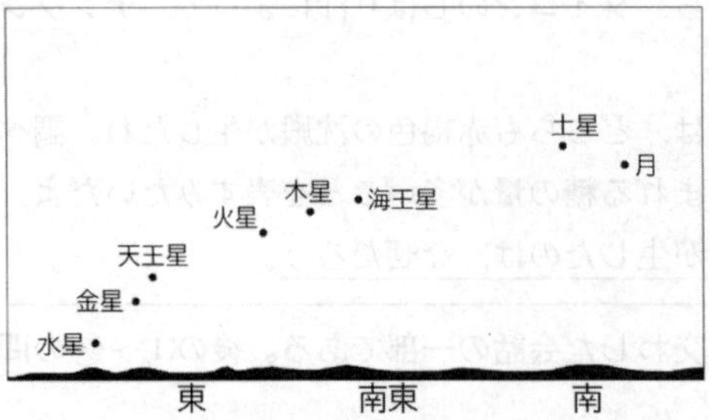


図Ⅱ

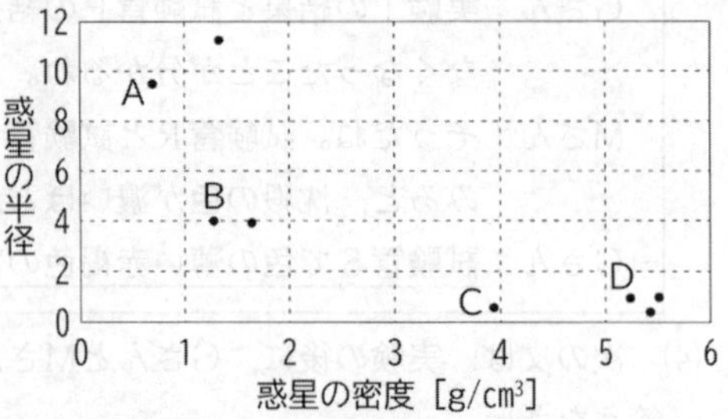


※惑星の半径は地球の半径を１とした場合の値である。

(2)　図Ⅰ，図Ⅱから分かることについて，次の①～③の問いに答えなさい。

①　金星と月が図Ⅰのように見える時間帯は，この日のいつごろと考えられるか，次のア～エから選びなさい。

ア　明け方　　イ　正午　　ウ　夕方　　エ　真夜中

②　図Ⅰのように天体が見える日の，太陽と木星，土星，天王星，海王星の公転軌道上の位置を模式的に表したものとして，最も適切なものを，次のア～エから選びなさい。ただし，円は太陽を中心とした惑星の公転軌道を表しており，矢印の向きは各天体の公転の向きを示している。

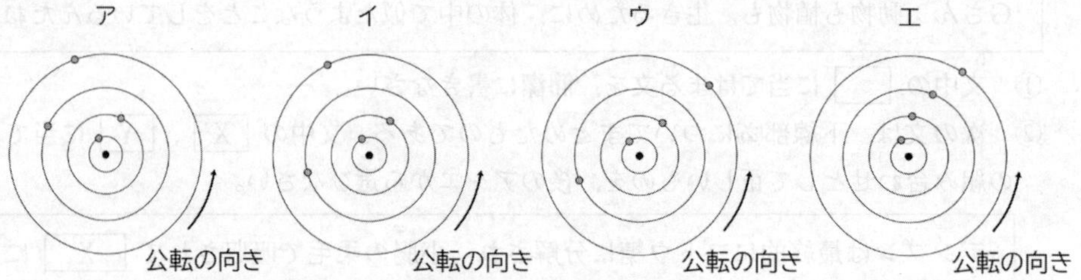


※•は太陽を，◦は木星，土星，天王星，海王星の位置を表している。

③　図Ⅱ中のＡ～Ｄから，木星型惑星を示すものを全て選びなさい。

(3)　次の文は，ＧさんとＭさんが，金星と月の見え方について交わした会話の一部である。後の①～③の問いに答えなさい。

> Ｇさん：金星と月には，どちらも満ち欠けをするという共通点があるね。
> Ｍさん：そうだね。調べてみたら，満ち欠けをしてもとの形に戻るまでに，月は約30日，金星は約600日かかることが分かったよ。
> Ｇさん：そうなんだ，かなり差があるんだね。
> Ｍさん：金星の公転の周期は約226日だと教科書に書いてあったけど，関係しているのかな。
> Ｇさん：太陽，金星，月，地球が一直線上に並んだ日を基準にして考えてみよう。

①　金星と月は自ら光を出していないが，光って見えるのはなぜか。この理由を簡潔に書きなさい。

② 図Ⅲは，太陽，金星，月，地球が一直線上に並んだ日の各天体の位置を模式的に示したものである。このとき，次のa，bについて，最も適切なものを，後のア～エからそれぞれ選びなさい。ただし，図Ⅲ中の円は惑星と月の公転軌道を表しており，矢印の向きは各天体の公転の向きを示している。

図Ⅲ

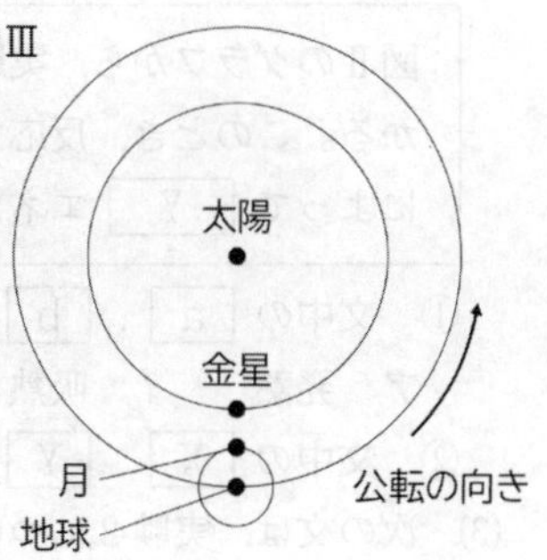


| |
|---|
| a　図Ⅲのように太陽，金星，月，地球が並んだ日から10日後に地上から見える金星の形<br>b　図Ⅲのように太陽，金星，月，地球が並んだ日から10日後に地上から見える月の形 |

※ア～エは，肉眼で見たときと同じ向きにしてある。

③ 金星と月の見え方を比べたとき，金星は見かけの大きさが変化するが，月は見かけの大きさがほとんど変化しない。この理由を金星と月の違いに触れて，書きなさい。

**4** GさんとMさんは，熱の出入りをともなう反応と，化学変化の前後における物質の質量について調べるために，次の実験を行った。後の(1)～(4)の問いに答えなさい。

[実験１]

図Ⅰのように，鉄粉と活性炭をビーカーに入れた。さらに質量パーセント濃度５％の塩化ナトリウム水溶液を少量加え，ガラス棒でかき混ぜながら温度を測った。図Ⅱは，その結果をグラフにまとめたものである。

図Ⅰ

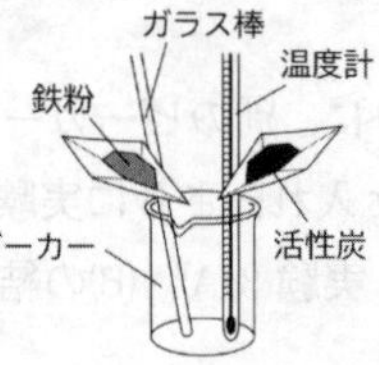


図Ⅱ

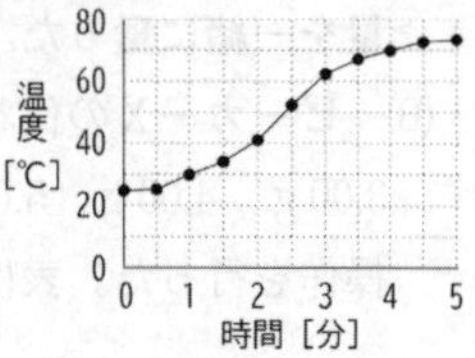


[実験２]

図Ⅲのように，炭酸水素ナトリウムとクエン酸をビーカーに入れた。さらに蒸留水を少量加え，ガラス棒でかき混ぜながら温度を測った。図Ⅳは，その結果をグラフにまとめたものである。

図Ⅲ

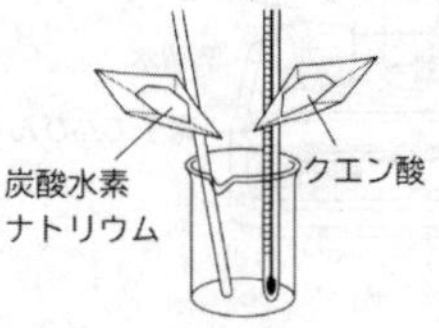


図Ⅳ

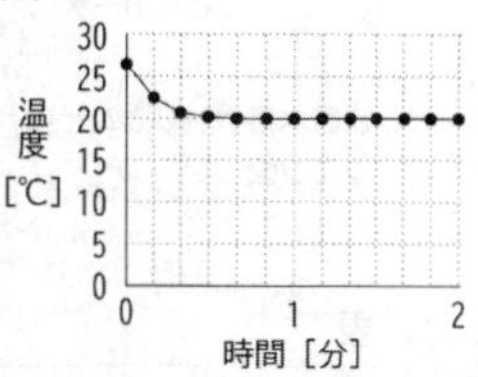


(1) 質量パーセント濃度５％の塩化ナトリウム水溶液50ｇの中に溶けている塩化ナトリウムの質量はいくらか，書きなさい。

(2) 次のページの文は，実験１について，まとめたものである。後の①，②の問いに答えなさい。

図Ⅱのグラフから，実験１では，熱が　a　される　b　反応が起きていることが分かる。このとき，反応する鉄粉などの物質が持っている　X　エネルギーが，化学変化によって　Y　エネルギーに変換されている。

① 文中の　a　，　b　に当てはまる語を，次のア～エからそれぞれ選びなさい。

ア 発熱　イ 吸熱　ウ 吸収　エ 放出

② 文中の　X　，　Y　に当てはまる語を，それぞれ書きなさい。

(3) 次の文は，実験２について，ＧさんとＭさんが交わした会話の一部である。会話文中の下線部について，後の①，②の問いに答えなさい。

Ｇさん：実験２では，気体を発生しながら反応が起こり，温度が下がったね。
Ｍさん：そうだね。発生した気体は，二酸化炭素だと先生が教えてくれたよ。
Ｇさん：うん。そういえば，ビーカーにはふたをしていないから，発生した二酸化炭素がビーカーの外に出ていって，ビーカーの中の物質の質量が変化するよね。
Ｍさん：質量保存の法則を使えば，発生した二酸化炭素の質量が分かるんじゃないかな。

① 二酸化炭素の化学式を書きなさい。

② 二酸化炭素が発生したことを確かめるには，一般的にどのような方法があるか。反応のようすに着目して，簡潔に書きなさい。

［実験３］

(A) ビーカーＸには，炭酸水素ナトリウム1.00ｇと，ある質量のクエン酸を入れ，ビーカーＹには蒸留水を60mL入れた。図Ⅴのように，電子てんびんで２つのビーカーの質量を一緒に量った。次に，図Ⅵのように，ビーカーＹに入っていた蒸留水全てをビーカーＸに入れ，ガラス棒でよくかき混ぜた。その後，電子てんびんの値が変化しなくなったとき，２つのビーカーの質量を一緒に量った。

(B) ビーカーＸの代わりに，別のビーカーを４つ用意し，炭酸水素ナトリウムをそれぞれ2.00ｇ，3.00ｇ，4.00ｇ，5.00ｇ入れ，さらに実験３(A)と同じ質量のクエン酸を加え，実験３(A)と同様の操作を行った。表は，実験３(A)，(B)の結果をまとめたものである。

図Ⅴ

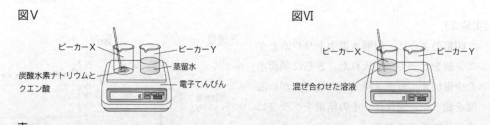

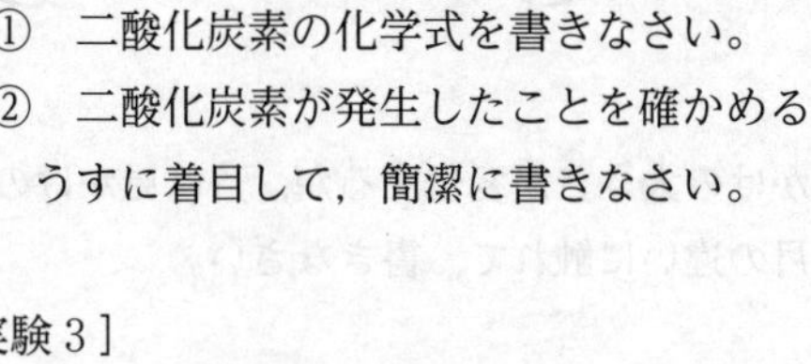


図Ⅵ

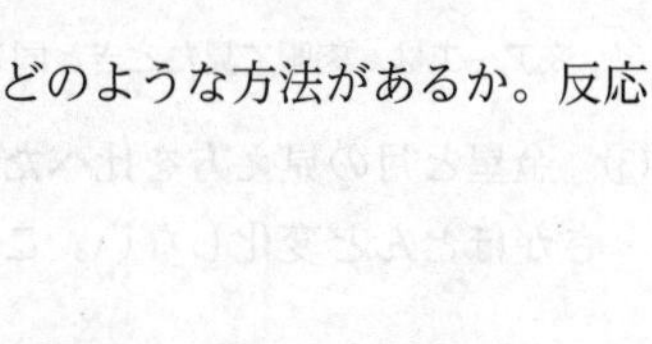


表

| 炭酸水素ナトリウムの質量［g］ | 1.00 | 2.00 | 3.00 | 4.00 | 5.00 |
|---|---|---|---|---|---|
| 反応前の電子てんびんの示す質量［g］ | 161.00 | 162.50 | 163.20 | 164.70 | 165.40 |
| 反応後の電子てんびんの示す質量［g］ | 160.48 | 161.46 | 161.64 | 162.88 | 163.58 |

(4)　GさんとMさんは，実験３について，表をもとに，炭酸水素ナトリウムの質量と，発生した二酸化炭素の質量の関係を，グラフで表すことにした。図Ⅶは，炭酸水素ナトリウムの質量と発生した二酸化炭素の質量の関係の一部を示したものである。次の①～③の問いに答えなさい。ただし，発生した二酸化炭素は全て空気中に出るものとする。

図Ⅶ

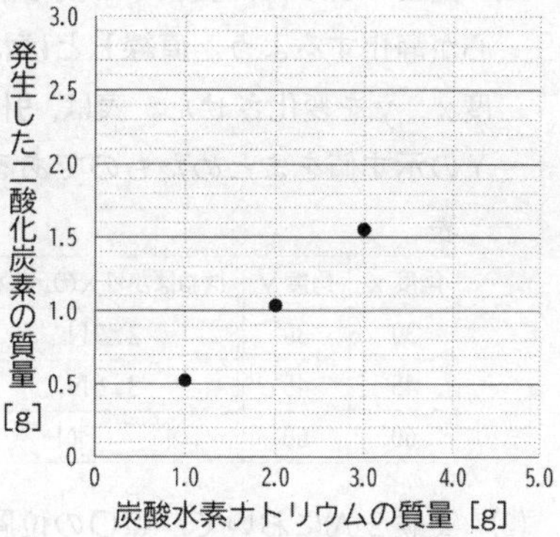


①　炭酸水素ナトリウムが4.00 gのとき，発生した二酸化炭素の質量はいくらか，書きなさい。

②　炭酸水素ナトリウムが5.00 gのとき，ビーカー内の溶液中には，クエン酸と反応していない炭酸水素ナトリウムが残っている。クエン酸と反応していない炭酸水素ナトリウムの質量はいくらか，最も近いものを次のア～エから選びなさい。

ア　0.5 g　　イ　1.0 g　　ウ　1.5 g　　エ　2.0 g

③　クエン酸の質量を増やして，炭酸水素ナトリウム5.50 gを全て反応させたとき，発生する二酸化炭素の質量はいくらか，書きなさい。

**5**　GさんとMさんは，物体にはたらく力について調べるために，次の実験を行った。後の(1)～(4)の問いに答えなさい。

［実験１］

図Ⅰのように，机の上に水平に置かれた木の板に記録用紙を固定し，ばねの一方を画びょうで留めた。ばねのもう一方の端に取り付けた金属製のリングを，ばねばかりXで直線Lに沿って引っ張り，点Oの位置でリングの中心を静止させた。このとき，ばねばかりXの示す値は5.0Nであった。

図Ⅰ

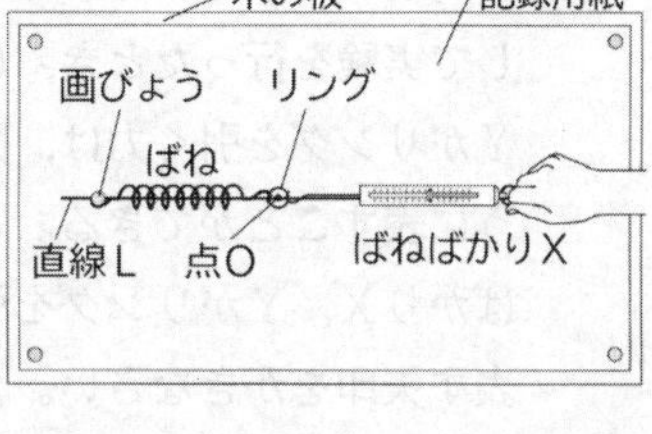


(1)　次の文は，実験１のリングにはたらく２力のつり合いについて述べたものである。文中の①，②について｛　｝内のア，イから正しいものを，それぞれ選びなさい。

| |
|---|
| ばねがリングを引く力とばねばかりXがリングを引く力は，一直線上にはたらき，力の大きさは①｛ア　等しく　　イ　異なり｝，力の向きは②｛ア　同じ　　イ　逆｝向きである。 |

［実験２］

(A)　図Ⅱのように，実験１のリングにばねばかりYを取り付け，実験１と同じ点Oの位置でリングの中心が静止するよう，ばねばかりX，Yを直線Lに沿って引っ張った。ただし，２本のばねばかりは一直線上にあるものとして考える。

図Ⅱ

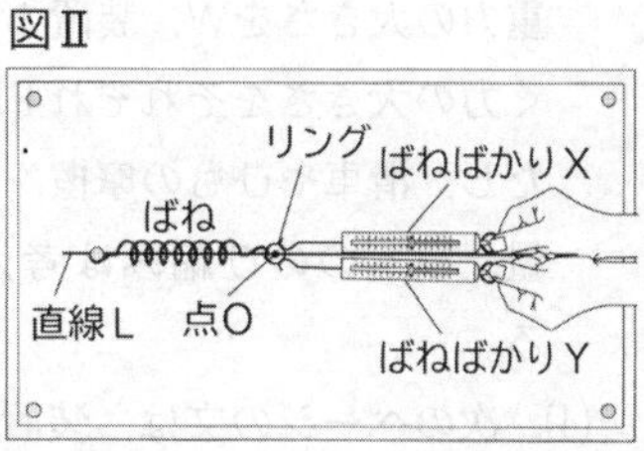

(B) 図Ⅲのように，実験１と同じ点Oの位置でリングの中心が静止するよう，直線Lとばねばかり X，Yの間の角度 x，y を変化させた。表は，引っ張ったばねばかり X，Yの示す値をまとめたものである。

図Ⅲ

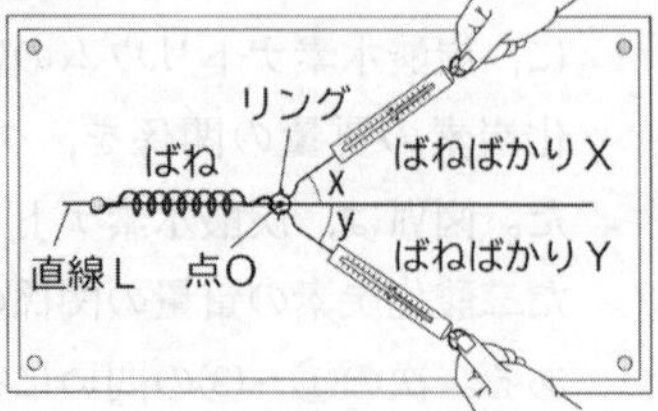


表

| 角度 x | 角度 y | ばねばかりXの示す値 | ばねばかりYの示す値 |
|---|---|---|---|
| 30° | 30° | 2.9N | 2.9N |
| 45° | 45° | 3.5N | 3.5N |
| 60° | 60° | □N | □N |

(2) 実験２(A)において，点Oの位置でリングの中心を静止させている状態で，ばねばかり X，Y の引く力を変えたとき，ばねばかり X，Y の示す値の関係はどのようなグラフで表されるか，次のア～エから選びなさい。

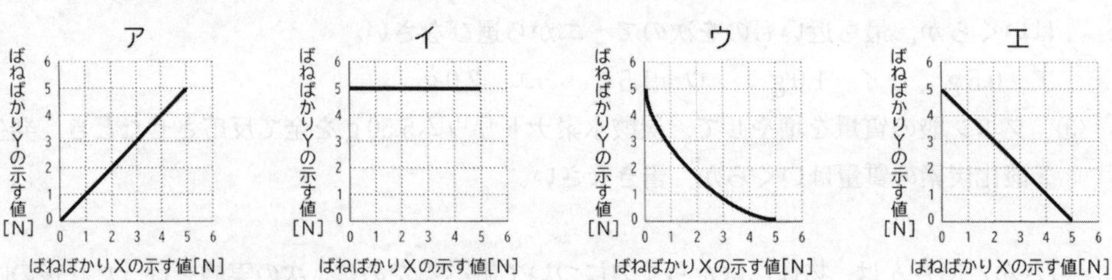


(3) 実験２(B)について，次の①，②の問いに答えなさい。

① 表の □ に共通して当てはまる数値を書きなさい。

② 角度 x，y を，それぞれ異なる角度にして実験を行ったとき，ばねばかり X，Y がリングを引く力は，図Ⅳの矢印のように表すことができる。このとき，ばねばかり X，Y がリングを引く力の合力を表す矢印をかきなさい。ただし，作図に用いた線は消さないこと。

図Ⅳ

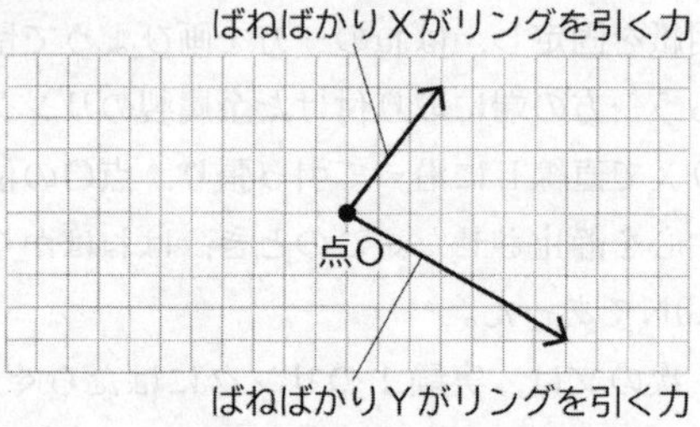


［実験３］

図Ⅴのように，ひもの一端と定滑車を天井に固定し，動滑車を用いて荷物を持ち上げる装置１，２をつくり，ひもを引いて同じ重さの荷物を床から１mの高さに持ち上げて静止させた。なお，荷物にはたらく重力の大きさをW，装置１，２でひもを引く力の大きさをそれぞれ$F_1$，$F_2$とする。ただし，滑車やひもの摩擦，滑車やひもの質量，ひものび縮みは考えないものとする。

図Ⅴ

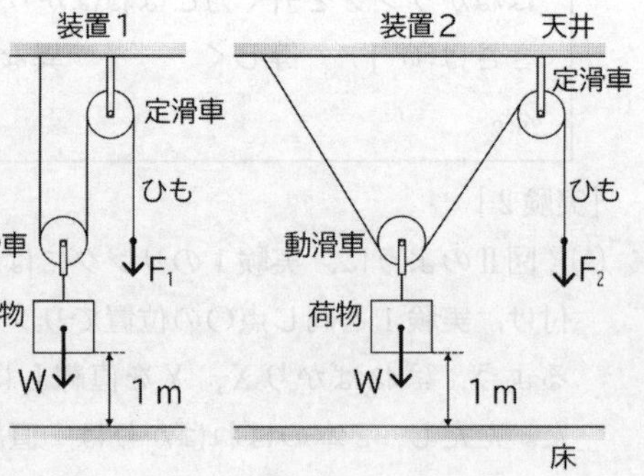


(4) 次のページの文は，装置１，２でひもを引く力がした仕事について，GさんとMさんが交わ

した会話の一部である。後の①，②の問いに答えなさい。

Gさん：装置１では，ひもを引く力の大きさ$F_1$は，荷物にはたらく重力の大きさWの［ａ］になるよね。

Mさん：装置２では，動滑車を通るひもの角度が，装置１と比べて開いているけれど，ひもを引く力の大きさ$F_2$はどうなるのだろう。

Gさん：実験２(B)の結果から，直線Ｌとばねばかりの間の角度が大きくなると，ばねばかりの示す値も大きくなっているから，装置２の$F_2$は装置１の$F_1$より大きくなっていると考えられるね。

Mさん：では，装置１と装置２で，荷物を同じ高さまで上げるとき，ひもを引く距離はどうなるかな。

Gさん：それは，仕事の原理で考えることができるね。

Mさん：なるほど。そうすると，装置２でひもを引く距離は，装置１でひもを引く距離と比べて，ｂ{ア　短くなる　　イ　変わらない　　ウ　長くなる} ね。

①　文中の［ａ］に当てはまる語を，次のア～エから選びなさい。

ア　４分の１　　イ　２分の１　　ウ　２倍　　エ　４倍

②　文中のｂについて {　} 内のア～ウから，正しいものを選びなさい。また，そのように判断した理由を書きなさい。

# ＜社会＞

時間　45分～60分（学校裁量による）　満点　100点

**1**　太郎さんは，社会科学習のまとめとして，滋賀県の取組についてレポートにまとめ，発表した。次の図と資料はそのときに使用したものの一部である。後の(1)～(5)の問いに答えなさい。

レポート

〈テーマ〉…滋賀県(a)～持続可能な都市づくりについて～

〈テーマ設定の理由〉…群馬県では，持続可能な都市づくりを進めているところなので，滋賀県の事例を調べ，都市づくりについて考えるための参考にしたいから。

〈滋賀県の持続可能な都市づくりについて調べた内容〉

- 環境面における取組…淀川水系，水田などの保全・整備による豊かな自然を守る取組の実施(b)
- 文化面における取組…比叡山延暦寺(c)，安土城(d)跡などの歴史遺産の活用による観光客の誘致
- 経済面における取組…交通の利便性をいかした産業の育成

〈まとめ〉…滋賀県では，持続可能な都市づくりが積極的に行われていました。ニュースで，滋賀県の農林水産業の取組(e)が世界農業遺産に認定されたことも知り，さらに興味を持ちました。滋賀県の事例を参考にして，私が住む群馬県の持続可能な都市づくりについて考えたいと思います。

(1)　下線部(a)について，図中の湖は，滋賀県にある日本最大の湖である。この湖の名称を，次のア～エから1つ選びなさい。

ア　霞ケ浦　　イ　諏訪湖
ウ　琵琶湖　　エ　猪苗代湖

図　滋賀県の航空写真

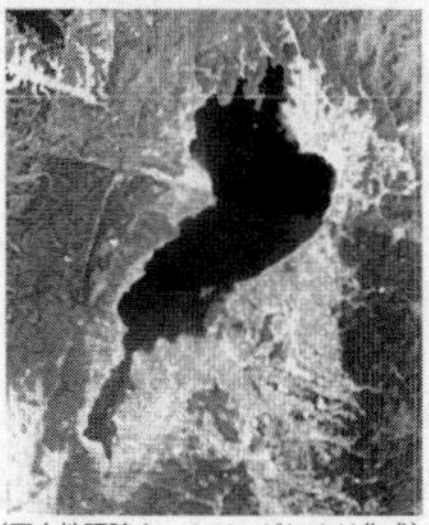

（国土地理院ホームページにより作成）

(2)　下線部(b)について，太郎さんは，資料Ⅰを用いて滋賀県の環境保全活動について発表した。次の文中の［A］，［B］に当てはまる語句の組み合わせとして適切なものを，後のア～エから選びなさい。

> 滋賀県は，豊富な水資源に恵まれています。その資源によって［A］の人々の生活用水が供給されています。
> 1960年代以降，人口の増加や工場の増加によって，図中の湖に生活排水や工場排水が流れ込み，［B］が発生するようになりました。そこで，滋賀県の人々は協力して環境保全活動を行い，滋賀県は，全国に先駆けて資料Ⅰの条例を制定することになりました。

資料Ⅰ　滋賀県で制定された条例の一部

> 第17条　何人も，県内において「りん」を含む家庭用合成洗剤を使用してはならない。
> 第18条　販売業者は，県内において「りん」を含む家庭用合成洗剤を販売し，または供給してはならない。
> （部分抜粋）

（滋賀県ホームページにより作成）

ア　A：大阪を中心とする都市圏　　B：水俣病
イ　A：大阪を中心とする都市圏　　B：赤潮
ウ　A：名古屋を中心とする都市圏　　B：水俣病
エ　A：名古屋を中心とする都市圏　　B：赤潮

(3)　下線部(c)について，太郎さんは，比叡山延暦寺に多くの観光客が訪れていることを知り，調べたことをまとめた。比叡山延暦寺で学んだ僧侶についての説明として適切なものを，次のア～エから１つ選びなさい。

ア　道元は，一心に念仏を唱えることで救われると説いた。

イ　親鸞は，おどり念仏によって，人々に念仏信仰を広めた。

ウ　日蓮は，題目を唱えることで，人々も国も救われると説いた。

エ　法然は，座禅によって自力で悟りを開こうとする教えを説いた。

(4)　下線部(d)について，太郎さんは織田信長との関係について調べ，資料Ⅱを見つけた。資料Ⅱは，織田信長によって安土城下で出された法令である。織田信長が，資料Ⅱの法令を出した目的を，簡潔に書きなさい。

資料Ⅱ

一　この安土の町は楽市としたのでいろいろな座は廃止し，さまざまな税や労役は免除する。

（部分要約）

(5)　下線部(e)について興味を持った太郎さんは，滋賀県の取組について調べたことをメモにまとめた。資料Ⅲはそのときに使用したものである。メモ中の C に当てはまる文を，書きなさい。

メモ

持続可能な社会を目指すためには，将来の世代と現在の世代の幸福を両立する視点が必要です。

資料Ⅲの取組事例には，将来の世代の幸福のために，環境保全に配慮する工夫と，現在の世代の幸福のために， C 工夫が見られます。

資料Ⅲ　滋賀県の取組事例

魚のゆりかご水田米

※「魚のゆりかご水田米」の認証を受けたことを表す米のロゴマーク

滋賀県では，「魚のゆりかご水田プロジェクト」によって，水質汚染により絶滅の危機にあった水産資源を守るために，水田とその周辺に住む生き物が行き来できる魚道などの環境をつくり，農薬を制限するなど，「豊かな生き物を育む水田」の取組が行われています。

また，にない手不足や農業収益など，課題のあった水田を守るために，その水田でつくられた米を「魚のゆりかご水田米」としてブランド化し販売する取組も行われています。

（「滋賀の環境2021」により作成）

**2**　俊太さんは，「日本の諸地域の学習」において，中国・四国地方の自然環境や，産業と交通の関わりについて調べ，発表した。次のページのレポートと資料は，そのときに使用したものの一部である。後の(1)～(4)の問いに答えなさい。

レポート

「中国・四国地方について」

〈自然環境〉

・中国地方と四国地方には，ともに東西に連なる山地がある。

・山陰，瀬戸内，南四国の3つの地域では，降水量に異なる特徴が見られる。(a)

〈産業と交通の関わり〉

・各地域の気候の特色に応じた農業が行われ，(b)東京や大阪などの人口が多く消費量が多い地域へ農作物を出荷している。

・海上交通の便がよく，工業が発達している県(c)もある。

・本州四国連絡橋の開通(d)により，本州と四国の間を移動する人が増えた。

図

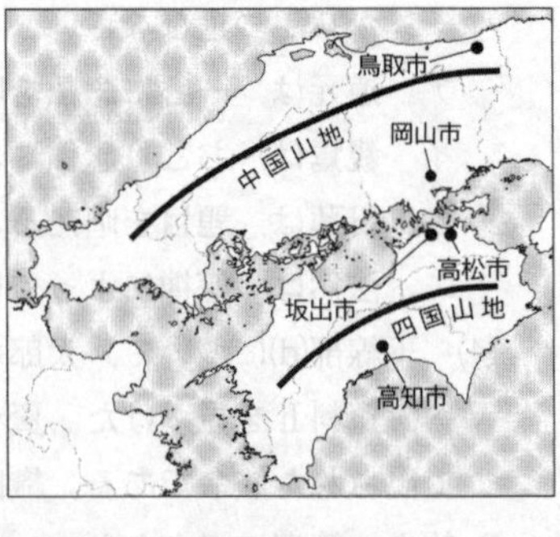


資料Ⅰ　3都市の年降水量と冬期（12月・1月・2月）の降水量の割合

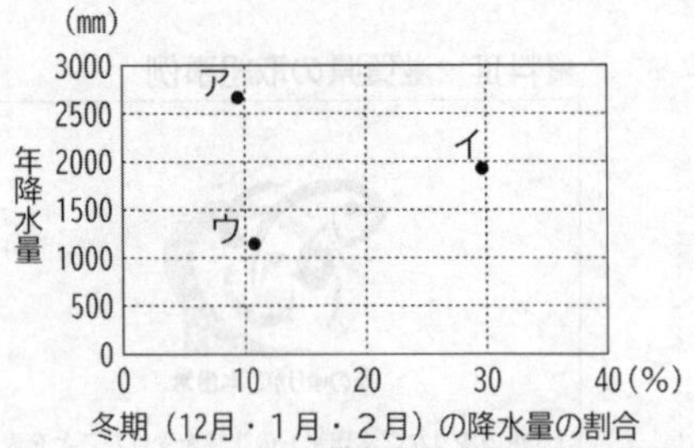


（気象庁ホームページにより作成）

資料Ⅱ

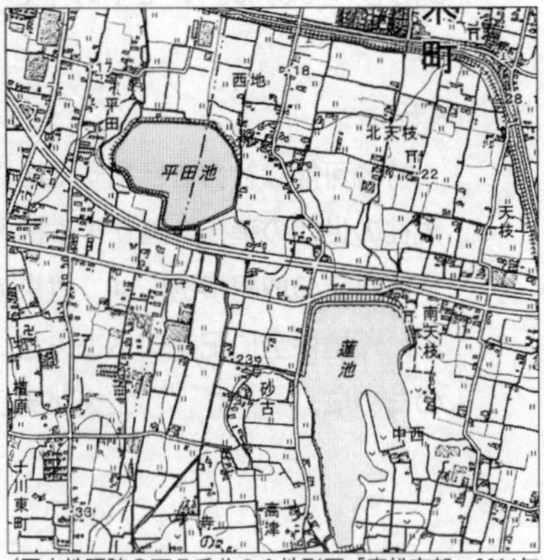


（国土地理院2万5千分の1地形図「高松南部」2016年発行により作成）

資料Ⅲ　3県の農業産出額の内訳（2020年）

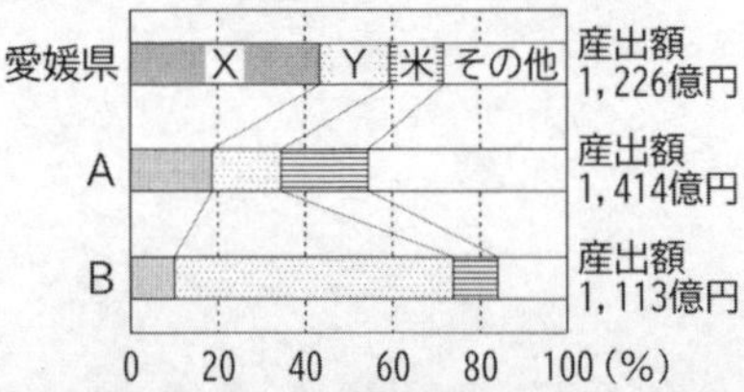


（「生産農業所得統計」により作成）

(1)　下線部(a)に関して，次の①，②の問いに答えなさい。

①　俊太さんは，中国・四国地方の降水量について，資料Ⅰを作成した。資料Ⅰ中のア～ウは，鳥取市，岡山市，高知市のいずれかの年降水量と，年降水量に占める冬期（12月・1月・2月）の降水量の割合を示している。鳥取市に当たるものを，資料Ⅰ中のア～ウから1つ選びなさい。

②　俊太さんは，香川県高松市の地形図の一部を示した資料Ⅱを見つけた。資料Ⅱのように，高松市にため池がある理由を，高松市の気候と資料Ⅱから読み取れるこの地域の農業に着目して，簡潔に書きなさい。

(2)　下線部(b)について，俊太さんは，愛媛県，岡山県，高知県の農業産出額の内訳を調べ，資料Ⅲを作成した。資料Ⅲ中のAとBは岡山県または高知県，資料Ⅲ中のXとYは果実または野菜のいずれかを示している。資料Ⅲ中のBとYの組み合わせとして適切なものを，次のア～エから選びなさい。

ア　B：岡山県　Y：果実　　イ　B：岡山県　Y：野菜

ウ　B：高知県　Y：果実　　エ　B：高知県　Y：野菜

(3)　下線部(c)に関して，俊太さんは，島根県，広島県，山口県の主な業種別製造品の出荷額が示されている資料Ⅳを見つけた。資料Ⅳ中のア～ウは，島根県，広島県，山口県のいずれかを示している。山口県に当たるものを，資料Ⅳ中のア～ウから１つ選びなさい。

資料Ⅳ　3県の主な業種別製造品の出荷額（2019年）

| 県名 | 食料品（十億円） | 化学工業（十億円） | 鉄鋼業（十億円） | 輸送用機械（十億円） |
|---|---|---|---|---|
| ア | 71 | 33 | 167 | 83 |
| イ | 221 | 1,978 | 621 | 1,182 |
| ウ | 652 | 434 | 1,187 | 3,257 |

（経済産業省資料により作成）

(4)　下線部(d)に関して，俊太さんは，香川県坂出市の２種類の地形図を見つけた。資料Ⅴは瀬戸大橋が開通する前の1980年発行の地形図，資料Ⅵは瀬戸大橋が開通した後の1997年発行の地形図である。２つの地形図を比較し，瀬戸大橋の開通後，陸上の交通網はどのように変化したか，地形図から読み取れることを，簡潔に書きなさい。

資料Ⅴ　1980年発行の地形図

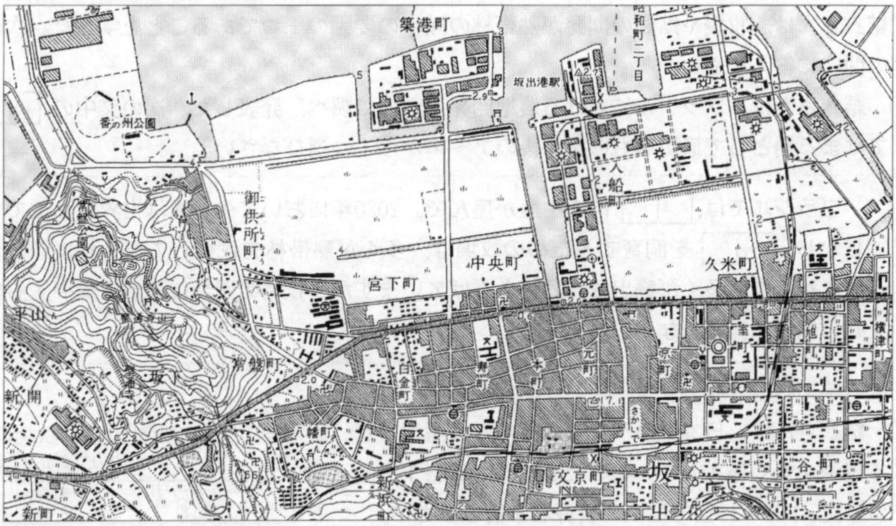


資料Ⅵ　1997年発行の地形図

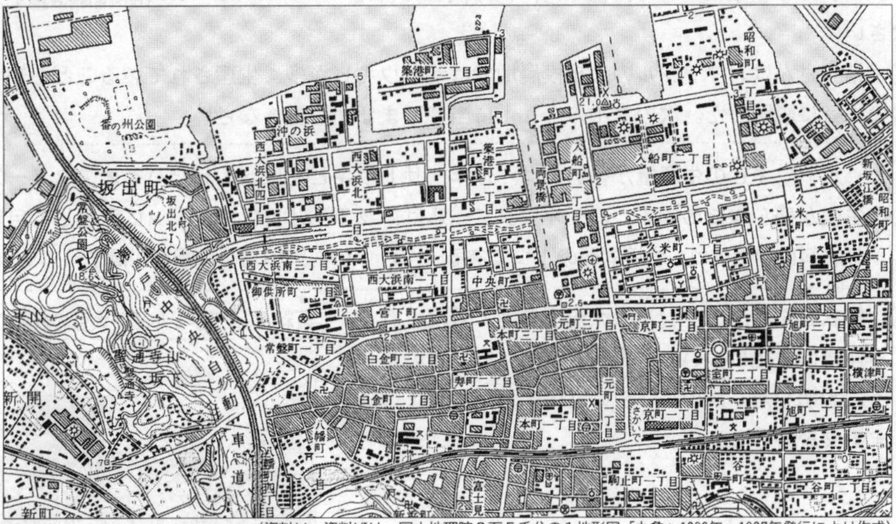


（資料Ⅴ，資料Ⅵは，国土地理院２万５千分の１地形図「丸亀」1980年，1997年発行により作成）

**3** 結衣さんは，南アメリカ州について学習し，特にブラジルについて調べたことをまとめ，発表した。次の図と資料はそのときに使用したものの一部である。後の(1)～(3)の問いに答えなさい。

(1) 結衣さんは熱帯林がみられるマナオスの気候を調べた。次のア～エは，図中のいずれかの都市の気温と降水量のグラフである。マナオスに当たるものを，次のア～エから１つ選びなさい。

図

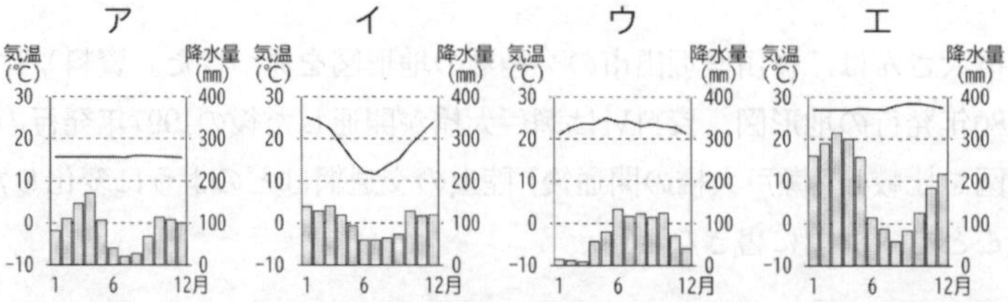


（「WMO world weather information service」により作成）

(2) 結衣さんは，牧場や鉱山の開発が熱帯林の減少の要因の１つであることを学んだ。次の①，②の問いに答えなさい。

① 結衣さんは，ブラジルにおける農地開発について調べ，発表した。次の文中の［ i ］に当てはまる語として適切なものを，後のア～エから１つ選びなさい。

> ブラジルでは，［ i ］肉の生産が盛んで，2020年において生産量は世界第２位です。しかし，［ i ］を飼育するための牧場は，多くが熱帯林を伐採して作られました。生産された肉は多くが輸出され利益を上げていますが，牧場の開発によって減少する熱帯林の保護が課題となっています。

ア 羊　イ 豚　ウ 牛　エ ヤギ

② 結衣さんは，日本がブラジルの鉱山から産出される資源を多く輸入していることを知り，資料Ⅰを見つけた。［ X ］に当てはまる資源名を書きなさい。

資料Ⅰ 日本における［ X ］の輸入相手国(2021年)

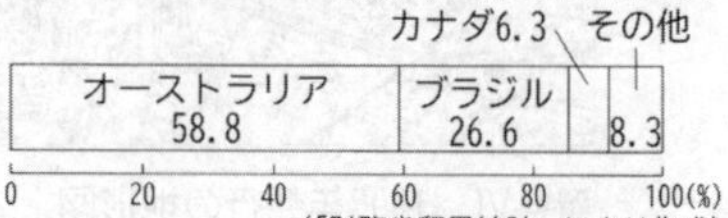


（「財務省貿易統計」により作成）

(3) ブラジルの産業について，次の①，②の問いに答えなさい。

① 結衣さんは，ブラジルの大規模農地ではサトウキビが多く生産されていることを知り，次のように説明した。次の文中の［ ii ］に当てはまる語を書きなさい。

> サトウキビの生産量が多いのは，近年，サトウキビを原料としたバイオエタノールの生産が盛んなためです。バイオエタノールは，ブラジルではガソリンに混合して自動車の燃料に利用され，環境問題の１つである［ ii ］の対策のために需要が高まっています。

② 結衣さんは，ブラジルの大規模農地で栽培される作物の変化について，資料Ⅱを用いて，次のように説明した。次のページの文中［ iii ］に当てはまる文を書きなさい。

資料Ⅱ ブラジルでの大豆の収穫の様子

（農畜産業振興機構ホームページにより作成）

1970年頃のブラジルでは，コーヒー豆が主要な輸出品であり，コーヒー豆の価格に国内の経済が大きく左右される状況でした。しかし，近年，大豆や原油などさまざまなものを輸出するようになりました。

特に大豆は，広大な土地で資料Ⅱのように［iii］ことで大量の収穫が可能となり，生産量も輸出量も大幅に増加しました。

**4**　直子さんは，歴史学習のまとめとして，自分が興味を持ったできごとを調べてまとめ，発表した。次のカードと資料は，そのときに使用したものの一部である。後の(1)～(4)の問いに答えなさい。

カード１　飛鳥時代・奈良時代

律令国家のしくみを定めた大宝律令がつくられ，成人男子にはさまざまな税や負担(a)が課されました。それらは，大変重いものでした。

カード２　平安時代

漢字を書きくずし，日本語の発音を表現しやすくした［ii］文字がつくられました。そして，「源氏物語」など優れた文学作品が生まれました。

カード３　鎌倉時代

後鳥羽上皇は，幕府を倒し朝廷の勢力を回復しようと，承久の乱(b)を起こしました。しかし，幕府軍に敗れ，隠岐国（島根県）に流されました。

カード４　江戸時代

徳川吉宗は，幕府の収入を増やすため(c)に，武士に質素・倹約を命じ，上げ米の制を定めました。こうした政策は，享保の改革と呼ばれました。

資料Ⅰ
平城京跡から出土した木簡（複製）

紀伊国《きいのくに》　安諦郡《あてぐん》幡陁郷《はたごう》　戸主《こしゅ》　秦人《はたひとの》小麻呂《おまろ》　［i］　塩《しお》　三斗《さんと》　天平《てんぴょう》

※木簡の右の文字は，木簡に書かれている文字を示している。
※「紀伊国安諦郡幡陁郷」は，現在の和歌山県有田市付近にあたる。
※「斗」は，塩の量の単位である。
（和歌山県立博物館ホームページにより作成）

(1)　下線部(a)に関して，資料Ⅰ中の［i］に当てはまる税や負担として適切なものを，次のア～エから１つ選びなさい。

ア　調　　イ　租　　ウ　雑徭　　エ　兵役

(2)　カード２中の［ii］に当てはまる語を書きなさい。

(3)　下線部(b)について，次の①，②の問いに答えなさい。

①　北条政子は，後鳥羽上皇が兵を挙げると，鎌倉幕府を守るために，御家人たちに結束を呼びかけた。資料Ⅱ中の［iii］に当てはまる語を書きなさい。

資料Ⅱ　北条政子の訴え

…頼朝公が朝廷の敵を倒し，幕府を開いてから，官位や土地など，その［iii］は山より高く海よりも深い。この［iii］にむくいる心が浅くてよいはずがない。
（部分要約）

（「吾妻鏡」より）

②　直子さんは，承久の乱後における鎌倉幕府の政治と支配について，次のように説明した。次の文中の［iv］，［v］に当てはまる語の組み合わせとして適切なものを，後のア～エから選びなさい。

幕府は京都に［iv］をおいて，朝廷を監視しました。また，上皇側に味方した貴族や武士から取り上げた土地を［v］に与え，幕府の支配を固めました。

ア　iv：京都所司代　v：東国の武士　　イ　iv：六波羅探題　v：東国の武士
ウ　iv：京都所司代　v：西国の武士　　エ　iv：六波羅探題　v：西国の武士

(4) 下線部(c)について，幕府は収入を増やすために，カード4で示されている内容の他にどのような政策を行ったか，資料Ⅲを参考にして，簡潔に書きなさい。

資料Ⅲ　享保年間に描かれた絵図の一部

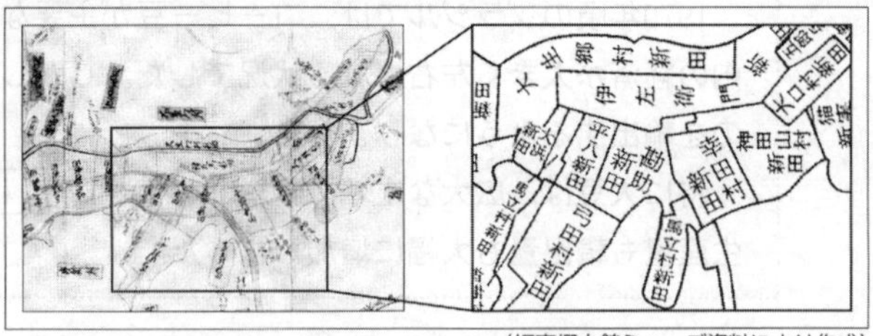


（坂東郷土館ミューズ資料により作成）

**5** 七美さんは，近現代における世界の情勢と，これに影響を受けた日本の情勢について時代別にまとめ，発表した。次の資料は，そのときに使用したものの一部である。後の(1)～(4)の問いに答えなさい。

資料Ⅰ

| 世界の情勢 | 時代 | 世界の情勢に影響を受けた日本の情勢 |
|---|---|---|
| 19世紀になると，産業革命が欧米各国に広まり，人々が国民として1つにまとまる近代的な国家が建設されました。 | 明治 | 欧米諸国のような近代的な国家をつくることを目指し，その土台となる欧米の文化や思想などを取り入れました。(a) |
| 1919年にパリで講和会議が開かれ，［X］条約が結ばれたことにより，第一次世界大戦は終結しました。 | 大正 | 日本は1921年から翌年にかけて行われたワシントン会議(b)に参加し，日本外交の中心であった日英同盟を解消しました。 |
| ［Y］がポーランドに侵攻したことにより，イギリスとフランスが［Y］に宣戦布告し，第二次世界大戦が始まりました。 | 昭和 | 敗戦後，日本政府は連合国軍総司令部(GHQ)の指示を受けて，非軍事化・民主化のためのさまざまな改革を行いました。(c) |

(1) 資料Ⅰ中の［X］に当てはまる語と，［Y］に当てはまる国名を，それぞれ書きなさい。

(2) 下線部(a)について，七美さんは資料Ⅱを用いて次のように発表した。文中の［i］，［ii］に当てはまる語の組み合わせとして適切なものを，後のア～エから選びなさい。

> ［i］は，フランスの人権思想家であるルソーの考えを紹介しました。［i］は，「自由」や「権利」などといった欧米の思想を日本に広める上で，大きな役割を果たしたと言えます。資料Ⅱのように国会開設を求める動きなどは［ii］と呼ばれ，［i］の影響を大きく受けていると言われています。

資料Ⅱ　国会開設を求める演説会の様子

（近代日本法政史料センター資料より）

ア　i：田中正造　ii：護憲運動　イ　i：田中正造　ii：自由民権運動
ウ　i：中江兆民　ii：護憲運動　エ　i：中江兆民　ii：自由民権運動

(3)　下線部(b)に関して，七美さんは，第一次世界大戦後の日本の外交について興味を持ち，資料Ⅲを見つけた。第一次世界大戦後，資料Ⅲのように，日本の軍事費が変化したのはどうしてか，当時の国際情勢に着目して，その理由を簡潔に書きなさい。

資料Ⅲ　日本の歳出総額と軍事費の占める割合

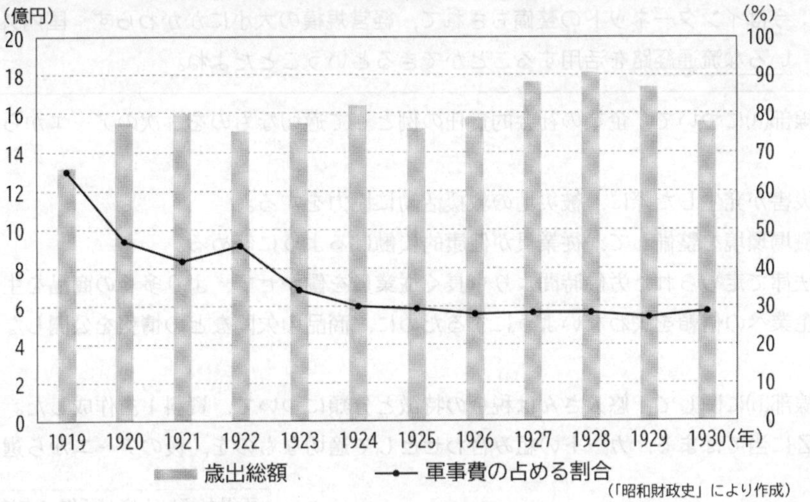


(「昭和財政史」により作成)

(4)　下線部(c)について，日本政府が第二次世界大戦後に連合国軍総司令部（GHQ）の指示を受け，実施したものとして適切なものを，次のア～オから全て選びなさい。

ア　財閥の解体を行った。

イ　労働条件の最低基準を定める労働基準法を制定した。

ウ　満６歳以上の子どもに教育を受けさせる学制を発布した。

エ　満25歳以上の男性に選挙権を与える普通選挙法を制定した。

オ　地主から農地を強制的に買い上げ，小作人に安く売り渡した。

**6**　涼太さんのクラスでは，「私たちの暮らしと経済」の学習において，県内の食品販売会社の社長に聞き取り調査を行った。次の会話文は，聞き取り調査後に，涼太さんの班で交わされたものの一部である。後の(1)～(5)の問いに答えなさい。

**会話文**

涼太：社長さんは，お客さんに満足してもらえるような商品を提供できるように努力をしていることや，(a)企業の社会的責任を果たす必要もあるということを話していたよね。

悠人：企業がより良い商品を世の中に供給すると，社会全体の発展にもつながるから，とてもいいよね。

由美：でも，どんなに良い商品だとしても，消費者に商品を買う金銭的な余裕がないとね。

悠人：その点でいうと，(b)消費税などの税金も少しずつ上がっているから大変だと，家でも話題になっていたよ。

涼太：消費税が上がると，消費者は支出を減らすだろうから，景気が悪くなりそうだね。

由美：そういえばニュースで，日本の景気を良くするための(c)金融政策について取り上げているのを見たよ。企業のためにも，景気が良くなるといいよね。

悠人：社長さんもそのようなことを言っていたね。でも，日本国内の市場だけに目を向けるのではなく，海外の市場にも積極的にチャレンジしているとも言っていたよね。

涼太：(d)外国と取り引きを行う企業って，大企業だけだと思っていたよ。

由美：今はインターネットの整備もされて，経営規模の大小にかかわらず，国内外で(e)いろいろな流通経路を活用することができるということだよね。

(1) 下線部(a)について，企業の社会的責任の例として適切なものを，次のア～エから全て選びなさい。

ア 災害が発生した際に，被災地の救援活動に協力をする。

イ 職場環境を整備して，従業員が健康的に働けるように努める。

ウ 法律で定められた労働時間よりも長く従業員を働かせて，より多くの商品を生産する。

エ 企業への信頼を失わないようにするために，商品の欠陥などの情報を公開しないようにする。

(2) 下線部(b)に関して，悠人さんは税金の特徴と分類について，資料Ⅰを作成した。資料Ⅰ中のWとZに当てはまる，カードの組み合わせとして適切なものを，後のア～エから選びなさい。

資料Ⅰ

| | 特徴 | 分類 |
|---|---|---|
| 消費税 | W | Y |
| 所得税 | X | Z |

カード1 所得が高い人ほど所得に占める税金の割合が高くなる特徴を持つ。

カード2 所得が低い人ほど所得に占める税金の割合が高くなる特徴を持つ。

カード3 税金を納める人と税金を負担する人が同じであり，直接税に分類される。

カード4 税金を納める人と税金を負担する人が異なり，間接税に分類される。

ア W：カード1 Z：カード3

イ W：カード1 Z：カード4

ウ W：カード2 Z：カード3

エ W：カード2 Z：カード4

(3) 下線部(c)について，景気が悪いときに行う金融政策として最も適切なものを，次のア～エから1つ選びなさい。

ア 日本銀行が，一般の銀行に国債などを売り，世の中に出回る通貨量を減らす。

イ 日本銀行が，一般の銀行から国債などを買い，世の中に出回る通貨量を増やす。

ウ 日本政府が，公共事業（公共投資）を増やして，民間企業の仕事を増やす。

エ 日本政府が，公共事業（公共投資）を減らして，民間企業の仕事を減らす。

(4) 下線部(d)に関して，涼太さんは貿易と為替の関係について，次のようにまとめた。文中の［ i ］，［ ii ］に当てはまる語の組み合わせとして適切なものを，後のア～エから選びなさい。

為替相場の変動によって，貿易にどのような影響があるのでしょうか。

例えば，日本のある企業が調味料をアメリカに輸出する場合を考えてみることとします。1ドル=100円であるときと比べて，1ドル=120円の［ i ］になると，同じ調味料でも，ドルでの価格が［ ii ］し，輸出しやすくなると考えられます。

ア i：円高 ii：上昇　イ i：円高 ii：下落

ウ i：円安 ii：下落　エ i：円安 ii：上昇

(5)　下線部(e)について，由美さんは，多様化する流通経路について，資料Ⅱと資料Ⅲを用いて，次のように説明した。文中の [ iii ] に当てはまる文を，「費用」という語を用いて，書きなさい。

> 商品の流通経路は，資料Ⅱのようなものが一般的です。しかし，調査をした食品販売会社では，資料Ⅲのような流通経路をとることで，より安い価格で消費者に商品を販売することができています。その理由は，資料Ⅲでは資料Ⅱと比べて，調査をした食品販売会社のような小売業者が [ iii ] からです。

資料Ⅱ　商品の一般的な流通経路

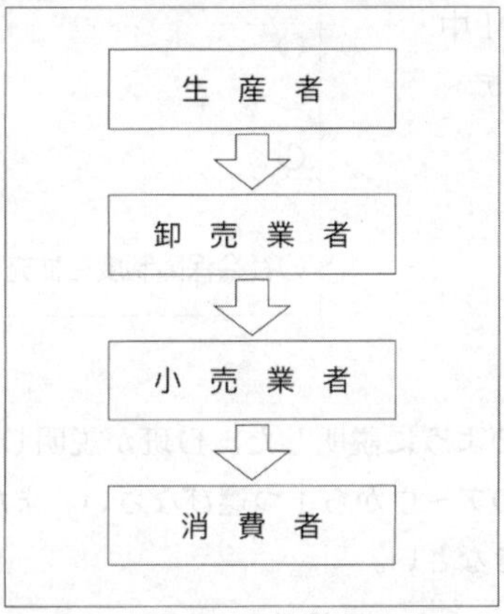


資料Ⅲ　調査をした食品販売会社の商品の流通経路

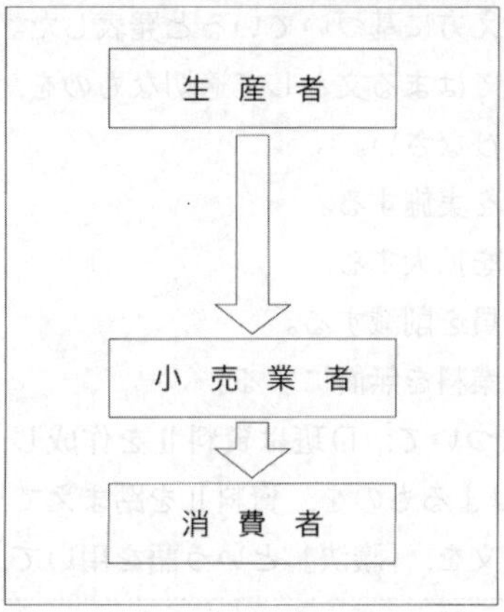


**7**　明さんのクラスでは，政治の学習のまとめとして，班ごとにテーマを決めて調べた内容を，発表した。次のカードと資料は，そのときに使用したものの一部である。後の(1)～(4)の問いに答えなさい。

A班のカード【情報化】

> 現在，[ あ ]と略称される情報通信技術が急速に発達しています。そのため，私たちは，情報を正しく活用する力である[ い ]を身に付けることが大切です。

B班のカード【成年年齢の引き下げ】

> 2018年６月，国会で民法が改正され，(a)2022年４月から成年年齢が20歳から18歳に引き下げられました。成年年齢の引き下げは，私たちの生活にもさまざまな影響を与えます。

C班のカード【政権公約（マニフェスト）】

> 選挙のとき多くの政党は，政権を取ったときに実施する予定の政策などを記した(b)政権公約（マニフェスト）を発表します。各党の公約を比べることで，人々は投票先を選びやすくなります。

D班のカード【国会】

> 国会は二院制が採られ，衆議院（465名）と参議院（248名）の２つの議院で構成されています。国会の仕事には，法律の制定や予算の議決，条約の承認，(c)内閣総理大臣の指名などがあります。

(1)　A班のカード中の [ あ ]，[ い ] に当てはまる語の組み合わせとして適切なものを，次のア～エから選びなさい。

ア　あ：ＳＮＳ　い：情報リテラシー　　イ　あ：ＳＮＳ　い：人工知能

ウ　あ：ＩＣＴ　い：情報リテラシー　　エ　あ：ＩＣＴ　い：人工知能

(2)　下線部(a)に関して，B班は，成年年齢が引き下げられたことによる変化について調べ，発表した。2022年4月以降，日本国民が18歳になれば親権者の同意がなくてもできるようになったこととして適切なものを，次のア～エから1つ選びなさい。

ア　働いて賃金を得ること。
イ　クレジットカードを作ること。
ウ　都道府県の知事選挙に立候補すること。
エ　市町村議会の議員選挙に立候補すること。

(3)　下線部(b)に関して，C班は資料Ⅰを作成し，資料Ⅰで示した架空の政党の政権公約（マニフェスト）は「大きな政府」の考え方に基づいていると発表した。資料Ⅰ中の［　　］に当てはまる文として適切なものを，次のア～エから2つ選びなさい。

ア　減税政策を実施する。
イ　公共事業を拡大する。
ウ　国家公務員を削減する。
エ　大学の授業料を無償にする。

資料Ⅰ　架空の政党の政権公約（マニフェスト）

○［　　　　　　　　］
○［　　　　　　　　］
○社会保障制度を拡充する。

(4)　下線部(c)について，D班は資料Ⅱを作成し，次のように説明した。D班が説明した内容の［ i ］に当てはまるものを，資料Ⅱを踏まえて，後のア～ウから1つ選びなさい。また，［ ii ］に当てはまる文を，「議決」という語を用いて，書きなさい。

資料Ⅱは，内閣総理大臣の指名についての衆議院と参議院での架空の投票結果です。この投票結果に基づいて，衆議院と参議院が異なる国会議員を指名し，両院協議会を開いても意見が一致しなかった場合，内閣総理大臣に指名される議員は，［ i ］です。その理由は［ ii ］からです。

資料Ⅱ

| | X議員 | Y議員 | Z議員 |
|---|---|---|---|
| 衆議院 | 155票 | 235票 | 75票 |
| 参議院 | 150票 | 57票 | 41票 |

ア　X議員　　イ　Y議員　　ウ　Z議員

資料Ⅱ

「「煮詰まる」の意味は、(ア)と(イ)のどちらだと思うか」

| | 平成19年（2007） | 平成25年（2013） |
|---|---|---|
| (ア) 結論が出せない状態になること | 37.3% | 40.0% |
| (イ) 結論の出る状態になること | 56.7% | 51.8% |
| (ウ) (ア)と(イ)の両方 | 1.2% | 3.6% |
| (エ) (ア)や(イ)とは全く別の意味 | 0.2% | 1.4% |
| (オ) 分からない | 4.6% | 3.2% |

平成25年度「国語に関する世論調査」（文化庁）により作成

(一)　会話文中［　　］に当てはまる言葉を、資料Ⅰから五字で抜き出して書きなさい。

(二)　会話文中――について、秋斗さんのこの発言は、資料Ⅱ中のどういったことについて言っていると考えられますか。最も適切なものを、次のア～エから選びなさい。

ア　平成19年も平成25年も、全体に占める(ウ)の割合や(エ)の割合が低いということ。

イ　六年の間に、全体に占める(エ)の割合が増えた一方、(オ)の割合は減ったということ。

ウ　六年の間に、全体に占める(ウ)の割合は増えたが、逆に(イ)の意味で捉える人の割合は減ったということ。

エ　平成19年も平成25年も、(ア)の意味で捉える人と(イ)の意味で捉える人が、それぞれ一定の割合でいるということ。

(三)　会話文中＝＝について、資料Ⅰの［辞書A］、［辞書B］のように、記載の内容が異なっている辞書があることについてあなたはどのように考えますか。あなたの考えを、百四十字以上、百八十字以内で書きなさい。

祖

ア　独　　イ　礼　　ウ　秒　　エ　補

## 六

春香さんたちは、国語の授業中に、辞書と言葉の意味について意見交換をしています。次の会話文は、そのときの会話の一部で、資料Ⅰ、資料Ⅱは意見交換をする際に用いたものです。これらを読んで、後の㈠～㈢の問いに答えなさい。

春香さん　昨日の委員会の報告を先生にしたときに、「ちょっと煮詰まった感じです。」と言ったら、先生に「それはよかった。」と言われたよ。「煮詰まる」って、「　」という意味じゃないってことかな。

夏世さん　辞書で調べてみようよ。えーと、私の辞書（資料Ⅰの［辞書A］）には、三つ意味が載っているみたいだけれど…。

秋斗さん　僕の辞書（資料Ⅰの［辞書B］）には、二つしか意味が載っていないよ。それに、「【注意】」もあって、「俗用で、本来は誤り」と書かれているよ。

冬輝さん　「俗用」ってことは、ある程度は一般的ってことだよね。でも、この辞書によると、本来は誤りなのか…。

夏世さん　さっき、インターネットでちょっと調べてみたら、こんなデータ（資料Ⅱ）があったよ。

秋斗さん　へえ、おもしろいね。こんなふうに捉え方に違いがあるってことか。少し前の資料だけど、今でも同じような傾向があるのかもしれないな。

春香さん　そうだね。なにしろ、私が使った意味を載せている辞書は、全く逆の意味を両方とも載せているわけだしね。

冬輝さん　辞書によって書かれ方が異なっていると、ちょっと困る気がするな。どちらかはっきりしてほしいよ。

夏世さん　確かにそうかも。でも、私は、辞書にもそれぞれ違いがあっていいような気がするな。最近の電子辞書には、複数の辞書が入っているものもあるし、インターネットとかでさらに調べたりすることもできるよね。

資料Ⅰ

［辞書A］

① 煮えて水分がなくなる。
② 議論や考えなどが出つくして結論を出す段階になる。
③ 転じて、議論や考えなどがこれ以上発展せず、行き詰まる。

［辞書B］

① 煮えて水分がなくなる。
② 議論や検討が十分になされて、結論の出る段階になる。
［例］議論が煮詰まる。
【注意】近年、「議論が行き詰まる」の意で使うのは俗用で、本来は誤り。

篳篥の音《ね》をうけたまはるに、あはれにたふとく（尊く優れて）候《さうら》ひて、悪心みなあらたまりぬ。とる所の物どもことごとくに返したてまつるべし。」といひて、Bみな置きて出でにけり。むかしの盗人は、またかくC優なる心もありけり。

（『古今著聞集』による。）

（注）博雅の三位……源《みやもとのひろまさ》博雅のことで、平安時代中期の人。
三品……三位のこと。
板敷……板の間。
篳篥……雅楽用の管楽器。
厨子……両扉のついた棚。

㈠　文中＝＝「おさへがたく」を現代仮名遣いで書きなさい。

㈡　文中A――「みなとりてけり」とはどのような様子を述べていますか。最も適切なものを、次のア～エから選びなさい。

ア　博雅の三位の家族が途方に暮れる様子。
イ　博雅の三位がおそるおそる外に出てきた様子。
ウ　盗人が仲間を連れて博雅の三位の家に戻ってきた様子。
エ　盗人が博雅の三位の家の物を持っていってしまった様子。

㈢　文中B――「みな置きて出でにけり」とありますが、盗人が何もかも置いて出て行ったのはどうしてですか。最も適切なものを、次のア～エから選びなさい。

ア　仲間から説明を聞いて、篳篥以外は価値がないと理解したため。
イ　博雅の三位の嘆きを耳にして、思いやりが大切だと悟ったため。
ウ　篳篥と盗んだ物を交換しようと、博雅の三位から提案されたため。
エ　博雅の三位の美しい篳篥の音を聞いて、悪い行いを反省したため。

㈣　文中C――「優なる心」とありますが、ここでの「優なる心」とはどのような心だと考えられますか。最も適切なものを、次のア～エから選びなさい。

ア　単純で表裏のない心。
イ　優しさにあふれた心。
ウ　芸術の価値が分かる心。
エ　他人に認められたいと思う心。

## 五　次の㈠～㈢の問いに答えなさい。

㈠　次の①～④の――の平仮名の部分を漢字で書きなさい。

①　ろうそくがもえる。
②　山のいただきに着く。
③　はちくの勢いで進む。
④　進行にしょうをきたす。

㈡　次の①～④の――の漢字の読みを平仮名で書きなさい。

①　名残を惜しむ。
②　襟を正して臨む。
③　法令を遵守する。
④　作品の巧拙は問わない。

㈢　次の漢字は、行書で書いたものです。この漢字と部首が同じである漢字として最も適切なものを、後のア～エから選びなさい。

㈢ 次の会話文は、この漢詩について、東野さんたちが話し合ったときの会話の一部です。これを読んで、後の①、②の問いに答えなさい。

東野さん　この漢詩を鑑賞するに当たって、どこに着目して考えるのがいいだろう。

西川さん　第四句の「満架の薔薇一院香し」というのがポイントじゃないかな。

南田さん　この句は、棚いっぱいに咲くバラの花の香りが中庭全体に広がっている様子を表しているよね。［　　］ことで、香りが漂ってきたんだろうね。

北山さん　うん。私は、この漢詩を読んで、水晶の簾が動いて［　　］と表現されている、その順番がおもしろいと思ったよ。

東野さん　ああ、確かにそうだね。あ、これって、作者が感じた順番になっているんじゃないかな。まず簾の動きに気づいて、最終的に香りへと移っている感じがするよ。

北山さん　なるほど。後半の二句は確かにそうだね。それじゃあ、前半の二句はどうだろう。第一句にある「陰」も第二句にある「影」も、ともに「かげ」と読んでいるのがおもしろいな。第二句の意味はというと…、そうか、この句は［Ⅰ］を表しているんだね。

西川さん　分かった。この漢詩の前半は目に映った情景が描かれているだけだけれど、後半は［Ⅱ］、作者の感じ方にあわせて状況をイメージできることが味わいなんだと思うな。

① 会話文中［　　］に共通して当てはまる言葉は何かを考えて、書きなさい。

② 会話文中［Ⅰ］、［Ⅱ］に当てはまる言葉として最も適切なものを、それぞれ後のア～エから選びなさい。

Ⅰ
ア 池の中にも楼台が続いている様子
イ 楼台が池の水面に映っている様子
ウ 楼台の影が池を暗く覆っている様子
エ 池で反射した光が楼台に当たっている様子

Ⅱ
ア 動きが生まれていて
イ 感情の高まりがあって
ウ 音の重なりが描かれていて
エ 時の流れの速さが表現されていて

**四** 次の文章を読んで、後の㈠～㈣の問いに答えなさい。

博雅《はくが》の三位《さんみ》の家に盗人入りたりけり。三品《さんぼん》、板敷《いたじき》のしたに逃げかくれにけり。盗人帰り、さて後、はひ出《い》でて家中を見るに、のこりたる物なく、A みなとりてけり。篳篥《ひちりき》一つを置物厨子《おきものづし》にのこしたりけるを、三位とりてふかれたりけるを（お吹きになったところ）、出でてさりぬる盗人はるかにこれを聞きて、感情おさへがたくして帰りきたりて云《い》ふやう、「只《ただ》今の御

ウ　丁寧で、はっきりした返事。
エ　不安そうな、弱々しい返事。

(二) 文中B——「そうだ」とありますが、このときの「凜」の心のうちを説明したものとして最も適切なものを、次のア～エから選びなさい。
ア　自分の将来だけを考え、部員の悩みを無視していたと反省している。
イ　吉村先生に会えるのも残りわずかであるため、あせりを感じている。
ウ　部活動における自分自身の置かれた立場を、改めて捉え直している。
エ　弓への思いは皆一緒だと考えることで、前向きになろうとしている。

(三) 文中C——「答えながらはっとした」とありますが、このとき、「凜」にとって「吉村先生」はどのような存在からどのような存在へと変わったと考えられますか。最も適切なものを、次のア～エから選びなさい。
ア　憧れの対象という存在から今後の自分の射のお手本となるべき存在。
イ　単なる学校の先生という存在から人生の厳しさを教えてくれる存在。
ウ　弓道部のOGという存在から自分の悩みを最も理解してくれる存在。
エ　親しみやすい顧問という存在から自分の将来の見本となり得る存在。

(四) 文中Ⅰ===「公務員？　公務員かあ……」、文中Ⅱ===「——わたしが教師？　勉強嫌いなのに？　やっぱないか」とありますが、Ⅱのときの「凜」の心情はどのようなものであったと考えられますか。Ⅰのときと比較して、書きなさい。

三　次の漢詩を読んで、後の(一)～(三)の問いに答えなさい。

山亭の夏日　　高駢《かうべん》

緑樹陰濃ヤカニシテ夏日長シ　　緑樹陰濃《こま》やかにして夏日長し
楼台倒ニシテレ影ヲ入ル池塘ニ　　楼台影を倒《さかしま》にして池塘《ちたう》に入る
水精ノ簾動キテ微風起コリ　　水精《すいしやう》の簾《すだれ》動きて微風起こり
満架ノ薔薇一院香シ　　満架の薔薇《しやうび》一院香《かんば》し

（『全唐詩』による。）

（注）山亭……山の中にある別荘。　楼台……高い建物。
池塘……池。　水精……水晶。
満架……棚いっぱい。　薔薇……バラ。
一院……中庭全体。

(一) この漢詩の形式として最も適切なものを、次のア～エから選びなさい。
ア　五言絶句　　イ　五言律詩
ウ　七言絶句　　エ　七言律詩

(二) ——「入ル池塘ニ」に、書き下し文の読み方になるように返り点を書きなさい。

が練習している様子がフェンス越しに見える。確か地方予選で初めて三回戦に進んだとかで、いつも以上に熱の籠もったかけ声と球音が響いている。

もうすぐ夏休みで、そして夏の大会が終われればもう三年生は引退。ここで弓が引けるのももうあとわずかだ。

Bそうだ。弓は一人でも続けられるけれど、ここで、この仲間たちと引く弓は今だけだ。これまでずっと自分の射のことばかり考えてきた気がするけど、棚橋先生や吉村先生、そして先輩方から色んなことを教わったし、自分もそれを後輩に伝えていかなければいけないのだ。自分には一体どれくらいのことが出来ているだろうか？

「どうしたの。今日は暑くて身が入らない？」

二年生の射を一人一人確認していたつもりだったが、ぼんやりしているように見えたのか吉村先生にそう声をかけられる。夏だからか、ベリーショートというよりもさらに短く刈り込まれた髪が、何ともモデルのようにかっこいい。吉村先生はどうせ自分の練習はできないからとTシャツ、ジャージに足袋だけ履き替えたスタイルで、指導のためだけに来てくれているのだった。

「あ、いえ、そんなことは……。ただその……もうあと少しで終わりなんだなと思って……。」

「そうだね。三年生はもうそんな時期だね。でも篠崎さんは、弓道、続けるんでしょ？　進学、するんだよね？」

「ええ、一応そのつもりだったんですけど……。」

C答えながらはっとした。

目の前に、大人になってちゃんと大学へ行き、就職しながらも弓道を続けている人がいるじゃないか。

「――先生。後で少しお話できますか？」

「弓のことなら今……ああ、違うんだね。うん。いいよ。どうせ今日もなかなか帰れそうにないし。」

「お願いします。」

吉村先生は日本史を教えていると聞いてはいたが、直接習ったことはないので学校の先生というより棚橋先生同様弓を教えに来てくれている先生や、親しみやすい分弓道部ＯＧのように錯覚していたところがある。

まだ二年目だし担任も持っていないから「教師」という職業について聞くというよりは「なぜ教師を選んだのか」について聞いてみたい。しかも、社会人になってしまうとなかなか続けにくい弓道を、仕事（の一部）として続けられる数少ない道の一つでもあるわけだ。

もちろん、吉村先生が何か参考になるアドバイスをくれるという保証はないし、まだはっきりと教師を目指そうという気になったわけでもない。ただ、一度も考えてみなかった選択肢がすぐ目の前に転がっていたことに驚いていたのだった。

Ⅱ――わたしが教師？　勉強嫌いなのに？　やっぱないか。

凜は内心そう呟《つぶや》きながらも、何かの光らしきものが見えたような気がしていた。

（我孫子武丸『残心　凜の弦音』による。）

（注）吉村先生……弓道部の顧問。
射法訓、礼記射義……弓道の心得を示したもの。
棚橋先生……かつての弓道の指導者。
ＯＧ……女子の卒業生のこと。

㈠　文中A――「生返事」の意味として最も適切なものを、後のア～エから選びなさい。

ア　気のない、いい加減な返事。
イ　とっさに出た、意外な返事。

（入倉隆『奇想天外な目と光のはなし』による。）

(一) 文中［　］に共通して当てはまる語として最も適切なものを、次のア～エから選びなさい。

ア しかし　イ ところで　ウ 並びに　エ 例えば

(二) 文中A――「『目は口ほどに物をいう』や『目は心の鏡』など、感情が目に表れやすいことを示す慣用句やことわざはたくさんあります」とありますが、次のア～エのうち、感情が目に表れていることを示している慣用句やことわざの例として適切なものを、全て選びなさい。

ア 目が泳ぐ　イ 目を通す
ウ 目の色を変える　エ 目から鼻へ抜ける

(三) 文中B――「まばたきの仕方や回数なども、コミュニケーションにおいて大切な役割を果たしていることが分かっています」とありますが、コミュニケーションにおける役割として、まばたきにはどのような働きがあると筆者は述べていますか。本文から十字以内で抜き出して書きなさい。

(四) 文中C――「人間以外でも白目のある動物は多くいますが、外からは白目がほとんど見えません」とありますが、外からの白目の見え方について、人間の目が他の動物の目と異なっているのはどうしてだと筆者は述べていますか。他の動物の目の場合と比較して、書きなさい。

(五) 本文全体の構成や表現についての説明として最も適切なものを、次のア～エから選びなさい。

ア 人間が会話をする際の目の動きについて具体例を挙げて説明しながら、言語によるコミュニケーションの重要さを訴えている。

イ 人間の目の働きについて実際に分かっていることを紹介しながら、他の動物と異なる特徴について進化の観点から説明している。

ウ 人間の目と他の動物の目の役割について比喩を用いて分かりやすく説明し、人間の目の新たな可能性について追究しようとしている。

エ 人間の目と他の動物の目が持つ相違点についての先進的な研究を取り上げ、目の役割についての一般的な考えに疑問を投げかけている。

## 二 次の文章を読んで、後の(一)～(四)の問いに答えなさい。

〔弓道部の部長を務めている高校三年生の篠崎凛《しのざきりん》は、部員の綾乃《あやの》と一緒に弓道場に向かった。〕

Ⅰ公務員？　公務員かあ……。

今まで真剣に考えなかったが、どうしても就職しなければならないのならやはりそういうのが自分には向いているのかもしれない。仕事内容に興味が持てないのは同じだし、自分に務まるものなのか、そもそも試験勉強がどれくらい大変なのかも分かってはいないのだけど。

色々と話しかけてくる綾乃にA生返事をしつつ更衣室で道着に着替えていたら、道場に着いた時には既に一、二年生がほとんど準備を終えていた。吉村《よしむら》先生も既にいて、早速射法訓、礼記《らいき》射義の唱和をして、ストレッチのあと練習を始めた。

着替えただけでもう既に汗だくだったが、練習を始めるとさらに汗が噴き出す。道着も袴《はかま》も当然夏用だが、袴の下には麻の股引《ももひき》。意外と涼しいし、穿《は》いていないと汗で袴がまとわりついてしまう。どれほど着込んでも凍える冬よりは、遥《はる》かに快適だ。

矢道に沿って植えられた生け垣の向こうのグラウンドでは、野球部

# 〈国語〉

時間　四五分～六〇分（学校裁量による）
満点　一〇〇点

一　次の文章を読んで、後の㈠～㈤の問いに答えなさい。

サルから進化した人間は、木から降りて地上で暮らすようになった今も、目は正面を向いたままです。これは、集団で狩りをする時に獲物との距離を知る必要があったからではないかといわれています。仮に背後から危険が迫っていたとしても、人間の場合は、言葉でコミュニケーションを取ることで危険を回避することができます。

A「目は口ほどに物をいう」や「目は心の鏡」など、感情が目に表れやすいことを示す慣用句やことわざはたくさんあります。それに象徴されるように、人と人とのコミュニケーションにおいて、目は重要な役割を担《にな》ってきました。

□、目を丸くしたり目を細めたりと、まぶたの開け方によって多彩な表情が生まれます。表情の変化を読み取ることで、相手の感情を知ることができるのです。また、Bまばたきの仕方や回数なども、コミュニケーションにおいて大切な役割を果たしていることが分かっています。

大阪大学の中野珠実《たまみ》博士の研究によると、話し手はおもに発話の切れ目でまばたきをするのですが、話し手がまばたきをすると〇・二五～〇・五秒ほど遅れて聞き手がまばたきをする割合が高いそうです。つまり、話し手と聞き手が無意識にまばたきを同期させることで、人は円滑にコミュニケーションを取っていると考えられます。無意識に行っているまばたきにも、目の乾燥を防ぐだけではなく、共感性を高める働きがあるというのは驚きですよね。

コミュニケーションに長《た》けた人間の目の最大の特徴は、外から白目が見えることです。眼球の最も外側にある白目の部分は「強膜」と呼ばれ、光を通しません。ちなみに、眼球の正面にある透明な角膜は光を通し、その光は角膜の内側にある通常、黒目と呼ばれている部分の「虹彩《こうさい》」と「瞳孔」に届きます。虹彩が伸縮することで瞳孔の大きさが変わり、眼球内に取り込まれる光の量が調整されるという仕組みです。

犬や猫などのように、C人間以外でも白目のある動物は多くいますが、外からは白目がほとんど見えません。それは、白目があると視線方向が敵に知られてしまうため、生存競争において不利になるからです。それにも関わらず、なぜ人間は、白目が見えるように進化したのかというと、視線方向を分かりやすくすることで、仲間と情報交換や感情を共有しやすくし、コミュニケーションを円滑にするためだと考えられます。

人は会話をする時、相手が向けた視線の方向に自分の視線を向け、同じ対象を見るような動作を無意識にしています。それによって、言葉以外の部分での意思疎通をスムーズにしているのです。また、白目があることで感情表現が豊かになり、相手との心的距離も縮まります。□、白目を多く見せることで驚いた表情を作ったり、視線を逸《そ》らすことでつまらない感情を出したりすることができます。また、仲間に視線方向が伝われば、集団で狩りをする時に役立ちます。人間は一対一で戦う上での有利さよりも、仲間と協調して生存する道を選んだのです。

私たちは、人の目の特徴を活《い》かすためにも、会話をする時は相手の目を見て話すことが大切です。目を逸らしてばかりでは、自分の気持ちを伝えたり相手の考えを汲《く》んだりすることが難しくなります。人の目は非言語コミュニケーションにおける要なのです。

後期

# 2023年度

# 解　答　と　解　説

《2023年度の配点は解答用紙集に掲載してあります。》

## <数学解答>

1　(1)　①　6　②　$2a^3$　③　$-4x+2y$　(2)　①　$x=-4$　②　$x=\dfrac{-5\pm\sqrt{13}}{2}$

(3)　エ　(4)　$(a=)-3$　(5)　$(\angle x=)146(°)$　(6)　5(求める過程は解説参照)

(7)　$\dfrac{5}{12}$　(8)　ア，カ　(9)　イ，オ

2　(1)　①　○　②　×　(2)　イ，エ

3　(1)　5　(2)　$(a=)4$，$(b=)-2$(求める過程は解説参照)

4　(1)　解説参照　(2)　右図

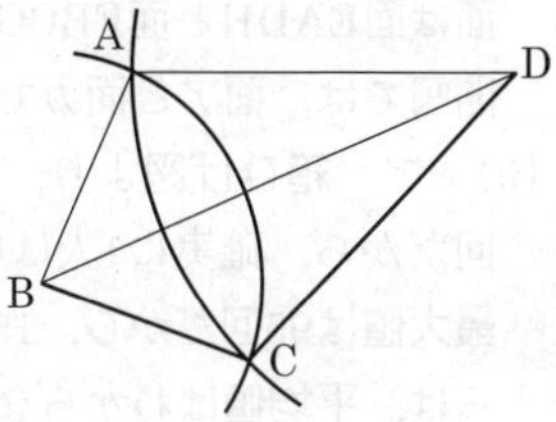


5　(1)　9(m)　(2)　①　イ　②　$\dfrac{25}{3}$(m)　③　$\dfrac{25}{16}$(m)

6　(1)　ア　二等辺　イ　AOD　ウ　中心

(2)　①　(∠EDF=)30(°)　②　$2\sqrt{3}$ (cm)　(3)　$6\sqrt{3}-2\pi$ (cm²)

## <数学解説>

**1**　(数・式の計算，一次方程式，二次方程式，絶対値，関数$y=ax^2$，角度，式の値，平方根，確率，立方体の展開図，資料の散らばり・代表値)

(1)　①　正の数・負の数をひくには，符号を変えた数をたせばよい。$2-(-4)=2+(+4)=2+4=6$

②　$6a^2\times\dfrac{1}{3}a=6a^2\times\dfrac{a}{3}=\dfrac{6a^2\times a}{3}=2a^3$

③　分配法則を使って，$-2(3x-y)=(-2)\times 3x+(-2)\times(-y)=-6x+2y$だから，$-2(3x-y)+2x=-6x+2y+2x=-6x+2x+2y=-4x+2y$

(2)　①　$6x-1=4x-9$　$-1$を右辺に，$4x$を左辺にそれぞれ移項して，$6x-4x=-9+1$　$2x=-8$　両辺を$x$の係数の2で割って　$2x\div 2=-8\div 2$　$x=-4$

②　**2次方程式$ax^2+bx+c=0$の解は，$x=\dfrac{-b\pm\sqrt{b^2-4ac}}{2a}$**で求められる。問題の2次方程式は，$a=1$，$b=5$，$c=3$の場合だから，$x=\dfrac{-5\pm\sqrt{5^2-4\times1\times3}}{2\times1}=\dfrac{-5\pm\sqrt{25-12}}{2}=\dfrac{-5\pm\sqrt{13}}{2}$

(3)　数直線上で，ある数に対応する点と原点との距離を，その数の**絶対値**という。また，ある数の絶対値は，その数から＋や－の符号を取った数ということもできる。3の絶対値は3，$-5$の絶対値は5，$-\dfrac{5}{2}$の絶対値は$\dfrac{5}{2}=2.5$，2.1の絶対値は2.1だから，絶対値が最も小さい数は2.1である。

(4)　関数$y=ax^2$のグラフが点$(-2,\ -12)$を通るから，$-12=a\times(-2)^2=4a$　$a=\dfrac{-12}{4}=-3$

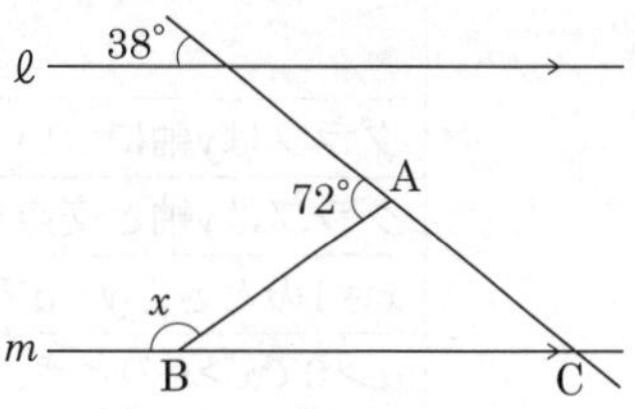


(5)　ℓ//mより，**平行線の同位角は等しい**から，∠ACB＝38°
∠BAC＝180°－72°＝108°　△ABCの**内角と外角の関係**から，
$\angle x=\angle ACB+\angle BAC=38°+108°=146°$

(6)　(求める過程)　(例)$a^2-4a+4=(a-2)^2$　$(a-2)^2$に$a=2+$

$\sqrt{5}$ を代入して　$(a-2)^2=(2+\sqrt{5}-2)^2=(\sqrt{5})^2=5$

(7)　2枚のカードの引き方と，それぞれの場合につくられる2けたの整数は，右図の**樹形図**に示す12通りである。これより，つくられる12個の2桁の整数のうち，32以上となるのは☆印を付けた5個だから，求める確率は$\frac{5}{12}$

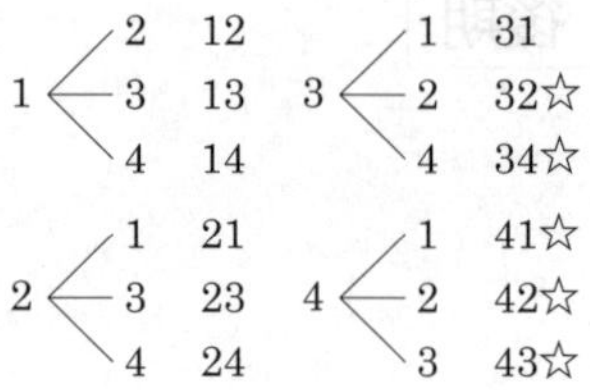


(8)　立方体ABCD－EFGHについて，面ABCDを面イとしたとき，見取図と展開図における頂点A～Hの対応は右図の通りである。これより，見取図において，辺ABと垂直になる面は面EADHと面FBCGだから，展開図では，面アと面カである。

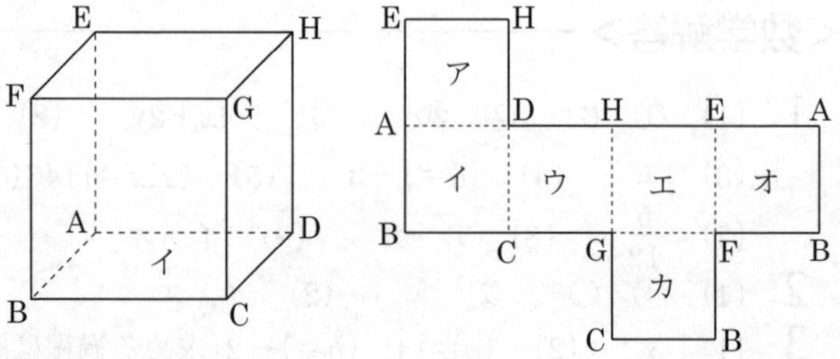


(9)　ア　**箱ひげ図**より，**最小値**は35回だから，確実に1人はいるが，1人とは限らない。正しいとはいえない。　イ　箱ひげ図より，**最大値**は95回だから，15人の最高記録は95回である。正しいといえる。ウ　本問の箱ひげ図からは，**平均値**はわからないから，15人の回数の平均はわからない。　エ　生徒15人のデータだから，**第2四分位数(中央値)**の57回は，回数の少ない方から8番目の記録。これより，60回以下だった生徒は，確実に8人はいるが，9番目の記録が61回という場合もあるから，9人いるとはいえない。オ　**第3四分位数**は，回数の多い方から4番目の記録。箱ひげ図より，第3四分位数は60回より大きいから，60回以上だった生徒は4人以上いる。正しいといえる。

## 2　(関数とグラフ)

(1)　①　一次関数$y=ax+b$では，**変化の割合**は一定で$a$に等しい。

②　関数$y=ax^2$について，例えば，$x$の値が0から1まで増加するときの変化の割合は$\frac{a\times1^2-a\times0^2}{1-0}=a$，0から2まで増加するときの変化の割合は$\frac{a\times2^2-a\times0^2}{2-0}=2a$で，変化の割合は一定ではない。

(2)　ア　グラフが$y$軸について対称である関数は$y=ax^2$であり，$y=ax$と$y=\frac{a}{x}$は原点を**対称の中心**として**点対称**である。　イ　関数$y=ax$，$y=ax+b$，$y=ax^2$について，$y$軸との交点の$y$座標は，それぞれ$x=0$を代入して，$y=a\times0=0$，$y=a\times0+b=b$，$y=a\times0^2=0$である。関数$y=\frac{a}{x}$のグラフは**双曲線**で，座標軸とは交わらない2つの曲線である。　ウ　$x=1$のときの$y$の値は，それぞれ$x=1$を代入して，$y=a\times1=a$，$y=\frac{a}{1}=a$，$y=a\times1+b=a+b$，$y=a\times1^2=a$である。　エ　関数$y=ax$，$y=ax+b$のグラフは，$a>0$のとき，$x$が増加すると$y$も増加する右上がりの直線となる。関数$y=\frac{a}{x}$のグラフは，$a>0$のとき，$x$が増加すると$y$は減少する曲線となる。関数$y=ax^2$のグラフは，$a>0$のとき，$x<0$の範囲では$x$が増加すると$y$は減少し，$x>0$の範囲では$x$が増加すると$y$も増加する曲線となる。以上をまとめると，下表のようになる。

| | $y=ax$ | $y=\frac{a}{x}$ | $y=ax+b$ | $y=ax^2$ |
|---|---|---|---|---|
| グラフは$y$軸について対称である | × | × | × | ○ |
| グラフは$y$軸と交点をもつ | ○ | × | ○ | ○ |
| $x=1$のとき，$y=a$である | ○ | ○ | × | ○ |
| $a>0$で$x>0$のとき，$x$が増加すると$y$も増加する | ○ | × | ○ | ○ |

## 3 (規則性)

(1)　問題の整数の並び方は，3つの整数「$a$，5，$b$」がこの順で繰り返し並んでいるから，20番目の整数は，20÷3=6あまり2より，「$a$，5，$b$」を6回繰り返して，「$a$，5，$b$」の2番目だから，5

(2)　(求める過程)　(例)1番目から7番目までの整数の和が18だから$2(a+5+b)+a=18$　$3a+2b=8$…①　1番目から50番目までの整数の和が121だから$16(a+5+b)+a+5=121$　$17a+16b=36$…②　①×8−②より$(24a+16b)-(17a+16b)=64-36$　$7a=28$　$a=4$　①に$a=4$を代入して$b=-2$　$a=4$，$b=-2$は問題に適している。

## 4 (合同の証明，作図)

(1)　(証明)　(例)△ABDと△CDBにおいて，BDは共通…①　平行四辺形の対辺は等しいからAB=CD…②　AD=CB…③　①，②，③より，3組の辺がそれぞれ等しいから　△ABD≡△CDB

(2)　(着眼点)　四角形ABCDが，対角線BDを対称の軸とする線対称な図形のとき，対角線BDによってつくられる2つの三角形は合同だが，平行四辺形ではない。　(作図手順)　次の①～②の手順で作図する。　①　2点B，Dをそれぞれ中心として，点Aを通るように円を描き，その交点のうち点Aと異なる方をCとする。　②　線分BC，CDを引く。(△ABD≡△CBDより，四角形ABCDは対角線BDを対称の軸とする線対称な図形)

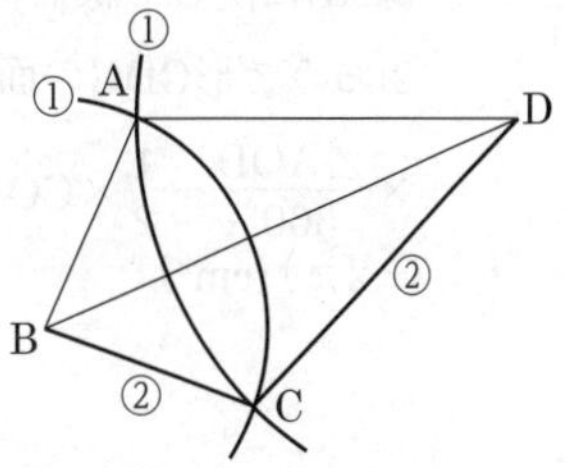


## 5 (関数とグラフ)

(1)　電車が出発してから$x$秒後までに地点Pから東に進んだ距離を$y$ mとすると，20秒後までは，$y=\frac{1}{4}x^2$…㋐の関係があるから，㋐に$x=6$を代入して，$y=\frac{1}{4}\times6^2=9$より，電車は出発してから6秒後までに東の方向へ9m進んだ。

(2)　①　図Ⅲの$y$の値は，地点Pから東に進んだ距離を表すから，和也さんが電車より前を走っていることを表す点は，同じ$x$の値において，和也さんのグラフの$y$の値が，電車のグラフの$y$の値より大きい点であり，点イである。

②　電車が地点Pを出発してから10秒後に，電車と和也さんが走っていた地点をRとすると，距離PRは，㋐に$x=10$を代入して，$PR=\frac{1}{4}\times10^2=25$(m)　また，和也さんは，毎秒$\frac{10}{3}$mの速さで走って，地点Qを通過してから10秒後に地点Rを走っていたから，距離QRは，$QR=\frac{10}{3}\times10=\frac{100}{3}$(m)　よって，地点Qから地点Pまでの距離は，$QP=QR-PR=\frac{100}{3}-25=\frac{25}{3}$(m)である。

③　和也さんは，地点Qを通過してから$\frac{25}{3}\div\frac{10}{3}=\frac{5}{2}$(秒後)に地点Pを走っている。このとき，電車は，地点Pから$\frac{1}{4}\times\left(\frac{5}{2}\right)^2=\frac{25}{16}$(m)の地点を走っているから，和也さんが地点Pを走っていたときの，和也さんと電車との距離は$\frac{25}{16}$mである。

## 6 (平面図形，角度，線分の長さ，面積)

(1)　(説明)　円Cの半径より，CO=CDであり，2辺が等しい三角形は二等辺三角形だから，△CODは二等辺(ア)三角形になる。これより，二等辺三角形の底角は等しいので，∠EDF=∠AOD(イ)…①　また，∠EDFは$\overset{\frown}{EF}$の円周角であり，円周角の定理より，1つの弧に対する円周角の大きさは，その弧に対する中心(ウ)角の大きさの半分になるので，$\angle EDF=\frac{1}{2}\angle EOF$…②　したがって，①，②より，$\angle AOD=\frac{1}{2}\angle EOF$になる。

(2)　①　$\angle EDF=x^\circ$とすると，対頂角は等しいことと(1)より，$\angle BOE=\angle AOD=\angle EDF=x^\circ$　よって，$\angle BOF=90^\circ$より，$\angle BOF=\angle BOE+\angle EOF=\angle BOE+2\angle EDF=x^\circ+2x^\circ=3x^\circ=90^\circ$　$x^\circ=\angle EDF=30^\circ$

②　$\angle COF=180^\circ-\angle BOF=180^\circ-90^\circ=90^\circ$　△ODFはOD＝OFの二等辺三角形だから，$\angle OFC=\angle EDF=30^\circ$　よって，△CFOは30°，60°，90°の直角三角形で，3辺の比は$2:1:\sqrt{3}$だから，$CO=OF\times\frac{1}{\sqrt{3}}=\frac{AB}{2}\times\frac{1}{\sqrt{3}}=\frac{12}{2}\times\frac{1}{\sqrt{3}}=2\sqrt{3}$(cm)

③　半直線OAと円Cとの交点をGとする。△CODの内角と外角の関係から，$\angle DCG=\angle CDO+\angle COD=2\angle EDF=2\times30^\circ=60^\circ$　点Dから線分ABへ垂線DHを引くと，△ODHは30°，60°，90°の直角三角形で，3辺の比は$2:1:\sqrt{3}$だから，$DH=\frac{OD}{2}=\frac{6}{2}=3$(cm)　問題の図形が，直線ABに関して線対称な図形であることを考慮すると，求める色をつけて示した部分の面積は，2{おうぎ形CDGの面積−(おうぎ形ODAの面積−△ODC)}＝$2\left\{\pi\times CD^2\times\frac{\angle DCG}{360^\circ}-\left(\pi\times OD^2\times\frac{\angle AOD}{360^\circ}-\frac{1}{2}\times CO\times DH\right)\right\}=2\left\{\pi\times(2\sqrt{3})^2\times\frac{60^\circ}{360^\circ}-\left(\pi\times6^2\times\frac{30^\circ}{360^\circ}-\frac{1}{2}\times2\sqrt{3}\times3\right)\right\}=(6\sqrt{3}-2\pi)$(cm²)

## ＜英語解答＞

**1**　No. 1　D　　No. 2　C

**2**　No. 1　ア　　No. 2　エ　　No. 3　エ

**3**　A　イ　　B　エ　　C　ア　　D　(例)to learn Japanese and visit Japan

**4**　(1)　(例)How are you?　　(2)　(例)I was looking for it.　　(3)　(例)found it on a bench

**5**　ア　received　　イ　swimming　　ウ　lived　　エ　sung　　オ　send

**6**　(1)　エ→ウ→ア→イ　　(2)　A　イ　　B　エ　　(3)　①　ア　　②　エ

**7**　(1)　①　(例)He talked about cars.　　②　(例)She went there in 2008.
(2)　エ　(3)　A　イ　　B　ウ　　C　our eyes get bad　　D　we cannot sleep well

**8**　(A)　drinking　　(B)　washing our hands　　(C)　(例)can get water easily and study at school. However, there are children who cannot go to school in some countries. They have to walk for many hours to get water, so they don't have time to study at school.

## ＜英語解説＞

### 1・2・3　(リスニング)

放送台本の和訳は，52ページに掲載。

### 4　(自由・条件英作文：絵を用いた問題，会話文問題)

(全訳)　グリーン：こんにちは，ナオキ。／ナオキ：こんにちは，グリーン先生。(1)お元気ですか？／グリーン：元気です，ありがとう。ああ，昨日公園であなたを見かけましたよ。あそこで何をしていたのですか？／ナオキ：時計をなくしてしまったのです。だから(2)それを探しているところでした。／グリーン：それは見つかりましたか？／ナオキ：はい，見つかりました。／グリーン：どこでそれを見つけましたか？／ナオキ：僕は(3)それをベンチの上に見つけました。／グリーン：まあ，良かったですね。

(1)　全訳参照。空所(1)直後のグリーン先生の発言に注目。I'm fine, thank you. と答えていることに注目。　(2)　全訳参照。空所(2)直前のナオキの発言，及び直後のグリーン先生の発言に注目。ナオキが「時計をなくしてしまった」と言い，グリーン先生が「それは見つかりましたか？」と言っているので「時計を探していた」という発言が入ると考えるのが自然。< **be** 動詞＋~**ing** >＝~している(いた)ところだ(進行形)　look for ~＝~を探す　(3)　全訳参照。空所(3)直前のグリーン先生の発言に注目。「どこで見つけましたか？」と聞いている。

## 5 (読解問題・エッセイ：メモ・手紙・要約文などを用いた問題，語句補充・選択，語形変化)

(全訳)　(カードに書かれているメッセージ)オーストラリアからメリークリスマス！

(メールの内容)　こんにちは，ジュディ

あなたからのクリスマスカードをア受け取ったところです。どうもありがとう。私はサンタクロースの絵が気に入りました。彼は魚たちとイ泳いでいて，とても楽しそうです!

カードに，あなたはクリスマスには家族と一緒に海へ行くと書いています。びっくりです！　私もオーストラリアにウ住んでいたら，あなたと一緒に海に行けるのですね。

夏のクリスマスについて私にもっと教えてください。サンタクロースはどのようにして子どもたちにプレゼントを持って来るのですか？　オーストラリアでたくさんの人たちにエ歌われている人気のクリスマスソングはありますか？

私はあなたにもうすぐ年賀状(新年のカード)オ送ります。

サチコ

ア　receive＝受け取る　**<have just＋動詞の過去分詞~>＝今~したところだ(現在完了)**

イ　**<be 動詞＋~ing >＝~している(いた)ところだ(進行形)**　swimming のスペリングに注意。

ウ　**<If＋主語＋過去形~，主語＋助動詞の過去形＋動詞の原形…>で「もし(今)~なら，…であるだろう」。現在の事実と異なることを表す(仮定法過去)。**

エ　sing の過去分詞 sung が適当。**過去分詞で「~された」(受け身の意味)を表し，songs を後ろから修飾している。(分詞の形容詞的用法)**　全訳参照。

オ　**<will＋動詞の原形~>＝~するだろう。(未来のことを予測する表現)主語が自分の場合には「これから~する」という意志を表す。**

## 6 (会話文問題：文の挿入，英問英答，内容真偽)

(全訳)　ノダ先生：こんにちは，皆さん。今日は，新しいALTのスミス先生に群馬県のいくつかのスポットを紹介します。彼は日本に来たばかりで，群馬県でどこに行ったらいいのか知りたいと思っています。ミホ，あなたの発表を始めてください。

ミホ　　：こんにちは，スミス先生。先生は車の運転がお好きだと聞きました。だから私は群馬県の*道の駅*について話します。それがどんなものかご存じですか？　英語で*ミチ*は“road”で，*エキ*は“station”を意味します。それらは車で旅行をする人たちのための場所です。*道の駅*ではできることがたくさんあります。例えば，野菜や果物といった地元で生産されたたくさんの種類の食品を買うことができます。私は料理をすることと食べることが大好きなので，そこでたくさんの種類の食品を買うことが楽しいです。そこでは食べることを楽しむこともできます。多くの*道の駅*にはレストランがあるのです。そのレストランでは料理やスイーツに地元で生産された野菜を使っています。この前の週末，私は私の家の近くの*道の駅*に行った時，リンゴケーキを食べました。とてもおいしかったです。また，山の近くの*道の駅*に行けば，素敵な景色を見ることもできます。それぞれの季節に美しい山々を見ることを楽しむことができるのです。これらが群馬県の*道の駅*で楽しめることの中の一部です。先生がそこへ行って楽しんでくださるといいなと思います！　聞いてくださってありがとうございました。

ミホの発表の後，スミス先生とクラスの生徒たちがそれについて話をしているところです。

スミス先生：ありがとう，ミホ。

ミホ　　　：どういたしまして。$_{A}$私の発表はいかがでしたか？

スミス先生：とても興味深かったです。私は*道の駅*には行ったことがありません。でも今それにとても興味があります，なぜなら私も料理をすることが好きだからです。ユミ，*道の駅*に行ったことはありますか？

ユミ　　　：はい。家族と一緒に祖母の家の近くの*道の駅*によく行きます，そこでは温泉を楽しむことができるので。

スミス先生：そうなのですか？　それはいいですね。

サトシ　　：スミス先生，*道の駅*ではできることがもっとあります。群馬県の*道の駅*には公園があるところや美術館があるところもあるのです。そこでは外で遊んだり，絵画を見たりして楽しむことができます。

ミホ　　　：その通りです。実は，群馬県には関東地方で最も多くの*道の駅*があります。群馬県をドライブすると，*道の駅*をよく目にするでしょう。どうぞ行ってみてください。

スミス先生：$_{B}$ありがとう，そうします。ミホ，後で*道の駅*についてもっと教えてください。私は車の運転が大好きなので，*道の駅*に行くことは私にとても合っている気がします。

ミホ　　　：もちろんです！

(1)　全訳参照。話題にしている内容の順番に注意して，ミホの発表をよく読もう。

(2)　全訳参照。A　空所直後のスミス先生の発言に注目。ミホの発表に対する感想を述べているのでイが適当。　B　空所直前のミホの発言に注目。「どうぞ行ってみてください」と言っているのでエが適当。Thank you I will. の後に go to them の意味が省略されている。

(3)　全訳参照。　①　スミス先生について正しいものはどれですか？　ア　彼は料理とドライブの両方が好きだ。(○)　ミホの最初の発言2文目，及びスミス先生の2番目の発言3文目と4番目の発言3文目に注目。　イ　彼は群馬県の山に登りたいと思っている。　ウ　彼はミホの学校で長年教えている。　エ　彼はミホが好きな*道の駅*のひとつに行ったことがある。　②　英語の授業内で，生徒たちがスミス先生にしたことについて正しいものはどれですか？　ア　ミホは発表の中で，彼にリンゴケーキの作り方を教えた。　イ　ミホは彼に*道の駅*でできることとできないことを教えた。　ウ　ユミは彼に，彼の家族と一緒にユミの祖母の家に行くことを頼んだ。　エ　サトシは彼に，群馬県の*道の駅*にある公園と美術館について伝えた。(○)　サトシの発言2文目に注目。

## 7　(長文読解問題・エッセイ：英問英答，内容真偽，文の挿入)

(全訳)　中学生のケンは英語の授業で偉大な発明品について学びました。彼の英語の先生であるハヤシ先生はこう言いました，「偉大な発明品は私たちの生活を変えてきました，しかしいくつかの問題も引き起こしました。例えば，私は車はすばらしいと思います。現在，私たちは車でたくさんの場所に簡単に行くことができます。しかし，あまりにもたくさんの人たちが車を使うことによって，事故や空気中の二酸化炭素の増加といった問題についても耳にします。次の授業では，皆さんに偉大な発明品について書いてもらう予定ですから，それについて考え始めてください。考えをメモしておいてくださいね。」それから，ハヤシ先生は生徒たちにこのワークシートを渡しました。

発明品：＿＿＿＿＿＿＿＿＿
質問1：それは私たちの生活をどのように変えましたか？
質問2：それはどんな問題を引き起こしましたか？

ケンはスマートフォンについて書くことに決めました，なぜなら彼のお母さんが以前に彼女のスマートフォンについて話していたからです。彼は家に帰り，お母さんとスマートフォンについて話をしました。彼はお母さんに言いました，「先月韓国に行った時，スマートフォンがとても役に立ったと言っていたよね。どんなふうに役に立ったの？」彼のお母さんは言いました，「とても役に立ったわ。私は韓国語が上手に話せないから，スマートフォンが私をいろいろと助けてくれたのよ。お腹が空いた時は，とても迅速に良いレストランを見つけることができて，スマートフォンがそこへの行き方を教えてくれたのよ。それに，レストランでは料理を簡単に選んで注文することができたわ。スマートフォンが機械翻訳をしてくれたおかげよ。韓国語から日本語へ，日本語から韓国語へととても速く翻訳してくれたわ。」

彼女はこうも言いました，「2008年に私が初めて韓国に旅行に行った時は，すべてのことが違っていたわ。その時はスマートフォンを持っていなかったから，旅行の前に地図と旅行者用の本を買ったの。地図にあるレストランまで行くのがとても難しい時もあったわ。そして料理を楽に選ぶこともできなかった，韓国語が読めなかったからよ。レストランへの行き方や料理の注文の仕方が分からない時は，人に聞かなければならなかったのよ。それも大変だったわ。」ケンは言いました,「なるほど。だからスマートフォンは人々の旅行の仕方を変化させたんだね。」お母さんは言いました，「そうよ，本当にそう思うわ。」

ケンはお母さんと話した後，スマートフォンが引き起こした問題について考えました。彼は，ある医師がニュースでいくつかの問題について話したことを思い出しました。例えば，スマートフォンを見すぎると，目が悪くなります。また，寝る前に長い時間スマートフォンを使わない方がいいのです，なぜならよく眠れなくなるからです。彼はこうも考えました，「歩いたり運転をしながらスマートフォンを使う人たちもいる。これが原因でたくさんの事故が起こっている。」

彼はワークシートに彼の考えについてメモをとりました。彼はこう思いました，「次の授業でこれらのことについて書こう。スマートフォンは便利だけれど，使う人たちがその問題についても知るべきだ。」

(1)　全訳参照。　(問題文・解答例訳)　①　ハヤシ先生は英語の授業で一つの例として何の発明品について話しましたか？／彼は車について話しました。　第1段落2文目のハヤシ先生の発言内容に注目。　②　ケンのお母さんが初めて韓国に行ったのはいつですか？／彼女はそこへ2008年に行きました。　第3段落1文目に注目。

(2)　ア　ケンはスマートフォンについて書くことを選んだ，なぜなら彼は韓国に滞在した時よくスマートフォンを使ったからだ。　イ　ケンのお母さんにとって機械翻訳で，ある言語から他の言語に翻訳することは簡単ではなかった。　ウ　ケンのお母さんは彼にスマートフォンの問題についていくつか話をした，そしてケンはそれについて書くことに決めた。　エ　ケンは，人が知っておく必要があるスマートフォンの良い点と悪い点両方があることに気がついた。(○)　第5

段落最後の一文参照。

(3)　(問題文・解答例訳)　人々は多くの偉大なものを発明してきた。スマートフォンはそのうちの1つであると思う。スマートフォンは人々の旅行の仕方を変化させた。私の母が初めて韓国に行った時，A地図と何冊かの旅行者用の本を持って行った。しかし今年，彼女の韓国への旅行はより楽になった，なぜならBスマートフォンが彼女のしたいことを手助けしてくれたからだ。

しかし，スマートフォンはいくつかの問題も引き起こした。私たちがスマートフォンを使いすぎれば，C目が悪くなってしまったり，Dよく眠れなくなってしまったりする。また，歩くこととスマートフォンを使うことを同時にする人たちがいるために事故が起こっている。私たちはスマートフォンを使うのなら，これらの問題に気をつけるべきだ。

A　第3段落1文目，ケンのお母さんの発言内容に注目。　B　第2段落4文目，ケンのお母さんの発言内容に注目。　C　第4段落3文目参照　D　第4段落4文目参照

## 8 (自由・条件英作文)

(問題文・解答例訳)

3月22日は世界水の日！

人々は水なしには生きることができません。きれいで安全な水を容易に手に入れることは世界中のすべての人にとって重要です。

私たちが理解する必要があることは：

1　きれいで安全な水は健康のために必要だ。

私たちは(A)飲んだり，(B)手を洗ったりなどをするためにきれいで安全な水が必要だ。

2　水を簡単に得ることもまた，子どもたちの教育のために重要なことだ。

日本では，私たちは(C)簡単に水を得ることと学校で勉強することができます。しかし，いくつかの国では学校に行くことができない子どもたちがいます。彼らは水を得るために何時間も歩かなければならないので，学校で勉強する時間がないのです。

# 2023年度英語　英語の放送を聞いて答える問題

〔放送台本〕

ただいまから，放送を聞いて答える問題を始めます。問題は，1番～3番まであります。それぞれの問題の英文や英語の質問は2度放送されます。

1番は絵を見て答える問題です。これから，No.1とNo.2について，それぞれ2人の対話と，対話に関する質問が流れます。質問に対する答えとして最も適切なものを，それぞれの選択肢A～Dの中から選びなさい。では，始めます。

No.1　*A:* Saki, what did you do last Sunday?

*B:* I went to a piano concert after shopping.  How about you, Tom?

*A:* I played tennis with my sister.

*B:* That's nice.

質問します。　What did Tom do last Sunday?

No.2　*A:* Hi, Nancy.  Oh, you have two dogs.  They are cute. Do you often come to this park?

*B:* Hi, Kenta. Yes. They like walking here. Do you have any pets, too?
*A:* Yes. I have a dog and two cats.
*B:* Oh, really? I want to see them.
質問します。 Which pets does Kenta have?

〔英文の訳〕

No.1 A：サキ，この前に日曜日何をしましたか？
B：私は買い物の後，ピアノのコンサートに行きました。あなたはどうですか，トム？
A：僕は姉(妹)とテニスをしました。
B：それはいいですね。
質問：トムはこの前の日曜日に何をしましたか？

No.2 A：ハイ，ナンシー。わあ，2匹の犬を飼っているんだね。かわいいね。この公園にはよく来るの？
B：ハイ，ケンタ。そうよ。この子たちはここを散歩するのが好きなの。あなたも何かペットを飼っている？
A：うん。犬が1匹と猫が2匹いるよ。
B：まあ，本当に？ 会ってみたいわ。
質問：ケンタが飼っているペットはどれですか？

〔放送台本〕

2番の問題に移ります。これから，No. 1～No. 3について，それぞれ Jack と Miki の2人の対話が流れます。 Miki が2度目に発言する部分で次のチャイムを鳴らします。チャイムの部分の発言として最も適切なものを，それぞれア～エの中から選びなさい。では，始めます。

No. 1 *Jack*: What are you going to do this afternoon?
*Miki*: I'm going to see a movie. Let's go together!
*Jack*: Sounds good. What time will the movie start?
*Miki*: (チャイム音)

No. 2 *Jack*: How do you spend your free time?
*Miki*: Well, I read books. I have been reading an interesting book!
*Jack*: Oh, really? Can you tell me more about it?
*Miki*: (チャイム音)

No. 3 *Jack*: You look happy, Miki.
*Miki*: I will go to New York during the summer vacation.
*Jack*: That's nice. Will it be your first trip to New York?
*Miki*: (チャイム音)

〔英文の訳〕

No. 1 ジャック：今日の午後は何をする予定？
ミキ　　：映画を見に行くつもりなの。一緒に行きましょう！
ジャック：いいね。映画は何時に始まるの？
ミキ　　：ア　3時よ。

No. 2 ジャック：暇なときは何をして過ごすの？
ミキ　　：そうね，本を読むわ。おもしろい本を読んでいるの！
ジャック：わあ，そうなの？ その本についてもっと教えてくれる？

ミキ　　：エ　それは中国の歴史についての本なのよ。

No. 3　ジャック：嬉しそうだね，ミキ。

ミキ　　：夏休みにニューヨークに行くの。

ジャック：それはいいね。ニューヨークへは初めての旅行なの？

ミキ　　：エ　いいえ。2回目になるわ。

〔放送台本〕

3番の問題に移ります。これから，国際交流のイベントで，留学生の Sara が行ったスピーチが流れます。次の【スライド】は，その時に Sara が使ったものです。スピーチを聞いて，【スライド】の中の［A］～［C］に当てはまるものとして最も適切なものを，それぞれア～エの中から選びなさい。また，スピーチの内容に合うように，［D］の部分に入る英語を書きなさい。では，始めます。

Hello, everyone. My name is Sara. I'm from India. Today, I want to talk about my experience in Japan. I came to Japan with my family when I was fourteen years old. We stayed in Japan for ten days and traveled around the country. One day, when we couldn't find the way to our hotel, we met a kind woman. She walked with us and showed us the way to the hotel. She didn't speak English, but she talked to us in Japanese while we were walking. When we arrived at the hotel, she said something in Japanese again and left there. I really wanted to understand her Japanese. Now, I'm studying Japanese at a college in this town. In the future, I want to be a Japanese teacher in India. I hope many students will learn Japanese and visit Japan. Thank you.

〔英文の訳〕

こんにちは，私の名前はサラです。$_{\text{A}}$インドから来ました。今日は，私の日本での経験についてお話したいと思います。私は$_{\text{B}}$14歳の時に家族と共に日本に来ました。私たちは日本に10日間滞在し，国のあちこちを旅行しました。ある日，私たちがホテルへの道が分からないでいた時，親切な女性に出会いました。彼女は私たちと$_{\text{C}}$一緒に歩いてホテルまでの道を教えてくれました。彼女は英語を話しませんでしたが，歩いている間日本語で私たちに話をしてくれました。ホテルに着いた時，彼女は日本語でもう一度何か言い，そこを立ち去りました。私は彼女の日本語を理解したいととても思いました。今，私はこの町の大学で日本語を勉強しています。将来，私はインドで日本語の先生になりたいと思っています。多くの生徒が$_{\text{D}}$日本語を学び，日本を訪れてくれるといいと思います。ありがとうございました。

## ＜理科解答＞

**1**　A　(1)　子房　(2)　イ　B　(1)　ウ　(2)　①　示準　②　ア　③　ア
C　(1)　融点　(2)　①　ア　②　イ　D　(1)　磁力線　(2)　ウ

**2**　(1)　①　ア　②　カ　(2)　消化酵素　(3)　(例)ダイコンのしぼり汁に少量の糖が含まれていたから。　(4)　①　(例)水に溶けやすい　②　ウ　③　細胞の呼吸[細胞による呼吸]

**3**　(1)　a　恒星　b　衛星　(2)　①　ア　②　ア　③　A, B　(3)　①　(例)太陽の光を反射しているから。　②　a　ア　b　エ　③　(例)金星は太陽のまわりを公転していているため地球との距離は変化するが，月は地球のまわりを公転しているため地球との距離は一定であるから。

**4** (1)　2.5〔g〕　(2)　①　a　エ　b　ア　②　X　化学　Y　熱　(3)　①　$CO_2$
②　(例)石灰水に通し，白くにごることを確かめる。　(4)　①　1.82〔g〕　②　ウ
③　2.86〔g〕

**5** (1)　①　ア　②　イ　(2)　エ　(3)　①　5.0
②　右図　(4)　①　イ　②　(記号)　ア
(理由)　(例)装置1，2の仕事の大きさは同じであり，仕事の大きさが同じであれば力の大きさが大きい方が，力の向きに移動させた距離は小さくなるから。

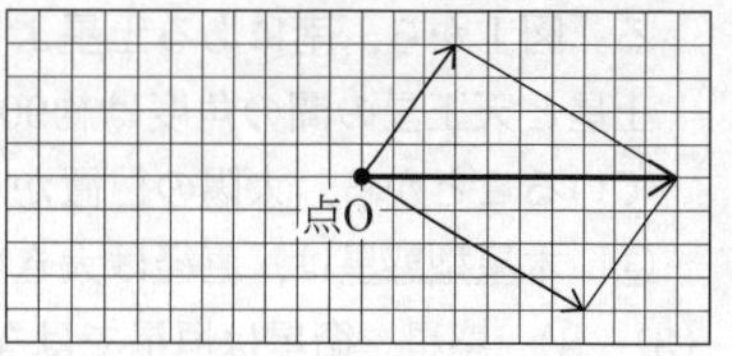


## ＜理科解説＞

### 1 (小問集合)

A　(1)　種子植物は，胚珠が子房の中にある被子植物と，胚珠がむき出しの裸子植物に分けられる。　(2)　aは裸子植物，bは単子葉類，cは双子葉類の離弁花類，dは双子葉類の合弁花類である。アブラナは離弁花類，アサガオは合弁花類，ツユクサは単子葉類，イチョウは裸子植物である。

B　(1)　シジミは，その層ができた当時，その地域が湖や河口付近の環境であったことを示す示相化石である。　(2)　示準化石には，限られた時代に広い範囲に生息していた生物の化石が適している。

C　(1)　物質が，固体から液体に変化するときの温度を融点という。　(2)　同じ物質であるならば，質量が変化しても**融点・沸点は変化しない**。ただし，状態変化が始まってから終わるまでにかかる時間は質量によって変化する。

D　(1)　磁界の向きは方位磁針のN極がさす向きで表され，N極がさす向きをつないでできた線を，磁力線という。　(2)　誘導電流の向きが変化しているので，図Ⅲと図Ⅳでは，磁石の極を逆(S極)にしてコイルに近づけたか，もしくは磁石の極をN極のままでコイルから遠ざけたのうち，どちらかの動きをしている。また，誘導電流が大きくなっていることから，磁石を動かす速さが速くなっていることがわかる。両方の条件を満たしているのは，ウである。

### 2 (だ液の実験)

(1)　①はデンプンについて調べているので，ヨウ素液を用いたAとBを比べる。②は糖が生じたことを調べるので，ベネジクト液を用いたCとDを比べる。

(2)　食物を分解するはたらきをもつのは，消化液に含まれている消化酵素である。

(3)　試験管Sには，糖のもとになるデンプンは入れていないのに糖が少量検出されている。これは，大根のしぼり汁にもともと糖が少量含まれていたためと考えられる。

(4)　①　光合成でつくったデンプンは水に溶けにくいので，全身の細胞に送るためには，デンプンを水に溶けやすい物質に変えなければならない。　②　デンプンを分解して生じたブドウ糖は，小腸の柔毛から吸収された後毛細血管に入り，肝臓へ運ばれる。　③　生物は，**細胞の呼吸**によって，養分から酸素を使ってエネルギーを取り出している。

### 3 (月，惑星)

(1)　太陽系では，自ら輝く恒星は太陽のみである。太陽のまわりを公転している天体を惑星といい，惑星のまわりを公転している天体を衛星という。

(2)　①　金星が東の地平線近くに見える時間帯は**明け方**である　②　地球は太陽のごく近くにあるため，ア～エの図では，太陽の位置に地球があると考える。公転軌道は内側から木星，土星，天王星，海王星を示しており，図Ⅰでは，地球(太陽の位置)から見て南に土星が見えている。図Ⅰから，南にある土星よりも西側に惑星はなく，すべて東側にある。また，地球から見た土星と天王星の間の角度は約90°であり，土星と天王星の間に，木星と海王星が近い位置に見えていることから，太陽の位置から見て，惑星がこのような位置関係になっているものを選ぶ。
③　木星型惑星は，直径は大きいが，気体でできているため密度は小さい。

(3)　①　惑星，衛星は恒星ではないので，自ら光は出さない。**太陽の光を反射して，輝いて見える。**　②　a　金星が10日間で公転する角度は，$360^\circ\times\dfrac{10[\text{日}]}{226[\text{日}]}=15.9\cdots^\circ$→約16°　地球は1日に約1°公転すると，10日で10°公転するので，10日後の地球と金星は，一直線の状態から太陽を中心に約6°ずれることになる。よって，アとなる。　b　月が10日間で地球のまわりを公転する角度は，$360^\circ\times\dfrac{10[\text{日}]}{30[\text{日}]}=120^\circ$　よって，月は上弦の月から満月へと変化する途中の状態にあるのでエとなる。　③　金星と地球はともに惑星なので，太陽を中心に公転することによって，惑星間の距離が大きく変化する。一方月は，地球を中心に公転するので，常に地球からほぼ一定の距離を保っている。

## 4 (化学変化)

(1)　50〔g〕×0.05＝2.5〔g〕

(2)　①・②　実験Ⅰでは発熱反応が起こっている。この反応で発生した熱エネルギーは，物質がもっていた化学エネルギーが変化したものである。

(3)　①　二酸化炭素は，炭素原子1個と酸素原子2個が結びついた化合物である。　②　二酸化炭素を石灰水に通すと，石灰水が白くにごる。そのため，**石灰水は二酸化炭素の検出**に用いられる。

(4)　①　発生した二酸化炭素の質量〔g〕＝反応前の電子てんびんの示す質量〔g〕－反応後の電子てんびんの示す質量〔g〕で求められる。よって，164.70－162.88＝1.82〔g〕　②　発生した気体の質量は，165.40－163.58＝1.82〔g〕　気体が1.82g発生したときに反応した炭酸水素ナトリウムの質量を$x$gとすると，1.00：(161.00－160.48)＝$x$：1.82　$x$＝3.50〔g〕　よって，炭酸水素ナトリウム5.00gのうち3.50gが反応しているので，未反応の炭酸水素ナトリウムは，5.00－3.50＝1.50〔g〕　③　発生する二酸化炭素の質量を$x$gとすると，1.00：(161.00－160.48)＝5.50：$x$　$x$＝2.86〔g〕

## 5 (力の規則性，仕事)

(1)　2つの力の大きさが等しく，向きが逆で，一直線上にはたらいているとき，2つの力は**つり合っている**。

(2)　点Oの位置でリングの中心を静止させるために必要な力の大きさは5.0Nである。よって，ばねばかりXとばねばかりYの合力が5.0Nになるようにする。

(3)　①　**角度$x$と角度$y$がともに60°のとき，ばねばかりが示す値と2本のばねばかりの合力は等しい**。リングの中心は点Oにあることから，2本のばねばかりの合力が5Nになっている。よって，ばねばかりの値も5.0Nである。　②　点Oからのびる2つの力を1辺とする平行四辺形をかく。

その対角線が，点Oにはたらく2力の合力を表す。

(4)　①　動滑車を使っているので，ひもを引くときに必要な力の大きさは，荷物にはたらく重力の半分となる。　②　装置1と装置2は，仕事の大きさは等しくなるが，ひもを引くのに必要な力の大きさは，装置1＜装置2となる。**滑車で行う仕事〔J〕＝加えた力の大きさ〔N〕×引いたひもの長さ〔m〕**より，力の大きさは装置2のほうが大きいので，引くひもの長さは装置2のほうが短い。

## <社会解答>

**1**　(1)　ウ　(2)　イ　(3)　ウ　(4)　(例)自由な商工業を発展させるため。
(5)　(例)地域の産業[農業]を活性化させるため

**2**　(1)　①　イ　②　(例)降水量が少なく，稲作に用いるための水を確保する必要があるから。　(2)　エ　(3)　イ　(4)　(例)高速道路が開通し，港への鉄道が廃止された。

**3**　(1)　エ　(2)　①　ウ　②　鉄鉱石　(3)　①　地球温暖化　②　(例)機械[大型機械]を使用する

**4**　(1)　ア　(2)　かな[仮名]　(3)　①　御恩[恩]　②　イ　(4)　(例)新田の開発を進めた。

**5**　(1)　X　ベルサイユ　Y　ドイツ　(2)　エ　(3)　(例)平和や軍縮を求める国際社会と協調する方針をとったため。　(4)　ア，イ，オ

**6**　(1)　ア，イ　(2)　ウ　(3)　イ　(4)　ウ　(5)　(例)卸売業者を通さずに商品を仕入れるため，仕入れにかかる費用を抑えることができる。

**7**　(1)　ウ　(2)　イ　(3)　イ，エ　(4)　i　イ　ii　(例)衆議院の議決が優先される

## <社会解説>

### 1　(地理的分野―日本地理－日本の国土，歴史的分野―日本史時代別－鎌倉時代から安土桃山時代，―日本史テーマ別－政治史，文化史，公民的分野―地方自治)

(1)　琵琶湖は，滋賀県にある**日本最大の淡水湖**で，およそ400万年もの長い歴史をもつ日本最古の湖でもある。

(2)　琵琶湖から流れ出る淀川をはじめとする水系は大阪を中心とする都市圏の水の供給源となっている。しかし，1970年代から，人口の増加や工場の進出による排水の流入が原因で，赤潮などが発生して，**琵琶湖の水質が低下**している。

(3)　**日蓮は題目を唱えることで救われる日蓮宗**をひらいた。アは道元が法然の誤りである。イは親鸞が一遍の誤りである。エは法然が道元の誤りである。

(4)　資料Ⅱは**楽市楽座令**であり，信長は，これによって商工業の発展を図った。

(5)　資料Ⅲは**滋賀県独自の取り組み**であり，地域の産業を活性化させるためのものである。

### 2　(地理的分野―日本地理－気候・農林水産業・地形図の見方・工業)

(1)　①　鳥取市は日本海側の気候であるから，**冬季に，雪による降水量が多い**。したがって，パーセンテージが1番大きいイが正解となる。　②　高松市の地域を支えてきた基幹産業は農業であるが，市内に大きな河川がないため，各所に設けられた**ため池が農業用水を供給**してきた。

(2)　高知平野では野菜の**促成栽培**が農業の中心となっているため，野菜の産出額が多い。これまでの，なすやピーマンだけでなく，オクラやししとうなども加え，栽培する野菜の種類を多くしたりしている。

(3)　**化学工業が1番多いイが山口県**である。ウは広島県，アは島根県となる。

(4)　資料Ⅵを注意深く考察すると，高速道路が開通したために，資料Ⅴにあった坂出港まで伸びていた**鉄道がなくなっている**のが分かる。

**3**　**(地理的分野―世界地理－気候・産業・貿易)**

(1)　マナオスは，熱帯の中で，雨季と乾季がある**サバナ気候**に属するので，エが正解となる。

(2)　①　ブラジルの**牛肉の生産量は，2020年では世界第2位**である。　②　日本における鉄鉱石の輸出相手国は、1位オーストラリア，2位ブラジル，3位カナダである。この3国**はいずれも日本の友好国**である。

(3)　①　さとうきびを原料とするバイオエタノールの開発が進んでいるブラジルでは，バイオ燃料を使用して走る自動車が普及しており，**二酸化炭素の排出量をおさえる取り組み**として注目されている。このことが、地球温暖化防止につながっていく。　②　資料Ⅱを分析すると大型機械による**大規模経営**が行われていることが分かる。

**4**　**(歴史的分野―日本史時代別－旧石器時代から弥生時代・古墳時代から平安時代・安土桃山時代から江戸時代，―日本史テーマ別－政治史・技術史・文化史，―世界史－世界史総合)**

(1)　**調は，絹，糸，真綿，特産物など**で、これらは律令下の税制で納められていた。これらを納めていたことが，資料Ⅰの木簡から明らかである。

(2)　かな文字は，漢字を基にして日本で作られた文字を指す。**古代の万葉仮名に起源を持つ**。「枕草子」や「源氏物語」は，かな文学の代表作である。

(3)　①　承久の乱に際して，北条政子は**頼朝の御家人に対する御恩**を説いた。　②　承久の乱後，幕府は京都に六波羅探題を置いて朝廷を監視した。また，上皇に味方した貴族や西日本の武士の領地を取り上げ，その地頭には東日本の武士を任命した。こうして**幕府の支配力は全国におよんだ。**

(4)　資料Ⅲを分析すると，左側の絵図から，**新田が増加している**のが分かる。

**5**　**(歴史的分野―日本史時代別－明治時代から現代，―日本史テーマ別－政治史・社会史・外交史，世界史―政治史)**

(1)　**ベルサイユ条約**は，1919年にフランスのベルサイユで調印された，第一次世界大戦における連合国とドイツ国の間で締結された講和条約である。1939年にドイツがポーランドに侵攻したことにより第二次世界大戦が始まった。

(2)　**中江兆民は「東洋のルソー」**と呼ばれた。自由民権運動とは，明治時代の日本において行われた，憲法制定や国会開設のための政治運動ならびに社会運動である。

(3)　当時は，日本は，**ワシントン会議**などで平和や軍縮を求める国際社会と協調する方針をとったため軍事費が減少した。

(4)　**学制と最初の普通選挙法成立**は戦前の出来事である。

**6**　**(公民的分野―経済一般・財政・消費生活・国際社会との関わり)**

(1)　企業が果たすべき社会的責任のことを企業の社会的責任(Corporate Social Responsibility：

略してCSR)という。企業は利益の追求を行うだけではなく，広くステークホルダー(利害関係者など)に対して責任を負うべきであるという考え方である。企業の社会的責任の範囲は広く，消費者・自社の従業員・環境・取引先への対応・自社に投資してくれる投資家など様々である。

(2)　消費税は有名な間接税で，常に一律であるため，低所得者ほど税金の割合が高くなるのである。**所得税は代表的な直接税**であり，担税者(税金を負担する人)と納税義務者(税金を納める人)が一致している。

(3)　景気が悪い時には**通貨量を増やす**政策を行う。

(4)　1ドル＝100円から1ドル＝120円はドルの価値が上がっているドル高(円安)である。この時は**ドルの価格が下がるので輸出しやすくなる。**

(5)　資料Ⅲを分析すると**卸売業者**がいない。つまり，その業者に払う費用もなくなることを意味している。

## 7 (公民的分野―国の政治の仕組み・国民生活・その他)

(1)　ICTとは，「Informationand Communication Technology」の略で，通信技術を活用したコミュニケーションを意味する。**情報リテラシー**とは，世の中に溢れるさまざまな情報を，適切に活用できる基礎能力のことである。リテラシーは，英語で文字の読み書き能力を示す「識字」を指し，情報を組み合わせて「情報を正しく読み解き，発信できる」との意味になる。

(2)　選択肢の中では，**クレジットカード**を作ることが，18歳以上になればでできることとなった。

(3)　大きな政府とは，政府・行政の規模・権限を拡大しようとする思想または政策である。したがって，政府が様々な面に介入してくるのであり，イ，エが正解となる

(4)　**内閣総理大臣の指名に関しては，衆議院の優越が成立する。**したがって，衆議院での得票数が1番多いY議員が指名される。

## <国語解答>

**一**　(一)　エ　(二)　ア，ウ　(三)　共感性を高める働き　(四)　(例)他の動物の場合は，生存競争で不利にならないよう敵に視線の方向を知られないようにする必要があるが，人間の場合は，視線の方向を分かりやすくして仲間とのコミュニケーションを円滑にすることが必要だったため。　(五)　イ

**二**　(一)　ア　(二)　ウ　(三)　エ　(四)　(例)Ⅰでは，将来の進路について決めきれず悩んでいたが，Ⅱでは，就職後も弓道を続ける道として教師という選択肢があるということに気づき，迷いつつも前向きな気持ちになっている。

**三**　(一)　ウ　(二)　入二　起　與一　(三)　①　(例)微風が起こる　②　Ⅰ イ　Ⅱ ア

**四**　(一)　おさえがたく　(二)　エ　(三)　エ　(四)　ウ

**五**　(一)　①　燃(える)　②　頂　③　破竹　④　支障　(二)　①　なごり　②　えり　③　じゅんしゅ　④　こうせつ　(三)　イ

**六**　(一)　行き詰まる　(二)　エ　(三)　(例)私は，辞書によって記載が異なっていてもよいと考えます。言葉は，時代によって変化するのが当然ですし，複数の辞書を見比べることで，言葉に対する感覚も高まっていくように感じるからです。間違った意味を載せるのは困りますが，辞書によって言葉の捉え方に幅があるのはむしろ自然なことです。それぞれの辞書が持つ特徴を踏まえた上で，上手に活用していくことが大切なのだと考えます。

(例)私は，辞書によって記載が異なってはいけないと考えます。辞書によって掲載される言葉の意味が異なっては，その言葉を用いてコミュニケーションをとる際に支障をきたすからです。言葉は，時代によって変化するものではありますが，辞書は本来の意味を正しく用いる事ができるものでありますし，その辞書に掲載された意味を用いて，正しい日本語を使用していくことが大切なのだと考えます。

## ＜国語解説＞

**一**　(論説文－大意，内容吟味，文脈把握，接続語の問題，慣用句)

(一)　空欄の前後を見ると，「人と人とのコミュニケーションにおいて，目は重要な役割を担ってきました」「目を丸くしたり目を細めたりと」「白目があることで感情表現が豊かになり，相手との心的距離も縮まります」「白目を多く見せることで驚いた表情を作ったり，視線を逸らすことでつまらない感情を出したりすることができます」と，**空欄の前で述べた内容を，後で具体的に説明している**ので，エ「例えば」が入る。

(二)　「目が泳ぐ」とは，不意をつかれるなどして，感情が定まらずに視点が揺れ動くこと。「目の色を変える」とは目つきを変えて，怒り・驚きや，何かに熱中する様子にいうこと。

(三)　「大阪大学の」から始まる段落に，中野珠実博士の研究例を挙げ，話し手と聞き手がまばたきを同期させることで，円滑なコミュニケーションをはかっているとしている。また，その内容について「無意識に行っているまばたきにも，目の乾燥を防ぐだけではなく，共感性を高める働きがある」とまとめている点に着目する。

(四)　「犬や猫など」から始まる段落に，動物は「白目があると視線方向が敵に知られてしまうため，生存競争において不利になる」とし，人間は「視線方向を分かりやすくすることで，仲間と情報交換や感情を共有しやすくし，コミュニケーションを円滑にする」として，**動物と人間それぞれにおける白目の見え方の違い**について説明している。

(五)　まばたきや白目，また視線などを取り上げ，人の目はコミュニケーションで重要な位置を占めているとしている。また，それは他の動物とは異なり，サルから進化した人間において成立するものであると主張する。

**二**　(小説文－内容吟味，心情，語句の意味)

(一)　「生返事」とは，いいかげんな受け答え，はっきりせず気のない返事のこと。

(二)　傍線部の前後で，「もうすぐ夏休みで，そして夏の大会が終わればもう三年生は引退。ここで弓が引けるのももうあとわずかだ」「弓は一人でも続けられるけれど，ここで，ここの仲間たちと引く弓は今だけだ。これまでずっと自分の射のことばかり考えてきた気がするけど，(中略)色んなことを教わったし，自分もそれを後輩に伝えていかなければならないのだ」と，**弓道部における現在の自分の状況や立場について考えている様子を読み取る**。

(三)　「はっとする」は，ここでは何かを契機として，たちまち得心するという意味で使われている。何を得心したかというと，弓道部の顧問である吉村先生は大学へ行き，就職しながら弓道を続けている人物であり，「まだ二年目」から始まる段落に，「『なぜ教師を選んだのか』について聞いてみたい」とある事から，**自分(篠崎凛)がこれからの人生を考えるにあたって，最適な存在だと思えたからである**。

(四)　「今まで」から始まる段落に，「仕事内容に興味が持てないのは同じだし，自分に務まるものなのか，そもそも試験勉強がどれくらい大変なのかも分かってはいないのだけど」とあり，**就職**

先として公務員とは言っているものの，あまり興味を持っていない様子である。対して，「もちろん」から始まる段落に，「まだはっきりと教師を目指そうという気になったわけでもない」とは言いつつも，「何かの光らしきものが見えたような気がしていた」とある事から，教師になれば弓道を続けられるという事に気づき，その事に対して前向きにとらえている様子が伺える。

## 三 (漢文－内容吟味，文脈把握，脱文補充，表現形式)

〈口語訳〉 緑に生い茂る木々は地面に濃い影を落としており，夏の日は長い。高い建物の影が池の水に逆さまに映って見える。水晶でできた簾が動いてかすかな風がおこり，棚いっぱいのバラの香が，中庭全体に香っている。

(一) 「七言絶句」とは，七言の句が四句からなる近体詩。

(二) 「入」の前に「池塘」と訓んでいる事から，「塘」の下に一点，「入」の下に二点をつける。

(三) ① 第三句の「水晶でできた簾が動いてかすかな風がおこ」った事で，バラの香りが漂ってきたのである。 ② Ⅰ 第二句は，「高い建物の影が池の水に逆さまに映って見える」という意味である。 Ⅱ 前半では木々や楼台の影の情景を描き，後半では風がおこる，バラの香りが漂うなど，ものの動きを表している。

## 四 (古文－内容吟味，文脈把握，仮名遣い)

〈口語訳〉 博雅三位の家に泥棒が入った。三位は，板の間の下に逃げ隠れていた。泥棒が帰り，その後，はい出て家の中を見ると，残っているものはなく，(泥棒が)みな取ってしまっていた。ひちりき一つだけを置物用の棚に残してあったのを，博雅三位が(手に)とってお吹きになったところ，出て行ってしまった泥棒が遠くでこれを聞いて，感情が抑えられなくなって戻ってきて言うには，「ただ今の(あなたがお吹きになった)御ひちりきの音をお聞きすると，しみじみと尊く優れておられて，(私の)悪心がきれいさっぱりなくなりました。盗んだ品物はみんなお返し申しましょう。」と言って，みな(盗んだものを)置いて出ていった。昔の泥棒は，またこのように優美な心もあったのである。

(一) 語頭と助詞以外の「は・ひ・ふ・へ・ほ」は，「ワ・イ・ウ・エ・オ」となる。

(二) 傍線部を漢字に直すと，「皆盗りてけり」となる。よって，泥棒が博雅三位の家に入って，全ての物を盗んでいったのである。

(三) 博雅三位が吹いたひちりきの音を聞いた泥棒は，**その音色に感じ入って，自らの行為を反省し，悪心がきれいさっぱりなくなった**のである。

(四) 「優なり」とは，すぐれていて立派ということ。ここでは，**ひちりきの音色を理解した泥棒の心**を指す。

## 五 (知識－漢字の読み書き，部首)

(一) ① 「燃える」とは，火がついて炎が立つ，激しく気持ちが高まること。 ② 「頂」とは，物の最も上の部分。 ③ 「破竹の勢い」とは，竹が最初の一節を割ると後は一気に割れるように，勢いが激しくて留まり難いこと。 ④ 「支障をきたす」とは，物事の妨げになる，邪魔になる，差し障りがあるという意味。

(二) ① 「名残を惜しむ」とは，別れることがつらい，心が引かれる，心残りを表す言葉。 ② 「襟を正す」とは，襟を直して服装を整える，態度や姿勢を正しく改め気を引き締めて物事にあたるという意味。 ③ 「遵守」とは法律や道徳・習慣を守り，従うこと。 ④ 「巧拙」とは，上手と下手。

(三)　楷書で書くと「祖」であり，部首はしめすへんである。

## 六（会話・議論－内容吟味，文脈把握，脱語補充，作文(課題)）

(一)　先生に対して，「煮詰まった」という言葉を使った際，春香さんは「行き詰まる」という意味で用いたが，先生は「結論の出る段階になった」と理解して，「それはよかった」と返答しているので，「行き詰まる」という意味ではないのではないか，と疑問を感じている。

(二)　傍線部の後の春香さんの発言に，「私が使った意味を載せている辞書は，全く逆の意味を両方とも載せている」とある事から，(ア)・(イ)の事に関連して会話をしている事に注目する。

(三)　まず辞書に記載されている意味の内容が異なっている事に対して，自分はどのように思うかを述べる。その上で理由を示し，辞書をどのように使用するのが良いかを結論としてまとめる。

## 群馬県公立高等学校（前期）

# 2022年度

# 入　試　問　題

2022年度

●くわしい解説……15ページ

# ＜数学＞

時間 40分 満点 50点

**1** 次の(1)～(7)の問いに答えなさい。

(1) 次の①～⑥の計算をしなさい。

① $1-(-4)$

② $a+7a$

③ $2x\times(-x)$

④ $3(x+y)-4(x-y)$

⑤ $4a^2b\div a$

⑥ $\dfrac{2}{\sqrt{2}}+\sqrt{18}$

(2) $(x-3y)(x+3y)$ を展開しなさい。

(3) 連立方程式 $\begin{cases} x+y=-1 \\ x-2y=-13 \end{cases}$ を解きなさい。

(4) 右の図の正六角形ABCDEFにおいて，点Bを，直線ADを対称の軸として対称移動させたときに重なる点を答えなさい。

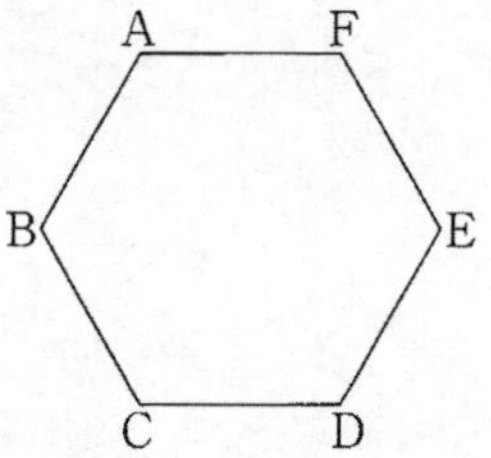


(5) 2次方程式 $x^2+x-12=0$ を解きなさい。

(6) 直線 $y=3x+5$ に平行で，点（2，4）を通る直線の式を求めなさい。

(7) 右の図のような∠B＝90°の直角三角形ABCにおいて，AB＝4㎝，AC＝6㎝である。直角三角形ABCの面積を求めなさい。

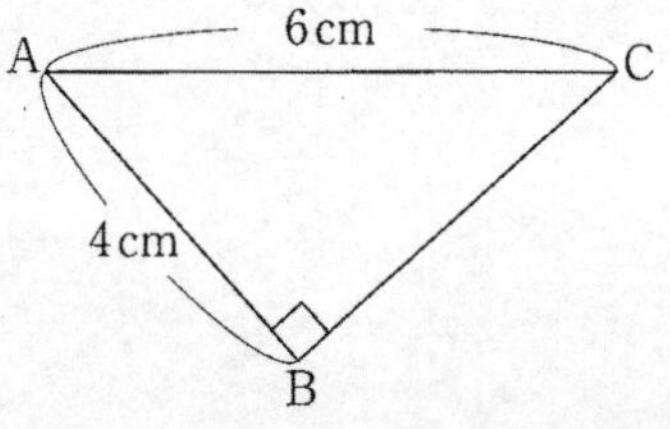


**2** 次の(1)～(4)の問いに答えなさい。

(1) 次の表は，ある中学校の生徒10人が行った「上体起こし」の回数について，Aさんの記録である30回を基準として，基準より多い場合は正の数で，少ない場合は負の数で，基準との差を表したものである。この表をもとに，10人の「上体起こし」の回数の平均を求めなさい。

| 生 徒 | A | B | C | D | E | F | G | H | I | J |
|---|---|---|---|---|---|---|---|---|---|---|
| 基準との差(回) | 0 | −5 | ＋3 | −1 | ＋3 | −1 | ＋2 | −3 | −2 | −6 |

(2)　さいころの目の出方について述べた次のア～エのうち，必ず正しいといえるものを１つ選び，記号で答えなさい。

ア　１つのさいころを６回投げるとき，１の目は１回以上出る。

イ　１つのさいころを３回投げて２の目が３回続けて出たとき，４回目は２の目が出ない。

ウ　１つのさいころを２回投げるとき，４の目が２回続けて出る確率は$\frac{1}{12}$である。

エ　１つのさいころを１回投げるとき，偶数の目が出る確率は３以下の目が出る確率と等しい。

(3)　右の図において，点A，B，C，Dは円Oの周上にあり，線分BDは円Oの直径である。∠ACDの大きさを求めなさい。

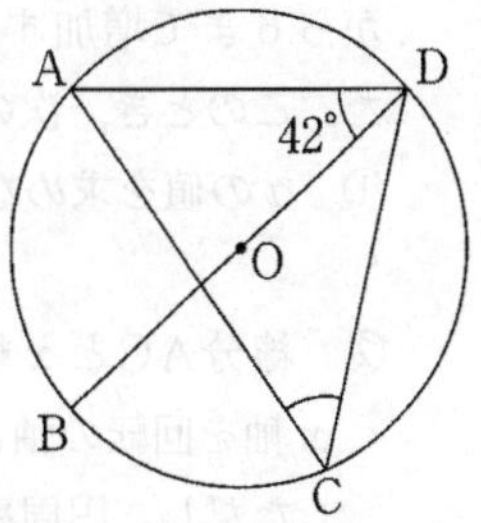


(4)　亜衣さんが中学校の３年間に図書館で借りた本の冊数について調べたところ，２年生のときは１年生のときよりも６冊多く借りており，３年生のときは１年生のときの２倍の冊数の本を借りていたことが分かった。また，亜衣さんが中学校の３年間で借りた本の冊数の合計は，50冊であった。亜衣さんが１年生のときに借りた本の冊数を求めなさい。

ただし，解答用紙の（解）には，答えを求める過程を書くこと。

**3**　下の図のように，平行四辺形ABCDの辺BC上に点Eをとり，線分AEと線分BDとの交点をFとする。次の(1)，(2)の問いに答えなさい。

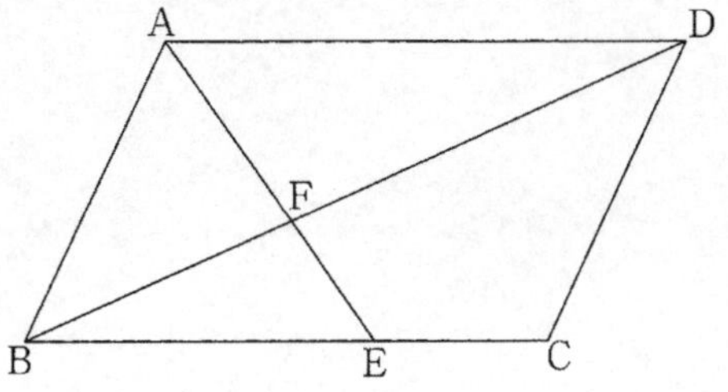


(1)　三角形FADと三角形FEBが相似であることを証明しなさい。

(2)　BE：EC＝２：１であるとき，三角形FADの面積$S$と三角形FEBの面積$S'$の比$S:S'$を，最も簡単な整数比で表しなさい。

**4** 右の図のように，関数 $y = ax^2$ のグラフ上に $y$ 座標が等しい２点A，Bがあり，関数 $y = -3x^2$ のグラフ上に $y$ 座標が等しい２点C，Dがある。点Aの $x$ 座標は３，点Cの $x$ 座標は１である。次の(1)，(2)の問いに答えなさい。

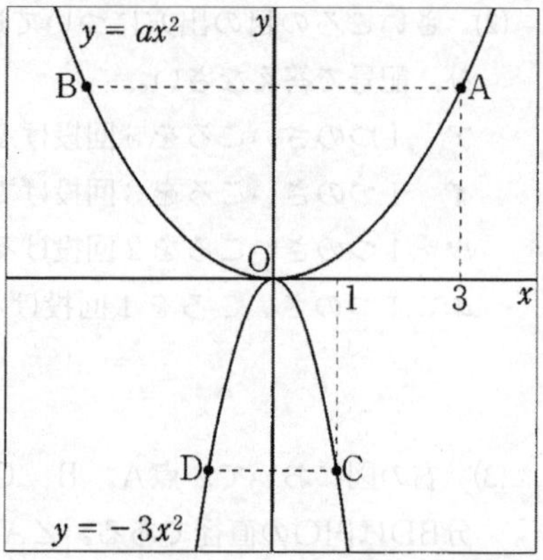


(1) 点Dの座標を求めなさい。

(2) 関数 $y = ax^2$ について調べたところ，$x$ の値が３から６まで増加するときの変化の割合は３であった。このとき，次の①，②の問いに答えなさい。

① $a$ の値を求めなさい。

② 線分ACと $x$ 軸との交点をE，線分BDと $x$ 軸との交点をFとする。四角形ABFEを，$x$ 軸を回転の軸として１回転させてできる立体の体積を求めなさい。
ただし，円周率は $\pi$ とする。

# ＜英語＞

時間　40分　　満点　50点

1　次のＡ～Ｄは，中学生のMikiが英語の授業で発表した際に用いた４枚のスライドとその説明です。スライドを参考にして，（　）に当てはまる単語をそれぞれ１つ書きなさい。ただし，与えられた文字から始まる単語とすること。

A

What do you want to be (i　　　　　) the future?

B

**Many children wanted to be ...**
**(TOP 3, 2015)**

| | Boys | Girls |
|---|---|---|
| 1 | **Doctor** | **Doctor** |
| 2 | Soccer Player | Cake Shop Staff |
| 3 | Baseball Player | Pharmacist<br>(薬剤師) |

My dream was to become a doctor. It was very (p　　　　　) when I was a child.

C

But now I don't know what I want to be. There are many (j　　　　　), so it is not easy to decide.

D

I want to find what I want to be by (r　　　　　) many books.

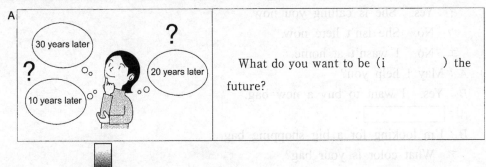

**2**　次の(1)～(3)の対話文で，［　　］に当てはまるものとして最も適切なものを，それぞれア～エから選びなさい。

(1)　*A*：Hello.　This is Kate.　Is Lucy at home?

*B*：［　　　　］

*A*：Could you tell her to call me when she comes home?

*B*：Sure.

ア　Yes.　I will tell her about it.

イ　Yes.　She is calling you now.

ウ　No.　She isn't here now.

エ　No.　I wasn't at home.

(2)　*A*：May I help you?

*B*：Yes.　I want to buy a new bag.

*A*：［　　　　］

*B*：I'm looking for a big shopping bag.

ア　What color is your bag?

イ　What kind of bag would you like?

ウ　How much is your bag?

エ　How many bags do you have?

(3)　*A*：This is delicious!

*B*：Thank you.　I made it.

*A*：You cook very well.　Why are you so good at cooking?

*B*：［　　　　］

*A*：Oh, really?　He is so kind.

ア　My brother ate all of them.

イ　I learned it through cooking books.

ウ　My brother taught me how to cook.

エ　I bought it at a restaurant with my brother.

**3**　次の英文は，カナダに留学した高校生のRyoが，ホームステイ先のTomやその母親と交わした会話の一部です。これを読んで，後の(1)～(3)の問いに答えなさい。

Ryo and Tom are talking in a shop.

*Tom*：You bought many *items!

*Ryo*：Yes.　This shop has many good items.

*Tom*：Ryo, I like these caps.　Which color is better for me, red or black?

*Ryo*：I think the red one is better for you.

*Tom*：I see.　OK, I will (　①　) the red one.

Ryo and Tom come home.

*Tom's Mother*：Welcome home.　Did you enjoy shopping?

*Tom* : Yes. Look at these. I bought a cap, and Ryo got many items.

*Tom's Mother* : I want to know what you got, Ryo. Let me see. Oh, is this shirt a gift for your father?

*Ryo* : No, it's ( ② ).

*Tom's Mother* : I think this is too big for you. Did you *try it on?

*Ryo* : No, I didn't. I always buy size M, but let me see it. Oh, no! This is really big. Why is that?

*Tom's Mother* : The sizes in Japan and Canada may be different. The sizes in Canada may be bigger than the Japanese ones.

*Ryo* : Really? I ( ③ ) know that! What should I do?

*Tom* : Let's go to the shop tomorrow. Do you have the *receipt?

*Ryo* : Yes. Here it is.

*Tom* : Don't worry. I think you can *return or change the shirt.

*Ryo* : Good! I will change it to a □ one.

㈟ item　品物　　try ~ on　~を試着する　　receipt　レシート　　return ~　~を返品する

⑴ 本文中の（①）～（③）に当てはまるものとして最も適切なものを，それぞれア～エから選びなさい。

① ア give　　イ take　　ウ break　　エ lose

② ア I　　イ my　　ウ me　　エ mine

③ ア didn't　　イ haven't　　ウ wasn't　　エ won't

⑵ 本文の内容から考えて，□ に当てはまるものとして最も適切なものを，次のア～エから選びなさい。

ア smaller　　イ lighter　　ウ more　　エ bigger

⑶ 次のページの【レシート】は，Ryo が Tom と買い物に行ったときに店で受け取ったものです。【レシート】から読み取れることとして正しいものを，次のア～オから２つ選びなさい。

ア ABC Clothes Shop is closed two days every week.

イ ABC Clothes Shop is open longer on Tuesdays than on Fridays.

ウ Ryo bought five kinds of items at ABC Clothes Shop.

エ The shirt Ryo bought at ABC Clothes Shop was more expensive than the hat.

オ Ryo can get a gift if he shows this receipt at the new clothes shop this month.

【レシート】

## ABC Clothes Shop

THANK YOU FOR COMING TO OUR SHOP

XXX Street, Green City, Canada　　Phone (XXX)-877-XXXX

Monday　closed

Tuesday − Thursday　open　11:00 − 18:00

Friday − Sunday　open　10:00 − 21:00

| ITEMS | SIZE | |
|---|---|---|
| Hat | | *$ 6.00 |
| Gloves | | $ 8.00 |
| Shirt | M | $10.00 |
| Shoes | | $15.00 |
| *TOTAL | | $39.00 |

If you want to return items or change to different sizes, please come to our shop with the items and this receipt.

We have just opened our new clothes shop in Brown City. If you visit the new shop with this receipt this month, we will give you a gift.

（注）$ ドル　　　total 合計

**4**　次の英文は，ALT の Brown 先生 (Ms. Brown) が，県立ぐんま天文台 (Gunma Astronomical Observatory) で日時計 (sundial) を見たことに触れ，英語の授業で話した内容です。これを読んで，後の(1)~(4)の問いに答えなさい。

The large sundial at Gunma Astronomical Observatory

Last Sunday, I visited Gunma Astronomical Observatory with our science teacher, Ms. Tanaka. When we arrived there, I saw something large outside. I asked Ms. Tanaka, "What is this large thing?" Ms. Tanaka said, "It is a sundial. It is a kind of clock which uses *shadow. You can know the time by the *position of the shadow. This kind of clock was the first clock in history." Then she told me about the history of clocks and watches. It was very interesting, so I will talk about it today.

About 6,000 years ago, people in *Egypt made the first sundial. Sundials were useful. But people couldn't use them at night or when it was cloudy. Later, people started to use water to make clocks. They *were able to know the time at night with water clocks. But in cold areas, water becomes ice in winter. About 700 years ago, people in *Europe started to make new clocks which did not use shadow or water. They were *mechanical clocks, and they were large and heavy. So people wanted to make smaller clocks. About 500 years ago, people started to make watches. People were able to wear them, so they always knew the time.

People in many parts of the world have been looking for a better way of knowing the time. Today, many people have watches, and you can find clocks in so many places. They are in our houses, in our classrooms, in stations, and in shops. Clocks and watches are very useful in our lives today. Knowing the right time is very important for us. I had some troubles when I didn't know the right time. Do you have any experiences like that?

(注) shadow 影　position 位置　Egypt エジプト　be able to～ ～することができる
Europe ヨーロッパ　mechanical 機械式の

(1) 本文の内容に合うように，右の表の A ～ C に入れるのに最も適切なものを，それぞれア～カから選びなさい。

| 時　計 | 説　明 |
|---|---|
| Sundials | A |
| Water clocks | They use water.<br>B |
| Watches | You can wear them.<br>C |

ア They use ice.
イ They use shadow.
ウ They are expensive.
エ They have a problem in winter.
オ The first one was made about 700 years ago.
カ The first one was made about 500 years ago.

(2) 次の①，②の問いに対して，本文の内容に合うように，3語以上の英語で答えなさい。
① What subject does Ms. Tanaka teach?
② What was the problem with sundials?

(3) 本文の内容と合っているものを，次のア～エから1つ選びなさい。
ア Ms. Brown found a large sundial at school last Sunday.
イ Water clocks were used before the first sundial was made in Egypt.
ウ People in Egypt made the first mechanical clock which didn't use shadow or water.
エ People around the world have been trying to make better clocks and watches.

(4) Brown先生の話の後で，本文中の下線部の質問に対して，自分が経験したできごとを話す活動を行いました。そこで，Ken は後のA～Cで示されたできごとについて話すことにしました。あなたがKenなら，次の□で何と言いますか。後の《条件》に従って，英語で書きなさい。

| |
|---|
| One day, □ I was late for school. |

A　　B　　C

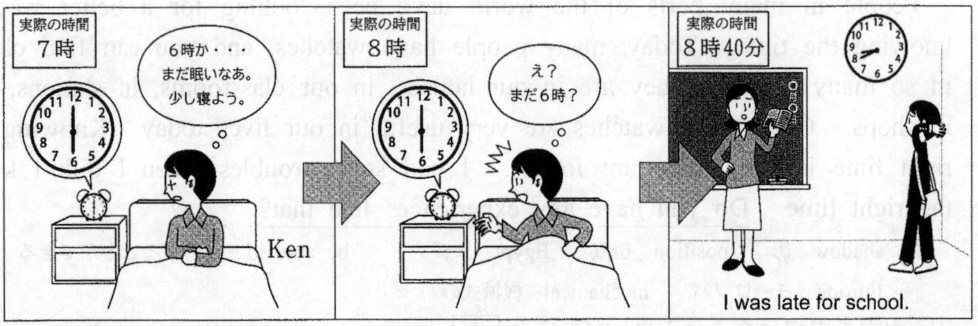

実際の時間
7時
6時か
まだ眠いなあ。
少し寝よう。
Ken
実際の時間
8時
え？
まだ6時？
実際の時間
8時40分
I was late for school.

《条件》

・□に，AからCへと続く場面の展開を踏まえて，A，Bの場面で起こったできごとの内容を，書き出しに続けて25語～35語の英語で書くこと。
・英文の数はいくつでもよく，符号（，．！？“ ”など）は語数に含めません。
・解答の仕方は，〔記入例〕に従うこと。

〔記入例〕　Is　it　raining　now?　No,　it　isn't.

て、東海道新幹線、東名・名神高速道路など、経済発展に必要なインフラを整備しました。日本は世界銀行にお金を返さなければならない。　Ⅱ　、一生懸命働いてお金を返すことができた。返さなければいけないというプレッシャーがあるほうが、長期的にみれば、その国にとっていいことなのだ、というのが日本の考え方なのです。日本が世界銀行から借りたお金を返し終わったのは、一九九〇年七月のことでした。

　日本が借金大国なのは間違いありません。でも、それでも途上国への援助を続けています。その理由や現状をお話ししましたが、あなたはどう思いましたか？　C援助を続けるべきか、やめる、あるいは減らすべきか。あなたも考えてみてください。

（池上彰『なぜ世界を知るべきなのか』による。）

（注）インフラ……道路や水道など、生活を支える基盤のこと。

(一) 文中A——「日本の海外援助は失敗体験からスタートしました」とありますが、ここでの「失敗体験」とは具体的にどのようなことを指していますか、次のア～エから最も適切なものを選びなさい。

ア　開発途上国を支援する際に国際情勢を踏まえなかったということ。

イ　日本の井戸の掘り方を一方的に現地の人に押しつけたということ。

ウ　井戸をつくるだけで井戸の掘り方まで指導しなかったということ。

エ　水があるかどうかを考慮せず必要以上に井戸を掘ったということ。

(二) 文中　Ⅰ　に当てはまる語句として、次のア～エから最も適切なものを選びなさい。

ア　善意を持つこと　　イ　自立を促すこと

ウ　対話を重ねること　　エ　失敗を繰り返すこと

(三) 文中B——「日本は基本的に有償協力を行っています」とありますが、日本が有償協力を行っているのは、どういった考え方に基づいていますか、書きなさい。

(四) 文中　Ⅱ　に当てはまる語として、次のア～エから最も適切なものを選びなさい。

ア　だから　　イ　つまり　　ウ　そのうえ　　エ　なぜなら

(五) 本文で述べられていることとして、次のア～エから最も適切なものを選びなさい。

ア　ヨーロッパの国々は、お金をあげるという無償協力によって貧しい国への援助を頻繁に行っている。

イ　世界各国からアフリカへの支援は無償協力が中心であり、その国の経済を活性化させることを目的としている。

ウ　日本はかつて世界銀行から有償で支援を受けたことがあるが、現在では全てのお金を世界銀行に返済し終わっている。

エ　技術協力によって井戸の掘り方を指導したことが、開発途上国で水が不足するという問題を新たに生むきっかけとなった。

(六) 文中C——「援助を続けるべきか、やめる、あるいは減らすべきか」とありますが、このことについてあなたが考えたことを、百十字以上、百四十字以内で書きなさい。

〔訓読文〕

射之《の》不《ざル》中《ラ》也《や》、弓《ニハ》無《ク》レ罪、矢《ニハ》無《ク》レ罪、

鵠《ニハ》無《シ》レ罪。書之弗《ざル》レ工《ナラ》也、□《ニハ》無《ク》レ罪、

墨《ニハ》無《ク》レ罪、紙《ニハ》無《シ》レ罪。

（『呻吟語』による。）

（注）鵠……的のこと。

㈠ 〔訓読文〕中──「射之不《ル》中《ラ》也」に、〔書き下し文〕の読み方になるように返り点を書きなさい。

㈡ 文中□に当てはまる漢字は何であるかを考え、当てはまる漢字一字を書きなさい。

㈢ この文章から読み取れることとして、次のア～エから最も適切なものを選びなさい。

ア 物を大切にする気持ちさえあれば、道具はその期待に必ず応えてくれる。

イ 何かうまくいかないことがあったとしても、それは自分自身に責任がある。

ウ 優れた結果を残せない場合は、気持ちを切り替えて新しいことをするのがよい。

エ 良い結果を求めるのであれば、意識して良い道具を使用することが大切である。

## 五

次の文章を読んで、後の㈠～㈥の問いに答えなさい。

A日本の海外援助は失敗体験からスタートしました。アフリカでは水が足りない。ならば、井戸をつくってあげましょう、と最初は善意から井戸をあちこちに全部つくってあげました。

ところが、井戸が涸《か》れてしまうと、誰も何もしない。日本人がやって来て直してくれるのをじっと待っているのです。ああ、これではいけない、と日本人スタッフたちは考えます。

そこで、井戸の掘り方は現地で指導するけれど、そこから先はみなさんでつくってください、というかたちに変えました。自分たちで井戸を掘ってつくると、壊れたら自分たちで直すようになりました。もうわかりますね。[I]が本当の援助になるのです。

海外援助のスローガンは「食べる魚をあげるより、魚の釣り方を教えたほうがいい」なのです。魚をあげれば食べてしまっておしまい。でも魚の釣り方を教えてあげれば自分で魚を釣ることができる。そうしたら、もう助けはいりません。

これまで、政府が行う援助をODAとひとくくりに説明してきましたが、日本のODAには無償協力、有償協力、技術協力の三つの種類があります。

無償協力とは、文字通り返済の必要のないお金をあげることです。日本は無償協力をほとんどしていません。有償協力は「低金利でお金を貸すので、将来利息を付けて返してください」というやり方で、B日本は基本的に有償協力を行っています。そして、技術協力は日本の技術や知識を伝え、その国の発展の担《にな》い手となる人材を育成することです。

ヨーロッパの国々から、有償協力で貧しい国に金を貸し付けて返せというのはおかしい、お金をあげればいいじゃないか、と批判されることもあるのですが、日本は自分たちの経験から有償協力を選んでいるのです。

日本は敗戦後、世界銀行から計八億六〇〇〇万ドル、消費者物価指数をもとに現在の価値に換算すると、十五兆円以上ものお金を借り

①

Aさん　一つのことについても様々な意見があって、何が正しいのか分からなくなるときがあるよ。

Bさん　そうだね。でも、簡単に□することなく、自分の意見をしっかり持つことが重要だと思うな。

ア　一日千秋　　イ　異口同音

ウ　日進月歩　　エ　付和雷同

②

Aさん　有名な画家の未発表の作品が、新たに発見されたというニュースがあったね。

Bさん　彼の作品は結構好きなんだ。□ことになってうれしく思うよ。

ア　大目に見る　　イ　足もとを見る

ウ　長い目で見る　　エ　日の目を見る

**三**　次の文章を読んで、後の㈠～㈢の問いに答えなさい。

A五月ばかりに、ものへまかりける（ある所へ出かけた）道に、いと白くくちなしの花の咲けりけるを、「Bかれはなにの花ぞ。」と人に問ひ侍《はべ》りけれど、申さざりければ（言いませんでしたので）

うちわたす遠方人《をちかたびと》（ずっと向こうの遠くにいる人）にこと問へど答へぬからにしるき花かな（はっきりと分かる花だなあ）

小《こ》弁《べん》

（『新古今和歌集』による。）

㈠　文中A——「五月」の読み方として、次のア～エから最も適切なものを選びなさい。

ア　うづき　　イ　さつき　　ウ　はづき　　エ　むつき

㈡　文中B——「かれはなにの花ぞ」の意味として、次のア～エから最も適切なものを選びなさい。

ア　あれは何という花か

イ　彼は何の花が好きか

ウ　あれはなぜ咲いているのか

エ　彼はなぜ花を知らないのか

㈢　文中〰〰「うちわたす遠方人にこと問へど答へぬからにしるき花かな」について、この和歌はどのようなことを述べていますか、次のア～エから最も適切なものを選びなさい。

ア　問いかけても誰一人言葉を発しないということが、白いくちなしの花が静かに咲いている様子と合致するということ。

イ　無駄と知りつつ遠くの人に呼びかけずにはいられない自分のさびしさを、くちなしの花が黙って癒やしてくれるということ。

ウ　「しるき花」にしらじらしいという意味を込めており、くちなしの花の白い様子が熱い思いをしらけさせてしまうということ。

エ　尋ねても答えないということは「口がない」ということにつながり、それによってこの花がくちなしの花だと分かったということ。

**四**　次の文章を読んで、後の㈠～㈢の問いに答えなさい。

〔書き下し文〕

射の中《あた》らざるや、弓には罪無く、矢には罪無く、鵠《こく》には罪無し。

書の工《たくみ》ならざるや、□には罪無く、墨には罪無く、紙には罪無し。

# 〈国語〉

時間　四〇分　満点　五〇点

一　次の㈠～㈣の問いに答えなさい。

㈠　次の①～⑤の――の平仮名の部分を漢字で書きなさい。

①　決意をかためる。

②　鳥のすばこを作る。

③　荷物をはいたつする。

④　チョウが花の蜜をすう。

⑤　争いごとのちゅうさいに入る。

㈡　次の①～⑤の――の漢字の読みを平仮名で書きなさい。

①　参加を募る。

②　薄着で出かける。

③　甲乙つけがたい。

④　最寄りの駅に行く。

⑤　惜別の思いを込めて歌う。

㈢　次の①、②の四字熟語について、□に当てはまる漢字をそれぞれ書きなさい。

①　□尾一貫　②　我田□水

㈣　次の①、②の語は、それぞれ〔　〕内に示した語の対義語です。□に当てはまる漢字として、それぞれ後のア～エから最も適切なものを選びなさい。

①　□凡〔　平凡　〕

ア　欠　イ　非　ウ　不　エ　無

②　□然〔　偶然　〕

ア　奇　イ　突　ウ　必　エ　悠

二　次の㈠～㈣の問いに答えなさい。

㈠　次の文について、――の部分の主語となる文節として、後のア～エから最も適切なものを選びなさい。

彼女が昼休みに友人から借りた本は、以前、図書館で借りた本よりもおもしろい。

ア　彼女が　イ　友人から　ウ　本は　エ　本よりも

㈡　次の①、②の文の□に当てはまる語として、それぞれ後のア～エから最も適切なものを選びなさい。

①　この問題に関心があるので、私は□あなたの意見を聞いてみたい。

ア　まさか　イ　どうして　ウ　ぜひとも　エ　めったに

②　どのような結果になろうとも、これまで努力を重ねてきたのだから、あとは腹を□全力で試合に臨むだけだ。

ア　開けて　イ　据えて　ウ　混ぜて　エ　分けて

㈢　次の文について、――の部分を敬語表現に改めたものとして、後のア～エから最も適切なものを選びなさい。

よろしければ、ご都合のよい時間を聞きたいと思います。

ア　うかがいたい　イ　参りたい　ウ　拝見したい　エ　申しあげたい

㈣　次の①、②の対話の□に当てはまる言葉として、それぞれ後のア～エから最も適切なものを選びなさい。

前期

# 2022年度
# 解答と解説

《2022年度の配点は解答用紙集に掲載してあります。》

## ＜数学解答＞

1 (1) ① 5　② $8a$　③ $-2x^2$　④ $-x+7y$　⑤ $4ab$　⑥ $4\sqrt{2}$
(2) $x^2-9y^2$　(3) $(x=)-5$, $(y=)4$　(4) 点F　(5) $x=-4$, $x=3$
(6) $y=3x-2$　(7) $4\sqrt{5}$ (cm²)

2 (1) 29(回)　(2) エ　(3) (∠ACD＝)48(°)　(4) 11(冊)(求める過程は解説参照)

3 (1) 解説参照　(2) (S：S′＝)9(：)4

4 (1) $(-1,\ -3)$　(2) ① $(a=)\frac{1}{3}$　② $48\pi$

## ＜数学解説＞

1 (数・式の計算，平方根，式の展開，連立方程式，対称移動，2次方程式，1次関数，三平方の定理，面積)

(1) ① 正の数・負の数をひくには，符号を変えた数をたせばよい。$1-(-4)=1+(+4)=1+4=5$

② $a+7a=(1+7)a=8a$

③ $2x\times(-x)=-(2x\times x)=-(2\times x\times x)=-(2\times x^2)=-2x^2$

④ 分配法則を使って，$3(x+y)=3\times x+3\times y=3x+3y$，$4(x-y)=4\times x+4\times(-y)=4x-4y$だから，$3(x+y)-4(x-y)=(3x+3y)-(4x-4y)=3x+3y-4x+4y=3x-4x+3y+4y=-x+7y$

⑤ $4a^2b\div a=4a^2b\times\frac{1}{a}=\frac{4a^2b}{a}=4ab$

⑥ $\frac{2}{\sqrt{2}}=\frac{2\times\sqrt{2}}{\sqrt{2}\times\sqrt{2}}=\frac{2\sqrt{2}}{2}=\sqrt{2}$，$\sqrt{18}=\sqrt{2\times3^2}=3\sqrt{2}$だから，$\frac{2}{\sqrt{2}}+\sqrt{18}=\sqrt{2}+3\sqrt{2}=(1+3)\sqrt{2}=4\sqrt{2}$

(2) 乗法公式$(\boldsymbol{a}+\boldsymbol{b})(\boldsymbol{a}-\boldsymbol{b})=\boldsymbol{a}^2-\boldsymbol{b}^2$より，$(x-3y)(x+3y)=x^2-(3y)^2=x^2-9y^2$

(3) 連立方程式$\begin{cases}x+y=-1\cdots① \\ x-2y=-13\cdots②\end{cases}$　①－②より，$y-(-2y)=-1-(-13)$　$3y=12$　$y=4$
これを①に代入して　$x+4=-1$　$x=-1-4=-5$　よって，連立方程式の解は　$x=-5$，$y=4$

(4) 対称移動では，対応する点を結んだ線分は，対称の軸と垂直に交わり，その交点で2等分される。正六角形ABCDEFにおいて，直線ADを対称の軸として対称移動させたときに，点Bと点F，点Cと点Eがそれぞれ重なる。

(5) $x^2+x-12=0$　たして$+1$，かけて$-12$になる2つの数は，$(+4)+(-3)=+1$，$(+4)\times(-3)=-12$より，$+4$と$-3$だから$x^2+x-12=\{x+(+4)\}\{x+(-3)\}=(x+4)(x-3)=0$　$x=-4$，$x=3$

(6) 直線$y=3x+5$の傾きは3で，これに平行な直線の傾きも3だから，求める直線の式は$y=3x+b$と表される。この直線が点(2，4)を通るから，$4=3\times2+b$　$b=-2$　求める直線の式は$y=3x-2$

(7) 三平方の定理を用いて，$\mathrm{BC}=\sqrt{\mathrm{AC}^2-\mathrm{AB}^2}=\sqrt{6^2-4^2}=2\sqrt{5}$ (cm)　よって，$\triangle\mathrm{ABC}=\frac{1}{2}\times\mathrm{AB}\times\mathrm{BC}=\frac{1}{2}\times4\times2\sqrt{5}=4\sqrt{5}$ (cm²)

## 2 **(正の数・負の数の利用，確率，角度，円の性質，方程式の応用)**

(1)　(10人の「上体起こし」の回数の平均)＝**(基準とした回数)＋{(基準との差)の平均}**＝30＋{0＋(−5)＋(＋3)＋(−1)＋(＋3)＋(−1)＋(＋2)＋(−3)＋(−2)＋(−6)}÷10＝30＋(−10)÷10＝29(回)

(2)　**確率は「あることがらの起こることが期待される程度を表す数」**。1つのさいころを6回投げるとき，そのうち1回は1の目が出ることが期待されるが，全く出ない場合もあるし，1回出る場合もあるし，1回以上出る場合もある。アは正しくない。1つのさいころを1回投げるとき，どの目が出ることも**同様に確からしい**。そして，このことは，投げるごとに変わることはない。イは正しくない。1つのさいころを2回投げるとき，全ての目の出方は6×6＝36(通り)。このうち，4の目が2回続けて出るのは，(1回目に出た目の数，2回目に出た目の数)＝(4，4)の1通りだから，その確率は$\frac{1}{36}$。ウは正しくない。1つのさいころを1回投げるとき，偶数の目は2，4，6の3通りだから，偶数の目が出る確率は$\frac{3}{6}=\frac{1}{2}$。また，3以下の目は1，2，3の3通りだから，3以下の目が出る確率も$\frac{3}{6}=\frac{1}{2}$で，偶数の目が出る確率と等しい。エは正しい。

(3)　線分BCを引く。**直径に対する円周角は90°**だから，∠BCD＝90°　$\overset{\frown}{AB}$に対する円周角の大きさは等しいから，∠ACB＝∠ADB＝42°　よって，∠ACD＝∠BCD－∠ACB＝90°－42°＝48°

(4)　(求める過程)　(例)亜衣さんが1年生のときに借りた本の冊数を$x$冊とすると　$x+(x+6)+2x=50$　$4x=44$　$x=11$　$x=11$は問題に適している。

## 3 **(相似の証明，面積比)**

(1)　(証明)　(例)△FADと△FEBにおいて　AD//BCより，**平行線の錯角は等しい**ので∠FAD＝∠FEB…①　∠FDA＝∠FBE…②　①，②より，2組の角がそれぞれ等しいので，△FAD∽△FEB

(2)　**平行四辺形では，2組の対辺はそれぞれ等しい**から，AD＝BCであることを考慮すると，△FADと△FEBの**相似比**は，AD：EB＝BC：EB＝(BE＋EC)：BE＝(2＋1)：2＝3：2　よって，**相似な図形では，面積比は相似比の2乗に等しい**から，△FAD：△FEB＝S：S'＝$3^2$：$2^2$＝9：4

## 4 **(図形と関数・グラフ，回転体の体積)**

(1)　**放物線は$y$軸に関して線対称**だから，点Cの$x$座標が1であるとき，点Dの$x$座標は−1である。点Dは$y=-3x^2$上にあるから，その$y$座標は$y=-3\times(-1)^2=-3$　よって，D(−1，−3)

(2)　①　$y=ax^2$について，$x=3$のとき$y=a\times3^2=9a$，$x=6$のとき$y=a\times6^2=36a$。よって，$x$の値が3から6まで増加するときの**変化の割合**は，$\frac{36a-9a}{6-3}=9a$。これが3に等しいから，$9a=3$　$a=\frac{1}{3}$

②　2点A，Cの$y$座標はそれぞれ$y=\frac{1}{3}\times3^2=3$，$y=-3\times1^2=-3$　よって，A(3，3)，C(1，−3)　直線ACの傾き＝$\frac{3-(-3)}{3-1}=3$　直線ACの式を$y=3x+b$とおくと，点Aを通るから，$3=3\times3+b$　$b=-6$　直線ACの式は$y=3x-6$…㋐　点Eの$x$座標は，㋐に$y=0$を代入して，$0=3x-6$　$x=2$　よって，E(2，0)　点Aから$x$軸へ垂線AGを引き，図形の対称性を考慮すると，求める立体の体積は，底面の円の半径がAG＝3－0＝3，高さがOG＝3の円柱の体積から，底面の円の半径がAG＝3，高さがEG＝3－2＝1の円錐の体積を引いた値を2倍したものだから，$\left(\pi\times AG^2\times OG-\frac{1}{3}\times\pi\times AG^2\times EG\right)\times2=\left(\pi\times3^2\times3-\frac{1}{3}\times\pi\times3^2\times1\right)\times2=48\pi$

## <英語解答>

1 A in　B popular　C jobs　D reading
2 (1) ウ　(2) イ　(3) ウ
3 (1) ① イ　② エ　③ ア　(2) ア　(3) エ，オ
4 (1) A イ　B エ　C カ　(2) ① (例)She teaches science.
② (例)People couldn't use them at night or when it was cloudy.　(3) エ
(4) (例)(One day,)I got up at six. I was so sleepy, so I slept again. Later, I got up again, but it was still six. I was surprised to know that my clock was not moving. (I was late for school.)

## <英語解説>

### 1 (語句補充：前置詞，形容詞，名詞，動名詞)

A あなたは将来何になりたいですか？ in the future ＝将来，未来に　B 私の夢は医師になることでした。医師は私が子どものころとても人気がありました。 C しかし，今私は何になりたいのか分かりません。たくさんの仕事があるので，決めるのは簡単ではないのです。 D 私はたくさんの本を読んで私がなりたいものを見つけたいと思っています。**<動詞の原形＋ ～ing >で「～すること」(動名詞)。ここでは前置詞の目的語になっている。**

### 2 (会話文：文の挿入，助動詞，文の構造)

(1) A：もしもし。ケイトです。ルーシーはお家にいますか？ ／B：いいえ。彼女は今ここにいません。／A：彼女が帰ったら私に電話をくれるように伝えてもらえますか？ ／B：もちろんいいですよ。

(2) A：何か探しですか？ ／B：はい。新しいバッグを買いたいのです。／A：どのような種類のバッグがよろしいですか？ ／B：大きな買い物バッグを探しています。 would like ～＝～を欲しいと思う(want に比べ，丁寧な言い方)

(3) A：これはおいしいです！／B：ありがとう。私が作りました。／A：あなたは料理がとても上手ですね。なぜそんなに料理が上手なのですか？ ／B：私の兄が料理の仕方を私に教えてくれたのです。／A：わあ、そうなんですか？ 彼はとても優しいですね。 **<teach ＋人＋A >で「(人)にAを教える」 how to ～＝～する仕方，どのように～すればよいか**

### 3 (会話文問題：語句補充・選択，メモ・手紙・要約文などを用いた問題)

(全訳) リョウとトムがお店で話しているところです。
トム　：たくさん品物を買ったね！
リョウ：うん。この店はたくさんの良い品物があるね。
トム　：リョウ，僕はこの帽子が気に入ったよ。どっちの色が僕に似合う，赤かな，黒かな？
リョウ：君には赤の方が似合うと思うよ。
トム　：分かった。よし，赤い方を①買うよ。
　リョウとトムは帰宅します。
トムの母：いらっしゃい。買い物は楽しかった？
トム　：うん。これを見てよ。僕は帽子を買って，リョウはたくさんの品物を買ったよ。

トムの母：あなたが何を買ったのか知りたいわ，リョウ。見せてちょうだい。まあ，このシャツはお父さんへのプレゼント？
リョウ　：いいえ，それは②僕の物です。
トムの母：あなたには大きすぎると思うわ。試着してみた？
リョウ　：いいえ，しませんでした。僕はいつもMサイズを買うのですが，ちょっと見せてください。わあ，しまった！これは本当に大きいです。どうしてだろう？
トムの母：日本とカナダのサイズが違うのかもしれないわ。たぶんカナダのサイズは日本のものよりも大きいのよ。
リョウ　：そうなんですか？　それは知り③ませんでした！どうすればいいですか？
トム　　：明日お店に行こう。レシートは持ってる？
リョウ　：うん。これだよ。
トム　　：心配ないよ。シャツを返品して交換できると思うよ。
リョウ　：良かった！もっと小さいものに交換するよ。

(1)　全訳参照。①　ここでの take は「(品物を選んで)買う」の意味。②　mine ＝私のもの(Ｉの所有代名詞)　③「知らなかった」という意味にするのが自然なので過去形が適当。
(2)　全訳参照。「より小さい」という意味を表す表現にするのが適当。
(3)　(問題文訳)

ABC洋服店
ご来店ありがとうございます。
×××通り，グリーン市，カナダ　　電話(×××)-877　××××
月曜日定休
火曜日～木曜日　開店時間　11：00～18：00
金曜日～日曜日　開店時間　10：00～21：00

| 品物 | サイズ | |
|---|---|---|
| 帽子 | | 6ドル |
| 手袋 | | 8ドル |
| シャツ | M | 10ドル |
| 靴 | | 15ドル |
| 合計 | | 39ドル |

品物の返品や違うサイズへの交換をご希望の際は，品物とこのレシートを当店にお持ちください。
ブラウン市に新しい洋服店を開店したばかりです。今月中にこのレシートをご持参の上，新店舗にご来店いただくと，贈り物を差し上げます。

ア　ABC洋服店は毎週2日間閉店する。　イ　ABC洋服店は金曜日よりも火曜日の方が長い時間開店している。　ウ　リョウはABC洋服店で5種類の品物を買った。　エ　リョウがABC洋服店で買ったシャツは帽子よりも値段が高かった。(○)　オ　リョウは，今月新しい洋服店でこのレシートを見せれば贈り物をもらうことができる。(○)

## 4　(長文読解問題：語句補充・選択，英問英答，内容真偽，自由・条件英作文)

(全訳)　この前の日曜日，私は理科のタナカ先生と県立ぐんま天文台に行きました。私たちがそこに着いた時，私は外に大きなものを目にしました。私はタナカ先生に聞きました，「あの大きなものは何ですか？」 タナカ先生は言いました，「日時計ですよ。影を使う種類の時計です。影の位置で時間を知ることができるのです。この種類の時計は歴史上最初の時計です。」そして彼女は私に(置き・掛け)時計と腕時計の歴史について教えてくれました。その話はとても興味深かったので，今日はそれについてお話します。

約6000年前，エジプトの人々は最初の日時計を作りました。日時計は便利なものでした。しかし夜や曇りの時は使うことができませんでした。のちに，人々は時計を作るために水を使い始めました。水時計で夜でも時間を知ることができました。しかし寒い地域では，冬には水が氷になってしまいます。約700年前，ヨーロッパの人々は影や水を使わない新しい時計を作り始めました。それらは機械式の時計で，大きくて重いものでした。そこで人々はより小さな時計を作りたいと思いました。約500年前，人々は腕時計を作り始めました。人々はそれを身につけて，いつでも時間を知ることができました。

世界のたくさんの地域の人々が時間を知るより良い方法を探してきました。現在，多くの人々が腕時計を持っており，とても多くの場所で(置き・掛け)時計を目にすることができます。それらは私たちの家に，教室に，駅に，そして店内にあります。(置き・掛け)時計と腕時計は私たちの現在の生活においてとても便利なものです。正確な時刻を知ることは私たちにとってとても重要です。私は正確な時刻が分からず何度か困ったことがありました。皆さんはそのような経験はありますか？

(1)　全訳参照。A　イ：それらは影を使う。第1段落4文目に注目。　B　エ：それらは冬に困る問題がある。第2段落6文目に注目。　C　カ：最初の腕時計は約500年前に作られた。第2段落最後から2文目に注目。

(2)　(問題文・解答例訳)　①　タナカ先生は何の科目を教えていますか？　／彼女は化学を教えています。第1段落1文目参照。　②　日時計の問題点は何ですか？　／夜や曇りの日に使えないこと。第2段落3文目参照。

(3)　全訳参照。　ア　ブラウン先生はこの前の日曜日に学校で大きな日時計を見つけた。　イ　水時計は，エジプトで最初の日時計が作られる前に使われていた。　ウ　エジプトの人々は影や水を使わない最初の機械式時計を作った。　エ　世界中の人々はより良い(置き・掛け)時計と腕時計を作ろうとしてきた。(○)　第3段落1文目参照。

(4)　(解答例訳)　(ある日，)僕は6時に起きました。とても眠かったので，もう一度寝てしまいました。その後，僕はもう一度起きましたが，まだ6時でした。僕は自分の時計が動いていないことが分かって驚きました。(僕は学校に遅刻しました。)

## ＜国語解答＞

**一**　(一)　①　固　②　巣箱　③　配達　④　吸　⑤　仲裁　(二)　①　つの　②　うすぎ　③　こうおつ　④　もよ　⑤　せきべつ　(三)　①　首　②　引　(四)　①　イ　②　ウ

**二**　(一)　ウ　(二)　①　ウ　②　イ　(三)　ア　(四)　①　エ　②　エ

**三**　(一)　イ　(二)　ア　(三)　エ

**四**　(一)　射 之 不ル㆑ 中ラ 也　(二)　筆　(三)　イ

**五**　(一)　ウ　(二)　イ　(三)　(例)お金を返さなければならないというプレッシャーがあるほうが，長期的にみれば，その国にとっていいことなのだという考え方。

(四) ア　(五) ウ

(六) (例)私は，開発途上国への援助を続けるべきだと考えます。たとえ借金があるとしても，豊かな国に住む私たちには，援助を必要とする国々に手を差し伸べる責任があると考えるからです。海外への援助を行うことで，私たちも世界に目を向けるようになりますし，良好な国際関係も築かれていくのだと考えます。

(例)私は，開発途上国への援助をやめるべきだと考えます。敗戦後の日本と同じように，世界銀行からお金を借りて，インフラ整備を行った方が，より早くお金を返さなければならないというプレッシャーを感じて働くと思うからです。真の自立を促すためには，厳しくその国に接する事が必要だと考えます。

(例)私は，開発途上国への援助は減らすべきだと考えます。日本は長期にわたって開発途上国への支援を続けており，後は開発途上国自体がどのように国を立て直すかが重要だと思うからです。いつまでも支援されていては本当の自立とはいえないので，徐々に援助を減らし，国力を築き上げてほしいと考えます。

## ＜国語解説＞

### 一 (知識－脱文・脱語補充，漢字の読み書き，熟語)

(一) ①「固める」は，まとまりの形をなすものにする，液状・粒状の物またはやわらかい物に手を加えて，固い状態にする，一か所に集める等の意味がある。②「巣箱」は，動物が住みつき生活しやすいように作られた箱のこと。小鳥のほか，昆虫を含む小動物向けの様々な巣箱が製作・利用されている。③「配達」とは，郵便物・商品などを指定されたそれぞれの場所に配り届けること。④「吸う」は口や鼻から，液体・気体を体の中に引き入れるという意味。⑤「仲裁」は，争っている人々の間にはいり，双方を和解させること。法律の解釈では，争いのある当事者が選んで任せた第三者が，その問題について解決をはかる行為。

(二) ①「募る」は，ますますはげしくなる，広く招き集めること。「募」は，「募集」，「応募」などの熟語を作る。②「薄着」は，寒い時でも衣服を何枚も重ね着しないこと。③「甲乙つけがたい」とは，比較する二つのものの間で優劣をつけることが難しいさま。④「最寄り」はすぐ近く，付近のこと。⑤「惜別」は別れを惜しむこと。

(三) ①「首尾一貫」は，態度や主張・方針などがはじめから終わりまで変わらずに同じであること。②「我田引水」は，物事を自分の利益になるように引きつけて言ったりしたりすること。

(四) ①「平凡」は，これと言ったすぐれた点もなく，並なこと。よって，並みではない状態を表す「非凡」が対義語となる。②「偶然」は，他のものとの因果関係がはっきりせず，予期できないような仕方で物事が起こること。よって，因果関係が明らかで予期可能な状態で物事がはたらいている様を表す「必然」が対義語となる。

### 二 (知識－脱文・脱語補充，熟語，ことわざ・慣用句，敬語・その他，表現技法・形式)

(一) 文中で「おもしろい」ものは何だったのかを考える。それは「友人から借りた本」である。

(二) ①「ぜひとも」とは，相手に強く依頼したりお願いしたりする時に使う言い回し。ここでは「あなたの意見を聞いてみたい」とお願いしている意図となる。②「腹を据えて」とは，覚悟を決める，我慢して堪える，心を落ち着けること。ここでは覚悟を決めて「全力で試合に臨む」という意味となる。

(三)「ご都合のよい時間を」聞くのは私(自分)である。自分が「聞く」場合は謙譲語となり,「伺う」「お尋ねする」「お聞きする」「拝聴する」「拝聞する」という謙譲語がある。

(四) ①「付和雷同」とは自分にしっかりした考えがなく,むやみに他人の意見に同調すること。Aさんの,様々な意見の中で正しいものを見つける難しさに同意を示している。 ②「日の目を見る」とは,世に埋もれていたものが世間に知られること。有名な画家の未発表作品が,世に出たということを表している。

## 三 (古文－内容吟味,仮名遣い,古文の口語訳)

〈口語訳〉 五月頃,ある所へ出かけた途中に,たいそう白くくちなしの花が咲いていたのを,「あれは何という花か」と人に尋ねましたが,言いませんでしたので,

ずっと向こうの遠くにいる人にお尋ねするけれど,返事がないのではっきりと分かる花だなあ

(一) 旧暦五月を皐月(さつき)と呼び,現在では新暦五月の別名としても用いる。

(二)「ぞ」は,文末にある場合,問いただす疑問語を伴い,「～か」とする。他にも強い断定を表し,「～だぞ」「～なのだ」とする場合もある。

(三) 和歌は必ず本文の内容を踏まえている。「何という花か」という質問に無回答だったこと自体が返答となっている。また本文の中に「くちなしの花」と出ている事からも推測する。

## 四 (漢文－大意・要旨,脱文・脱語補充,その他)

〈口語訳〉 射ても(的の)中にあたらないのだろうか,弓に罪は無く,矢に罪は無く,的に罪は無い。書が匠みでないのだろうか,筆には罪は無く,墨に罪は無く,紙に罪は無い。

(一) 訓読文の傍線部「射之不ル中ラ也」と,書き下し文の「射の中らざるや」を対応させて考える。すると,「中ラ」から「不」に一字返って読むので,「不」にレ点をつける。

(二) 空欄の前後より「書」に関する「墨」「紙」が出ており,また〈口語訳〉より書が上手くいかないのは「墨」「紙」の責ではないとすることから,「書」に関わる道具の言葉が入る。

(三) 弓矢が的にあたらない事,書が上手くない事を道具の責とはしないことから,上手くいかない事は自分自身に責任があるとしている文章である。

## 五 (論説文－大意・要旨,内容吟味,接続語の問題,脱文・脱語補充,作文)

(一) 傍線部Aの後の内容をつかむ。アフリカの水不足を解消するために日本人スタッフが井戸を作ったが,井戸が涸れてしまっても現地の人々は自分たちで直そうとはしなかった。つまり,日本人スタッフが一から十まで全て作ってしまった事によって,アフリカの人々はその後の対応ができなかったのである。

(二) [ Ⅰ ]の前で失敗体験をもとに,「井戸の掘り方は現地で指導するけれど,そこから先はみなさんでつくってください,というかたちに変えました」とあることから,自分たちで作ってもらう方針に変更したのである。

(三)「日本は敗戦後,」という段落に着目する。日本は世界銀行から多額のお金を借りて,インフラを整備した。そして一生懸命働いてお金を返したのには「返さなければいけないというプレッシャーがあるほうが,長期的にみれば,その国にとっていいことなのだ,というのが日本の考え方」とある。つまり,日本は実体験に基づいて,有償協力を行っているのである。

(四) [ Ⅱ ]の前後で世界銀行にお金を返さなければならないという理由より,一生懸命働いてお金を返すことができたという結果が導き出されることから,順接の接続詞を入れる。

(五)「日本は敗戦後,」という段落に「日本が世界銀行から借りたお金を返し終わったのは,

一九九〇年七月のことでした。」とあるので，ウが正解となる。アは日本の有償協力をヨーロッパの国々が批判しているとはあるが，ヨーロッパの国々自体が無償協力しているとは言及がないので，誤り。イはアフリカへの支援は無償協力が中心という内容が本文のどこにもないので誤り。エはアフリカへの支援として日本は技術協力ではなく，有償協力なので誤り。

(六)　意見選択型の作文では，自分がどの立場に立っているかを必ず踏まえた上での記述が求められる。よって，今回は，「援助の継続・停止，減少」についての自身の考えを述べることになる。基本的な原稿用紙の使い方に従い，誤字・脱字や文のねじれなどによる無駄な失点にも気をつけて書き上げよう。

## 群馬県公立高等学校（後期）

# 2022年度

# 入 試 問 題

2022
年
度

●くわしい解説……47ページ

# ＜数学＞

時間　45分～60分（学校裁量による）　満点　100点

**1**　次の⑴～⑼の問いに答えなさい。

⑴　次の①～③の計算をしなさい。

①　$3-7$　　②　$3x+2(x-1)$　　③　$12ab^3 \div 4ab$

⑵　次の①，②の方程式を解きなさい。

①　$4x+5=x-1$　　②　$x^2-3x+1=0$

⑶　$x^2-16y^2$ を因数分解しなさい。

⑷　$a=3$，$b=\frac{1}{3}$ のとき，$(2a+b)-(a+4b)$ の値を求めなさい。

⑸　右の図の三角形ABCは，AB＝ACの二等辺三角形であり，頂点Cにおける外角∠ACDを調べると，∠ACD＝114°であった。∠BACの大きさを求めなさい。

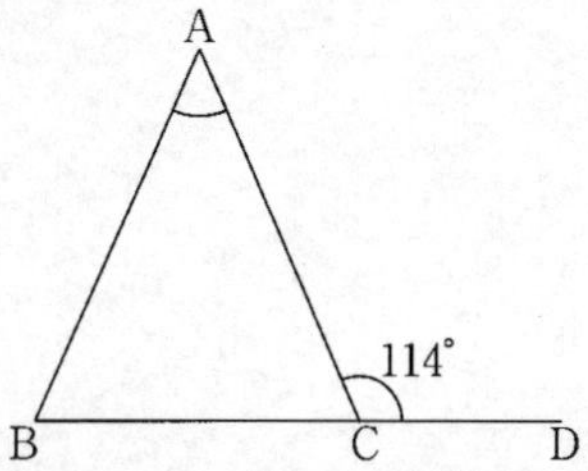


⑹　$x$と$y$の関係が$y=ax^2$で表され，$x=-2$のとき，$y=8$である。$x=3$のときの$y$の値を求めなさい。

ただし，解答用紙の（解）には，答えを求める過程を書くこと。

⑺　箱の中に，赤玉，白玉，青玉が１個ずつ，合計３個の玉が入っている。箱の中をよく混ぜてから玉を１個取り出し，その色を確認した後，箱の中に戻す。これをもう１回繰り返して，玉を合計２回取り出すとき，２回のうち１回だけ赤玉が出る確率を求めなさい。

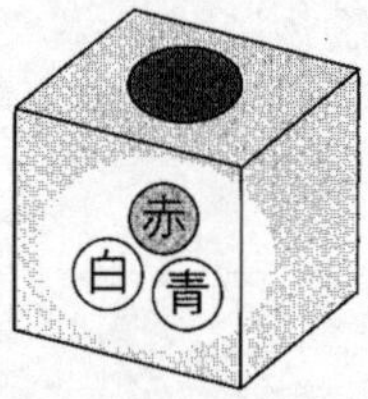


⑻　次のア～オの投影図は，三角柱，三角すい，四角すい，円すい，球のいずれかを表している。ア～オのうち，三角すいを表している投影図を１つ選び，記号で答えなさい。

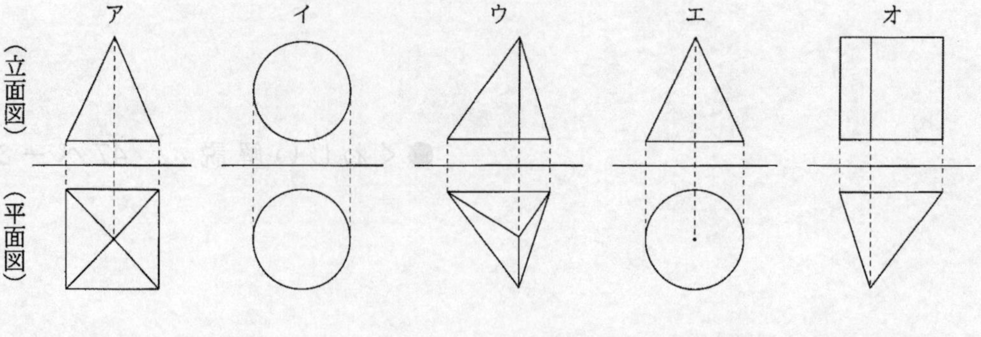

(9)　次の図は，A中学校の生徒30人とB中学校の生徒40人の，ハンドボール投げの記録について，0m以上5m未満，5m以上10m未満，10m以上15m未満，…のように，階級の幅を5mとして，それぞれの中学校における相対度数を折れ線グラフで表したものである。後のア～エのうち，図から読み取れることとして必ず正しいといえるものを1つ選び，記号で答えなさい。

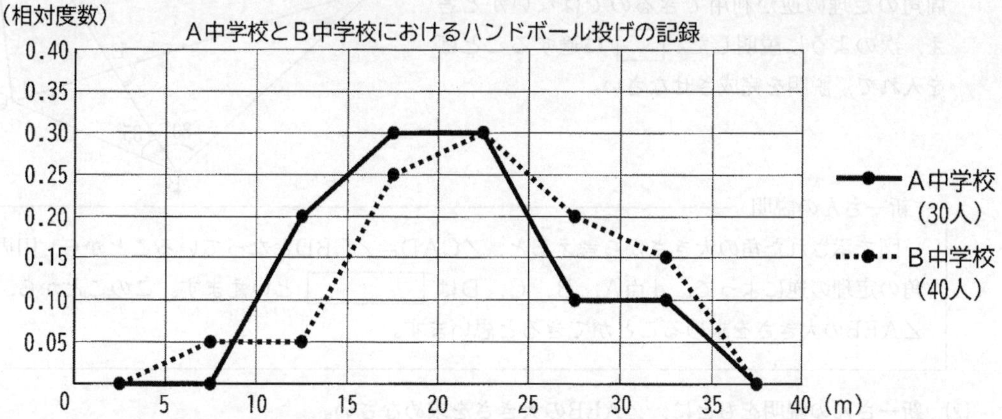


ア　A中学校では，記録が15m未満の生徒が20人いる。

イ　20m以上25m未満の階級においては，A中学校とB中学校の生徒の人数が等しい。

ウ　記録が25m以上の生徒が各中学校において占める割合は，A中学校よりB中学校の方が大きい。

エ　2つの中学校の生徒70人の中で，最も遠くまで投げた生徒は，B中学校の生徒である。

**2**　次の(1)，(2)の問いに答えなさい。

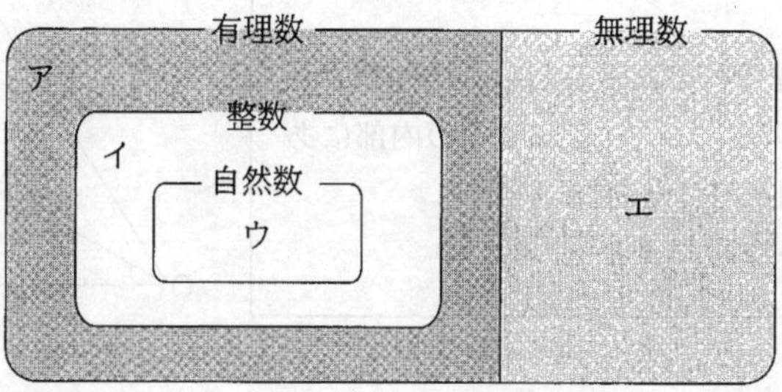


(1)　図は，中学校で学習した数について，それらの関係を表したものである。次の①～③の数は，図のア～エのどこに入るか。ア～エのうち，最も適切なものをそれぞれ1つ選び，記号で答えなさい。

①　5　　②　$\sqrt{3}$　　③　$\frac{3}{11}$

(2)　数について述べた次のア～エのうち，正しいものをすべて選び，記号で答えなさい。

ア　すべての自然数は，その逆数も自然数となる。

イ　異なる2つの整数について，大きい方から小さい方をひいた差は，いつでも自然数となる。

ウ　すべての2次方程式の解は，無理数となる。

エ　すべての有理数や無理数は，数直線上に対応する点がある。

**3**　新一さんのクラスでは，数学の授業で，右の図における∠AEBの大きさの求め方について，話し合いを行った。次の(1)，(2)の問いに答えなさい。

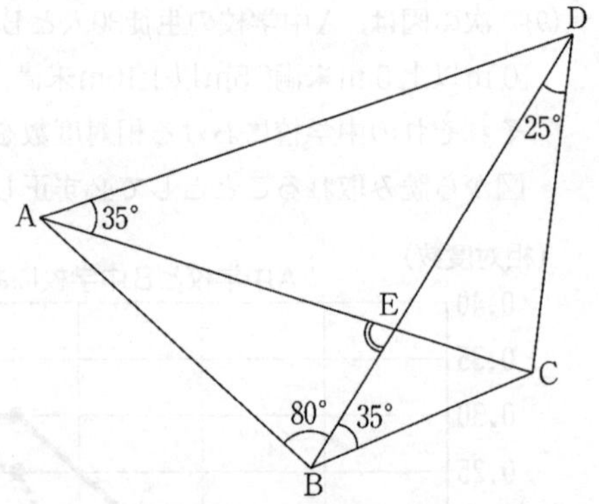


(1)　新一さんは図で示された角の大きさを見て，円周角の定理の逆が利用できるのではないかと考え，次のように説明した。□ に適することばを入れて，説明を完成させなさい。

新一さんの説明

図で示された角の大きさから考えると，∠CAD＝∠CBDとなっていることから，円周角の定理の逆によって，４点A，B，C，Dは □ といえます。このことから，∠AEBの大きさを求めることができると思います。

(2)　新一さんの説明をもとに，∠AEBの大きさを求めなさい。

**4**　次の(1)，(2)の問いに答えなさい。

(1)　図Ⅰは，与えられた∠AOBに対して，次の【手順】をもとに，半直線OEを作図したものである。

【手順】

Ⅰ　点Oを中心とする，ある半径の円をかき，半直線OA，OBとの交点をそれぞれC，Dとする。

Ⅱ　２点C，Dをそれぞれ中心とし，半径が等しい円を交わるようにかき，∠AOBの内部にあるその交点の１つをEとする。

Ⅲ　半直線OEをひく。

図Ⅰ

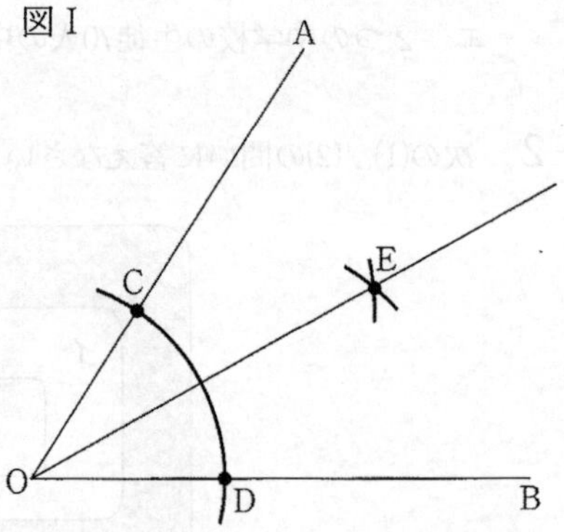


この【手順】にしたがって作図した半直線OEが∠AOBの二等分線となっていることを，次のように証明した。□ に証明の続きを書き，この証明を完成させなさい。

証　明

△OCEと△ODEにおいて

手順Ⅰにより，OC＝OD　…①

□

合同な図形の対応する角は等しいから，∠COE＝∠DOE

したがって，作図した半直線OEは∠AOBの二等分線となっている。

(2)　図Ⅱのように，正方形の折り紙に四角形ABCDがかかれている。この折り紙を，四角形ABCDの辺ABが辺AD上に重なるように折ったところ，折り紙に図Ⅲのような折り目XYができた。

図Ⅱの折り紙を，四角形ABCDの辺BCが辺AD上に重なるように折ったとき，この折り紙にできる折り目PQを，定規とコンパスを用いて作図しなさい。

ただし，作図に用いた線は消さないこと。

図Ⅱ

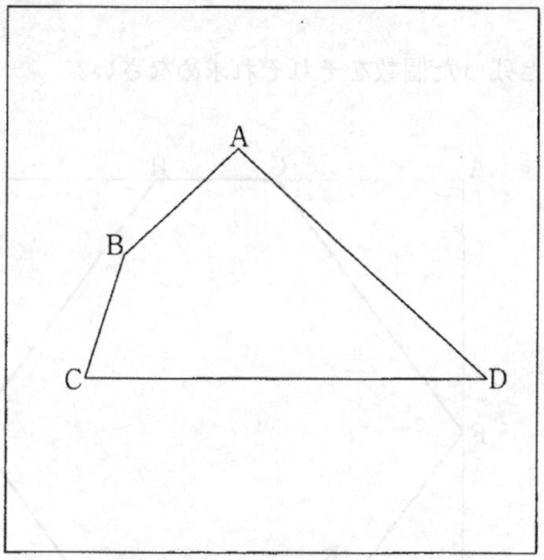


図Ⅲ

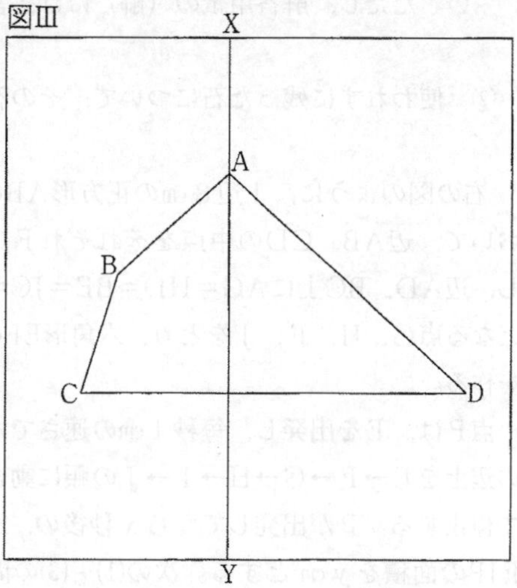


**5**　いくつかの碁石を，縦と横が等間隔となるように置き，正方形の形に並べることを考える。次の図のように，最初に黒い石を４つ並べて１番目の正方形とし，その外側に白い石を並べて２番目の正方形を作る。次に内側の黒い石を取り，いくつかの黒い石を加えて外側に並べ，３番目の正方形を作る。このように，３番目以降は，内側の石を取り，その石と同じ色の石をいくつか加えて外側に並べ，次の正方形を作っていく。後の(1)～(3)の問いに答えなさい。

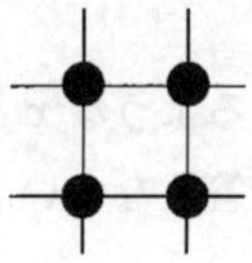

１番目

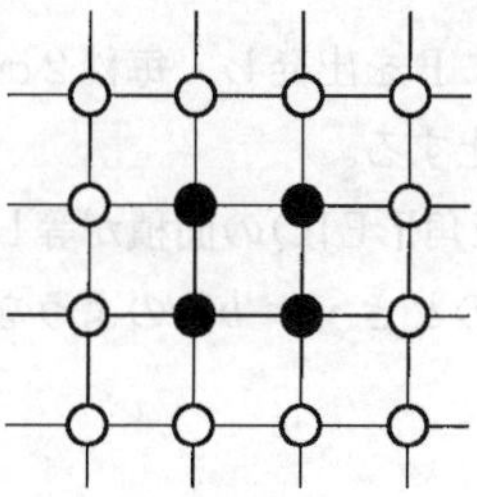

２番目

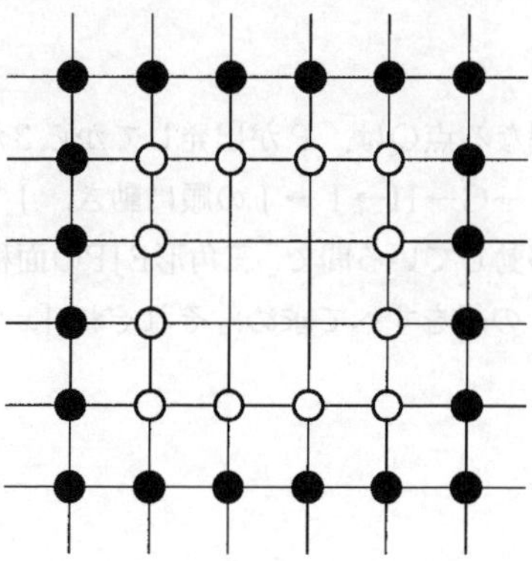

３番目

・・・

(1)　４番目の正方形を作ったとき，外側に並んでいる白い石の個数を求めなさい。

(2)　$n$ 番目の正方形を作ったとき，外側に並んでいる石の個数を，$n$ を用いた式で表しなさい，

(3)　黒い石と白い石が，それぞれ300個ずつある。これらの石を使って前のページの図のように正方形を作っていったところ，何番目かの正方形を作ったときに，どちらかの色の石をちょうど使い切ることができ，もう一方の色の石は，いくつかが使われずに残った。このとき，次の①，②の問いに答えなさい。

①　どちらかの色の石をちょうど使い切ったのは，何番目の正方形を作ったときか，求めなさい。ただし，解答用紙の（解）には，答えを求める過程を書くこと。

②　使われずに残った石について，その石の色と残った個数をそれぞれ求めなさい。

**6**　右の図のように，１辺８cmの正方形ABCDにおいて，辺AB，CDの中点をそれぞれＦ，Ｉとし，辺AD，BC上にAG＝HD＝BE＝JC＝３cmとなる点Ｇ，Ｈ，Ｅ，Ｊをとり，六角形EFGHIJを作る。

点Ｐは，Ｅを出発し，毎秒１cmの速さで六角形の辺上をＥ→Ｆ→Ｇ→Ｈ→Ｉ→Ｊの順に動き，Ｊで停止する。Ｐが出発してから$x$秒後の，三角形ＥＪＰの面積を$y\ \mathrm{cm}^2$とする。次の(1)～(3)の問いに答えなさい。

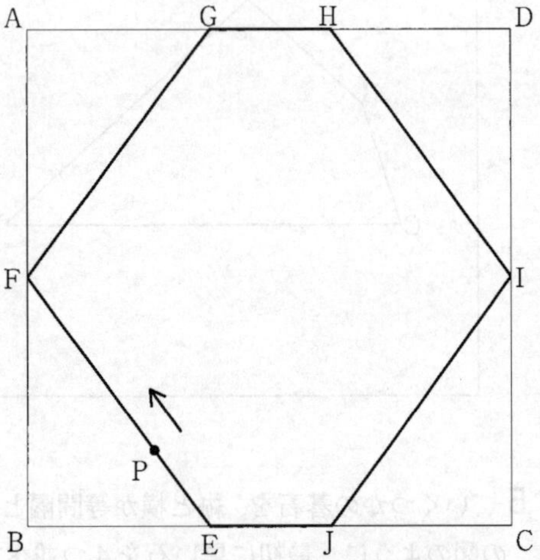


(1)　点ＰがＪに到着するのは，Ｅを出発してから何秒後か，求めなさい。

(2)　点Ｐが，六角形EFGHIJにおいて，次の①，②の辺上にあるとき，$y$を$x$の式で表しなさい。

①　辺EF

②　辺HI

(3)　点Ｐと異なる点Ｑは，Ｐが出発してから３秒後にＥを出発し，毎秒２cmの速さで六角形の辺上をＥ→Ｆ→Ｇ→Ｈ→Ｉ→Ｊの順に動き，Ｊで停止する。

点Ｑが移動している間で，三角形ＥＪＰの面積と三角形ＥＪＱの面積が等しくなるような$x$とそのときの$y$の組をすべて求め，それぞれ「$x = a$のとき$y = b$」のような形で答えなさい。

# ＜英語＞

時間　45分～60分（学校裁量による）　満点　100点

**1**　これから，No.１とNo.２について，それぞれ２人の対話と，対話に関する質問が流れます。質問に対する答えとして最も適切なものを，それぞれの選択肢Ａ～Ｄの中から選びなさい。

No.1

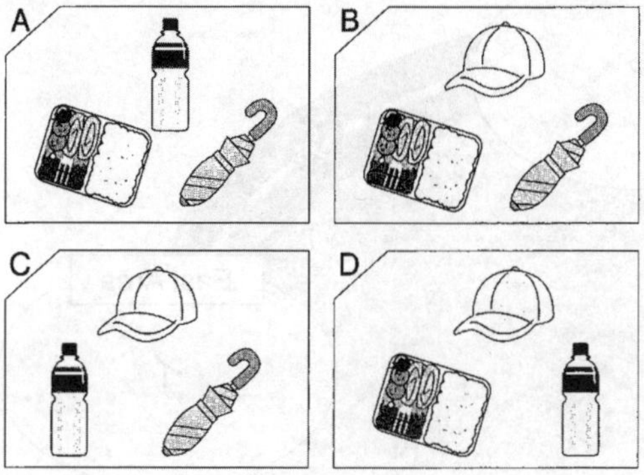


No.2

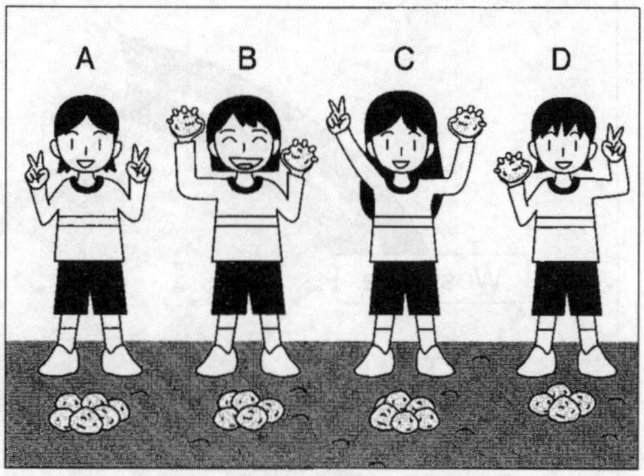


**2**　これから，No.１～No.３について，それぞれ Yuka と John の２人の対話が流れます。John が２度目に発言する部分で次のチャイムを鳴らします。（チャイム音）チャイムの部分の発言として最も適切なものを，それぞれア～エの中から選びなさい。

No.1

*Yuka* :　・・・・・・
*John* :　・・・・・・
*Yuka* :　・・・・・・
*John* :　［　　　　］

ア　In the gym.
イ　On Saturday.
ウ　With my friends.
エ　For the basketball game.

No.2

*Yuka* :　・・・・・・
*John* :　・・・・・・
*Yuka* :　・・・・・・
*John* :　［　　　　］

ア　I'm not tired.
イ　You look sleepy.
ウ　I'll go to bed late today.
エ　I had to get up early this morning.

No.3

*Yuka* :　・・・・・・
*John* :　・・・・・・
*Yuka* :　・・・・・・
*John* :　［　　　　］

ア　Good job.
イ　Have fun.
ウ　Yes, I will.
エ　I have seen it.

**3**　中学生のShotaは，アメリカのABC Parkに来ています。これから，ABC Parkの案内が流れます。案内を聞いて，No.１と，No.２の問いに対する答えとして適切なものを，それぞれの選択肢の中から選びなさい。また，No.３の質問に１文の英語で答えなさい。

**【Map】**

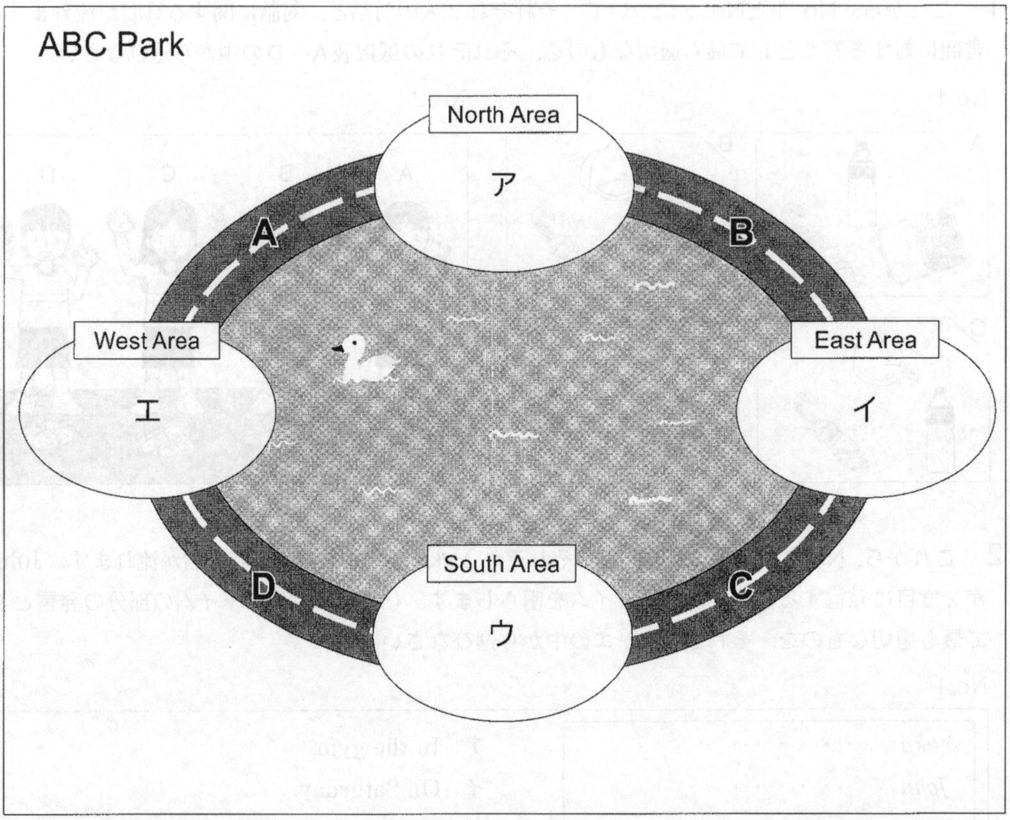


No.１　次の①，②の施設がある場所を，【Map】中のア～エの中からそれぞれ選びなさい。

①　The art museum

②　The big garden

No.２　現在通ることができない道を，【Map】中のA～Dの中から選びなさい。

No.３　Why is afternoon the best time to see pandas in this park?

**4**　中学生のTakuyaは，京都(Kyoto)を旅行中のLeoと電話で会話をしています。Leoは，Takuyaの家にホームステイしている留学生です。会話中の(1)～(3)にはTakuyaからLeoへの質問が入ります。会話の流れに合うような質問を，次のページの絵を参考にして書きなさい。ただし，(1)～(3)の質問は，次の□内からそれぞれ１語を使用し，３語以上の英語とすること。

| | | | | |
|---|---|---|---|---|
| how | what | where | who | why |

Takuya

(1) ________________________________

Leo

It's sunny here.
It's a wonderful day for the trip.

Oh, you're so lucky.
(2) ________________________________

I am going to visit a castle and a famous temple today.

That sounds great.
You'll come home tomorrow, right?
(3) ________________________________

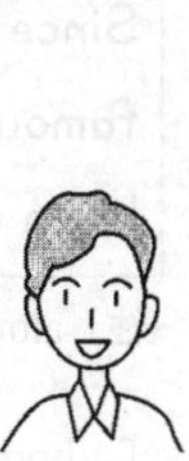

At two.
It will take about four hours by *Shinkansen*.
So I'll come home at about six o'clock.

**5**　次の英文は，中学生のSatoshiが，国際交流イベントで「上毛かるた（*Jomo Karuta*）」を紹介する際に用いたスライドとその説明です。これを読んで，英文の意味が通るように，（ア）～（オ）に当てはまる単語を後の［　］内からそれぞれ1語選び，必要があれば適切な形に変えて書きなさい。

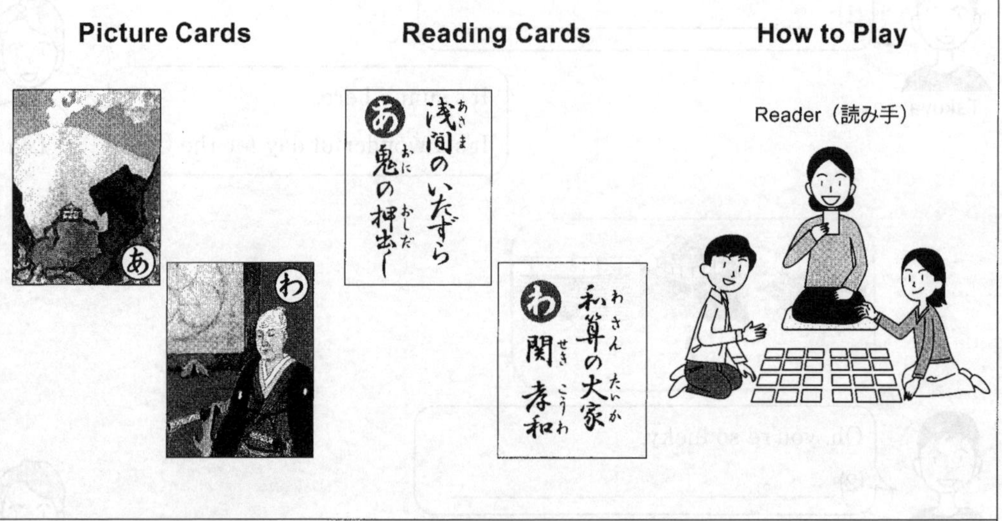


Today, we are going to play a card game. So I'll（　ア　）you about it.

I think many children in Gunma play this game. We（　イ　）it "*Jomo Karuta*." There are 44 picture cards and 44 reading cards. When the reader reads a card *aloud, you must find the picture card which shows the meaning of the reading card. You should *touch the picture card very quickly. If you touch it first, you can get the card. When you get more cards than your *opponent, you win the game.

"*Jomo Karuta*" was（　ウ　）in 1947 to help children learn about Gunma. Since then, people in Gunma have（　エ　）playing it. You can learn about famous places and people（　オ　）on the picture cards. Let's have fun and learn about Gunma together!

（注）aloud　声を出して　　　touch～　～に触る　　　opponent　相手

［ become　call　draw　enjoy　make　talk　tell ］

**6**　次のページの英文は，中学生のAyaとその父が，Ayaの家にホームステイしているアメリカ出身のNoraとレストランで交わした会話の一部です。また，次のページの【Menu】（メニュー）は，その時3人が見ていたものです。英文と【Menu】を読んで，後の(1)～(3)の問いに答えなさい。

*Aya's father* : Nora, here is an English menu.

*Nora* : Oh, thank you.

*Aya's father* : [ A ]

*Nora* : Yes. I can't eat beef. Also, I have an egg *allergy.

*Aya's father* : You can check what is used in the curries and the information about allergies by reading this *2D code with your phone.

*Nora* : Let me see. Great! Now, I know what I can eat.

*Aya* : Do you like *hot curry?

*Nora* : Yes. I'll have the hottest one. Then, which set is the best for me? Well, I want to have ice cream. But I don't need a drink. OK, I've decided.

*Aya* : I'll have this set because I want to have ice cream and apple juice. I'll eat vegetable curry. How about you, Dad?

*Aya's father* : I like beef, and I want to have a cup of coffee. So I'll have B Set.

【Menu】

**Menu**

Use this 2D code for more information about allergies!

Choose your curry from **Vegetable, Beef,** or **Chicken**

**Vegetable … Not Hot**　**Beef … Hot**　**Chicken … Very Hot**

| | |
|---|---|
| **A Set : 800 yen**<br>Choose one kind of curry<br>Rice and Salad | **B Set : 950 yen**<br>Choose one kind of curry<br>Rice, Salad, and Drink |
| **C Set : 1,100 yen**<br>Choose one kind of curry<br>Rice, Salad, and Ice cream | **D Set : 1,200 yen**<br>Choose one kind of curry<br>Rice, Salad, Drink, and Ice cream |

Drink : Apple juice, Orange juice, or Coffee

They are talking about the 2D code on the menu when they are waiting for their food.

*Nora* : I'm glad that this menu has a 2D code. 2D codes are very useful. We can get the information we want very quickly and easily.

*Aya* : Yes. Now, we can find 2D codes like this in many places.

*Aya's father* : I heard that a Japanese *engineer created this kind of 2D code. He really wanted to make something that was better than *barcodes.

123456789
Barcode

*Nora* : What's the problem with barcodes?

*Aya's father*: They can't *include much information. This is because they are just lines. One day, he got an idea for 2D codes when he was playing a traditional board game with black and white stones. Can you guess what it was?

*Aya*: Well, I think it was *Go*.

*Aya's father*: [ B ] 2D codes look like the board game. In a 2D code, there are many small black and white shapes. By changing them, we can make many different 2D codes. Even a small 2D code can include more information than a barcode.

Go（碁）

2D Code

*Aya*: Interesting! I see them on TV, on posters, and in textbooks. Also, I've heard they are used in hospitals and *companies, too.

*Aya's father*: He thought 2D codes were very useful for everyone. So he wanted people around the world to use 2D codes *for free. Now we can use them and make them easily.

*Nora*: One good idea has improved our lives.

*Aya*: I really think so, too. Oh, our curries are coming. They smell so good!

㊟ allergy アレルギー　2D code 二次元コード　hot 辛い　engineer 技術者
barcode バーコード　include～ ～を含む　company 会社　for free 無料で

(1) [ A ], [ B ] に当てはまるものとして最も適切なものを，それぞれ次のア～エから選びなさい。

A　ア　Can you eat all these curries?
　　イ　What do you think about curries?
　　ウ　Do you have anything you can't eat?
　　エ　Did you come to this restaurant before?

B　ア　I don't think so.　　イ　That's right.
　　ウ　You're welcome.　　エ　You should go there.

(2) 次の問いに対する答えとなるように，①，②の［　］の内から適切なものをそれぞれ選び，文を完成させなさい。

問い　Which set and curry did Nora decide to eat?
答え　She decided to eat ①[A・B・C・D] Set with ②[vegetable・beef・chicken] curry.

(3) 本文の内容と合っているものを，次のア～オから２つ選びなさい。

ア　By using the 2D code on the menu, Nora got the information she needed.
イ　Aya wanted to drink apple juice, so she chose B Set.
ウ　A Japanese engineer got an idea for 2D codes when he was watching TV.

エ People can put more information in a barcode than in a 2D code.

オ Nora and Aya think that the engineer's idea has changed people's lives in good ways.

7 次の英文は，英字新聞に掲載された，佐藤さん（Ms. Sato）から若い読者へのメッセージです。これを読んで，後の(1)～(4)の問いに答えなさい。

For Young People Who are Thinking about Their Future Lives

By SATO Haruna　　February 22, 2022

What should we do when we decide important things in our lives? I have always thought hard and chosen things I really want to do. I have been working for a *bank for about thirty years. I love my job and my life. I hope you can learn something from my experiences.

When I became a junior high school student, I had to choose which club to join. There were many clubs, and I had two *options. The first option was the music club. When I sang, I always felt good. I wanted to sing songs in front of many people. The second option was the volleyball club. My friend Miki asked me to join the volleyball club with her. I wanted to spend time with her, but I didn't like playing sports so much. After thinking so hard, I joined the club I really liked. I had good times and some bad times in the club, but I think I chose the right option.

In my high school life, I studied hard. I liked learning something new, and I wanted to go to *university. My parents said to me, "What do you want to study at university?" I said, "I want to study math." Then they said, "Why do you want to do that at university?" I couldn't answer the question because I didn't know much about studying math at university. □ One day, I said to my parents, "I want to make people's lives better by studying math at university." They were glad that I found the answer.

At university, I was happy that I could *focus on studying math. The study of math there was very different from the one at high school. It sometimes took a few days to understand difficult *theories. But I didn't give up because I had a reason to study math. Knowing what we really want to do is important. I also believe knowing why we want to do it is very important.

I started to work for a bank after studying at university. I chose this job because I really liked *analyzing data. Now I can give good *advice to the customers. I often sing songs in my free time. Miki and I are still good friends. I am happy because I am doing things I really want to do in my life.

My advice for you is to think hard and choose things you really want to do. You should ask yourself what you want to do in your life. You should also ask yourself ＿＿＿＿＿＿＿＿＿＿＿. If you find the answers to these questions, you will never give up and enjoy your life.

㊟　bank　銀行　　option　選択肢　　university　大学　　focus on ～　～に集中する
theory　理論　　analyze data　データを分析する　　advice　助言

⑴　次の①，②の問いに対して，本文の内容に合うように，それぞれ４語以上の英語で答えなさい。

①　What club did Ms. Sato join when she was a junior high school student?

②　Why did Ms. Sato want to study math at university?

⑵　本文中の □ には，次のア～エが入ります。英文の流れを考えて，最も適切な順序になるように，ア～エを並べなさい。

ア　For example, it was used to develop telephones and computers.

イ　Also, I found that we could learn how to think by studying math.

ウ　Through them, I learned that math was used to develop many useful things around the world.

エ　I wanted to think more about my parents' question, so I started reading books about math.

⑶　本文中の＿＿の部分に当てはまる内容を考えて，Ms. Sato のメッセージの流れに合うように，４語以上の英語で書きなさい。

⑷　本文の内容と合っているものを，次のア～オから２つ選びなさい。

ア　Ms. Sato started to work for a bank about thirty years ago, and she is still working there.

イ　At junior high school, Miki wanted to join the music club to spend a lot of time with Ms. Sato.

ウ　Ms. Sato's parents told her to study math at university because it was her favorite subject.

エ　At university, sometimes Ms. Sato couldn't understand math theories easily, but she kept trying.

オ　Ms. Sato decided to work for a bank because she wanted to sing songs with the people working there.

**8**　英語の授業で，英語学習の方法について，グループで話し合いました。次のページのＡ～Ｃは，話し合いの一部を示したものです。あなたなら，Ｃの下線部の質問に対して何と答えますか。後の《条件》に従って，英語で書きなさい。

A

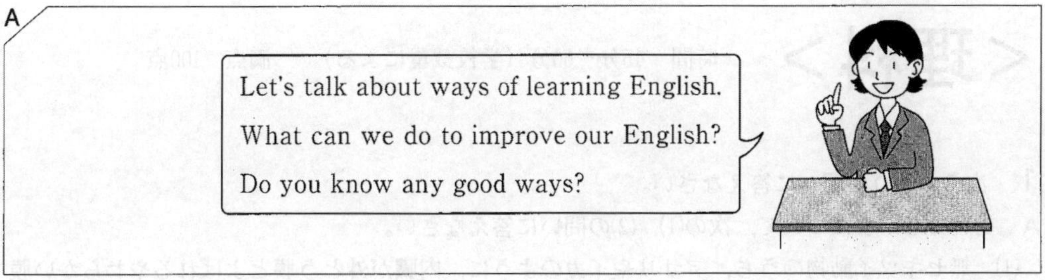
Let's talk about ways of learning English.
What can we do to improve our English?
Do you know any good ways?

B

I sometimes listen to English songs.
How about writing e-mails in English? I think it's good.
Reading English books is really good.
I often talk with our ALT.

C

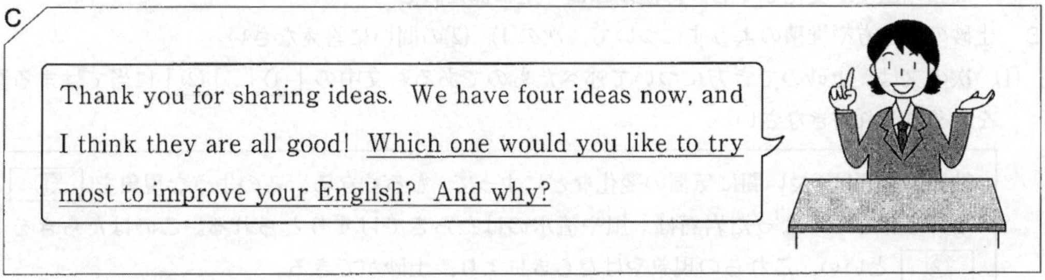
Thank you for sharing ideas. We have four ideas now, and I think they are all good! Which one would you like to try most to improve your English? And why?

《条件》

・下線部の２つの質問に対するあなたの答えを30語～40語の英語で書きなさい。
・英文の数はいくつでもよく，符号（ , . ！ ? “ ”など）は語数に含めません。
・解答の仕方は，〔記入例〕に従うこと。

〔記入例〕　Is　it　raining　now?　No,　it　isn't.

# ＜理科＞

時間　45分～60分（学校裁量による）　満点　100点

**1**　次のＡ～Ｄの問いに答えなさい。

Ａ　動物のなかまについて，次の⑴，⑵の問いに答えなさい。

⑴　無セキツイ動物のうち，アサリやイカのように，内臓が外とう膜とよばれるやわらかい膜で包まれている動物を何というか，書きなさい。

⑵　次の文は，セキツイ動物のなかまについて述べたものである。文中の ① ， ② に当てはまる文として最も適切なものを，後のア～エからそれぞれ選びなさい。

> セキツイ動物は，体のつくりや生活の特徴から，魚類，両生類，ハチュウ類，鳥類，ホニュウ類の５つのなかまに分けることができる。このうち，一般的に， ① という特徴はハチュウ類と鳥類のみに当てはまり， ② という特徴は鳥類とホニュウ類のみに当てはまる。

ア　殻のある卵をうむ

イ　一生を通して肺で呼吸する

ウ　体の表面の大部分がうろこでおおわれている

エ　周囲の温度が変化しても，体温がほぼ一定に保たれる

Ｂ　土砂のでき方や堆積のようすについて，次の⑴，⑵の問いに答えなさい。

⑴　次の文は，土砂のでき方について述べたものである。文中の ① ， ② に当てはまる語を，それぞれ書きなさい。

> 地表の岩石は，長い間に気温の変化などによって，もろくなる。このような現象を ① という。もろくなった岩石は，風や流水のはたらきでけずりとられる。このはたらきを ② といい，これらの現象やはたらきにより，土砂ができる。

⑵　図は，山地から川そして海へと土砂が運ばれ，海底で堆積するようすを模式的に示したものである。図中の海底におけるａ，ｂ，ｃの３地点での一般的な堆積物の組み合わせとして最も適切なものを，次のア～エから選びなさい。

図

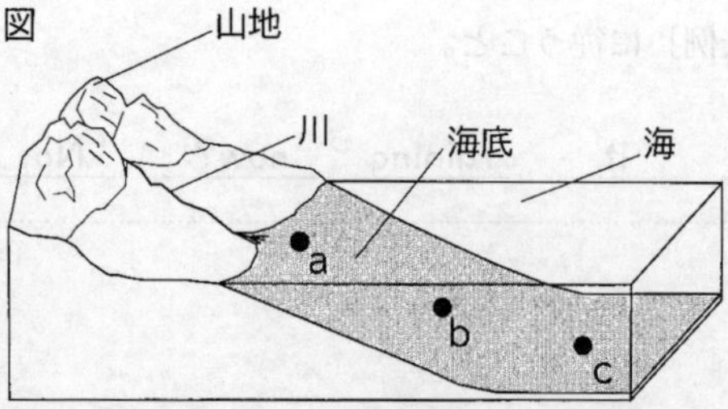


ア［　ａ　れき　ｂ　泥　ｃ　砂　］　イ［　ａ　れき　ｂ　砂　ｃ　泥　］

ウ［　ａ　泥　ｂ　砂　ｃ　れき　］　エ［　ａ　砂　ｂ　泥　ｃ　れき　］

C　白色の粉末X，Y，Zはそれぞれ，砂糖，食塩，デンプンのいずれかである。これらの粉末を区別するために，次の実験を行った。表は，実験の結果をまとめたものである。後の(1)，(2)の問いに答えなさい。

［実験1］　粉末X，Y，Zをそれぞれ燃焼さじにのせて，ガスバーナーを用いて加熱し，粉末のようすを調べた。

［実験2］　実験1で粉末が燃えた場合には，図のように石灰水を入れた集気びんに燃焼さじを入れてふたをし，火が消えてから燃焼さじを取り出した。再びふたをして集気びんをよく振り，石灰水の色の変化を調べた。

［実験3］　水の入ったビーカーを3つ用意し，その中に少量の粉末X，Y，Zをそれぞれ入れ，ガラス棒でよくかき混ぜ，粉末が水に溶けるか調べた。

図

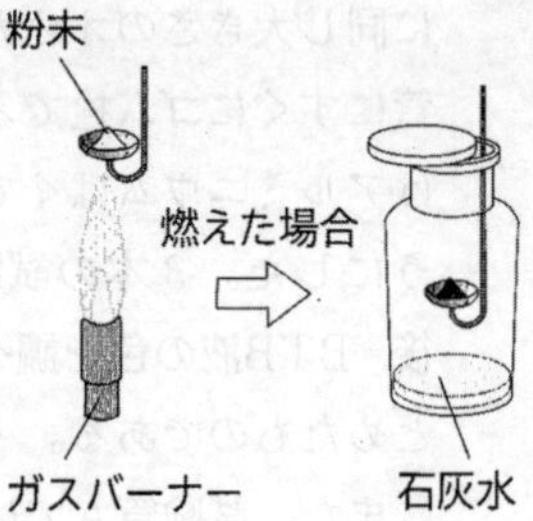


表

| | 粉末X | 粉末Y | 粉末Z |
|---|---|---|---|
| 実験1 | 燃えなかった | 焦げて燃えた | 一部が液体になりながら焦げて燃えた |
| 実験2 | — | 石灰水は白くにごった | 石灰水は白くにごった |
| 実験3 | 溶けた | 溶けなかった | 溶けた |

(1)　石灰水の色の変化から，粉末Yと粉末Zでは二酸化炭素が発生したことが分かった。粉末Yと粉末Zのように，焦げて炭になったり，燃えて二酸化炭素を発生したりする物質を何というか，書きなさい。

(2)　粉末X，粉末Zはそれぞれ何であるか，書きなさい。

D　Gさんは，タブレット端末を用いて高台から打ち上げ花火の動画を撮影した。打ち上げられた花火は，ちょうど目の高さに見えた。撮影した動画では，花火が開いて光った瞬間から音が鳴るまでに4.0秒のずれがあった。また，花火が開いた場所と動画を撮影した場所の直線距離は1400mであった。次の(1)，(2)の問いに答えなさい。

(1)　次の文は，下線部の現象が起こる理由について述べたものである。文中の［　　］に当てはまる語を書きなさい。

| |
|---|
| 空気中を伝わる音の速さは，光の速さと比べてはるかに［　　］ためである。 |

(2)　この動画では，空気中を伝わる花火の音の速さは，いくらであったと考えられるか，書きなさい。

**2**　GさんとMさんは，植物の光合成と呼吸について調べるために，次の観察と次のページの実験を行った。後の(1)～(4)の問いに答えなさい。

［観　察］

じゅうぶんに光を当てたオオカナダモの葉を採取し，薬品aで処理して脱色した。その葉を水ですすいだ後，スライドガラスにのせ，薬品bを1滴落として細胞のようすを顕微鏡で観察した。その結果，葉の細胞内に青紫色に染まった小さな粒が多数見られた。

［実験１］

青色のBTB液に息を吹き込んで緑色にしたものを，３本の試験管A，B，Cに入れた。図１のように，３本の試験管のうち，試験管AとBのみに同じ大きさのオオカナダモを入れ，全ての試験管にすぐにゴム栓でふたをした。また，試験管Bはアルミニウムはくでおおい，光が当たらないようにした。３本の試験管に一定時間光を当てた後，BTB液の色を調べた。表Ⅰは，その結果をまとめたものである。

また，試験管Aでは光を当てた後，気体が発生していることが分かった。ゴム栓を外し，発生した気体に線香の火を近づけると，火が大きくなった。

図Ⅰ

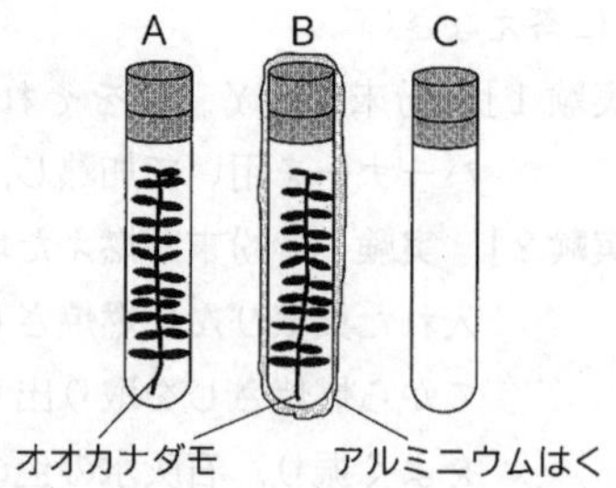


表Ⅰ

| 試験管 | A | B | C |
|---|---|---|---|
| 光を当てた後の<br>ＢＴＢ液の色 | 青色 | 黄色 | 緑色 |

⑴　観察について，次の①～③の問いに答えなさい。

①　次の文は，顕微鏡の基本的な使い方について述べたものである。文中の｛　｝内のア，イから正しいものを選びなさい。

> 顕微鏡を横から見ながら調節ねじを回し，対物レンズとステージ上のプレパラートを｛ア　近づけ　　イ　遠ざけ｝ておく。その後，接眼レンズをのぞきながらピントを合わせる。

②　観察で用いた薬品a，薬品bとして最も適切なものを，次のア～エからそれぞれ選びなさい。

ア　フェノールフタレイン液　　イ　エタノール

ウ　ベネジクト液　　　　　　　エ　ヨウ素液

③　顕微鏡で観察した結果見られた青紫色に染まった小さな粒の名称を，書きなさい。

⑵　次の文は，実験１の試験管Aの結果から分かることについてまとめたものである。文中の ① ， ③ には当てはまる語を，それぞれ書きなさい。また，②については｛　｝内のア，イから正しいものを選びなさい。

> 試験管Aは，BTB液の色の変化から，溶液が ① 性になったことが分かる。これは，溶液中の二酸化炭素が②｛ア　増加　　イ　減少｝したためと考えられる。また，線香の火を近づけると火が大きくなったことから，試験管A内に発生した気体は ③ だと考えられる。

⑶　試験管BのBTB液の色が黄色になったことが，オオカナダモのはたらきによるものであることを確かめるためには，新たな試験管を準備し，実験を行う必要がある。どのような条件の試験管を準備する必要があるか，実験１で用いた試験管との違いに着目して，簡潔に書きなさい。

［実験２］

息を吹き込んで緑色にしたＢＴＢ液と，同じ大きさのオオカナダモを入れた試験管Ｘ，Ｙ，Ｚを用意した。図Ⅱのように試験管Ｘはアルミニウムはくでおおい，光が当たらないようにした。試験管Ｙには実験１より弱い光を，試験管Ｚには実験１と同じ強さの光を当て，一定時間後のＢＴＢ液の色を調べた。表Ⅱは，その結果をまとめたものである。

図Ⅱ

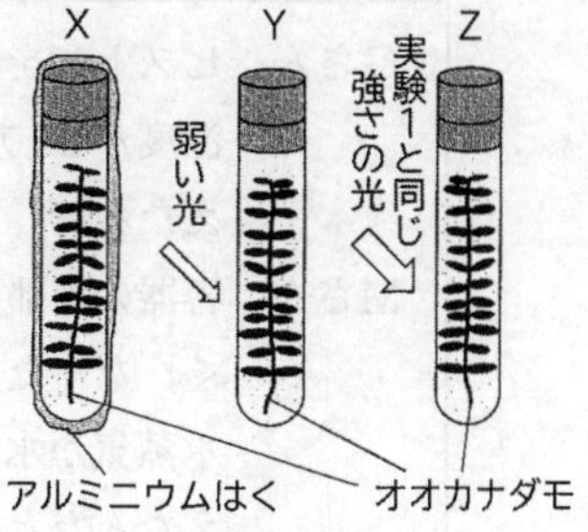


表Ⅱ

| 試験管 | X | Y | Z |
|---|---|---|---|
| 光を当てた後のＢＴＢ液の色 | 黄色 | 緑色 | 青色 |

⑷　次のア～エは，オオカナダモによる二酸化炭素の吸収量と放出量の関係を模式的に表したものである。実験２における試験管Ｘ，Ｙ，Ｚ内のオオカナダモによる二酸化炭素の吸収量と放出量の関係を表した図として最も適切なものを，それぞれ選びなさい。

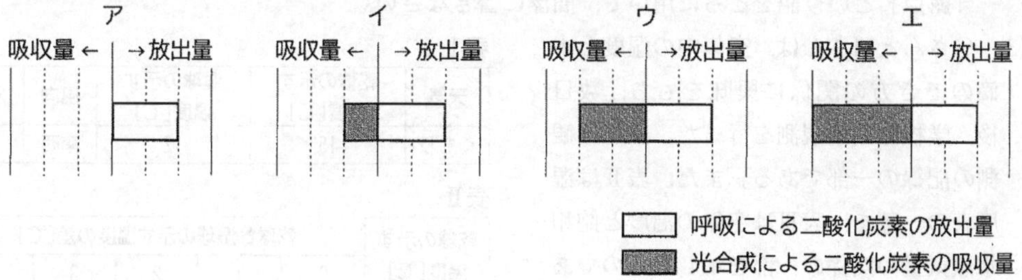


**3**　ＧさんとＭさんは，空気中の湿度と水滴のでき方の関係を調べるために，次の実験を行った。後の⑴～⑷の問いに答えなさい。

［実　験］

チャック付きビニル袋（袋Ａ，袋Ｂ）を用意し，袋Ａには水を含ませた脱脂綿を，袋Ｂには乾いた脱脂綿を入れて，それぞれの袋に線香の煙を少量入れた。袋Ａ，Ｂのチャックを閉じて，両方の袋の中の線香の煙が見えなくなるまで，しばらく置いた。図Ⅰのように，袋Ａ，Ｂと温度計を簡易真空容器に入れた後，ピストンを動かして容器の内部の空気を抜いていき，容器の内部のようすを観察した。なお，実験は晴れた日の昼間に行った。

図Ⅰ

⑴　実験で，簡易真空容器の内部の空気を抜いていったときの袋Ａ，Ｂのようすについて，その組み合わせとして正しいものを，次のア～エから選びなさい。

ア［　袋Ａ　ふくらむ　　袋Ｂ　ふくらむ　］　イ［　袋Ａ　ふくらむ　　袋Ｂ　しぼむ　］
ウ［　袋Ａ　しぼむ　　袋Ｂ　ふくらむ　］　エ［　袋Ａ　しぼむ　　袋Ｂ　しぼむ　］

⑵　次のページの文は，実験の結果について，ＧさんとＭさんが交わした会話の一部である。後の①，②の問いに答えなさい。

① 文中のa，bについて｛　｝内のア，イから正しいものを，それぞれ選びなさい。また，［ c ］に当てはまる語を書きなさい。

> Gさん：ピストンを動かして簡易真空容器の内部の空気を抜いていくと，温度計の示す温度がa｛ア　上がって　　イ　下がって｝いき，片方の袋の内側がくもって見えたね。
>
> Mさん：容器の内部の空気を抜いたことで，容器の内部の気圧がb｛ア　高く　　イ　低く｝なったから，内部の温度が変化したんだね。その結果，袋の中の空気中の水蒸気が水滴となる［ c ］という状態変化が起こり，袋の内側がくもって見えたんだと思うよ。
>
> Gさん：<u>片方の袋の内側がくもって見えたとき，もう片方の袋はくもらずに透明のままで，違いがあったね。</u>袋の中の空気の湿度が関係しているのかな。

② 文中の下線部のように，簡易真空容器の内部の空気を抜いていったときに，先にくもって見えた袋は，袋A，Bのどちらか，書きなさい。また，そのように判断した理由を，「湿度」，「露点」という語をともに用いて，簡潔に書きなさい。

(3) GさんとMさんは，空気中の湿度と水滴のでき方の関係に興味をもち，数日後，学校で気象観測を行った。表Ⅰは観測の記録の一部である。また，表Ⅱは湿度表の一部を，表Ⅲは空気の温度と飽和水蒸気量の関係の一部を示したものである。次の①，②の問いに答えなさい。

① 表Ⅰのときの，空気の湿度はいくらか，書きなさい。

② 表Ⅰのときの，空気1 m³中に含まれる水蒸気量はいくらか，書きなさい。ただし，小数第2位を四捨五入すること。

表Ⅰ

| 天気 | 乾球の示す温度[℃] | 湿球の示す温度[℃] | 風向 | 風力 |
|---|---|---|---|---|
| くもり | 15 | 12 | 南西 | 2 |

表Ⅱ

| 乾球の示す温度[℃] | 乾球と湿球の示す温度の差[℃] | | | | |
|---|---|---|---|---|---|
| | 0 | 1 | 2 | 3 | 4 |
| 16 | 100 | 89 | 79 | 69 | 59 |
| 15 | 100 | 89 | 78 | 68 | 58 |
| 14 | 100 | 89 | 78 | 67 | 57 |
| 13 | 100 | 88 | 77 | 66 | 55 |
| 12 | 100 | 88 | 76 | 65 | 53 |

表Ⅲ

| 空気の温度［℃］ | 12 | 13 | 14 | 15 | 16 |
|---|---|---|---|---|---|
| 飽和水蒸気量［g/m³］ | 10.7 | 11.4 | 12.1 | 12.8 | 13.6 |

(4) 図Ⅱは，4月のある日の9時における前線や等圧線などを示したものである。図Ⅲは，図Ⅱの地点Pにおけるこの日の気温，気圧，風向の変化をまとめたものである。後の①～③の問いに答えなさい。

図Ⅱ

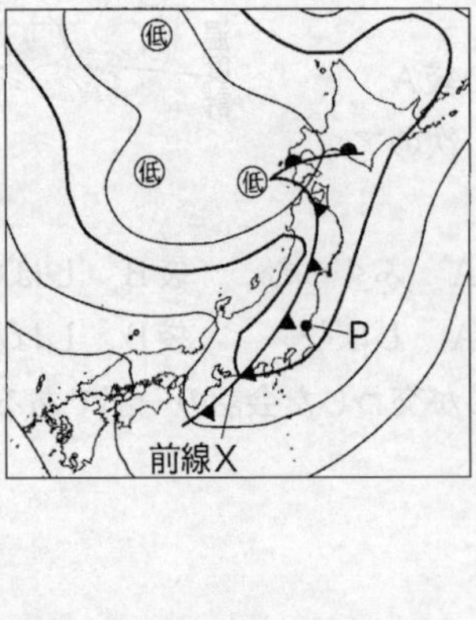


図Ⅲ

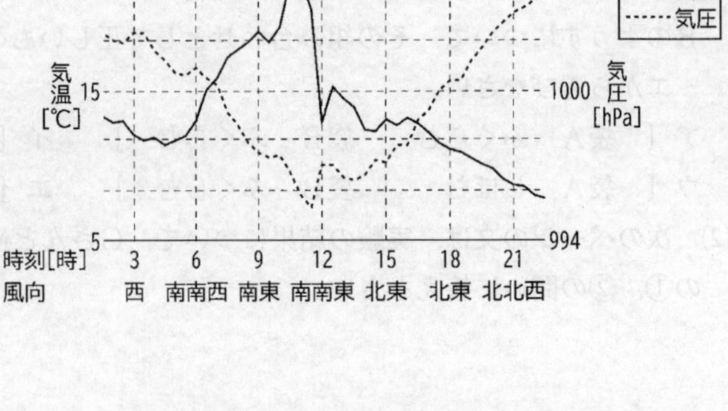

① この日の9時以降，前線Xは地点Pを通過した。前線Xが地点Pを通過したと考えられる時刻として最も適切なものを，次のア～エから選びなさい。

ア　12時ごろ　　イ　15時ごろ　　ウ　18時ごろ　　エ　21時ごろ

② 地点Pを通過した前線Xの断面を模式的に表した図として最も適切なものを，次のア～エから選びなさい。

ア　　イ　　ウ　　エ

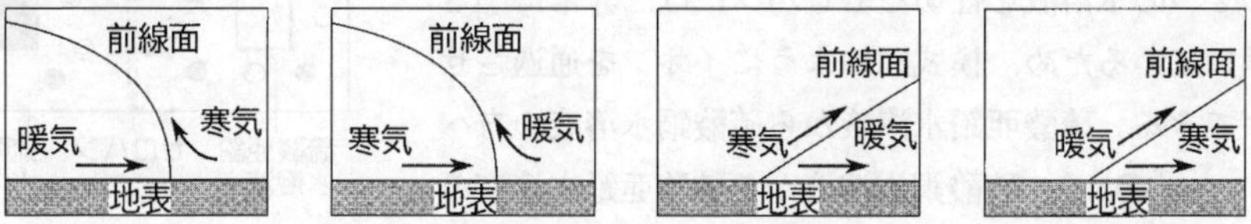


③ 前線Xのような前線が通過するときは，一般的に，雨が降ることが多い。このときの雨の降り方を，雨の強さと降る時間の長さに着目して，簡潔に書きなさい。

**4**　GさんとMさんは，電池のしくみと，金属の種類によるイオンへのなりやすさの違いを調べるために，次の実験を行った。後の(1)～(4)の問いに答えなさい。

［実験1］

図Iのように，亜鉛板と銅板をうすい塩酸に入れて電池をつくり，電子オルゴールにつないだところ，電子オルゴールが鳴ったが，数分後には鳴らなくなった。

図I

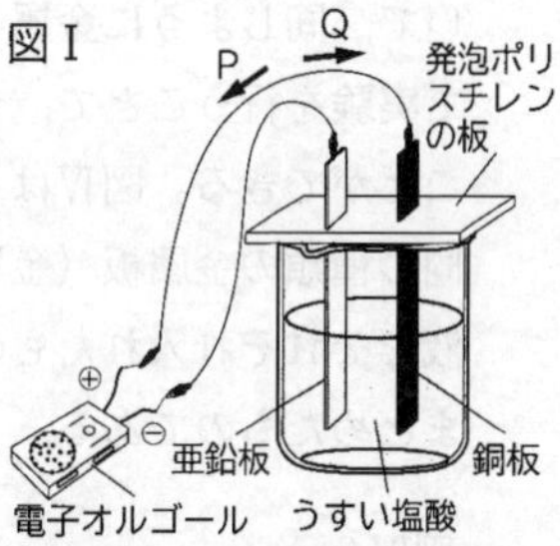


(1) 次の文は，実験1について説明したものである。文中の [①] には化学式を書き，②については，｛　｝内のア，イから正しいものを選びなさい。なお，$e^-$は電子を表している。

> 実験1では，音が鳴っているとき，亜鉛板や銅板付近では電子を放出したり，受け取ったりしている。音が鳴っているときの，亜鉛板付近での電子のやりとりを化学反応式で表すと，
>
> $Zn \rightarrow$ [　①　] $+ 2e^-$となる。
>
> また，音が鳴っているとき，電子は導線中を②｛ア　Pの向き　　イ　Qの向き｝に移動している。

［実験2］

図IIのように，亜鉛板と，銅板をセロハンチューブ中の硫酸銅水溶液に入れたものを，同じ硫酸亜鉛水溶液に入れて電池をつくり，電子オルゴールにつなぐと，実験1よりも音が長く鳴り続けた。

図II

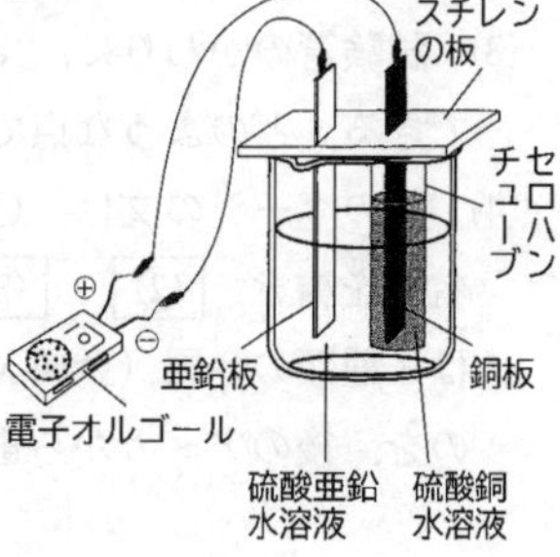


(2) 次のページの文は，実験1と実験2の反応について考察したものである。文中の [①] には気体の名称を書き，②，③については｛　｝内のア，イから正しいものを，それぞれ選びなさい。ただし，○，◎はそれぞれの水溶液に含まれる金

属イオンを，●は硫酸イオンを表したモデルである。また，水は電離していないものとする。

> 実験１と実験２でつくった電池の－極の金属板付近では，同じ反応が起こった。また，実験１の＋極では［①］が発生したため，すぐに電圧が下がった。一方，実験２の＋極では金属板の表面に銅が付着していた。
>
> 実験２の２つの水溶液を仕切るセロハンには，非常に小さな穴が開いているため，模式図のようにイオンを通過させることができる。硫酸亜鉛水溶液から硫酸銅水溶液の方へ②{ア○　イ●}を，硫酸銅水溶液から硫酸亜鉛水溶液の方へ③{ア　◎　イ　●}をそれぞれ通過させたことで，実験１の電池より長い時間電流を流すことができたと考えられる。
>
> 実験２の電池の模式図
>
> 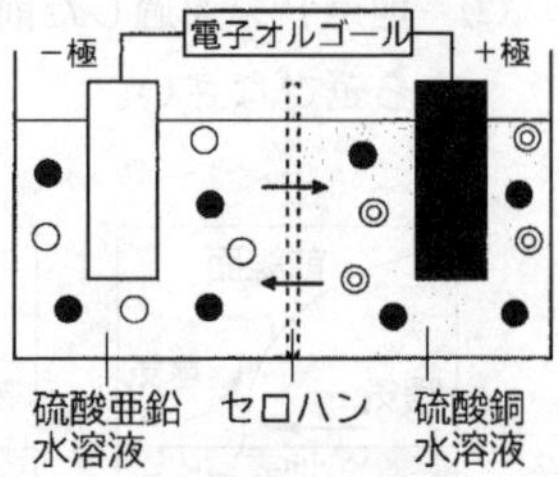
> 

［実験３］

図Ⅲのように，試験管に硫酸銅水溶液を入れ，亜鉛板を入れると表面に赤い物質が付着した。また，試験管のかわりにマイクロプレートを用いて，同じように金属イオンを含む水溶液と金属板の組み合わせを変えて実験を行うことで，金属の種類によるイオンへのなりやすさを調べることができる。図Ⅳは，マイクロプレートのくぼみの中に，縦の列には同じ種類の金属板（金属X，銅，亜鉛）を，横の列には同じ種類の水溶液をそれぞれ入れたものであり，表は金属板の変化について，それぞれまとめたものである。

図Ⅲ

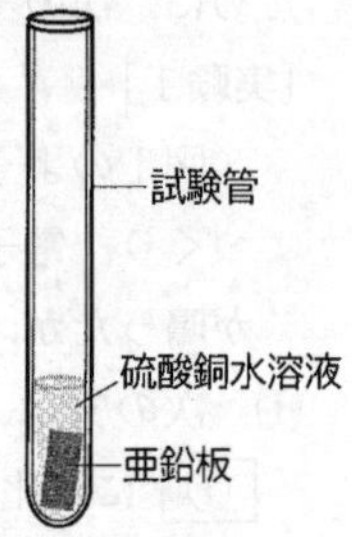


図Ⅳ

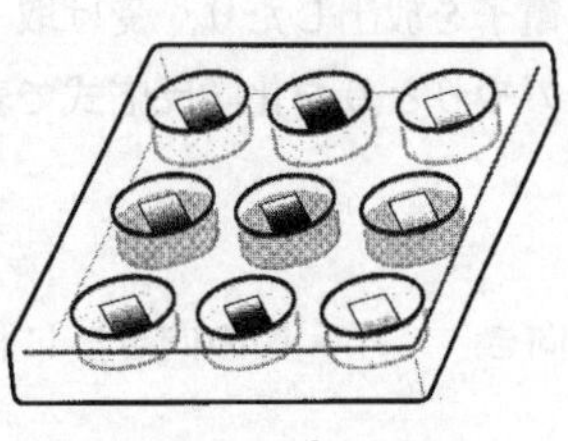
マイクロプレート

表

| | 金属X | 銅 | 亜鉛 |
|---|---|---|---|
| 金属Xのイオンを含む水溶液 | a 変化なし | d 変化なし | g 変化なし |
| 硫酸銅水溶液 | b 金属Xの表面に，赤い物質が付着した | e 変化なし | 亜鉛板の表面に，赤い物質が付着した |
| 硫酸亜鉛水溶液 | c 金属Xの表面に，黒い物質が付着した | f 変化なし | h 変化なし |

試験管で行った実験と同様の実験

(3)　試験管のかわりに，マイクロプレートを用いることで，環境面に配慮して実験を行うことができる。どのような点で環境に配慮しているといえるか，簡潔に書きなさい。

(4)　次のページの文は，GさんとMさんが交わした会話の一部である。文中の［①］には金属の名称を書き，［②］，［③］には表のa～hから当てはまるものを選びなさい。また，［④］には３種類の金属（金属X，銅，亜鉛）を，イオンになりやすい順に並べたものとして正しいものを，後のア～カから選びなさい。

Gさん：硫酸銅水溶液に亜鉛板を入れると亜鉛板の表面で変化が見られたけれど，表のfのように硫酸亜鉛水溶液に銅板を入れても変化は見られなかったね。このことから，銅と亜鉛を比べると，イオンになりやすい金属は［①］であると言えるね。

Mさん：金属Xと亜鉛のイオンへのなりやすさは，表の［②］と［③］の結果から比べられるよ。

Gさん：金属Xと銅も同じように表の結果から考えて，３種類の金属をイオンになりやすい方から順に並べると，［④］となることが分かるね。

ア［　亜鉛，金属X，銅　］　イ［　亜鉛，銅，金属X　］
ウ［　金属X，銅，亜鉛　］　エ［　金属X，亜鉛，銅　］
オ［　銅，金属X，亜鉛　］　カ［　銅，亜鉛，金属X　］

**5**　斜面を移動する物体の運動について調べるために，次の実験を行った。後の(1)～(4)の問いに答えなさい。ただし，空気抵抗や小球の大きさ，台車や小球と面との摩擦は考えないものとし，全ての斜面と水平な床や面はなめらかにつながっているものとする。

［実験１］

図Ⅰのように，紙テープをつけた台車を斜面Aに置き，静かに手を離したところ，台車は斜面を下った。$\frac{1}{50}$秒間隔で点を打つ記録タイマーを用いて台車が手から離れた後の運動を，紙テープに記録した。図Ⅱは，斜面を下っているときに記録された紙テープを５打点ごとに切って台紙にはり，５打点ごとに移動した距離を示したものである。

図Ⅰ

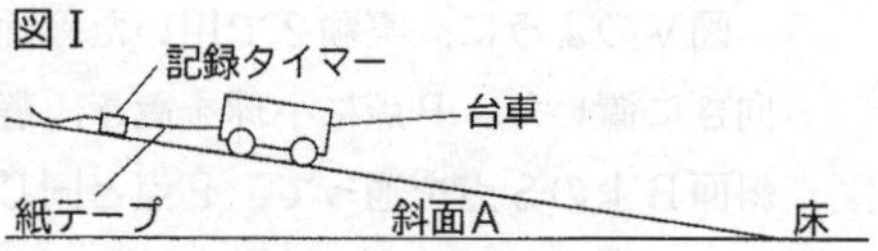


図Ⅱ

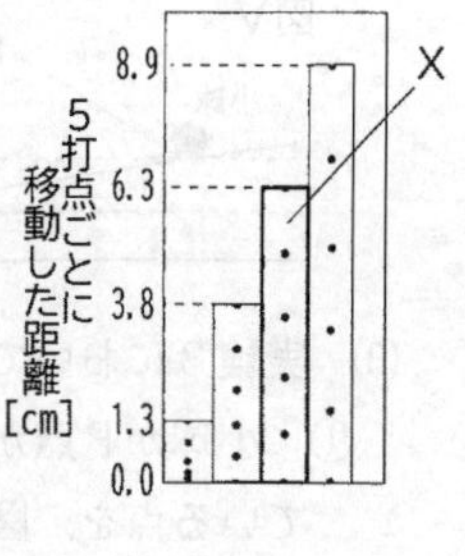


(1)　実験１において，

①　図Ⅱの紙テープXに記録されたときの，台車の平均の速さはいくらか，書きなさい。

②　台車が斜面を下っているとき，台車の運動方向にはたらく力の大きさはどうなるか，正しいものを，次のア～ウから選びなさい。

ア　しだいに小さくなる　　イ　変わらない　　ウ　しだいに大きくなる

［実験２］

図Ⅲのように，実験１で用いた斜面Aの前方に台を置き，斜面AのP点に小球を置いて静かに手を離した。小球が手から離れた後の運動をデジタルカメラで撮影し，小球の速さを測定した。なお，台の高さは床からP点までの高さの半分であり，台の上面は水平となっている。また，台の斜面の角度は，斜面Aの角度と同じであるものとする。

図Ⅲ

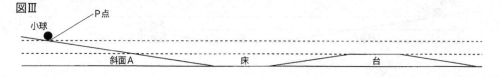

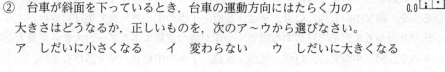

(2) 図Ⅳは，前のページの実験２で，斜面ＡのＰ点から下っていった小球が水平な床を進み，台の斜面を上り始めるまでの，時間と速さの関係を表したグラフである。次の①，②の問いに答えなさい。

図Ⅳ

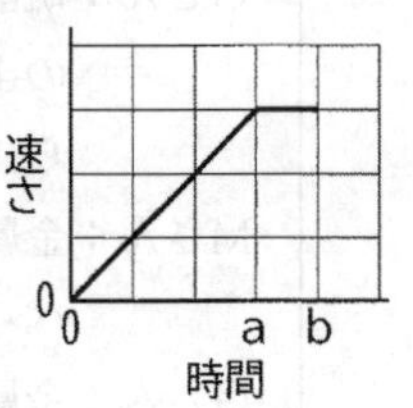


① 台を上って水平な面を進んだ後，斜面を下って床に到達するまでの，時間と速さを表すグラフとして最も適切なものを，次のア～エから選びなさい。なお，小球は台から離れないで進むものとし，グラフ中のａｂ間は，小球が床を移動している時間を表すものとする。

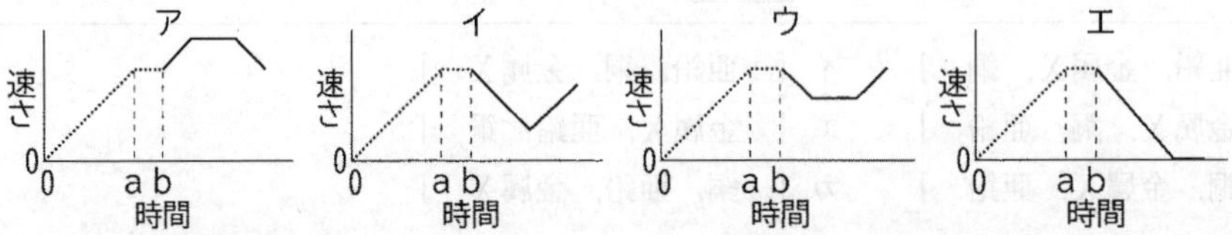


② 図Ⅳのように，小球が床を移動している間の速さは，グラフのａｂ間で示されたように一定となった。この理由を，小球にはたらく力に着目して，簡潔に書きなさい。

［実験３］

図Ⅴのように，実験２で用いた斜面Ａの前方に，斜面Ａと同じ角度の斜面を持つ斜面Ｂを逆向きに置いた。Ｐ点に小球を置き，静かに手を離したところ，斜面Ａ上のＱ点，床上のＲ点，斜面Ｂ上のＳ点を通って，Ｐ点と同じ高さのＴ点まで上った。なお，Ｑ点とＳ点の高さは床からＰ点までの高さの半分であるものとする。

図Ⅴ

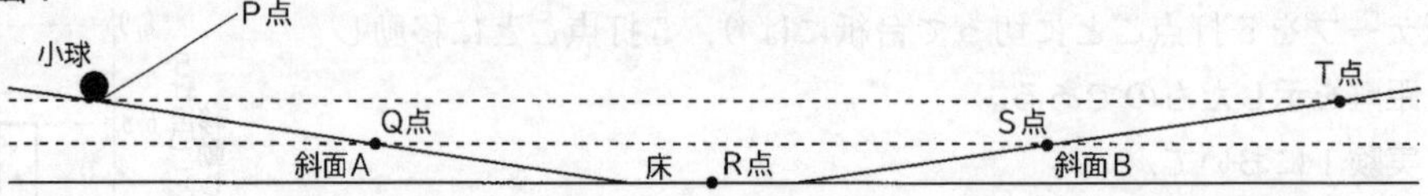


(3) 実験３において，

① 小球がＰ点からＴ点まで移動する間で，小球が持つ位置エネルギーの大きさが最大となっている点を，図Ⅴ中のＰ点，Ｑ点，Ｒ点，Ｓ点，Ｔ点の中から，全て選びなさい。

② 小球がＰ点からＴ点まで移動する間で，小球が持つ運動エネルギーの大きさが最大となっている点を，図Ⅴ中のＰ点，Ｑ点，Ｒ点，Ｓ点，Ｔ点の中から，全て選びなさい。

［実験４］

図Ⅵのように，実験３の斜面ＢをＳ点の位置で切断し，斜面Ｃを作った。Ｐ点に小球を置き，静かに手を離したところ，小球は斜面Ａを下って床を進み，斜面Ｃから斜め上方に飛び出した。

図Ⅵ

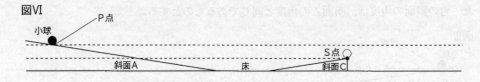

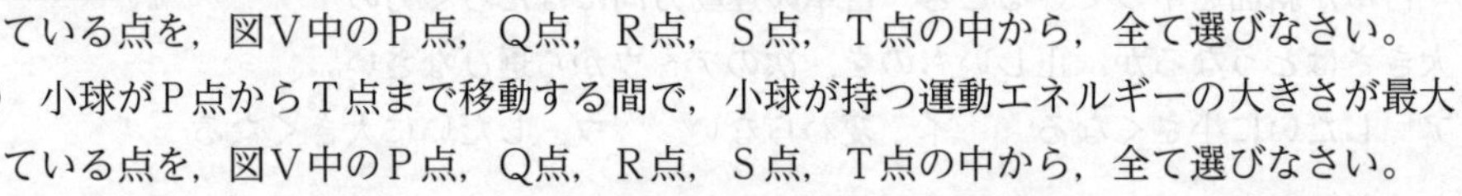

(4)　実験４において，

①　小球が斜面Ｃから斜め上方に飛び出した後，最も高く上がったときの高さとして正しいものを，次のア～ウから選びなさい。

ア　Ｐ点より高く上がった。

イ　Ｐ点と同じ高さまで上がった。

ウ　Ｐ点より低い高さまでしか上がらなかった。

②　①のように考えられる理由を，小球が持つ位置エネルギーの変化に着目して，書きなさい。ただし，「位置エネルギー」，「運動エネルギー」という語をともに用いること。

# ＜社会＞

時間　45分～60分（学校裁量による）　満点　100点

**1**　花子さんは，地域学習のまとめとして，長崎県について調べ，発表した。次の図と資料は，そのときに使用したものの一部である。次の(1)～(5)の問いに答えなさい。

(1)　図の ➡ で示した位置を流れる海流の種類とその名称の組み合わせとして適切なものを，次のア～エから選びなさい。

ア　暖流　－　対馬海流
イ　寒流　－　対馬海流
ウ　暖流　－　リマン海流
エ　寒流　－　リマン海流

図

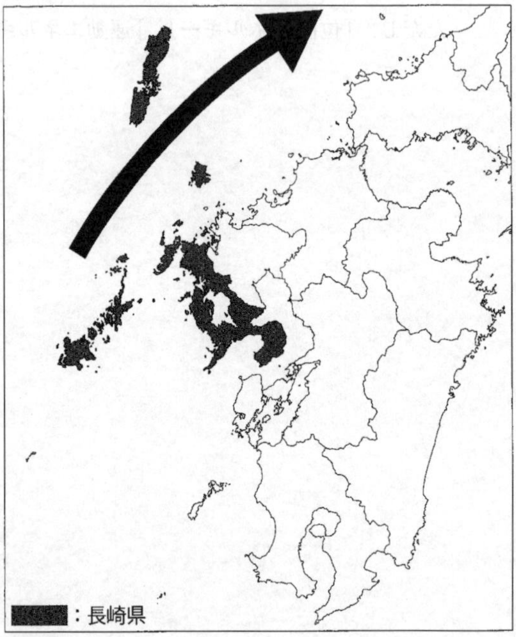


(2)　花子さんは，長崎県の海岸線距離が北海道に次ぐ2位であることを知り，資料Ⅰを作成し，次のように発表した。花子さんが発表した内容の［ i ］に当てはまる文を，長崎県の地形的な特徴に着目して，簡潔に書きなさい。

> 資料Ⅰを見ると，長崎県の面積は，全国で37位ですが，海岸線距離は，北海道に次ぐ2位であることが分かります。長崎県の海岸線距離が長い理由は，図から2つあると考えました。1つは海岸線が入り組んでいることです。もう1つは［ i ］ことです。

資料Ⅰ

| 都道府県 | 海岸線距離 (m) | 都道府県別海岸線距離の順位 | 面積 ($km^2$) | 都道府県別面積の順位 |
|---|---|---|---|---|
| 北海道 | 4,460,605 | 1位 | 83,424.49 | 1位 |
| 長崎県 | 4,183,357 | 2位 | 4,130.98 | 37位 |

（環境省資料などにより作成）

(3)　花子さんは，長崎県に関連する歴史について調べたことを，資料Ⅱを用いて発表した。資料Ⅱ中の［ ii ］に当てはまる語句を，資料Ⅲを参考にして，書きなさい。

資料Ⅱ　島原・天草一揆が起こった背景

> a　島原・天草地域を支配した大名が，農民に対して重い年貢の取り立てを行った。
> b　島原・天草地域を支配した大名が，［ ii ］を行った。

資料Ⅲ　天草四郎の陣中旗

※陣中旗とは，一揆軍の象徴となる旗のこと。

(4)　花子さんは，長崎市が原爆被爆都市であることから，核兵器と平和に関わるできごとを整理した。次のア～ウのできごとを，古い順に並べなさい。

ア　国会で非核三原則が決議された。

イ　広島で第１回原水爆禁止世界大会が開催された。

ウ　平和主義を盛りこんだ日本国憲法が公布された。

(5)　花子さんは，長崎県では，これまで台風，火山の噴火等によるさまざまな被害が発生したことから，「みんなで取り組む災害に強い長崎県づくり条例」を制定したことを知り，この条例について調べ，次のように発表した。花子さんが発表した内容の［iii］に当てはまる文を，資料Ⅳ，資料Ⅴを参考にして，「地域」という語を用いて，簡潔に書きなさい。

> 資料Ⅳと，長崎県が条例づくりの際に参考とした資料Ⅴから，この条例は，消防，警察，行政が人々を救助・援助する活動だけでなく，［iii］活動や，災害から自分自身や家族を守る活動を盛んにして，みんなが安心して暮らしていける「災害に強い長崎県」を実現することを目指していることが分かります。このように，災害に対しては，「公助」だけでなく，「共助」と「自助」を大切にすることが全国の各地域に広がってほしいと考えました。

資料Ⅳ　条例が必要とされる背景

> 近年，いつでもどこでも起こりうる直下型地震，大雨の頻度増加，台風の大型化などによる災害の頻発と大きな被害が懸念されています。長崎県の防災対策は，これまで県や市町など行政が中心となって対策をすすめてきました。しかし，各地で多発する被害に対して，県や市町の対応だけでは早期に十分な対応ができない場合もあることを考えておく必要があります。

資料Ⅴ　阪神・淡路大震災における身動きが取れなくなった際の救助

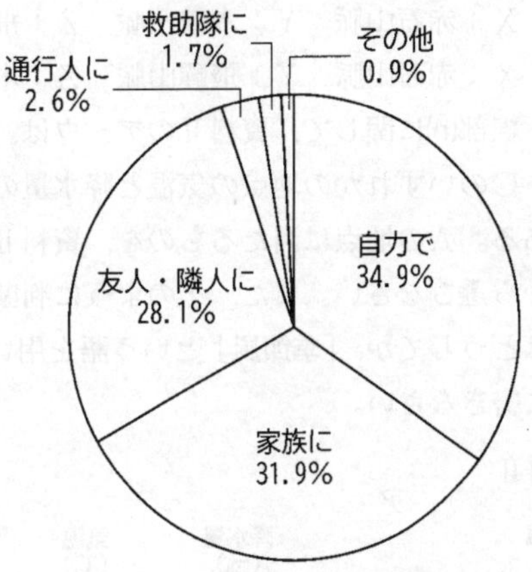


（資料Ⅳ，資料Ⅴは長崎県ホームページにより作成）

2　麻衣さんは，「日本の諸地域の学習」において，中部地方を，東海，中央高地，北陸の３つの地域に分け，それぞれの地域の自然環境や産業の特徴について調べ，その内容について発表した。次のページの資料と図は，そのときに使用したものの一部である。後の(1)～(4)の問いに答えなさい。

資料Ⅰ　東海，中央高地，北陸の特徴

| | 東　海 | 中央高地 | 北　陸 |
|---|---|---|---|
| 自然環境 | ・太平洋側の気候<br>・「木曽三川」が流れる濃尾平野がある | ・内陸性の気候<br>・(a)日本アルプスと呼ばれる3000m級の山々が連なる | ・(b)日本海側の気候<br>・日本最長の信濃川が流れる越後平野がある |
| 農　業 | ・園芸農業が盛ん<br>・(c)茶の栽培が盛ん | ・果樹の栽培が盛ん<br>・高原野菜の栽培が盛ん | ・米づくりが盛ん |
| 工　業 | ・繊維工業の技術力を生かした工業が発達 | ・水資源などを生かした電子部品などを製造する工業が発達 | ・農家の副業から発達した地場産業や伝統産業をもとに，工業が発達 |

(1)　下線部(a)について，図中のX，Y，Zのそれぞれの山脈の名称の組み合わせとして適切なものを，次のア～エから選びなさい。

ア　X：飛騨山脈　Y：赤石山脈　Z：木曽山脈
イ　X：飛騨山脈　Y：木曽山脈　Z：赤石山脈
ウ　X：赤石山脈　Y：木曽山脈　Z：飛騨山脈
エ　X：赤石山脈　Y：飛騨山脈　Z：木曽山脈

図

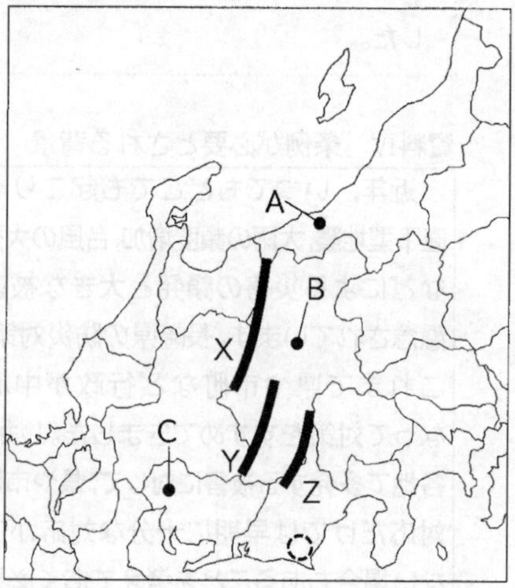


(2)　下線部(b)に関して，資料Ⅱのア～ウは，図中のA～Cのいずれかの地点の気温と降水量のグラフである。Aの地点に当たるものを，資料Ⅱのア～ウから選びなさい。また，そのように判断できるのはどうしてか，「季節風」という語を用いて，簡潔に書きなさい。

資料Ⅱ

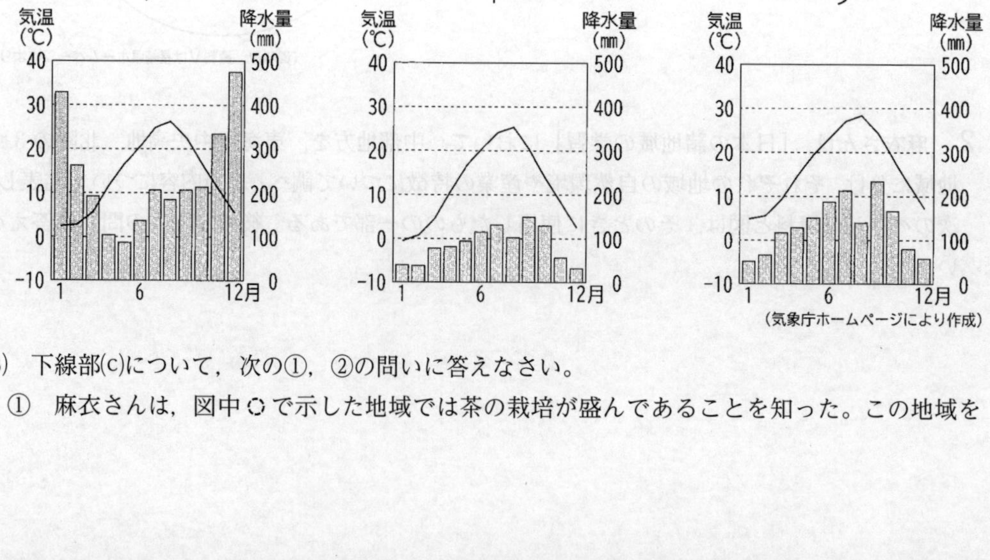


(気象庁ホームページにより作成)

(3)　下線部(c)について，次の①，②の問いに答えなさい。

①　麻衣さんは，図中○で示した地域では茶の栽培が盛んであることを知った。この地域を

示した資料Ⅲ中のX－Yの断面の模式図として最も適切なものを，次のア～エから選びなさい。（資料Ⅲは編集の都合で88％に縮小してあります。）

資料Ⅲ

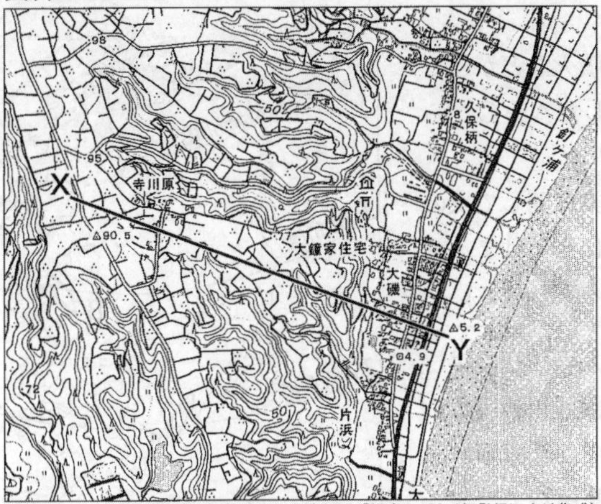


（国土地理院２万５千分の１地形図「相良」 2016年発行により作成）

ア
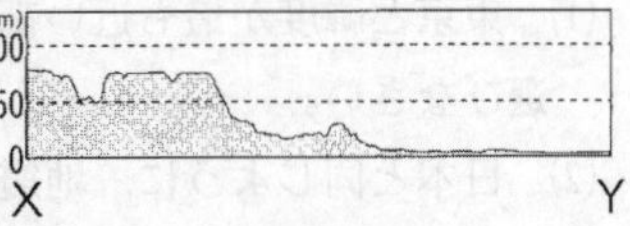


イ
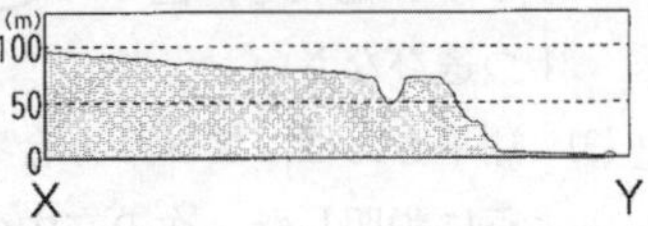


ウ
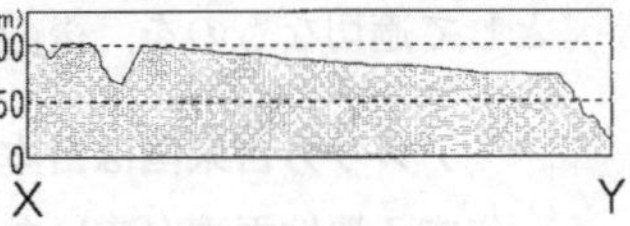


エ
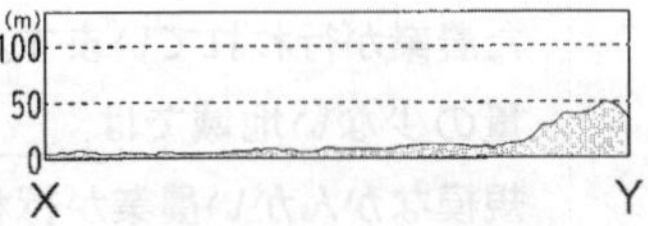


（国土地理院「地理院地図」により作成）

② 麻衣さんは，図中 ○ で示した地域の茶畑には資料Ⅳのような設備があり，この設備は上空に雲がなく，風のない夜間に稼働することを知った。資料Ⅴ，資料Ⅵを参考にして，この設備の役割を簡潔に書きなさい。

資料Ⅳ

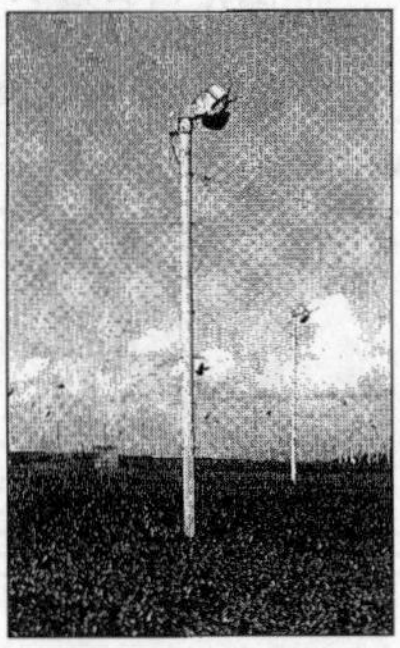

資料Ⅴ　茶の栽培上の問題点

一番茶の新芽（4月上旬頃に出始める芽）は寒さに弱く，霜が降りると凍るなどの被害を受けます。最悪の場合には，一番茶が収穫できなくなります。

資料Ⅵ　地上からの高さと気温のイメージ図

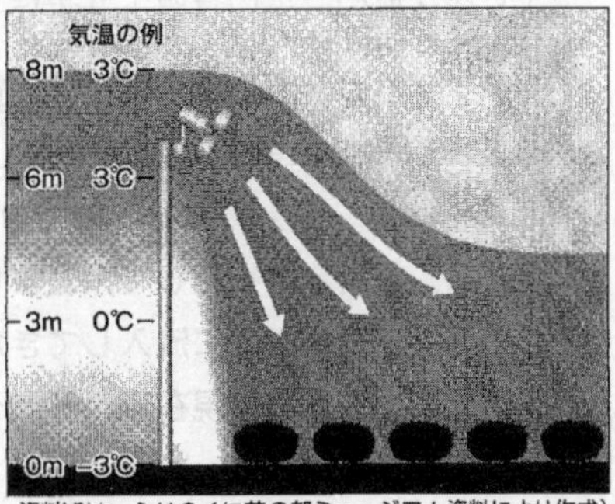


（資料Ⅴ，資料Ⅵは，ふじのくに茶の都ミュージアム資料により作成）

(4) 麻衣さんは，中部地方では，地域の特徴を生かした産業が発達していることを知り，資料Ⅶ，資料Ⅷを見つけた。資料Ⅶ，資料Ⅷのア～ウは，新潟県，長野県，愛知県のいずれかを示している。新潟県と長野県に当たるものを，次のア～ウから，それぞれ選びなさい。ただし，資料Ⅶと資料Ⅷのア～ウには，それぞれ同じ県名が共通して当てはまるものとする。

資料Ⅶ　県別の主な業種別製造品の出荷額（2017年）

| 県名 | 食料品（十億円） | 金属製品（十億円） | 輸送用機械器具（十億円） |
|---|---|---|---|
| ア | 1,651 | 1,520 | 26,473 |
| イ | 565 | 328 | 398 |
| ウ | 731 | 527 | 245 |

資料Ⅷ　県別の主な農産物の農業産出額に対する割合（2018年）

| 県名 | 米（％） | 野菜（％） | 果実（％） |
|---|---|---|---|
| ア | 9.5 | 36.1 | 6.5 |
| イ | 18.1 | 34.6 | 27.3 |
| ウ | 58.7 | 14.2 | 3.1 |

（資料Ⅶ，資料Ⅷは，「データブック　オブ・ザ・ワールド2021年版」により作成）

**3**　翔平さんは，北アメリカ大陸について調べたことをまとめ，発表した。次の図と資料は，そのときに使用したものの一部である。次の(1)～(5)の問いに答えなさい。

(1)　東京と緯度が最も近い都市を，図Ⅰのア～ウから選びなさい。

(2)　日本と同じように，地震や火山の噴火などが起こりやすい地域を，図1の⬭で示したＡ～Ｃから１つ選びなさい。

図Ⅰ

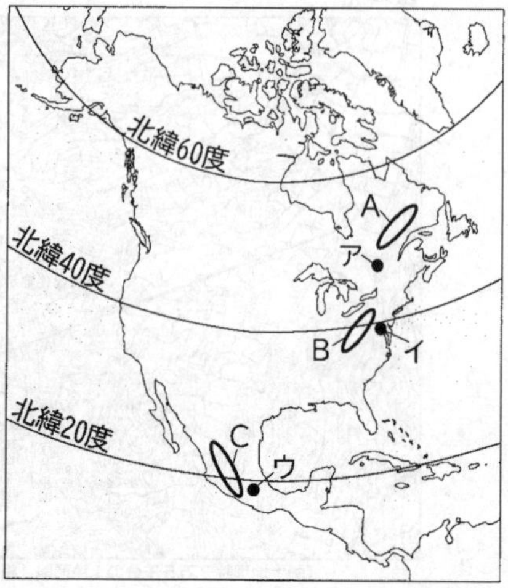


(3)　翔平さんは，アメリカ合衆国の農業に関して次のように説明した。次の文中の［ i ］に当てはまる語として適切なものを，後のア～エから選びなさい。

> アメリカ合衆国は日本よりも１人当たりの耕作する農地面積が広いため，大型機械を利用した農業が行われています。特に，中西部の降水量の少ない地域では，［ i ］を使用して，大規模なかんがい農業が行われています。このように，アメリカ合衆国は，農作物を大規模に生産し，世界各地へ輸出しています。

ア　サンベルト　　イ　フィードロット　　ウ　プランテーション　　エ　センターピボット

(4)　翔平さんは，アメリカ合衆国の工業の発展について，図Ⅱを用いて次のように説明した。翔平さんが説明した内容の［ ii ］に当てはまる文を，図Ⅱを参考にして，簡潔に書きなさい。

> アメリカ合衆国は，19世紀に重工業が盛んになり，世界有数の工業国へ成長しました。なかでもピッツバーグは，水上交通も利用できたことにより，［ ii ］ため，鉄鋼業の街として栄えました。その後，外国産の安い鉄鋼が国内に流入してきたため，新たな産業の開発に力を入れ，現在はハイテク産業都市として発達しています。

図Ⅱ　採掘される鉱産資源

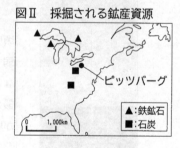

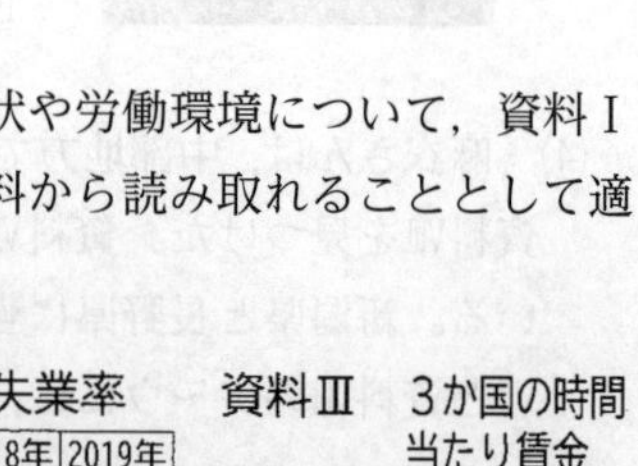


(5)　翔平さんは，アメリカ合衆国，カナダ，メキシコの移民の現状や労働環境について，資料Ⅰ～資料Ⅲを用いて発表した。この３か国において，これらの資料から読み取れることとして適切なものを，後のア～オから全て選びなさい。

資料Ⅰ　３か国間の移民（2019年）

| | | 移民の出身地 | | |
|---|---|---|---|---|
| | | アメリカ合衆国 | カナダ | メキシコ |
| 移住先 | アメリカ合衆国 | | 825,040人 | 11,489,684人 |
| | カナダ | 270,217人 | | 85,825人 |
| | メキシコ | 762,290人 | 9,914人 | |

（国際連合ホームページにより作成）

資料Ⅱ　３か国の失業率

| | 2017年 | 2018年 | 2019年 |
|---|---|---|---|
| アメリカ合衆国 | 4.4% | 3.9% | 3.7% |
| カナダ | 6.3% | 5.8% | 5.6% |
| メキシコ | 3.4% | 3.3% | 3.4% |

資料Ⅲ　３か国の時間当たり賃金

| | 2016年 |
|---|---|
| アメリカ合衆国 | 29.65ドル |
| カナダ | 23.99ドル |
| メキシコ | 2.74ドル |

※製造業従事者１時間当たりの平均（アメリカドル）

（資料Ⅱ，資料Ⅲは，「世界国勢図会2020/21」により作成）

ア　他の２か国からの移民の数が最も多いのは，アメリカ合衆国である。

イ　他の２か国へ流出する移民の数が最も多いのは，メキシコである。

ウ　アメリカ合衆国では，失業率が年々上昇している。

エ　カナダは，いずれの年も，失業率が３か国で最も高い。

オ　メキシコは，労働賃金が３か国で最も高い。

**4**　正さんは，外国から日本に伝わった技術や文化についてまとめ，発表した。次のカードと資料は，そのときに使用したものの一部である。後の(1)～(5)の問いに答えなさい。

カード１

縄文時代の終わり頃，中国や朝鮮半島から稲作が北九州に伝えられ，西日本から東日本へと広まっていきました。また，稲作とともに青銅器や鉄器などの金属器も伝わりました。(a)

カード２

遣隋使や遣唐使を中国にたびたび送ったため，当時の日本では中国の影響を受けた文化が栄えました。仏教や中国の制度は，美術や建築，政治にも大きな影響を与えました。(b)

カード３

16世紀半ば，イエズス会の宣教師によってキリスト教が伝えられました。(c)宣教師は，各地に教会・学校・病院・孤児院などを建設したため，信者はしだいに増えていきました。

カード４

18世紀には，徳川吉宗が実用的な学問を奨励したため，□ことが認められるようになりました。そして，西洋の学問を学ぶ蘭学が盛んになりました。

(1)　資料Ⅰは，カード１の時代に収穫した米を保存するためにつくられた建造物を，復元したものである。この建造物を何というか，書きなさい。

(2)　下線部(a)に関して，資料Ⅱの青銅器はどのような道具として使用されたか，最も適切なものを次のア～エから選びなさい。

ア　武器　　イ　工具　　ウ　調理具　　エ　祭りの道具

(3)　下線部(b)に関する次のア～ウのできごとを，時代の古い順に並べなさい。

ア　都に東大寺が，国ごとに国分寺と国分尼寺が建てられた。

イ　大宝律令がつくられ，全国を支配するしくみが整備された。

ウ　仏教や儒教の考え方を取り入れた十七条の憲法が定められた。

(4)　下線部(c)に関して，イエズス会がアジアへの布教を行った背景について説明した文として最も適切なものを，次のア～エから選びなさい。

ア　スペインから独立したオランダが，東インド会社を設立した。

イ　産業革命が起こったイギリスが，海外に原料や市場を求めた。

ウ　カトリック教会が，プロテスタントに対抗して改革を進めた。

エ　ローマ教皇の呼びかけにより，ヨーロッパ各国の王が十字軍を組織した。

資料Ⅰ

資料Ⅱ　日本で出土した銅鐸

(5)　カード4（前のページ）の [　　] に当てはまる文を，資料Ⅲ，資料Ⅳを参考にして，簡潔に書きなさい。

資料Ⅲ　「解体新書」（1774年発行）

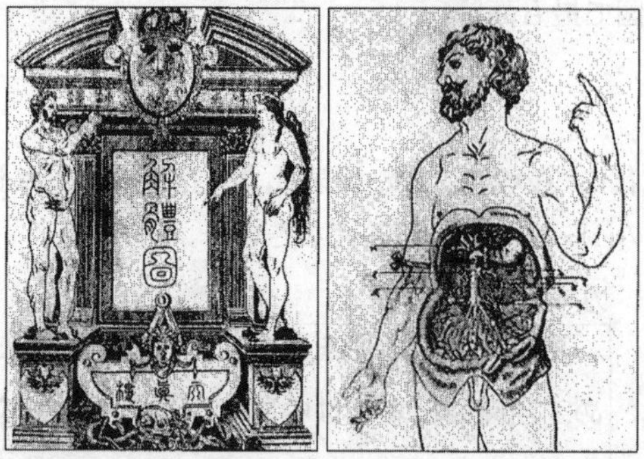

資料Ⅳ　「解体新書」制作の様子を記した「蘭学事始」

…これが，わたし（杉田玄白）が蘭書を手に入れた最初の経験であった。
…さて，この「ターヘル・アナトミア」を読みはじめるのに，どのように手をつけていったらよいか，まずそれを相談した。
…その頃はまだ，辞書というものがなく，かろうじて（前野）良沢が長崎から買ってきた簡単な小さな本が一冊あっただけなので，それをのぞいてみると…。
（部分要約）

※「ターヘル・アナトミア」はオランダ語で書かれた医学書のこと。

**5**　千里さんは，近代以降の歴史について，日本と中国との関係に着目して調べ，発表した。次の年表と次のページの資料は，そのときに使用したものの一部である。後の(1)～(5)の問いに答えなさい。

年表

| | 日本・中国のできごと | 世界のできごと |
|---|---|---|
| 1871年 | 日清修好条規で日本と清の国交が結ばれる。 | |
| 1894年 | (a)日清戦争が始まる。 | |
| 1895年 | (b)下関条約が結ばれる。 | |
| 1900年 | 義和団が北京にある外国の公使館を取り囲む。 | |
| 1904年 | 日露戦争が始まる。 | |
| 1911年 | 清で辛亥革命が起こる。 | |
| 1914年 | | (c)第一次世界大戦が始まる。 |
| 1919年 | | ベルサイユ条約が結ばれる。 |
| 1926年 | 蔣介石が中国統一の軍事行動を始める。 | |
| 1931年 | 満州事変が始まる。 | |
| ↕【X】 | | |
| 1937年 | 日中戦争が始まる。 | |
| 1939年 | | 第二次世界大戦が始まる。 |
| 1941年 | 太平洋戦争が始まる。 | |
| 1945年 | | 第二次世界大戦が終結する。 |
| 1949年 | 中華人民共和国が成立する。 | |
| ↕【Y】 | | |
| 1989年 | | 冷戦が終結する。 |

(1)　下線部(a)に関して，資料Ⅰは日清戦争が起こる前の東アジアをめぐる情勢を描いた風刺画である。日清戦争が起こった背景についての説明として最も適切なものを，資料Ⅰを参考にして，次のア～エから選びなさい。

資料Ⅰ

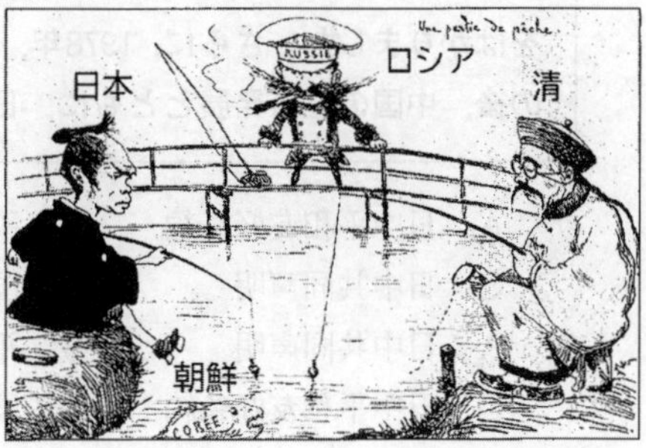


ア　日本は朝鮮をめぐって清と対立していた。
イ　日本はロシアをめぐって清と対立していた。
ウ　日本は朝鮮と同盟を結び，清と対立していた。
エ　日本はロシアと同盟を結び，清と対立していた。

(2)　下線部(b)について，この条約で獲得した賠償金をもとに行われたできごとを，次のア～エから１つ選びなさい。
ア　東海道新幹線が建設された。　　イ　官営の富岡製糸場が建設された。
ウ　官営の八幡製鉄所が建設された。　エ　鹿鳴館が建設された。

(3)　下線部(c)に日本が参戦した目的を，資料Ⅱ，資料Ⅲを参考にして，簡潔に書きなさい。

資料Ⅱ　井上馨が大隈重信にあてた手紙

今回のヨーロッパにおける大戦は，日本の国運の発展に対する大正新時代の天佑（天の助け）であって，日本国はただちに国をあげて一致団結して，この天佑を享受しなければならない。　（部分要約）

※1914年８月８日の手紙。
※井上馨は長州藩出身の有力政治家。大隈重信は当時の内閣総理大臣。

資料Ⅲ　二十一か条の要求

一　中国政府は，ドイツが山東省にもっているいっさいの利権を日本にゆずること。
一　日本の旅順・大連の租借の期限，南満州鉄道の利権の期限を99か年延長すること。　（部分要約）

※租借とは，他国の領土の一部を一定の期間を限って借りること。

(4)　年表中の【X】の時期における，国際社会での日本の動きについて説明した文として最も適切なものを，資料Ⅳを参考にして，次のア～エから選びなさい。

資料Ⅳ　1933年発行の新聞

ア　日本がアメリカとともに，国際協調の方針をとった。
イ　日本が東南アジアへ進出し，アメリカと対立を深めた。
ウ　日本がしだいに国際的に孤立を深め，ドイツと接近した。
エ　日本が北方の安全を確保するため，ソ連と中立条約を結んだ。

(5)　千里さんは，年表中の【Y】の時期に起こったできごとについて，次のように説明した。［A］～［D］に当てはまる語句の組み合わせとして適切なものを，後のア～エから選びなさい。

1951年，日本はサンフランシスコ平和条約を結び，主権を回復しました。高度経済成長期を迎えた日本では，1964年にアジア初のオリンピックが開催されました。しかし，中国はこれに参加しませんでした。1972年になると，日本と中国は［ A ］により，［ B ］をはかりました。さらに，1978年，日本と中国は［ C ］により，［ D ］をはかりました。その後，中国の経済発展とともに，日本と中国の関係は深まっていきました。

ア　A：日中平和友好条約　　B：平和友好関係の発展
　　C：日中共同声明　　　　D：国交正常化
イ　A：日中共同声明　　　　B：平和友好関係の発展
　　C：日中平和友好条約　　D：国交正常化
ウ　A：日中平和友好条約　　B：国交正常化
　　C：日中共同声明　　　　D：平和友好関係の発展
エ　A：日中共同声明　　　　B：国交正常化
　　C：日中平和友好条約　　D：平和友好関係の発展

**6**　修一さんの班は，SDGsの目標の１つである「飢餓をゼロに」について調べ，この目標を達成するための解決策を考え，発表した。次のレポートは，そのときに使用したものである。後の(1)～(4)の問いに答えなさい。

レポート

〈テーマ〉
「飢餓をゼロに」するために

〈テーマ設定の理由〉
　資料Ⅰでは，世界の人口は増加傾向にあり，今後も増加していくことが予測されています。特に2010年から2050年にかけて，その増加の割合が最も大きいと見込まれるのは，［　　］の地域です。今後の人口増加にともない，さらに飢餓が深刻化すると思い，解決策を考えることにしました。

資料Ⅰ　地域別人口の推移・人口変化の予測

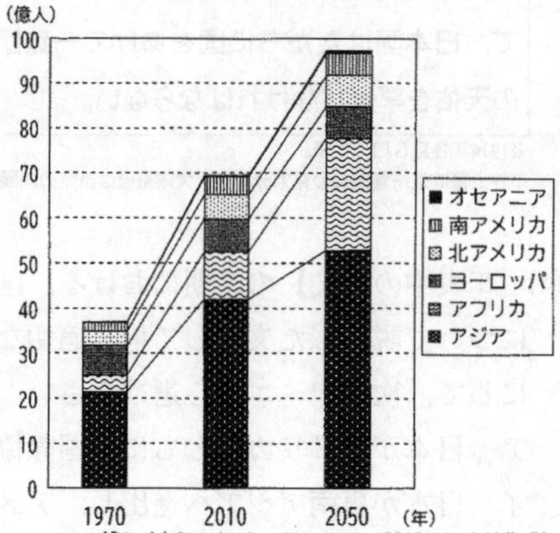


(「World Population Prospects 2019」により作成)

〈調べて分かったこと〉
○飢餓で苦しんでいる人々が多い国では，生産された農産物の大半が輸出されている。
○農産物の国際取引価格(a)は，天候や相手国の経済状態(b)などの影響を受けるため不安定である。
○世界では，食料配分に偏りが見られる。
○世界では地域にかかわらず，大量の食品ロス（食品廃棄）が発生(c)している。

〈考えた解決策〉
○先進地域が協力して，飢餓の多い発展途上地域に食料を届ける。
○発展途上地域に食料の貯蔵や保存ができる施設を整備する。
○各地域において，安定的で，持続可能な食料生産のしくみをつくる。

(1)　レポート中の □ に当てはまる語として適切なものを，資料Ⅰを参考にして，次のア～オから選びなさい。

ア　アジア　　イ　アフリカ　　ウ　ヨーロッパ　　エ　北アメリカ　　オ　南アメリカ

(2)　下線部(a)に関して，貿易などの国際取引を行うときには，自国の通貨を他国の通貨と交換する必要がある。通貨と通貨を交換する比率を何というか，書きなさい。

(3)　下線部(b)について，経済活動が活発な状態を好況という。一般的に，好況時に行われることとして最も適切なものを，次のア～ウから選びなさい。

ア　「企業」が生産を縮小させる。

イ　「家計」が商品の購入を減らす。

ウ　「政府」が公共投資を減らす。

(4)　下線部(c)に関して，次の①，②の問いに答えなさい。

①　修一さんは，先進地域や発展途上地域の食品ロスについて調べ，資料Ⅱを見つけた。資料Ⅱについての記述Ｘ，Ｙの正誤の組み合わせとして適切なものを，後のア～エから選びなさい。

Ｘ　１人当たりの年間食品ロスの発生量は，Ａの地域やＢの地域よりＣの地域やＤの地域の方が多い。

Ｙ　消費段階において発生する１人当たりの年間食品ロスは，Ｃの地域やＤの地域よりＡの地域やＢの地域の方が多い。

ア　【Ｘ 正　Ｙ 正】

イ　【Ｘ 正　Ｙ 誤】

ウ　【Ｘ 誤　Ｙ 正】

エ　【Ｘ 誤　Ｙ 誤】

資料Ⅱ　１人当たりの年間食品ロス発生量

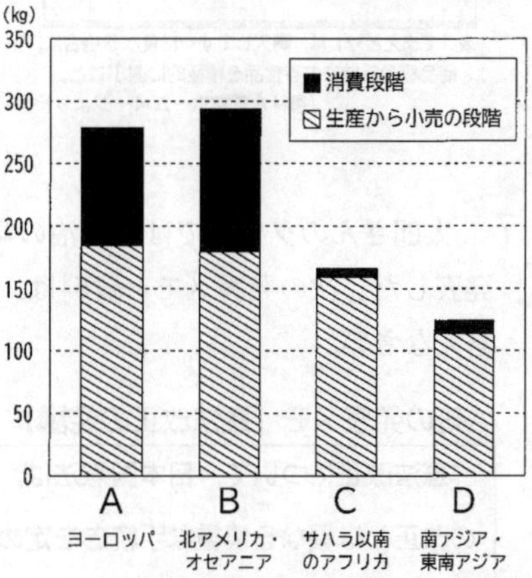


（「世界の食料ロスと食料廃棄」により作成）

②　修一さんの班は，「飢餓をゼロに」を考える中で，自分たちにもできる食品ロスの削減に向けた取組について，資料Ⅲを用いて，次のように発表した。次の文中の下線部に関して，消費者が資料Ⅲのような取組に協力すると，なぜ小売店は食品ロスを削減することができるのか，資料Ⅳを参考に，簡潔に書きなさい。（資料Ⅲ・資料Ⅳは次のページにあります。）

> 私たちは，スーパーマーケットやコンビニエンスストアなどの小売店で食品を購入するときは，小売店が食品をできる限り廃棄しなくてもすむよう，資料Ⅲのような取組に協力するべきだと考えました。

資料Ⅲ

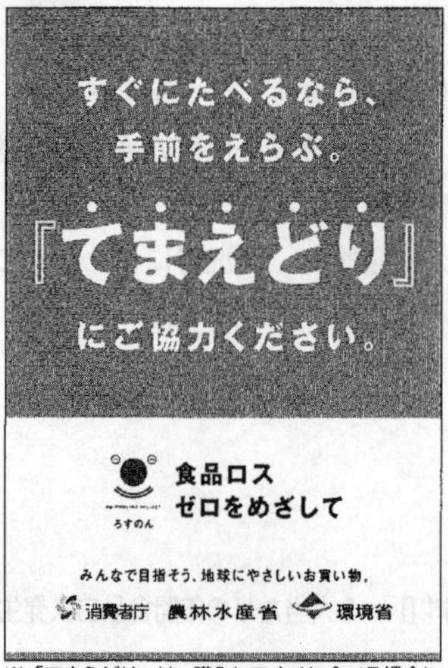


※「てまえどり」は，購入してすぐに食べる場合に，商品棚の手前にある食品を積極的に選ぶこと。
（農林水産省ホームページより）

資料Ⅳ　小売店で見られる食品の陳列（イメージ）

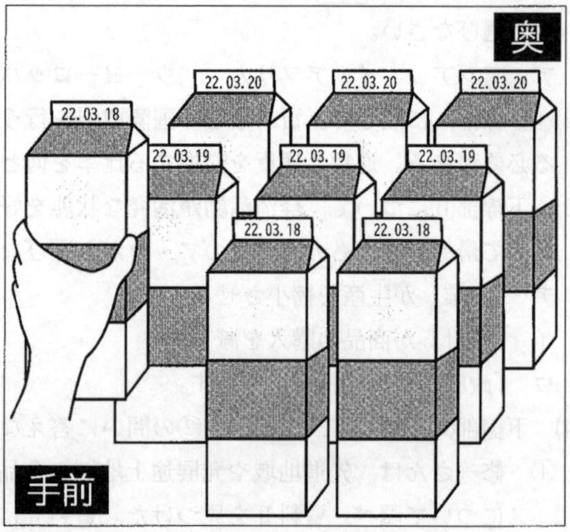


**7**　太郎さんのクラスでは，政治の学習のまとめとして，班ごとにテーマを決めて調べた内容を，発表した。次の発表メモと資料は，そのときに使用したものの一部である。後の(1)～(5)の問いに答えなさい。

A班の発表メモ【憲法改正の発議】

　憲法改正について，日本国憲法は，ほかの法律の改正とは異なる慎重な手続きを定めています。憲法改正案が国会に提出され，各議院の［ i ］の３分の２以上の賛成で可決されると，国会は憲法改正の発議を行います。その後，満［ ii ］歳以上の国民による国民投票を行い，有効投票の過半数が賛成の場合は，憲法が改正されます。

B班の発表メモ【国際連合】

　国際連合は人権(a)の推進，資源・エネルギー問題(b)や貧困対策など，多岐にわたり国際協調を実現させる役割をになっています。特に安全保障理事会(c)は，世界の平和と安全を維持するために，強い権限が与えられています。よりよい合意を形成するために効率と公正(d)といった考え方を踏まえる必要があります。

(1)　［ i ］，［ ii ］に当てはまる語と数字の組み合わせとして適切なものを，次のア～エから選びなさい。

ア　i：出席議員　ii：18　　イ　i：出席議員　ii：20
ウ　i：総議員　ii：18　　エ　i：総議員　ii：20

(2)　下線部(a)に関して，日本国憲法では，自由権，平等権，社会権，参政権などの基本的人権が保障されている。日本国憲法で保障されている社会権に属するものとして適切なものを，次のア～エから２つ選びなさい。

ア　財産権　　イ　生存権　　ウ　選挙権　　エ　教育を受ける権利

(3)　下線部(b)に関して，B班は次のページの資料Ⅰを用いて，化石燃料による発電と再生可能エネルギーによる発電の利点と問題点を発表した。資料Ⅰ中のXとYに当てはまる文の組み合わせとして適切なものを，後のア～エから選びなさい。

① 自然条件によらず，電力を安定的に得られること。

② 電力の供給が天候などの自然状況に左右されること。

③ 埋蔵量には限りがあり，枯渇する可能性があること。

④ 二酸化炭素などの温室効果ガスの排出が少ないこと。

ア　X：②　Y：①　　イ　X：②　Y：④

ウ　X：③　Y：①　　エ　X：③　Y：④

(4) 下線部(c)について，B班は資料Ⅱを作成し，安全保障理事会におけるこの投票結果について，「賛成した国は多いが，決議案が否決された」と発表した。決議案が否決となった理由として考えられることを，簡潔に書きなさい。

(5) 下線部(d)について，B班は「効率」と「公正」が成り立っている身近な例として資料Ⅲを作成し，説明した。この資料Ⅲでは，「効率」は「空く日をつくらず，体育館と校庭を無駄なく利用できている」という点で成り立っているが，「公正」はどのような点で成り立っているか，簡潔に書きなさい。

資料Ⅰ

| | 化石燃料による発電 | 再生可能エネルギーによる発電 |
|---|---|---|
| 利点 | W | Y |
| 問題点 | X | Z |

資料Ⅱ　ある重要な決議案の投票結果

| | |
|---|---|
| 投票した国 | 常任理事国５か国<br>非常任理事国10か国 |
| 投票結果 | 賛成13か国<br>反対２か国 |

資料Ⅲ　球技大会の練習割り当て表

| | 月 | 火 | 水 | 木 | 金 |
|---|---|---|---|---|---|
| 体育館 | １組 | ３組 | ２組 | ４組 | 球技大会 |
| 校庭 | ２組 | ４組 | １組 | ３組 | |

質問②
（修正前）あなたは、本を読む場合に、学校の図書館で本を借りたり書店で本を購入したりしますか。
⇦
（修正後）あなたは、本を読む場合に、書店で本を購入しますか。

ア　答えを一方に誘導する可能性があった点。
イ　受け取り方に幅が生まれる語を使っていた点。
ウ　一つの質問の中で二つの事柄を聞いていた点。
エ　質問する事柄が調査の目的と合っていなかった点。
オ　専門的な用語が多くて意味が分かりにくかった点。

(二)　会話文中Ⅱ――について、次のA～Cは、竹志さんたちがアンケートの中で示した、読書をすることの良いところとして考えられる事柄の一部です。A～Cの中から、読書をすることの良いところとして、あなたの考えに最も近いものを一つ選び、あなたがそのように考える理由を、自分の経験を含めて、百四十字以上、百八十字以内で書きなさい。なお、選んだ記号に○を付けること。

A　豊かな言葉や表現を学べるところ。
B　想像力や空想力を養えるところ。
C　内容を把握する力が付くところ。

(二) 次の①～④の——の漢字の読みを平仮名で書きなさい。

① 進行が滞る。
② 目標を掲げる。
③ 材料を吟味する。
④ 若干の余裕がある。

(三) 次の漢字の部首名を書きなさい。また、この漢字を楷書で書いた場合の総画数を書きなさい。

権

## 六

次の会話文は、竹志さんたちが、中学校の図書委員会で、校内の読書活動の推進について話し合いをしたときの会話の一部です。これを読んで、後の(一)、(二)の問いに答えなさい。

竹志さん　ここ数年のデータを見てみると、最近、学校の図書館の貸し出し冊数が減っているみたいだよ。

小梅さん　「読書離れ」などと言われることもあるし、みんな本を読まなくなっているのかもしれないね。

松子さん　確かにそうかもしれないね。でも、図書館では借りずに、本を書店やインターネットで買って読んでいる人もいると思うな。

小梅さん　実際はそうなのかもしれないね。でも、図書館にも良い本がたくさんあるから、みんなに手に取ってほしいな。

松子さん　本を読む人にも読まない人にも、読書をすることの楽しさや意義を改めて伝えたい気がするね。まずは、Ⅰ全校生徒にアンケートをして、みんなの読書の実態を把握するというのはどうかな。

竹志さん　なるほど、いいかもしれないね。あわせて、読書をすることの楽しさや良さについても、みんなに考えてもらいたい気がするな。

小梅さん　それなら、Ⅱ読書をすることの良いところを図書委員会で考えて、アンケートの中でいくつか示してみるのはどうだろう。そのうえで、一人一人に自分の考えに近いものを選んでもらえば、読書のきっかけにもなるだろうし、今後の図書委員会の活動の参考にもなると思うよ。

(一) 会話文中Ⅰ——について、松子さんは、読書の実態を把握するための質問をいくつか作成しましたが、次の質問①、②については、図書委員会での検討を踏まえ、修正することにしました。質問①、②は、どのような点を修正したと考えられますか。質問の（修正前）と（修正後）を比較し、質問①、②の修正した点について、後のア～オから最も適切なものをそれぞれ選びなさい。

質問①

（修正前）あなたは、最近、何冊本を読みましたか。

⇩

（修正後）あなたは、九月の一か月間に何冊本を読みましたか。

**四** 次の文章は、漢文を書き下し文に書き改めたもので、陳の国を攻め取ろうと考えた楚《そ》の国の荘王が、使者に陳の国の様子を視察させ、その結果を報告させた場面のものです。これを読んで、後の㈠～㈢の問いに答えなさい。

使者曰《い》はく、「陳は伐《う》つべからざるなり。」と。荘王曰はく、「何の故ぞ。」と。対《こた》へて曰はく、「其《そ》の城郭は高く、溝壑《こうがく》は深く、蓄積《ちくし》は多く、其の国は寧《やす》し。」と。王曰はく、「陳伐つべきなり。夫《そ》れ陳は小国なり。而《しか》るに蓄積多し。蓄積多ければ、則《すなは》ち賦斂《ふれん》重く、賦斂重ければ、則ち民上《かみ》を怨《うら》む。城郭高く、溝壑深ければ、則ち民力罷《つか》れん。」と。兵を興《おこ》して之《これ》を伐ち、遂《つひ》に陳を取る。

（『説苑』による。）

（注）城郭……城壁。　溝壑……城の堀。
蓄積……備蓄。　寧し……穏やかである。
夫れ……そもそも。　賦斂……租税。
上……陳の王のこと。　罷……「疲」に同じ。

㈠ 文中═══「兵を興して之を伐ち」は、「興 兵 伐 之」を書き下し文に書き改めたものです。「兵を興して之を伐ち」という読み方になるように、「興シテ兵ヲ伐チ之ヲ」に返り点を書きなさい。

㈡ 文中――「其の城郭は高く、溝壑は深く、蓄積は多く」について、下の表は、使者の報告と、それに対する荘王の考えを整理したものです。①、②に当てはまる内容を、それぞれ現代語で簡潔に書きなさい。

| 使者の報告 | 荘王の考え |
|---|---|
| 「其の城郭は高く、溝壑は深く」 | ① |
| 「蓄積は多く」 | （そうであるならば）租税が重いはずであり、② |
| 結論 「陳は伐つべからざるなり」 | 結論 「陳伐つべきなり」 |

㈢ 本文で述べられている内容についての説明として、次のア～エから最も適切なものを選びなさい。

ア 使者は、平和を維持するために戦いは避けるべきだと荘王を説得した。
イ 荘王は、使者の報告にうそが含まれることを鋭く見抜くことができた。
ウ 使者は、荘王の判断に納得がいかず、陳への攻撃には参加しなかった。
エ 荘王は、陳が小国であることを踏まえ、陳の状況を論理的に推測した。

**五** 次の㈠～㈢の問いに答えなさい。

㈠ 次の①～④の――の平仮名の部分を漢字で書きなさい。

① 釣り糸をたらす。
② もうすぐ日がくれる。
③ しきゅう、連絡してほしい。
④ けんばい機できっぷを購入する。

怒りて帰りしに《（帰ったところ）》、これを聞きし人の《（聞いた人が）》、「それは、

七重八重花は咲けども山吹のみの一つだに《（さえ）》なきぞ悲しき

といふ古歌のこころなるべし。」といふ。持資驚きて、それより歌に志を寄せけり。

（『常山紀談』による。）

（注）太田左衛門大夫持資、上杉宣政……いずれも室町時代の人。
長臣……重要な職務にある家臣。　鷹狩……鷹を使って行う狩り。
蓑……わらなどを編んで作った雨具。

㈠　文中——「言はず」を現代仮名遣いで書きなさい。ただし、全て平仮名で書くこと。

㈡　次の会話文は、春輝さんたちが、本文について話し合ったときの会話の一部です。これを読んで、後の①、②の問いに答えなさい。

春輝さん　「持資」が「若き女」に対して怒ったのはどうしてだろう。
夏斗さん　それは、「持資」が蓑を借りようとしたのに、「若き女」が何も答えずに［Ⅰ］からでしょう。
秋世さん　確かにこの行動は不思議だよね。これってどういうことなのかな。
冬香さん　それが「古歌のこころ」と関係してくるわけでしょ。
夏斗さん　本文の中に出てくる和歌は、昔の人がよんだもので、多くの花を咲かせるけれど実を付けないという山吹の徴を踏まえているんだよね。
秋世さん　そうか。「みの一つだになき」という言葉があるけれど、これには、「［Ⅱ］」という意味と「蓑が一つもない」という二つの意味が込められているということだね。
冬香さん　そういうことになるね。だから「若き女」の行動には意味があったんだ。
春輝さん　最後の一文に「持資驚きて」とあるから、「持資」はその意味を知って本当に驚いたんだろうね。
冬香さん　調べてみると、古文に出てくる「驚く」は、「はっと気づく」という意味で使われることも多いんだって。それを考えると、［Ⅲ］ということになるよね。
春輝さん　なるほど、そうだね。「持資」の気持ちが伝わってくる気がするよ。

①　会話文中［Ⅰ］、［Ⅱ］に当てはまる内容を、本文から考えて、それぞれ現代語で書きなさい。

②　会話文中［Ⅲ］に当てはまる内容として、次のア～エから最も適切なものを選びなさい。

ア　「若き女」がよんだ和歌に感動し、古い歌が持つ趣深さとおもしろさに気づいた
イ　「若き女」とのやり取りを通して、自分の教養のなさを知るとともに和歌の奥深さに気づいた
ウ　「若き女」の優しい気持ちに触れることで、一緒に和歌を作ってみたいという自分の恋心に気づいた
エ　「若き女」の行動が自分の真意を探るためであったと分かり、人を見かけで判断すべきでないと気づいた

見透かしている目だ。

Ⅱエースの前座。そんな気持ちで一走を走ってたら、きっと雨夜というロケットは飛ばない。頭のどこかじゃわかってる。けど、それがなんだって言うんだ。

「Cいいよ別に。本物のリレーなんか……。」

「そうか?」

なぜか兄はニコニコして言った。顔は見えなかったけど、ニコニコしていると思った。

（天沢夏月『ヨンケイ!!』による。）

（注）雨夜……エース区間の二走を走るメンバー。
サーフェス……走行面。
サトセン……陸上部の顧問。　酒井……陸上部の部員。

㈠　文中□に当てはまる語句として、次のア～エから最も適切なものを選びなさい。

ア　リレーはタイム　　イ　リレーはパズル
ウ　一走はブースター　エ　二走はロケット

㈡　文中A――「鼻を鳴らす」という表現は、「俺」のどのような様子を表していますか、次のア～エから最も適切なものを選びなさい。

ア　得意に思っている様子。
イ　不満を感じている様子。
ウ　心が落ち着いている様子。
エ　相手の機嫌をうかがう様子。

㈢　文中B――「ただバトンを繋げばいいだけじゃないんだ」とありますが、「兄」が「俺」に伝えたい内容として、次のア～エから最も適切なものを選びなさい。

ア　バトンに込められた思いに気づいてこそ、感動的なリレーになる。
イ　夢や希望を仲間と共有できるかどうかで、リレーの価値が決まる。
ウ　バトンをスムーズに渡す美しさこそが、本物のリレーの良さである。
エ　本物のリレーをするには、お互いのことを深く理解する必要がある。

㈣　文中Ⅰ＝＝「どこまでも本命の前座ってワケだ」と、Ⅱ＝＝「エースの前座。そんな気持ちで一走を走ってたら、きっと雨夜というロケットは飛ばない」という表現から、「俺」は自分が一走を走ることを、どのように受け止めていると考えられますか、まとめて書きなさい。

㈤　文中C――「いいよ別に。本物のリレーなんか……」に込められた「俺」の心情を説明したものとして、次のア～エから最も適切なものを選びなさい。

ア　兄の過去と自分を結び付け、前向きな気持ちを抱いている。
イ　兄の助言を理解しながらも、素直に認められない部分がある。
ウ　仲間よりも、自分が速く走ることだけに集中したい思いがある。
エ　自分の気持ちを分かってもらえず、兄に対して嫌気がさしている。

## 三　次の文章を読んで、後の㈠、㈡の問いに答えなさい。

太田《おほた》左《さ》衛《え》門大《もんのたい》夫《ふ》持資《もちすけ》は上杉宣政《のりまさ》の長臣なり。鷹狩《たかがり》に出て雨に逢《あ》ひ、ある小屋に入りて蓑《みの》を借らん（借りよう）といふに、若き女（若い女が）の何とも物をば言はずして、山吹《やまぶき》の花一枝折りて出《いだ》しければ、「花を求むるにあらず。」とて

NASAだかJAXAだかを目指してるって。ロケットが好きなんだ。星好きの兄の同類。元々仲が悪かったなんて話は、初めて聞いたけど。

「でもあるときふっと、パズルのピースみたいに綺麗《きれい》にハマった瞬間があったんだよね。」

「ハマった瞬間？」

脳裏を雨夜《あまや》の顔がよぎる。俺は頭を振ってそれを追い出す。

「一走のおもしろさは、ロケットを飛ばすことだなんて言ってたな。」

兄は懐《なつ》かしそうに笑ってるけど、俺はまったく意味がわからない。

「つまり、あいつにとっては二走がロケットだったわけよ。俺に初めて綺麗にバトンが渡ったとき、ああ打ち上げ成功だって思ったらしい。あいつがロケット馬鹿だってこともそのとき初めて知った。そこからぐんぐんタイムが伸びたんだから、それこそ馬鹿みたいな話だけど。」

「……□だって言いたいわけ？」

ロケットの打ち上げ《ブラスト・オフ》に際し、カウントダウン・ゼロの瞬間に派手に火を噴くブースターは、ロケットという特大質量を遥《はる》か宇宙へ飛ばすために必要となる莫大《ばくだい》な推進力を補助するための装置――以前金守さんが言っていたっけな。その多くは燃料を使い果たした後、本体から切り離され投棄される。Ⅰどこまでも本命の前座ってワケだ。

「リレーってさ、不思議な競技だよな。」

人の話を聞いているのか聞いていないのか、兄はのんきな口調で話を続けた。

「四人のベストタイムの合計より、リレーのタイムの方がよかったりする。つまり、バトンで縮んでるわけだ。個人競技が多い陸上の中でさ、そういうチームワークが結果に直結する競技は珍しいよな。」

俺はA鼻を鳴らす。

「純粋な走力の勝負じゃないって意味じゃ、邪道でしょ。」

「まあ、陸上ってそういうとこあるからな。己の身一つ、その力を限界まで振り絞って戦うだけに、一切言い訳がきかない。サーフェスのコンディションとか、風とかはあるだろうけど。」

「でもリレーは、バトンっていう言い訳が入る余地がある。それがつまんねえ。」

俺は吐き捨てるように言う。なんでこんなにリレーをけなしたいんだろうな。

「かもな。でもさ、俺はサトセンが今のおまえらにリレーやらせたい気持ち、なんとなくわかるよ。」

と、兄は笑った。サトセンが、リレーをやらせたい理由？

「Bただバトンを繋《つな》げばいいだけじゃないんだ。」

真っ暗だけど、兄の目はうっすら見える。大島の星空が映り込んで、兄の目の中にプラネタリウムがあるみたいだ。ずっと星を追いかけている兄の目だから、そう見えるのだろうか。俺の目には兄が映っている。今も昔も……。酒井に言われたことをふっと思い出し、頭を振る。

「綺麗に、スムーズに、無駄なく渡そうと思ったら、結局お互いのことちゃんと知るしかない。そいつのくせとか、性格とか、その日の調子とか……そういうの全部わかってて、初めて完璧なバトンパスができるんだ。そいつのこと、なんも知らなくて、本気のバトンなんか渡せねえよ。チームメイトのこと知らずに、本物のリレーなんかできねえよ。」

穏やかだけど、強い調子だった。あの頃を思い出したように、遠くを見ている目だった。だけど、俺を見ている目だ。俺の中の、何かを深くに張りめぐらせるのです。水が不足するという条件の中で、根の〝根性〟を感じさせるような伸び方です。

「いろいろな困難や苦労にくじけない性質」に、「根性」という語が当てられます。この語の語源が、文字の並びの通りに「根の性質」なのかどうかは定《さだ》かではありません。でも、根が水の不足する環境の中で水を探し求めて伸びる性質は、「根性」という語にふさわしいものです。

（田中修『植物のいのち』による。）

(一) 文中 I 、 II に当てはまる語の組み合わせとして、次のア～エから最も適切なものを選びなさい。

ア I しかし　II あるいは
イ I たとえば　II しかも
ウ I ところが　II そのため
エ I なぜなら　II したがって

(二) 文中A――「その根拠は、主に、次の三つに整理できます」とありますが、その根拠について説明したものとして、次のア～エから適切なものを全て選びなさい。

ア 根拠の一つ目では、根が水のある方向へ伸びる現象について述べている。
イ 根拠の二つ目では、土と水がないと植物は成長できないことを述べている。
ウ 根拠の三つ目では、根が伸びるには地球の重力が大きく影響することを述べている。
エ 三つに整理された根拠は、根には水を求めて伸びる力があることを示すものとなっている。

(三) 文中B――「ところが、根の成長はそうではありません」とありますが、筆者は、植物の地上部の成長と地下部の根の成長はどのように異なると述べていますか。植物の地上部の成長と地下部の根の成長がそれぞれどのようであるか、違いが分かるように、書きなさい。

(四) 本文の中で、筆者は、「根性」という言葉の意味と「根の性質」を重ねて捉えています。筆者が「根性」という語に重なると考えているのは「根の性質」のどのような点ですか、重なる点に触れながら書きなさい。

(五) 本文全体の構成や表現についての説明として、次のア～オから適切なものを二つ選びなさい。

ア 根拠を順序立てて説明することで、文章の説得力を高めている。
イ 反対意見に対して一つ一つ反論し、自分の主張を正当化している。
ウ 難解な専門用語を多用することで、格調の高い文章となっている。
エ 複数のデータを詳細に比較した上で、最後に問題提起をしている。
オ 客観的事実や現象だけでなく、筆者の主観的な見方も示されている。

**二** 次の文章を読んで、後の(一)～(五)の問いに答えなさい。

「昔さ、俺、金守《かなもり》と仲悪かったのよ。なのに一走と二走になっちまってさ。」

突然なんだよ、と思う。金守さん……兄の現役時代、リレーで一走を走っていた人だ。何度も会ったことがあるわけじゃないけど、兄と仲がいいのは知っている。確か宇宙工学とか、そっち系で、将来は

# ＜国語＞

時間　四五分～六〇分（学校裁量による）
満点　一〇〇点

一　次の文章を読んで、後の㈠～㈤の問いに答えなさい。

畑や花壇の土は、地表面の近くが乾燥していても、地中の深くでは、水を含んでいます。そのため、「根は、その水を求めて、下に向かって伸びていくのではないか」と考えることはできます。

［Ⅰ］、地球上には重力があり、根には重力の方向に伸びるという性質があります。ですから、根が水を求めて下に伸びていることは、重力と切り離して証明しにくいのです。［Ⅱ］、「根が水を求めて下に向かって伸びていく」とは、これまではっきりといわれてきませんでした。

しかし、近年は、「根が水を求めて下に向かって伸びていく」ことが、はっきりと認められるようになりました。Aその根拠は、主に、次の三つに整理できます。

一つ目は、根が水のある方向に向かって伸びる現象がよく見られることです。これは、多くの人に何となく感じられてきたものです。たとえば、土の中の配水管などの割れ目から水が漏れていると、割れ目に向かって多くの根が伸びる現象が観察されてきました。

二つ目は、シロイヌナズナという植物に、突然変異で重力を感じなくなった個体が生まれたことです。この個体の根は、重力を感じることはありません。ところが、その根は土の中深くに多くある水を求めて下に伸びるのです。

三つ目は、宇宙ステーションでの実験です。宇宙ステーションの中では、重力ははたらいていません。それにもかかわらず、シロイヌナズナをはじめ、レタスやヒャクニチソウなどのタネが発芽すると、根は下に伸びたのです。このとき、発芽した芽生えの下には、水を含んだロックウールが置かれていました。

ロックウールというのは、岩石を加工して、水を含むようにしたものです。根は、無重力の中に置かれた水を含んだロックウールの中へ伸びたのです。地球上では、重力があるために見えにくい「根は、水を求めて伸びる」という性質が、無重力の宇宙で、はっきりと示されたのです。

このように、根には、水を求めて伸びる力が備わっているのです。この力があるからこそ、根は、土の中を下に向かって、〝深く〟伸びます。土の表面は乾燥していても、地面の下には、深くなればなるほど水分があり、その水を求めて、植物たちは長く根を伸ばすのです。

この力は、同じ種類の植物が湿った土で育った場合と、乾燥した土で育った場合の根の成長を比較すると、よくわかります。植物の地上部は、湿った土で育ったほうが乾燥した土の場合よりも、植物の成長ははるかに上まわります。そのため、隠れて見えない地下部の根の成長も、湿った土のほうが乾燥した土の場合よりも、よいように想像されます。

Bところが、根の成長はそうではありません。実際に掘って確かめてみると、湿った土で育った根はそれほど伸びていないのに比べて、乾燥した土で育った根は、湿った土で育った根に比べて、ずっときめ細かく深く張りめぐらされています。乾燥した土地で育つ植物の根は、水を求めてたくましく伸びるのです。

根は、水が少なく不足しているという逆境の中で、水を探し求めるように、また、少しでも水をくまなく吸収できるように、きめ細かく

MEMO

大切なことはメモしておこうネ！

後期

# 2022年度

# 解答と解説

《2022年度の配点は解答用紙集に掲載してあります。》

## ＜数学解答＞

1　(1)　①　$-4$　②　$5x-2$　③　$3b^2$　(2)　①　$x=-2$　②　$x=\frac{3\pm\sqrt{5}}{2}$

(3)　$(x+4y)(x-4y)$　(4)　2　(5)　(∠BAC＝)48(°)　(6)　($y$＝)18(求め方は解説参照)　(7)　$\frac{4}{9}$　(8)　ウ　(9)　ウ

2　(1)　①　ウ　②　エ　③　ア　(2)　イ，エ

3　(1)　(例)1つの円周上にある　(2)　(∠AEB＝)75(°)

4　(1)　解説参照　(2)　右図

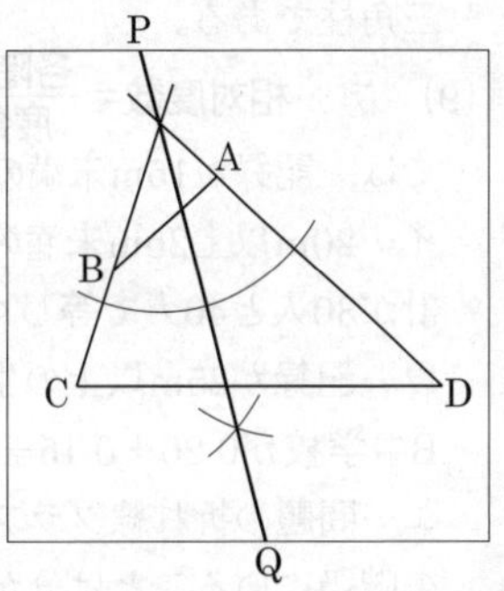


5　(1)　28(個)　(2)　$8n-4$(個)

(3)　①　38(番目)(求める過程は解説参照)

②　(石の色)　黒　(残った個数)　8(個)

6　(1)　22(秒後)　(2)　①　$y=\frac{4}{5}x$　②　$y=-\frac{4}{5}x+\frac{88}{5}$

(3)　$x=6$のとき$y=\frac{24}{5}$，$x=\frac{28}{3}$のとき$y=\frac{112}{15}$

## ＜数学解説＞

1　(数・式の計算，1次方程式，2次方程式，因数分解，式の値，角度，関数$y=ax^2$，確率，投影図，資料の散らばり・代表値)

(1)　①　異符号の2数の和の符号は絶対値の大きい方の符号で，絶対値は2数の絶対値の大きい方から小さい方をひいた差だから，$3-7=(+3)+(-7)=-(7-3)=-4$

②　分配法則を使って，$2(x-1)=2\times x+2\times(-1)=2x-2$だから，$3x+2(x-1)=3x+(2x-2)=3x+2x-2=(3+2)x-2=5x-2$

③　$12ab^3\div 4ab=12ab^3\times\frac{1}{4ab}=\frac{12ab^3}{4ab}=3b^2$

(2)　①　$4x+5=x-1$　$+5$を右辺に，$x$を左辺にそれぞれ移項して，$4x-x=-1-5$　整理して，$3x=-6$　$x=-2$

②　**2次方程式$ax^2+bx+c=0$の解は，$x=\frac{-b\pm\sqrt{b^2-4ac}}{2a}$**で求められる。問題の2次方程式は，$a=1$，$b=-3$，$c=1$の場合だから，$x=\frac{-(-3)\pm\sqrt{(-3)^2-4\times1\times1}}{2\times1}=\frac{3\pm\sqrt{9-4}}{2}=\frac{3\pm\sqrt{5}}{2}$

(3)　**乗法公式$(a+b)(a-b)=a^2-b^2$**より，$x^2-16y^2=x^2-(4y)^2=(x+4y)(x-4y)$

(4)　$a=3$，$b=\frac{1}{3}$のとき，$(2a+b)-(a+4b)=2a+b-a-4b=2a-a+b-4b=a-3b$　$a=3$，$b=\frac{1}{3}$を代入して，$3-3\times\frac{1}{3}=3-1=2$

(5)　∠ACB＝180°－∠ACD＝180°－114°＝66°　**△ABCの内角の和は180°**だから，∠ABC＝∠ACBであることを考慮すると，∠BAC＝180°－(∠ABC＋∠ACB)＝180°－2∠ACB＝180°－2×66°＝48°

(6)　(求める過程)　(例)$y=ax^2$に$x=-2$, $y=8$を代入して　$8=a\times(-2)^2$　$a=2$　よって, $y=2x^2$となるから, この式に$x=3$を代入して, $y=2\times3^2=18$

(7)　全ての玉の取り出し方は, (1回目に取り出した玉, 2回目に取り出した玉)＝(赤, 赤), (赤, 白), (赤, 青), (白, 赤), (白, 白), (白, 青), (青, 赤), (青, 白), (青, 青)の9通り。このうち, 2回のうち1回だけ赤玉が出るのは〰を付けた4通りだから, 求める確率は$\frac{4}{9}$

(8)　アは真正面から見た図が三角形で, 真上から見た図が四角形だから, この立体は四角錐である。イは真正面から見た図も, 真上から見た図も円だから, この立体は球である。ウは真正面から見た図が三角形を組み合わせた形で, 真上から見た図が三角形だから, この立体は三角錐である。エは真正面から見た図が三角形で, 真上から見た図が円だから, この立体は円錐である。オは真正面から見た図が長方形を組み合わせた形で, 真上から見た図が三角形だから, この立体は三角柱である。

(9)　ア…**相対度数**＝$\frac{\text{各階級の度数}}{\text{度数の合計}}$より, 各階級の度数＝度数の合計×相対度数だから, A中学校では, 記録が15m未満の生徒が$30\times(0+0+0.20)=6$(人)いる。アは正しいとはいえない。
イ…20m以上25m未満の**階級**においては, A中学校とB中学校の相対度数は等しいが, **度数**の合計が30人と40人で等しくないから, 生徒の人数は等しくない。イは正しいとはいえない。
ウ…記録が25m以上の生徒が各中学校において占める割合は, A中学校が$0.10+0.10+0=0.20$, B中学校が$0.20+0.15+0=0.35$で, A中学校よりB中学校の方が大きい。ウは正しいといえる。
エ…問題の折れ線グラフからは, 各中学校において最も遠くまで投げた生徒が30m以上35m未満の階級にいることは分かっても, それぞれの生徒の具体的な記録は分からない。エは必ずしも正しいとはいえない。

## 2 (数の性質)

(1)　正の整数を**自然数**というから, 5はウに入る。分数の形には表せない数を**無理数**という。$\sqrt{3}$は3の正の平方根であり, 分数の形には表せないから, エに入る。分数の形に表される数を**有理数**というから, $\frac{3}{11}$はアに入る。

(2)　ア…2の**逆数**は$\frac{1}{2}$で, 自然数とはならない。アは正しくない。　イ…$a$, $b$を$a>b$であるような整数とすると, **(整数)－(整数)＝(整数)**だから, $a-b$は整数であり, $a>b$より$a-b>0$であるから, $a-b$は正の整数, つまり自然数である。イは正しい。　ウ…2次方程式$x^2=1$の解は, $x=\pm\sqrt{1}=\pm1$で, 整数となる。ウは正しくない。　エ…**有理数と無理数をあわせると, 数直線上の点に対応する数をすべて表すことができる**。エは正しい。

## 3 (円の性質, 角度)

(1)　例えば, 4点A, B, P, Qについて, P, Qが直線ABの同じ側にあって, $\angle APB=\angle AQB$ならば, この4点は1つの円周上にある。**(円周角の定理の逆)**

(2)　$\overset{\frown}{BC}$に対する**円周角**の大きさは等しいから, $\angle BAE=\angle BAC=\angle BDC=25^\circ$　$\triangle ABE$の内角の和は180°だから, $\angle AEB=180^\circ-\angle ABE-\angle BAE=180^\circ-80^\circ-25^\circ=75^\circ$

## 4 (図形の証明, 作図)

(1)　(証明)　(例)手順Ⅱにより, CE＝DE…②　OEは共通…③　①, ②, ③より, 3組の辺がそれぞれ等しいから$\triangle OCE\equiv\triangle ODE$

(2)　(着眼点)　四角形ABCDの辺BCが辺AD上に重なるように折ったとき, この折り紙にできる

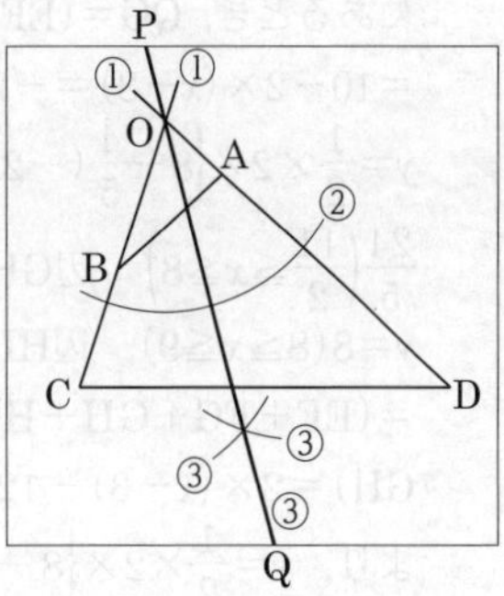


折り目を通る直線PQは，辺BCと辺ADがつくる角の二等分線となる。　(作図手順)次の①～③の手順で作図する。　①　辺BC，ADをそれぞれ延長して，交点をOとする。　②　点Oを中心とした円を描き，辺BC，AD上に交点をつくる。　③　②でつくったそれぞれの交点を中心として，交わるように半径の等しい円を描き，その交点と点Oを通る直線(∠BOAの二等分線)を引き，正方形の折り紙の辺との交点をP，Qとする。(ただし，解答用紙には点Oの表記は不要である。)

## 5 (規則性，文字を使った式，方程式の応用)

(1)　4番目の正方形を作ったとき，外側の正方形に並んでいる白い石は，1辺に$6+2=8$(個)ずつ並んでいるから，その個数は$(8-1)\times4=28$(個)

(2)　外側の正方形の1辺に並んでいる石の個数は，1番目の正方形が2個，2番目の正方形が4個，3番目の正方形が6個，…だから，$n$番目の正方形には$2n$個並んでいる。これより，$n$番目の正方形を作ったとき，外側に並んでいる石の個数は，$(2n-1)\times4=8n-4$(個)

(3)　①　(求める過程)　(例)$n$番目の正方形を作ったときに300個の石を使い切ったとすると，$8n-4=300$　$8n=304$　$n=38$　$n=38$は問題に適している。

②　外側に並んでいる石の色は，奇数番目の正方形が黒，偶数番目の正方形が白だから，38番目の正方形の外側に並んでいる石の色は白であり，使われずに残った石の色は黒である。また，38番目の正方形の外側の正方形の1辺に並んでいる白い石は$2\times38=76$(個)，内側の正方形の1辺に並んでいる黒い石は，外側よりも2個少ない$76-2=74$(個)だから，黒石の個数は$(74-1)\times4=292$(個)であり，残った黒石の個数は$300-292=8$(個)である。

## 6 (動点，関数とグラフ，面積)

(1)　△BFEに三平方の定理を用いると，$\mathrm{EF}=\sqrt{\mathrm{BF}^2+\mathrm{BE}^2}=\sqrt{4^2+3^2}=5$(cm)　△AFG≡△BFE≡△CIJ≡△DIHであることを考慮すると，点PがJに到着するのは，Eを出発してから$(\mathrm{EF}+\mathrm{FG}+\mathrm{GH}+\mathrm{HI}+\mathrm{IJ})\div1=(4\mathrm{EF}+\mathrm{GH})\div1=(4\times5+2)\div1=22\div1=22$(秒後)である。

(2)　①　点Pから辺BCへ垂線PKを引く。△BFE∽△KPEであり，EF：BF＝5：4であることを考慮すると，Pが出発してから$x$秒後のとき，EP＝毎秒1cm×$x$秒＝$x$(cm)，$\mathrm{KP}=\mathrm{EP}\times\frac{\mathrm{BF}}{\mathrm{EF}}=x\times\frac{4}{5}=\frac{4}{5}x$(cm)　よって，$y=\triangle\mathrm{EJP}=\frac{1}{2}\times\mathrm{EJ}\times\mathrm{KP}=\frac{1}{2}\times2\times\frac{4}{5}x=\frac{4}{5}x(\mathrm{cm}^2)$

②　点Pから辺ADへ垂線PLを引く。△BFE≡△DIHであることを考慮し，①と同様に考えると，Pが出発してから$x$秒後のとき，HP＝(EF＋FG＋GH＋HP)－(EF＋FG＋GH)＝(毎秒1cm×$x$秒)－(5＋5＋2)cm＝$x-12$(cm)，$\mathrm{LP}=\mathrm{HP}\times\frac{\mathrm{BF}}{\mathrm{EF}}=(x-12)\times\frac{4}{5}=\frac{4}{5}(x-12)$(cm)　よって，$y=\triangle\mathrm{EJP}=\frac{1}{2}\times\mathrm{EJ}\times(\mathrm{DC}-\mathrm{LP})=\frac{1}{2}\times2\times\left\{8-\frac{4}{5}(x-12)\right\}=-\frac{4}{5}x+\frac{88}{5}(\mathrm{cm}^2)$

(3)　(2)と同様に考えて，点Pが，辺FG上にあるとき，$\mathrm{PG}=(\mathrm{EF}+\mathrm{FG})-(\mathrm{EF}+\mathrm{FP})=10-1\times x=-x+10$(cm)より，$y=\frac{1}{2}\times2\times\left\{8-\frac{4}{5}(-x+10)\right\}=\frac{4}{5}x\,(5\leqq x\leqq10)$　GH上にあるとき，$y=8\,(10\leqq x\leqq12)$　IJ上にあるとき，$\mathrm{PJ}=(\mathrm{EF}+\mathrm{FG}+\mathrm{GH}+\mathrm{HI}+\mathrm{IJ})-(\mathrm{EF}+\mathrm{FG}+\mathrm{GH}+\mathrm{HI}+\mathrm{IP})=22-1\times x=-x+22$(cm)より，$y=\frac{1}{2}\times2\times\frac{4}{5}(-x+22)=-\frac{4}{5}x+\frac{88}{5}\,(17\leqq x\leqq22)$となる。これをグラフに表すと，次ページの図のようになる。また，点Qに関しても，辺EF上にあるとき，$\mathrm{EQ}=2\times(x-3)=2x-6$(cm)より，$y=\triangle\mathrm{EJQ}=\frac{1}{2}\times2\times\frac{4}{5}(2x-6)=\frac{8}{5}x-\frac{24}{5}\left(3\leqq x\leqq\frac{11}{2}\right)$　辺FG上

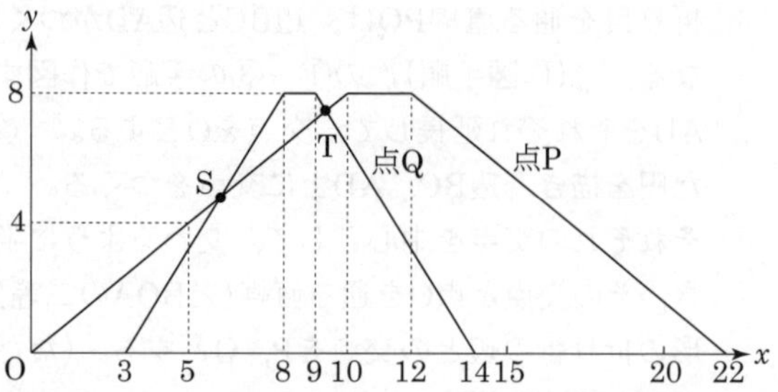


にあるとき，$QG=(EF+FG)-(EF+FQ)=10-2\times(x-3)=-2x+16$(cm)より，$y=\frac{1}{2}\times2\times\left\{8-\frac{4}{5}(-2x+16)\right\}=\frac{8}{5}x-\frac{24}{5}\left(\frac{11}{2}\leqq x\leqq 8\right)$　辺GH上にあるとき，$y=8(8\leqq x\leqq 9)$　辺HI上にあるとき，$HQ=(EF+FG+GH+HQ)-(EF+FG+GH)=2\times(x-3)-12=2x-18$(cm)より，$y=\frac{1}{2}\times2\times\left\{8-\frac{4}{5}(2x-18)\right\}=-\frac{8}{5}x+\frac{112}{5}\left(9\leqq x\leqq\frac{23}{2}\right)$　辺IJ上にあるとき，$QJ=(EF+FG+GH+HI+IJ)-(EF+FG+GH+HI+IQ)=22-2\times(x-3)=-2x+28$(cm)より，$y=\frac{1}{2}\times2\times\frac{4}{5}(-2x+28)=-\frac{8}{5}x+\frac{112}{5}\left(\frac{23}{2}\leqq x\leqq 14\right)$　これをグラフに表すと，上図のようになる。上図のグラフより，点Qが移動している間で$(3\leqq x\leqq 14)$，$\triangle EJP=\triangle EJQ$となるのは，$5\leqq x\leqq 10$で点Sと点Tの2点ある。点Sは$y=\frac{4}{5}x$と$y=\frac{8}{5}x-\frac{24}{5}$の交点で，この連立方程式を解いて，$S\left(6,\ \frac{24}{5}\right)$　点Tは$y=\frac{4}{5}x$と$y=-\frac{8}{5}x+\frac{112}{5}$の交点で，この連立方程式を解いて，$T\left(\frac{28}{3},\ \frac{112}{15}\right)$である。

## ＜英語解答＞

**1**　No. 1　C　　No. 2　B

**2**　No. 1　ア　　No. 2　エ　　No. 3　ウ

**3**　No. 1　①　イ　　②　ウ　　No. 2　D　　No. 3　(例)Because they are sleeping in the morning.

**4**　(1)　(例)How is the weather in Kyoto?　　(2)　(例)Where are you going to visit today?　　(3)　(例)What time will you leave Kyoto?

**5**　ア　tell　　イ　call　　ウ　made　　エ　enjoyed　　オ　drawn

**6**　(1)　A　ウ　　B　イ　　(2)　①　C　　②　chicken　　(3)　ア，オ

**7**　(1)　①　(例)She joined the music club.　　②　(例)Because she wanted to make people's lives better.　　(2)　エ→ウ→ア→イ　　(3)　(例)why you want to do it　　(4)　ア，エ

**8**　(例)I would like to write e-mails.　If I write e-mails to people in other countries, I'll learn how to express myself in English.　Also, reading e-mails from them will be fun, so I can enjoy learning and improve my English.

(例)Listening to English songs is the best for me.　I like music, so I listen to my favorite English songs many times.　This helps me learn a lot of words.　I'll never forget them because I remember the songs.

## ＜英語解説＞

### 1・2・3　(リスニング)

放送台本の和訳は，54ページに掲載。

## 4 （自由・条件英作文：絵を用いた問題，会話文問題）

（全訳）　タクヤ：(1)京都の天気はどう？　／レオ：こっちは晴れだよ。旅行にはとても良い日だよ。／タクヤ：わあ，それはとても良かったね。(2)今日はどこへ行くつもりなの？　／レオ：今日はお城と有名なお寺に行くつもりだよ。／タクヤ：それは良さそうだね。明日帰ってくるんだよね？　(3)京都を何時に出発するの？　／レオ：2時だよ。新幹線で約4時間かかるんだ。だから6時ごろ家に着くよ。

(1)　全訳参照。空所(1)直後のレオの発言に注目。天候を答えているので，タクヤは天候を聞いたと考えるのが自然。　(2)　全訳参照。空所(2)直後のレオの発言に注目。今日どこに行くつもりなのかを答えている。　(3)　全訳参照。空所(3)直後のレオの発言に注目。<leave ＋場所>＝～を去る，離れる

## 5 （読解問題・エッセイ：メモ・図などを用いた問題，語句補充・選択，語形変化）

（全訳）　今日は，カードゲームをしようと思います。だからそれについて皆さんにアお話します。

群馬の多くの子どもたちはこのゲームをすると思います。僕たちはそれを‘上毛かるた’とイ呼んでいます。44枚の絵札と44枚の読み札があります。読み手が声を出して読み札を読んだら，その読み札の意味を表す絵札を見つけなければいけません。さっと素早く絵札に触りましょう。最初に絵札に触ったら，そのカードを取ることができます。相手よりも多くの札を取ったら，その試合はあなたの勝ちです。

‘上毛かるた’は1947年に群馬県について子どもたちが学ぶことができるようにとウ作られました。それ以来,群馬の人たちはそれで遊ぶことをエ楽しんできました。絵札にオ描かれた有名な場所や人々について学ぶことができます。一緒に群馬県について楽しんで学びましょう！

ア　tell＝言う，話す　イ　< **call A B** >で **「AをBと呼ぶ」**　ウ　<**be** **動詞＋過去分詞**>で **「～される」（受け身）を表す。** make の過去分詞 made が適当。　エ　< **have ＋過去分詞**>で **「（今まで）～してきた」（現在完了）を表す。**　since ～＝～から今までずっと　継続を表すので通常完了形と共に使われる。　オ　draw＝「（絵・図案などを）描く」の過去分詞 drawn が適当。**過去分詞で「～された」（受け身の意味）を表し，famous places and people を後ろから修飾している。（分詞の形容詞的用法）**

## 6 （会話文問題：文の挿入，英問英答，内容真偽）

（全訳）　アヤの父：ノラ，英語のメニューをどうぞ。

ノラ　　：わあ，ありがとうございます。

アヤの父：A何か食べられないものはあるかい？

ノラ　　：はい。私は牛肉が食べられません。あと，卵アレルギーです。

アヤの父：カレーの中に使われているものと，アレルギーについての情報をスマートフォンでこの二次元コードを読んで確認できるよ。

ノラ　　：ええと，ちょっと待ってください。すごい！これで食べられるものが分かります。

アヤ　　：辛いカレーは好き？

ノラ　　：うん。一番辛いカレーにするわ。そうすると，どのセットが私にはいいのかしら？　そうねえ，アイスクリームが食べたいな。でも飲み物はいらないわ。よし，決めたわ。

アヤ　　：私はこのセットにするわ，アイスクリームとリンゴジュースが欲しいから。私は野菜カレーを食べることにするわ。お父さんはどうする？

アヤの父：僕は牛肉がいいな，それからコーヒーが欲しいな。だからBセットにしよう。

【メニュー】

メニュー
野菜，牛肉，鶏肉からカレーをお選びください。
野菜…辛くない　　牛肉…辛い　　鶏肉…とても辛い

| | |
|---|---|
| Aセット：800円<br>カレーを1種類お選びください<br>ごはんとサラダ | Bセット：950円<br>カレーを1種類お選びください<br>ごはん，サラダ，飲み物　※1 |
| Cセット：1100円<br>カレーを1種類お選びください<br>ごはん，サラダ，アイスクリーム | Dセット：1200円<br>カレーを1種類お選びください<br>ごはん，サラダ，飲み物，アイスクリーム |

飲み物：リンゴジュース，オレンジジュース，またはコーヒー

※1　アレルギーについてのより詳しい情報についてはこの二次元コードをお使いください。

彼らは料理を待っている時に，メニューに載っている二次元コードについて話しています。

ノラ　　：このメニューに二次元コードが付いていて嬉しいわ。二次元コードはとても便利ね。欲しい情報をとても速く簡単に得ることができるもの。

アヤ　　：そうね。今では，これみたいな二次元コードをたくさんの場所で見つけることができるわね。

アヤの父：日本の技術者がこの種の二次元コードをつくったそうだよ。彼はバーコードよりも良いものを作りたいと強く思っていたんだ。

ノラ　　：バーコードの問題点は何なのですか？

アヤの父：バーコードはたくさんの情報を含むことができないんだ。それはバーコードが線だけだからなんだよ。ある日，彼は黒と白の石を使う伝統的なボードゲームをしている時に二次元コードのアイディアを思いついたんだ。それが何か分かるかな？

アヤ　　：うーん，碁だと思うわ。

アヤの父：Bその通り。二次元コードはそのボードゲームに似ているんだ。二次元コードの中には，たくさんの小さな黒と白の形があるよ。それらを変えることによって，たくさんのさまざまな二次元コードを作ることができる。小さな二次元コードでもバーコードよりも多くの情報を含むことができるんだ。

アヤ　　：おもしろいわ！二次元コードをテレビやポスターや教科書の中に目にするわね。それと，病院や会社でも使われると聞いたことがあるわ。

アヤの父：彼は二次元コードは誰にとっても大変便利だと考えたんだ。だから彼は世界中の人たちに無料で二次元コードを使ってほしいと思ったんだよ。今では，私たちは二次元コードを使うことができるし簡単に作ることができるね。

ノラ　　：一つの良いアイディアが私たちの生活をより良くしたのですね。

アヤ　　：私も本当にそう思うわ。わあ，私たちのカレーが来るわね。すごくいい匂いがする！

(1)　全訳参照。　A　空所の直後のノラの発言に注目。食べられないものを答えているのでウが適当。　B　空所の直後のアヤの父の発言に注目。「二次元コードはそのゲームによく似ている」と言っているので，アヤの推測が正しいと読み取るのが自然。

(2)　問い　ノラはどのセットとカレーを食べることに決めましたか？　／答え　彼女は②鶏肉のカレーで①Cセットを食べることに決めました。　ノラの4番目の発言と【メニュー】を参照。

(3) 全訳参照。 ア　メニューに載っている二次元コードを使って，ノラは必要な情報を得た。(○)　アヤの父の3番目の発言，及びノラの3番目の発言に注目。 イ　アヤはリンゴジュースを飲みたかったので，Bセットを選んだ。 ウ　ある日本人の技術者は，テレビを見ている時に二次元コードに関するアイディアを思いついた。 エ　二次元コードよりもバーコードの方がより多くの情報をつけることができる。 オ　ノラとアヤは，その技術者のアイディアは人々の生活を良い方向に変化させてきたと思っている。(○) ノラの7番目の発言，及びアヤの6番目の発言に注目。

**7**　**(長文読解問題・エッセイ：英問英答，文の並べ換え，語句補充，内容真偽)**

(全訳)　将来の人生について考えている若い人たちのために

佐藤はるな／2022年2月22日

私たちの人生において重要なことを決断する時に，するべきことは何でしょう？ 私はいつも一生懸命考えて本当にやりたいことを選んできました。私は銀行におよそ30年間勤務しています。私は私の仕事と人生が大好きです。私の経験から皆さんが何かを学んでくれるといいなと思います。

私は中学生になった時，どの部活に入るかを決めなければいけませんでした。たくさんの部活があり，私には2つの選択肢がありました。ひとつ目の選択肢は音楽部でした。私は歌を歌うと，いつでも楽しく感じました。私はたくさんの人たちの前で歌を歌いたいと思いました。ふたつ目の選択肢はバレーボール部でした。私の友だちのミキは私に彼女と一緒にバレーボール部に入るように頼みました。私は彼女と共に時間を過ごしたいと思いましたが，スポーツをすることはそれほど好きではありませんでした。とてもよく考えて，私は自分が本当に好きな部活に入りました。私はその部活で良い時間もいくらか大変な時間も過ごしましたが，正しい選択肢を選んだと思っています。

高校生活では，私は一生懸命勉強しました。私は新しいことを学ぶことが好きでした，そして大学に行きたいと思いました。私の両親は私にこう言いました，「大学で何を勉強したいの？」 私は言いました，「数学を勉強したいわ。」すると両親は言いました，「どうしてそれを大学でやりたいの？」私はその質問には答えられませんでした，大学で数学を学ぶということをよく分かっていなかったからです。エ私は両親の質問についてもっと考えたいと思いました，そこで数学についての本を読み始めました。ウそれらの本を通して，数学は世界中のたくさんの便利なものを発展させるために使われていたということを学びました。ア例えば，電話とコンピューターを発展させるために数学が使われました。イまた，数学を勉強することによって考え方を学ぶことができることが分かりました。ある日，私は両親に言いました，「私は大学で数学を学ぶことで，人々の生活をより良くしたいと思っているの。」両親は私が答えを見つけたことを喜んでくれました。

大学では，私は数学を勉強することに集中することができて幸せでした。大学での数学の勉強は高校でのそれとはとても違うものでした。難しい理論を理解するのに数日かかることもありました。でも私はあきらめませんでした，数学を勉強する理由があったからです。本当にやりたいことを知るということは大切です。私はまた，なぜそれをやりたいのかを知ることもとても大切だと確信しています。

私は大学で勉強した後，銀行に勤務し始めました。私がこの仕事を選んだ理由は，私はデータを分析することがとても好きだということでした。今では，お客様に良い助言を差し上げることができます。私はよく時間がある時に歌を歌います。ミキと私は今でも良い友だちです。私は人生で本当にやりたいことをやっているので，とても幸せです。

皆さんへの私の助言は，よく考えて本当にやりたいことを選ぶということです。皆さんは人生で何がやりたいのかを自分自身に問いかけるべきです。また，自分自身になぜそれがやりたいのかということも問いかけた方がよいです。皆さんがこれらの質問に対する答えを見つけたら，決してあきらめず，人生を楽しむでしょう。

(1)　全訳参照。（問題文・解答例訳）①　佐藤さんは中学生の時何の部活に入りましたか？／彼女は音楽部に入りました。　第2段落の内容参照。特に3文目から4文目，及び最後から2文目に注目。　②　なぜ佐藤さんは大学で数学を勉強したかったのですか？／なぜなら彼女は人々の生活をより良くしたかったからです。　第3段落最後から2文目に注目。

(2)　全訳参照。　空所前後の内容に注目。空所は佐藤さんが「なぜ大学で数学を勉強したいのか」に対する自分自身の答えを探し始め，その答えを見つけるところまでの内容が入る。

(3)　全訳参照。　第4段落最後から2文目から最後の1文に注目。

(4)　ア　佐藤さんは約30年前に銀行で働き始め，そこで今でも働いている。(○)　第1段落3文目に注目。現在完了進行形で書かれているので，「ある過去の時点から現在まで」ということが分かる。　イ　中学校で，ミキは佐藤さんと共に多くの時間を過ごすために音楽部に入りたいと思った。　ウ　佐藤さんの両親は彼女に大学で数学を勉強するように言った，なぜならそれが彼女の好きな科目だったからだ。　エ　大学では，佐藤さんは数学の理論を簡単には理解できないこともあったが，努力をし続けた。(○)　第4段落3文目4文目に注目。　オ　佐藤さんは銀行で働くことに決めた，なぜなら彼女はそこで働いている人たちと歌を歌いたかったからだ。

## 8 (自由・条件英作文)

(問題文訳)　A　英語を学ぶ方法について話しましょう。私たちの英語力を進歩させるために何ができるでしょう？　何か良い方法が分かりますか？　B　僕は時々英語の歌を聴いています。／英語でメールを書くのはどうでしょう？　私はそれが良いと思います。／英語の本を読むことはとても良いです。／僕はよくALTの先生と話します。　C　意見を共有してくれてありがとうございます。今4つの意見が出ました。私は全部良いと思います！あなたは英語力を進歩させるためにどの方法を一番試したいと思いますか？　そしてそれはなぜですか？

(解答例訳)　私はメールを書きたいと思います。他の国々の人たちにメールを書いたら，どのように英語で自分の考えを言えばよいのかを学びます。また，彼らからのメールを読むことは楽しいので，学ぶことを楽しんで英語を上達させることができます。／英語の歌を聴くことが私にとっては一番良いです。私は音楽が好きなので，好きな英語の歌を何度も聴きます。このことは多くの単語を学ぶ手助けになります。歌を覚えているので，単語は決して忘れないでしょう。

# 2022年度英語　英語の放送を聞いて答える問題

〔放送台本〕

ただいまから，放送を聞いて答える問題を始めます。問題は，1番～3番まであります。それぞれの問題の英文や英語の質問は2度放送されます。

1番は絵を見て答える問題です。これから，No. 1とNo. 2について，それぞれ2人の対話と，対話に関する質問が流れます。質問に対する答えとして最も適切なものを，それぞれの選択肢A～Dの中から選びなさい。では，始めます。

No. 1　*A:* Tomorrow, we are going to go to the walking event.　What should I bring?

*B:* You need a cap and something to drink, Ken.
*A:* OK. How about lunch?
*B:* No. You can get lunch there. Oh, don't forget to bring an umbrella!
質問します。 What should Ken bring tomorrow?

No. 2 *A:* Tom, look at that picture over there. My sister is in it.
*B:* There are four girls in the picture, Mary. Which one is she? The girl who has long hair?
*A:* No. My sister is holding two potatoes in her hands.
*B:* Oh, that one. She looks very happy!
質問します。 Which is Mary's sister?

〔英文の訳〕

No. 1 A：明日，僕たちはウォーキングイベント(遠足)に行く予定です。何を持って行けばいいですか？
B：帽子と飲み物が必要ですよ，ケン。
A：分かりました。お昼ご飯はどうですか？
B：いりません。お昼ご飯はそこでもらうことができます。ああ，傘を持って来るのを忘れないでください！
質問：明日ケンは何を持って行った方がいいですか？

No. 2 A：トム，あそこにある写真を見てください。私の姉(妹)が写っています。
B：写真には4人の女の子たちが写っています，メアリー。どれが彼女ですか？ 長い髪の女の子ですか？
A：いいえ。私の姉(妹)は手にジャガイモを2つ持っています。
B：ああ，あの子ですね。とても楽しそうです！
質問：どれがメアリーの姉(妹)ですか？

〔放送台本〕

2番の問題に移ります。これから，No.1～No. 3について，それぞれ Yuka と John の2人の対話が流れます。John が2度目に発言する部分で次のチャイムを鳴らします。(チャイム音)チャイムの部分の発言として最も適切なものを，それぞれア～エの中から選びなさい。では，始めます。

No. 1 *Yuka:* Do you have any plans for this Saturday?
*John:* Yes. I'm going to play basketball with my friends.
*Yuka:* Where are you going to play it?
*John:* (チャイム音)

No. 2 *Yuka:* Hi, John. Oh, you look tired. Are you OK?
*John:* Yes, I am. But I'm a little sleepy.
*Yuka:* Why?
*John:* (チャイム音)

No. 3 *Yuka:* John, look at this poster. Have you seen this movie?
*John:* No. I want to see it.
*Yuka:* It's a good movie. You should see it.
*John:* (チャイム音)

〔英文の訳〕

No. 1　ユカ　：今週の土曜日の予定は何かある？
ジョン：あるよ。友だちとバスケットボールをするつもりなんだ。
ユカ　：どこでバスケットボールをするつもりなの？
ジョン：ア　体育館だよ。

No. 2　ユカ　：ハイ，ジョン。あら，疲れているみたいね。大丈夫？
ジョン：うん，大丈夫。でも少し眠いんだ。
ユカ　：どうして？
ジョン：エ　今朝，早く起きなければいけなかったんだ。

No. 3　ユカ　：ジョン，このポスターを見て。この映画は見た？
ジョン：見ていないよ。見たいと思っているんだ。
ユカ　：良い映画よ。見た方がいいわ。
ジョン：ウ　うん，見るよ。

〔放送台本〕

3番の問題に移ります。中学生のShotaは，アメリカのABC Parkに来ています。これから，ABC Parkの案内が流れます。案内を聞いて，No. 1と，No. 2の問いに対する答えとして適切なものを，それぞれの選択肢の中から選びなさい。また，No. 3の質問に1文の英語で答えなさい。では，始めます。

Good morning! Welcome to ABC Park. We have many places you can enjoy. You are now in the North Area. There is a tall tower in this area, and you can see it from all the areas of the park. In the East Area, there is an art museum, and you can enjoy beautiful pictures there. In the South Area, there is a big garden. You can see a lot of beautiful flowers there. But please be careful. Now, we are making a new road from the West Area to the South Area. So you can go to the South Area only through the East Area. If you like animals, please visit our zoo in the West Area. You can see a lot of animals there, and pandas are the most popular animal in the zoo. But if you see pandas in the morning, they are just sleeping. So afternoon is the best time to see them. We hope you enjoy your time at ABC Park. Thank you!

以上で放送を終わります。

〔英文の訳〕

おはようございます！ABC公園へようこそ。こちらにはお楽しみいただけるたくさんの場所があります。現在地点は北エリアです。このエリアには高い塔があり，公園内のすべてのエリアからその塔が見えます。東エリアには，美術館があり，美しい絵画をお楽しみいただけます。南エリアには，大きな庭園があります。そこではたくさんのきれいな花々をご覧いただけます。でもご注意ください。現在，西エリアから南エリアへの新しい道を新設中です。よって南エリアへは東エリア経由でのみ行くことができます。動物がお好きなら，西エリアの動物園をお訪ねください。そこではたくさんの動物をご覧いただくことができます，パンダは動物園で一番の人気ものです。でも，午前中に見学すると，パンダたちは眠っているだけです。ですから午後がパンダを見るのに最適な時間です。ABC公園でのひと時をお楽しみくださいますように。ありがとうございました！

No. 3　なぜ午後がこの公園でパンダを見るのに最適な時間なのですか？
答え：なぜならパンダは午前中は寝ているからです。

## ＜理科解答＞

**1**　A　(1)　軟体動物　(2)　①　ア　②　エ　B　(1)　①　風化　②　侵食
(2)　イ　C　(1)　有機物　(2)　(粉末X)　食塩　(粉末Z)　砂糖　D　(1)　遅い
(2)　350m/s

**2**　(1)　①　ア　②　(薬品a)　イ　(薬品b)　エ　③　葉緑体　(2)　①　アルカリ
②　イ　③　酸素　(3)　(例)オオカナダモを入れないこと以外は，全て試験管Bと同じ条件の試験管。　(4)　X…ア　Y…ウ　Z…エ

**3**　(1)　ア　(2)　①　a…イ　b…イ　c…凝結　②　(袋)　A　(理由)　(例)袋Aの中の空気の方が湿度が高く，先に露点に達すると考えられるから。　(3)　①　68%
②　8.7g　(4)　①　ア　②　イ　③　(例)強い雨が，短時間に降る。

**4**　(1)　①　$Zn^{2+}$　②　イ　(2)　①　水素　②　ア　③　イ
(3)　(例)実験に使う水溶液や金属の量を少なくすることができる点。
(4)　①　亜鉛　②　c　③　g　④　エ

**5**　(1)　①　63cm/s　②　イ　(2)　①　ウ　②　(例)小球の運動の向きには，力がはたらいていないから。　(3)　①　P点，T点　②　R点
(4)　①　ウ　②　(例)小球は，斜面cを飛び出した後も運動エネルギーを持ち続けるため，位置エネルギーは，P点と比べると，その分だけ小さくなるから。

## ＜理科解説＞

### 1　(小問集合)

A　(1)　軟体動物は，内臓が外とう膜で包まれた体のつくりをしている。　(2)　ハチュウ類と鳥類は一生陸上で生活をする卵生のセキツイ動物のなかまである。陸上に産卵するため，卵には殻が見られる。鳥類とホニュウ類は，陸上で生活するが，外気の温度にかかわらず体温が常に一定なので，冬も活発に活動できる。

B　(1)　岩石が，水や気温の変化の影響で表面からぼろぼろにくずれる現象を風化という。また，岩石などを水がけずるはたらきを侵食という。　(2)　れきは粒が最も大きいため，河口付近(a)に堆積する。泥は粒が最も小さいため，沖(c)まで運ばれたあとに堆積する。

C　(1)　**有機物は炭素を含んでいる**ため，燃やすと炭になったり二酸化炭素を発生する。　(2)　水に溶けたことから，粉末XとZは食塩か砂糖である。このうち，燃えなかった粉末Xは無機物なので食塩である。よって，粉末Zは砂糖となる。

D　(1)・(2)　光は秒速約30万km，音の秒速を求めると，1400〔m〕÷4.0〔s〕＝350〔m/s〕

### 2　(植物のはたらき)

(1)　①　顕微鏡のピントを合わせるときは，器具の破損を防ぐために，先に対物レンズとプレパラートを近づけた後，対物レンズとプレパラートを離しながらピントを合わせる。　②　葉の緑色を脱色するためには，エタノールを用いる。青紫色を示すのは，**ヨウ素液とデンプンによる反**

**応**であることから，薬品bはヨウ素液である。　③　葉緑体の中には，光合成でつくられたデンプンが含まれているため，ヨウ素液に反応して青紫色に変化する。

(2)　BTB液は，青色でアルカリ性，黄色で酸性，緑色で中性を示す。試験管Aでは，光合成で溶液中の二酸化炭素が吸収されてしまったため，BTB液がもとの青色に戻ったといえる。

(3)　**対照実験**とするため，試験管Bの条件のうち，オオカナダモの有無だけが異なる条件で実験を行う。

(4)　試験管X～Zはすべて呼吸を行っている。呼吸によって排出された二酸化炭素によって，BTB液は黄色に変化しそうだが，試験管YではBTB液が緑色を保っている。これは，排出した二酸化炭素と同量の二酸化炭素を光合成によって吸収したためである。また，試験管ZのようにBTB液が青色になったのは，呼吸で排出した量よりも多い二酸化炭素を光合成で吸収したためである。

## 3 (空気中の水蒸気，天気の変化)

(1)　袋内の気圧＞簡易真空容器内の気圧となるため，袋内の空気が膨張するためにふくらむ。

(2)　①　空気は，気圧が下がって膨張すると温度が下がる。これによって露点に達し，水蒸気が凝結して水滴となった。　②　温度を下げたときに，空気中の**水蒸気量が多いほど，露点に達しやすくなる**。そのため，水を含ませた脱脂綿を入れた袋Aの方が，袋内の空気は露点に達しやすくくもりやすい。

(3)　①　表Ⅱを用いる。乾球の示す温度が15℃の行と，乾球と湿球の示す温度の差が3℃の列が交わる欄の値を読む。　②　15℃の飽和水蒸気量12.8g/$m^3$のうちの68％が空気中に含まれている。12.8[g/$m^3$]×0.68＝8.704→8.7[g/$m^3$]

(4)　①　前線Xは寒冷前線なので，通過によって**気温が急激に下がる**。　②　前線X(寒冷前線)は，寒気が暖気の下にもぐりこむように進んでいく前線である。　③　前線X(寒冷前線)付近では，縦方向にのびる積乱雲が発達する。雲が広範囲に広がらないため雨の降る範囲はせまく，雨粒が大きく成長するので激しい雨となる。

## 4 (イオンと電池)

(1)　亜鉛原子がイオンになるときは，電子を2個放出して陽イオンとなり，水溶液中に溶け出していく。放出された電子は，亜鉛板から導線を通って銅板のほうへ移動する。よって，電子が移動する向きはQとなる。

(2)　実験1では，塩酸の水素イオンにより生じた水素が銅板から発生する。水素は銅板の表面につくため，水溶液と銅板の接触面積が減って反応が妨げられ，電圧はすぐに下がってしまう。硫酸亜鉛水溶液中では亜鉛イオン(陽イオン)の増加により＋の電気が多くなる一方，硫酸銅水溶液中では，銅イオン(陽イオン)が減少するため－の電気が多くなる。よって，装置全体におけるイオンの偏りをなくすために，硫酸亜鉛水溶液側から亜鉛イオン(○)が硫酸銅水溶液側へ移動する。硫酸銅水溶液側から硫酸イオン(●)が硫酸亜鉛水溶液側へ移動する。

(3)　廃液となる薬品の量を減らすことで，環境に与える悪影響を減らすことができる。

(4)　①・④　イオンへのなりやすさは，b，dより**金属X＞銅**とわかる。c，gより**金属X＞亜鉛**とわかる。試験管の実験とfより，**亜鉛＞銅**とわかる。これらをまとめると，**金属X＞亜鉛＞銅**となる。

## 5 (運動とエネルギー)

(1)　①　6.3〔cm〕÷0.1〔s〕＝63〔cm/s〕　②　斜面の角度は一定なので，運動方向にはたらく力(重力の斜面に平行な分力)の大きさも一定である。

(2) ①　この運動では，P点から床までは一定の割合で速さが増加し，床に達したら等速直線運動を行う。その後，一定の割合で減速しながら斜面を上っていき，台の上では等速直線運動を行う。再び斜面を下り2回目に床に達することになるが，このとき速さは一定の割合で増加し，2回目に床に達したときの速さは図Ⅳのab間の速さと同じになる。②　床を運動している間は，運動の向きに力がはたらいていないため，**等速直線運動**を行う。

(3) ①　位置エネルギーが最大になっているとき，高さが最も高くなっている。②　運動エネルギーが最大になるのは，もっている位置エネルギーがすべて運動エネルギーに変化している点である。つまり，スタートした点から最も高さが低いところを運動しているときである。

(4) ①・②　P点に達するためには，全ての力学的エネルギーが位置エネルギーに変化する必要があるが，小球を支えるレールがないため，小球は常に運動を続けており，力学的エネルギーの一部を運動エネルギーとしている。よって，力学的エネルギーの全てを位置エネルギーにすることはできず，Pの高さまで上がることはない。

## ＜社会解答＞

**1**　(1) ア　(2) (例)島が多い　(3) (例)キリスト教徒への迫害　(4) ウ→イ→ア
(5) (例)地域の人々が互いに協力し助け合う

**2**　(1) イ　(2) (記号) ア　(理由) (例)冬の季節風の影響で，冬の降水量が多いため。
(3) ① イ　② (例)暖かい空気を地上に送り，茶を霜の被害から守る役割。
(4) 新潟県　ウ　長野県　イ

**3**　(1) イ　(2) C　(3) エ　(4) (例)石炭と鉄鉱石を得やすかった
(5) ア，イ，エ

**4**　(1) 高床倉庫　(2) エ　(3) ウ→イ→ア　(4) ウ
(5) (例)ヨーロッパの書物を輸入する

**5**　(1) ア　(2) ウ　(3) (例)ヨーロッパで戦争が行われている間に，中国で勢力を伸ばすこと。(4) ウ　(5) エ

**6**　(1) イ　(2) 為替相場[為替レート]　(3) ウ　(4) ① ウ　② (例)賞味期限[消費期限]が近い食品を先に売ることで，売れ残りを減らすことができるから。

**7**　(1) ウ　(2) イ，エ　(3) エ　(4) (例)常任理事国の中で反対した国があったこと。　(5) (例)どのクラスも，体育館と校庭を1回ずつ利用できるようになっている点。

## ＜社会解説＞

**1**　(地理的分野―日本地理－地形，歴史的分野―日本史時代別－安土桃山時代から江戸時代，―日本史テーマ別－宗教史，公民的分野―国際社会との関わり・国民生活)

(1) **東シナ海**を北上して，九州と奄美大島の間のトカラ海峡から太平洋に入り，日本の南岸に沿って流れ，房総半島沖を東に流れる暖流を，**日本海流**(黒潮)という。日本海流の一部が**対馬海峡**から日本海に入り，日本列島の沿岸を北に向かって流れる**暖流**を，**対馬海流**という。

(2) 長崎県は，**海岸線**が複雑なだけではなく，**九十九島**と言われるほど島が多いため，海岸線が長いのである。なお，第3位は鹿児島県，第4位は沖縄県である。

(3) 大名による重い**年貢**の取りたてなどの悪政に加えて，**キリシタン**(**キリスト教徒**)への迫害を

行ったことが，1637年の**島原・天草一揆**が起こった背景である。なお，幕府による**禁教令**は，1613年に出されている。

(4)　ア　**国会**で**非核三原則**が決議されたのは，1971年のことである。なお，国会で佐藤栄作首相が「**核兵器を持たず，作らず，持ち込ませず**」という日本政府の方針を表明し，これが非核三原則と言われるようになった。　イ　世界で初めての**原爆**投下地である広島で，1955年8月に**第1回原水爆禁止世界大会**が行われた。　ウ　平和主義を盛り込んだ**日本国憲法**が**公布**されたのは，1946年11月であり，**施行**されたのは1947年5月である。したがって，年代の古い順に並べると，ウ→イ→アとなる。

(5)　災害などの際には，地域の人々が互いに協力し助け合うことが必要である。これが「**共助**」である。最近では，自分や家族を守る「**自助**」や公的機関による支援の「**公助**」に加えて，共助の重要性が強調されるようになってきた。

## 2　(地理的分野―日本地理－地形・気候・農林水産業・地形図の見方・工業)

(1)　**飛驒山脈**とは，富山県・岐阜県・長野県・新潟県の4県にまたがる山脈である。**木曽山脈**とは，長野県に存在する山脈である。**赤石山脈**とは，長野県・山梨県・静岡県の3県にまたがる山脈である。中部地方にある，上記の3つの山脈を総称して**日本アルプス**という。

(2)　記号　アの**雨温図**は降水量が3月から10月に少なく，12月・1月の冬に降水量が多く，Aの地点の雨温図として適切である。　理由　この地域は日本海側であり，冬に大陸から北西の**季節風**が吹きつけ，日本海を渡るときに大量の水蒸気を含むため，降水量が多くなり，積雪が深くなる。この季節風は，日本海側に雪をもたらした後には，山脈を越えて，乾燥した風となって吹き下ろすため，太平洋側は乾燥した気候となる。

(3)　①　X－Yの場所は，途中までなだらかな傾斜を持った台地であり，その後，海近くなって海抜0mに近い平地がある。この南向きで日あたりの良い斜面を利用して茶畑をつくり，**茶**の栽培が行われている。イが，X－Yの断面の**模式図**として適切である。　②　**一番茶**の新芽を守るために，資料Ⅳのような設備を作り，暖かい空気を地上に送って，**霜**の被害を防ぐ役割を果たす。以上のような趣旨を簡潔に記せばよい。

(4)　新潟県　新潟県は**日本一の米どころ**であり，資料Ⅷのウが該当する。　長野県　アは，工業生産額の最も多い愛知県である。愛知県は，**国内最大の自動車メーカー**の本拠地があり，出荷額のうち輸送用機械が7割を占める。残るイが，長野県である。長野県は，青森県に次ぐ日本第2位の**りんご**の産地であり，**果実**の生産額が他県よりも多い。

## 3　(地理的分野―世界地理－地形・産業・人々のくらし)

(1)　東京は北緯36度，東経140度であり，北緯40度のイの都市が一番近い。

(2)　アメリカ合衆国の西海岸は，日本と同じ**環太平洋火山帯**に属するため，**火山の噴火**が起こりやすく，また**プレート**の境目にあたるため**地震**などが起こりやすい。略地図中のCである。

(3)　エが正解である。乾燥地域で大規模に作物を栽培するために，くみ上げた地下水に肥料を添加した後，**自走式の散水管**で水をまく灌漑法のことを，**センターピボット**という。アの**サンベルト**は，アメリカ合衆国南部の，ほぼ北緯37度以南の温暖な地域のことである。イの**フィードロット**とは，食肉用の牛や豚などを囲い込み，飼料を与えて太らせるための飼育場のことをいう。ウの**プランテーション**とは，熱帯・亜熱帯地域の広大な農地に大量の資本を投入し，天然ゴムや油やしなど単一作物を大量に栽培する大規模農法のことをいう。

(4)　**五大湖**の周辺は，**鉄鋼**をつくるための燃料となる**石炭**と，原料となる**鉄鉱石**を得やすかったためであることを指摘して解答する。

(5) ウ・オは誤りである。 ウ アメリカ合衆国では2017年から2019年にかけて，**失業率**が低下している。 オ メキシコは3か国の中で1番**労働賃金**が安い。残るア・イ・エは全部正しい。

## 4 (歴史的分野―日本史時代別－旧石器時代から弥生時代・古墳時代から平安時代・安土桃山時代から江戸時代，―日本史テーマ別－政治史・技術史・文化史，―世界史－世界史総合)

(1) 縄文時代の末から弥生時代に，米などを保管するためにつくられた，床が高くなっている倉庫を**高床倉庫**という。床の高い倉庫がつくられたのは，湿気やネズミを防ぐためだと考えられている。ネズミ返しと呼ばれる工夫を加えた物もある。

(2) 資料Ⅱは**銅鐸**の写真である。銅鐸は弥生時代につくられたものである。弥生時代には大陸から金属器が伝わり，**青銅器製**の銅鐸は，**祭祀**(さいし)の道具として使われたと考えられている。祭祀とは，豊作などを祈り，感謝する祭りのことである。

(3) ア **聖武天皇**は，国家を守るという仏教の**鎮護国家**の働きに頼ろうとし，741年に諸国に**国分寺**・国分尼寺を，743年に都に**東大寺**を建立させた。 イ 国家の基本法典として701年に制定され，翌年施行されたのが，**大宝律令**である。刑部親王，**藤原不比等**によって，唐の制度を吸収しながら，日本の実情に合うように修正されて制定された。 ウ 飛鳥時代には，聖徳太子によって，603年に冠位十二階の制が定められ，604年には**憲法十七条**が定められた。したがって，年代の古い順に並べると，ウ→イ→アとなる。

(4) ウが正しい。**宗教改革**が進展する中で，**プロテスタント**に対抗し，**カトリック**を再興するために**イエズス会**がつくられた。イエズス会は**海外布教**に力を入れ，宣教師**フランシスコ＝ザビエル**は，1549年に日本での布教のために鹿児島に上陸した。ア・ウ・エはどれも別の時代の出来事の説明である。

(5) **8代将軍徳川吉宗**は，実学を重視し，18世紀の前期にヨーロッパの書物を輸入することを認めた。資料Ⅳの**『ターヘル・アナトミア』**という医学書はその一例である。この『ターヘル・アナトミア』を，**杉田玄白**らが訳したのが**『解体新書』**である。

## 5 (歴史的分野―日本史時代別－明治時代から現代，―日本史テーマ別－政治史・社会史・外交史)

(1) 大きな魚は**朝鮮**，左側の武士の姿の人物が**日本**，右側の帽子をかぶっているのが**中国**，橋の上から見ているのが**ロシア**を，それぞれ表している。日本と中国が朝鮮を狙って対立し，隙をうかがっているのがロシアという風刺画である。日本と中国が競い合っている時代は，1880年代から，**日清戦争**後の講和条約である**下関条約**が結ばれた1895年までのことである。来日していたフランス人の画家**ビゴー**の有名な風刺画の一つである。

(2) ア **東海道新幹線**が開通したのは，1964年のことである。 イ **富岡製糸場**が建設されたのは，1872年のことである。 エ **鹿鳴館**が建設されたのは，1883年のことである。ア・イ・エのどれも別の時代のことであり，ウが正しい。**日清戦争**後には，特に鉄鋼の需要が増え，軍備増強および産業資材用鉄鋼の生産増大がはかられた。そのためにつくられたのが，**八幡製鉄所**である。日清戦争の**賠償金**の一部が建設費に用いられ，1901年に操業を開始した。

(3) ヨーロッパを主戦場として**第一次世界大戦**が行われている最中の1915年に，日本は**中華民国**に対し，二十一か条の要求を突きつけた。それは，山東省の利権などドイツ権益の継承を要求したものである。大隈内閣は，**最後通牒**を発し，袁世凱政権に一部を除き受諾させ，日本は中国における勢力を大きく伸ばした。最後通牒とは，要求をのまない場合には実力行使に出るという外交文書のことである。

(4)　**関東軍**は，**南満州鉄道**の**柳条湖**で線路を爆破し，これをきっかけに中国の東北部にあたる満州で軍事行動を展開して，満州の大部分を占領した。これが**満州事変**である。日本は翌1932年に，ここに満州国を建国した。日本は，満州国は独立した国であると主張したが，**国際連盟**の総会はこれを承認せず，日本軍の撤退を求め，日本は**連盟を脱退**した。のちに日本は，同じく連盟を脱退したドイツと接近し条約を結んだ。

(5)　エが正しい。1972年に，田中角栄・周恩来の日中両首脳によって**日中共同声明**が発表され，**国交を正常化**した日本国と中華人民共和国は，その6年後，**日中平和友好条約**を結んだ。

## 6 (公民的分野―経済一般・財政・消費生活・国際社会との関わり，地理的分野―世界地理－人口)

(1)　アフリカで，**人口爆発**といわれるような急激な人口増加が起こり，その一方で食糧の増産は進まないため，**食糧不足**による**飢餓**が増加することが予想される。また，**貧困**の状態に陥る国が増加すると考えられる。

(2)　ある国の通貨と別の国の通貨を交換するときの比率を**為替相場**という。**為替レート**でもよい。為替相場の変動で「1ドル100円」から「1ドル110円」のように，外国の通貨に対して円の価値が下がることを**円安**になるという。円安になると，日本からの輸出品の外国での価格が安くなるので，よく売れるようになり，輸出するのに有利になる。2022年4月現在，1ドルは約125円である。円・ドルの為替相場は，ニュース等で確認しておくことが望ましい。

(3)　政府が**景気**を調整するために行う政策を**財政政策**といい，好景気の時には**公共投資**を減らし，**増税**をして，景気の行き過ぎを抑制する。「企業」が生産を縮小させる，「家計」が商品の購入を減らすのは，不景気の時に行われることである。

(4)　①　X　1人当たりの年間**食品ロス**の発生量は，A・Bの地域よりも，C・Dの地域の方が少ない。Xは誤りである。　Y　消費段階において発生する，1人当たりの年間食品ロスは，C・Dの地域よりも，A・Bの地域の方が多い。Yは正しい。したがって，正誤を正しく書いているのは，ウである。　②　**賞味期限**や**消費期限**が近い食品を先に売ることで，賞味期限が切れて廃棄する商品の量を減らすことができるからである。以上のような趣旨を簡潔に記せばよい。

## 7 (公民的分野―憲法の原理・国の政治の仕組み・基本的人権，地理的分野―世界地理－資源・エネルギー・国際社会との関わり)

(1)　**日本国憲法**第96条に以下のとおり明記されている。「この憲法の**改正**は，**各議院の総議員の三分の二**以上の賛成で，**国会**が，これを発議し，国民に提案してその承認を経なければならない。この承認には，特別の**国民投票**又は国会の定める選挙の際行われる投票において，その過半数の賛成を必要とする。」憲法改正国民投票法は2016年に改正され，この国民投票の投票権の有資格者は，満18歳以上と定められた。正しい組み合わせは，ウである。

(2)　基本的人権は，**平等権**・**自由権**・**社会権**・**請求権**・**参政権**の五つに分けられる。アの財産権は，自由権に属する。ウの選挙権は，参政権に属する。残るイの**生存権**と，エの**教育を受ける権利**が，**社会権**に属する。

(3)　X　石炭・石油などが**化石燃料**である。資源が有限で，やがて枯渇してしまうことが一つの問題点である。　Y　**太陽光・風力・地熱・波力**などが**再生可能エネルギー**である。発電時に**温室効果**のある**二酸化炭素**を排出しないことが，**温暖化防止**に有効である。正しい組み合わせは，エである。

(4)　**国際連合**の**安全保障理事会**では，**常任理事国5か国**(アメリカ・ロシア・中国・イギリス・フランス)のうち1国でも反対すれば，その議案は否決される。常任理事国は**拒否権**を持っていることになり，この議案も常任理事国が2国反対したことにより否決された。

(5)　時間・費用・労力の面で無駄を省く考え方が「効率」である。手続き・機会や結果において，公平を期す考え方が「公正」である。この割り当て表では，どのクラスも体育館と校庭を1回ずつ利用できるようになっていて，公正である。上記の後半部を簡潔に記せばよい。

## ＜国語解答＞

一　(一)　ウ　(二)　ア，エ　(三)　(例)植物の地上部は，湿った土で育ったほうが，乾燥した土の場合よりもよく成長するが，植物の地下部の根は，乾燥した土で育ったほうが，湿った土の場合よりもきめ細かく深く張りめぐらされる。　(四)　(例)水が不足しているという逆境の中でも，くじけずに，水を探し求めるように伸びる点。　(五)　ア，オ

二　(一)　ウ　(二)　イ　(三)　エ　(四)　(例)自分が二走のエースを引き立てるために走るようで納得いかないが，一方で，自分が真剣にリレーに取り組まなければエースを生かすことができないことも分かっている。　(五)　イ

三　(一)　いわず　(二)　①　Ⅰ　(例)山吹の花の枝を差し出した　Ⅱ　(例)実が一つもない　②　イ

四　(一)　興シテ㆑兵ヲ伐チ㆑之ヲ　(二)　①　(例)民衆は疲れている。
②　(例)民衆は王をうらんでいる。　(三)　エ

五　(一)　①　垂(らす)　②　暮(れる)　③　至急　④　券売
(二)　①　とどこお(る)　②　かか(げる)　③　ぎんみ　④　じゃっかん
(三)　(部首名)　きへん　(総画数)　十五(画)

六　(一)　質問①　イ　質問②　ウ　(二)　(例)私は，豊かな言葉や表現を学べるところが読書の良さだと思います。自分自身が使う言葉は，本を読むことで増えていくと思うからです。本を読んでいると，作者特有の興味深い表現に出会うこともあり，私はなるべくそれらの言葉を書き留めています。小説を読むことで心情を表す言葉を知ったり，専門的な本を通して難しい言葉を知ったりすると，自分の世界がより広がるように感じられます。
(例)私は，想像力や空想力を養えるところが読書の良さだと思います。普段，現実の世界では味わえないことが本を読むことで味わえると思うからです。本を読んでいるだけで，わくわくドキドキの臨場感を体験できます。私は本を読み終わった後でも，その臨場感を楽しんでいます。また主人公以外の登場人物の背景なども想像することによって，より小説の内容が広がるように感じられます。
(例)私は，内容を把握する力が付くところが読書の良さだと思います。本には幼児向けの内容から小学生用，中学生用，さらには専門書まで多岐にわたりますが，徐々に本の内容を把握する力をつけることで，いずれは専門的で難しい内容でも理解できるようになります。またより早いスピードで内容が把握できれば，よりたくさんの本を読む機会を得ることができます。

## ＜国語解説＞

一　(論説文・説明文－内容吟味，段落・文章構成，接続語の問題，脱文・脱語補充)

(一)　［Ⅰ］の前後で，根は水を求めて下に向かって伸びていく仮説がある一方，重力の方向に伸

びるという定説があり，異なる性質なので，逆接の接続詞が入る。Ⅱ 重力と切り離して証明しにくいので，根は水を求めて下に向かって伸びていくとは言われなかったという順接の接続詞が入る。

(二)　傍線部Aの後に三つの根拠を示している。①　根が水のある方向に向かって伸びる現象がよく見られること，②　シロイヌナズナという植物に，突然変異で重力を感じなくなった個体が生まれたこと，③　宇宙ステーションでの実験によって，根は水を求めて伸びるということが証明されたこと，である。

(三)「この力は,」から始まる段落では，**同じ種類の植物を，湿った土で育てた場合と，乾燥した土で育てた場合でどのように異なるのかの比較**を行っている。地上部と同様の結果が，根の成長でも見られるかというとそうではなく，傍線部Bの後にあるように，「湿った土で育った根はそれほど伸びていないのに比べて，乾燥した土で育った根は，湿った土で育った根に比べて，ずっときめ細かく深く張りめぐらされています」とある。地上部と根では違う結果となる事が述べられている。

(四)　根は乾燥した土の中で，水不足という逆境の中，水を探し求めるため，また少しでも水を吸収するためにきめ細かく深く張りめぐらせる。それは，**いろいろな困難や苦労という逆境に立たされてもくじけない性質＝根性に類似する部分**があると筆者は主張している。

(五)　文章の前半では，根は水を求めて下に向かって伸びていくという仮説に対して，三つの論拠を持って，それを証明している。後半では，乾いた土で育った根は，きめ細かく深く張りめぐらされ，それはあたかも「根性」という語の由来となっているのではないかという筆者の主観的な見方が述べられている。

**二**　**(小説・物語－内容吟味，脱文・脱語補充，ことわざ・慣用句)**

(一)　空欄前の兄のセリフに「一走のおもしろさは，ロケットを飛ばすこと」「二走がロケット」とある。つまり，一走はロケット発射時に推進力を補助するためのブースターの役目となる。また空欄の後に，ブースターの説明が述べられているので，それらもヒントとなる。

(二)「鼻を鳴らす」とは，犬がくんくんと鳴く声などにいう。また，鼻にかかった声を出して，甘えたりすねたりする動作や，嘲笑したり不満を表わしたりする動作にもいう。

(三)　傍線部Bの後で，兄のセリフから酒井の言葉を思い出す。それは完璧なバトンパスをするには，お互いのくせや性格やその日の調子などを全部分かっていないとならない，ということだ。

(四)「前座」とは落語・講談などで，本題に入る前の部分のこと。これに伴って，本命の前に登場する人物の事を指すようになった。また兄との会話の中で，「なんでこんなにリレーをけなしたいんだろうな」と心の中で思っていることから，リレーにあまり良い印象を抱いていないことがわかる。さらに傍線部Ⅱの後に，エースの前座という意識では，雨夜が輝かない事を頭では理解している様子が窺える。

(五)　傍線部Cの前に酒井の言葉を思い出したものの，頭を振ってそれを振りはらう意思表示をしている。**つまり，頭ではリレーの本質を理解している一方，気持ちとして雨夜を引き立てるために走りたくないというジレンマを抱えている様子**を読み取る。傍線部Cの後では，リレーをしたくないという俺の発言に対し，兄はニコニコしている事から，後は気持ちの問題であることを兄は気づいている様子に着目する。

**三**　**(古文－脱文・脱語補充，仮名遣い)**

〈口語訳〉　太田左衛門大夫持資は，上杉宣政の筆頭の家臣であった。鷹狩に出て雨に遭ったので，ある小屋に入って蓑笠を借りようとしたところ，若い女が一言も話さないで，山吹の花を一枝折って差し出したので，「花を求めているのではない。」と言って怒って帰ったところ，これを聞いた人が，「それは，

山吹の花は七重八重と咲き誇っているけれど，実が一つもなっていないことが悲しい

という古歌の心ですよ」と言う。持資は驚いて，それ以来，歌に心を寄せるようになった。

(一)　語頭と助詞以外のハ行は，ワ行に置き換えることができる。

(二)　①　Ⅰ「若き女」が持資に「山吹の花一枝折りて出し」たのである。　Ⅱ　和歌の中にある「みの」には「蓑」と「実の」の掛詞である事に注目する。「蓑」の笠はここになく，また山吹の花には「実」が一つもつかないことを表している。　②　持資は蓑笠を借りたかったにもかかわらず，「若き女」が山吹の花一枝を差し出したので激怒してしまった。それを他の人が和歌を教えたことで，山吹の花一枝の意味を理解すると同時に，「若き女」の教養と自分の至らなさに気づいたのである。

## 四　(漢文－大意・要旨，脱文・脱語補充，その他)

〈口語訳〉　使者は「陳を討伐できません」と言う。荘王は「どうしてだ」と尋ねた。(使者が)答えて「陳の城壁は高く，周囲の堀は深く，備蓄は多く，国も穏やかなのです」と言う。荘王は「陳を討伐できる。そもそも陳は小国である。それなのに備蓄が多い。備蓄が多ければ租税は重く，租税が重ければ民衆は王を怨んでいる。城壁が高く，周囲の堀が深いのであれば，民衆は疲れているだろう」と言う。(荘王は)出兵して陳を討伐し，ついに陳を攻め滅ぼした。

(一)　訓読文の傍線部「興シテ　兵ヲ　伐チ　之ヲ」と，書き下し文の「兵を興して之を伐ち」を対応させて考える。すると，「兵ヲ」から「興シテ」に一字返って読むので，「興」にレ点をつける。また「伐チ」から「之ヲ」に一字返って読むので，「伐」にレ点をつける。

(二)　①　城壁が高く，周囲の堀が深ければ「則ち民力罷れん」となるので，その内容を現代語で説明する。　②　備蓄が多ければ租税は重く，また租税が重ければ「則ち民上を怨む」となるので，その内容を現代語で説明する。

(三)　使者からの情報に対して，荘王は一つ一つ分析した。その結果，使者は陳を討伐することはできないと言ったのに対して，荘王は論理的に推測を重ね，陳を討伐できると判断し，出兵して陳を攻め滅ぼすことができたのである。

## 五　(知識－漢字の読み書き，筆順・画数・部首)

(一)　①「垂らす」は，ぶらさげる，液体などを少しずつ流し落とすこと。ここでは前者の意味。　②「暮れる」は，太陽が沈んであたりが暗くなり夜になる，季節や年月が終わりに近づく，同じことを繰り返しして時が過ぎる，悲しみなどで暗い気持ちのまま時を過ごす，どうしたらよいか見通しが立たず困ってしまう，激しい感情のため目先が暗くなる等の意味がある。　③「至急」は，非常に急いでいる状態を表す。　④「券売機」は，乗車券・食券などを販売する機械のこと。

(二)　①「滞る」は，物事が順調に運ばずはかどらない，金を支払うべき期限になっても支払わない，流れがとまる，ためらってぐずぐずする等の意味がある。ここでは一番初めの意味。　②「掲げる」は，人目につく高い所へ上げる，新聞・雑誌などに目立つよう工夫して載せる，主義・主張・方針などを人目につくように示す，垂れ下がっているものを上の方へ持ち上げる，灯火をかき立てて明るくすること。ここでは目標という主張を人目に示すという意味。　③「吟味」は，物事を念入りに調べること，罪状を調べただすこと，詩歌を吟じてその趣を味わうこ

と。ここでは一番初めの意味。　④「若干」ははっきりしないが，それほど多くはない数量を表す。「いくらか」「少しばかり」「多少」と言い換えることができる。

（三）「権」の部首は「きへん」であり，総画数は十五画である。

## 六　(会話・議論・発表－内容吟味，作文)

（一）　質問①「最近」という曖昧な内容から「九月の一か月間」と限定することで，幅を持たせた言葉を修正している。　質問②　本を読む際，「学校の図書館で借りる」「書店で本を購入する」という二つの内容から「書店で本を購入する」という一つに絞って質問をしている。

（二）　意見選択型の作文では，自分がどの立場に立っているかを必ず踏まえた上での記述が求められる。よって，今回は，「読書の良さ」について与えられた項目の中から，自身の考えを述べることになる。基本的な原稿用紙の使い方に従い，誤字・脱字や文のねじれなどによる無駄な失点にも気をつけて書き上げよう。

## 群馬県公立高等学校（前期）

# 2021年度

★★★★★★★★★★★★★★★★★★★★★★★

# 入　試　問　題

2021
年
度

●くわしい解説……15ページ

# 2021年　群馬県公立高校入試　出題範囲縮小内容

令和２年５月13日付け２文科初第241号「中学校等の臨時休業の実施等を踏まえた令和３年度高等学校入学者選抜等における配慮事項について（通知）」を踏まえ，出題範囲について以下通りの配慮があった。

○出題範囲から除く内容

| | |
|---|---|
| 数学 | ・三平方の定理<br>・標本調査 |
| 英語 | 言語材料　エ 文法事項　（イ）文構造<br>ｃ［主語＋動詞＋目的語］のうち、（ｂ）主語＋動詞＋ｗｈａｔ などで始まる節（間接疑問文） |
| 国語 | 書写に関する事項 |

# ＜数学＞　時間　40分　満点　50点

**1**　次の⑴～⑺の問いに答えなさい。

⑴　次の①～⑥の計算をしなさい。

①　$-3+(-2)$　　②　$8-4\div(-2)^2$　　③　$5\times(-5a)$

④　$\frac{1}{2}x^2y\div\frac{1}{4}xy$　　⑤　$2(a+b)-3(a-b)$　　⑤　$\sqrt{48}-\sqrt{3}$

⑵　$(2a-b)^2$を展開しなさい。

⑶　$x^2-x-42$を因数分解しなさい。

⑷　半径が6㎝で中心角が45°のおうぎ形の面積を求めなさい。
ただし，円周率は$\pi$とする。

⑸　$y$が$x$の1次関数であり，そのグラフの傾きが2で，点$(-3,\ -1)$を通るとき，この1次関数の式を求めなさい。

⑹　次のア～オの図形のうち，角すいをすべて選び，記号で答えなさい。

ア　イ　ウ　エ　オ

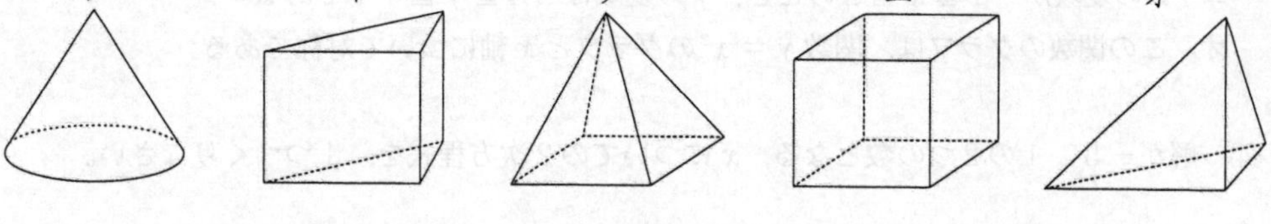

⑺　右の表は，あるクラスの生徒38人の，1日あたりの学習時間を度数分布表にまとめたものである。30分以上60分未満の階級の相対度数を求めなさい。
ただし，小数第3位を四捨五入して，小数第2位まで求めること。

| 階級（分） | 度数（人） |
|---|---|
| 以上　未満 | |
| 0 ～ 30 | 3 |
| 30 ～ 60 | 6 |
| 60 ～ 90 | 8 |
| 90 ～ 120 | 11 |
| 120 ～ 150 | 6 |
| 150 ～ 180 | 4 |
| 合計 | 38 |

**2**　次の⑴～⑷の問いに答えなさい。

⑴　次のア～エのうち，数の集合と四則との関係について述べた文として正しいものをすべて選び，記号で答えなさい。

ア　自然数と自然数の加法の結果は，いつでも自然数となる。

イ　自然数と自然数の減法の結果は，いつでも整数となる。

ウ　自然数と自然数の乗法の結果は，いつでも自然数となる。

エ　自然数と自然数の除法の結果は，いつでも整数となる。

⑵　下の図において，$\ell /\!/ m$ であるとき，$\angle x$ の大きさを，$\angle a$ と $\angle b$ を用いて表しなさい。

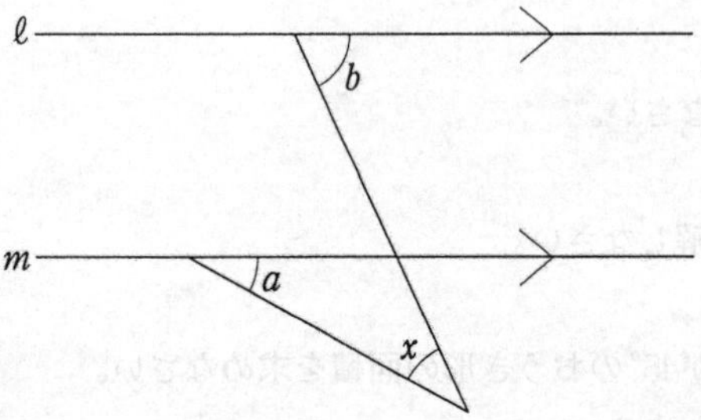


⑶　次のア～オのうち，関数 $y = -x^2$ について述べた文として正しいものをすべて選び，記号で答えなさい。

ア　$x = 3$ のとき，$y = -6$ である。

イ　$x$ のどの値に対しても，常に $y \leqq 0$ である。

ウ　$x > 0$ のとき，$x$ が１ずつ増加すると，$y$ は１ずつ減少する。

エ　$x$ の変域が $-1 \leqq x \leqq 2$ のとき，$y$ の変域は $-4 \leqq y \leqq -1$ である。

オ　この関数のグラフは，関数 $y = x^2$ のグラフと $x$ 軸について対称である。

⑷　解が $-5$，１の２つの数となる，$x$ についての２次方程式を，１つつくりなさい。

**3**　ある中学校の全校の生徒数は，男女合わせて155人である。この中学校の男子生徒の80％と女子生徒の60％が運動部に所属しており，運動部に所属している男子の人数は，運動部に所属している女子の人数より19人多い。このとき，運動部に所属している男子の人数と運動部に所属している女子の人数を，それぞれ求めなさい。

ただし，解答用紙の（解）には，答えを求める過程を書くこと。

**4**　次のページの図において，点Ａ，Ｂ，Ｃ，Ｄは円Ｏの周上にあり，点Ｅは直線AB上の点で，AD // ECである。次の⑴，⑵の問いに答えなさい。

⑴　三角形AECと三角形DCBが相似であることを証明しなさい。

⑵　AE＝４㎝，BC＝５㎝，EC＝６㎝，∠ACD＝∠CBDとする。直線ABと直線CDの交点をＦとしたとき，FDの長さを求めなさい。

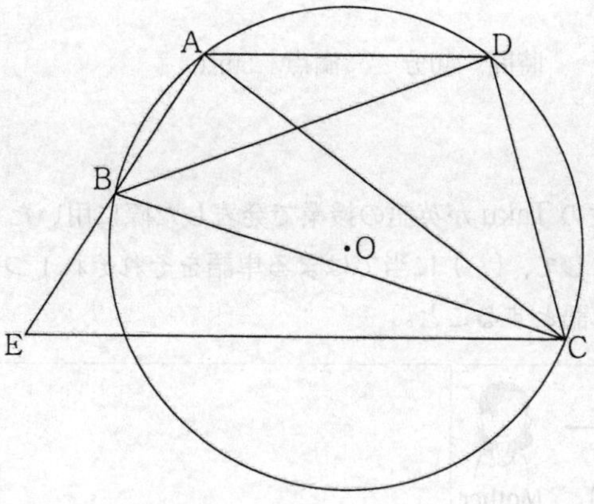
A
D
B
O
E
C

# ＜英語＞　時間　40分　　満点　50点

**1**　次のA～Dは，中学生のTakuが英語の授業で発表した際に用いた４枚のスライドとその説明です。スライドを参考にして，(　)に当てはまる単語をそれぞれ１つ書きなさい。ただし，与えられた文字から始まる単語とすること。

A

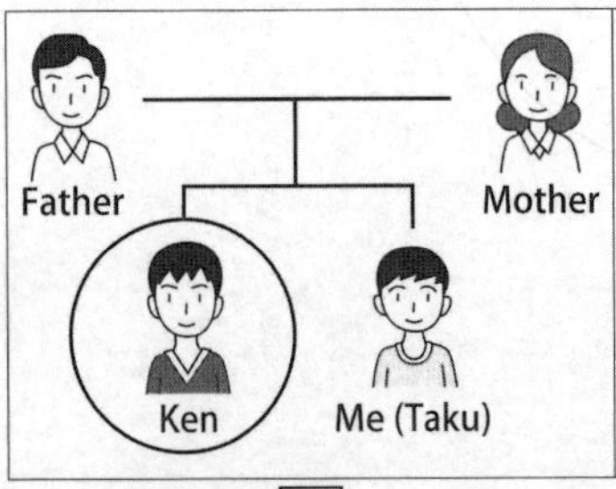


I'll talk about my (b　　　　). His name is Ken.

B

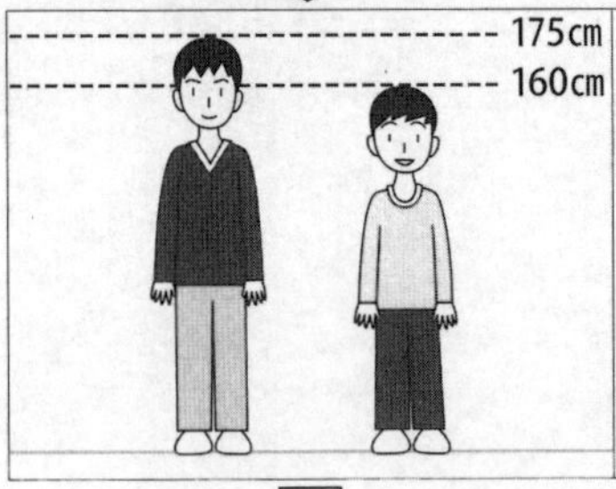


He is a high school student, and he is (t　　　　) than me.

C

He plays soccer well, and his team is strong. His team (w　　　　) a game last Saturday.

D

He and I sometimes enjoy watching soccer games (o　　　　) TV.

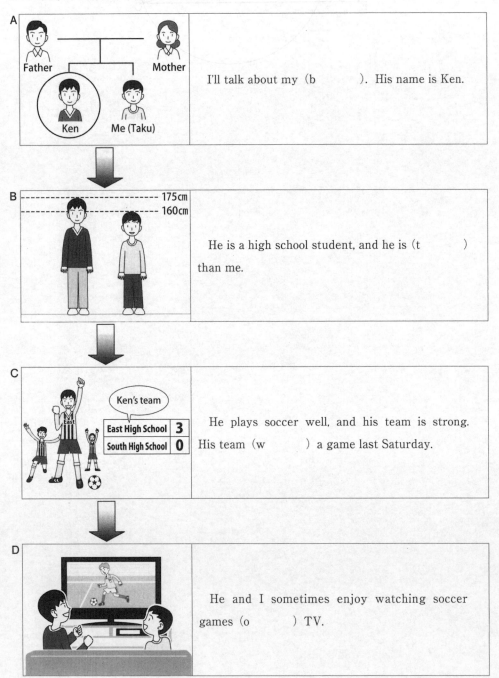

**2**　次の(1)～(3)の対話文で，[　　]に当てはまるものとして最も適切なものを，それぞれア～エから選びなさい。

(1) *A* : Are you going to go to the party tomorrow?
*B* : I want to go, but I can't.
*A* : [　　]
*B* : I have to take care of my sister at home.
　ア　Are you busy?
　イ　How much is it?
　ウ　Where do you want to go?
　エ　Do you like taking pictures?

(2) *A* : Oh, I've left my eraser at home.
*B* : [　　]
*A* : But you need it, too.
*B* : Well, I always bring two.
　ア　I returned it yesterday.
　イ　That's OK. I'll look for it.
　ウ　Don't worry. You can use mine.
　エ　You should buy a new one today.

(3) *A* : Meg, have you read today's newspaper yet?
*B* : No, I haven't. But why do you ask, Mom?
*A* : [　　]
*B* : Wow! That's nice. I will show it to her at school today.
　ア　A famous doctor wrote this.
　イ　I've found a picture of your friend here.
　ウ　It will be sunny this afternoon.
　エ　You should read the newspaper every day.

**3**　次の英文は，中学生のTakakoが，Takakoの家でホームステイをしているシンガポール出身のEmmaを教室に案内したときに交わした会話の一部です。これを読んで，後の(1)，(2)の問いに答えなさい。

*Emma* : Wow! There is a big *flag in your classroom.
*Takako* : Oh, yes. It's our class flag. We use it in some school events. "We Are One Team!" is our *class motto.
*Emma* : That's nice. I like it.
*Takako* : I like it, too. Well, I made the design of this flag.
*Emma* : Oh, it's your design. ( ① ) did you make it?
*Takako* : First, I wanted to use our class motto in the design. I decided to use pictures ( ② ) the class motto. I wanted to show our strong *friendship as a team.

*Emma* : I see. Then, what did you do after that?

*Takako* : I decided to use pictures of hands on the flag, but it was ( ③ ) to find a good place for them. First, I put the hands on the right, the class number on the left, and the class motto under them. But I didn't like it so much. Then, I tried many other places. Finally, I decided to put the hands around the class number and put the class motto at the top. I was glad my classmates liked this design.

*Emma* : I really like this design, too!

*Takako* : Thank you.

*Emma* : Who made this flag after you made the design?

*Takako* : I *drew my design on the flag. And my classmates and I *painted it together.

*Emma* : How long ( ④ ) to make this flag?

*Takako* : It took about a week. It was a great experience.

*Emma* : That sounds wonderful. I want to see it in the next school event!

（注） flag　旗　　class motto　クラス目標　　friendship　友情　　draw ～　～を描く
　　paint ～　～に絵の具を塗る

⑴　本文中の（①）～（④）に当てはまるものとして最も適切なものを，それぞれア～エから選びなさい。

①　ア　What　　イ　How　　ウ　Where　　エ　When
②　ア　show　　イ　showed　　ウ　shown　　エ　showing
③　ア　easy　　イ　happy　　ウ　hard　　エ　bad
④　ア　it took　　イ　does it take　　ウ　it takes　　エ　did it take

⑵　Takako の教室に飾ってあるクラスの旗を表したものとして最も適切なものを，次のア～エから選びなさい。

ア
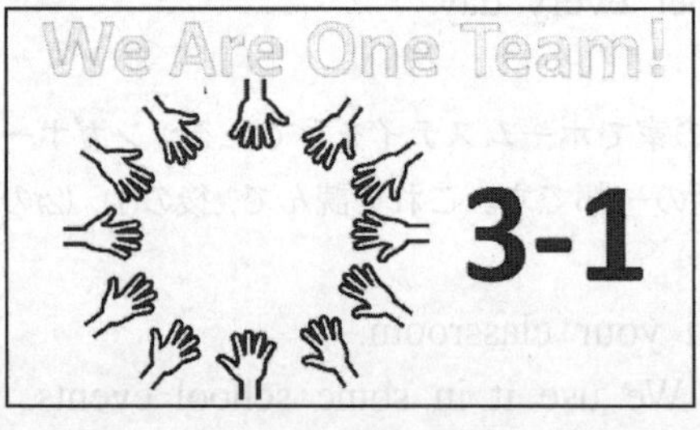


イ
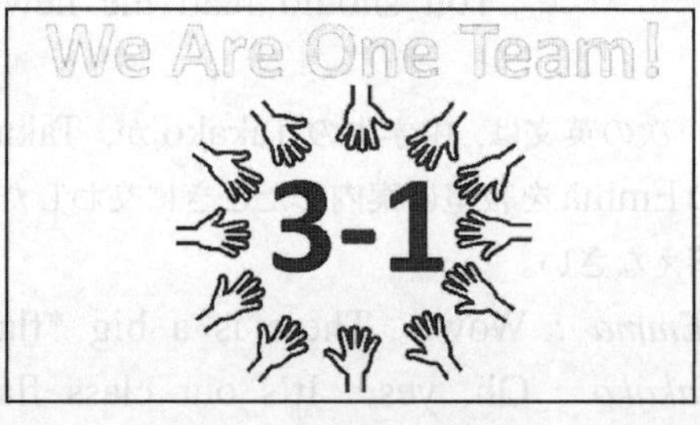


ウ

エ
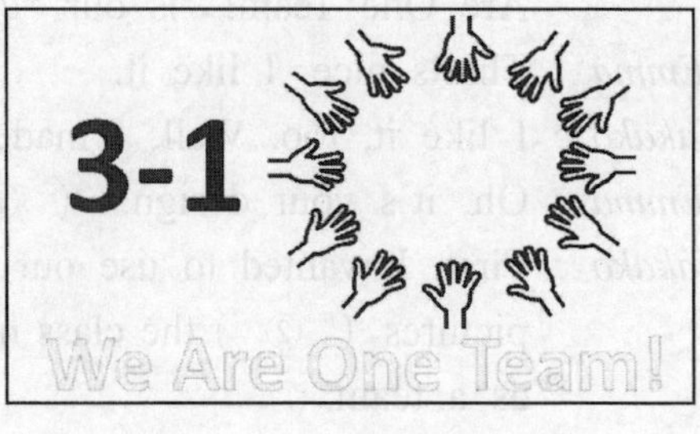

**4** 次の英文は，アメリカの中学生のMaryが，以前ホームステイをしていた家の中学生のHiroshiに送ったメールです。これを読んで，後の(1)～(4)の問いに答えなさい。

> Dear Hiroshi,
>
> Thank you for your e-mail. I really enjoyed seeing your pictures. I was happy to see you and your family in them.
>
> Today I want your *advice. I love playing the piano and playing basketball. I started my piano lessons when I was five years old. I think I am good at playing it. When I play my favorite songs on the piano, I feel so happy. Then, when I was eleven, I started playing basketball. Playing basketball with my friends is a lot of fun. Also, by playing it, I learned an important thing. That is to help each other.
>
> But now I think it's better to choose the piano or basketball.
>
> First, [ A ]. I sometimes worry about my *fingers during my basketball games. When I *hurt my fingers, I cannot play the piano. My sister also loves the piano, and she played basketball when she was young. But she stopped playing it because she didn't want to hurt her fingers. She still likes watching basketball games, but she doesn't play it now. I like playing basketball better than watching it. So I don't want to stop playing it easily.
>
> Next, [ B ]. I hear we can be really good at something if we practice it for 10,000 hours. My sister is so good at playing the piano because she spends a lot of time at the piano. I want to play the piano like her. Also, I really like my basketball team. I want to play basketball better and help my team. But I will not have time to practice both the piano and basketball.
>
> I like both the piano and basketball, and I don't know what to do. I want your advice. <u>What do you think?</u>
>
> Your friend,
> Mary

（注） advice　助言　　finger　指　　hurt～　～を傷める

(1) 次の①，②の問いに対して，本文の内容に合うように，それぞれ４語以上の英語で答えなさい。

① How old was Mary when she started her piano lessons?

② What is an important thing Mary learned by playing basketball?

⑵ 本文中の A と B には，それぞれ，その段落の内容をまとめた文が入ります。A，B に入れるのに最も適切なものを，次のア～エからそれぞれ選びなさい。

ア I am really tired after I play basketball for many hours
イ I need more time to practice if I want to be really good at the piano or basketball
ウ I must practice the piano very hard if I want to be like my sister
エ playing basketball hard sometimes isn't good for playing the piano

⑶ 本文の内容と合っているものを，次のア～エから１つ選びなさい。

ア Mary likes playing the piano better than playing basketball.
イ Mary wants Hiroshi's advice because she cannot decide easily.
ウ Mary's sister thinks that Mary should choose the piano or basketball.
エ Mary's sister doesn't like the piano, but she likes basketball very much.

⑷ Hiroshi は，本文中の下線部の Mary の問いかけに応じて，次のように【返信】を書くことにしました。あなたが Hiroshi なら，□ にどのような助言を書きますか。後の《条件》に従って，書き出しに続けて英語で書きなさい。

【返信】

Hello Mary,

Thank you for your e-mail. I think □

Your friend,
Hiroshi

《条件》

・□ には，あなたが考える Mary への助言を，その理由も含めて20語～30語で書くこと。
・英文の数はいくつでもよく，符号（ , . ! ? " " など）は語数に含めません。
・解答の仕方は，〔記入例〕に従うこと。

〔記入例〕 Is　it　raining　now?　No,　it　isn't.

「［Ⅱ］」の精神を重要視している。それゆえ、Happinessという言葉を用いているが、本当は【幸せ】ではなく【充足】という意味に近い。

一方でブータンにも変化が訪れている。首都ティンプーは急速に都市化し、農村の若者が離農して首都にやってくることが増えた。しかしティンプーは都市化したとはいえ、小さな町であり、当然、多くの労働者を抱えきれるだけのキャパシティーがない。ゆえにティンプーでは若者の失業が問題になっている。また、スマートフォンやインターネットなども普及しはじめ、それに伴う価値観や意識の変化もある。こうしたなか、ブータンの幸福観がどのように変化していくのか、世界が注目している。

（内田由紀子『これからの幸福について　文化的幸福観のすすめ』による。一部省略した箇所がある。）

（注）ブータン……南アジアに位置するブータン王国のこと。
GNH……「Gross National Happiness」の頭文字を取った言葉で、「国民総幸福度」と訳される指標。
キャパシティー……受け入れることができる能力または規模。

㈠　文中A——「絶対に「鳥獣害」という言葉を使わないようにしている」とありますが、ブータンで「鳥獣害」という言葉を使わないようにしている理由として、次のア～エから最も適切なものを選びなさい。

ア　鳥や獣の害よりも人間による害のほうが悪質なものが多いから。
イ　動物は神聖な存在で、畑が荒らされることは逆に喜ばしいから。
ウ　人間よりも鳥や獣の生活を最優先にするという教えがあるから。
エ　動物と人間は自然を共有して暮らしているという考えがあるから。

㈡　文中［Ⅰ］に当てはまる語として、次のア～エから最も適切なものを選びなさい。

ア　もし　イ　しかし　ウ　つまり　エ　なぜなら

㈢　文中B——「経済成長することで失ってしまうものを大事にしたほうがいいのではないか」とありますが、ブータンでは何を大事にしようとしているのかを次のように説明するとき、［　］に当てはまる言葉を、本文から五字で抜き出して書きなさい。

自然環境や文化伝統によって維持される、人々の［　　］。

㈣　文中［Ⅱ］に当てはまる語句として、次のア～エから最も適切なものを選びなさい。

ア　急がば回れ　イ　知らぬが仏　ウ　足るを知る　エ　無知の知

㈤　本文で述べられている内容として、次のア～オから適切なものを二つ選びなさい。

ア　ブータンでは先進国の政策のまねをして意思決定を行っている。
イ　ブータンではGNHの考え方を国民全体で共有しようとしている。
ウ　ブータンでは自然環境を守るために経済発展を完全に諦めている。
エ　ブータンでは自分より他者の幸せを感じ取る力を大切にしている。
オ　ブータンでは社会情勢の変化によって価値観の変化が起きている。

㈥　本文を読んであなたが考えたことや感じたことを、百十字以上、百四十字以内で書きなさい。

きなさい。

(三) この文章で述べられていることとして、次のア～エから最も適切なものを選びなさい。

ア 少しだけ愚かな人間は本当に愚かな人間の悩みに気づけず、両者は一生分かり合えないままである。

イ 自分の愚かさを分かっていない者が本当に愚かな人間であり、そういった人間はずっと愚かなままである。

ウ 自分の中の大いなる惑いに気づく者が優れた人間であり、惑い続けることで理想的な人間となることができる。

エ 大いなる惑いがある者は自分の惑いを解くことができず、そういった人間は他者の苦しみに共感することもない。

## 五 次の文章を読んで、後の(一)～(六)の問いに答えなさい。

日本の農業でよく問題になるのが鳥獣害であり、サルやシカに農作物を荒らされることへの対策がとられることがある。ブータンにももちろん鳥獣害があり、しょっちゅう畑が荒らされるようだが、ブータンの人に聞くとA絶対に「鳥獣害」という言葉を使わないようにしているという。「害だ」と言ってしまうと、動物と人間の間に線が引かれ、こちらは良いもの、あちらは悪いものというふうにしてしまう。しかし、ブータンでは動物と人々が自然をともに共有しながら暮らしており、逆に動物が暮らしているところに人間がお邪魔してしまっているのかもしれないという感覚があるらしい。それゆえに「鳥獣害」という言葉を公的な文書で使わないようにしているというのである。

意思決定に関わるリーダーたちと話をすると、他の国の様子を分析したうえで政策決定を行っていることがわかる。ブータンは経済的な自立を目標にする一方で、ブータン国民の心の豊かさを支える自然環境や文化伝統の保全を重要視しており、経済発展が環境・文化要因の保護とバランスをとって行われるかどうかという評価による意思決定を行っている。［Ⅰ］ブータンは「幸福の国」というよりは「幸福を目指した国づくり」を行っている国、と表現したほうが正しいだろう。そのための理念であるGNHをさまざまな場面で通底させ、人々と共有しようとしている。

GNHは、第四代国王が一九七〇年代に「ブータンはGDPよりGNHを大切にする国にしたい」といったことに始まるといわれている。ブータンは、インドと中国という二つの大国にはさまれた、小さな国である。しかしGNH政策は、小さな国であるブータンが、世界にその名を知らしめる大きなきっかけになったのだ。経済成長を目指しても人々が幸せにならないのであれば、経済成長というのはもしかすると緩やかでもいいのかもしれず、逆にB経済成長することで失ってしまうものを大事にしたほうがいいのではないかというようなことをブータンは発信している。幸福を考える政策立案をし、そのために指標を用いて測定と分析を行うというのはたしかにかなり画期的である。各省庁から提案された政策を、GNHの観点から評価し、この観点に見合わない計画だったときには却下されることもある。山を切り開いて、バイパス道路をつくってしまえば隣町に行くのは楽になるけれども、それをやってしまうと自然が守られなくなり、結果として人々の幸福を減じてしまうことになるかもしれない、それならば道路はつくらないという決定がなされたこともある。

ブータンを訪れたときに印象深かったのは、「幸福を感じる力」への志向性である。とくにブータン仏教と幸福観の関わりは無視できない。祈りや瞑想《めいそう》の時間を設けることが日常的に行われており、人々は

②

> Aさん　昨日の試合では大活躍だったね。勝てたのは、君のディフェンスのおかげだよ。
> Bさん　実はコーチからも褒められて、昨日は思わず［　］になっちゃったよ。

ア　逆上　　イ　有頂天
ウ　焼け石に水　　エ　断腸の思い

# 三

次の文章を読んで、後の㈠～㈢の問いに答えなさい。

早うより童《わらは》友達なりし（以前から幼友達だった）人に、年ごろ経て行きあひたるが、ほのかにて（ちょっとだけで）、七月十日の程に、月にきほひて（月と競うように）帰りにければ

めぐりあひて見しやそれとも分かぬ間に（見たのがそれなのか分からない間に）雲がくれにし夜半《よは》の月かな

（『紫式部集』による。）

㈠　文中══「あひたる」を現代仮名遣いで書きなさい。

㈡　文中──「年ごろ経て」の意味として、次のア～エから最も適切なものを選びなさい。

ア　何年か過ぎた後に
イ　結婚相手を連れて
ウ　ちょうどよい時間に
エ　昨日会ったばかりなのに

㈢　文中～～～「めぐりあひて見しやそれとも分かぬ間に雲がくれにし夜半の月かな」の和歌についての説明として、次のア～エから最も適切なものを選びなさい。

ア　再会した幼友達がすぐに帰ってしまったために感じた心残りを、月が雲に隠れてしまう情景で表現している。
イ　久しぶりに会った幼友達が自分に気づいてくれない切なさを、雲が長いこと月を隠している様子でたとえている。
ウ　幼友達が恥ずかしがって顔を見せなかったという嘆きを、夏の夜の月が早く沈んでしまうことに重ねてよんでいる。
エ　劇的な再会をした幼友達と二人だけの世界に入り込む楽しさを、まるで月に祝福されているようだとうたっている。

# 四

次の文章を読んで、後の㈠～㈢の問いに答えなさい。

〔訓読文〕

知《ル》二其《そノ》愚《ヲ》一者《ハ》、非《あらザル》二大愚《ニ》一也《なり》。知《ル》二其《ノ》惑《まどヒヲ》一者《ハ》、非《ザル》二［　］一也。大惑《ナル》者《ハ》、終身不《ず》解《セ》、大愚《ナル》者《ハ》、終身不レ霊《ナラ》。

〔書き下し文〕

其の愚を知る者は、大愚に非ざるなり。其の惑ひを知る者は、［　］に非ざるなり。大惑なる者は、終身解せず、大愚なる者は、終身霊ならず。

（『荘子』による。）

（注）　終身……生涯。
　　　解……迷いなどが解けること。
　　　霊……知力が優れていること。

㈠　〔訓読文〕中──「終身不解」に、〔書き下し文〕の読み方になるように返り点を書きなさい。

㈡　［　］に当てはまる語を、〔訓読文〕から漢字二字で抜き出して書

# ＜国語＞

時間　四〇分　満点　五〇点

## 一

次の㈠～㈣の問いに答えなさい。

㈠　次の①～⑤の――の平仮名の部分を漢字で書きなさい。

①　久しぶりにこきょうに帰る。
②　場に応じたふくそうをする。
③　友人に傘をかす。
④　ひたいに汗をかく。
⑤　熱いお茶がさめる。

㈡　次の①～⑤の――の漢字の読みを平仮名で書きなさい。

①　資材を搬送する。
②　相手の承諾を得る。
③　文化祭を催す。
④　部屋の隅に植物を置く。
⑤　テレビで相撲を見る。

㈢　次の①、②は、打ち消しの意味の語が付いた三字の熟語です。□に当てはまる語として最も適切なものを、「非」、「不」、「未」、「無」から選び、それぞれ書きなさい。

①　□本意　　②　□条件

㈣　次の文中の①、②の――の熟語と構成が同じ熟語として、後のア～エから最も適切なものをそれぞれ選びなさい。

> 休日に①読書をして、あれこれと②思考を巡らすことが好きだ。

ア　天地　　イ　腕力　　ウ　停止　　エ　出荷

## 二

次の㈠～㈢の問いに答えなさい。

㈠　次の文に用いられている表現の技法として、後のア～エから最も適切なものを選びなさい。

> 彼が「あっ。」と言って空を指差した時、僕の目にも見えた、一番星がはっきりと。

ア　倒置　　イ　対句　　ウ　直喩　　エ　反復

㈡　次の文章は、中学生の佐藤さんが、職場体験をする事業所に電話で連絡をした際の発言の一部です。[Ⅰ]、[Ⅱ]に当てはまる敬語の組み合わせとして、後のア～エから最も適切なものを選びなさい。

> もしもし、私は佐藤太郎[Ⅰ]。職場体験を担当している田中様は[Ⅱ]。

ア　Ⅰ　です　　Ⅱ　ありますか
イ　Ⅰ　と申します　　Ⅱ　いらっしゃいますか
ウ　Ⅰ　と申しあげます　　Ⅱ　おりますか
エ　Ⅰ　とおっしゃいます　　Ⅱ　いますか

㈢　次の①、②の対話の[　]に当てはまる言葉として、それぞれ後のア～エから最も適切なものを選びなさい。

①

> Aさん　Bさんのお父さんは町内会長だから、いろいろと忙しいんでしょ。
> Bさん　最近は、集会所を建て替えるための寄付集めをしているみたい。休日も[　]しているよ。

ア　縦横無尽　　イ　津々浦々　　ウ　一朝一夕　　エ　東奔西走

前期

# 2021年度

# 解 答 と 解 説

《2021年度の配点は解答用紙集に掲載してあります。》

## ＜数学解答＞

**1** (1) ① $-5$　② $7$　③ $-25a$　④ $2x$　⑤ $-a+5b$　⑥ $3\sqrt{3}$

(2) $4a^2-4ab+b^2$　(3) $(x+6)(x-7)$　(4) $\frac{9}{2}\pi\ (\text{cm}^2)$　(5) $y=2x+5$

(6) ウ，オ　(7) 0.16

**2** (1) ア，イ，ウ　(2) ($\angle x=$)$\angle b-\angle a$　(3) イ，オ　(4) (例)$x^2+4x-5=0$

**3** {（運動部に所属している男子）64(人)　（運動部に所属している女子）45(人)　（求め方は解説参照）

**4** (1) 解説参照　(2) $\frac{25}{6}$(cm)

## ＜数学解説＞

**1** (数・式の計算，平方根，式の展開，因数分解，おうぎ形の面積，一次関数，空間図形，資料の散らばり・代表値)

(1) ① 同符号の2数の和の符号は2数と同じ符号で，絶対値は2数の絶対値の和だから，$-3+(-2)=(-3)+(-2)=-(3+2)=-5$

② 四則をふくむ式の計算の順序は，指数→かっこの中→乗法・除法→加法・減法　となる。$8-4\div(-2)^2=8-4\div4=8-1=7$

③ $5\times(-5a)=5\times(-5)\times a=(-25)\times a=-25a$

④ $\frac{1}{2}x^2y\div\frac{1}{4}xy=\frac{x^2y}{2}\div\frac{xy}{4}=\frac{x^2y}{2}\times\frac{4}{xy}=\frac{x^2y\times4}{2\times xy}=2x$

⑤ 分配法則を使って，$2(a+b)=2\times a+2\times b=2a+2b$，$3(a-b)=3\times a+3\times(-b)=3a-3b$ だから，$2(a+b)-3(a-b)=(2a+2b)-(3a-3b)=2a+2b-3a+3b=2a-3a+2b+3b=-a+5b$

⑥ $\sqrt{48}=\sqrt{16\times3}=\sqrt{4^2\times3}=4\sqrt{3}$　だから，$\sqrt{48}-\sqrt{3}=4\sqrt{3}-\sqrt{3}=(4-1)\sqrt{3}=3\sqrt{3}$

(2) 乗法公式$(a-b)^2=a^2-2ab+b^2$より，$(2a-b)^2=(2a)^2-2\times2a\times b+b^2=4a^2-4ab+b^2$

(3) たして$-1$，かけて$-42$になる2つの数は，$(+6)+(-7)=-1$，$(+6)\times(-7)=-42$より，$+6$と$-7$だから　$x^2-x-42=\{x+(+6)\}\{x+(-7)\}=(x+6)(x-7)$

(4) 半径が$r$で中心角が$a°$のおうぎ形の面積は，$\pi r^2\times\frac{a}{360}$だから，半径が6cmで中心角が45°のおうぎ形の面積は，$\pi\times6^2\times\frac{45}{360}=\frac{9}{2}\pi\ (\text{cm}^2)$

(5) $y$が$x$の1次関数であり，そのグラフの傾きが2であるとき，この1次関数の式は$y=2x+b$…①と表される。この1次関数のグラフが点$(-3,\ -1)$を通るから，①に$(x,\ y)=(-3,\ -1)$を代入して，$-1=2\times(-3)+b$　$b=5$　求める1次関数の式は，$y=2x+5$

(6) アは円すい，イは三角柱，ウは四角すい，エは四角柱，オは三角すいだから，角すいはウとオである。

(7) 相対度数$=\frac{\text{各階級の度数}}{\text{度数の合計}}$　度数の合計は38，30分以上60分未満の階級の度数は6だから，30

分以上60分未満の階級の相対度数は$\frac{6}{38}=0.157\cdots$より，約0.16である。

## 2 （数の集合と四則との関係，角度，関数$y=ax^2$，二次方程式）

(1)　(自然数)＋(自然数)の結果は，いつでも自然数となる。アは正しい。(自然数)－(自然数)の結果は，いつでも整数となる。イは正しい。(自然数)×(自然数)の結果は，いつでも自然数となる。ウは正しい。(自然数)÷(自然数)の結果は，$1\div2=0.5$のように，整数にならない場合もある。エは正しくない。

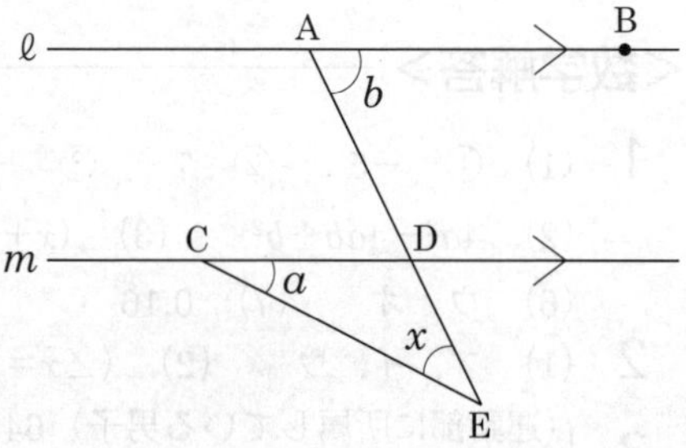


(2)　**平行線の錯角は等しい**から，$\angle ADC=\angle DAB=\angle b$　$\triangle CDE$の**内角と外角の関係**から，$\angle x=\angle ADC-\angle DCE=\angle b-\angle a$(右図参照)

(3)　関数$y=-x^2$について，$x=3$のとき，$y=-3^2=-9$である。アは正しくない。関数$y=ax^2$のグラフは，$a<0$の場合，右図のように，$x=0$のとき$y$は**最大値**0をとり，$x$のどの値に対しても常に$y\leqq0$であるような，下に開いた**放物線**である。イは正しい。たとえば，関数$y=-x^2$について，$x=2$のとき，$y=-2^2=-4$であるから，$x$の値が2から3まで1増加するとき，$y$の値は$-9-(-4)=-5$より，5減少する。ウは正しくない。$x$の**変域**が$-1\leqq x\leqq2$のとき，$x$の変域に0が含まれているから，$y$の最大値は0。また，$x=-1$のとき$y=-(-1)^2=-1$，$x=2$のとき$y=-4$より，$y$の**最小値**は$-4$であるから，$y$の変域は，$-4\leqq y\leqq0$。エは正しくない。関数$y=ax^2$で，$a$の絶対値が等しく，符号が反対である2つのグラフは，$x$軸について対称になるから，関数$y=-x^2$のグラフは，関数$y=x^2$のグラフと$x$軸について対称である。オは正しい。

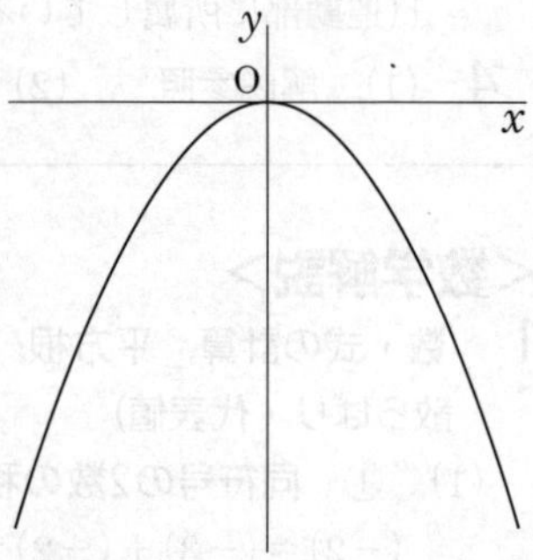


(4)　2次方程式$(x+5)(x-1)=0\cdots$①の解は，$x=-5$，1であるから，解が$-5$，1の2つの数となる，$x$についての2次方程式の1つは，①の左辺を展開して，$x^2+4x-5=0$である。

## 3 （方程式の応用）

(求め方)　(例)全校の男子生徒の人数を$x$人，全校の女子生徒の人数を$y$人とすると

$\begin{cases} x+y=155\cdots① \\ \frac{80}{100}x-\frac{60}{100}y=19\cdots② \end{cases}$　②を整理すると$4x-3y=95\cdots$③　①×3＋③より　$7x=560$　よって，$x=80$　①に代入して，$y=75$　$x=80$，$y=75$は問題に適している。したがって，求める人数は$80\times\frac{80}{100}=64$，$75\times\frac{60}{100}=45$

## 4 （相似の証明，円の性質，線分の長さ）

(1)　(証明)　(例)$\triangle AEC$と$\triangle DCB$について，弧BCに対する**円周角**は等しいので$\angle EAC=\angle CDB\cdots$①　弧CDに対する円周角は等しいので$\angle DBC=\angle DAC\cdots$②　$AD/\!/EC$より，平行線の錯角は等しいので$\angle DAC=\angle ACE\cdots$③　②，③より$\angle ACE=\angle DBC\cdots$④　①，④より，2組の角がそれぞれ等しいので$\triangle AEC\backsim\triangle DCB$

(2)　$\triangle AEC\backsim\triangle DCB$より，$AE:DC=EC:CB$　$DC=\frac{AE\times CB}{EC}=\frac{4\times5}{6}=\frac{10}{3}$(cm)　仮定より，$\angle ACD$

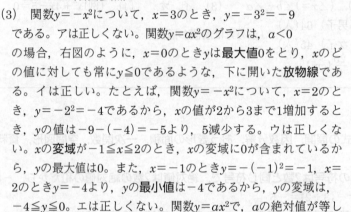

$=\angle CBD$…⑤　$\overset{\frown}{CD}$に対する円周角は等しいので，$\angle CBD=\angle CAD$…⑥　⑤，⑥より，$\angle ACD=\angle CAD$であり，$\triangle ACD$は二等辺三角形だから，$AD=DC=\frac{10}{3}$cm　$FD=x$cmとすると，AD//ECだから，平行線と線分の比についての定理より，$FD:FC=AD:EC=\frac{10}{3}:6=5:9$　$9FD=5FC$…⑦

ここで，$FC=FD+DC=\left(x+\frac{10}{3}\right)$cmであるから，⑦は，

$9x=5\left(x+\frac{10}{3}\right)$　これを解いて，$x=FD=\frac{25}{6}$cm

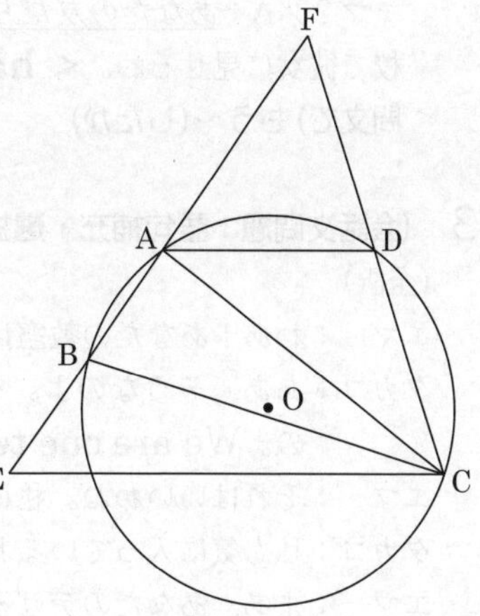


## ＜英語解答＞

1　A　brother　B　taller　C　won　D　on

2　(1)　ア　(2)　ウ　(3)　イ

3　(1)　①　イ　②　エ　③　ウ　④　エ　(2)　イ

4　(1)　①　(例)She was five years old.　②　(例)It is to help each other.

(2)　A　エ　B　イ　(3)　イ　(4)　(例)( I think )you should choose the piano because you feel happy when you are playing it. It is better to choose something that makes you happy. (例)( I think ) choosing basketball is better. You play it with other students, so you can make a lot of friends by helping each other. (例)( I think ) you don't have to decide if you cannot choose now. It is important to enjoy things you like. You like both the piano and basketball, so you should enjoy them.

## ＜英語解説＞

### 1 （語句補充：名詞，比較，過去形，前置詞）

A　私は私の兄について話します。彼の名前はケンです。　B　彼は高校生です，そして彼は私より背が高いです。**＜A is ＋形容詞 -er ＋ than B＞**で「AはBより～だ」(比較級)　C　彼はサッカーが上手で，彼のチームは強いです。彼のチームはこの前の土曜日，試合に勝ちました。won は win の過去形　D　彼と私は時々テレビでサッカーの試合を見て楽しみます。

### 2 （会話文：文の挿入，形容詞，助動詞，現在完了）

(1)　A：あなたは明日パーティーに行くつもりですか？　／B：行きたいけれど，行けません。／A：忙しいのですか？　／B：家で妹の世話をしなければいけないのです。

(2)　A：ああ，家に消しゴムを忘れてしまいました。／B：心配はいりません。私の物を使ってください。／B：でもあなたも必要でしょう。／A：ええ，私はいつも2つ持って来るのです。mine ＝私の物

(3)　A：メグ，もう今日の新聞は読んだ？　／B：いいえ，まだよ。でもどうしてそう聞いたの，

ママ？／A：あなたの友だちの写真をここに見つけたのよ。／B：わあ！それはいいわ。今日学校で彼女に見せるわ。< **have** ＋過去分詞>で「(現在までに)～した」(現在完了)　**yet** ＝(疑問文で)もう～(したか)

## 3 (会話文問題：語句補充・選択，絵を用いた問題)

(全訳)

エマ　：わあ！あなたの教室に大きな旗があるわね。

タカコ：ああ，そうなのよ。それは私たちのクラスの旗なの。学校行事でそれを使うことがあるの。We are one team! が私たちのクラス目標なのよ。

エマ　：それはいいわね。私は好きだわ。

タカコ：私も気に入っているわ。あのね，私がこの旗のデザインを作ったのよ。

エマ　：まあ，あなたのデザインなのね。①どうやってそれを作ったの？

タカコ：まず，デザインの中に私たちのクラス目標を使いたいと思ったの。クラス目標を②表す絵を使うことに決めたのよ。チームとしての私たちの強い友情を表したいと思ったの。

エマ　：なるほどね。そして，その後は何をしたの？

タカコ：旗に手の絵を使うことに決めたんだけど，その良い位置を見つけるのが③大変だったわ。まず，手を右に，クラス名を左に置いて，クラス目標をその下に置いてみたの。でもあまり気に入らなかったわ。それから，たくさん他の位置を試してみたのよ。最終的に，クラス名(番号)の周りに手を置いてクラス目標をいちばん上に置くことに決めたの。クラスメイトがこのデザインを気に入ってくれて嬉しかったわ。

エマ　：私もこのデザインがとても好きよ。

タカコ：ありがとう。

エマ　：あなたがデザインを作った後，だれがこの旗を作ったの？

タカコ：私が旗に私のデザインを描いたの。そしてクラスメイトと私で一緒に旗に絵の具を塗ったのよ。

エマ　：この旗を作るのにどのくらい④かかったの？

タカコ：約1週間よ。素晴らしい経験だったわ。

エマ　：素敵でしょうね。次の学校行事で旗を見たいわ！

(1)　全訳参照。　①　タカコの3番目の発言に注目。旗の作り方の過程を説明しているので，「どのように」を表す how が適当。　②　showing ( show の現在分詞)the class motto(＝「クラス目標を表している」)が直前の pictures を修飾している。(分詞の形容詞的用法)
③　easy ＝簡単なhappy ＝楽しい，幸せな　hard ＝困難な　bad ＝悪い　タカコの4番目の発言を読むといろいろな配置を試してみたことが分かる。　④　ここでの take は「(時間が)かかる」の意味。過去のことを聞いているので過去形を選ぶのが適当。

(2)　全訳参照。タカコの4番目の発言最後から2文目に注目。

## 4 (長文読解問題・手紙(メール)文：英問英答，文の挿入，内容真偽，自由・条件英作文)

(全訳)　ヒロシへ

メールをありがとう。とても楽しんで写真を見ました。写真であなたとあなたの家族に会えてとても嬉しかったです。

今日はあなたの助言が欲しいのです。私はピアノを弾くこととバスケットボールをすることが大好きです。私は5歳の時にピアノのレッスンを始めました。私は自分はピアノを弾くのが上手だと思います。私はお気に入りの曲をピアノで弾いている時，とても幸せを感じます。そして、11歳の時，バスケットボールを始めました。友だちとバスケットボールをすることはとても楽しいです。そしてバスケットボールをすることで，私は大切なことを学びました。それはお互いに助け合うということです。

でも今，私はピアノかバスケットボールのどちらかを選んだ方が良いと思っています。

第一に，A熱心にバスケットボールをすることはピアノを弾くためには良くないときもあるのです。私はバスケットボールの試合中に指のことが心配になることがあります。指を傷めたらピアノを弾くことができません。私の姉もピアノが大好きで，幼い時にバスケットボールをやっていました。でも彼女はバスケットボールをするのをやめました，指を傷めたくないからです。彼女は今もバスケットボールの試合を見るのは好きですが，もう彼女はバスケットボールはしません。私はバスケットボールを見るより，する方が好きです。だから簡単にバスケットボールをすることをやめたくないのです。

次に，Bピアノかバスケットボールを本当に上手になりたいなら，私にはもっと練習の時間が必要です。10000時間練習すると，それを本当に上手になれるそうです。私の姉がピアノを弾くのがとても上手なのは，彼女がたくさんの時間をピアノに費やしているからです。私は彼女のようにピアノを弾きたいと思っています。そしてまた，私のバスケットボールチームがとても好きです。私はバスケットボールをうまくなり，チームを助けたいです。でもピアノとバスケットボールの両方を練習する時間をもつつもりはありません。

私はピアノとバスケットボールの両方が好きなので，どうすればいいのか分かりません。あなたの助言が欲しいです。あなたはどう思いますか？

あなたの友だち，メアリー

(1)　全訳参照。　①　メアリーはピアノのレッスンを始めた時，何歳でしたか？　／彼女は5歳でした。　第2段落3文目参照。　②　バスケットボールをすることでメアリーが学んだ大切なこととは何ですか？　／それはお互いに助け合うことです。　第2段落最後から2文目から最後まで参照。

(2)　全訳参照。　A　空所A以降の第4段落の内容に注目。メアリーはバスケットボールをすることで指を傷めてしまうことを心配している。B　空所以降の第5段落の内容に注目。ピアノもバスケットボールも上手になるためにはたくさんの練習の時間が必要であることが書かれている。

(3)　全訳参照。　ア　メアリーはバスケットボールをすることよりもピアノを弾くことの方が好きだ。　イ　メアリーは，簡単には決められないのでヒロシの助言が欲しいと思っている。(○)第6段落に注目。ウ　メアリーの姉は，メアリーはピアノかバスケットボールを選んだ方がいいと思っている。　エ　メアリーの姉はピアノが好きではないが，バスケットボールはとても好きだ。

(4)　(解答例訳)　(こんにちは　メアリー，　メールをありがとう。僕は)　君はピアノを選んだ方がいいと思います，なぜなら君はピアノを弾いている時幸せに感じるからです。君を幸せに(楽しく)してくれることを選ぶのが良いです。／バスケットボールを選ぶ方が良いと思います。君は他の生徒たちとバスケットボールをしているので，お互いに助け合うことでたくさんの友だちをつくることができるのです。／今選ぶことができないのなら決める必要はないと思います。大切なことは君が好きなことを楽しむ事です。君はピアノとバスケットボールの両方を好きなのだから，両方楽しむ方が良いのです。

## ＜国語解答＞

**一** (一) ① 故郷　② 服装　③ 貸　④ 額　⑤ 冷　(二) ① はんそう
② しょうだく　③ もよお　④ すみ　⑤ すもう　(三) ① 不　② 無
(四) ① エ　② ウ

**二** (一) ア　(二) イ　(三) ① エ　② イ

**三** (一) あいたる　(二) ア　(三) ア

**四** (一) 終身不レ解セ　(二) 大惑　(三) イ

**五** (一) エ　(二) ウ　(三) 心の豊かさ　(四) ウ　(五) イ，オ
(六) (例)私は，「充足」を重視するという，ブータンの幸福観に興味を持ちました。便利さや経済成長も必要なことだと思いますが，それだけを追い求めると，逆に失うものもあるのかもしれません。誰でも幸福になりたいと思うものですが，心が満たされているかどうかという点が，とても大切なのだと感じました。

## ＜国語解説＞

**一** **(知識－脱文・脱語補充，漢字の読み書き，熟語)**

(一) ① 「**故郷**」は，熟字訓で「ふるさと」とも読める。 ② 「**服装**」は，衣服などを身に着けた様子・身なりのこと。 ③ 「**貸す**」と「**借りる**」は，反対語の関係にある。 ④ 音読みは「がく」で，「金**額**」「**額**縁」などの熟語がある。 ⑤ 「**冷める**」は，温かい物の温度が下がって常温に戻ること。「冷える」は，常温の物の温度が常温よりも下がること。

(二) ① 「**搬送**」は，交通手段などを用いて物を運び送ること。 ② 「**承諾**」は，相手の意見・要望などを聞き入れること。 ③ 音読みは「サイ」で，「開**催**」「**催**促」などの熟語がある。 ④ 音読みは「グウ」。 ⑤ 「**相撲**」などの，特有の読みをする熟語(熟字訓)には気をつけよう。

(三) ① 「不本意」は，自分の本来の望みとは違っていること。 ② 「無条件」は，何も条件や制約がないこと。

(四) ① 「読書」は，**下の漢字が上の漢字の目的語になっている**熟語である。「書を読む」。よって，同様の二字の熟語は，「出荷」である。「荷(商品・製品)を(市場に)出す」。 ② 「思考」は，**意味が似ている二字で構成されている**熟語である。「思う」と「考える」。よって，同様の二字の熟語は，「停止」である。「停まる」と「止まる」。

**二** **(知識－脱文・脱語補充，熟語，ことわざ・慣用句，敬語・その他，表現技法・形式)**

(一) 「僕の目にも見えた」と「一番星がはっきりと」が，文の成分として語順が入れ替わっていることが分かる。

(二) 中学生の「私(佐藤太郎)」，職場体験を担当している「田中様」，そして「電話相手」の三人の関係を捉えて適切な敬語を選べばよい。［Ⅰ］は，「私」が「電話相手」に自分の名前を丁重に名乗るのだから，**謙譲語(丁重語)**の「と申します」が適当。［Ⅱ］は，「私」が目上の「田中様」の所在を「電話相手」に尋ねるのだから，**尊敬語**の「いらっしゃいますか」が適当である。

(三) ① AさんとBさんとの会話から，Bさんの父が集会所の建て替えのための寄付集めのために，あちらこちらに忙しく出向いていることが分かる。よって，その様子を表すエ「**東奔西走**」が適当である。なお，空欄直後の「している」に続くことができるのも，エ「東奔西走」だけである。 ② BさんはAさんだけでなくコーチにも褒められたため，得意の絶頂になったのであ

る。よって，その様子を表すイ**「有頂天」**が適当である。

## 三　(古文－内容吟味，仮名遣い，古文の口語訳)

〈口語訳〉　以前から幼友達だった人に，何年か過ぎた後に巡り会ったが，ちょっと(会った)だけで，七月十日頃に，その友達は(夜半には沈んでしまう)月と競うようにして帰ってしまったので

(久しぶりに)巡り会って見たのが，月なのか分からない間に雲に隠れてしまった夜半の月(のように，あなたも慌ただしくして帰ってしまったこと)だなあ。

(一)　語頭以外の**「はひふへほ」**は，現代仮名遣いで**「わいうえお」**と読む。

(二)　**「年ごろ」**は，**「長年」「ここ数年」**という意味の重要古文単語である。

(三)　和歌は必ず本文の内容を踏まえている。幼友達がすぐに帰ってしまった心残りを，月が雲に隠れてしまった様子と重ね合わせているのである。

## 四　(漢文－大意・要旨，脱文・脱語補充，その他)

〈口語訳〉　自分の愚かさを知っている者は，大愚ではない。(また，)自分の(心の)惑いを知っている者は，大惑ではない。大惑である者は，生涯惑いが解けることはなく，大愚である者は，生涯知力が優れることはない。

(一)　訓読文の傍線部「終身不解セ」と，書き下し文の「終身解せず」を対応させて考える。すると，「解セ」から「不」に一字返って読むので，「不」にレ点をつける。なお，「不」は**助動詞**であるため，書き下し文では平仮名で表記される。

(二)　「其の愚を知る者は，大愚に非ざるなり」とあるから，同様にして，「その惑ひを知る者」はどうであるかを考える。荘子は，「大愚なる者」と「大惑なる者」について論じているのである。

(三)　「其の愚を知る者は，大愚に非ざるなり」と「大愚なる者は，終身霊ならず」の記述が，イの内容と一致する。エは「そういった人間は他者の苦しみに共感することもない」とあるが，これは本文に書かれていないため不適である。

## 五　(論説文－大意・要旨，内容吟味，接続語の問題，脱文・脱語補充，ことわざ・慣用句，作文)

(一)　傍線部Aを含む一文の直後の二文で，ブータンで「鳥獣害」という言葉を使わないようにしている理由が書かれている。

(二)　Ⅰ の前と後ろでの，文章の展開の仕方を捉える。Ⅰ の前で書かれている内容をまとめて，Ⅰ の後では**ブータンの政策についての話が一般化されている**ことに気づければよい。

(三)　まずは，空欄を含む一文をしっかり読む。「意思決定に関わるリーダーたちと」で始まる段落で，「(ブータンは)ブータン国民の心の豊かさを支える自然環境や文化伝統の保全を重要視しており」という記述があり，これが**空欄を含む一文と対応**している。

(四)　Ⅱ を含む一文の直後の文で，「Happinessという言葉を用いるが，本当は【幸せ】ではなく【充足】という意味に近い」とある。よって，Ⅱ には，**充足という意味に等しいことわざ**が入る。

(五)　Ⅰ の直後の二文で，「ブータンがGNHの理念を国民全体で共有しようとしている」ことが書かれている。これが，イに合致する。また，最後の段落では，「首都の急速な都市化による問題」と「スマートフォンなどの普及による価値観・意識の変化」について書かれている。これが，オに合致する。アは「先進国の政策のまね」という記述が不適。「意思決定に関わるリーダーたちと」で始まる段落で書かれているように，「他国の様子を分析」したうえで意思決定を行っているのである。

(六)　文章読解型の作文では，本文の内容を必ず踏まえたうえでの記述が求められる。よって，今回は，「ブータンの幸福観」についての自身の考えを述べることになる。基本的な原稿用紙の使い方に従い，誤字・脱字や文のねじれなどによる無駄な失点にも気をつけて書き上げよう。

群馬県公立高等学校（後期）

# 2021年度

★★★★★★★★★★★★★★★★★★★★★★★

# 入　試　問　題

2021
年
度

●くわしい解説……45ページ

## 2021年 群馬県公立高校入試　出題範囲縮小内容

令和２年５月13日付け２文科初第241号「中学校等の臨時休業の実施等を踏まえた令和３年度高等学校入学者選抜等における配慮事項について（通知）」を踏まえ，出題範囲について以下通りの配慮があった。

○出題範囲から除く内容

| | |
|---|---|
| 数学 | ・標本調査 |
| 英語 | 言語材料　エ 文法事項　（イ）文構造<br>ｃ［主語＋動詞＋目的語］のうち、（ｂ）主語＋動詞＋ｗｈａｔ などで始まる節（間接疑問文） |
| 理科 | ○第１分野 － 科学技術と人間<br>○第２分野 － 自然と人間<br>〈教科書の単元〉<br>東京書籍（３運動とエネルギー〔５エネルギーの移り変わり、６エネルギーの保存〕、５地球と私たちの未来のために）<br>大日本図書（１運動とエネルギー〔４エネルギーとその移り変わり、５エネルギーの保存と利用の効率、６熱エネルギーの効率的な利用〕、３自然界のつながり、６地球の明るい未来のために）<br>教育出版（３エネルギーの変換と利用、６自然と人間、７科学・技術の発展と環境の保全） |
| 社会 | ○公民的分野 － 私たちと国際社会の諸課題<br>〈教科書の単元〉<br>東京書籍（第５章 地球社会と私たち、終章 より良い社会を目指して）<br>帝国書院（第４部 私たちと国際社会、第５部 より良い社会をめざして） |
| 国語 | 書写に関する事項 |

# ＜数学＞

時間　45分～60分（学校裁量による）　満点　100点

**1**　次の⑴～⑼の問いに答えなさい。

⑴　次の①～③の計算をしなさい。

①　$2-(-5)$　　②　$4x-2x\times\frac{1}{2}$　　③　$-6a^3b^2\div(-4ab)$

⑵　$x=-2$，$y=3$のとき，$(2x-y-6)+3(x+y+2)$の値を求めなさい。

⑶　右の図の三角柱ABC－DEFにおいて，辺ABとねじれの位置にある辺を，すべて答えなさい。

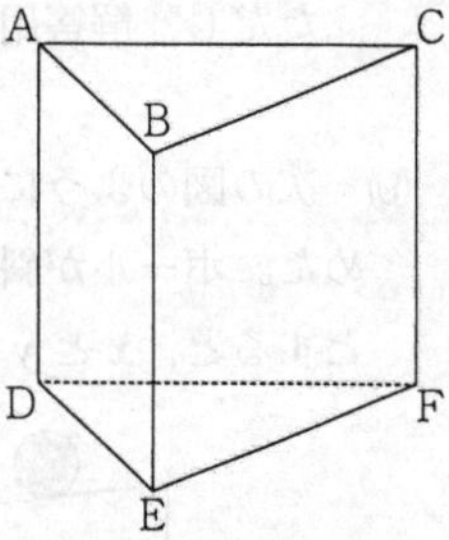


⑷　$n$を自然数とする。$\sqrt{24n}$が自然数となるような$n$のうち，最も小さい数を求めなさい。

⑸　右の図の双曲線は，ある反比例のグラフである。この反比例について，$y$を$x$の式で表しなさい。

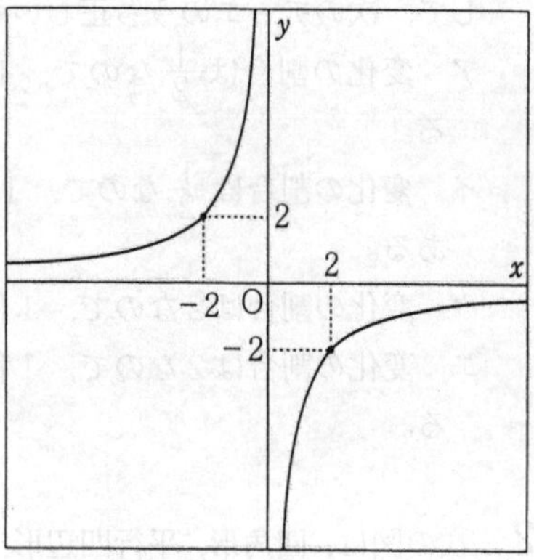


⑹　右の図のような∠A＝90°の直角三角形ABCにおいて，AB＝2㎝，CA＝3㎝である。辺BCの長さを求めなさい。

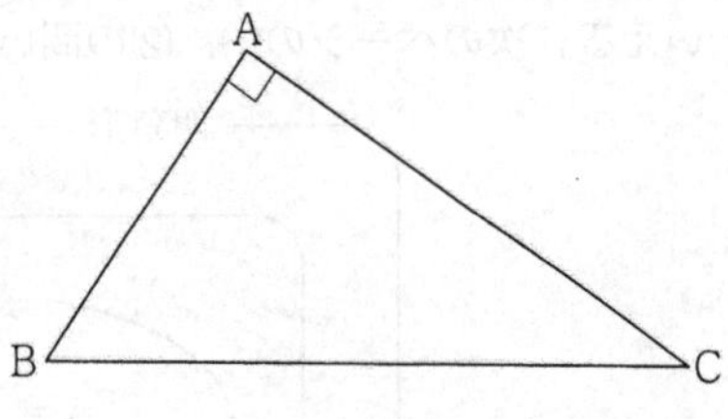


⑺　あるクラスの女子生徒20人が体力テストで反復横とびを行い，その記録を整理したところ，

20人の記録の中央値は50回であった。この20人の記録について，次のア～エのうち，必ず正しいといえるものを１つ選び，記号で答えなさい。

ア　20人の記録の合計は，1000回である。

イ　20人のうち，記録が50回であった生徒が最も多い。

ウ　20人のうち，記録が60回以上であった生徒は１人もいない。

エ　20人のうち，記録が50回以上であった生徒が少なくとも10人いる。

(8)　２つの容器A，Bに牛乳が入っており，容器Bに入っている牛乳の量は，容器Aに入っている牛乳の量の２倍である。容器Aに140mLの牛乳を加えたところ，容器Aの牛乳の量と容器Bの牛乳の量の比が５：３となった。はじめに容器Aに入っていた牛乳の量は何mLであったか，求めなさい。

ただし，解答用紙の（解）には，答えを求める過程を書くこと。

(9)　次の図のように，長い斜面にボールをそっと置いたところ，ボールは斜面に沿って転がり始めた。ボールが斜面上にあるとき，転がり始めてから $x$ 秒後までにボールが進んだ距離を $y$ m とすると，$x$ と $y$ の間には，$y=\frac{1}{2}x^2$ という関係が成り立っていることが分かった。

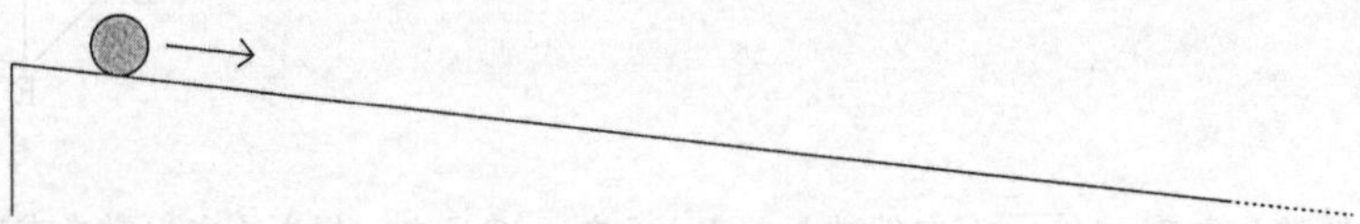

この関数について，$x$ の値が１から３まで増加するときの変化の割合を調べて分かることとして，次のア～エのうち正しいものを１つ選び，記号で答えなさい。

ア　変化の割合は $\frac{1}{2}$ なので，１秒後から３秒後までの間にボールが進んだ距離は $\frac{1}{2}$ mである。

イ　変化の割合は $\frac{1}{2}$ なので，１秒後から３秒後までの間のボールの平均の速さは秒速 $\frac{1}{2}$ mである。

ウ　変化の割合は２なので，１秒後から３秒後までの間にボールが進んだ距離は２mである。

エ　変化の割合は２なので，１秒後から３秒後までの間のボールの平均の速さは秒速２mである。

**2**　次の図は，四角形，平行四辺形，長方形，ひし形，正方形の関係を表したものである。例えば，四角形に「１組の対辺が平行でその長さが等しい」という条件が加わると，平行四辺形になるといえる。次のページの(1)，(2)の問いに答えなさい。

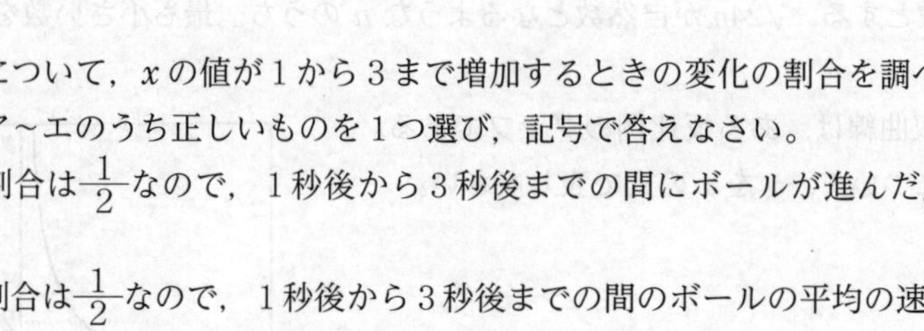

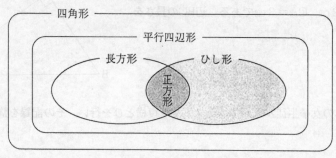

⑴　平行四辺形に，ある条件が加わると，長方形やひし形になる。次の ① ，② に当てはまる条件として正しいものを，後のア～オからそれぞれ１つずつ選び，記号で答えなさい。

> 平行四辺形に「 ① 」という条件が加わると，長方形になる。
> 平行四辺形に「 ② 」という条件が加わると，ひし形になる。

ア　対角線がそれぞれの中点で交わる
イ　１組の隣り合う辺の長さが等しい
ウ　１組の隣り合う角の大きさが等しい
エ　２組の対辺の長さがそれぞれ等しい
オ　２組の対角の大きさがそれぞれ等しい

⑵　長方形に，対角線に関するある条件が加わると，正方形になる。その「対角線に関する条件」を，簡潔に書きなさい。

**3**　一の位が０でない２けたの整数Ａがある。次の⑴，⑵の問いに答えなさい。

⑴　整数Ａの十の位の数を $a$，一の位の数を $b$ として，Ａを $a$，$b$ を用いた式で表しなさい。

⑵　整数Ａが，次の㋐，㋑をともに満たしている。このとき，㋐，㋑をもとに整数Ａを求めなさい。
ただし，解答用紙の（解）には，答えを求める過程を書くこと。

> ㋐　Ａの十の位の数と一の位の数を入れ替えてできた２けたの整数を２で割ると，Ａより１だけ大きくなる。
> ㋑　Ａの十の位の数と一の位の数を加えて３倍すると，Ａより４だけ小さくなる。

**4**　図Ⅰのように，線分ACと，点Ｃを通る直線 $\ell$ があり，点Ｂは線分ACの中点である。図Ⅰにおいて，２点Ａ，Ｂと直 $\ell$ 上の点Ｐによってできる三角形ＡＢＰが二等辺三角形となるような点Ｐについて考える。亜衣さんのクラスでは，このような点Ｐを作図し，なぜ三角形ABPが二等辺三角形であるといえるのかについて説明し合う活動を行った。次の⑴，⑵の問いに答えなさい。

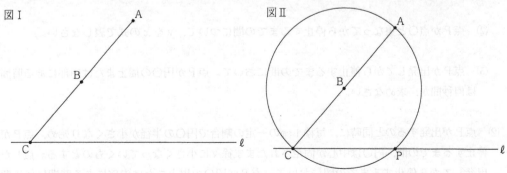

図Ⅰ

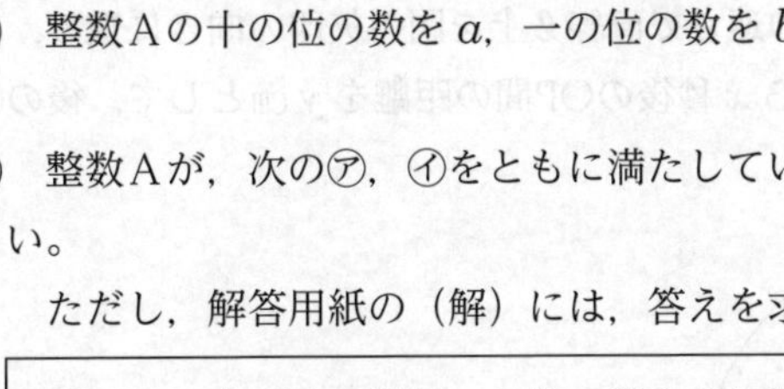


図Ⅱ

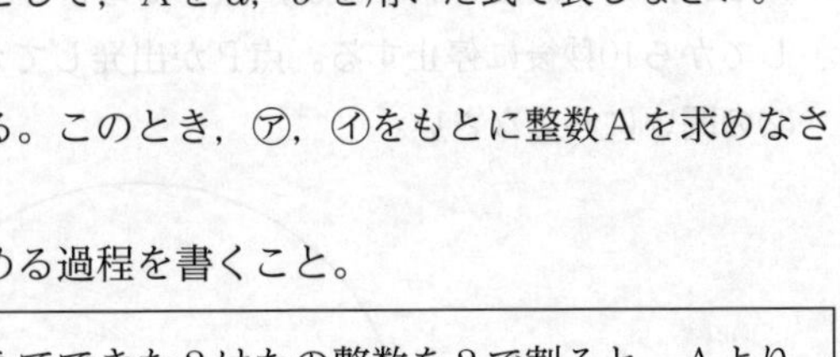


⑴　亜衣さんは，図Ⅱのように，点Ｂを中心とし点Ａを通る円を用いて点Ｐを作図して，なぜ三

角形ＡＢＰが二等辺三角形であるといえるのかを，次のように説明した。ア ～ ウ に適する記号をそれぞれ入れなさい。

亜衣さんの説明

作図した円の周上の点は，点 ア からの距離がすべて等しいので， イ ＝ ウ となります。したがって，△ABPは二等辺三角形であるといえます。

⑵　次の①，②の問いに答えなさい。

①　図Ⅰにおいて，⑴で亜衣さんが作図した点Ｐ以外で，三角形ABPが二等辺三角形となるような直線$\ell$上の点Ｐを，コンパスと定規を用いて作図しなさい。
　ただし，作図に用いた線は消さないこと。

②　①のような作図によって点Ｐをとったことで，なぜ三角形ABPが二等辺三角形であるといえるのか，作図に用いた図形の性質を根拠にして，その理由を説明しなさい。

**5**　図のように，円の中心Ｏと点Ｐが直線$\ell$上にあり，円Ｏの半径は10㎝，OP間の距離は20㎝である。点Ｏが固定されたまま，点Ｐは毎秒３㎝の速さで直線$\ell$上を図の矢印の向きに進み，出発してから10秒後に停止する。点Ｐが出発してから$x$秒後のOP間の距離を$y$㎝として，後の⑴，⑵の問いに答えなさい。

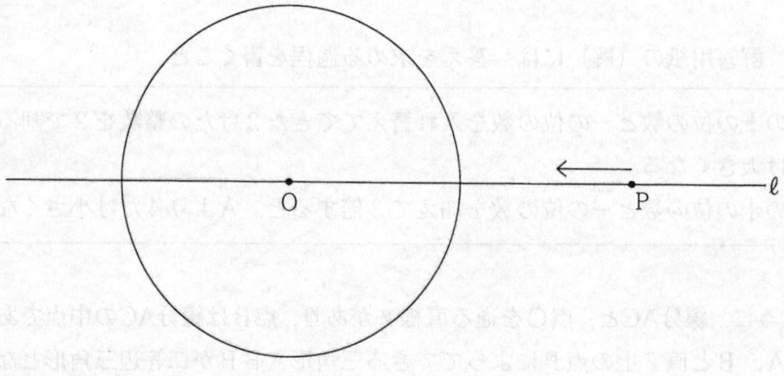


⑴　次の①～③の問いに答えなさい。

①　点Ｐが出発してから点Ｏと重なるまでの間について，$y$を$x$の式で表しなさい。

②　点Ｐが点Ｏと重なってから停止するまでの間について，$y$を$x$の式で表しなさい。

③　点Ｐが出発してから停止するまでの間において，点Ｐが円Ｏの周上または内部にある時間は何秒間か，求めなさい。

⑵　点Ｐが出発するのと同時に，毎秒１㎝の一定の割合で円Ｏの半径が小さくなり始め，点Ｐが停止するまでの間，円Ｏは中心が固定されたまま徐々に小さくなっていくものとする。点Ｐが出発してから停止するまでの間において，点Ｐが円Ｏの周上または内部にある時間は何秒間か，求めなさい。

**6**　図Ⅰのように，点Oを中心とする円と，点Oを１つの頂点とし，１辺の長さが円Oの半径と等しい正方形OABCが重なっている。

この図において，図Ⅱのように円Oの孤AC上に点Dをとり，Dにおける接線$\ell$と辺AB，BCとの交点をそれぞれE，Fとする。また，Cを通り$\ell$に垂直な直線と$\ell$との交点をGとし，Dを通り辺OCに垂直な直線とOCとの交点をHとする。次の⑴～⑶の問いに答えなさい。

図Ⅰ

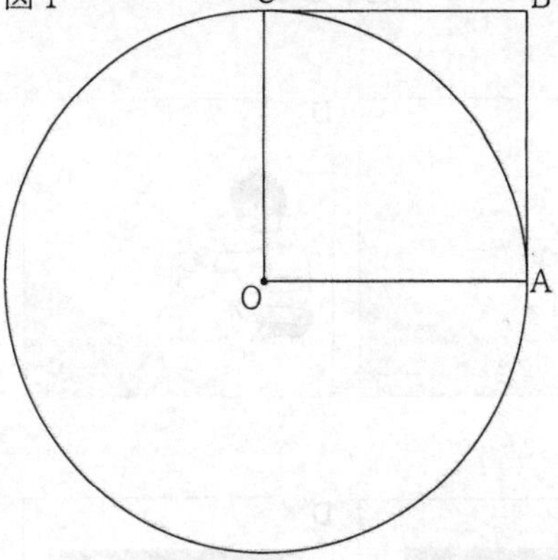


図Ⅱ

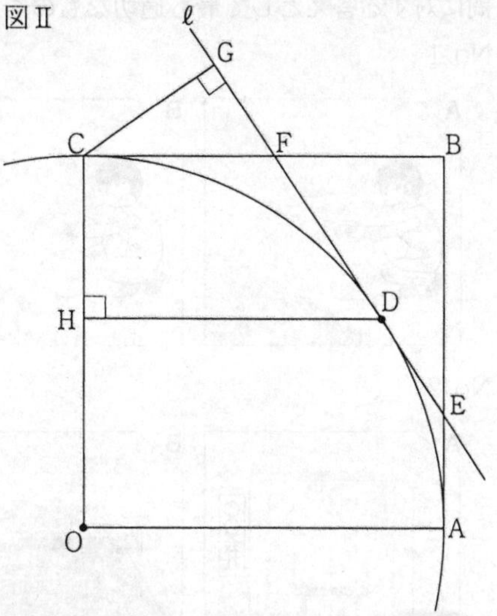


⑴　図Ⅱにおける次のア～オの直線のうち，$\ell$以外に円Oの接線となっているものを２つ選び，記号で答えなさい。

ア　直線OA　　イ　直線OC　　ウ　直線AB　　エ　直線BC　　オ　直線CG

⑵　三角形CDGと三角形CDHが合同であることを証明しなさい。

⑶　BE＝８㎝，BF＝６㎝とする。次の①，②の問いに答えなさい。

①　正方形OABCの１辺の長さを求めなさい。

②　三角形ODHの面積を求めなさい。

# ＜英語＞

時間　45分～60分（学校裁量による）　満点　100点

**1**　これから，No. 1とNo. 2について，それぞれ２人の対話と，対話に関する質問が流れます。質問に対する答えとして最も適切なものを，それぞれA～Dの中から選びなさい。

No. 1

No. 2

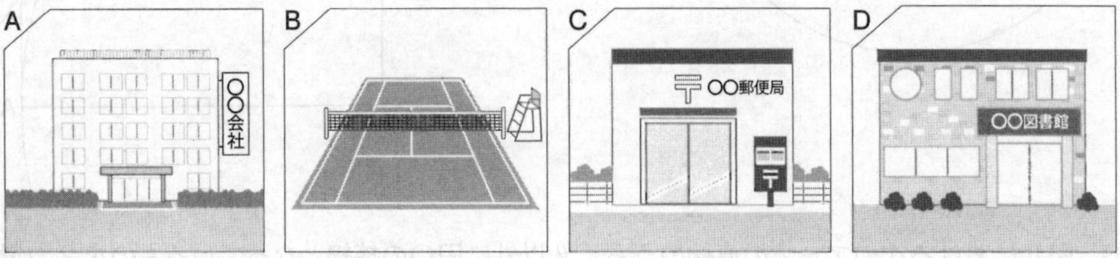


**2**　これから，No. 1～No. 3について，それぞれ Yuka と John の２人の対話が流れます。John が２度目に発言する部分で次のチャイムを鳴らします。(チャイム音)チャイムの部分の発言として最も適切なものを，それぞれア～エの中から選びなさい。

No. 1

*Yuka* : ・・・・・・・
*John* : ・・・・・・・
*Yuka* : ・・・・・・・
*John* :

ア　By bus.
イ　Near here.
ウ　Two dollars.
エ　Ten minutes.

No. 2

*Yuka* : ・・・・・・・
*John* : ・・・・・・・
*Yuka* : ・・・・・・・
*John* :

ア　Get up at six.
イ　Look at the stars.
ウ　You should go now.
エ　You had a party with your friends.

No. 3

| | |
|---|---|
| *Yuka* : ・・・・・・・ | ア　Yes. I go to bed early. |
| *John* : ・・・・・・・ | イ　Yes. I got some medicine. |
| *Yuka* : ・・・・・・・ | ウ　Yes. I'll walk to the hospital. |
| *John* : ［　　　　　］ | エ　Yes. I studied hard to be a doctor. |

**3**　これから，中学生の Ken が ALT の Green 先生に対して行った，インタビューでのやり取りが流れます。Green 先生が話した内容を聞いて，次の【インタビューのまとめ】の中の［A］～［C］に当てはまるものとして最も適切なものを，それぞれア～エの中から選びなさい。また，［D］の部分には，Green 先生の答えた内容をまとめて１文の英語で書きなさい。

【インタビューのまとめ】

**Ms. Green's first year in Japan**

Question 1:
Why did Ms. Green come to Japan?
Answer:
She was interested in Japanese ［A］.

Question 2:
Did Ms. Green enjoy her first year in this school?
Answer:
Yes.
Students are ［B］.
Students taught her ［C］.

Question 3:
What was Ms. Green's problem at school?
Answer:
［　　　　D　　　　］

A　ア　food　　イ　clothes
　　ウ　movies　　エ　museums

B　ア　new　　イ　kind
　　ウ　funny　　エ　happy

C　ア　the school song
　　イ　useful Japanese
　　ウ　popular Japanese names
　　エ　famous Japanese singers

**4**　中学生のKumiは，インターネットを使って，イギリスの中学生のLucyと会話をしています。⑴～⑶にはLucyからの質問に対するKumiの答えが入ります。絵の内容に合うような答えを，それぞれ3語以上の英語で書きなさい。

Do you like winter?
Lucy
No, I don't.
Kumi
Why?
5℃
(1) ________
Which season do you like the best?
(2) ________
What do you enjoy during that season?
(3) ________

**5**　次の英文は，中学生のKenjiが英語の授業で発表したスピーチです。これを読んで，英文の意味が通るように，（ア）～（オ）に当てはまる単語を後の［　］内からそれぞれ1語選び，必要があれば適切な形に変えて書きなさい。

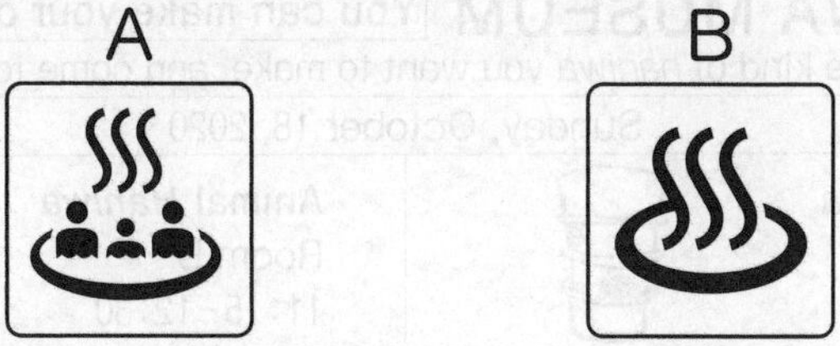


Have you ever seen these pictures?　Both A and B are pictures of a *hot spring. In picture A, what are the three people doing?　They are（　ア　）a bath.　This is the new picture that shows a hot spring. Last week, I（　イ　）to a hot spring with my family.　We were（　ウ　）when we found picture A there.　It was different from the picture I knew.　In Japan, people have used picture B for a long time.　These days, many people from other countries（　エ　）Japan, so now picture A is also used for them.　They say picture A is better because they can（　オ　）it easily.

（注） hot spring　温泉

［ give　go　look　surprise　take　understand　visit ］

**6**　次の英文は，中学生のAkiが，カナダ出身の中学生のLilyと交わした会話の一部です。また，次のページの【Poster】（ポスター）は，Haniwa Museum（埴輪博物館）でAkiとLilyが見たものです。英文と【Poster】を読んで，後の⑴～⑶の問いに答えなさい。

*Aki* : Hi, Lily!　What are you going to do next Sunday?

*Lily* : I haven't decided anything yet.　[　A　]

*Aki* : I'm going to go to Haniwa Museum to make *haniwa*.

*Lily* : Did you say *haniwa*?　What's that?

*Aki* : It's a *clay figure.　In Japan, people started to make *haniwa* clay figures about 1,700 years ago.　They were usually put on and around *barrows.　When a person of high *status died, people made a large barrow for the great person.

*Lily* : Why did old Japanese people put *haniwa* there?

*Aki* : My history teacher said that *haniwa* *protected the barrow.　He also said that they showed the great power of the person who died.

*Lily* : Oh, I want to see them.

*Aki* : Then let's go to the museum on Sunday.　You can see old *haniwa* and make your own *haniwa*, too.

*Lily* : Sounds nice.　I'm excited.

Next Sunday, Aki and Lily are talking about a poster in front of Haniwa Museum.

*Aki* : Look at this poster.

【Poster】

**HANIWA MUSEUM** You can make your own *haniwa*!

Choose the kind of *haniwa* you want to make, and come to each room.

| Sunday, October 18, 2020 | |
|---|---|
| *Cylinder *Haniwa*<br>Room A<br>10:00−11:00  | Animal *Haniwa*<br>Room B<br>11:15−12:30  |
| Person *Haniwa*<br>Room C<br>11:15−12:30  | House *Haniwa*<br>Room D<br>13:30−15:00  |

*Lily* : There are four kinds of *haniwa* we can make. I want to make an animal *haniwa*, but I'm also interested in a house *haniwa*.

*Aki* : It's ten o'clock now. So we can make both today.

*Lily* : That's a good idea. Let's make these two. But before making ours, I'd like to see the old *haniwa* shown in this museum.

*Aki* : OK. Let's go.

They walk into the museum and see some *haniwa*.

*Lily* : This *haniwa* looks interesting. Is this bird eating a fish?

*Aki* : No, it's catching a fish. This *haniwa* shows that birds were used for *fishing many years ago. In some parts of Japan, people still use birds to catch fish.

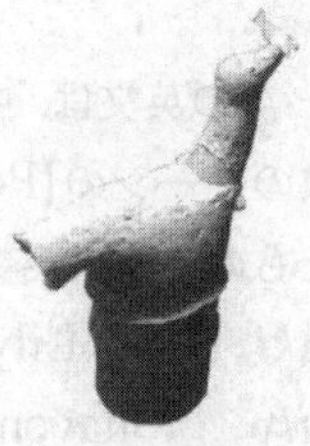

A *Haniwa* of a Bird Catching Fish

*Lily* : Amazing!

*Aki* : Look at these *haniwa*. A man and his dog are trying to *hunt another animal. They were found in Gunma.

Hunting *Haniwa*

*Lily* : So these *haniwa* show that animals were also used for hunting many years ago, right?

*Aki* : That's right. [ B ]

*Lily* : Very interesting! Oh, it's almost time to make our *haniwa*.

（注） clay figure 粘土の像　barrow 古墳　status 身分　protect ～ ～を守る
cylinder 円筒　fishing 漁　hunt ～ ～を狩る

(1) [ A ], [ B ] に当てはまるものとして最も適切なものを，それぞれ次のア～エから選びなさい。

A　ア How about you?　　イ Where did you go?
　　ウ Why do you like it?　エ What did you do yesterday?

B　ア　We can say that old Japanese people ate only fish.
　イ　We can learn about the old way of life through *haniwa*.
　ウ　We understand that old Japanese people enjoyed catching birds.
　エ　We know that it is difficult to find animal *haniwa* at this museum.

(2) 次の問いに対する答えとして最も適切なものを，ア～エから選びなさい。

問い　Which rooms have Aki and Lily decided to go to?

ア　Room A and Room C.　イ　Room A and Room D.
ウ　Room B and Room D.　エ　Room C and Room D.

(3) 本文の内容と合っているものを，次のア～オから２つ選びなさい。

ア　Aki learned that old Japanese people put *haniwa* near barrows to protect the barrows.
イ　Lily was interested in old *haniwa* and barrows for many years.
ウ　Aki and Lily saw some old *haniwa* at a barrow on October 18, 2020.
エ　After Aki and Lily saw old *haniwa*, they decided to make their own *haniwa*.
オ　Aki said that the hunting *haniwa* which Aki and Lily saw were found in Gunma.

**7**　次の英文を読んで，後の(1)～(4)の問いに答えなさい。なお，本文中の【1】～【5】は，Koji が発表した内容の段落番号を示しています。

A junior high school student, Koji, reads news on the Internet every day. One day, he found interesting news about convenience stores. Now *robots are working at some convenience stores in Japan! Koji wanted to know more about this news and found interesting things about convenience stores. He *gave a presentation about them in an English class.

【1】 The history of convenience stores started in the U.S.A. in 1927. About 45 years later, convenience stores in Japan opened. At that time, they didn't have many *services, and they didn't sell many kinds of things. For example, they were not open for 24 hours, and they didn't sell *onigiri*. When they started to sell *onigiri*, it was a new idea. There were just a few people who bought them. Since then, convenience stores have changed a lot.

【2】 Now in Japan, there are about 58,000 convenience stores. Each store sells about 3,000 kinds of things and has a lot of services. They sell many kinds of *onigiri* and *bento* every day. At convenience stores, we can also buy *stamps, so they are like post offices. My mother *pays electricity bills at a convenience store. She says, "I don't have to go to a *bank, and I can pay at night." These services started about 30 years ago, and there are many other services now.

【3】 Convenience stores have changed because our *society has changed. There are more old people in our society, so customers at convenience stores have changed, too. About 30 years ago, most of the customers were young people. □ Convenience stores sell food in small sizes. Old people who don't eat so much think the size is perfect for them.

【4】 Convenience stores have many important *roles, but there is a problem for them because of changes in society. There are not so many people who can work. If convenience stores cannot find *enough workers, they have to close. What should they do about this problem?

【5】 Using robots may be an answer to this question. It is a new idea now. There are just a few robots at convenience stores in Japan. They are just learning how to move, and they are not working very much yet. But in the future, there will be more robots, and those robots may ________ at convenience stores. Then convenience stores don't have to close. Convenience stores are small shops, but they have big roles in our society. They will change more because our society will change, too.

（注） robot　ロボット　　give a presentation　発表する　　service　サービス　　stamp　切手
pay an electricity bill　電気料金を支払う　　bank　銀行　　society　社会　　role　役割
enough　十分な

(1) Kojiは，【1】～【5】の各段落のタイトルを示しながら発表しました。次のア～オは，【1】～【5】のいずれかの段落のタイトルを表しています。【1】，【2】，【4】の段落の内容を表すタイトルとして最も適切なものを，それぞれア～オから選びなさい。

ア The future of convenience stores

イ A change in customers at convenience stores

ウ The services at convenience stores now

エ A problem for convenience stores

オ Convenience stores in old days

(2) 【3】の段落の□には，次のア～ウが入ります。英文の流れを考えて，最も適切な順序になるように，ア～ウを並べなさい。

ア Also, if they buy food like *onigiri* or *bento* there, they don't have to cook.
イ Convenience stores near their houses are very useful because they can walk to the store and don't have to drive.
ウ But now there are many old customers.

(3) 【5】の段落の＿＿の部分に当てはまる内容を考えて，Kojiの発表の流れに合うように，4語以上の英語で書きなさい。

(4) 本文の内容と合っているものを，次のページのア～オから２つ選びなさい。

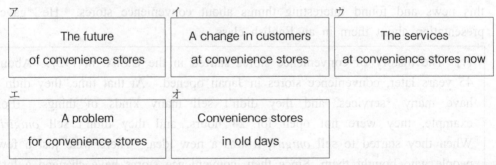

ア　Koji saw interesting news about robots working at convenience stores on TV.

イ　When convenience stores started selling *onigiri*, those *onigiri* weren't very popular.

ウ　When convenience stores first opened in Japan, they sold stamps like post offices.

エ　Now it is not difficult for convenience stores to find people who can work there.

オ　Using robots is a new idea for a problem which convenience stores in Japan have now.

8　英語の授業で，「レジ袋の有料化」をテーマに調べたことや考えたことを書く活動を行いました。次の【資料】をもとに，あなたなら【ワークシート】の □ にどのようなことを書きますか。後の《条件》に従って，英語で書きなさい。

【資料】

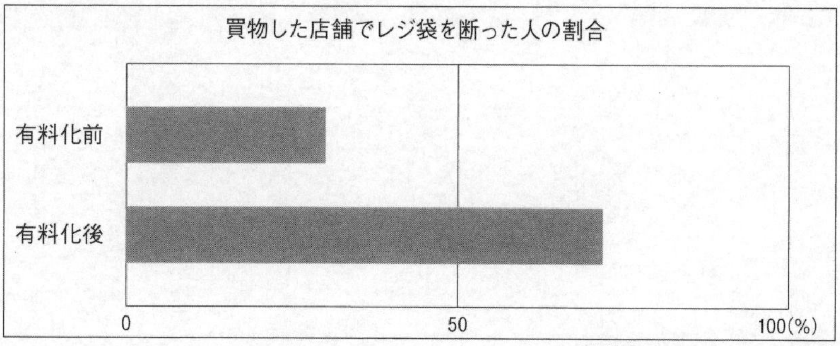


（環境省ホームページにより作成）

【ワークシート】

**Plastic bags are not *free now!**

Before July 1, 2020, many stores in Japan gave free plastic bags to their customers who bought something there.

But now the bags are not free. If customers need a plastic bag, they have to buy one. Now many people □

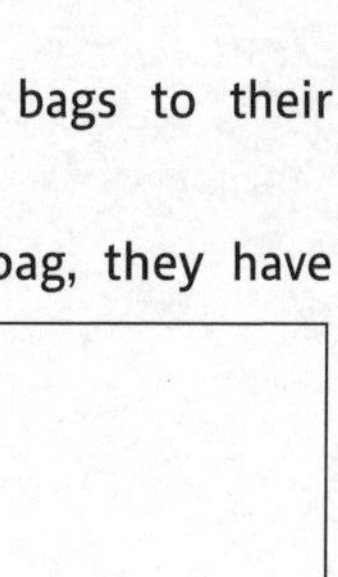

（注） free　無料の

《条件》

- 【ワークシート】の□に，書き出しに続けて，【資料】から分かることと，「レジ袋の有料化」についてあなた自身が考えたことを，30語～40語の英語で書くこと。
- 英文の数はいくつでもよく，符号（ ，　．　！　？　“　”など）は語数に含めません。
- 解答の仕方は，〔記入例〕に従うこと。

〔記入例〕　Is　it　raining　now?　No,　it　isn't.

# ＜理科＞

時間　45分～60分（学校裁量による）　満点　100点

**1**　次のＡ～Ｄの問いに答えなさい。

Ａ　図は，ヒトの体内における血液の循環のようすを模式的に示したものである。次の⑴，⑵の問いに答えなさい。

図

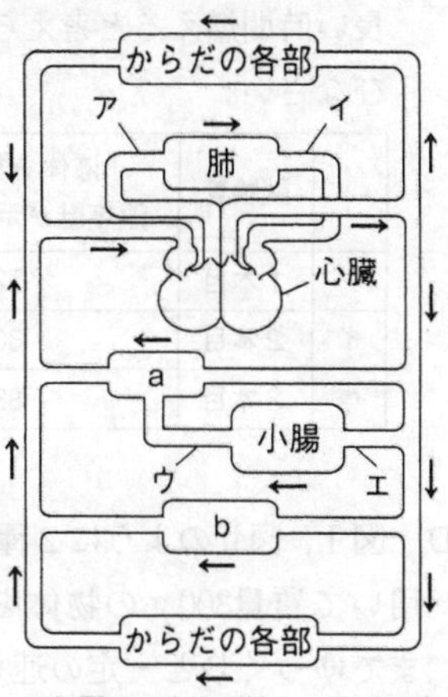


※矢印は，血液が流れる向きを表す。

⑴　図中のア～エはそれぞれ血管の一部分を示している。養分を最も多く含む血液が流れる血管はどの部分か，最も適切なものを，図中のア～エから選びなさい。

⑵　次の文は，アンモニアの排出について述べたものである。文中の ① ， ② に当てはまる器官の組み合わせとして正しいものを，下のア～エから選びなさい。

> 細胞の活動によってアミノ酸が分解されて生じた有害な物質であるアンモニアは，図のａで示された ① で無害な尿素に変えられる。尿素は，図のｂで示された ② で血液から取り出されて，尿として体外に排出される。

ア　［　①　肝臓　　②　ぼうこう　］　　イ　［　①　肝臓　　②　じん臓　］
ウ　［　①　じん臓　②　ぼうこう　］　　エ　［　①　じん臓　②　肝臓　］

Ｂ　図Ⅰは，地球と月の位置関係を模式的に示したものである。次の⑴，⑵の問いに答えなさい。

図Ⅰ

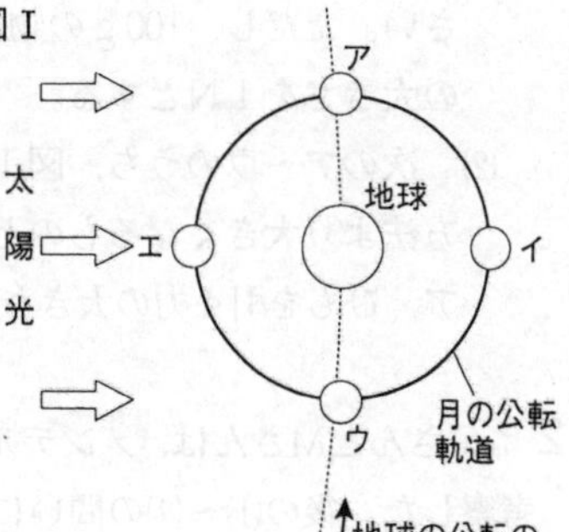


⑴　群馬県のある地点で，月を観察したところ，満月が見えた。このときの月の位置として最も適切なものを，図Ⅰ中のア～エから選びなさい。

⑵　⑴の観察を行った１週間後，群馬県の同じ地点で月を観察したところ，月が図Ⅱのような形に見えた。月が図Ⅱのような形に見えるのは，いつごろのどの方角の空だと考えられるか，最も適切なものを，次のア～エから選びなさい。

ア　夕方の東の空　　イ　夕方の南の空
ウ　明け方の南の空　　エ　明け方の西の空

図Ⅱ

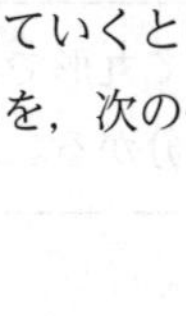

Ｃ　物質の状態変化について，後の⑴，⑵の問いに答えなさい。

⑴　液体のろうをビーカーの中に入れ，常温でゆっくり冷やしていくと固体になった。このとき，ろうの体積と質量はどのように変化したか，適切なものを，次のページのア～ウからそ

れぞれ選びなさい。

ア 増加した イ 減少した ウ 変化しなかった

⑵ 図のような装置で，水とエタノールの混合物を弱火で加熱し，温度計で温度を確認しながら試験管を交換して，３本の試験管にそれぞれ同量の液体を集めた。３本の試験管のうち，集めた液体に火を近づけたときに最も長い時間燃えると考えられるものを，次のア～ウから選びなさい。

| | 試験管 | 液体を集めたときに温度計が示した温度の範囲 |
|---|---|---|
| ア | １本目 | 72～80℃ |
| イ | ２本目 | 80～88℃ |
| ウ | ３本目 | 88～96℃ |

図

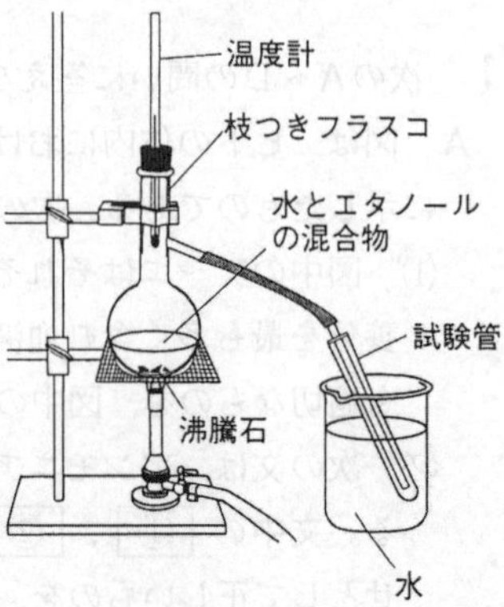


D 図Ⅰ，図Ⅱのように２種類の方法で，滑車を用いて質量300 gの物体を床から0.3mの位置までゆっくりと一定の速さで引き上げた。次の⑴，⑵の問いに答えなさい。ただし，滑車やひもの摩擦，滑車やひもの重さ，ひものび縮みは考えないものとする。

⑴ 図Ⅰの方法で物体を引き上げたとき，ひもを引く力がした仕事はいくらか，書きなさい。ただし，100 gの物体にはたらく重力の大きさを１Nとする。

図Ⅰ 図Ⅱ

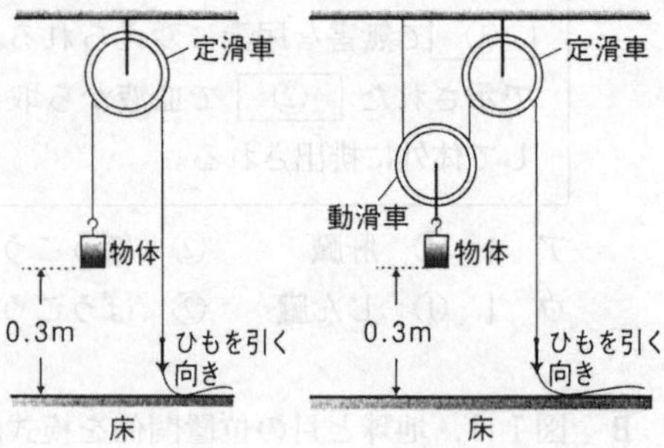


⑵ 次のア～ウのうち，図Ⅰの方法と図Ⅱの方法を比較したときに，図Ⅰの方法の方が図Ⅱの方法より大きくなるものとして適切なものを，選びなさい。

ア ひもを引く力の大きさ イ ひもを引く距離 ウ ひもを引く力がした仕事の大きさ

2 GさんとMさんは，メンデルがエンドウを用いて行った実験をもとに，遺伝の規則性について考察した。後の⑴～⑷の問いに答えなさい。

［メンデルが行った実験］

㋐ 丸形の種子をつくる純系のエンドウの花粉を，しわ形の種子をつくる純系のエンドウのめしべにつけて，種子をつくった。その結果，できた種子は全て丸形であった。

㋑ ㋐で得られた種子をまいて育て，自家受粉させて種子をつくった。その結果，丸形の種子の数としわ形の種子の数の比が，およそ３：１となった。

⑴ 次の文は，［メンデルが行った実験］㋐の結果について，まとめたものである。文中の □ に当てはまる語を書きなさい。

> できた種子が全て丸形であったことから，エンドウの種子の形では，丸形が □ の形質であることが分かる。

⑵　［メンデルが行った実験］を遺伝子の伝わり方で考えた場合，丸形の種子をつくる遺伝子をＡ，しわ形の種子をつくる遺伝子をａとすると，［メンデルが行った実験］㈠，㈡はそれぞれ図Ⅰ，図Ⅱのように表すことができる。後の①，②の問いに答えなさい。

図Ⅰ

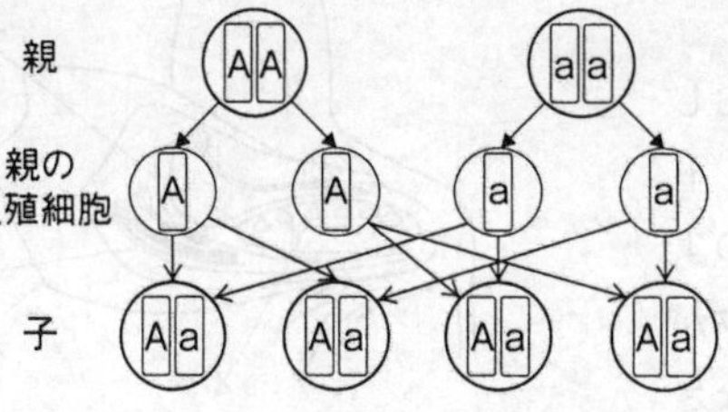


図Ⅱ

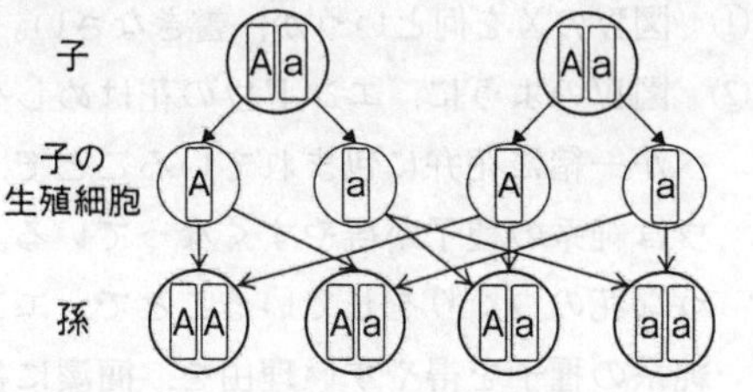


①　次の文は，図Ⅱの孫をさらに自家受粉させた場合の遺伝子の組み合わせについて，ＧさんとＭさんが交わした会話の一部である。文中の［ａ］，［ｂ］に当てはまる数値を，それぞれ書きなさい。

Ｇさん：図Ⅰの子を見ると，遺伝子の組み合わせは全てＡａになっているね。
Ｍさん：そうだね。でも，図Ⅱの孫では，孫全体に対するＡａの種子の割合は［ａ］%になっているよ。
Ｇさん：じゃあ，孫をさらに自家受粉させた場合，孫の次の代である，ひ孫の代で生じる種子全体に対するＡａの種子の割合はどう変わるかな。
Ｍさん：遺伝子の組み合わせがＡＡ，Ａａ，ａａの種子をそれぞれ自家受粉させた場合の遺伝子の伝わり方を，図Ⅲにまとめてみたよ。
Ｇさん：図Ⅱの孫では，Ａａの種子はＡＡの種子の２倍あるから，図Ⅱの孫をさらに自家受粉させた場合に，生じる種子のうち，種子全体に対するＡａの種子の割合は［ｂ］%になるね。
Ｍさん：こうやって自家受粉を繰り返していくと，純系の種子の割合が変化していくんだね。

図Ⅲ

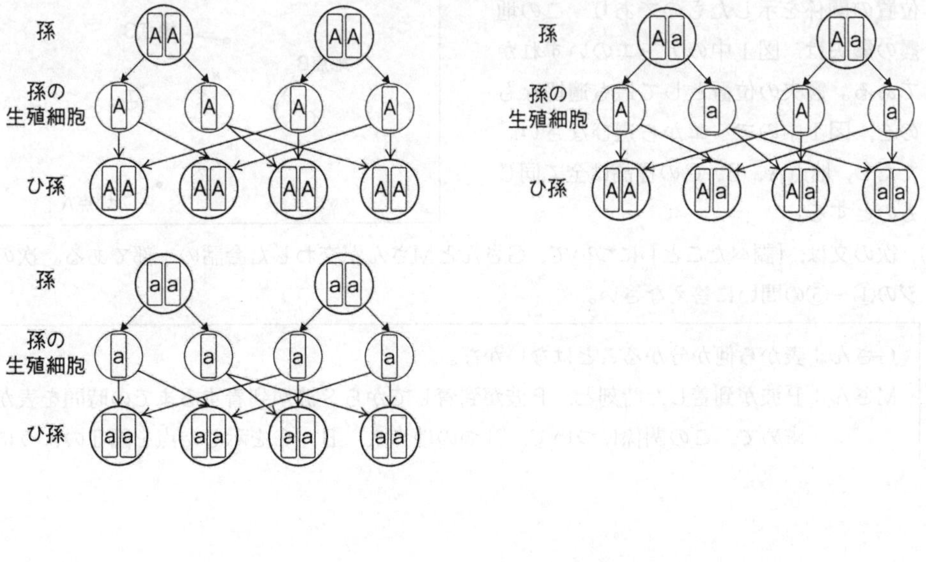

② 図Ⅱの孫をさらに自家受粉させた場合に，生じる種子のうち，丸形の種子としわ形の種子の数の比はいくらか，最も簡単な整数比で書きなさい。

⑶ 図Ⅳは，エンドウの花のつくりを模式的に示したものである。次の①，②の問いに答えなさい。

① 図ⅣのXを何というか，書きなさい。

② 図Ⅳのように，エンドウの花はめしべとおしべが一緒に花弁に包まれていることで，エンドウは純系の種子が得やすくなっている。このような花のつくりをしていることで，エンドウが純系の種子を得やすい理由を，簡潔に書きなさい。

図Ⅳ

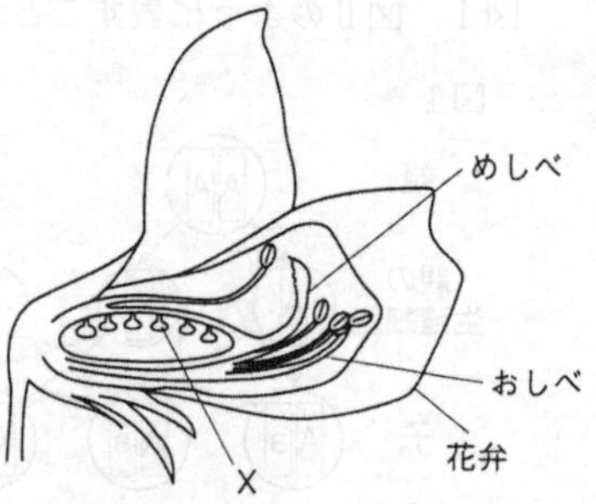


⑷ メンデルが行ったのは有性生殖であるが，農業の分野では無性生殖を用いた栽培を行うことがある。味が良い，病害虫に強いなどの形質をもつ農作物が得られた場合，それを有性生殖ではなく，無性生殖でふやすのはなぜか，「遺伝子」，「形質」という語をともに用いて，簡潔に書きなさい。

**3** GさんとMさんは，地震の揺れの伝わり方を学習するために，過去に発生した地震について調べた。後の⑴，⑵の問いに答えなさい。ただし，P波，S波はそれぞれ常に一定の速さで地中を伝わるものとし，この地震の震源の深さは，ごく浅いものとする。

［調べたこと］

ある地震について，観測地点や地震波が到着した時刻が掲載された資料を見つけた。表は，震源からの距離が異なる３つの地点A，B，Cで観測された，P波が到着した時刻とS波が到着した時刻を，まとめたものである。

表

| 地点 | P波が到着した時刻 | S波が到着した時刻 |
|---|---|---|
| A | 15時27分34秒 | 15時27分40秒 |
| B | 15時27分26秒 | 15時27分28秒 |
| C | 15時27分30秒 | 15時27分34秒 |

⑴ 図Ⅰは，表中の３つの地点A，B，Cの位置の関係を示したものであり，この地震の震央は，図Ⅰ中のア～エのいずれかである。震央の位置として最も適切なものを，図Ⅰ中のア～エから選びなさい。ただし，地点A，B，Cの標高は全て同じものとする。

図Ⅰ

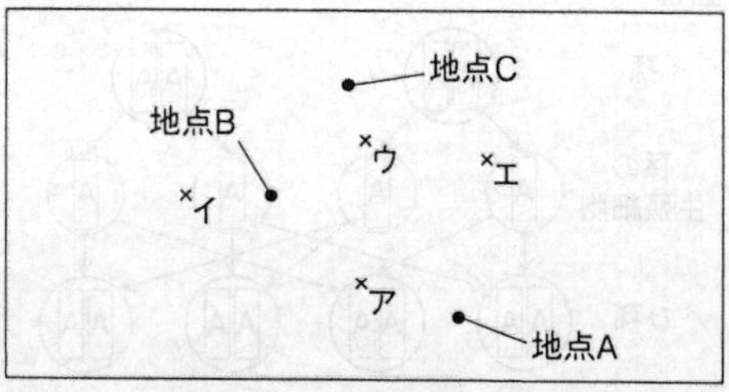


⑵ 次の文は，［調べたこと］について，GさんとMさんが交わした会話の一部である。次のページの①～⑤の問いに答えなさい。

Gさん：表から何か分かることはないかな。

Mさん：P波が到着した時刻と，P波が到着してからS波が到着するまでの時間を表から求めて，この関係について，３つの地点A，B，Cを示した点を図Ⅱのように記入してみたよ。

Gさん：図Ⅱの横軸の，Ｐ波が到着してからＳ波が到着するまでの時間は，[a]のことだよね。それから，図Ⅱの３つの点を結ぶと，直線になりそうだね。

Mさん：確かに直線になるね。Ｐ波とＳ波は，震源で[b]しているはずだから，図Ⅱの３つの点を直線で結んだグラフを用いて，この地震の発生時刻を求められそうだよ。

Gさん：なるほどね。地震の発生時刻のほかにも分かることがあるか，考えてみよう。

図Ⅱ

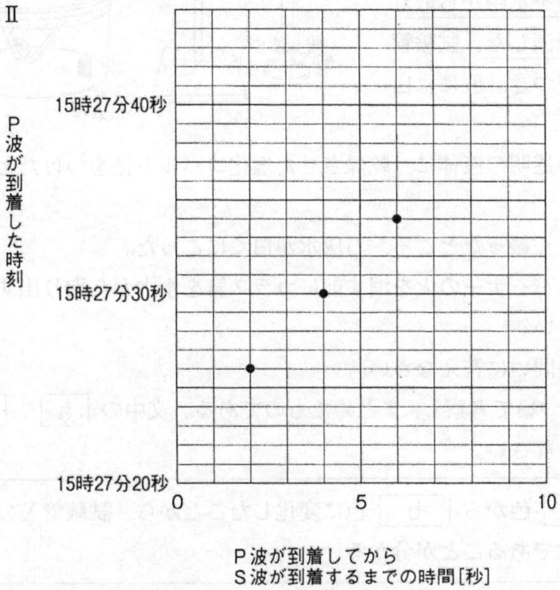


① 文中の[a]に当てはまる語を書きなさい。また，[b]に当てはまる言葉を書きなさい。

② 下線部について，この地震の発生時刻は何時何分何秒か，書きなさい。

③ ある地点で，Ｐ波が15時27分42秒に到着したとき，Ｓ波が到着するのは何時何分何秒か，書きなさい。

④ この地震において，Ｐ波が伝わる速さは，Ｓ波が伝わる速さのおよそ何倍か，最も適切なものを，次のア～エから選びなさい。

ア　1.25倍

イ　1.5倍

ウ　1.75倍

エ　2.0倍

⑤ この地震では，15時27分31秒に，各地で緊急地震速報を受信した。震源からの距離が18㎞の地点では，Ｐ波が到着してから６秒後に緊急地震速報を受信した。震源からの距離が64㎞の地点にＳ波が到着するのは，緊急地震速報を受信してから何秒後か，書きなさい。ただし，この地震の緊急地震速報はどの地点でも同じ時刻に受信したものとする。

**4**　GさんとMさんは，炭酸水素ナトリウムを加熱したときに起こる変化について調べるために，次の実験を行った。後の(1)～(4)の問いに答えなさい。

［実験１］

(A)　図Ⅰのように，炭酸水素ナトリウムが入った試験管Xをガスバーナーで加熱したところ，気体が発生した。はじめに出てきた気体は集めずに，しばらくしてから試験管Yに気体を集め，水中でゴム栓をした。しばらくすると気体が発生しなくなったので，ガラス管を水中から取り出した後にガスバーナーの火を消した。試験管Xの内側には無色透明の液体がつき，底には白い物質が残った。

図Ⅰ

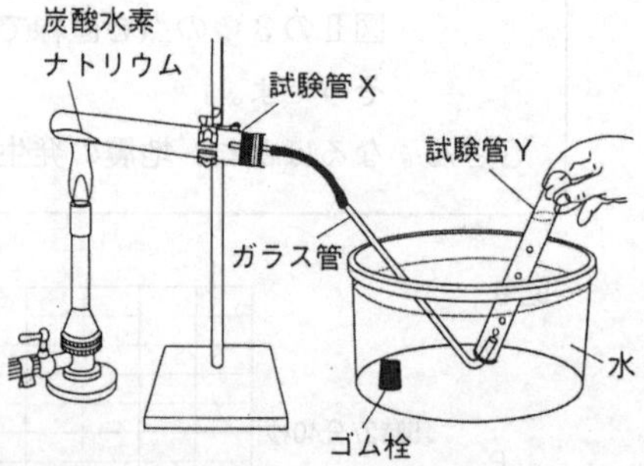


(B)　試験管Xの内側についた無色透明の液体に，乾燥させた塩化コバルト紙をつけたところ，色が変化した。

(C)　試験管Yに石灰水を加えてよく振ったところ，石灰水が白くにごった。

(1)　実験１の下線部について，ガスバーナーの火を消す前にガラス管を水中から取り出すのはなぜか，その理由を簡潔に書きなさい。

(2)　実験１について，次の①～③の問いに答えなさい。

①　次の文は，実験１(B)の結果について考察し，まとめたものである。文中の［ a ］，［ b ］に当てはまる語を，それぞれ書きなさい。

> 塩化コバルト紙の色が［ a ］色から［ b ］色に変化したことから，試験管Xの内側についた無色透明の液体は水であることが分かる。

②　次の文は，加熱後の試験管Xに残った白い物質と，元の炭酸水素ナトリウムとの違いを調べるために行った実験とその結果について述べたものである。文中のa，bについて｛　｝内のア，イから正しいものを，それぞれ選びなさい。

> 白い物質が残っている試験管Xと，試験管Xに残った白い物質と同量の炭酸水素ナトリウムを入れた試験管に，それぞれ水を加えて溶け方を比較した。その結果，試験管Xに残った白い物質の方がa｛ア　溶けやすかった　　イ　溶けにくかった｝。次に，フェノールフタレイン溶液をそれぞれの試験管に加え，水溶液の色を比較した。その結果，白い物質が残っている試験管Xの方がb｛ア　濃い　　イ　うすい｝赤色となった。

③　実験１の化学変化は次のように表すことができる。これを参考にして，試験管Xに残った白い物質に含まれている原子の種類を，原子の記号で全て書きなさい。

> $2NaHCO_3 \rightarrow$ ［試験管Xに残った白い物質］ $+ H_2O + CO_2$

(3)　GさんとMさんは，実験１において炭酸水素ナトリウムの代わりに炭酸水素アンモニウムを加熱した場合の化学変化について考えた。物質名に「アンモニウム」とあることからアンモニアが発生すると予想したが，図Ⅰの装置はアンモニアを集めるのには適さないと判断した。このように判断した理由を，簡潔に書きなさい。

［実験２］

(A)　炭酸水素ナトリウムをはかりとり，図Ⅱのようにステンレス皿に広げて一定の時間加熱し，冷ましてからステンレス皿上の物質の質量を測定した。その後，再び一定の時間加熱し，加熱後の物質の質量を測定する操作を繰り返した。

(B)　炭酸水素ナトリウムの質量を変えて，(A)と同じ実験を行った。

表は，測定結果をまとめたものである。

図Ⅱ

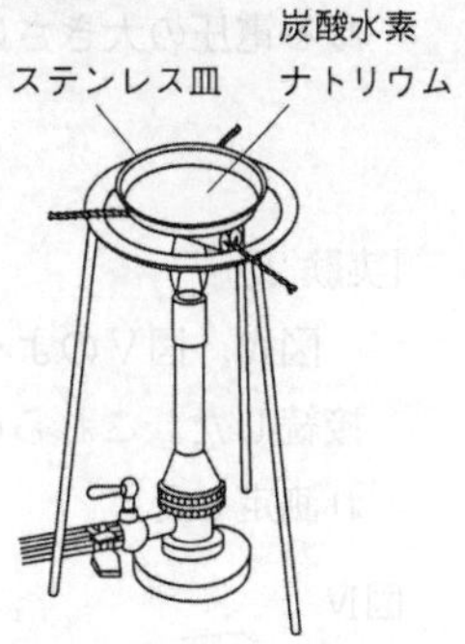


表

| 加熱前の炭酸水素ナトリウムの質量［g］ | 加熱後の物質の質量［g］ | | | | |
|---|---|---|---|---|---|
| | １回目 | ２回目 | ３回目 | ４回目 | ５回目 |
| 2.00 | 1.68 | 1.28 | 1.26 | 1.26 | 1.26 |
| 4.00 | 3.36 | 3.04 | 2.52 | 2.52 | 2.52 |
| 6.00 | 5.04 | 4.56 | 4.08 | 3.78 | 3.78 |

⑷　実験２について，次の①，②の問いに答えなさい。ただし，炭酸水素ナトリウムの加熱によって生じる水は，全て蒸発するものとする。

①　表では，操作の回数が増えると，加熱後の物質の質量に変化が見られなくなった。この理由を，簡潔に書きなさい。

②　炭酸水素ナトリウム7.00 g を加熱し，加熱後の物質の質量に変化が見られなくなったとき，残った物質の質量はいくらか，書きなさい。

**5**　ＧさんとＭさんは，電熱線の抵抗の大きさと回路を流れる電流の大きさの関係について調べるために，次の実験を行った。後の⑴～⑷の問いに答えなさい。

［実験１］

(A)　電熱線Ｐを用いて図Ⅰのような回路をつくり，電熱線Ｐに電圧を加えたときに，回路を流れる電流の大きさを測定した。

(B)　電熱線Ｐの代わりに電熱線Ｑを用いて，(A)と同様の操作を行った。

図Ⅱは，(A)，(B)において，電熱線に加えた電圧と回路を流れる電流の関係を，グラフに表したものである。

図Ⅰ

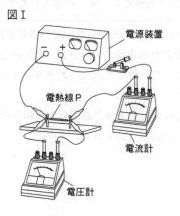

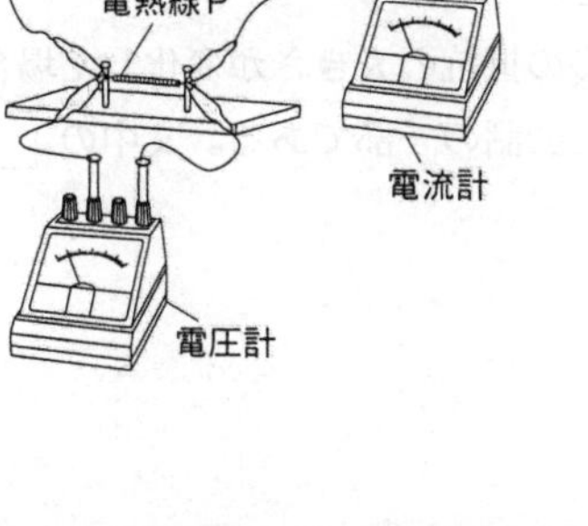


図Ⅱ

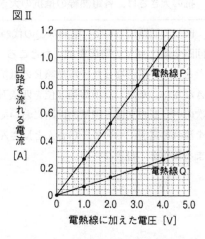

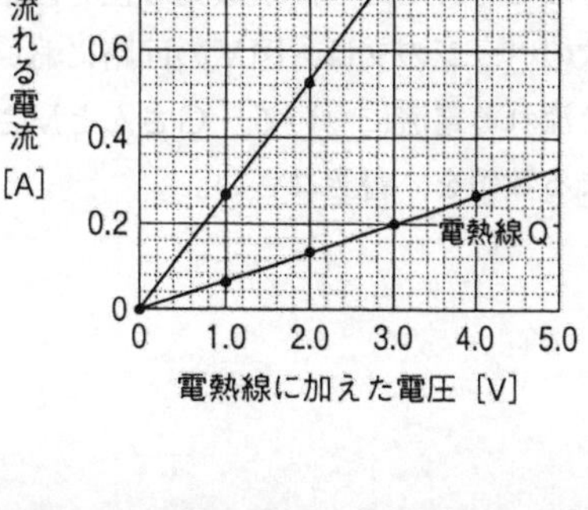

(1) 電熱線Pと電熱線Qのうち，電流が流れにくいのはどちらか，書きなさい。

(2) 実験1(A)において，電熱線Pを流れる電流の大きさが図Ⅲの電流計が示す値になったとき，電熱線Pに加わる電圧の大きさはいくらか，書きなさい。

図Ⅲ

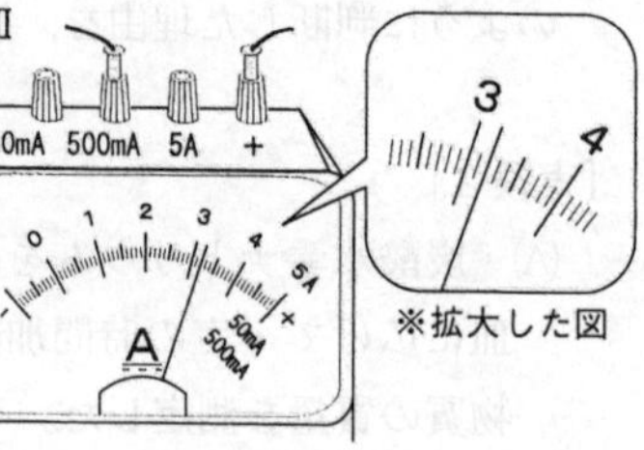


［実験2］

図Ⅳ，図Ⅴのような回路をつくり，実験1で用いた電熱線Pと電熱線Qをそれぞれの回路に接続した。これらの回路全体に3.0Vの電圧を加え，回路全体を流れる電流の大きさをそれぞれ測定した。

図Ⅳ

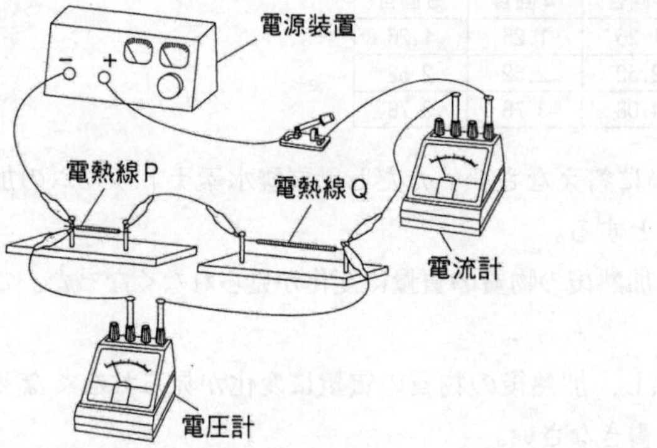


図Ⅴ

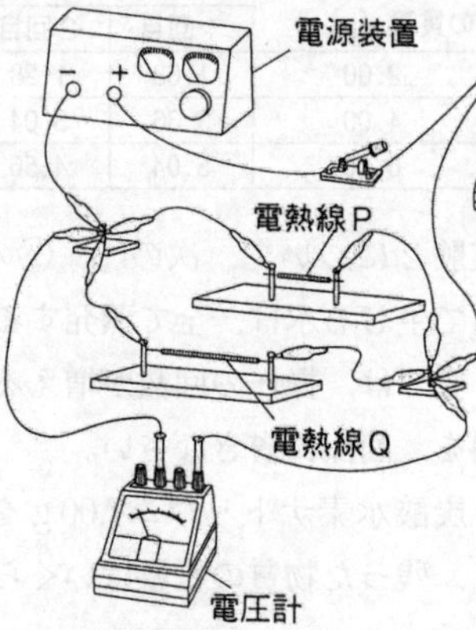


(3) 次の①，②の問いに答えなさい。

① 次の文は，実験2についてまとめたものである。文中の [a]，[c] に当てはまる数値を，それぞれ書きなさい。また，b，dについて｛ ｝内のア，イから正しいものを，それぞれ選びなさい。

> ・図Ⅳの回路の場合，回路全体を流れる電流の大きさは [a] Aとなり，回路全体の抵抗の大きさは，各電熱線の抵抗の大きさよりb｛ア 大きく イ 小さく｝なる。
> ・図Ⅴの回路の場合，回路全体を流れる電流の大きさは [c] Aとなり，回路全体の抵抗の大きさは，各電熱線の抵抗の大きさよりd｛ア 大きく イ 小さく｝なる。

② 図Ⅴの回路において，電熱線Qの代わりに，抵抗の大きさが分からない電熱線Rを接続し，回路全体に3.0Vの電圧を加えたところ，回路全体を流れる電流の大きさが，電熱線Qを用いたときの2倍となった。電熱線Rの抵抗の大きさは，電熱線Qの抵抗の大きさの何倍か，書きなさい。ただし，小数第3位を四捨五入すること。

(4) 次のページの文は，図Ⅴの回路において，電熱線Qの抵抗の大きさが変化した場合の回路全体を流れる電流について，GさんとMさんが交わした会話の一部である。文中の [　] に当てはまる数値を，書きなさい。

Gさん：図Ⅴの回路で，もし電熱線Qの抵抗の大きさがもっと大きい場合，回路全体を流れる電流の大きさはどうなるかな。

Mさん：電熱線Qの抵抗の大きさが大きいほど，電熱線Qを流れる電流の大きさは小さくなるから，その分，電熱線Pを流れる電流の大きさも変わりそうだね。

Gさん：そうかな。電熱線Pには常に3.0Vの電圧が加わっているから，電熱線Pを流れる電流の大きさは変わらないと思うよ。

Mさん：確かにそうだね。そうすると，電熱線Qの抵抗の大きさがすごく大きいときには，回路全体を流れる電流の大きさは，[　　]Aに近い値になると考えられるね。

# ＜社会＞

時間　45分～60分（学校裁量による）　　満点　100点

**1**　洋太さんは，地域学習のまとめとして，宮城県について調べ，発表した。次の図と資料は，そのときに使用したものの一部である。後の(1)～(5)の問いに答えなさい。

発表内容

> 宮城県は，東京都から北東約300キロメートルに位置しています。(a)東側は太平洋に面し，石巻などの漁港があります。中央部には(b)稲作地域である仙台平野が広がっており，西側には奥羽山脈が連なっています。宮城県の人口は，東北地方で唯一200万人を超えています。県庁所在地は，人口100万人を超える東北地方最大の都市である仙台市です。
>
> 現在，東北地方の中心的な役割を担う(c)宮城県は，古代においても東北地方の重要な地点でした。近世に入ると，伊達政宗が仙台藩の基礎を築きました。戊辰戦争では，仙台藩は，会津藩などとともに旧幕府側で戦いました。近代では，宮城県出身の(d)吉野作造の思想が，大正デモクラシーを支えました。
>
> 宮城県は，2011年の東日本大震災で大きな被害を受け，その後，復興が進められてきました。現在は，(e)まちづくりのさまざまな取組が行われています。

(1)　下線部(a)に関して，図の，三陸海岸の⬭で示した範囲には，狭い湾や入り江が複雑に入り組んだ海岸線が見られる。このような海岸を何というか，書きなさい。

図

(2)　下線部(b)に関して，洋太さんは，宮城県における米の収穫量に関する資料Ⅰを見つけた。資料ⅠのAとBで，収穫量が大きく落ち込んでいるのは，この地域特有の気候が影響したためだと考えられる。収穫量が落ち込んだ理由として考えられることを，資料Ⅱを踏まえて，簡潔に書きなさい。

資料Ⅰ　宮城県における米の作況指数の推移

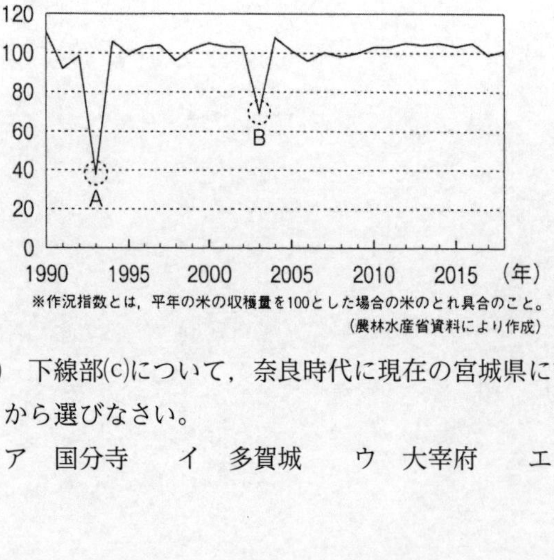


※作況指数とは，平年の米の収穫量を100とした場合の米のとれ具合のこと。
（農林水産省資料により作成）

資料Ⅱ

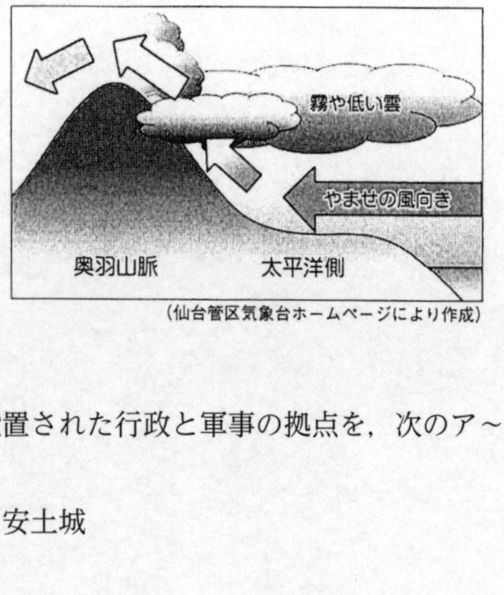


（仙台管区気象台ホームページにより作成）

(3)　下線部(c)について，奈良時代に現在の宮城県に設置された行政と軍事の拠点を，次のア～エから選びなさい。

ア　国分寺　　イ　多賀城　　ウ　大宰府　　エ　安土城

⑷　下線部⒟について，吉野作造の思想は，大日本帝国憲法の下で，民衆の意向を政治に反映させることを主張するものであった。吉野作造が唱えたこの思想を何というか，書きなさい。

⑸　下線部⒠に関して，洋太さんは，仙台市のまちづくりについて説明するために，資料Ⅲ，資料Ⅳを作成した。仙台市は，どのようにしてまちづくりに取り組もうとしていると考えられるか，資料Ⅲ，資料Ⅳを参考にして，簡潔に書きなさい。

資料Ⅲ　仙台市が取り組もうとしているまちづくりの例

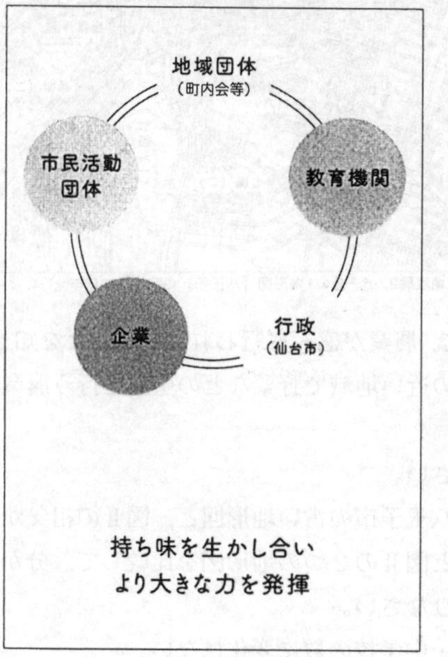


資料Ⅳ　資料Ⅲのような取組が必要とされる背景

| |
|---|
| 仙台市では，近年，人口減少局面への移行や少子高齢化の進展により，地域課題があらわれてきています。さらに，地域コミュニティの希薄化もあって，単独の団体の力だけでは全ての課題に対応することが難しくなっています。 |

（資料Ⅲ，資料Ⅳは，仙台市ホームページにより作成）

**2**　勇樹さんは，祖父の住む東京都について調べたことをまとめ，発表した。次のページの図と資料は，そのときに使用したものの一部である。後の⑴～⑷の問いに答えなさい。

祖父からのメールの内容

勇樹くん

　おじいちゃんは，東京都八王子市に住んで40年になるよ。住み始めたときと比べて，⒜まちの様子がずいぶん変わったよ。今も元気に仕事をしていで，今までと変わらず，東京都渋谷区の会社まで電車で通勤しているよ。⒝おじいちゃんの会社には，東京都内からだけでなく，他の県から通勤している人も多いよ。

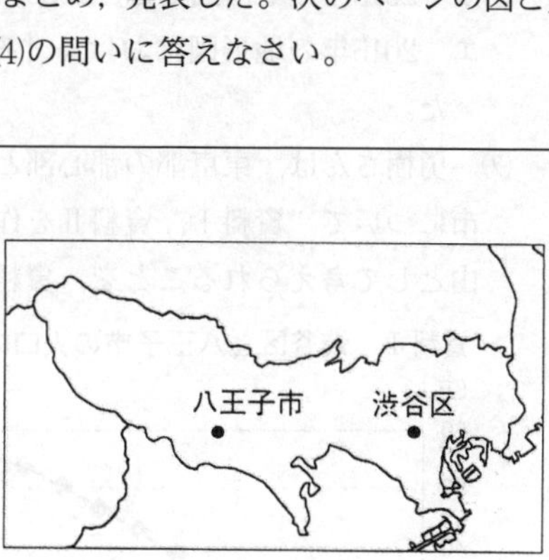


　勇樹くんに頼まれた資料として，東京都全体の地図とおじいちゃんが住んでいる場所の地形図を送るから，参考にしてね。

図Ⅰ　1985年発行の地形図

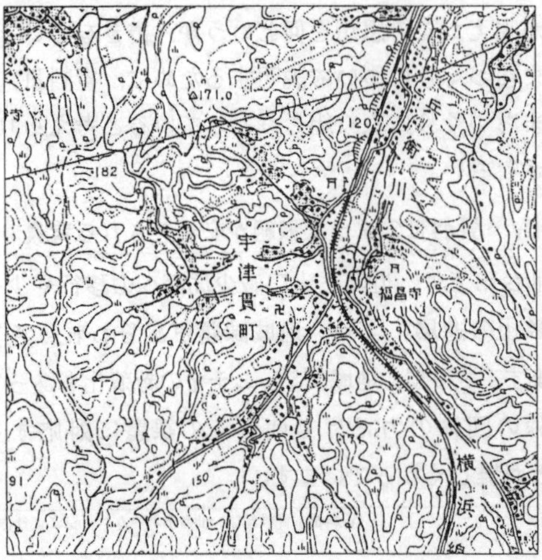


図Ⅱ　2015年発行の地形図

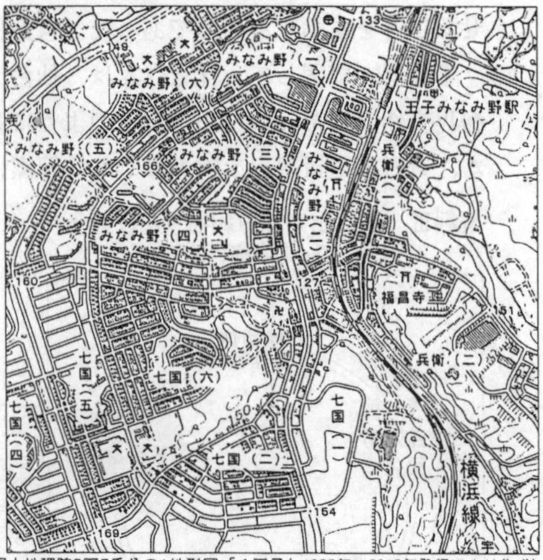


（国土地理院2万5千分の1地形図「八王子」1985年，2015年発行により作成）

(1)　勇樹さんは，東京都の郊外に位置する八王子市で，農業が盛んに行われていることを知った。このように，都市の消費者向けに，都市から距離の近い地域で野菜などの生産を行う農業を何というか，書きなさい。

(2)　下線部(a)について，次の①，②の問いに答えなさい。

①　勇樹さんは，調べ学習の際に見つけた図Ⅰの八王子市の古い地形回と，図Ⅱの祖父から送られてきた八王子市の地形図を比較した。図Ⅰと図Ⅱの２つの地形図を比較して，分かることとして適切なものを，次のア～エから１つ選びなさい。

ア　1985年の地形図と2015年の地形図では，小・中学校の数に変化はない。

イ　1985年の地形図にあった神社は，2015年の地形図では全てなくなった。

ウ　2015年の地形図では，1985年の地形図にはなかった「八王子みなみ野駅」がある。

エ　2015年の地形図における「みなみ野（三）」の地域は，1985年の地形図では平地であった。

②　勇樹さんは，東京都の都心部と郊外の人口の変化について説明するため，渋谷区と八王子市について，資料Ⅰ，資料Ⅱを作成した。資料Ⅰが示すように八王子市の人口が増加した理由として考えられることを，資料Ⅱを踏まえて，簡潔に書きなさい。

資料Ⅰ　渋谷区と八王子市の人口の変化

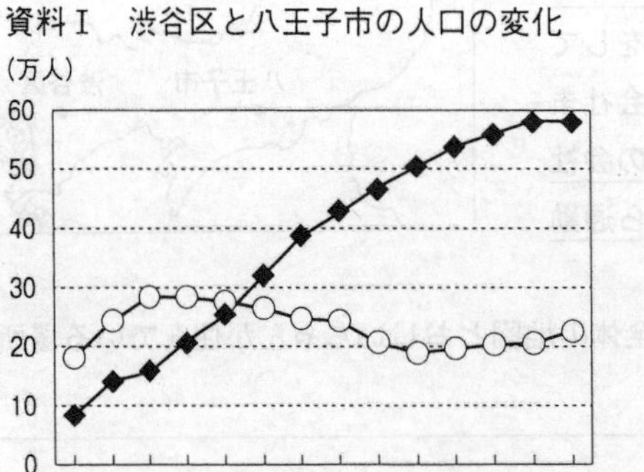


（「国勢調査」により作成）

資料Ⅱ　渋谷区と八王子市の地価

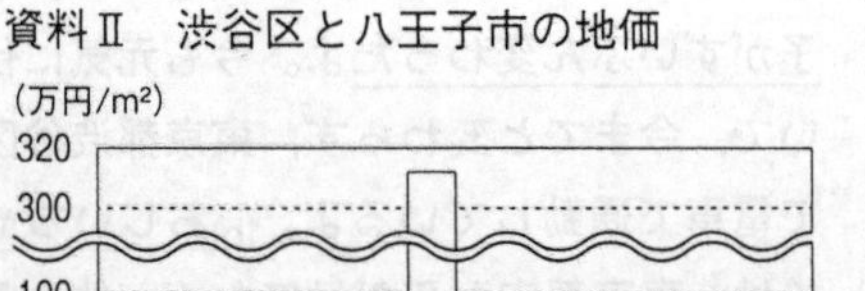


（国土交通省ホームページなどにより作成）

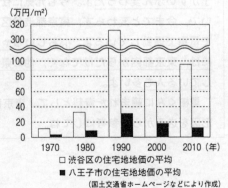

⑶　下線部(b)について，勇樹さんは，東京23区への通勤・通学者数について調べ，資料Ⅲを見つけた。東京23区への通勤・通学者が多い上位５市には，昼間人口と夜間人口との関係にどのような共通点があるか，資料Ⅲから分かることを，簡潔に書きなさい。

資料Ⅲ　東京23区への通勤・通学者が多い上位５市と渋谷区，八王子市の，東京23区への通勤・通学者数と昼間人口，夜間人口（平成27年）

| | 東京23区への通勤・通学者数（人） | 昼間人口（人） | 夜間人口（人） |
|---|---|---|---|
| 神奈川県横浜市 | 434,302 | 3,416,060 | 3,724,844 |
| 神奈川県川崎市 | 271,422 | 1,302,487 | 1,475,213 |
| 埼玉県さいたま市 | 174,087 | 1,175,579 | 1,263,979 |
| 千葉県市川市 | 108,777 | 395,940 | 481,732 |
| 千葉県船橋市 | 104,882 | 524,471 | 622,890 |
| 渋谷区 | 73,685 | 539,109 | 224,533 |
| 八王子市 | 42,812 | 576,240 | 577,513 |

（「平成27年国勢調査」などにより作成）

⑷　勇樹さんは，資料Ⅳの施設の運用が2020年８月から始まったことを知り，この施設の目的について調べ，発表した。勇樹さんの発表メモの［　　］に当てはまる文を，施設の役割に着目して，簡潔に書きなさい。

資料Ⅳ　渋谷駅東口地下の施設

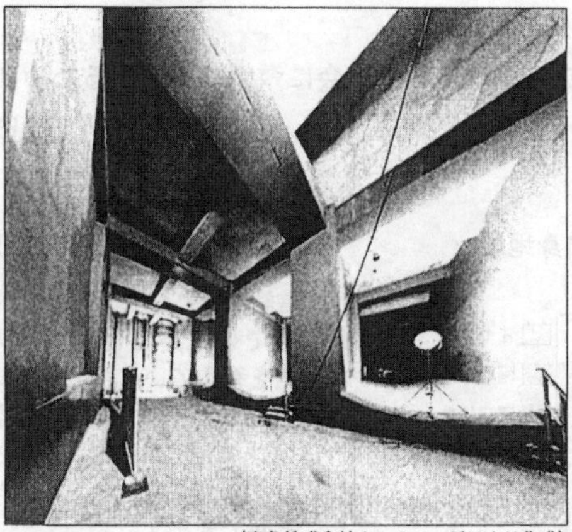

（東急株式会社ホームページにより作成）

発表メモ

> 都心部の地面は，アスファルトやコンクリートなどで覆われた部分が多く，雨水がしみこみにくいため，大雨が降ったときに浸水による被害が生じることがあります。この施設は，こうした被害を防ぐために，一時的に［　　　］という役割を持っています。

**3**　大悟さんは，オーストラリアについて調べたことをまとめ，発表した。次の図と資料は，そのときに使用したものの一部である。次の⑴～⑶の問いに答えなさい。

図

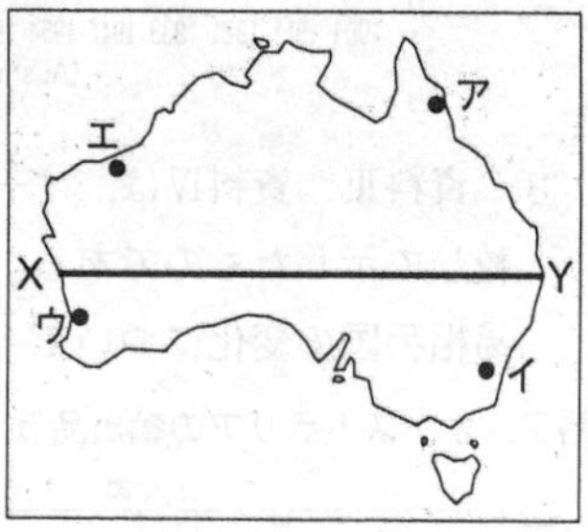


⑴ オーストラリアの都市や地形について，次の①，②の問いに答えなさい。

①　オーストラリアの首都であるキャンベラの位置を，図中のア～エから選びなさい。

②　図中のX－Yの断面の模式図として最も適切なものを，後のア～エから選びなさい。

ア

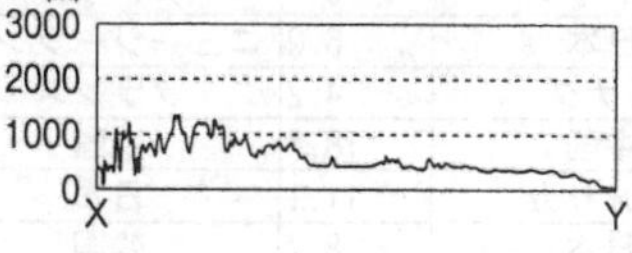


イ

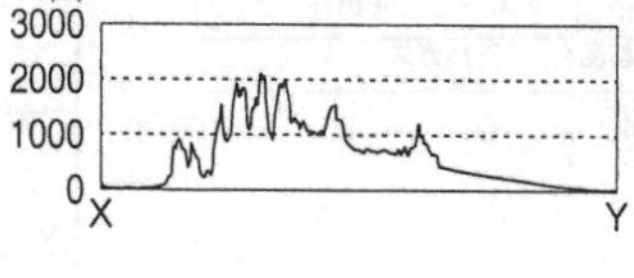

ウ

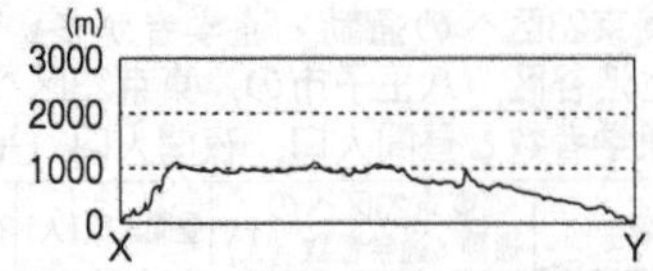


エ

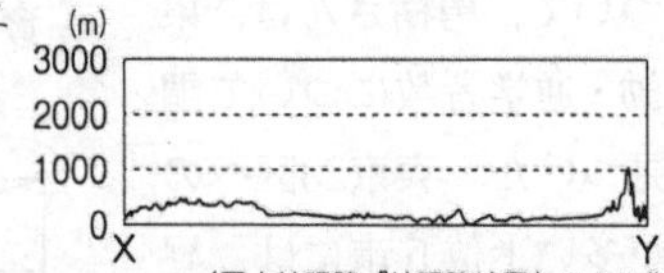


（国土地理院「地理院地図」により作成）

(2) 大悟さんは，オーストラリアに暮らす人々の歴史について，次の文章をまとめた。後の①，②の問いに答えなさい。

> オーストラリアには，約４万年前から先住民が暮らしていました。18世紀後半から，植民地として支配されていたことがあります。1970年代まで，特定の地域以外からの移民を厳しく制限する［ A ］と呼ばれる政策が行われました。この政策が撤廃されてからは，［ B ］しました。

① 文章中の［A］に当てはまる語を書きなさい。また，［B］に当てはまる文を，資料Ⅰを参考にして，簡潔に書きなさい。

② 大悟さんは，現在のオーストラリアが築こうとしている社会について説明するために，資料Ⅱを作成した。オーストラリアはどのような社会を築こうとしているか，資料Ⅰ，資料Ⅱを参考にして，簡潔に書きなさい。

資料Ⅰ　外国生まれのオーストラリア人の出身地域

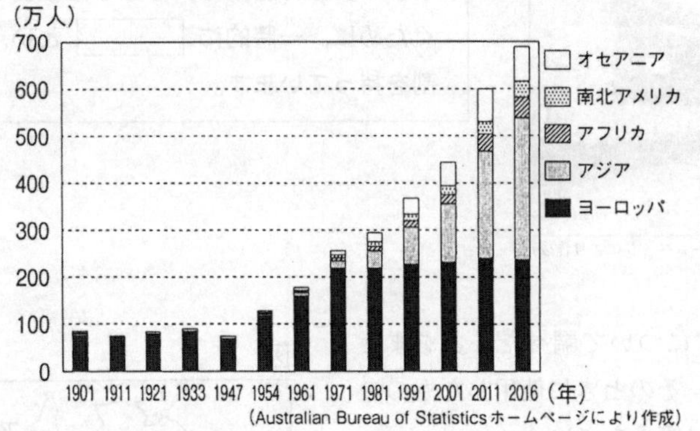


(Australian Bureau of Statisticsホームページにより作成)

資料Ⅱ　オーストラリアの取組

> 言語に関する国の政策によって，学校では，英語と英語以外の言語を教えています。英語以外の言語には日本語や中国語，フランス語やドイツ語などがあり，一人が複数の言語を学ぶことができます。
> また，先住民の先住権が認められ，もともと住んでいた土地の所有権も認められるようになりました。

(3) 資料Ⅲ，資料Ⅳは，オーストラリアの輸出品目と貿易相手国について，1961年と2010年を比較して示したものである。1961年と2010年を比較して分かる，オーストラリアの輸出品目と貿易相手国の変化について，簡潔に書きなさい。

資料Ⅲ　オーストラリアの輸出品目

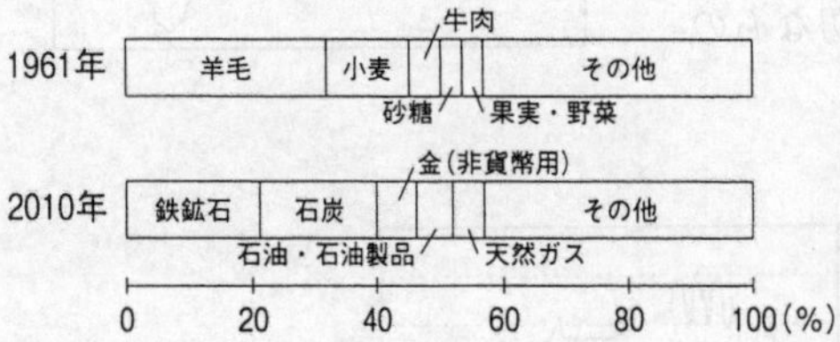


資料Ⅳ　オーストラリアの貿易相手国

| | 輸入 | | 輸出 | |
|---|---|---|---|---|
| | 国名 | 割合(%) | 国名 | 割合(%) |
| 1961年 | イギリス | 31.3 | イギリス | 23.9 |
| | アメリカ | 20.0 | 日本 | 16.7 |
| | 西ドイツ | 6.1 | アメリカ | 7.5 |
| | 日本 | 6.0 | ニュージーランド | 6.4 |
| | カナダ | 4.2 | フランス | 5.3 |
| 2010年 | 中国 | 18.7 | 中国 | 25.3 |
| | アメリカ | 11.1 | 日本 | 18.9 |
| | 日本 | 8.7 | 韓国 | 8.9 |
| | シンガポール | 5.1 | インド | 7.1 |
| | ドイツ | 5.0 | アメリカ | 4.0 |

（資料Ⅲ，資料Ⅳは「国際連合貿易統計年鑑」により作成）

**4**　美沙さんは，歴史の授業で学習した内容と群馬県との関連をまとめ，発表した。次のパネルと資料は，そのときに使用したものの一部である。後の(1)～(5)の問いに答えなさい。

パネル1

群馬県は，かつて13,000基を超える古墳がつくられていた日本有数の古墳大国です。特に，(a)<u>高崎市の綿貫観音山古墳の出土品</u>は，日本の古墳時代の資料の中でも重要な資料で，2020年９月に国宝に指定されました。

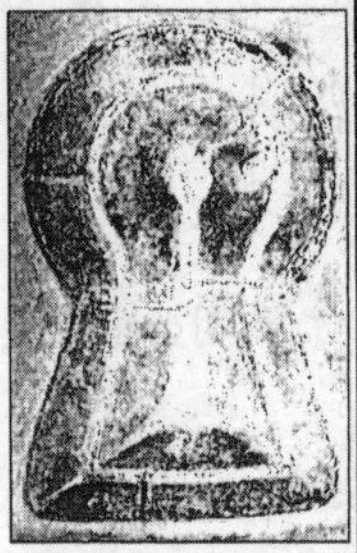
【綿貫観音山古墳】

パネル2

榛名湖へ向かう道の途中で，伊香保をよんだ和歌の歌碑を見つけました。調べてみると，この和歌は(b)<u>奈良時代に大伴家持がまとめたとされる歌集</u>に収録されていることが分かりました。この歌集には，榛名山と伊香保をよんだ和歌が，多く登場します。

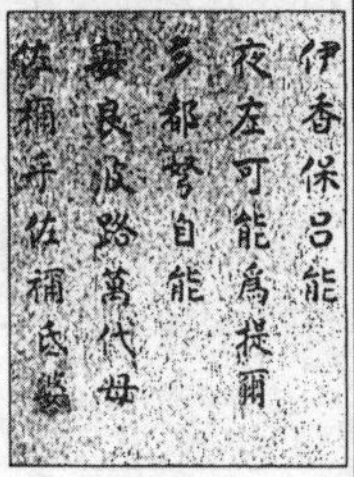

【歌碑】

パネル3

現在の太田市付近を拠点としていた新田義貞は，足利尊氏や楠木正成とともに鎌倉幕府を倒しました。その後[　　　]を中心とする政権ができましたが，反旗をひるがえした(c)<u>足利尊氏が幕府を開き，武家政権を復活させました</u>。

【上毛かるたの札】

パネル4

徳川綱吉は，江戸幕府の５代将軍に就任する前は館林藩主でした。将軍となった綱吉は朱子学を学ぶことを奨励するとともに，生類憐みの令を出しました。また，(d)<u>寺院建設や金銀の減少などによる幕府財政への影響を考慮して，貨幣を作り直しました</u>。

【徳川綱吉】

(1)　下線部(a)について，次の①，②の問いに答えなさい。

①　資料Ⅰは，綿貫観音山古墳の出土品である。この出土品のように，古墳時代につくられた，高温で焼かれたかたい土器を何というか，書きなさい。

資料Ⅰ

②　美沙さんは，綿貫観音山古墳の出土品に関して資料Ⅱを作成した。当時の日本と他の地域との関係について，資料Ⅱから考えられることを，簡潔に書きなさい。

資料Ⅱ　綿貫観音山古墳の出土品と他の地域から見つかっている出土品の一部

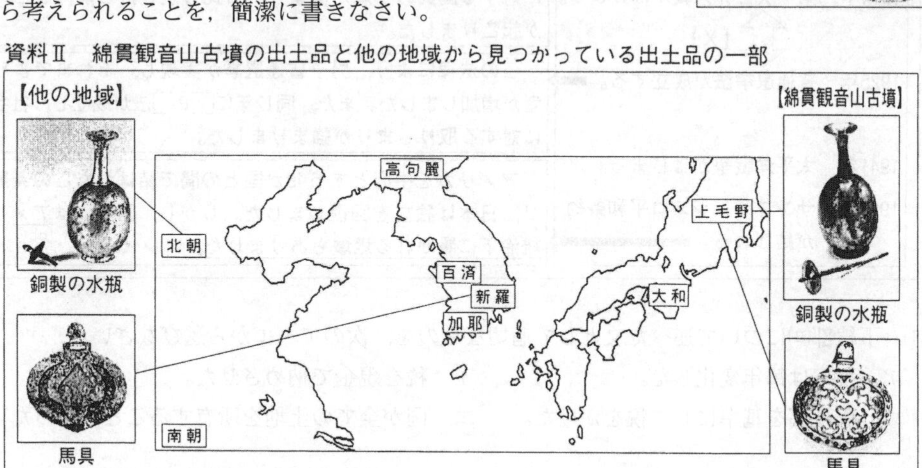


(群馬県立歴史博物館ホームページなどにより作成)

(2) 下線部(b)について，この歌集で用いられている，日本語を書き表すための仮名を何というか，資料Ⅲを参考にして，書きなさい。

資料Ⅲ 歌碑によまれている和歌

伊《い》香《か》保《ほ》呂《ろ》能《の》
夜《や》左《さ》可《か》能《の》為《い》提《で》介《に》
多《た》都《つ》努《の》自《じ》能《の》
安《あ》良《ら》波《は》路《ろ》萬《ま》代《で》母《も》
佐《さ》禰《ね》乎《を》佐《さ》禰《ね》弖《て》婆《ば》

【現代語訳】
伊香保の八尺《やさか》の土手に立つ虹のように、人目につくまでに寝られさえしたらよいだろうに。

（「群馬県史」などにより作成）

(3) パネル３の[ ]に当てはまる人物を，次のア～エから選びなさい。

ア 天智天皇　　イ 桓武天皇
ウ 後白河天皇　　エ 後醍醐天皇

(4) 下線部(c)について，足利氏の幕府が続いていた時期を室町時代という。この時代に起きたア～ウのできごとを，時代の古い順に並べなさい。

ア 応仁の乱　　イ 南北朝の統一　　ウ 戦国大名の登場

(5) 下線部(d)について，徳川綱吉の時代には，どのような小判が作られたか。資料Ⅳを参考にして，簡潔に書きなさい。

資料Ⅳ 小判に含まれる金の割合

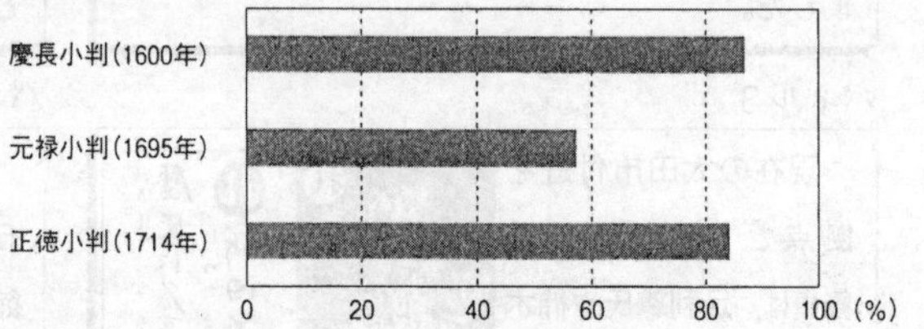


※小判の重さはいずれも4.76匁《もんめ》である。（1匁は約3.75グラム。）
※（ ）は使用開始の年を示す。

（「国史大辞典」により作成）

**5** 明さんは，明治時代以降の主なできごとと人々への影響について調べたことをまとめ，発表した。次の資料は，そのときに使用したものの一部である。後の(1)～(5)の問いに答えなさい。

資料Ⅰ

| 主なできごと | 人々への影響 |
| --- | --- |
| 1871年 廃藩置県を実施する。<br>1873年 地租改正(a)を実施する。 | 新政府は財政を安定させるため，税制度の改革を実施しました。しかし，税の負担は江戸時代の年貢とほとんど変わらず，各地で地租改正に反対する一揆が起きました。 |
| 1894年 日清戦争がはじまる。<br>1904年 日露戦争がはじまる。<br>1914年 第一次世界大戦がはじまる。 | 戦費を調達するための増税により，国民の税負担は大きくなりました。ポーツマス条約で[ A ]ことがわかると，政府に対する国民の不満が高まり，日比谷焼き打ち事件などの暴動が起こりました。 |
| 【X】 | |
| 1925年 普通選挙法が成立する。 | この法律により，男子普通選挙が実現し，それまでより有権者が増加しました。また，同じ年に[ B ]法が成立し，社会運動に対する取りしまりが強まりました。 |
| 1941年 太平洋戦争がはじまる。<br>1951年 サンフランシスコ平和条約が結ばれる。 | アメリカを中心とする48か国との間で結ばれたこの条約により，日本は独立を回復しました。しかし，国内にはアメリカの統治下(b)に置かれる地域もありました。 |

(1) 下線部(a)について述べた文として適切なものを，次のア～エから選びなさい。

ア 税率は毎年変化した。　　イ 税を現金で納めさせた。
ウ 収穫高を基準にして税をかけた。　　エ 国が全ての土地を所有することとなった。

(2) 資料Ⅰの【X】の時期における，日本の様子と人々の生活について説明した文として適切なものを，次のア～エから選びなさい。

ア　ノルマントン号事件が起こり，領事裁判権の廃止を求める世論が高まった。

イ　シベリア出兵が決まり，商人が米を買い占め，米の値段が急激に上がった。

ウ　農地改革が行われ，政府が地主の農地を買い上げ，小作人に安く売り渡した。

エ　殖産興業政策の１つとして，新橋・横浜間に鉄道が開通し，多くの人や物資を運んだ。

(3) 資料Ⅰ中の［A］に当てはまる文を，資料Ⅱを参考にして，書きなさい。

(4) 資料Ⅰ中の［B］に当てはまる語を，書きなさい。

(5) 下線部(b)に関して，明さんは資料Ⅲを見つけた。資料Ⅲのような様子が見られる背景となったできごとを書きなさい。

資料Ⅱ　下関条約とポーツマス条約の主な内容

| 下関条約 | ポーツマス条約 |
|---|---|
| ●清が朝鮮の独立を認める。<br>●日本が遼東半島・台湾などを獲得する。<br>●日本が２億両の賠償金を得る。 | ●ロシアが韓国における日本の優越権を認める。<br>●日本が旅順・大連の租借権や南樺太などを獲得する。 |

資料Ⅲ　ドルを円に交換するために並んでいる沖縄の人々（1972年）

（那覇市歴史博物館ホームページより）

## 6

次の文は，「消費生活と経済」の学習のまとめの時間に，太郎さんの班で交わされた会話の一部である。後の(1)～(5)の問いに答えなさい。

太郎：私たちの消費生活は契約によって成り立っているよね。

絵美：契約をする上で，商品の価格は大切だよね。(a)企業が競争をすることで，私たちはより安く，品質が良い商品を買えるよね。それにより消費が拡大することで(b)景気も良くなると私は思うわ。

健太：そうだね。逆に企業間の競争が弱まると，消費者に不利益が生じるだけではなく，経済を停滞させることにもなりかねないよね。そのため，企業の健全な競争を促すために，［　　］法が制定されていて，公正取引委員会がその運用に当たっているよね。

太郎：それと消費者保護の授業では，消費者が売り手に対して不利な立場にあることが原因で，さまざまな(c)消費者問題が生じていることを勉強したね。

絵美：このような状況の中で，2022年から成年年齢が引き下げられ，18歳になれば，親の同意を得ずに，一人で携帯電話を購入したり，(d)クレジットカードを作ったりできるようになるんだよ。

健太：今後，私たちも消費生活において，より責任ある行動が求められるようになるね。

(1) 会話文中の［　　］に当てはまる語を書きなさい。

(2)　下線部(a)に関して，資料Ⅰの［ア］～［ウ］には「企業」，「家計」，「政府」のいずれかが入る。「企業」に当たるものとして適切なものを，資料Ⅰのア～ウから選びなさい。

資料Ⅰ　経済の循環

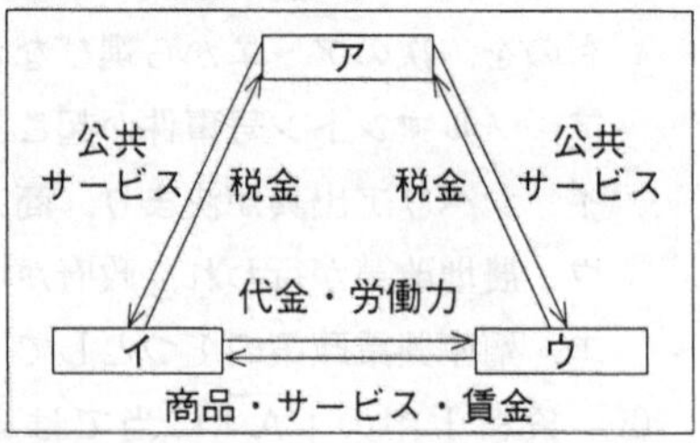


(3)　下線部(b)に関して，太郎さんは政府の財政政策について，次のように説明した。次の文中の［ i ］に当てはまる語と，［ ii ］に当てはまる文の組み合わせとして適切なものを，後のア～エから選びなさい。

> 政府が歳入や歳出を通じて，景気の回復を促したり，行きすぎを防止したりすることを財政政策という。一般的に，不景気のときには，景気の回復を促すために，政府は［ i ］を行い，企業や家計の［ ii ］。

ア　i：増税　ii：消費を増やそうとする
イ　i：増税　ii：消費を減らそうとする
ウ　i：減税　ii：消費を増やそうとする
エ　i：減税　ii：消費を減らそうとする

(4)　下線部(c)に関して，訪問販売などで消費者が契約をした場合，一定の期間内であれば，消費者が無条件で契約を取り消すことができる。この制度を何というか，書きなさい。

(5)　下線部(d)について，より良い消費生活を送るために，消費者がクレジットカードを利用する上で注意しなければならないことを，資料Ⅱ，資料Ⅲを踏まえて，簡潔に書きなさい。

資料Ⅱ　クレジットカード利用時のお金の流れ

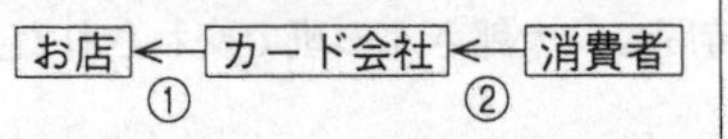


①カード会社が，消費者が払うお金を立てかえる。
②消費者が，カード会社にお金を後で支払う。

資料Ⅲ　クレジットカード利用者の声

> 私は20歳になったとき，クレジットカードをつくりました。欲しいものを購入するときに，クレジットカードを利用すると，お金を使ったという実感をもちにくく，収入を考えず，無計画に使いすぎてしまいました。

**7**　花子さんは，「基本的人権と私たちの暮らし」というテーマで調べたことをまとめ，発表した。次のメモと資料は，そのときに使用したものの一部である。後の(1)～(4)の問いに答えなさい。

メモ1

> 自由権について
> ・自分の考えを表現できる。
> ・手続きなしに逮捕されない。
> ・職業を選ぶことができる(a)。

メモ2

> 社会権について
> ・医療を受ける(b)ことができる。
> ・教育を受けることができる。
> ・労働条件が守られる。

メモ3

> 権利を守るために
> ・政治に参加する(c)ことができる。
> ・署名活動をすることができる。
> ・裁判を受けることができる。

メモ4

> 新しい人権(d)について
> ・自分の生き方を自由に決定できる。
> ・さまざまな情報の公開を求めることができる。

⑴　下線部(a)について，職業選択の自由は，どの自由に当てはまるか，次のア～ウから選びなさい。

ア　精神の自由　　イ　生命・身体の自由　　ウ　経済活動の自由

⑵　下線部(b)に関して，医療保険の加入が全国民に義務づけられている。医療保険のほかに，40歳になった時点で全国民に加入が義務づけられる社会保険として適切なものを，次のア～エから選びなさい。

ア　介護保険　　イ　労災保険　　ウ　雇用保険　　エ　年金保険

⑶　下線部(c)について，花子さんは，衆議院議員選挙の小選挙区制の課題について，資料Ⅰを用いて発表した。資料Ⅰから分かる，衆議院議員選挙の小選挙区制の課題について，簡潔に書きなさい。

資料Ⅰ　小選挙区における議員一人当たりの有権者数（2019年）

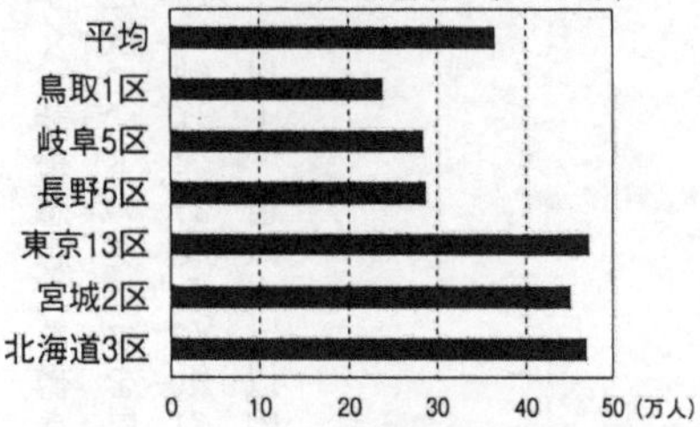


（総務省ホームページにより作成）

⑷　下線部(d)について，次の①，②の問いに答えなさい。

①　資料Ⅱのような状況を背景として提唱された権利を，次のア～エから選びなさい。

ア　肖像権　　イ　請願権　　ウ　日照権　　エ　黙秘権

資料Ⅱ

（国土交通省資料により作成）

②　花子さんは，社会の変化に対応した新しい人権が提唱されていることに興味を持ち，資料Ⅲを見つけた。インターネットを利用する際に，自分の人権や他人の人権を守るために注意しなければならないことを，資料Ⅲ，資料Ⅳを参考にして，簡潔に書きなさい。

資料Ⅲ　インターネットによる人権侵害件数

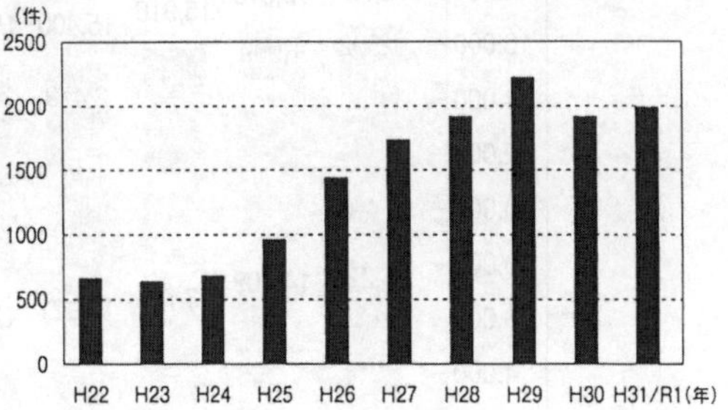


（法務省ホームページにより作成）

資料Ⅳ

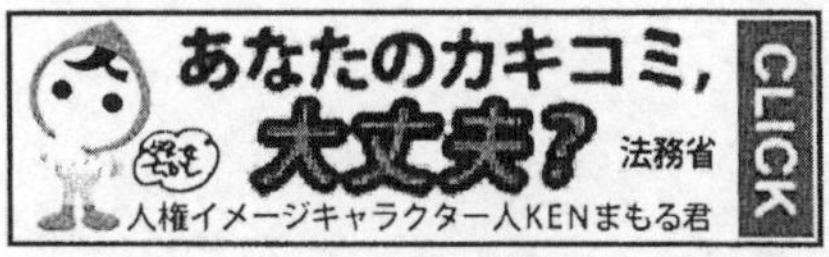


（法務省ホームページより）

Eの中から全て選びなさい。

(四) Aさんたちは、意見交換で出された、紙の本と電子書籍の良さについて、次の表のようにまとめました。表の Ⅰ 、Ⅱ に当てはまる文として、後のア～オから最も適切なものをそれぞれ選びなさい。

| 紙の本 | 電子書籍 |
| --- | --- |
| ・実際の厚みやページをめくる感覚を味わうことができる。<br>・電子書籍より歴史が古く、紙の本でしか読めないものがある。<br>・ Ⅰ | ・何冊分も持ち歩けて、収納する場所を気にしなくてよい。<br>・インターネット上ですぐに手に入れて読むことができる。<br>・ Ⅱ |

ア　文字などを手軽に拡大して読み進めることができる。
イ　他人と貸し借りがしやすく、紛失することも少ない。
ウ　安い値段でどこでも簡単に手に入れることができる。
エ　実際に並べておくことで、大切にしたい思いが増す。
オ　内容が頭に入ってきやすく、読書感想文を書きやすい。

(五) Bさんは、意見交換をした後に、下のグラフを見つけました。このグラフから読み取れることに触れ、あなたが紙の本と電子書籍について考えたことを、百四十字以上、百八十字以内で書きなさい。

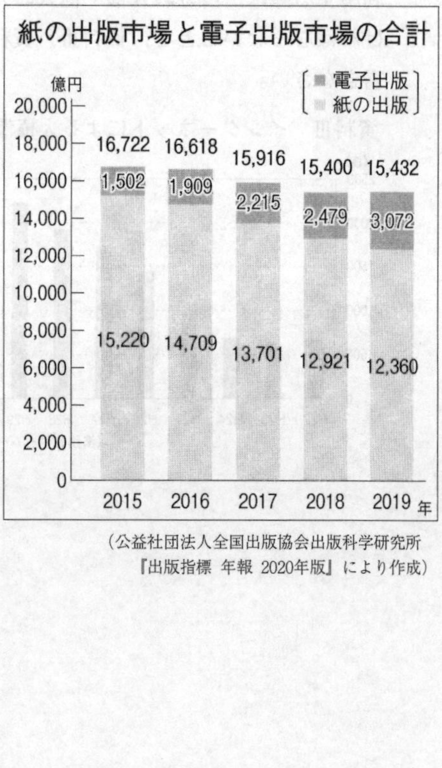


（公益社団法人全国出版協会出版科学研究所
『出版指標 年報 2020年版』により作成）

も、まるでページをめくっているような感じが味わえるみたいだよ。電子書籍でも本らしさを感じることはできると思うな。

Aさん　なるほど。確かに実際の本に近づけるような工夫があるのかもしれないね。でも、紙のページを自分の手で直接めくることで生まれるドキドキ感や、読んだページの厚みを感じることができるのは、やはり紙の本だけだと思うな。

Cさん　それは少し分かる気がするよ。でも、厚みがあるということは、逆に重さを感じるということじゃないかな。一冊ならまだしも、複数持ち歩こうと思うと大変だよね。その点、電子書籍ならパソコンやタブレットなどを一つ持っていれば、何冊分でも持ち歩けるよ。

Dさん　携帯するという点では電子書籍に□よね。でも、本には、実際に読むだけでなく、並べて置いておくという側面もあると思うな。部屋の本棚に、好きな作家の本をきれいに並べておくことで、大切にしたい思いが増すという良さもあるはずだよ。

Cさん　確かにそういう感覚も分かるけれど、私はできるだけ部屋に物を置きたくないから、電子書籍のほうがありがたいなあ。それに電子書籍の場合は、小さい文字を画面上で拡大して読むこともできるから、便利だと思うよ。

Bさん　そういえば、兄も文字や図表などを拡大して読んでいたよ。僕は、わざわざ書店に足を運ばなくても、インターネット上で購入できて、読みたいときにすぐ読むことができる点も、電子書籍の魅力だと思うな。

Eさん　それは確かに便利な点だよね。ただ、電子書籍の歴史はまだ浅くて、過去に出版された本の全てが電子化されているわけでもないのが現実でしょう。その点、紙の本の場合は歴史が古いから、ずっと昔の本だって手に入れて読むことができるよ。私は、図書館などで古い本に出会うことも、紙の本ならではの楽しみの一つだと思うな。

Bさん　なるほど。そういったことも分かる気がするな。みんなと意見交換をすることで、もう少し調べてみたくなってきたよ。

㈠　会話文中□に当てはまる言葉として、次のア～エから最も適切なものを選びなさい。

ア　肩を並べる
イ　軍配が上がる
ウ　花を持たせる
エ　一日の長がある

㈡　Aさんたちの意見交換の特徴として、次のア～エから最も適切なものを選びなさい。

ア　優劣をはっきりさせるために、最後まで議論し尽くしている。
イ　相手の意見を尊重し、それを踏まえて自分の意見を述べている。
ウ　多くの人に賛同してもらえるよう、訴えかけるように話している。
エ　自分の考えを曲げず、相手の意見に対して徹底的に批判している。

㈢　会話文の中で、紙の本の良さを述べている人物は誰ですか、A～

**四** 次の文章は、漢文を書き下し文に書き改めたものです。これを読んで、後の㈠～㈢の問いに答えなさい。

桓車騎《くわんしやき》、新衣を箸《き》るを好まず。浴後、婦、故《ことさら》に（わざと）A新衣を送りて与ふ。車騎、大いに怒り、催《うなが》して持ち去らしむ（急いで持ち去らせた）。婦、B更に持ち還《かへ》らしめ、伝語して云《い》ふ、「衣、新を経ざれば、何に由《よ》りてか故《こ》ならん（どうして古くなるでしょう）。」と。桓公、C大いに笑ひて之《これ》を箸る。

（『世説新語』による。）

（注）桓車騎……中国の人。「桓公」も同一人物。
箸る……「着る」に同じ。
婦……妻。
云ふ……「言ふ」に同じ。

㈠ 文中A――「新衣を送りて与ふ」は、「送 新 衣 与」を書き下し文に書き改めたものです。「新衣を送りて与ふ」という読み方になるように返り点を付けたものとして、次のア～エから最も適切なものを選びなさい。

ア 送二新衣一与　　イ 送レ新レ衣与
ウ 送二新衣与一　　エ 送レ新衣レ与

㈡ 文中B――「更に持ち還らしめ」とありますが、「婦」が「桓車騎」のところに、もう一度持って行かせたものは何ですか、本文から抜き出して書きなさい。

㈢ 文中C――「大いに笑ひて之を箸る」とありますが、「桓車騎」がこのような行動をとったのはどうしてだと考えられますか、次のア～エから最も適切なものを選びなさい。

ア 新しい着物を自分に着てもらおうと様々な工夫をする妻の行動が、ほほえましかったから。
イ 古い着物の良さに気づき新しい着物を処分してくれた妻の気配りが、とてもありがたかったから。
ウ 新しい着物を着たくない理由が理解できないと繰り返し訴える妻に、とうとう根負けしてしまったから。
エ どのような着物でも最初から古いことはあり得ないという妻の理屈が、もっともだと思ったから。

**五** 次の㈠、㈡の問いに答えなさい。

㈠ 次の①～④の――の平仮名の部分を漢字で、または漢字に送り仮名を付けて書きなさい。

① 朝早くおきる。
② 誘いをことわる。
③ 楽器をえんそうする。
④ 雨で試合がじゅんえんになった。

㈡ 次の①～④の――の漢字の読みを平仮名で書きなさい。

① 憧れを抱く。　② 決意が揺らぐ。
③ 資料を閲覧する。　④ 海外の舞踊を習う。

**六** 次の会話文は、国語の授業中に、Aさんたちが、紙の本と電子書籍のそれぞれの良さについて意見交換をしたときの会話の一部です。これを読んで、後の㈠～㈤の問いに答えなさい。

Aさん　私は電子書籍を読んだことがないけれど、どちらかというと紙の本に魅力を感じるな。ページを一枚一枚めくっていく感覚が好きなんだよね。

Bさん　この前、兄が電子書籍を読んでいたけれど、電子書籍でこの女房は俊成卿《しゅんぜいきやう》の女《むすめ》とて、いみじき《（すばらしい）》歌よみなりけるが、深く姿を《（目立たない》やつしたりける《ようにみすぼらしい格好をしていた）》とぞ。

（『十訓抄』による。）

（注）最勝光院……かつて京都にあった寺。
釣殿……寝殿造の南端にある建物。
連歌……上の句（五・七・五）と下の句（七・七）を別の人がよむ形式の詩歌。
俊成卿……歌人である藤原俊成のこと。

㈠　文中＝＝「とりあへず」を現代仮名遣いで書きなさい。

㈡　文中――「帰り出でける」の主語に当たる人物として、次のア～エから最も適切なものを選びなさい。

ア　作者　　イ　女房
ウ　俊成卿　　エ　男法師など

㈢　次の会話文は、春輝さんたちが、本文について話し合ったときの会話の一部です。これを読んで、後の①、②の問いに答えなさい。

春輝さん　この話には、他人をあなどってはいけないという教えが込められているみたいだよ。よまれた連歌をよく見てみると、より理解が深まるかもしれないね。
夏斗さん　「連歌」は、複数の人で「五・七・五」と「七・七」を交互によむ詩歌の一種でしょ。ずっと続けるものもあれば、上の句と下の句の一回ずつで終わるものもあるみたい。どちらにしても難しそうだね。
秋世さん　連歌の中に出てくる「猿丸」とか「星まぼる犬」とかが、他人をあなどる言葉に当たるのかな。
冬香さん　「星まぼる犬」は、当時のことわざみたいなもので、「身分不相応の高望みをする」という意味を持つんだって。「猿丸」は「お猿さん」という意味みたいよ。
夏斗さん　ここに出てくる「女房」は、実は「俊成卿の女」で、すばらしい歌人だったんだよね。
春輝さん　そうか。身なりのことだけで「猿丸」などと呼ばれた「女房」が、「星まぼる犬」という言葉で返したということだね。「女房」は、［Ⅰ］を「星」に、［Ⅱ］を「犬」にたとえたというわけだ。
秋世さん　「男法師など」が「女房」を軽く見て、からかうつもりで連歌をしかけたのに対して、「女房」がすぐに［Ⅲ］ことが、この話のおもしろさなんだと思うな。

①　会話文中［Ⅰ］、［Ⅱ］に当てはまる語句の組み合わせとして、次のア～エから最も適切なものを選びなさい。

ア　Ⅰ　花　　Ⅱ　俊成卿
イ　Ⅰ　自分　　Ⅱ　男法師など
ウ　Ⅰ　俊成卿　　Ⅱ　自分
エ　Ⅰ　男法師など　　Ⅱ　薄衣

②　会話文中［Ⅲ］に当てはまる内容として、次のア～エから最も適切なものを選びなさい。

ア　風流な内容で相手を感動させる句をよんだ
イ　身分を明かして相手を反省させる句をよんだ
ウ　機転をきかせて相手をやり込める句をよんだ
エ　激しい言葉で相手を威圧するような句をよんだ

人に話すのはこれがはじめてだった。目標というほどたしかなものではなかった欲求が、言葉にした瞬間に輪郭を得た。Bそうか僕はそんなふうに考えていたのかと、目をみはる。輪郭をよりくっきりとしたものにしたくて、もう一度口に出した。

「知りたいんです、もっと。」

「すごいなあ。壮大やなあ。」

「いや、壮大って、そんな。」

「壮大な弟ができてうれしいわ。」

そこまで屈託なく喜ばれるとこっちが恥ずかしい。C身体の向きを変えて、じわじわ熱くなる頬を見られないようにした。

（寺地はるな『水を縫う』による。）

（注）紺野さん……「姉」の婚約者。結婚式を間近に控えている。

(一) 文中□に共通して当てはまる語として、次のア～エから最も適切なものを選びなさい。

ア　華美　　イ　現実　　ウ　自由　　エ　無難

(二) 文中A——「姉はきっとこの人のこういうところを好きになったんだろう」とありますが、「紺野さん」の「こういうところ」とはどのようなところですか、次のア～エから最も適切なものを選びなさい。

ア　相手の話に興味を示し、きちんと耳を傾けてくれるところ。

イ　悩みを丁寧に聞き、改善点を率直に指摘してくれるところ。

ウ　その場のなりゆきで、必要以上に大げさな反応をするところ。

エ　趣味の幅が広く、世界の刺しゅうに関心を持っているところ。

(三) 文中B——「そうか僕はそんなふうに考えていたのかと、目をみはる」とありますが、この時「僕」が気づいたのは、どのようなことですか、書きなさい。

(四) 文中C——「身体の向きを変えて、じわじわ熱くなる頬を見られないようにした」とありますが、この時「僕」はどのような心情を抱いていたと考えられますか、次のア～エから最も適切なものを選びなさい。

ア　家族以外の人にかなりの知識を披露できた満足感と照れくささ。

イ　他人に褒められようと大げさに伝えてしまった後悔と情けなさ。

ウ　初めて言葉にした思いを認めてもらえたうれしさと気恥ずかしさ。

エ　自分の趣味と祖母の思い出を誰かと共有できた喜びとなつかしさ。

## 三　次の文章を読んで、後の(一)～(三)の問いに答えなさい。

近ごろ、最勝光院に梅盛りなる春、ゆゑづきたる（上品な雰囲気がある女性）女房《にょうぼう》一人、釣殿《つりどの》の辺にたたずみて、花を見るほどに、男法師などうちむれて入り来ければ、こちなし（無作法である）とや思ひけむ、帰り出《い》でけるを、着たる薄衣《うすぎぬ》の、ことのほかに黄ばみ、すすけたるを笑ひて、

　　花を見捨てて帰る猿丸《さるまろ》

と連歌《れんが》をしかけたりければ、とりあへず（すぐさま）、

　　星まぼる（見つめる）犬の吠《ほ》えるに驚きて

と付けたりけり。人々恥ぢて、逃げにけり。

二　次の文章を読んで、後の㈠～㈣の問いに答えなさい。

「図案のことで、まだ悩んでるんです。」

とにかく「□」を重んじる姉を尊重して、裾のあたりにだけごく控えめに野の花を刺《し》しゅうしようと思っていた。白い糸で、近くで見るとそれとわかる程度にさりげなく。でもなにかが違うような気がして、まだひと針もすすめられずにいる。だって僕がしたい刺しゅうは、そして姉にふさわしいのは「□」なんかじゃないはずだから。

「でも、式はもう一週間後やで。」

「そうなんですけど……。」

ドレスはこのままでじゅうぶんすばらしいできばえだ。僕の刺しゅうで台無しにするようなことがあってはならないと思うと、なおさら手が動かなくなってしまう。

もう時間がない。刺しゅうを入れるにせよ、入れないにせよ、はやく決めなければならないのに。

口ごもってしまった僕をちらりと見て、紺野さんが咳《せき》払いをひとつした。

「質問してもいい？」

「どうぞ。」

「そもそも、どういうきっかけで刺しゅうはじめたん？　いや、前から男子の趣味としてはめずらしいんちゃうかなと思ってて。」

あ、おかしいとか言うてるわけではないねんで、とぐいぐい身を乗り出してくる紺野さんを「わかってます、わかってます。」と押し戻した。刺しゅうをはじめたきっかけは、祖母がやっていたから。でももちろんそれだけではない。

「刺しゅうは世界中にあって、それぞれ違う特徴があるんです。」

紺野さんが「へえ、そうなん。」とふたたび身を乗り出す。

「たとえば日本にはこぎん刺しっていうのがあるんですけど、これってもともと布を丈夫にして暖かくするために糸を重ねたのがはじまりらしくて。」

「ほう。」

「あとね『背守り』って知ってます？　赤ちゃんの産着《うぶぎ》の背中に刺しゅうする習慣があったんですって。いわゆる魔除《よ》けです。鶴とか亀とかね、そういう図案を。」

「ほう、ほう。」

紺野さんが大きく頷《うなず》く。A姉はきっとこの人のこういうところを好きになったんだろう。自分がものすごくおもしろい話をしているみたいで、悪い気はしない。

日本だけじゃない。ルーマニアのある地方では、娘が生まれるとすぐにその子の嫁入り道具のシーツや枕カバーに刺しゅうをはじめる。インドには「ミラーワーク」と呼ばれる鏡を縫いこんだ刺しゅうの技法がある。鏡が悪いものを反射して身を守ってくれる、と考えられているのだ。

「刺しゅうはずっと昔から世界中にあって、手法はいろいろ違うのに、そこにこめられた願いはみんな似てるんです。それってなんか、おもしろいでしょ。」

世界中で、誰かが誰かのために祈っている。すこやかであれ、幸せであれ、と。

高校生になってからいろいろな刺しゅうに関する本を読んだりしているうちに、もっとくわしく刺しゅうの歴史を知りたいと思うようになった。そこにこめられた人々の思いを、暮らしを、もっと知りたいと。

記号の生命であるものを名指せと言われれば、それは記号の使用（use）であると言うべきであろう。（『青色本』）

野球を知らない子供が、野球のルールブックをつぶさに熟読して、徹底的に理解してからプレーを始める、ということはあり得ません。どうやるかというと、すでに野球を知っている友人、すなわち野球というゲームを十全にプレーできる誰かと一緒に、とりあえずやってみる、というところからスタートします。その中で「ストライク」「アウト」「ファール」「インフィールドフライ」「エンタイトルツーベース」といった概念を理解していきます。

というよりも、とにかく実践を通してやってみなければ「ファール」の意味は分かりません。つまり、C言葉の意味は、それ単独では確定しないのです。

（近内悠太『世界は贈与でできている
――資本主義の「すきま」を埋める倫理学』による。
一部表記を改めた箇所がある。）

（注）『哲学探究』、『青色本』……ともに、ウィトゲンシュタインの著作。

㈠　文中［　］に当てはまる語句として、次のア～エから最も適切なものを選びなさい。

ア　一方　　イ　加えて
ウ　同様に　　エ　またもや

㈡　文中A――「これ」の指し示す内容を、次のように説明するとき、［　］に当てはまる表現を、本文から二十一字で抜き出して書きなさい。（句読点等も一字として数えること。）

［　　　　　　　　］とする方法。

㈢　文中B――「『何を指差しているのか』の解釈が無数に開けている」とありますが、ここではどのようなことを意味していますか、次のア～エから最も適切なものを選びなさい。

ア　実際に何を指し示しているのかが相手に伝わりにくいということ。
イ　本当は複数の事柄を指し示しているのに伝えきれないということ。
ウ　言葉を用いるだけでは幼い子供には伝わるはずもないということ。
エ　伝える気持ちの強さによって伝わり方が変わってしまうということ。

㈣　文中C――「言葉の意味は、それ単独では確定しないのです」とありますが、筆者は、言葉の意味が確定されるためには、どのような過程を経ることが必要であると述べていますか、書きなさい。

㈤　本文全体の表現に関する特徴についての説明として、次のア～オから適切なものを二つ選びなさい。

ア　「　」を多く用いることで、抽象的な意味の語句を強調している。
イ　身近な例を取り上げながら、読者の理解を促すよう工夫している。
ウ　一文ごとに改行することで、文章の構成を分かりやすくしている。
エ　他の書物を効果的に引用し、そこから筆者の意見を展開させている。
オ　文末を「です」で統一し、専門的で硬い文章という印象を与えている。

# ＜国語＞

時間　四五～六〇分（学校裁量による）
満点　一〇〇点

一　次の文章を読んで、後の㈠～㈤の問いに答えなさい。

たとえば、「窓」という語の意味を僕らはどうやって理解したのでしょうか。

言語について徹底的に考え抜いた、二十世紀を代表する哲学者のルートヴィヒ・ウィトゲンシュタインは次のように言います。

言語を教えるということは、それを説明することではなくて、訓練するということなのである。（『哲学探究』）

最初に思い浮かぶ「訓練」は、大人が窓を指差しながら「ま・ど」と発話して教え込むようなものだと思います。これを直示的定義といいます。実物を見せて、語と実物を結びつけてもらおうとするわけです。

たしかに、日本語を理解していない外国人に「窓」の意味を伝えるなら、それでもいいかもしれません。ですが、言葉をまだほとんど習得していない子供にはAこれが不可能なのです。なぜなら、指を差して言葉の意味を定義する（直示的定義）のでは、B「何を指差しているのか」の解釈が無数に開けているからです。

窓を指差したとき、冷静に指を差しているものを見てください。それは（僕らの言葉で言えば）「外」という意味として把握される可能性もあるし、「透明」という意味、「四角いもの」「枠のあるもの」「空」「雨」「南向き」「明るさ」などとして逸脱して解釈される可能性もあります。

そんなことはあり得ないと思われるかもしれません。が、それは僕らがすでに多くの言葉を習得しているからです。

言語を習得しようとしている幼児は、「透明」「四角いもの」など今挙げたような「窓」以外の言葉もまだ知りません。だから、この言語習得の場面は、僕ら大人が外国語を学ぶプロセスとはまったく異なっています。他のあらゆる概念が準備されていない状況で、「窓」の意味を教えなければなりません。それはちょうど、野球をまったく知らない人に、ある場面だけを見せて「これがファールだよ。」と教えるようなものです。彼はきっと困ってこう尋ねるはずです――「え、〝これ〟ってどれのこと？」。

彼は、その選手が「ファール」という名前なのかと思うかもしれません。

□、母語をまだ獲得していない子供に直示的定義は成功しません。窓を指差したところで、そこで指されている先の一体何が「窓」なのかが分からないからです。

直示的定義を通して言語を習得したわけでもなく、言葉を使って説明されたわけでもない。

では、どのようにしてかというと、それは親や周囲の大人から「寒くなってきたから窓を閉めようね。」「ほら、窓見てごらん、お月さま出てるね。」といった（窓を閉める、外を見るといった）活動と言語的コミュニケーションが合わさったやり取りを通して、徐々に学習してきたのです。

つまり、「窓」という語がどのような生活上の活動や行為と結びついて使われているかという点に、「窓」の意味があるということになります。

MEMO

大切なことはメモしておこうネ！

後期

# 2021年度
# 解答と解説

《2021年度の配点は解答用紙集に掲載してあります。》

## <数学解答>

1 (1) ① 7 ② $3x$ ③ $\frac{3}{2}a^2b$ (2) $-4$ (3) 辺CF，辺DF，辺EF
(4) $(n=)6$ (5) $y=-\frac{4}{x}$ (6) $\sqrt{13}$(cm) (7) エ
(8) 60(mL)(求め方は解説参照) (9) エ

2 (1) ① ウ ② イ (2) (例)対角線が垂直に交わる

3 (1) (A＝)$10a+b$
(2) (A＝)25(求め方は解説参照)

4 (1) ア B イ BA ウ BP
(2) ① 右図 ② 解説参照

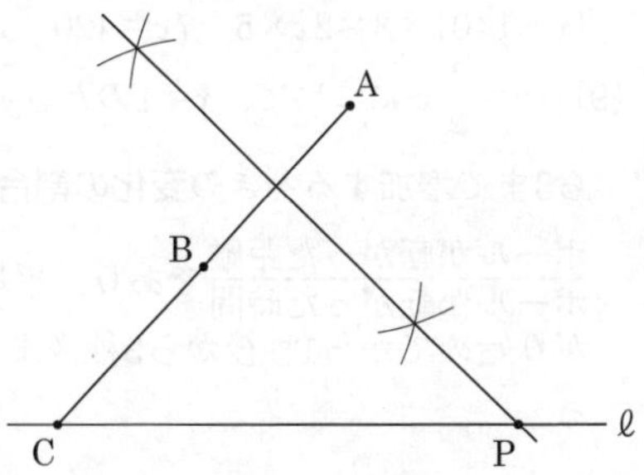


5 (1) ① $y=-3x+20$ ② $y=3x-20$
③ $\frac{20}{3}$(秒間) (2) $\frac{5}{2}$(秒間)

6 (1) ウ，エ (2) 解説参照 (3) ① 12(cm) ② $\frac{864}{25}$(cm²)

## <数学解説>

1 (数・式の計算，式の値，空間内の2直線の位置関係，平方根，数の性質，比例関数，三平方の定理，資料の散らばり・代表値，方程式の応用，関数$y=ax^2$)

(1) ① 正の数・負の数をひくには，符号を変えた数をたせばよい。$2-(-5)=2+(+5)=2+5=7$

② 四則をふくむ式の計算の順序は，乗法・除法→加法・減法 となる。$4x-2x\times\frac{1}{2}=4x-x=(4-1)x=3x$

③ 同符号の2数の商の符号は正で，絶対値は2数の絶対値の商だから，$-6a^3b^2\div(-4ab)=6a^3b^2\div4ab=\frac{6a^3b^2}{4ab}=\frac{3}{2}a^2b$

(2) $x=-2$，$y=3$のとき，$(2x-y-6)+3(x+y+2)=2x-y-6+3x+3y+6=2x+3x-y+3y-6+6=5x+2y=5\times(-2)+2\times3=-4$

(3) 空間内で，平行でなく，交わらない2つの直線はねじれの位置にあるという。辺ABと平行な辺は，辺DEであり，辺ABと交わる辺は，辺AC，AD，BC，BEであり，辺ABとねじれの位置にある辺は，辺CF，DF，EFである。

(4) $\sqrt{24n}$が自然数となるためには，$\sqrt{\ }$の中が(自然数)$^2$の形になればいい。$\sqrt{24n}=\sqrt{2^2\times2\times3\times n}$より，このような自然数$n$は$2\times3\times$(自然数)$^2$と表され，このうちで最も小さい数は$2\times3\times1^2=6$である。

(5) $y$が$x$に反比例するとき，$x$と$y$の関係は，$y=\frac{a}{x}$と表される。問題のグラフより，$x=2$のとき$y=-2$だから，$-2=\frac{a}{2}$　$a=-4$　よって，問題のグラフの$x$と$y$の関係は，$y=-\frac{4}{x}$と表される。

(6)　△ABCに**三平方の定理**を用いて，$BC=\sqrt{AB^2+CA^2}=\sqrt{2^2+3^2}=\sqrt{13}$(cm)

(7)　**中央値**は資料の値を大きさの順に並べたときの中央の値。生徒の人数は20人で偶数だから，記録の少ない方から10番目と11番目の記録の**平均値**が中央値。よって，10番目と11番目の生徒の記録の合計は，50回×2人＝100回とわかるが，その他の生徒の記録がわからないから，20人の記録の合計はわからない。また，20人のうち，記録が60回以上であった生徒がいることも考えられる。アとウは必ず正しいとはいえない。例えば，記録の少ない方から10番目の生徒の記録が49回で，11番目の生徒の記録が51回のとき，中央値は$\frac{49+51}{2}=50$(回)であるが，20人のうち，記録が50回であった生徒はいない。イは必ず正しいとはいえない。記録の少ない方から11番目の生徒の記録は50回以上であるから，20人のうち，記録が50回であった生徒は少なくとも10人いる。エは必ず正しいといえる。

(8)　(求め方)　(例)はじめに容器Aに入っていた牛乳の量を$x$mLとすると，$(x+140):2x=5:3$　$(x+140)\times3=2x\times5$　$7x=420$　$x=60$　$x=60$は問題に適している。

(9)　$y=\frac{1}{2}x^2$について，$x=1$のとき$y=\frac{1}{2}\times1^2=\frac{1}{2}$，$x=3$のとき$y=\frac{1}{2}\times3^2=\frac{9}{2}$だから，$x$の値が1から3まで増加するときの**変化の割合**は，$\left(\frac{9}{2}-\frac{1}{2}\right)\div(3-1)=2$…①である。そして，①の左辺は$\frac{\text{ボールが転がった距離}}{\text{ボールが転がった時間}}$であり，平均の速さを表すから，変化の割合が2であるということは，転がり始めてから1秒後から3秒後までの間のボールの平均の速さが秒速2mであるということである。

## 2 (特別な平行四辺形)

(1)　アの「対角線がそれぞれの中点で交わる」や，エの「2組の対辺の長さがそれぞれ等しい」や，オの「2組の対角の大きさがそれぞれ等しい」は，平行四辺形の性質であり，これらの条件が加わっても，平行四辺形のままである。長方形の定義は「4つの角がすべて直角である四角形」であるから，平行四辺形にウの「1組の隣り合う角の大きさが等しい」という条件が加わると，4つの角の大きさがすべて等しく直角となり，長方形となる。また，ひし形の定義は「4つの辺がすべて等しい四角形」であるから，平行四辺形にイの「1組の隣り合う辺の長さが等しい」という条件が加わると，4つの辺の長さがすべて等しくなり，ひし形となる。

(2)　**正方形は，長方形とひし形の両方の性質をもっている**から，長方形に「対角線が垂直に交わる」という条件が加わると，正方形になる。また，ひし形に「対角線が等しい」という条件が加わると，正方形になる。

## 3 (文字を使った式，方程式の応用)

(1)　例えば，十の位の数が5，一の位の数が2の2けたの整数52は，$52=50+2=5\times10+2$　と表されるから，十の位の数が$a$，一の位の数が$b$の2けたの整数Aは，$A=a\times10+b=10a+b$　と表される。

(2)　(求め方)　(例)整数Aの十の位の数を$a$，一の位の数を$b$とおくと，㋐より　$(10b+a)\div2=(10a+b)+1$…①　㋑より　$(a+b)\times3=(10a+b)-4$…②　①より，$19a-8b=-2$…③　②より，$7a-2b=4$…④　③−④×4より，$-9a=-18$　よって，$a=2$　③に代入して，$b=5$　$a=2$，$b=5$は問題に適している。

## 4 (二等辺三角形，作図)

(1)　**2辺が等しい三角形を二等辺三角形という(定義)**。作図した円の周上の点は，円の中心B…アからの距離がすべて等しいので，BA＝BP…イ，ウ　となる。したがって，△ABPはBA＝BPの二等辺三角形であるといえる。

(2)　①　(着眼点)　AP＝BPとなる二等辺三角形を作図する。(作図手順)　次の①～②の手順で作図する。①　2点A，Bを中心として，互いに交わるような半径の等しい円を描く。　②　①で描いた2つの円の交点を通る直線(線分ABの垂直二等分線)をひき，直線$\ell$との交点をPとする。

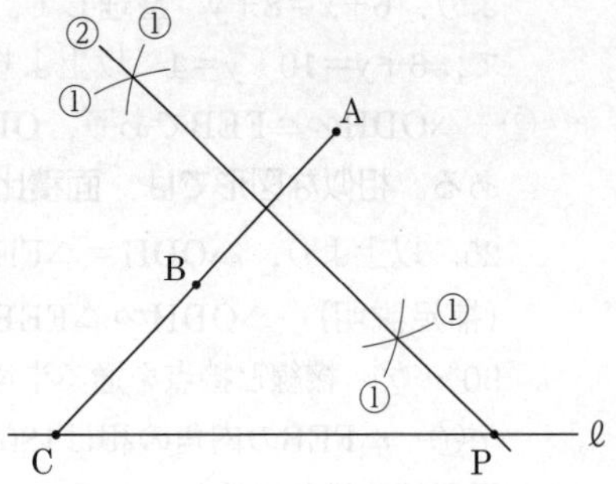


②　(説明)　(例)線分ABの垂直二等分線上のすべての点は，2点A，Bからの距離が等しいので，AP＝BPとなる。したがって，△ABPは二等辺三角形であるといえる。

## 5　(一次関数，方程式の応用)

(1)　①　点Pの出発点を$P_0$とすると$OP_0$＝20cmである。点Pが出発してから$x$秒後，点Pが進んだ道のり$PP_0$は，**(道のり)＝(速さ)×(時間)**より，$PP_0$＝(毎秒)3(cm)×$x$(秒)＝$3x$(cm)だから，点Pが出発してから点Oと重なるまでの間について，OP間の距離は，$y$(cm)＝$OP_0$－$PP_0$＝20(cm)－$3x$(cm)　つまり，$y=-3x+20$である。

②　前問①と同様に考えると，点Pが点Oと重なってから停止するまでの間について，OP間の距離は，$y$(cm)＝$PP_0$－$OP_0$＝$3x$(cm)－20(cm)　つまり，$y=3x-20$である。

③　円Oと直線$\ell$との交点のうち，点$P_0$に近い方の点をA，遠い方の点をBとする。**(時間)＝(道のり)÷(速さ)**より，点Pが点Aと一致するのは，点Pが出発してから$AP_0\div3=10\div3=\frac{10}{3}$(秒後)，点Pが点Bと一致するのは，点Pが出発してから$BP_0\div3=30\div3=10$(秒後)だから，点Pが出発してから停止するまでの間において，点Pが円Oの周上または内部にある時間は，線分AB上にある時間であり，$10-\frac{10}{3}=\frac{20}{3}$(秒間)である。

(2)　点Pは点Aに毎秒(3－1)cm＝毎秒2cmの速さで近づくから，点Pが点Aと一致するのは，点Pが出発してから，$AP_0\div2=10\div2=5$(秒後)である。また，点Pと点Bは毎秒(3＋1)cm＝毎秒4cmの速さで近づくから，点Pが点Bと一致するのは，点Pが出発してから，$BP_0\div4=30\div4=\frac{15}{2}$(秒後)である。以上より，点Pが出発してから停止するまでの間において，点Pが円Oの周上または内部にある時間は，線分AB上にある時間であり，$\frac{15}{2}-5=\frac{5}{2}$(秒間)である。

## 6　(円の接線，合同の証明，線分の長さ，面積)

(1)　**接線と接点を通る半径は垂直に交わる**から，AB⊥OA，BC⊥OCより，接線$\ell$以外に，円Oの接線となっているものは直線ABと直線BCである。

(2)　(証明)　(例)△CDGと△CDHにおいて　∠CGD＝∠CHD＝90°…①　CDは共通…②　FC，FDは円Oの接線より，FC＝FDとなるので，△FCDは二等辺三角形であるから，∠FCD＝∠FDC…③　CF//HDより，**平行線の錯角は等しい**ので∠FCD＝∠HDC…④　③，④より，∠FDC＝∠HDCとなるので∠GDC＝∠HDC…⑤　①，②，⑤より，直角三角形の斜辺と1つの鋭角がそれぞれ等しいので△CDG≡△CDH

(3)　①　FC＝$x$cmとすると，FC，FDは円Oの接線より，FD＝FC＝$x$cm　同様にして，EA＝$y$cmとすると，EA，EDは円Oの接線より，ED＝EA＝$y$cm　△FEBに三平方の定理を用いると，$FE=\sqrt{BE^2+BF^2}=\sqrt{8^2+6^2}=10$(cm)　よって，$FE=FD+ED=x+y=10$…㋐　また，$BC=BF+FC=6+x$，$BA=BE+EA=8+y$であり，四角形OABCは正方形であるから，BC＝BAより，$6+x=8+y$　整理して，$x-y=2$…㋑　㋐＋㋑より，$2x=12$　$x=6$　これを㋐に代入して，$6+y=10$　$y=4$　以上より，正方形OABCの1辺の長さは，BC＝6＋6＝12cm

②　△ODH∽△FEBであり，OD＝OA＝BC＝12cmより，**相似比は**OD：FE＝12：10＝6：5である。**相似な図形では，面積比は相似比の2乗に等しい**から，$\triangle ODH:\triangle FEB=6^2:5^2=36:25$　以上より，$\triangle ODH=\triangle FEB\times\frac{36}{25}=\left(\frac{1}{2}\times BE\times BF\right)\times\frac{36}{25}=\left(\frac{1}{2}\times8\times6\right)\times\frac{36}{25}=\frac{864}{25}$($cm^2$)

(補足説明)　△ODH∽△FEBの証明　△ODHと△FEBで，仮定より，∠DHO＝∠EBF＝90°…㋐　接線と接点を通る半径は垂直に交わるから，∠ODH＝∠ODF－∠HDF＝90°－∠HDF…㋑　△FEBの内角の和は180°だから，∠FEB＝180°－∠EBF－∠BFE＝90°－∠BFE…㋒　平行線の錯角は等しいから，∠HDF＝∠BFE…㋓　㋑，㋒，㋓より，∠ODH＝∠FEB…㋔　㋐，㋔より，2組の角がそれぞれ等しいから，△ODH∽△FEB

## ＜英語解答＞

**1**　No. 1　B　　No. 2　C

**2**　No. 1　ア　　No. 2　ウ　　No. 3　イ

**3**　A　ウ　　B　イ　　C　イ　　D　(例) It was difficult for her to remember all the students.

**4**　(1)　(例)Because it is cold.　　(2)　(例)I like summer the best.
(3)　(例)I enjoy swimming.

**5**　ア　taking　　イ　went　　ウ　surprised　　エ　visit　　オ　understand

**6**　(1)　A　ア　　B　イ　　(2)　ウ　　(3)　ア，オ

**7**　(1)　【1】オ　【2】ウ　【4】エ　(2)　ウ→イ→ア　(3)　(例)work hard and help people　(4)　イ，オ

**8**　(例) don't buy plastic bags at stores.　They bring their own bags when they go shopping.　This is good because we don't have to use too much plastic.　I think many people got plastic bags they didn't need before.

## ＜英語解説＞

### 1・2・3　(リスニング)

放送台本の和訳は，52ページに掲載。

### 4　(自由・条件英作文：絵を用いた問題)

(全訳)

ルーシー：冬は好きですか？　／クミ：いいえ，好きではありません。／ルーシー：なぜですか？　／クミ：(1)なぜなら寒いからです。／ルーシー：どの季節がいちばん好きですか？　／クミ：(2)私は夏がいちばん好きです。／ルーシー：その季節の間，何をして楽しみますか？　／クミ：(3)私は水泳を楽しみます。

(1)　全訳参照。空所(1)直前でルーシーが「なぜ？」と聞いているので，理由を答えるのが適当。

because ＝なぜなら

(2)　全訳参照。空所(2)のルーシーの質問の答えになる発言が適当。 I like summer the best ( of all seasons. ) (比較の最上級の形)

(3)　全訳参照。enjoy ＋～ ing ＝～をして楽しむ(ここでの ~ing は動詞の目的語になる動名詞)

## 5 (読解問題・エッセイ：語句補充・選択，語形変化，進行形，過去形)

(全訳)　これらの絵を見たことがありますか？　AもBも温泉の絵(マーク)です。マークAでは，3人の人たちは何をしていますか？　彼らはお風呂に$_{ア}$入っています。これは温泉を表す新しいマークです。先週，僕は家族と一緒に温泉へ$_{イ}$行きました。僕たちは，そこでマークAを見つけた時驚きました。それは僕が知っていたマークとは違いました。日本では，長い間マークBを使ってきました。このごろは，外国からの多くの人たちが日本を$_{エ}$訪れるので，マークAも外国からの人たちのために使われています。彼らは，マークAの方が簡単に理解できるので良いというのです。

ア　take a bath ＝風呂に入る　**<be 動詞+～ ing>**で「～しているところだ」(進行形)なので **taking** にすればよい。スペリングに注意。

イ　「先週」のことを言っているので過去形にすればよい。went は go の過去形

ウ　<be 動詞+ surprised>で「驚く(驚かされる)」。英語では感情表現を受け身で表すことがある。

エ　visit ＝訪れる　訪ねる

オ　understand ＝理解する　**< can ＋動詞の原形>**で「～することができる」

## 6 (会話文問題：文の挿入，英問英答，内容真偽)

(全訳)

アキ　：ハイ，リリー！次の日曜日は何をするつもりかしら？

リリー：まだ何も決めていないわ。$_{A}$あなたはどう？

アキ　：私は埴輪博物館に*はにわ*を作りに行くつもりよ。

リリー：*はにわ*って言ったの？　それは何？

アキ　：それは粘土の像よ。日本では，約1700年前に人々は*はにわ*の粘土の像を作り始めたの。それらはたいてい古墳の周りに置かれたのよ。身分の高い人が亡くなると，人々はその偉大な人のために大きな古墳を作ったの。

リリー：なぜ昔の日本の人たちはそこに*はにわ*を置いたの？

アキ　：私の歴史の先生は，はにわが古墳を守っていたと言っていたわ。彼はまた，*はにわ*は亡くなった人の偉大な力を表していたとも言っていたわ。

リリー：まあ，見てみたいわ。

アキ　：それじゃあ，日曜日に博物館に行きましょう。古い*はにわ*を見て自分の*はにわ*を作ることもできるのよ。

リリー：楽しそうね。ワクワクするわ。

次の日曜日，アキとリリーは埴輪博物館の前でポスターについて話をしているところです。

アキ　：このポスターを見て。

【ポスター】

埴輪博物館　自分の*はにわ*を作ることができます！
作りたい埴輪の種類を選んで，各部屋にお越しください。

| 2020年10月18日　日曜日 | |
|---|---|
| 円筒*はにわ*<br>ルームA<br>10時～11時 | 動物*はにわ*<br>ルームB<br>11時15分～12時30分 |
| 人物*はにわ*<br>ルームC<br>11時15分～12時30分 | 建物*はにわ*<br>ルームD<br>13時30分～15時 |

リリー：私たちが作ることができる4種類の*はにわ*があるわね。私は動物の*はにわ*を作りたいわ，でも建物の*はにわ*にも興味があるな。

アキ　：今10時よ。だから今日両方作ることができるわ。

リリー：それはいい考えね。この2つを作りましょう。でも私たちの*はにわ*を作る前に，この博物館に展示されている古い*はにわ*を見たいわ。

アキ　：いいわ，行きましょう。

彼女たちは歩いて博物館の中に入り*はにわ*を見ます。

リリー：この*はにわ*は面白そうよ。魚を食べている鳥かしら？

アキ　：いいえ，魚を獲っているところよ。この*はにわ*が表しているのは，ずっと昔鳥たちは漁に使われていたということなの。日本のいくつかの地域では，人々は今も魚を獲るのに鳥を使っているのよ。

リリー：すごいわ！

アキ　：これらの*はにわ*を見て。男の人と飼い犬が他の動物を狩ろうとしているところよ。これらは群馬県で見つかったの。

リリー：それじゃあ，*はにわ*が表しているのは，動物たちはずっと昔も狩りに使われていたということなのね？

アキ　：その通りよ。B私たちは*はにわ*を通して昔の生活様式について学ぶことができるのよ。

リリー：とても興味深いわね！まあ，もう私たちが*はにわ*を作る時間よ。

(1)　全訳参照。　A　空所の直後のリリーの発言に注目。日曜日の予定を答えている。　B　リリーの8番目以降の2人の会話の内容に注目。*はにわ*によって昔の人々の狩りの方法が分かると言っている。

(2)　問い　アキとリリーはどの部屋に行くと決めましたか？　／ルームB とルームD　ポスターの内容を含む全訳参照。リリーの6番目7番目の発言，アキの7番目の発言に注目。

(3)　全訳参照。　ア　アキが学んだことは，昔の日本の人々は古墳を守るために古墳の近くに*はにわ*を置いたということだ。(○)　アキの3番目の発言参照。　イ　リリーは長い間古い*はにわ*と古墳に興味をもっていた。　ウ　アキとリリーは2020年10月18日に古墳でいくつかの古い*はにわ*を見た。　エ　アキとリリーは古い*はにわ*を見た後，自分たちの*はにわ*を作ることに決めた。　オ　アキは，アキとリリーが見た狩りの*はにわ*は群馬県で見つかったと言った。(○)　アキの10番目の発言参照。

## 7 (長文読解問題・エッセイ：要旨把握，文の挿入，語句補充，内容真偽)

(全訳)　中学生のコウジは毎日インターネットでニュースを読みます。ある日，彼はコンビニエンスストアについて興味深いニュースを見つけました。現在，日本ではいくつかのコンビニエンスストアでロボットが働いているのです！コウジはこのニュースについてもっと知りたいと思い，コンビニエンスストアについて興味深いことを見つけました。彼は英語の授業でそれらについて発表しました。

【1】　コンビニエンスストアの歴史は1927年にアメリカ合衆国で始まりました。約45年後，コンビニエンスストアは日本で開店しました。その当時，コンビニエンスストアはそれほど多くのサービスを行っておらず多くの種類の品物は売っていませんでした。例えば，24時間開いていなかったし，おにぎりを売っていませんでした。コンビニエンスストアがおにぎりを売り始めた時，それは新しいアイディアでした。それらを買うのはほんのわずかな人たちでした。その時から，コンビニエンスストアはたくさんの変化を遂げてきました。

【2】　現在日本には，約58000軒のコンビニエンスストアがあります。各店舗は約3000種類の物を販売し、たくさんのサービスを行っています。そこでは毎日多くの種類のおにぎりと弁当を売っています。コンビニエンスストアでは，切手を買うこともできるので，そこは郵便局のようです。僕の母はコンビニエンスストアで電気料金を払います。彼女はこう言います，「銀行へ行く必要はないし，夜でも支払うことができるわ。」それらのサービスは約30年前に始まり，現在ではたくさんの他のサービスがあります。

【3】　コンビニエンスストアが変化してきたのは私たちの社会が変化してきたからです。私たちの社会にはより多くのお年寄りがいるので，コンビニエンスストアのお客も変化してきたのです。約30年前，お客の大部分は若い人たちでした。ウしかし今は多くのお年寄りのお客がいます。イ彼らの家の近くのコンビニエンスストアはとても役に立つのです，それはお店まで歩いて行くことができ車を運転する必要がないからです。アまた，そこでおにぎりや弁当などの食べ物を買えば，料理をする必要がありません。コンビニエンスストアは小さいサイズで食べ物を売っています。あまりたくさん食べないお年寄りの人たちはそのサイズが彼らにとっては最適だと思うのです。

【4】　コンビニエンスストアには多くの重要な役割がありますが，コンビニエンスストアにとって社会の変化が原因の問題があります。働ける人たちがあまり多くいないのです。コンビニエンスストアが十分な労働者を見つけることができなければ，閉店しなければなりません。この問題についてコンビニエンスストアはどうしたらよいのでしょう？

【5】　ロボットを使うことがこの問題へのひとつの答えになるかもしれません。今や，それは新しいアイディアです。日本ではコンビニエンスストアにあるロボットはごくわずかです。ロボットたちは今動き方を学んでいるところで，まだそれほどたくさん働いていません。しかし将来は，より多くのロボットがいて，それらのロボットたちはコンビニエンスストアで熱心に働き人々を助けているでしょう。そうすればコンビニエンスストアは閉店する必要はありません。コンビニエンスストアは小さなお店ですが，私たちの社会において大きな役割を担っています。コンビニエンスストアはさらに変化するでしょう，それは私たちの社会も変化するからです。

(1)　全訳参照。ア　コンビニエンスストアの未来　イ　コンビニエンスストアのお客の変化
ウ　現在のコンビニエンスストアのサービス　エ　コンビニエンスストアに関する問題
オ　昔のコンビニエンスストア

(2)　全訳参照。空所直前の一文で，「昔はコンビニエンスストアのお客は若い人たちだった」と言っていることに注目。それと対照的に，お年寄りを話題にする一文ウがその後に来るのが自然な文脈であることが推測できる。選択肢の文頭の接続詞にも注目しよう。

(3)　全訳参照。空所直前の一文で「今はまだロボットはそれほどたくさん働いていない」と言っていることに注目。その後「しかし将来は」と続けているので，現在よりロボットがたくさん働くようになるだろうという内容を入れるのが適当。

(4)　ア　コウジはテレビでコンビニエンスストアで働くロボットについての興味深いニュースを見た。　イ　コンビニエンスストアがおにぎりを売り始めた時，それらのおにぎりはあまり人気がなかった。(○)　【1】段落最後から3文目2文目参照。just a few ＝ほんのわずかの　ウ　日本で最初にコンビニエンスストアが開店した時，郵便局のように切手を売っていた。　エ　現在，コンビニエンスストアがそこで働く人たちを見つけるのは難しくない。　オ　ロボットを使うことは，現在日本でコンビニエンスストアが抱える問題に対する新しいアイディアだ。(○)　【5】段落1文目2文目参照。

## 8　(自由・条件英作文)

(解答例訳)　【ワークシート】　もうプラスティック袋は無料ではありません！

(2020年7月1日以前は，日本の多くの店舗はそこで何かを買ったお客に対して無料のプラスティック袋を渡していた。しかし現在では袋は無料ではない。お客はプラスティック袋が必要なら，それを買う必要がある。現在多くの人たちが)お店でプラスティック袋を買いません。お客は買い物に行く時は自分のバッグを持って行きます。これは良いことです，なぜならプラスティックを使いすぎなくていいからです。私は，以前は多くの人たちが必要でないプラスティック袋をもらっていたのだと思います。

# 2021年度英語　英語の放送を聞いて答える問題

〔放送台本〕

ただいまから，放送を聞いて答える問題を始めます。問題は，1番～3番まであります。それぞれの問題の英文や英語の質問は2度放送されます。

1番は，絵を見て答える問題です。これからNo.1とNo.2について，それぞれ2人の対話と，対話に関する質問が流れます。質問に対する答えとして最も適切なものを，それぞれA～Dの中から選びなさい。では，始めます。

No. 1　*A:*　Hi, Kumi.

*B:*　Hi, Bob.  Listen.  I went to the river yesterday, and I saw a boy who was doing an interesting thing there.

*A:*　What was he doing?

*B:*　He was putting a bigger rock on a smaller one, and the biggest one on top of them!

*A:*　That's amazing!

質問します。　What did Kumi see?

No. 2　*A:*　Are you going to play tennis today?

*B:*　No, I'm not.

*A:*　I'm going to go to the library today.  Do you want to go?

*B:*　Yes.  Oh, I want to go to the post office, too.

*A:* OK. Then let's go there first.

質問します。 Where will they go first?

〔英文の訳〕

No.1 A：こんにちは，クミ。

B：こんにちは，ボブ。聞いて。昨日川へ行ったら，そこで面白いことをしている男の子を見たわ。

A：彼は何をしていたの？

B：彼は小さい石の上にそれより大きな石をのせて，そのてっぺんにいちばん大きな石を置いていたの！

A：それはすごいね！

質問：クミは何を見ましたか？

No.2 A：今日テニスをするつもりですか？

B：いいえ，しません。

A：私は今日図書館へ行くつもりです。あなたも行きたいですか？

B：はい。ああ，私は郵便局にも行きたいです。

A：いいですよ。それではそこへはじめに行きましょう。

質問：彼らははじめにどこへ行きますか？

〔放送台本〕

2番の問題に移ります。これから，No. 1～No. 3について，それぞれYukaとJohnの2人の対話が流れます。Johnが2度目に発言する部分で次のチャイムを鳴らします。(チャイム音)チャイムの部分の発言として最も適切なものを，それぞれア～エの中から選びなさい。では，始めます。

No. 1 *Yuka:* Good morning.

*John:* Good morning.

*Yuka:* You came so early today. How did you come here?

*John:* (チャイム音)

No. 2 *Yuka:* What time is it now?

*John:* It's four thirty.

*Yuka:* Oh, no! The party starts at five.

*John:* (チャイム音)

No. 3 *Yuka:* What did you do last weekend?

*John:* I was sick and stayed in bed.

*Yuka:* Oh, really? Did you go to the hospital?

*John:* (チャイム音)

〔英文の訳〕

No. 1 ユカ　：おはよう。

ジョン：おはよう。

ユカ　：今日はとても早いわね。ここへどうやって来たの？

ジョン：ア　バスで来たよ。

No. 2 ユカ　：今何時かしら？

ジョン：4時30分だよ。

ユカ　：わあ，いけない！パーティーは5時に始まるのよ。
ジョン：ウ　すぐに行った方がいいよ。

No. 3　ユカ　：この前の週末は何をしたの？
ジョン：僕は風邪をひいて寝ていたんだ。
ユカ　：まあ，本当に？　病院へ行ったの？
ジョン：イ　うん。薬をもらったよ。

〔放送台本〕

3番の問題に移ります。これから，中学生のKenがALTのGreen先生に対して行った，インタビューでのやり取りが流れます。Green先生が話した内容を聞いて，次の【インタビューのまとめ】の中の A ～ C に当てはまるものとして最も適切なものを，それぞれア～エの中から選びなさい。また， D の部分には，Green先生の答えた内容をまとめて1文の英語で書きなさい。では，始めます。

*Ken:* Hello, Ms. Green. I have three questions. First, why did you come to Japan?

*Ms. Green:* I was interested in Japanese movies. So I wanted to visit many places I saw in them. I visited some of them, but I haven't been to Okinawa. I want to go there next year.

*Ken:* I see. My next question is… did you enjoy your first year in this school?

*Ms. Green:* Yes, I did. My students are really kind to me. Every morning they say "Good morning" to me. When I hear it, I always feel happy. They also taught me a lot of useful Japanese. My favorite Japanese is "*Arigato*".

*Ken:* That's a good word. This is the last question. Did you have any problems at school?

*Ms. Green:* Yes. I couldn't remember all the students easily. So I used their pictures to remember them. Then I really enjoyed having English classes and school events with a lot of students.

*Ken:* That's great. Thank you so much.

*Ms. Green:* You're welcome.

以上で放送を終わります。

〔英文の訳〕

ケン　　：こんにちは，グリーン先生。3つ質問があります。ひとつ目は，どうして日本に来たのですか？

グリーン：私は日本の映画に興味があったのです。だから映画の中で見たたくさんの場所を訪ねたいと思いました。私はその中の何か所かを訪ねましたが，沖縄には行ったことがありません。来年そこへ行きたいと思います。

ケン　　：分かりました。次の質問は…この学校での最初の一年は楽しかったですか？

グリーン：ええ，楽しかったです。私の生徒たちは私にとても親切にしてくれます。毎朝彼らは私に「おはようございます」と言ってくれます。それを聞くと，いつも嬉しく感じます。彼らは役に立つ日本語もたくさん教えてくれます。私の好きな日本語は「ありがとう」です。

ケン　　：それはいい言葉ですね。これが最後の質問です。学校で何か困ることはありましたか？

グリーン：はい。私は生徒全員を簡単には覚えられませんでした。そこで彼らの写真を使って覚えました。それから英語の授業や学校行事をたくさんの生徒たちと一緒にとても楽しみました。

ケン　　：それはとてもよかったです。ありがとうございました。

グリーン：どういたしまして。

【インタビューのまとめ】

グリーン先生の日本での最初の年

質問1：なぜグリーン先生は日本に来ましたか？

答え　：彼女は日本の$_{A}$映画に興味がありました。

質問2：グリーン先生はこの学校での彼女の最初の1年を楽しみましたか？

答え　：はい。生徒たちは$_{B}$親切です。生徒たちは彼女に$_{C}$役に立つ日本語を教えました。

質問3：グリーン先生が学校で困ったことは何ですか？

答え　：(例)$_{D}$彼女はすべての生徒たちを覚えることが難しかったのです。

## ＜理科解答＞

**1**　A　(1)　ウ　　(2)　イ　　B　(1)　イ　　(2)　ウ　　C　(1)　体積　イ　　質量　ウ　(2)　ア　　D　(1)　0.9[J]　　(2)　ア

**2**　(1)　優性　　(2)　①　a　50　　b　25　　②　(丸形：しわ形＝)5(：)3　　(3)　①　胚珠　②　(例)自家受粉しやすいから。　(4)　(例)親と同じ遺伝子をもつ個体が生じるので，親と同じ形質を引き継ぐことができるから。

**3**　(1)　イ　　(2)　①　a　初期微動継続時間　　b　(例)同時に発生　　②　15(時)27(分)22(秒)　　③　15(時)27(分)52(秒)　　④　イ　　⑤　7(秒後)

**4**　(1)　(例)加熱した試験管に水が逆流するのを防ぐため。　　(2)　①　a　青　　b　赤(桃)　②　a　ア　　b　ア　　③　Na, C, O　　(3)　(例)アンモニアは水に溶けやすいから。　(4)　①　(例)炭酸水素ナトリウムの分解が起こらなくなったから。　②　4.41g

**5**　(1)　電熱線Q　　(2)　1.2V　　(3)　①　a　0.16　　b　ア　　c　1.0　　d　イ　②　0.17[倍]　　(4)　0.8

## ＜理科解説＞

**1**　(小問集合)

A　(1)　養分を吸収する器官は小腸なので，小腸を出た直後の血液に，多くの養分が含まれている。　(2)　有害なアンモニアは，肝臓で無害な尿素に変えられて，じん臓で血液中からこし取られる。

B　(1)　満月が見えるときは，**太陽－地球－月**の順に並んでいる。　(2)　図は，下弦の月が南の空にのぼったときのようすであり，明け方に観察できる。

C　(1)　状態変化では，物質の粒子の数に変化はないので質量は変わらないが，粒子どうしの間隔が変化するので，体積は変化する。　(2)　エタノールの沸点78℃くらいになると，混合物からエタノールが沸騰して気体となって出てくる。

D　(1)　**仕事〔J〕＝力の大きさ〔N〕×力の向きに移動した距離〔m〕**より，3〔N〕×0.3〔m〕＝0.9〔J〕
(2)　図Ⅱの動滑車を使うと，図Ⅰの定滑車を使った場合に比べて加える力の大きさは半分になるが，ひもを引く長さは2倍になる。よって，図Ⅰと図Ⅱは，仕事の大きさが同じになる。

## 2 (遺伝)

(1)　対立形質をもつ純系の個体どうしをかけ合わせたとき，子に現れる形質を**優性の形質**という。

(2)　①　a　4つのうちの2個がAaなので，50％である。　b　それぞれの自家受粉によって4個ずつ種子が得られたとすると，遺伝子の組み合わせは右の表のようになる。得られた種子は全体で16個であり，このうちAaは4個なので，4÷16×100＝25〔％〕となる。　②　①の表で，丸形の種子はAAとAaの合計10個，しわ形の種子は6個なので，その比は，丸形：しわ形＝10：6＝5：3

| 自家受粉する個体の遺伝子の組み合わせ | 得られる種子の遺伝子の組み合わせ | | |
|---|---|---|---|
| | AA | Aa | aa |
| AA | 4個 | 0個 | 0個 |
| Aa | 1個 | 2個 | 1個 |
| Aa | 1個 | 2個 | 1個 |
| aa | 0個 | 0個 | 4個 |
| 合計 | 6個 | 4個 | 6個 |

(3)　①　子房の中にあるのは胚珠である。　②　花弁がおしべやめしべをおおっているので，他の個体との受粉が起こりにくい。

(4)　**無性生殖**を用いて生じた個体は，遺伝子の組み合わせが親とまったく同じであるため，親と同じ品質の作物を生産することができる。

## 3 (地震)

(1)　初期微動継続時間を求めると，地点Aが6秒，地点Bが2秒，地点Cが4秒となる。**初期微動継続時間の比は，震源からの距離の比とほぼ同じになる**ため，震源からの距離が，地点A：地点B：地点C＝3：1：2となっている地点をさがす。

(2)　①　震源で地震が起こったとき，P波とS波は同時に発生している。　②　図Ⅱの打点を直線で結ぶと，P波が到着してからS波が到着するまでの時間(初期微動継続時間)が0秒の時刻は15時27分22秒と求められる。震源ではP波とS波が同時に発生するため，初期微動継続時間は0となる。　③　地点A，Bの結果から，P波が到着した時刻が8秒遅くなると，S波が到着した時刻は12秒遅くなっている。P波が15時27分42秒に到着した地点を地点Aと比べると，P波の到着時刻が8秒遅くなっているので，S波は地点Aに到着した時刻よりも12秒遅くなると考えられる。
④　②より，地震は15時27分22秒に発生しているが，P波は地点Aまで12秒で到達し，S波は18秒かかっている。これは，S波のほうがP波よりも速さが18÷12＝1.5〔倍〕遅いからであるといえる。　⑤　この地震は15時27分22秒に発生し，9秒後の27分31秒に緊急地震速報を受信している。震源から18kmの地点では，P波が到着してから6秒後に緊急地震速報を受信しているので，地震が発生してから3秒後にP波が到着していることになる。よって，P波の秒速は，18〔km〕÷3〔s〕＝6〔km/s〕となる。地点Bは，地震が発生してから4秒後にP波が到着していることから，震源からの距離は6〔km/s〕×4〔s〕＝24〔km〕　震源から24kmの地点でS波が到着するのに6秒かかっているので，S波の秒速は24〔km〕÷6〔s〕＝4〔km/s〕　このことから，震源からの距離が64kmの地点にS波が到達するのは，地震発生後64〔km〕÷4〔km/s〕＝16〔s〕となる。よって，この地点では，16−9＝7〔s〕より，緊急地震速報受信から7秒後にS波が到着する。

## 4 (化学変化と質量)

(1)　水からガラス管を抜かないと，火を消したときに試験管Xに水そうの水が逆流して，試験管X

が割れる恐れがある。

(2) ① **塩化コバルト紙**は，水の検出に用いる。 ② 試験管Xに残った物質は，炭酸水素ナトリウムに比べ水に溶けやすく，その水溶液は強いアルカリ性を示す。 ③ $2NaHCO_3$には，ナトリウム原子が2個，水素原子が2個，炭素原子が2個，酸素原子が6個存在する。この中から$H_2O$が1分子，$CO_2$が1分子発生するので，余っている原子は，ナトリウム原子2個，炭素原子1個，酸素原子3個となる。

(3) アンモニアは水に溶けやすいため，水上置換法では集めることができない。

(4) ① **炭酸水素ナトリウム→炭酸ナトリウム＋水＋二酸化炭素**の反応が起こる。二酸化炭素が空気中に出ていくため，発生した気体の質量だけ加熱後の物質の質量は小さくなるが，気体が発生しなくなると，加熱後の物質の質量の減少は起こらなくなる。 ② 炭酸水素ナトリウム2.00gを完全に分解するまで加熱すると，1.26gの白い物質が得られる。炭酸水素ナトリウム7.00gを用いたときに得られる白い物質の質量を$x$gとすると，$2.00:1.26=7.00:x$　$x=4.41$〔g〕

## 5 (電気とそのはたらき)

(1) 等しい電圧を加えたとき，流れる電流が小さいほうが，電流が流れにくい。

(2) 電熱線Pの抵抗は，3.0〔V〕÷0.8〔A〕＝3.75〔Ω〕 図Ⅲから，電流計の示す値は320mAであることから，このとき加わっている電圧は，3.75〔Ω〕×0.32〔A〕＝1.2〔V〕

(3) ① 電熱線Pの抵抗は(2)より3.75Ω。電熱線Qの抵抗は，3.0〔V〕÷0.2〔A〕＝15〔Ω〕 よって，図Ⅳの回路の全抵抗は，3.75＋15＝18.75〔Ω〕 この回路に3.0Vの電圧を加えると流れる電流は，3.0〔V〕÷18.75〔Ω〕＝0.16〔A〕 次に，図Ⅴの回路の全抵抗は，$\frac{1}{3.75}+\frac{1}{15}=\frac{18.75}{56.25}$ よって，回路の全抵抗は，3Ω。回路を流れる電流は，3.0〔V〕÷3〔Ω〕＝1.0〔A〕 ② 電熱線Pに流れる電流は，3.0〔V〕÷3.75〔Ω〕＝0.8〔A〕 回路に流れた電流は1.0Aの2倍の2.0Aとなっていることから，電熱線Rを流れる電流は2.0−0.8＝1.2〔A〕 よって，電熱線Rの抵抗の大きさは，3.0〔V〕÷1.2〔A〕＝2.5〔Ω〕 これは，抵抗が15Ωの抵抗Qの大きさに比べ，2.5÷15＝0.166…→0.17〔倍〕

(4) 電熱線Qが不導体だと考えると，回路に流れる電流は，電熱線Pのみが接続されている場合にほぼ等しくなる。よって，3.0〔V〕÷3.75〔Ω〕＝0.8〔A〕に近くなる。

# ＜社会解答＞

**1** (1) リアス海岸 (2) (例)夏にやませによる冷害が発生したこと。 (3) イ (4) 民本主義 (5) (例)さまざまな企業や団体などと協力して地域の課題に対応し，まちづくりに取り組もうとしている。

**2** (1) 近郊農業 (2) ① ウ ② (例)渋谷区のような都心部と比較して，地価が安いこと。 (3) (例)昼間人口よりも，夜間人口のほうが多いこと。 (4) (例)雨水を貯めておく

**3** (1) ① イ ② エ (2) ① A 白豪主義 B (例)アジアを中心に，ヨーロッパ以外からの移民が増加 ② (例)さまざまな文化を互いに尊重し合う多文化社会を築こうとしている。 (3) (例)主な輸出品目は，農産物から天然資源へと変化した。また，主な貿易相手国は，イギリスからアジアの国々へと変化した。

**4** (1) ① 須恵器 ② (例)中国や朝鮮半島との交流があったこと。 (2) 万葉仮名[万葉がな] (3) エ (4) イ→ア→ウ (5) (例)金の含まれる割合が低い小判が作られた。

**5**　(1)　イ　　(2)　イ　　(3)　(例)ロシアから賠償金を得られない　　(4)　治安維持
(5)　(例)沖縄が日本に返還された。

**6**　(1)　独占禁止　　(2)　ウ　　(3)　ウ　　(4)　クーリング・オフ　　(5)　(例)後で支払いに困らないように，計画的に利用すること。

**7**　(1)　ウ　　(2)　ア　　(3)　(例)選挙区によって，一票の格差が生じている。
(4)　①　ウ　　②　(例)自分の個人情報を安易に発信したり，他人のプライバシーを侵害したりしないようにすること。

## ＜社会解説＞

**1**　(地理的分野―日本地理－地形・気候，歴史的分野―日本史時代別－古墳時代から平安時代・明治時代から現代，―日本史テーマ別－政治史，公民的分野―地方自治)

(1)　起伏の多い山地が，海面上昇や地盤沈下によって海に沈み形成された，海岸線が複雑に入り組んで，多数の島が見られる地形を**リアス海岸**という。日本では，東北地方の**三陸海岸**が代表的である。三重県にある**志摩半島**，福井県にある**若狭湾**などでも，リアス海岸が見られる。

(2)　梅雨明け後に，**オホーツク海気団**より吹く，冷たく湿った北東風を**やませ**という。このやませが東北地方の太平洋側に吹き付けて**冷害**をもたらしたため，1993年と2003年に米の収穫量が大きく落ち込んだ。以上を簡潔にまとめ解答すればよい。

(3)　現在の宮城県に724年に創建されたのが**多賀城**であり，**蝦夷**に対する政策で築かれた城柵である。奈良・平安時代を通じて**陸奥国府**が置かれ，東北各地に設置された城柵の中心的な存在となった。11世紀の中頃に終焉を迎えるまで，古代東北の政治・文化・軍事の中心地としての役割を果たした。

(4)　**大日本帝国憲法**の枠内で，**民意に基づいて政治**を進め，**民衆の福利**を実現することが望ましいという**「民本主義」**を提唱したのが，東京帝国大学で教壇に立つ**吉野作造**である。民本主義を説く論文は，雑誌『中央公論』に発表され，吉野作造は**大正デモクラシー**の理論的リーダーの一人となった。

(5)　仙台市では，行政の力だけでなく，町内会などの**地域団体・企業・教育機関・NPO**など市民活動団体と協力して，**人口減少**や**少子高齢化**の進展により生じてきた地域課題に対応し，まちづくりに取り組もうとしている。

**2**　(地理的分野―日本地理－農林水産業・地形図の見方・人口・都市)

(1)　大消費地となる東京など大都市の周辺で，大都市に新鮮な農産物を通年的に供給することを目的として，野菜や花などの商品作物を栽培・出荷するのを**近郊農業**という。

(2)　①　ア．小中学校「文」の数は増加している。　イ　1985年の**地形図**にあった神社「⛩」は残っている。　エ　「みなみ野(三)」の地域は，1985年の地形図では等高線が見られ丘陵地であった。ア・イ・エのどれも誤りであり，ウが正しい。　②　資料Ⅱに見られるように，渋谷区のような都心部と比較して，八王子市は**地価**が安い傾向が顕著となり，資料Ⅰに見られるように，人口が激増した。

(3)　地価の安い周辺の県に居住している人が，東京都に集中している事業所や大学等に，**通勤・通学**して来るために，東京都心では，**夜間人口**よりも**昼間人口**が多くなり，資料Ⅲの上位5市では昼間人口よりも，夜間人口のほうが多く，いわゆる**ベッドタウン**化していることを簡潔に指摘すればよい。

(4) 資料Ⅳの写真は，大雨や豪雨の際に一時的に雨水を貯めておく雨水槽の役割を果たしていることを指摘する。それによって，周辺地域の洪水による浸水被害を防ぐ目的である。以上を簡潔にまとめればよい。

**3** (地理的分野―世界地理－都市・地形・資源・貿易・人々のくらし)

(1) ① オーストラリアの首都については，大都市シドニーとするか，大都市メルボルンとするかで論争があったが，1908年に両都市のほぼ中間に位置するキャンベラに新たな首都を建設することが決まった。地図上のイである。 ② オーストラリア大陸は，山地や高原は大陸中央部や北西部のごく一部に限られ，西部の平坦な台地・砂漠・平原と，中央の低地，東部のやや高い高地の3つに分けられる。この断面を模式図で表すと，エである。

(2) ① A オーストラリアが，19世紀半ば以来とってきたのが，白人以外の移住を制限する白豪主義政策である。 B 白豪主義政策は，1970年代に廃止され，移民に占める中国人などアジアの出身者の割合が大きくなった。 ② オーストラリアは，アボリジニという先住民や多くの国からの移民も含め，さまざまな文化を互いに尊重し合う多文化社会を築こうとしていることを簡潔に指摘すればよい。

(3) 主な輸出品目は，1961年には羊毛・小麦・牛肉など農産物が6割を占めていたが，2010年には鉄鉱石・石炭・石油・天然ガスなど天然資源が6割を占めるように変化した。また，主な貿易相手国は，1961年は輸入・輸出ともイギリス中心だったのが，2010年には中国・日本などアジアの国々が中心となった。以上を簡潔にまとめればよい。

**4** (歴史的分野―日本史時代別－古墳時代から平安時代・鎌倉時代から室町時代・安土桃山時代から江戸時代，―日本史テーマ別－政治史・外交史・技術史・文化史・経済史)

(1) ① 古墳時代中頃に朝鮮半島を通じて伝来した，窯で高温で焼かれる硬質の焼物を，須恵器という。須恵器が生産されるまでの土器は，弥生式土器の流れをくむ土師器(はじき)で，野焼きで焼かれる素焼きで赤茶色の軟質の焼物のみであった。須恵器が伝来したのち，須恵器と土師器は併用された。 ② 群馬の綿貫観音山古墳の出土品と酷似したものが，中国や朝鮮半島から出土していることから，中国や朝鮮半島との交流があったことが推測されることをまとめればよい。

(2) 8世紀の半ば，大伴家持らが編纂した万葉集では，天皇から庶民までの歌が集められた。漢字の音を借りて，国語の音を表記する万葉仮名(万葉がな)を用いた点が特徴である。

(3) 1333年に鎌倉幕府が滅亡し，隠岐から脱出し，翌年元号を改めて建武の新政を行ったのは後醍醐天皇である。天皇による親政を復活させ，記録所を再興し，雑訴決断所などを新設して，建武の新政は幕を開けたが，武士の不満が強まり，2年あまりで終わりを告げた。

(4) ア 応仁の乱は，1460年代に起こった。 イ 南北朝が統一されたのは，1390年代である。 ウ 戦国大名が登場したのは，応仁の乱後のことである。したがって，年代の古い順に並べると，イ→ア→ウとなる。

(5) 5代将軍徳川綱吉の時代は，元禄時代と呼ばれる。江戸時代には貨幣を鋳造するのは幕府の権限であったが，幕府は出費の増加による財政難のため，元禄時代には金の含まれる割合が低い小判をつくった。

**5** (歴史的分野―日本史時代別－明治時代から現代，―日本史テーマ別－政治史・法律史・経済史・外交史)

(1)　ア　地租の税率は，地価の3%と定められ，毎年変化はしない。　ウ　地租は，**地券**に記された**地価**の3%を毎年納めるものとされた。　エ　国がすべての土地を所有するのではない。ア・ウ・エのどれも誤りであり，イが正しい。政府は，地券を発行し，土地の所有者と地価を確定し，土地の所有者は，地価の3%を毎年現金で納めることになった。

(2)　ア　**ノルマントン号事件**が起こったのは，1886年である。ウ　**GHQ**の指令による**農地改革**は，1947年から始まった。エ　**新橋から横浜**に向かう最初の列車が出発し，日本の**鉄道**が開業したのは，1872年である。ア・ウ・エのどれも別の時代のことであり，イがXの時期にあてはまる事件として正しい。**シベリア出兵**を機に，1918年に富山県から起こった，民衆が米の安売りを求めて米穀商等を襲う**米騒動**は，全国に広がった。

(3)　**日露戦争**の死者数と戦費が，**日清戦争**に比べてはるかに大きく，また，その戦費は外債と**大増税**によってまかなわれた。ところが，**ポーツマス条約**の内容に**賠償金**の支払いがなかったことから，国民の不満が爆発し，**日比谷焼き打ち事件**が起こった。賠償金がなかったことを明確に指摘すればよい。

(4)　**護憲三派**の加藤高明内閣によって，1925年に**普通選挙法**と同時に制定されたのが，**社会主義運動**を弾圧する**治安維持法**である。治安維持法の目的は，当時の日本の社会で流行していた社会主義運動を弾圧し，**天皇制**など**国体の変革**や，**私有財産制の否定**をうたっている反国家体制の運動を取り締まることにあった。

(5)　**第二次世界大戦**終戦後27年の間，**アメリカによる統治**が続いていた**沖縄**は，アメリカのニクソン大統領と**佐藤栄作首相**の交渉により，1972年に**日本に返還**され，沖縄県となった。

## 6 (公民的分野―経済一般・財政・消費生活)

(1)　**資本主義**の市場経済において，**健全で公正な競争状態**を維持し，消費者の利益を確保するために，1947年に制定されたのが**独占禁止法**である。**トラスト・カルテル**などによる競争の制限を排除することなどが，その内容である。

(2)　**企業**は，**政府**に対して税金を払い，公共サービスを受ける。また，**家計**も，政府に対して税金を払い，公共サービスを受ける。家計は，企業に対して労働力を提供し，賃金を受け取る。また，家計は，企業から商品・サービスを受け取り，代金を支払う。以上から，イが家計，アが政府，ウが企業である。

(3)　政府が景気を調整するために行う政策を**財政政策**といい，**好景気**の時には**公共事業**を減らし，**増税**をして，景気の行き過ぎを抑制する。**不景気**の時には公共事業を増やし，**減税**をすることで，企業や家計の消費を増やし，景気を刺激する。

(4)　**訪問販売**や通信販売などのセールスに対して，契約した後に冷静に考え直す時間を消費者に与え，一定期間内であれば，無条件で契約を解除することができる制度のことを，**クーリング・オフ**という。

(5)　**クレジットカード**を使うと，商品を購入するときには現金が不要だが，後でカード会社から代金を請求されるので，最悪の事態としては**カード破産**ということも考えられることを指摘する。自分の**支払い能力**を考えて，その範囲内で**計画的**に利用することが必要であることを明記する。

## 7 (公民的分野―基本的人権・国民生活と社会保障・国の政治の仕組み)

(1)　メモ1の「自分の考えを表現できる」は，**精神の自由**である。「手続きなしに逮捕されない」は，**身体の自由**である。**日本国憲法**第22条は「何人も，公共の福祉に反しない限り，居住，移転及び**職業選択の自由**を有する。」と定めており，これが**経済活動の自由**である。

(2)　2000年から導入され，40歳以上の国民全員が加入して，介護保険料を支払い，必要が生じたときに介護サービスを受けられる制度を，**介護保険制度**という。**少子高齢化**の急激な進展により，高齢者を支える**現役世代**の数が減少し，現役世代一人あたりの経済的負担は重くなった。

(3)　憲法第14条では**法の下の平等**を定めている。国政選挙において，資料Ⅰのグラフのように，選挙区により，議員一人当たりの有権者数に大きな差があるのは，**一票の格差**があることになり，法の下の平等に反し，**違憲状態**であるとの裁判所の判断が下された。これを受けて**公職選挙法**が改正され，一部の選挙区の定数が見直された。

(4)　①　**新しい人権**の一つとして，**環境権**があげられる。清浄な大気・水・静穏など，良好な環境を享受しうる権利のことをいう。**日照権**は環境権の一つである。②　住所・電話番号・氏名・写真など，自分の**個人情報**を安易に発信しないようにすることが重要である。また，他人に対しては，他人の**プライバシー**を侵害したりしないようにすることや，他人の**人格**を傷つけないようにすることが重要である。

## ＜国語解答＞

一　(一)　ウ　(二)　(例)実物を見せて，語と実物を結びつけてもらおう　(三)　ア
(四)　(例)生活上の活動や行為と言葉が結びついた実践的なやり取りを経ること。
(五)　イ，エ

二　(一)　エ　(二)　ア　(三)　(例)くわしく刺しゅうの歴史を学び，刺しゅうにこめられた思いや人々の暮らしをもっと知りたいと考えるようになっていたということ。
(四)　ウ

三　(一)　とりあえず　(二)　イ　(三)　①　イ　②　ウ

四　(一)　ア　(二)　新衣　(三)　エ

五　(一)　①　起きる　②　断る　③　演奏　④　順延　(二)　①　あこが　②　ゆ　③　えつらん　④　ぶよう

六　(一)　イ　(二)　イ　(三)　A，D，E　(四)　Ⅰ　エ　Ⅱ　ア
(五)　(例)グラフを見ると，出版市場全体が減少傾向にあっても電子出版が増加していることや，それでも依然として紙の出版が高い割合であることが読み取れます。自分にとって，電子書籍はまだあまりなじみがなく，本は書店で買うものであり，紙で読むものだと思っています。ただ，今後は，様々な場面で電子化が進み，紙の本と電子書籍を上手に使い分けることが必要となるのだろうと考えています。

## ＜国語解説＞

一　(論説文－内容吟味，指示語の問題，脱文・脱語補充，表現技法・形式)

(一)　**空欄の前後の関係**を捉える。空欄の直前では「野球をまったく知らない人に直示的定義は成功しない」ということが述べられていて，空欄を含む一文では「母語をまだ獲得していない子供に直示的定義は成功しない」ということが述べられており，どちらも内容は同じである。

(二)　まずは，文中A「これ」を含む一文をしっかり読み，内容を理解する。「これ」が指し示す内容は，直前の段落の「語と実物を結びつけてもらおうとする(方法)」である。

(三)　文中Bの内容の具体的な説明は，文中Bの直後の段落に書かれている。「**何を指差しているか**

**の解釈が無数に存在するため相手に伝わりにくい」**ということを，筆者は言いたいのである。

(四)　接続語に注目して，文章の内容関係を捉える。文中Cの直前に**「つまり」という要約を示す接続語**があるため，文中Cの内容と文中Cの直前の内容は，意味的にほぼ同じである。すると，文中Cの直前から「実践を通してやってみる」という解答の根拠が見つかる。また，「では，どのようにして」からで始まる段落以降で「言葉を習得する過程」について述べられているのであり，ここでも**「つまり」という要約を示す接続語**に注目すると，「活動と言語的コミュニケーションが合わさったやり取り」と「語がどのような生活上の活動や行為と結びついて使われている」という記述が，解答の根拠として見つかる。この三つを，解答の根拠としてまとめればよい。

(五)　筆者は，たとえば「野球をまったく知らない人」を例として挙げて，読者が理解しやすいように工夫している。よって，イが合致する。また，筆者は，ウィトゲンシュタインの『哲学探究』と『青色本』を引用し，そこから自分の意見を展開している。よって，エが合致する。アは，「抽象的な意味の語句」が不適。たとえば「窓」は，抽象的な意味の語句ではない。ウは，「一行ごとに改行する」が不適。たとえば「最初に思い浮かぶ」で始まる段落は，二文で一つの段落になっている。オは，「専門的で硬い文章という印象を与えている」が不適。敬体(です・ます体)にそのような効果はなく，むしろそれは常体(だ・である体)の方が適当である。

## 二　(小説－情景・心情，内容吟味，脱文・脱語補充)

(一)　まずは，空欄を含む一文をしっかり読む。空欄の直後に「裾のあたりにだけごく控えめに(野の花を刺しゅうしようと思っていた)」という記述があり，これを解答の根拠にする。

(二)　文中Aの直前の「紺野さんが大きく頷く」という記述と，「僕」と「紺野さん」の**文中Aに至るまでのやり取り**に注目する。

(三)　「目標というほどたしかなものではなかった欲求が，言葉にした瞬間に輪郭を得た」ため，「そうか僕はそんなふうに考えていたのかと，目をみはる」に至ったのである。では，この**「欲求」とは何か**を考える。この欲求は，文中Bの直前の段落の「もっとくわしく刺しゅうの歴史を知りたいと思うようになった。そこにこめられた人々の思いを，暮らしを，もっと知りたい」という欲求である。

(四)　文中Cのような行動に至った，「僕」の心情を捉える。文中Cの直前に「恥ずかしい」という記述がある。また，直前の「僕」と「紺野さん」との会話の中で，「紺野さん」が「壮大な弟ができてうれしいわ」と「僕」に話している。初めて言葉にした自分の目標を認めてくれて，「僕」は恥ずかしい(＝うれしくも気恥ずかしい)気持ちになったのである。

## 三　(古文－内容吟味，脱文・脱語補充，仮名遣い)

〈口語訳〉　最近のことで，最勝光院で梅の花が満開だった春に，上品な雰囲気がある女性が一人で，釣殿の辺りにたたずんで，(梅の)花を見ていたところ，男の法師たちが群れて入ってきたので，(女はそれを)無作法だと思ったのだろう，(そこから)出て帰ろうとしたところ，(女の)着ていた薄衣が予想外に黄ばんですすけているのを(見て法師たちが)笑って，「(梅の)花を見捨てて帰るお猿さん(＝みすぼらしい格好の女)」と連歌をしかけてきたので，(女は)すぐさま，「星を見つめる犬(＝身分不相応の高望みをする男)が吠えるのに驚いて」と(下の句)を付けたのだった。(これを聞いて)法師たちは恥ずかしくなって，逃げてしまった。この女性は藤原俊成の女といって，すばらしい歌人であったが，目立たないようにみすぼらしい格好をしていたということだ。

(一)　語頭以外の「はひふへほ」は，現代仮名遣いで「わいうえお」と読む。

(二)　この話の登場人物は，女房と法師たちである。法師たちが群れて入ってきたので，女房は嫌悪感を抱いて帰ろうとしたのである。

(三) ①「星まぼる犬」の「星」は身分が高い者の象徴で,「犬」は身分が低い者の象徴である。
②　自分のみすぼらしい格好を見て「猿丸」と言ってきた法師たちを,女房はすぐさま連歌の下の句で「星まぼる犬」とやり込めたのである。

## 四 (漢文－内容吟味,文脈把握,その他)

〈口語訳〉 桓車騎は,新しい着物を着ることを好まなかった。垣車騎が入浴後,妻は,(侍従を通して)わざと新しい着物を渡す。桓車騎は,(このことに)大激怒し,(侍従に新しい着物を)急いで持ち去らせた。(しかし)妻は,(侍従に)もう一度(新しい着物を)持って行かせて,伝言で言う,「着物は,新品(の状態)を経なければ,どうやって古くなるのでしょう」と。桓車騎は,(伝言を聞いて)高らかに笑ってこれ(＝新しい着物)を着た。

(一)「衣」から「送」に返って読むので,一二点を用いる。

(二) **文中Aと文中Bを対応**させて考える。

(三) **文中Cの直前の,妻からの伝言の内容**を捉える。アは,「様々な工夫」という記述が不適。また,「ほほえましかった」という記述があるが,桓車騎は妻からの伝言の内容がもっともだと思い,笑ったのである。

## 五 (知識－漢字の読み書き)

(一) ① 送り仮名は「きる」である。 ② 送り仮名は「る」である。 ③ **「演奏」**は,音楽行為を通して楽器の音を出すこと。 ④ **「順延」**は,期日を延ばすこと。

(二) ① 音読みは「ケイ」で,「**憧憬**」などの熟語がある。 ② 音読みは「ヨウ」で,「**動揺**」「**揺籃**」などの熟語がある。 ③ **「閲覧」**は,図書館利用者が資料を館外に持ち出さずに見ること。 ④ **「舞踊」**は,日本の伝統的な踊りの総称のこと。

## 六 (会話・議論・発表－内容吟味,文脈把握,接続語の問題,脱文・脱語補充,ことわざ・慣用句,作文)

(一) Cさんは「電子書籍ならパソコンやタブレットなどを一つ持っていれば,何冊分でも持ち歩けるよ」と発言している。Dさんは,Cさんのこの発言を踏まえて,**本を持ち歩くという点においては,電子書籍の方が勝っている**ということを認めているのである。よって,このことを表すことわざは「軍配が上がる」が適当である。

(二) たとえばAさんは,「なるほど。確かに実際の本に近づけるような工夫があるのかもしれないね」と相手(Bさん)の意見を尊重し,それを踏まえたうえで,以下で自分の意見を述べている。

(三) Aさん「紙のページを～やはり紙の本だけだと思うな」,Dさん「本には,実際に読むだけでなく～良さもあるはずだよ」,Eさん「図書館などで～楽しみの一つだと思うな」。これらの発言に注目する。

(四) Ⅰ Dさんは,紙の本について,「部屋の本棚に,好きな作家の本をきれいに並べておくことで,大切にしたい思いが増すという良さもあるはずだよ」と発言している。 Ⅱ Cさんは,電子書籍について,「電子書籍の場合は,小さい文字を画面上で拡大して読むこともできるから,便利だと思うよ」と発言している。

(五) 作文の構成としては,まずはグラフから読み取れることを述べ,そのうえで自分の考えを述べるとよいだろう。原稿用紙の正しい使い方に従い,誤字・脱字や文のねじれなどによる無駄な失点にも気をつけて書き上げよう。

MEMO

## 群馬県公立高等学校（前期）

# 2020年度

# 入 試 問 題



●くわしい解説……15ページ

# ＜数学＞　時間　40分　　満点　50点

**1**　次の⑴～⑺の問いに答えなさい。

⑴　次の①～⑥の計算をしなさい。

①　$-4+(-1)\times 5$　　②　$7a\times(-3)$　　③　$5(x+2)-2(x+4)$

④　$\dfrac{x+y}{3}-\dfrac{x+3y}{6}$　　⑤　$8a^2b\div(-2a)^2$　　⑥　$\dfrac{10}{\sqrt{5}}-\sqrt{45}$

⑵　$2x^2y-4xy^2$を因数分解しなさい。

⑶　長さ90㎝のひもがある。このひもを切って，1辺が$a$㎝の正方形を$b$個つくったとき，残っているひもの長さは何㎝となるか，$a$と$b$を用いて表しなさい。

⑷　$y$は$x$に反比例し，$x=2$のとき，$y=-6$である。$y$を$x$の式で表しなさい。

⑸　2次方程式$x(x-2)=3$を解きなさい。

⑹　次の図の直角三角形ABCにおいて，辺ACの長さを求めなさい。

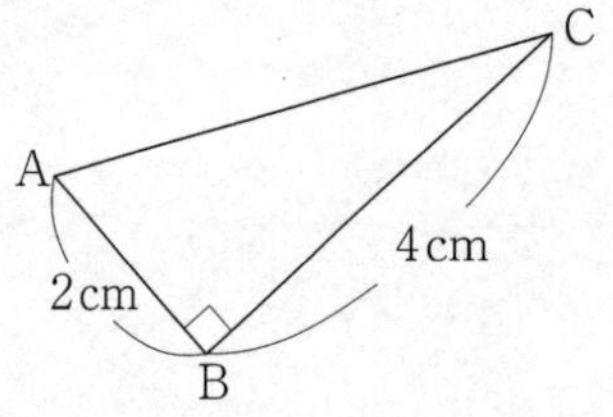


⑺　次の図において，点A，B，C，Dは円Oの周上の点である。∠BDCの大きさを求めなさい。

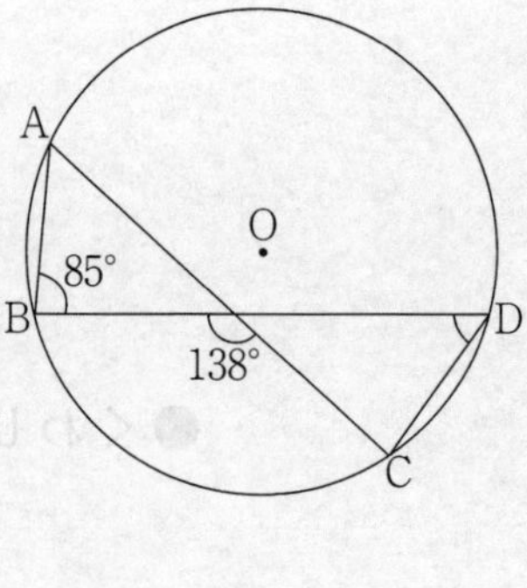

**2**　次の(1)～(4)の問いに答えなさい。

(1)　右の図のア～オの放物線は，関数 $y=\frac{1}{4}x^2$，$y=\frac{1}{2}x^2$，$y=x^2$，$y=-x^2$，$y=-2x^2$ のいずれかのグラフである。関数 $y=\frac{1}{4}x^2$ のグラフを図のア～オから選び，記号で答えなさい。

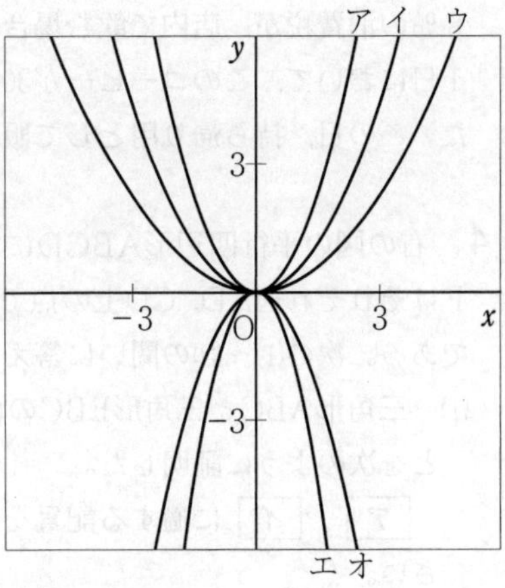


(2)　右の2つの資料は，ある中学校のバスケットボール部に所属する1年生8人と2年生8人が，フリースローを1人10回ずつ行い，シュートが決まった回数を記録したものである。次のア～エのうち，1年生の記録と2年生の記録の2つの資料を比較したときに，値が等しいといえるものを2つ選び，記号で答えなさい。

ア　中央値　　イ　平均値

ウ　最頻値　　エ　範囲

1年生　8人の記録

| 部員名 | A | B | C | D | E | F | G | H |
|---|---|---|---|---|---|---|---|---|
| 回数 | 3 | 2 | 5 | 8 | 3 | 6 | 6 | 3 |

2年生　8人の記録

| 部員名 | I | J | K | L | M | N | O | P |
|---|---|---|---|---|---|---|---|---|
| 回数 | 5 | 4 | 9 | 4 | 3 | 6 | 4 | 3 |

(3)　右の図の直角三角形ABCにおいて，辺AB，ACの中点をそれぞれD，Eとする。直線ACを軸として1回転させたとき，三角形ADEが1回転してできる立体の体積 $P$ と，四角形DBCEが1回転してできる立体の体積 $Q$ の比 $P:Q$ を，最も簡単な整数比で表しなさい。

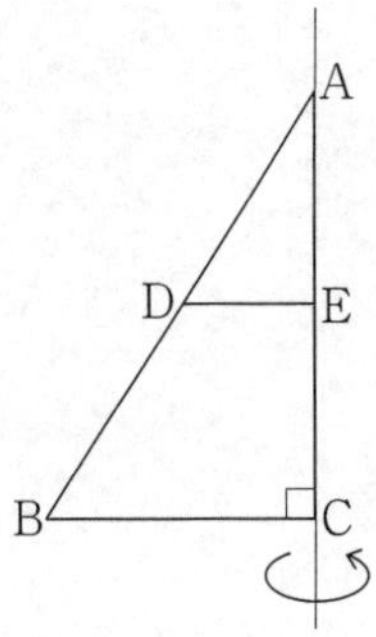


(4)　1から5までの数が1つずつ書かれた5枚のカードを袋の中に入れる。この袋の中をよく混ぜてから1枚のカードを選び，カードに書かれた数を確認して袋に戻す。その後，再び袋の中をよく混ぜて1枚のカードを選び，カードに書かれた数を確認する。このとき，1回目に選んだカードに書かれていた数と2回目に選んだカードに書かれていた数の積が素数となる確率を求めなさい。

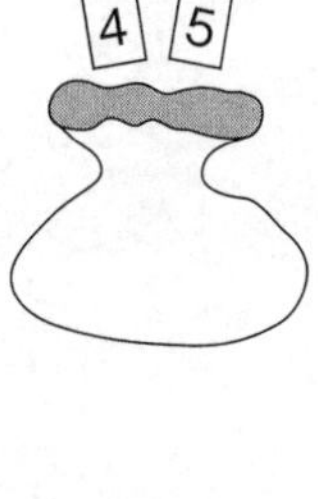

**3**　あるコーヒーショップのコーヒー１杯の価格は，消費税抜きで200円であり，持ち帰り用には８％の消費税が，店内で飲む場合には10％の消費税が価格に加算されることになっている。ある１日において，このコーヒーが300杯売れ，その売上金額の合計は消費税を含めて65180円であった。この日，持ち帰り用として販売されたコーヒーは何杯であったか，求めなさい。

**4**　右の図の平行四辺形ABCDにおいて，点E，Fはそれぞれ辺AD，CD上の点であり，AC∥EFである。次の⑴～⑶の問いに答えなさい。

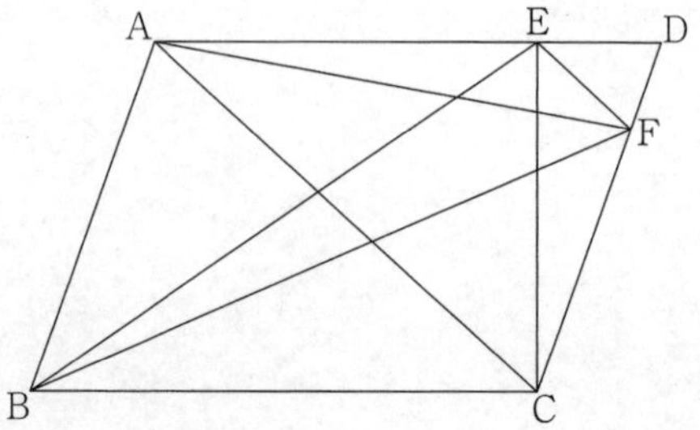


⑴　三角形ABCと三角形EBCの面積が等しいことを次のように証明した。
［ア］，［イ］に適する記号をそれぞれ入れなさい。

証　明

△ABCと△EBCについて，ともに底辺をBCとして考えると，［ア］∥［イ］より，高さが等しいといえる。したがって，底辺と高さがそれぞれ等しいので，△ABCと△EBCの面積は等しい。

⑵　三角形ADFと三角形CDEの面積が等しいことを証明しなさい。

⑶　平行四辺形ABCDの面積を96㎠，AE：ED＝３：１とする。四角形EBFDの面積を求めなさい。

# ＜英語＞

時間　40分　　満点　50点

1　次のＡ～Ｄは，Kenが英語の授業で発表した際に用いた４枚のスライドとその説明です。絵を参考にして，（　）に当てはまる単語をそれぞれ１つ書きなさい。ただし，与えられた文字から始まる単語とすること。

A

The weather was (s　　　) last Saturday, so I was running near my house.

B

Then I saw my teacher, Mr. Suzuki. He was (w　　　) with his dog.

C

I called his (n　　　) and went to him. He told me about his dog. I enjoyed talking with him.

D

I said goodbye to Mr. Suzuki in (f　　　) of the post office. I had a very good time with him.

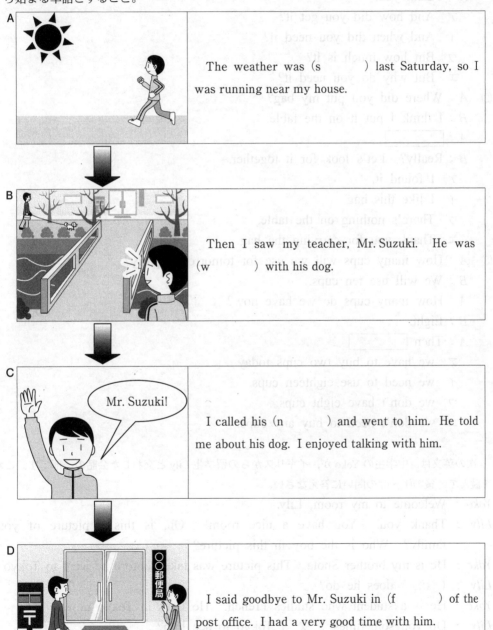

**2**　次の(1)～(3)の対話文で，[　　] に当てはまるものとして最も適切なものを，それぞれア～エから選びなさい。

(1)　*A*：Can you give me a piece of paper?
*B*：Sure. [　　　　]
*A*：I want to write a message for Taro.
*B*：OK.　Here you are.
*A*：Thank you.
　ア　And how did you get it?
　イ　And when did you need it?
　ウ　But how much is it?
　エ　But why do you need it?

(2)　*A*：Where did you put my bag?
*B*：I think I put it on the table.
*A*：[　　　　]
*B*：Really?　Let's look for it together.
　ア　I found it.
　イ　I like this bag.
　ウ　There's nothing on the table.
　エ　Thank you for carrying the bag.

(3)　*A*：How many cups will we use for tomorrow's party?
*B*：We will use ten cups.
*A*：How many cups do we have now?
*B*：Eight.
*A*：Then [　　　　]
　ア　we have to buy two cups today.
　イ　we need to use eighteen cups.
　ウ　we don't have eight cups.
　エ　we don't need to buy any cups.

**3**　次の英文は，中学生の Yoko が，イギリスからの留学生 Lily と交わした会話の一部です。これを読んで，後の(1)～(3)の問いに答えなさい。

*Yoko* :　Welcome to my room, Lily.
*Lily* :　Thank you.　You have a nice room!　Oh, is this a picture of your family?　Who is the boy in this picture?
*Yoko* :　He is my brother Shota.　This picture was taken before he went to Tokyo.
*Lily* :　(　①　) does he do?
*Yoko* :　He is a student who studies French.　He lives in Tokyo now.
*Lily* :　Do you sometimes (　②　) Tokyo to see him?
*Yoko* :　Yes, we do.　Also, he sometimes comes home.　But he is going to stay

in Tokyo this summer because of *the Olympic and Paralympic Games. He is going to work as a *volunteer.

*Lily* : Wow! I heard that about 200,000 people *applied to become volunteers.

*Yoko* : That's right. He was chosen as one of the 80,000 volunteers, so he is lucky. He wants to use French and help people. Look at the paper he ( ③ ) me.

*Lily* : Oh, people from *foreign countries can become volunteers!

*Yoko* : Yes. I've heard that 12% of the people chosen as volunteers are from foreign countries.

*Lily* : That's great! Many people around the world are interested in the Olympic and Paralympic Games.

（注） the Olympic and Paralympic Games　オリンピック・パラリンピック　volunteer　ボランティア
apply　応募する　foreign　外国の

⑴　本文中の（①）～（③）に当てはまるものとして最も適切なものを，それぞれア～エから選びなさい。

①　ア　How　イ　What　ウ　When　エ　Where
②　ア　go　イ　hear　ウ　look　エ　visit
③　ア　gave　イ　gives　ウ　is given　エ　is giving

⑵　次の問いに対する答えとして最も適切なものを，ア～エから選びなさい。

問い　How many people chosen as volunteers are from foreign countries?

ア　About 9,600 people.　イ　About 24,000 people.
ウ　About 80,000 people.　エ　About 200,000 people.

⑶　次の【資料１】は，Yoko が Lily に見せたものです。また，【資料２】は，ボランティアを希望する人の名前と情報をまとめたものです。【資料１】及び【資料２】を読み，後の①，②の問いに対する答えとして最も適切なものを，それぞれア～エから選びなさい。

【資料１】東京オリンピック・パラリンピックボランティア募集について

**We Need 80,000 Volunteers**
**for the Olympic and Paralympic Games Tokyo 2020.**

**Who can apply to become volunteers?**
－People who were born on or before April 1, 2002.
－Japanese people, or people who *are allowed to stay in Japan.

We especially need …

・People who speak English or other foreign languages.
・People who have worked as volunteers before.

If you have these *skills and experiences, please apply!

（東京オリンピック・パラリンピック競技大会組織委員会ホームページにより作成）

（注） be allowed to ～　～することが許可されている　skill　技能

【資料２】ボランティア希望者の名前と情報

**Jack**

- born on May 1, 2002
- from the U.K.
- allowed to stay in Japan
- speaks English and French
- never worked as a volunteer

**Lin**

- born on March 2, 2002
- from China
- allowed to stay in Japan
- speaks Chinese and Japanese
- never worked as a volunteer

**Mina**

- born on October 16, 2000
- from Japan
- a Japanese person
- speaks Japanese
- worked as a volunteer before

**Yukio**

- born on June 24, 1998
- from Japan
- a Japanese person
- speaks Japanese and English
- worked as a volunteer before

① One of the four people cannot apply to become a volunteer. Who is it?
ア Jack イ Lin ウ Mina エ Yukio

② Who has all the skills and experiences especially needed as a volunteer?
ア Jack イ Lin ウ Mina エ Yukio

**4** 次の英文は，中学生のMikaが，授業で発表したスピーチです。これを読んで，後の(1)～(4)の問いに答えなさい。

What did you learn from our school trip to Kyoto? Before the trip, I learned about famous temples and shrines in Kyoto. But seeing them with my own eyes was very different from just knowing about them. They were very beautiful. I enjoyed the trip very much, but I learned that there was a problem.

During the trip, my friends and I were often surprised. There were so many *tourists in Kyoto. At every *bus stop, many tourists were waiting. When we tried to take a bus to *Kiyomizu-dera Temple, there was a long line of people. We waited for a long time there, so we were very tired.

At the bus stop, we talked with an old woman living in Kyoto. She told us that people living there *were in trouble, too. She said, “Because there are so many tourists, it is difficult for *local people to go shopping by bus. Also, some tourists take pictures and talk a lot near our houses. So, sometimes it’s not quiet even at night.”

The woman also said, “I really want tourists to enjoy their trips in Kyoto. But if [ ① ], [ ② ]. For example, [ ③ ], so they can’t have enough time for sightseeing. I think it’s sad.”

After the trip, I found a newspaper *article. I have learned that there are the same kind of problems all over the world. If a place becomes famous, too many people go there and sometimes make problems for local people. Traveling is good, but we don't want to make problems for local people. What should we do?

（注） tourist　旅行者　　bus stop　バス停　　Kiyomizu-dera Temple　清水寺
be in trouble　困っている　　local　地元の　　article　記事

(1) 次の①，②の問いに対して，本文の内容に合うように英語で答えなさい。
① What did Mika learn before going to Kyoto?
② Why were Mika and her friends tired?

(2) 本文中の ① ～ ③ には，次の(A)～(C)のいずれかが入ります。(A)～(C)を，英文の流れを考えて ① ～ ③ に入れる時，その組み合わせとして最も適切なものを，右のア～エから選びなさい。

(A) they can't enjoy their trips
(B) they often have to wait at many places
(C) too many tourists come to Kyoto

| | ① | ② | ③ |
|---|---|---|---|
| ア | (A) | (B) | (C) |
| イ | (A) | (C) | (B) |
| ウ | (C) | (A) | (B) |
| エ | (C) | (B) | (A) |

(3) 本文の内容と合っているものを，次のア～エから１つ選びなさい。
ア Mika couldn't see famous temples and shrines in Kyoto.
イ Mika found a problem for tourists and local people in Kyoto.
ウ Mika read a newspaper article about her school trip to Kyoto.
エ Mika asked an old woman to tell her the way to a temple in Kyoto.

(4) Mika のスピーチの後で，本文中の下線部の発言について話し合う活動を行いました。あなたなら，次の (あ) ， (い) でどのようなことを言いますか。後の《条件》に従って，英語で書きなさい。

Traveling is good because we can [ (あ) ]
But we don't want to make problems for local people.
So, when we travel, we should [ (い) ]

《条件》

・ (あ) には，旅行の良い点としてあなたが考えることを５語～10語で書くこと。
・ (い) には，本文の内容を踏まえてあなたが考えることを10語～15語で書くこと。
・それぞれ英文の数はいくつでもよく，符号（，　．　！　？　“　”　など）は語数に含めません。
・解答の仕方は，〔記入例〕に従うこと。
〔記入例〕 Is / it / raining / now? / No, / it / isn't.

くの「普通の発見」であれば、誤りであった事例など、実は B枚挙にいとまがない。誤り、つまり現実に合わない、現実を説明していない仮説が提出されることは、科学において日常茶飯事であり、二〇一三年の「ネイチャー」誌には、医学生物学論文の七十%以上で結果を再現できなかったという衝撃的なレポートも出ている。

しかし、そういった玉石混交の科学的知見と称されるものの中でも、C現実をよく説明する「適応度の高い仮説」は長い時間の中で批判に耐え、その有用性や再現性ゆえに、後世に残っていくことになる。そして、その仮説の適応度をさらに上げる修正仮説が提出されるサイクルが繰り返される。それはまるで生態系における生物の「適者生存」のようである。ある意味、科学は「生きて」おり、生物のように変化を生み出し、より適応していたものが生き残り、どんどん成長・進化していく。それが最大の長所である。

（中屋敷均『科学と非科学　その正体を探る』による。）

（注）　漸進的……徐々に進むさま。

㈠　文中□に当てはまる語として、次のア～エから最も適切なものを選びなさい。

ア　しかし　　イ　だから　　ウ　つまり　　エ　なぜなら

㈡　文中A──「それ」の指し示す内容として、次のア～エから最も適切なものを選びなさい。

ア　二つの異なる性質を内包すること。
イ　もとの状態を全て維持し続けること。
ウ　特徴的な性質を徐々に明らかにすること。
エ　過去の状態から少しずつ変化していくこと。

㈢　文中B──「枚挙にいとまがない」の意味として、次のア～エから最も適切なものを選びなさい。

ア　難しすぎて証明できない
イ　数が多くて数えきれない
ウ　一般的には知られていない
エ　少なすぎて見つけられない

㈣　文中C──「現実をよく説明する「適応度の高い仮説」」とありますが、この言葉と対義的な関係にある表現を、本文から二十字で抜き出して書きなさい。（句読点等も一字として数えること。）

㈤　本文の構成や表現の特徴について説明したものとして、次のア～オから適切なものを二つ選びなさい。

ア　冒頭部で提示した考えに関して、具体例を重ねて説明している。
イ　科学者の発言を引用して、二つの立場の違いを明確にしている。
ウ　歴史的事実や数値を根拠として、文章に説得力を持たせている。
エ　複数のデータを比較して、検証した結果を丁寧にまとめている。
オ　断定的な表現を用いて論を展開させ、最後に問題提起をしている。

㈥　本文の要旨を、八十字以上、百字以内で書きなさい。（句読点等も一字として数えること。）

ウ　筆者は、昔の手紙を見るとその当時に戻ったような気分になると述べている。

エ　筆者は、手紙は古くて字がかすれたものほどしみじみとした趣があると述べている。

## 四　次の文章を読んで、後の㈠～㈢の問いに答えなさい。

〔訓読文〕

君子ハ安ンズルモ而不《ず》レ忘レレ危フキヲ、存スレドモ而不忘レ亡《ほろ》ブルヲ、

治マルモ而不レ忘レレ乱ルルヲ。

〔書き下し文〕

君子は安んずるも危ふきを忘れず、存すれども亡ぶるを忘れず、治まるも乱るるを忘れず。

（注）君子……立派な君主。

（『易経』による。）

㈠　〔訓読文〕には、返り点「レ」が抜けている箇所が二箇所あります。〔書き下し文〕の読み方になるように、必要となる「レ」を、解答用紙の適切な箇所に二つ書き加えなさい。

㈡　〔訓読文〕中――「安」とありますが、ここでの「安」の意味を表している二字の熟語として、次のア～エから最も適切なものを選びなさい。

ア　安易　　イ　安価　　ウ　安泰　　エ　安打

㈢　本文で述べられていることとして、次のア～エから最も適切なものを選びなさい。

ア　失敗しても自分の信念に従い努力することが重要だということ。

イ　人には個性があることを理解して他者と関わるべきだということ。

ウ　良い出来事も悪い出来事も全て記憶しておくのがよいということ。

エ　満足できる状態であっても常に備えておくことが大切だということ。

## 五　次の文章を読んで、後の㈠～㈥の問いに答えなさい。

科学と生命は、実はとても似ている。それはどちらも、その存在を現在の姿からさらに発展・展開させていく性質を内包しているという点においてである。その特徴的な性質を生み出す要点は二つあり、一つは過去の蓄積をきちんと記録する仕組みを持っていること、そしてもう一つはそこから変化したバリエーションを生み出す能力が内在していることである。この二つの特徴が漸進的な改変を繰り返すことを可能にし、A それを長い時間続けることで、生命も科学も大きく発展してきた。

だから、と言って良いのかよく分からないが、科学の歴史をひもとけば、たくさんの間違いが発見され、そして消えていった。科学における最高の栄誉とされるノーベル賞を受賞した業績でも、後に間違いであることが判明した例もある。たとえば一九二六年にデンマークのヨハネス・フィビゲルは、世界で初めて「がん」を人工的に引き起こすことに成功したという業績で、ノーベル生理学・医学賞を受賞した。□、彼の死後、寄生虫を感染させることによって人工的に誘導したとされたラットの「がん」は、実際には良性の腫瘍《しゅよう》であったことや、腫瘍の誘導そのものも寄生虫が原因ではなく、餌《えさ》のビタミンA欠乏が主因であったことなどが次々と明らかになった。

ノーベル賞を受賞した業績でも、こんなことが起こるのだから、多

のとして、後のア～エから最も適切なものを選びなさい。

突然、後ろから話しかけられる。

ア　担任の先生に褒められる。
イ　社長がもうすぐここに来られる。
ウ　朝六時には間違いなく起きられる。
エ　昨年のことがなつかしく感じられる。

㈢　次の文の□に当てはまる語として、後のア～エから最も適切なものを選びなさい。

彼女は□その場所にいたように話し始めた。

ア　たとえ　イ　もしも　ウ　あたかも　エ　めったに

㈣　次の①、②の対話の□に当てはまる表現として、後のア～エから最も適切なものを選びなさい。

①

Aさん　私にはこの問題集は難しかったみたい。もう少し簡単なものにしようかしら。
Bさん　確かに難しいかもしれないけれど、僕は最後まで頑張ってみるよ。□が大切だと思うからね。

ア　我田引水　イ　初志貫徹
ウ　疑心暗鬼　エ　針小棒大

②

Aさん　昨日の委員会では、Bさんの発言のおかげで議論が深まったと思うよ。
Bさん　前から課題に感じていたからね。□ことができたと思っているよ。

ア　息をのむ　イ　門をたたく
ウ　お茶を濁す　エ　一石を投じる

三　次の文章を読んで、後の㈠～㈢の問いに答えなさい。

つれづれなる折、昔の人の文《ふみ》見《み》出《い》でたるは（手紙を見つけ出したのは）、ただその折の心地して、いみじくうれしくこそおぼゆれ（たいそううれしく思われます）。まして亡《な》き人などの書きたるものなど見るは、いみじくあはれに（しみじみとして）、年月の多く積もりたるも、ただ今筆うち濡《ぬ》らして書きたるやうなるこそ、返す返すめでたけれ（本当にすばらしいことです）。

（『無名草子』による。）

㈠　文中＝＝「やうなる」を現代仮名遣いで書きなさい。

㈡　文中――「つれづれなる折」の意味として、次のア～エから最も適切なものを選びなさい。

ア　忙しくて余裕がないとき
イ　することがなく退屈なとき
ウ　明るく前向きな気分のとき
エ　昔を思い出したくなったとき

㈢　本文の内容についての説明として、次のア～エから最も適切なものを選びなさい。

ア　筆者は、手紙には昔の人の知恵がいろいろと書かれていると述べている。
イ　筆者は、手紙を大切に保管しておくことで人生が豊かになると述べている。

# ＜国語＞

時間　四〇分　満点　五〇点

## 一　次の㈠～㈣の問いに答えなさい。

㈠　次の①～⑤の――の平仮名の部分を漢字で書きなさい。

①　こうくう会社を見学する。
②　優勝こうほに挙げられる。
③　帰り道でペンをひろう。
④　おさない頃の記憶がよみがえる。
⑤　美しい輝きをはなつ。

㈡　次の①～⑤の――の漢字の読みを平仮名で書きなさい。

①　暫定的に決める。
②　会議が円滑に進む。
③　コップの縁を拭く。
④　東京の本社に赴く。
⑤　芝生の上に寝転ぶ。

㈢　次の①、②は、（例）で示した熟語と同じように、反対の意味の漢字を組み合わせた二字の熟語です。□に当てはまる漢字をそれぞれ書きなさい。

（例）善悪
①　増□
②　□衰

㈣　次の手紙は、上州はるなさんが群馬太郎さんに宛てて書いたものです。A、Bに当てはまるものの組み合わせとして、後のア～エから最も適切なものを選びなさい。

> A
> 秋晴れが美しい季節、いかがお過ごしでしょうか。
> 先日は素敵なメッセージをいただき、ありがとうございました。
> 文面からは太郎さんの優しさや思いやりの気持ちがとてもよく伝わってきて、太郎さんのことをなつかしく思い出しました。私も、合唱コンクールに向けて頑張っていこうと思います。
> 近いうちにお目にかかれる日を楽しみにしています。風邪などひかれませんよう、お元気でお過ごしください。
> 敬具
> 十月十日
> 〇〇〇〇〇
> B

ア　A　前略　B　上州はるな
イ　A　拝啓　B　上州はるな
ウ　A　前略　B　群馬太郎様
エ　A　拝啓　B　群馬太郎様

## 二　次の㈠～㈣の問いに答えなさい。

㈠　次の文について、――の部分が修飾する文節として、後のア～エから最も適切なものを選びなさい。

彼は、クラスで最も背が高い生徒です。

ア　クラスで　イ　背が　ウ　高い　エ　生徒です

㈡　次の文の――の部分と同じ意味で「られる」が用いられているも

MEMO

大切なことはメモしておこうネ！

前期

# 2020年度
# 解答と解説

《2020年度の配点は解答用紙集に掲載してあります。》

## ＜数学解答＞

**1** (1) ① $-9$　② $-21a$　③ $3x+2$　④ $\dfrac{x-y}{6}$　⑤ $2b$　⑥ $-\sqrt{5}$
(2) $2xy(x-2y)$　(3) $90-4ab$(cm)　(4) $y=-\dfrac{12}{x}$　(5) $x=-1$，$x=3$
(6) $2\sqrt{5}$ (cm)　(7) (∠BDC＝)53(°)

**2** (1) ウ　(2) ア，エ　(3) (P：Q＝)1(：)7　(4) $\dfrac{6}{25}$

**3** 205(杯)(求め方は解説参照)

**4** (1) (例)ア　AD　イ　BC　(2) 解説参照　(3) 24(cm²)

## ＜数学解説＞

**1** (数・式の計算，平方根，因数分解，文字を使った式，比例関数，2次方程式，三平方の定理，角度，円の性質)

(1) ① **四則をふくむ式の計算の順序**は，「乗法・除法→加法・減法」だから，$-4+(-1)\times5=(-4)+(-5)=-(4+5)=-9$

② $7a\times(-3)=7\times a\times(-3)=7\times(-3)\times a=-21a$

③ **分配法則**を使って，$5(x+2)=5\times x+5\times2=5x+10$，$2(x+4)=2\times x+2\times4=2x+8$ だから，$5(x+2)-2(x+4)=(5x+10)-(2x+8)=5x+10-2x-8=5x-2x+10-8=3x+2$

④ 通分して $\dfrac{x+y}{3}-\dfrac{x+3y}{6}=\dfrac{2(x+y)}{6}-\dfrac{x+3y}{6}=\dfrac{2(x+y)-(x+3y)}{6}=\dfrac{2x+2y-x-3y}{6}=\dfrac{x-y}{6}$

⑤ $8a^2b\div(-2a)^2=8a^2b\div4a^2=\dfrac{8a^2b}{4a^2}=2b$

⑥ $\dfrac{10}{\sqrt{5}}=\dfrac{10\times\sqrt{5}}{\sqrt{5}\times\sqrt{5}}=\dfrac{10\sqrt{5}}{5}=2\sqrt{5}$，$\sqrt{45}=\sqrt{3^2\times5}=3\sqrt{5}$　だから，$\dfrac{10}{\sqrt{5}}-\sqrt{45}=2\sqrt{5}-3\sqrt{5}=(2-3)\sqrt{5}=-\sqrt{5}$

(2) **共通な因数**$2xy$をくくり出して，$2x^2y-4xy^2=2xy\times x-2xy\times2y=2xy(x-2y)$

(3) 1辺が$a$cmの正方形の周りの長さは$a$cm×4辺＝$4a$cmより，1辺が$a$cmの正方形を$b$個つくったとき，使ったひもの長さは$4a$cm×$b$個＝$4ab$cmだから，残っているひもの長さは90cm－$4ab$cm＝$90-4ab$(cm)

(4) **$y$は$x$に反比例する**から，$x$と$y$の関係は　$y=\dfrac{a}{x}$…①　と表せる。$x=2$のとき$y=-6$だから，これを①に代入して，$-6=\dfrac{a}{2}$　$a=(-6)\times2=-12$　$x$と$y$の関係は$y=\dfrac{-12}{x}=-\dfrac{12}{x}$と表せる。

(5) 問題の2次方程式を展開して整理すると　$x(x-2)=3$　$x^2-2x=3$　$x^2-2x-3=0$　たして$-2$，かけて$-3$になる2つの数は，$(+1)+(-3)=-2$，$(+1)\times(-3)=-3$　より，$+1$と$-3$だから $x^2-2x-3=\{x+(+1)\}\{x+(-3)\}=(x+1)(x-3)=0$　よって，2次方程式の解は　$x=-1$，$x=3$

(6) △ABCに**三平方の定理**を用いると　$AC=\sqrt{AB^2+BC^2}=\sqrt{2^2+4^2}=\sqrt{20}=2\sqrt{5}$ cm

(7) 線分ACと線分BDの交点をEとする。△ABEの**内角と外角の関係**から，∠BAC＝∠BEC－∠ABE＝138°－85°＝53°　$\overset{\frown}{\mathrm{BC}}$に対する**円周角**なので，∠BDC＝∠BAC＝53°

## 2 （関数$y=ax^2$，資料の散らばり・代表値，体積の比，確率）

(1)　関数$y=ax^2$のグラフは，原点を通り，$y$軸について対称な曲線であり，$a>0$のとき，上に開き，$a<0$のとき，下に開いている。また，$a$の**絶対値**が大きいほど，グラフの開きぐあいは小さくなり，$a$の絶対値が等しく，符号が反対である2つのグラフは，$x$軸について対称になる。以上より，アが$y=x^2$，イが$y=\frac{1}{2}x^2$，ウが$y=\frac{1}{4}x^2$，エが$y=-2x^2$，オが$y=-x^2$である。

(2)　1年生の8人の記録を大きさの順に並べると，2，3，3，3，5，6，6，8。2年生の8人の記録を大きさの順に並べると，3，3，4，4，4，5，6，9。**中央値**は資料の値を大きさの順に並べたときの中央の値。部員の人数はどちらも8人で偶数だから，記録の小さい方から4番目と5番目の記録の**平均値**が中央値。1年生の中央値は$\frac{3回+5回}{2}=4回$，2年生の中央値は$\frac{4回+4回}{2}=4回$。平均値は記録の合計を人数の合計で割った値だから，1年生の平均値は
$\frac{2回+3回×3人+5回+6回×2人+8回}{8人}=4.5回$，2年生の平均値は
$\frac{3回×2人+4回×3人+5回+6回+9回}{8人}=4.75回$。資料の値の中で最も頻繁に現れる値が**最頻値**だから，1年生の最頻値は3回，2年生の最頻値は4回。資料の最大の値と最小の値の差が**分布の範囲**だから，1年生の範囲は8回−2回＝6回，2年生の範囲は9回−3回＝6回。以上より，1年生の記録と2年生の記録の2つの資料を比較したときに，値が等しいといえるものは，中央値と範囲である。

(3)　△ABCで，点D，Eはそれぞれ辺AB，ACの中点だから，**中点連結定理**より，DE：BC＝1：2…①　直線ACを軸として1回転させたとき，△ADEが1回転してできる立体と，△ABCが1回転してできる立体は，相似な円錐であり，その**相似比**は①より1：2である。△ABCが1回転してできる立体の体積をRとすると，**相似な立体では，体積比は相似比の3乗に等しい**から，$P:R=1^3:2^3=1:8$　以上より，$P:Q=P:(R-P)=1:(8-1)=1:7$　である。

(4)　袋の中のカードを2回選ぶとき，全てのカードの選び方は5×5＝25通り。このうち，1回目に選んだカードに書かれていた数$a$と，2回目に選んだカードに書かれていた数$b$の積$ab$が**素数**となるのは，1から25までの数のうち素数が，2，3，5，7，11，13，17，19，23であることから，$(a,\ b,\ ab)=(1,\ 2,\ 2)$，$(1,\ 3,\ 3)$，$(1,\ 5,\ 5)$，$(2,\ 1,\ 2)$，$(3,\ 1,\ 3)$，$(5,\ 1,\ 5)$の6通り。よって，求める確率は　$\frac{6}{25}$

## 3 （方程式の応用）

（求め方）（例）持ち帰り用として販売されたコーヒーを$x$杯とすると　$200\times\left(1+\frac{8}{100}\right)\times x+200\times\left(1+\frac{10}{100}\right)\times(300-x)=65180$　$216x+220(300-x)=65180$　$-4x=-820$　よって，$x=205$　$x=205$は問題に適している。

## 4 （図形の証明，相似，面積）

(1)　他の解答としては，（ア，イ）＝（AE，BC），（BC，AD），（BC，AE）などがある。

(2)　（証明）（例）△ADFの面積は，△AEFの面積と△DEFの面積の和に等しく，△CDEの面積は，△CEFの面積と△DEFの面積の和に等しい。△AEFと△CEFについて，ともに底辺をEFとして考えると，AC//EFより，高さが等しいといえる。よって，底辺と高さがそれぞれ等しいので，△AEFと△CEFの面積は等しい。したがって，△DEFが共通で，△AEFと△CEFの面積が等しいので，△ADFと△CDEの面積は等しい。

(3)　AC//EFだから，**平行線と線分の比についての定理**より，CF：FD＝AE：ED＝3：1　平行四

辺形の面積は対角線によって二等分されることと，高さが等しい三角形の面積比は底辺の長さの比に等しいことから，(四角形EBFDの面積)＝△BDE＋△BDF＝$\frac{ED}{AD}$△BDA＋$\frac{FD}{CD}$△BDC＝$\frac{ED}{AD}\times\frac{1}{2}$(平行四辺形ABCD)＋$\frac{FD}{CD}\times\frac{1}{2}$(平行四辺形ABCD)＝$\left(\frac{ED}{AD}+\frac{FD}{CD}\right)\times\frac{1}{2}$(平行四辺形ABCD)＝$\left(\frac{ED}{AE+ED}+\frac{FD}{CF+FD}\right)\times\frac{1}{2}$(平行四辺形ABCD)＝$\left(\frac{1}{3+1}+\frac{1}{3+1}\right)\times\frac{1}{2}\times96=24\text{cm}^2$

## ＜英語解答＞

1　A　sunny　B　walking　C　name　D　front

2　(1)　エ　(2)　ウ　(3)　ア

3　(1)　①　イ　②　エ　③　ア　(2)　ア　(3)　①　ア　②　エ

4　(1)　①　〔例〕She learned about famous temples and shrines in Kyoto.　②　〔例〕Because they waited for a long time at a bus stop.　(2)　ウ　(3)　イ　(4)　〔例〕(あ)　(Traveling is good because we can) see things we have never seen.　(い)　(So, when we travel, we should) think about people living there. For example, we should be quiet near their houses.

## ＜英語解説＞

### 1　(語句の問題：天気を表す形容詞，過去進行形，名詞，連語)

A　先週の土曜日，天気は晴れだったので，私は家の近くを走っていました。
＜be動詞＋sunny(形容詞)＞「晴れている」

B　そのとき，私の先生である，鈴木先生を見かけました。彼は犬と散歩していました。
＜be動詞の過去形＋動詞のing形＞「…していた」

C　私は彼の名前を呼び，彼のところへ行きました。彼は自分の犬について私に話してくれました。私は彼と話すことを楽しみました。

D　郵便局の前で，鈴木先生にさようならと言いました。私は先生ととても楽しい時を過ごしました。連語＜**in front of**～＞「～の前で」

### 2　(短い対話文読解：文補充)

(1)　A：紙を1枚くれる？
B：いいよ。エ　でもなんで必要なの？
A：タロウにメッセージを書きたいんだ。
B：OK。はい，どうぞ。
A：ありがとう。
＜a piece of paper＞「1枚の紙」

(2)　A：私のバッグをどこに置いたの？
B：テーブルの上に置いたと思う。
A：ウ　テーブルの上には何もないよ。
B：本当に？　いっしょに探そう。
There's…＝There is…「…がある」 **nothing**「何もない」

(3)　A：明日のパーティでは，カップは何個使う？
　　B：10個使うよ。
　　A：今，何個ある？
　　B：8個。
　　A：じゃあ，ア　今日，2個買わなければいけないね。
　　＜How many＋複数名詞…＞「いくつの…」　**＜have to＋動詞の原形…＞**「…しなければいけない」

## 3 （会話文読解：適語補充，英問英答，図・表などを用いた問題）

Yoko：私の部屋にようこそ，Lily。
Lily：ありがとう。素敵な部屋を持っているのね！　あら，これはあなたの家族の写真？この写真の中の男の子はだれ？
Yoko：私の兄のShotaよ。この写真は，彼が東京に行く前に撮ったものよ。
Lily：彼は(①　何を)しているの？
Yoko：彼はフランス語を勉強する学生よ。今は東京に住んでいるわ。
Lily：あなたは彼に会いに時々(②　訪問する)の？
Yoko：ええ。それに，彼はときどき家に帰って来るわ。でも今年の夏は東京にとどまる予定なの。オリンピック・パラリンピックがあるからね。彼はボランティアとして働くつもりよ。
Lily：わー！　200,000人くらいの人がボランティアに応募していると聞いたわ。
Yoko：そのとおりね。彼は，80,000人のボランティアの一人として選ばれたから，ラッキーね。彼はフランス語を使って人々を助けたいと思っているわ。彼が私に(③　くれた)この資料を見て。
Lily：あ，外国人がボランティアになれるんだ！
Yoko：そうよ。ボランティアとして選ばれた人の12パーセントは外国から来た人らしいわよ。
Lily：すごい！　世界中のたくさんの人がオリンピック・パラリンピックに関心があるんだね。

(1)　①　その人の職業を尋ねる表現。　②　**＜visit＋場所…＞**「…を訪問する」　＜go to＋場所…＞「…へ行く」。空所のすぐ後ろは，'Tokyo'とあり，'to Tokyo'ではないので，ここでgoは使えない。　③　空所直前の，heはYokoの兄を指す。「彼が私にくれた資料を見て」と言っていると判断し，過去形gaveを選ぶ。

(2)　問い「ボランティアとして選ばれた何人の人が外国から来た人ですか？」　Yokoの5番目の発言から，ボランティア全体は80,000人とわかる。Yokoの最終発言から，ボランティアの12パーセントが外国人。80,000×0.12＝9,600(人)。なお，Lilyの4番目の発言の200,000人という人数は，応募した人の数なので注意。

(3)　(【資料1】の英文訳)

2020年東京オリンピック・パラリンピックのボランティア80,000人を求めています。

だれがボランティアに応募できますか？

－2002年4月1日かそれ以前に生まれた人。

－日本人か，日本滞在が許可されている人。

特に求められているのは…

・英語か，他の外国語を話す人。

・以前にボランティアとして働いたことがある人。

これらの技能や経験があれば，応募してください！

(【資料2】の英文訳)

Jack

- ■ 2002年5月1日生まれ
- ■ イギリス出身
- ■ 日本の滞在許可
- ■ 英語とフランス語を話す
- ■ ボランティアとして働いたことはない

Lin

- ■ 2002年3月2日生まれ
- ■ 中国出身
- ■ 日本の滞在許可
- ■ 中国語と日本語を話す
- ■ ボランティアとして働いたことはない

Mina

- ■ 2000年10月16日生まれ
- ■ 日本出身
- ■ 日本人
- ■ 日本語を話す
- ■ ボランティアとして働いたことあり

Yukio

- ■ 1998年6月24日生まれ
- ■ 日本出身
- ■ 日本人
- ■ 日本語と英語を話す
- ■ ボランティアとして働いたことあり

①「その4人のうちの1人はボランティアに応募できません。それはだれですか？」

【資料2】のJackの情報の1つ目を参照。生年月日が基準に合わない。

②「特にボランティアとして求められている技能と経験を持っているのはだれですか？」

上記【資料1】英文訳の「特に求められている人は…」と，【資料2】のYukioの情報を参照。

## 4 (長文読解問題：英問英答，文の並べ換え，内容真偽，条件英作文)

(全訳)　皆さんは京都への修学旅行から何を学びましたか？　旅行前，私は京都の有名なお寺や神社について学びました。でも自分の目で見ることと，ただ知っていることとでは，かなり違います。それらはとても美しかったです。旅行をとても楽しみました。しかし，ある問題があることを知りました。

旅行中，友人と私はとても驚きました。京都にはとても多くの旅行者がいました。すべてのバス停で，大勢の旅行者が待っていました。清水寺へバスで行こうとしたとき，人々は長い行列を作っていました。私たちはそこで長時間待ったので，とても疲れてしまいました。

バス停で私たちは，京都に住んでいる年配の女性と話しました。そこに住んでいる人たちも困っていることを彼女は私たちに話してくれました。彼女は，「とてもたくさんの旅行者がいるので地元の人はバスで買い物に行くのが難しいわ。そのうえ，私たちの家の近くで写真を撮ったり，たくさんしゃべったりする旅行者もいるのよ。だから，ときどき夜になっても静かではないの」と言っていました。

その女性はまた，こうも言っていました，「旅行者には京都の旅を楽しんでほしいと本当に願っているわ。でも，もし ① (C)　あまりにも多くの旅行者が京都に来たら，② (A)　彼らは自分たちの旅を楽しめないわ。　例えば，③ (B)　彼らはしばしば多くの場所で待たなければいけない。だから，彼らは観光する十分な時間が持てないわね。それって悲しいと思う」。

旅行後，私はある新聞記事を見つけました。世界中で同じような種類の問題があるのだと知りました。ある場所が有名になると，あまりにも多くの人がそこへ行き，ときどき地元の人にとっての問題となります。旅行するのはいいことですが，私たちは地元の人たちにとっての問題にはなりたくありません。私たちは何をすべきでしょうか？

(1)　①「Mikaは，京都に行く前に何をしましたか？」〔例〕彼女は京都の有名な寺や神社について学びました。第1段落2文目を参照。　②「Mikaと友だちはなぜ疲れてしまったのですか？」〔例〕なぜなら，彼女たちはバス停で長時間待ったからです。　第2段落最終文を参照。その文中にある，‘there’「そこで」を具体的に，‘at a bus stop’「バス停で」と解答には書こう。

(2)　上記全訳を参照。選択肢の3つの英文，そして空所の前後の本文にある**それぞれのキーワードを見きわめよう**。キーワードをあげると…，

– 空所①の前：‘But if’「でももし~」
– 選択肢(C)：‘too many people…’「あまりにも多くの人々が…」←‘But if’自然につながる。
– 選択肢(A)：代名詞‘they’「彼らは」←選択肢(C)の‘too many people’を指す。
– 選択肢(B)：‘wait at many places’「多くの場所で待つ」←具体的な行動を示している。→空所③の前にある，‘For example’「例えば」の後ろに続けるのが自然。

(3)　ア　Mikaは京都の寺や神社を見ることができなかった。(×)　イ　Mikaは京都での旅行者と地元の人の問題に気づいた。(○)　第3段落を参照。　ウ　Mikaは，京都への修学旅行に関する新聞記事を読んだ。(×)　エ　Mikaは年配の女性に，京都の寺へ行く道を教えてくれるよう頼んだ。(×)

(4)　［解答例の英文訳］（あ）「旅行するのは良いことである。なぜなら我々が一度も見たことのないものを見ることができるからだ」（い）「だから，私たちが旅行するとき，私たちはそこに住んでいる人のことを考えるべきである。例えば，彼らの家の近くでは静かにするべきだ」

## <国語解答>

一 (一) ① 航空　② 候補　③ 拾(う)　④ 幼(い)　⑤ 放(つ)
(二) ① ざんてい　② えんかつ　③ ふち　④ おもむ(く)　⑤ しばふ
(三) ① 減　② 盛　(四) エ

二 (一) ウ　(二) ア　(三) ウ　(四) ① イ　② エ

三 (一) ようなる　(二) イ　(三) ウ

四 (一) 卞レ 頂レ 山　(二) ウ　(三) エ

五 (一) ア　(二) エ　(三) イ　(四) 現実に合わない，現実を説明していない仮説
(五) ア，ウ　(六) (例)科学と生命は，その存在を発展・展開させていく性質を内包している点で，とても似ている。科学における仮説には間違いも多いが，現実により適応した仮説が生き残り，成長・進化することが，科学の最大の長所である。

## <国語解説>

**一**　(知識－脱文・脱語補充，漢字の読み書き，熟語)

(一)　①「こうくう」は「航空」，「くうこう」は「空港」と書く。　②「候」「補」は形が似ている「侯」「捕」などと書き間違えないように注意。　③「拾」は「捨」(す‐てる)と混同しない。　④「幼」の「幺」を「糸」と書かない。　⑤「放」の音読みは「ホウ」で，「放送」「解放」などの熟語を作る。

(二)　①「暫定」は，一時的に決めること。　②「円滑」は，遅れたり中断したりせず順調に進む様子。　③「縁」は，物の周りの部分という意味の場合は「ふち」，関係という意味の場合は「エン」と読む。　④「赴」の音読みは「フ」で，「赴任」などの熟語を作る。　⑤「芝生」は「生」の読み方に注意する。

(三) ① 「増える」の反対の意味は「**減る**」。② 「衰える」の反対の意味は「**盛んになる**」。

(四) A 手紙で，末尾の「敬具」に対応する書き出しの言葉は「**拝啓**」である。B 手紙の最後の○○の部分には自分の名前，空欄Bの部分には相手の名前を書く。したがって，エが正解となる。

## 二 (知識－脱文・脱語補充，熟語，ことわざ・慣用句，文と文節，品詞・用法)

(一) 「最も」は連用修飾語で，「**高い**」を修飾している。

(二) 「話しかけられる」は**受身**の意味。ア「**褒められる**」は受身，イ「来られる」は尊敬，ウ「起きられる」は可能，エ「感じられる」は自発なので，正解はアである。

(三) 後の「ように」と呼応する副詞は「**あたかも**」である。

(四) ① 四字熟語の意味は，ア「我田引水」＝自分に都合のいいように考えたり行動したりすること，イ「**初志貫徹**」＝最初に決心したことを最後までやり通す，ウ「疑心暗鬼」＝いったん疑いだすと何でもないことまで疑わしくなること，エ「針小棒大」＝小さなことが大げさになること，である。対話の中の「最後まで頑張ってみる」に続く四字熟語として適切なのは，イである。② 慣用句の意味は，ア「息をのむ」＝驚きや緊張で一瞬息をするのを忘れる，イ「門をたたく」＝弟子にしてほしいと頼む，ウ「お茶を濁す」＝いいかげんにその場をごまかす，エ「**一石を投じる**」＝反響をよぶような問題を投げかける，である。このうち，議論が深まるきっかけとなる発言をするという行動に対応するのはエである。

## 三 (古文－内容吟味，仮名遣い，古文の口語訳)

〈口語訳〉 することがなく退屈なとき，昔の人の手紙を見つけ出したのは，ただその当時に戻ったような気持ちになって，たいそううれしく思われます。まして亡くなった人などが書いたものなどを見るのはたいそうしみじみとして，年月が多く積み重なったものも，たった今筆を濡らして書いたようであることが，本当にすばらしいことです。

(一) 古文の「**やう**」は「**よう**」と読むので，現代仮名遣いでは「**ようなる**」と書く。

(二) 「つれづれなり」は，**することがなくて退屈だ**という意味である。

(三) 「**昔の手紙を見るとその当時に戻ったような気持ちになる**」と説明するウが，本文の「昔の人の文見出でたるは，ただその折の心地して」の説明として適切である。アの「昔の人の知恵」，イの「人生が豊かになる」，エの「古くて字がかすれたもの」は，いずれも本文に書かれていないことである。

## 四 (漢文－内容吟味，語句の意味，その他)

〈口語訳〉 立派な君主は安泰であっても危険なことを忘れず，存続していても滅びることを忘れず，世の中が平和に治まっていても乱世を忘れない。

(一) 書き下し文と対照すると，「不忘亡」の部分が「亡ぶるを忘れず」で漢字を読む順序が「亡忘不」となるので，「**不**」と「**忘**」の左下にそれぞれ**レ点**を書く。

(二) 訓読文中の「安」は，**事件や心配事がなく，おだやか**という意味。それぞれの熟語の意味はア「安易」＝たやすいこと，イ「安価」＝値段がやすいこと，ウ「**安泰**」＝危険や心配がなく落ち着いていること，エ「安打」＝野球の「ヒット」のこと，なので，正解はウである。

(三) 本文の「安」「存」「治」はいずれも**満足できる状態**であるが，立派な君主はそのような状態であっても「危」「亡」「乱」という**悪い状態に備える**ということである。したがって，正解はエ。アの「失敗」，イの「個性」，ウの「記憶」については，本文では述べられていない。

## 五 (論説文－大意・要旨，段落・文章構成，文脈把握，指示語の問題，接続語の問題，語句の意味)

(一) 空欄の前の「科学的な業績を認められてノーベル賞を受賞した」という内容から予想されることと逆の「その業績は誤りであった」という内容が後に続くので，ア「**しかし**」が入る。

(二) 「それ」は直前の「**漸進的な改変**を繰り返すこと」を指している。「漸進的」は少しずつ進むという意味なので，「**少しずつ変化していく**」と説明するエが正解である。アの「二つの異なる性質」では説明不十分。イの「維持し続ける」は変化を否定しているので誤り。ウは，表面的には変わっていくように見えるかもしれないが，本質的な「変化」とは言えない。

(三) 「枚挙」は数え上げること。「**枚挙にいとまがない**」は，数えるひまがないということから，「**数が多くて数えきれない**」という意味を表す。

(四) 傍線部Cの表現を裏返すと「現実を説明しない『適応度の低い仮説』」となる。これと似た表現を探し，傍線部Bの直後の「誤り，つまり**現実に合わない，現実を説明していない仮説**が提出されることは，科学において日常茶飯事であり～」から抜き出す。

(五) アは，本文が冒頭部で「科学と生命は似ている」という**考えを提示**し，科学の多くの間違いについてヨハネス・フィビゲルの業績や『ネイチャー』のレポートを**具体例**として挙げているので，適切である。イは，「科学者の発言」が本文に引用されていないし，「二つの立場」も何かわからないので，不適切。ウは，説明の**根拠**としてヨハネス・フィビゲルの事例という**歴史的事実**を示したり，『ネイチャー』のレポートの数値を示したりしていることから，適切だと言える。エの「データ」の比較や「検証」は本文に書かれていないので不適切。オは「最後に問題提起をしている」としている点が誤りである。

(六) 以下の内容を含めて，80～100字で書く。

・科学と生命は似ている。

・科学と生命は，その存在を発展・展開させていく性質を内包している。

・科学における仮説には間違いが多い。

・現実により適応した仮説が生き残り，成長・進化することが，科学の最大の長所である。

書き終わったら必ず読み返し，誤字・脱字や表現がおかしなところがないか確かめること。

## 群馬県公立高等学校（後期）

# 2020年度

# 入 試 問 題



●くわしい解説……37ページ

# ＜数学＞

時間　45分～60分（学校裁量による）　満点　100点

**1**　次の⑴～⑼の問いに答えなさい。

⑴　次の①～③の計算をしなさい。

①　$1+2\times(-4)$　　②　$3x-\frac{1}{2}x$　　③　$4a^2b\div 2a\times 2b$

⑵　次のア～オのうち，絶対値が最も大きい数を選び，記号で答えなさい。

ア　3.2　　イ　$-\frac{7}{2}$　　ウ　$2\sqrt{2}$　　エ　$\frac{10}{3}$　　オ　$-3$

⑶　$x^2-10x+25$ を因数分解しなさい。

⑷　連立方程式 $\begin{cases} 2x+3y=4 \\ -x+y=3 \end{cases}$ を解きなさい。

⑸　1枚の硬貨を3回投げたとき，少なくとも1回は表が出る確率を求めなさい。

⑹　2次方程式 $(2x-5)^2=18$ を解きなさい。

⑺　右の図において，点A，B，C，Dは円Oの周上の点であり，線分BDは円Oの直径である。∠BACの大きさを求めなさい。

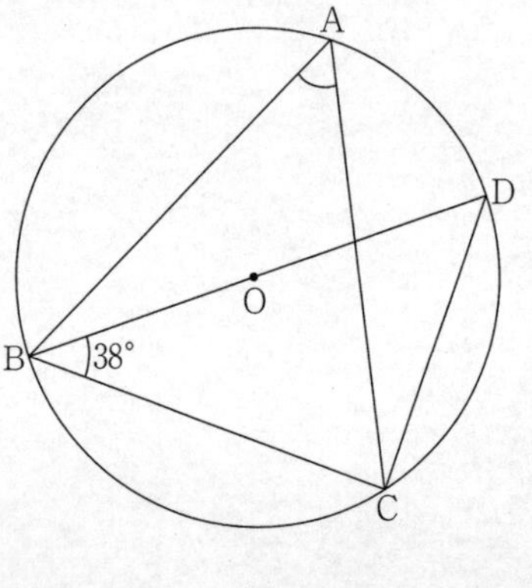


⑻　容器の中に黒いビーズがたくさん入っている。この黒いビーズのおよその個数を推定するため，容器の中に白いビーズを100個加えてよく混ぜた後，混ぜたビーズの中から無作為に100個のビーズを取り出したところ，その中に白いビーズが10個入っていた。容器の中に入っていた黒いビーズはおよそ何個だと推定できるか，次のア～エから最も適切なものを選び，記号で答えなさい。

ア　およそ90個　　イ　およそ200個　　ウ　およそ900個　　エ　およそ2000個

⑼　右の図のように，直線 $\ell$，直線 $m$ と２つの直線が交わっている。$\angle a$，$\angle b$，$\angle c$，$\angle d$，$\angle e$ のうち，どの角とどの角が等しければ，直線 $\ell$ と直線 $m$ が平行であるといえるか，その２つの角を答えなさい。

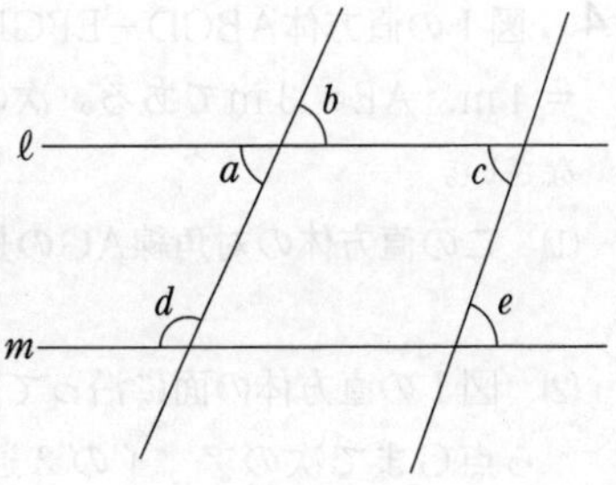


**2**　次の⑴，⑵の問いに答えなさい。

⑴　次のア～オのうち，$y$ が $x$ に比例するものをすべて選び，記号で答えなさい。

ア　自然数 $x$ の約数の個数は $y$ 個である。

イ　$x$ 円の商品を1000円支払って買うとき，おつりは $y$ 円である。

ウ　1200$m$ の道のりを分速 $xm$ の速さで進むとき，かかる時間は $y$ 分である。

エ　５％の食塩水が $x$ gあるとき，この食塩水に含まれる食塩の量は $y$ gである。

オ　何も入っていない容器に水を毎分２Ｌずつ $x$ 分間入れるとき，たまる水の量は $y$ Ｌである。

⑵　次のア～オのうち，関数 $y=2x^2$ について述べた文として正しいものをすべて選び，記号で答えなさい。

ア　この関数のグラフは，原点を通る。

イ　$x>0$ のとき，$x$ が増加すると $y$ は減少する。

ウ　この関数のグラフは，$x$ 軸について対称である。

エ　$x$ の変域が $-1 \leqq x \leqq 2$ のとき，$y$ の変域は $0 \leqq y \leqq 8$ である。

オ　$x$ の値がどの値からどの値まで増加するかにかかわらず，変化の割合は常に２である。

**3**　1331や7227のように，千の位の数と一の位の数，百の位の数と十の位の数がそれぞれ同じである４けたの整数は，いつでも11の倍数となることを，次のように証明した。□ に証明の続きを書き，この証明を完成させなさい。

証　明

$a$ を１けたの自然数，$b$ を１けたの自然数または０とする。

千の位の数を $a$，百の位の数を $b$ とおいて，千の位の数と一の位の数，百の位の数と十の位の数がそれぞれ同じである４けたの整数を $a$，$b$ を用いて表すと

□

したがって，このような４けたの整数は，いつでも11の倍数となる。

**4**　図Ⅰの直方体ABCD－EFGHは，AB＝2 m，AD＝4 m，AE＝3 mである。次の(1)，(2)の問いに答えなさい。

図Ⅰ

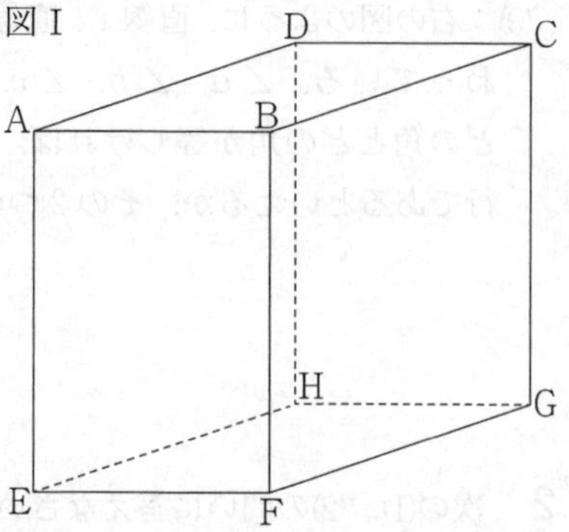


(1)　この直方体の対角線AGの長さを求めなさい。

(2)　図Ⅰの直方体の面に沿って，図Ⅱのように点Aから点Gまで次のア，イの2通りの方法で糸をかける。

| |
|---|
| ア　点Aから辺ＢＣ上の１点を通って点Gまでかける。<br>イ　点Aから辺ＢＦ上の１点を通って点Gまでかける。 |

図Ⅱ

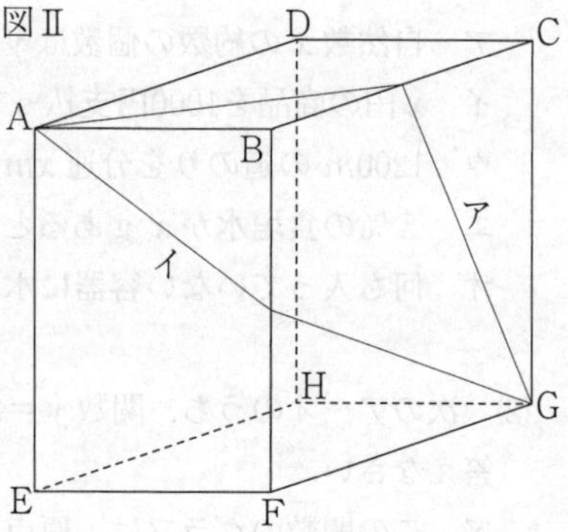


次の①，②の問いに答えなさい。

①　ア，イの方法のそれぞれにおいて，糸の長さが最も短くなるように糸をかける。かけた糸の長さが<u>短い方</u>をア，イから選び，記号で答えなさい。また，そのときの点Aから点Gまでの糸の長さを求めなさい。

②　ア，イの方法のそれぞれにおいて，糸の長さが最も短くなるように糸をかけたときに，かけた糸の長さが<u>長い方</u>を考える。そのかけた糸が面ＢＦＧＣを通る直線を $\ell$ するとき，点Cと直線 $\ell$ との距離を求めなさい。

**5**　図Ⅰのように，円すい状のライトが，床からの高さ300㎝の天井からひもでつり下げられている。図Ⅰの点線は円すいの母線を延長した直線を示しており，ライトから出た光はこの点線の内側を進んで床を円形に照らしているものとする。次のページの図Ⅱ，図Ⅲは，天井からつり下げたライトを示したもので，図ⅡのライトAは底面の直径が8㎝，高さが10㎝，図ⅢのライトBは底面の直径が6㎝，高さが10㎝の円すいの側面を用いた形状となっている。次の(1)～(3)の問いに答えなさい。

図Ⅰ

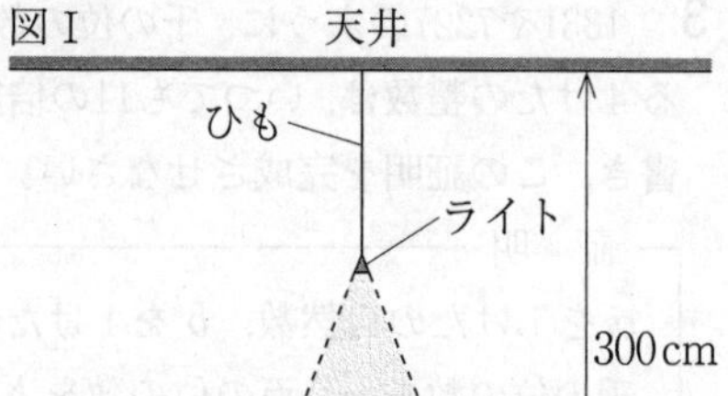


(1)　ライトAをつり下げるひもの長さが100㎝のとき，このライトが床を照らしてできる円の直径を求めなさい。

(2)　ライトAをつり下げるひもの長さが $x$ ㎝のときにこのライトが床を照らしてできる円の直径を $y$ ㎝とする。$x$ の変域を $50 \leqq x \leqq 180$ とするとき，次の①，②の問いに答えなさい。

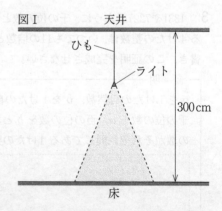

①　$y$を$x$の式で表しなさい。

②　$y$の変域を求めなさい。

(3)　ライトAとライトBをそれぞれ天井からひもでつり下げて，ひもの長さを変えながら2つのライトが照らしてできる円の面積を調べた。ライトAをつり下げるひもの長さを$x$ cm，ライトBをつり下げるひもの長さを$\frac{x}{2}$ cmとしたとき，2つのライトが照らしてできる円の面積が等しくなるような$x$の値を求めなさい。

図Ⅱ

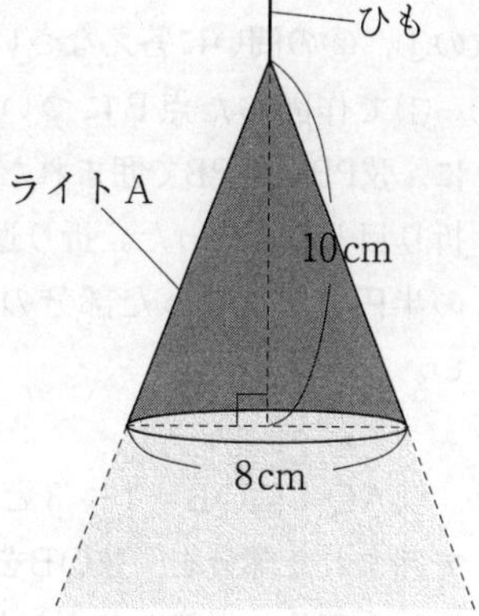


図Ⅲ

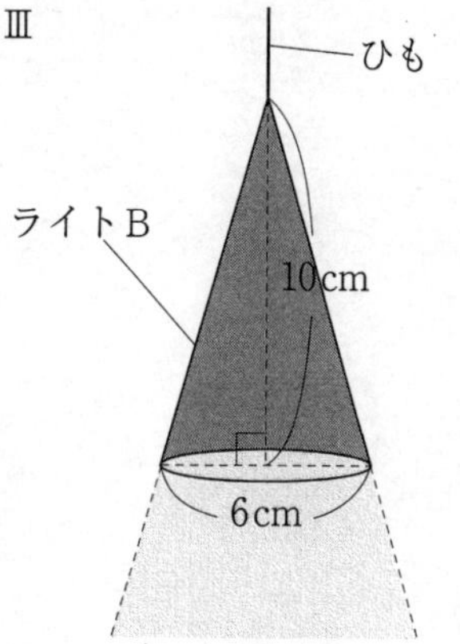


**6**　図Ⅰのような，線分ABを直径とする半円がある。次の(1)，(2)の問いに答えなさい。

(1)　弧AP：弧PB＝１：２となるような弧AB上の点Pを，次の手順のⅰ，ⅱにしたがって作図する。後の①，②の問いに答えなさい。

手　順

ⅰ　直径ABの中点Oをとる。

ⅱ　AO＝APとなるような，弧AB上の点Pをとる。

図Ⅰ

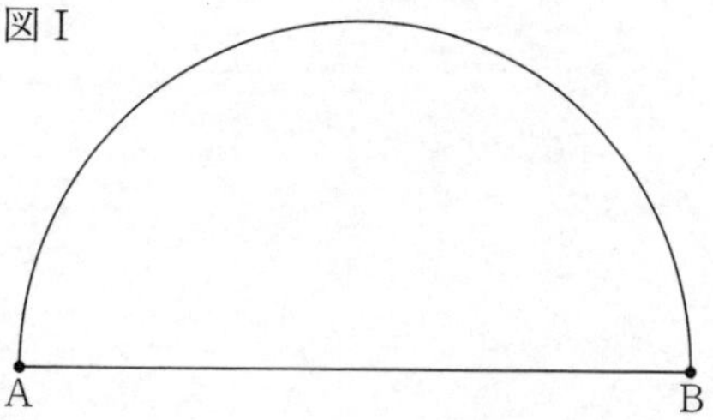


①　手順のⅰに示した直径ABの中点Oを，コンパスと定規を用いて作図しなさい。ただし，作図に用いた線は消さないこと。

②　手順のⅰ，ⅱによって，なぜ，弧AP：弧PB＝１：２となる点Pをとることができるのか，その理由を説明しなさい。

(2) 直径ABの長さを12㎝，円周率をπとする。次の①，②の問いに答えなさい。

① (1)で作図した点Pについて，図Ⅱのように，弦PBと弧PBで囲まれた部分を，弦PBを折り目として折った。折り返した図形ともとの半円とが重なった部分の面積を求めなさい。

図Ⅱ

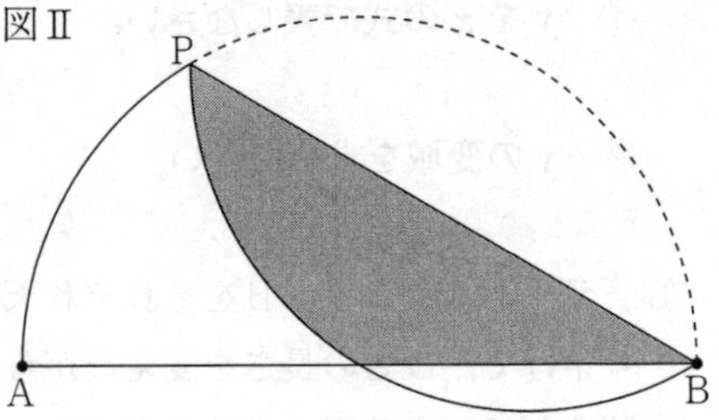


② 弧AQ：弧QB＝1：3となるような弧AB上の点Qをとる。①と同様に，弦QBと弧QBで囲まれた部分を，弦QBを折り目として折ったとき，折り返した図形ともとの半円とが重なった部分の面積を求めなさい。

# ＜英語＞

時間　45分～60分（学校裁量による）　満点　100点

**1**　これから，No.1 と No.2 について，それぞれ 2 人の対話と，対話に関する質問が流れます。質問に対する答えとして最も適切なものを，それぞれ A ～ D の中から選びなさい。

No. 1

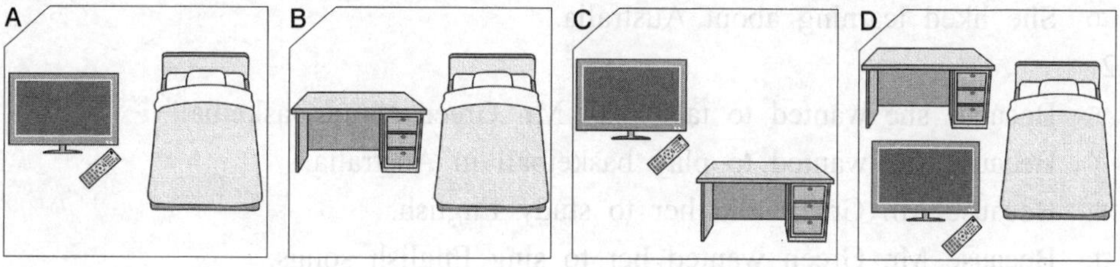


No. 2

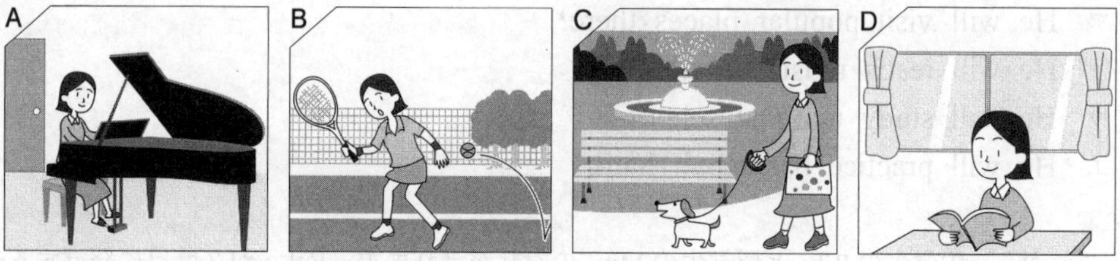


**2**　次の図は，中学生の Ryota が自分の家族を紹介するために使ったものです。これから，Ryota が自分の家族について英語で紹介します。それを聞いて，次の図の A ～ C に当てはまるものとして最も適切なものを，それぞれア～エの中から選びなさい。

A
ア　39
イ　41
ウ　43
エ　45

B
ア　a bookstore
イ　a hospital
ウ　a restaurant
エ　a museum

C
ア　traveling
イ　cooking
ウ　teaching
エ　fishing

**3** これから，ALT の Green 先生の退任式で，中学校の生徒会長 Aki が行ったスピーチが流れます。それに続いて，その内容について，No.1 ~ No.3 の 3 つの質問が流れます。それぞれの質問に対する答えを，ア～エの中から選びなさい。

No.1

ア She liked playing games.

イ She liked playing basketball.

ウ She liked singing English songs.

エ She liked learning about Australia.

No.2

ア Because she wanted to talk with Mr. Green about basketball.

イ Because she wanted to play basketball in Australia.

ウ Because Mr. Green told her to study English.

エ Because Mr. Green wanted her to sing English songs.

No.3

ア He will visit popular places there.

イ He will teach music at school.

ウ He will study math at school.

エ He will practice basketball hard.

**4** これから，中学生の Rika と留学生の Mike の対話が流れます。Rika が 2 度目に発言する部分で次のチャイムを鳴らします。(チャイム音)あなたが Rika なら，このチャイムのところで何と，言いますか。対話の流れに合うように内容を考えて，英語で書きなさい。

*Mike* : ・・・・・・

*Rika* : ・・・・・・

*Mike* : ・・・・・・

*Rika* : [　　　　　　　　]

*Mike* : ・・・・・・

**5** 次の英文は，Yuka が，英語の授業で，週末の出来事について書いた文章の一部です。これを読んで，英文の意味が通るように，（ア）～（オ）に当てはまる単語を後の［ ］内からそれぞれ 1 語選び，必要があれば適切な形に変えて書きなさい。

Last Saturday, I went to a *shopping mall with my mother and my brother. We ( ア ) at the mall at 2 p.m. First, my brother bought a cap. He likes to ( イ ) caps when he goes out. Then, we went to a bookstore. I found a new book ( ウ ) by a famous singer. I like the singer very much, so I ( エ ) to buy it. After we finished shopping, we watched a movie about a family and their dog. When the movie finished, my mother was ( オ ). I also felt sad and wanted to see our dog. So we went home soon.

（注） shopping mall　ショッピングモール

〔 arrive　cry　decide　grow　lose　wear　write 〕

**6** 次の英文を読んで，後の(1)～(3)の問いに答えなさい。

Emi and her father are visiting a museum with Chen, Emi's friend from China.

*Chen* : Thank you for bringing me to this wonderful museum.

*Emi* : [ A ] We are glad to come with you. There are a lot of Japanese pictures here. They are called **ukiyo-e*.

*Chen* : I'm very excited!

They walk around in the museum and look at some pictures.

*Chen* : Wow, this picture is good! I like this very much.

*Emi* : That's a picture made by Katsushika Hokusai.

*Chen* : I've seen some of his famous pictures. But I've never seen this one before.

*Emi's father* : He painted many pictures in his life. This is one of his pictures of bridges with interesting *forms. Some of those bridges in his pictures are *real ones, but others are not.

*Chen* : I like the form of the bridge in <u>this picture</u>. It turns right and left and goes up and down. I want to walk on it.

*Emi* : Look at the next one, Chen. This is called "The Great *Wave." I think this is the most famous picture made by Hokusai.

*Chen* : Oh, I've seen this picture before in my art book, but seeing it in a museum is very different. When I'm looking at this, I just *feel like this big wave is moving.

"The Great Wave"

*Emi* : Me, too. It looks so real. [ B ]

*Emi's father* : That's a very good question. I have heard that Hokusai watched waves in the sea for a long time. When you take pictures of real waves with a *high-speed camera, you'll know that the pictures are just like Hokusai's waves. Then you'll understand how much he studied them.

*Chen* : I cannot believe he painted this picture without a camera. He is wonderful!

（注） *ukiyo-e* 浮世絵　form 形　real 本物の　wave 波　feel like ～ ～ような気がする
high-speed 高速度の

(1) A ， B 当てはまるものとして最も適切なものを。それぞれ次のア～エから選びなさい。

A
ア Yes, please.
イ That's right.
ウ You're welcome.
エ Nice to meet you.

B
ア How did he paint this picture?
イ Which picture do you like the best?
ウ What kind of waves have you ever seen?
エ Are there any other pictures of waves here?

(2) 本文中の下線部は，次のア～エのいずれかの絵を指しています。下線部が指すものとして最も適切なものを，次のア～エから選びなさい。

ア

イ

ウ

エ

（公益財団法人アダチ伝統木版技術保存財団提供）

(3) 本文の内容と合っているものを，次のア～オから２つ選びなさい。

ア Chen knew about Hokusai's pictures before he came to the museum.
イ Hokusai didn't paint pictures of real bridges with interesting forms.
ウ Chen liked Hokusai's pictures of Japanese bridges and enjoyed painting them.
エ Emi's father said that Hokusai studied waves for a long time to paint his picture.
オ Chen was very interested in real waves in the sea and wanted to take pictures of them.

**7** 次の英文は，ある中学校で３年生の英語の授業を担当している森先生（Mr. Mori）が，卒業式前の最後の授業で話した内容です。これを読んで，後の(1)～(4)の問いに答えなさい。

When I was a junior high school student, I was not good at speaking English. One day, my teacher told us to *make a speech in English. I was very nervous. Then I remembered my favorite soccer player's words. He said,

"Your words change your *actions. Your actions change your life." Before his games, he always said, "I am a great player," to himself. So I said, "I am a great *speaker," to myself before my speech. After the speech, the teacher said, "You spoke very well." I was very glad to hear that.

I didn't know why I was able to speak well that day, but this experience changed my life. Because of it, I really wanted to speak English better. When I was a *university student, I stayed in the U.K. for one year. I studied hard at school and often watched TV at home to learn English.

One day, I found an interesting TV program about an *experiment. It was an experiment about people's actions. A *researcher thought, "How do words ★ change people's actions?" He gave people a *test. He showed people some words and asked them to put the words into the right *order.

There were two groups of people in the experiment. The first group saw some words *related to old people. The second group saw some words related to young people. For example, people in the first group saw the words, "man", "the", "old" and "looks", and put them into the right order.

After the test, the people walked out of the room. The researcher *recorded how fast they walked before and after the test. But he didn't tell them about that.

What did the researcher find? Well, people in the first group walked slowly after the test. People in the second group walked quickly after the test. In the TV program, the researcher said, "I didn't tell them to walk slowly or quickly. The words the people saw changed their actions."

I was surprised to know that just seeing some words changed the people's actions. Now I believe that words have the power to change actions. The words you use can change your own actions. Please remember that your words can also change the actions of people around you because they see or hear the words you use.

（注） make a speech　スピーチをする　　action　行動　　speaker　話し手　　university　大学
experiment　実験　　researcher　研究者　　test　テスト　　order　順序
related to ～　～に関係した　　record ～　～を記録する

⑴　英文の★の部分で，森先生は，次の４枚の【スライド】を見せながら話をしました。話の内容に合わせて使用するのに最も適切な順序となるように，次のア～エを並べなさい。

【スライド】

ア

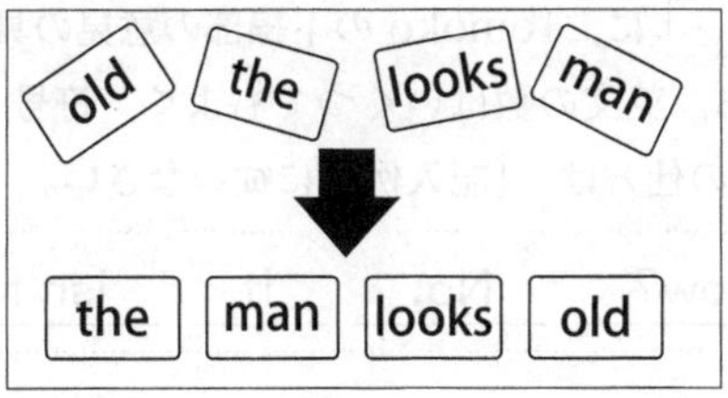


イ

ウ

エ

⑵　次の問いに対して，本文の内容に合うように，1文の英語でまとめて答えなさい。

問い　How did Mr. Mori feel before his English speech in junior high school? And why did he feel so?

⑶　本文で述べられている実験の説明として適切なものを，次のア～オから2つ選びなさい。

ア　People in the first group and people in the second group saw different words.

イ　The researcher wanted to know how fast people could change the order of the words.

ウ　The researcher asked people in the first group to walk quickly.

エ　The people knew that the researcher was recording how fast they walked.

オ　After the people saw words related to old people, they walked slowly.

⑷　森先生の話を聞いて，Kumi は次のように【授業のまとめ】を書きました。あなたが Kumi なら，□ にどのようなことを書きますか。後の《条件》に従って，英語で書きなさい

【授業のまとめ】

In Mr. Mori's English class, our classmates always said to each other, "That's a great idea." or "You did a good job!" Now I really understand why it's important to say those words. When we hear □

《条件》

・□ には，本文の内容を踏まえ，書き出しに続けて，下線部の理由を15語～20語で書くこと。

・英文の数はいくつでもよく，符号（，．！？“ ”など）は語数に含めません。

・解答の仕方は，〔記入例〕に従うこと。

〔記入例〕 Is　it　raining　now?　No,　it　isn't.

8　次のページのA～Cは，英語の授業での話し合いの一部を示したものです。Aの Ms. Brown の発言と，Bの Kazuki の意見を踏まえて，Cの □ に，Tomoko の下線部の意見の具体的な理由を考え，30語～35語の英語で書きなさい。なお，英文の数はいくつでもよく，符号（，．！？“ ”など）は語数に含めません。また，解答の仕方は，〔記入例〕に従いなさい。

〔記入例〕 Is　it　raining　now?　No,　it　isn't.

A

I have a friend who is a teacher at a junior high school in the U.S.A. Her students want to know about this school, and they want to become friends with you. What can you do? Let's talk!
〇月〇日
Ms. Brown
(ALT)

B

Kazuki
I think we should send an e-mail and tell them about our school. What do you think?

C

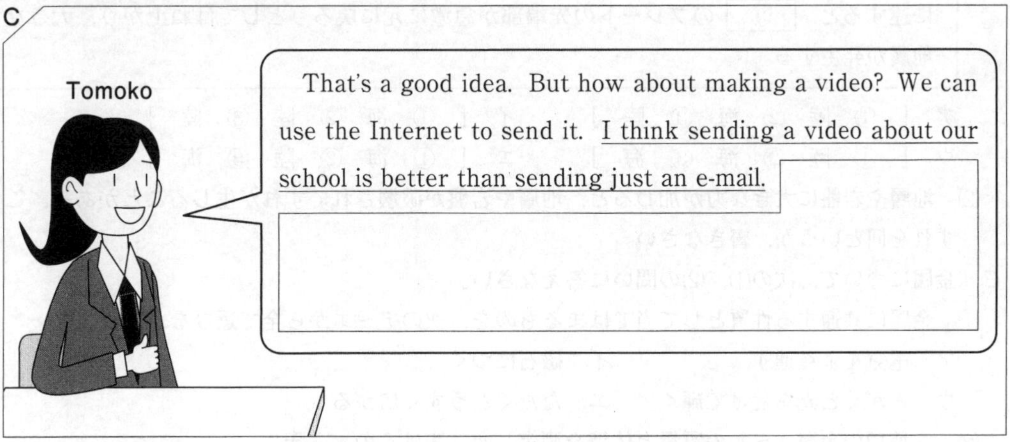
Tomoko
That's a good idea. But how about making a video? We can use the Internet to send it. I think sending a video about our school is better than sending just an e-mail.

# ＜理科＞

時間　45分～60分（学校裁量による）　満点　100点

## 1　次のA～Dの問いに答えなさい。

A　ヒトの生命維持のしくみについて，次の⑴，⑵の問いに答えなさい。

⑴　血液の成分のうち，体内に入った細菌などの異物をとらえることによって，体を守るはたらきをしているものは何か，書きなさい。

⑵　表は，吸気と呼気に含まれる気体の成分の種類とその割合を体積比で示したものである。表中の a と b のうち一方が酸素，もう一方が二酸化炭素を表し，X と Y のうち一方が吸気，もう一方が呼気を表している。a と X が表しているものの組み合わせとして正しいものを，次のア～エから選びなさい。

表

| | 窒素 | a | b | その他 |
|---|---|---|---|---|
| X | 74.6% | 15.6% | 4.0% | 5.8% |
| Y | 78.2% | 20.8% | 0.04% | 0.96% |

ア［ a　酸素　X　吸気 ］　イ［ a　二酸化炭素　X　吸気 ］
ウ［ a　酸素　X　呼気 ］　エ［ a　二酸化炭素　X　呼気 ］

B　大地の変動について，次の⑴，⑵の問いに答えなさい。

⑴　次の文は，日本付近のプレートの境界で起こる地震について述べたものである。文中の ① ～ ③ に当てはまる語の組み合わせとして正しいものを，下のア～エから選びなさい。

> 日本付近のプレートの境界では， ① のプレートが ② のプレートの下に沈み込んでいくことで ② のプレートにひずみが生じる。このとき， ③ のプレートの先端部が引きずりこまれていき，このひずみが少しずつ大きくなる。このひずみが限界に達すると， ③ のプレートの先端部が急激に元に戻ろうとしてはね上がり，大きな地震が発生する。

ア［ ①　陸　②　海　③　陸 ］　イ［ ①　海　②　陸　③　陸 ］
ウ［ ①　陸　②　海　③　海 ］　エ［ ①　海　②　陸　③　海 ］

⑵　地層や岩盤に大きな力が加わると，地層や岩盤が破壊されてずれが生じることがある。このずれを何というか，書きなさい。

C　金属について，次の⑴，⑵の問いに答えなさい。

⑴　金属に共通する性質として当てはまるものを，次のア～エから全て選びなさい。

ア　電気をよく通す　　イ　磁石につく
ウ　みがくと光を受けて輝く　　エ　たたくとうすく広がる

⑵　３種類の金属a～cの質量と体積を測定した。表はその結果をまとめたものである。表の中の金属a～cのうち，密度が最も大きいものと最も小さいものを，それぞれ選びなさい。

表

| 金　属 | a | b | c |
|---|---|---|---|
| 質量[g] | 47.2 | 53.8 | 53.8 |
| 体積[$cm^3$] | 6.0 | 6.0 | 20.0 |

D　電気エネルギーについて，次の⑴，⑵の問いに答えなさい。

⑴　１Whは何Jか，書きなさい。

(2)　LED電球を100Vの電源につなぎ，6Wで5分間使用した。このとき，このLED電球が消費した電気エネルギーのうち，450Jが光エネルギーになったとする。このLED電球が消費した電気エネルギーのうち，光エネルギーになったエネルギーは何%か，書きなさい。

**2**　GさんとMさんは，群馬県内のある地点での太陽の動きを調べるために，次の観察を行った。後の(1)～(3)の問いに答えなさい。

[観察1]

図Iは，水平な厚紙の上に透明半球を置き，実際の方位に合わせて固定したものである。ある年の秋分の日（9月23日）の午前9時から午後3時まで，1時間おきにペンの先端の影が点Oにくるようにして，透明半球に●印を付けた。次に，●印をなめらかな線で結び，その線を透明半球のふちまでのばし，厚紙との交点をX，Yとした。図Ⅱは，なめらかな線に沿ってXからYまで貼った細い紙テープに，●印を写しとったものである。

図I

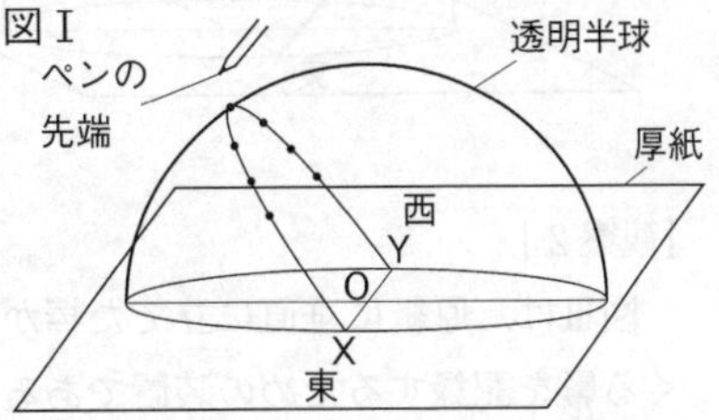


※台の上に透明半球と同じ大きさの円をかいて，その中心をOとする。透明半球のふちを円に合わせて固定する。

図Ⅱ

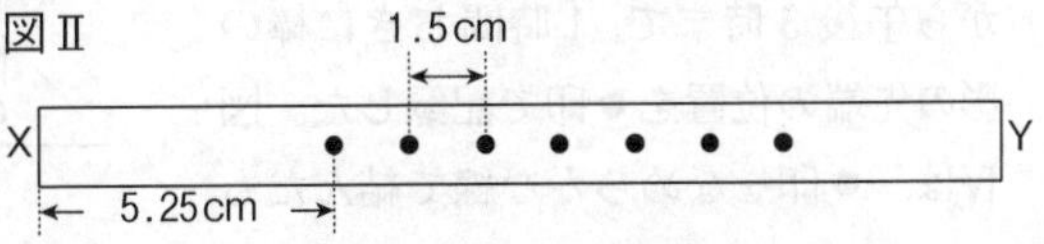


(1)　次の文は，図Ⅱについて，GさんとMさんが交わした会話の一部である。後の①～③の問いに答えなさい。

Gさん：紙テープには等間隔で●印が並んでいるね。このことから　a　ことが分かると思うよ。

Mさん：そうだね。そのほか，紙テープのXY間の長さが　b　の長さに対応するから，●と●の間隔から，日の出や日の入りのおよその時刻が分かるんじゃないかな。

Gさん：確かにそうだね。じゃあ，この1か月後だと紙テープの長さはどうなるかな。

Mさん：図Ⅱと比べて，紙テープのXY間の長さはc｛ア　長く　　イ　短く｝なると思うよ。

Gさん：なるほど。では，観察する時期ではなくて，観察する場所を別の場所に変えると，太陽の動きはどうなるだろうか。

①　a　に当てはまる文を，簡潔に書きなさい。また，　b　には当てはまる語を書き，cについては｛　｝内のア，イから正しいものを選びなさい。

②　観察した日の，日の出のおよその時刻として最も適切なものを，次のア～エから選びなさい。

ア　午前5時　　イ　午前5時30分　　ウ　午前6時　　エ　午前6時30分

③　下線部について，南緯36°のある地点での9月23日の太陽の動きを線と矢印で表しているものとして最も適切なものを，次のページのア～エから選びなさい。ただし，点線は北緯36°のある地点での9月23日の太陽の動きを示している。

ア

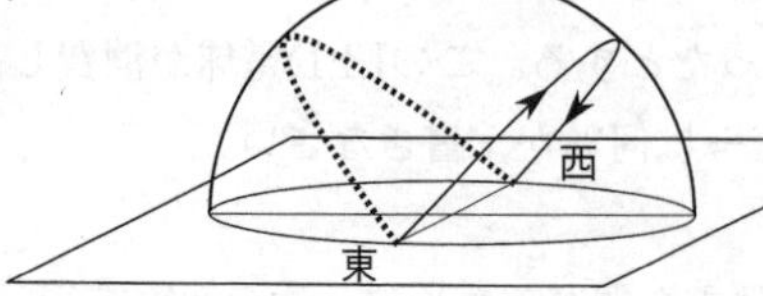


イ

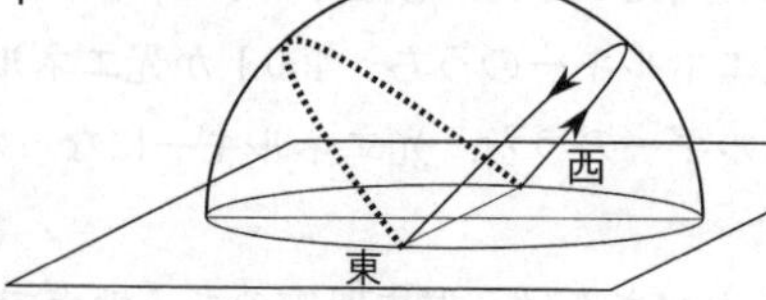


ウ

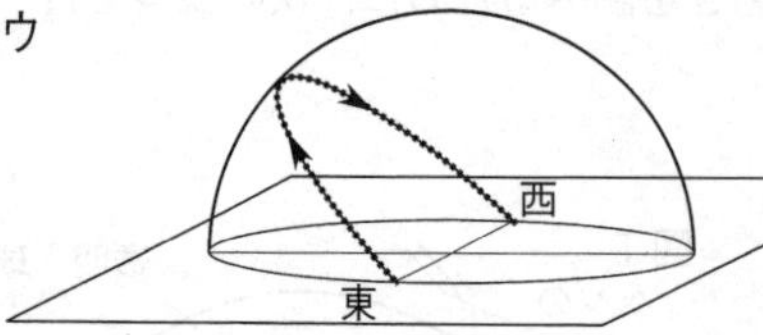


エ

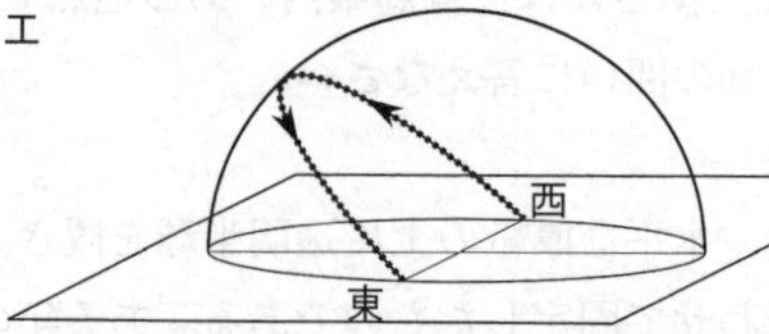


［観察２］

図Ⅲは，厚紙に垂直に立てた棒がつくる影を記録するための装置である。図Ⅲの装置を使って，観察１を行ったのと同じ地点で，秋分の日の午前９時から午後３時まで，１時間おきに棒の影の先端の位置を●印で記録した。図Ⅳは，●印をなめらかな線で結んだものである。

図Ⅲ

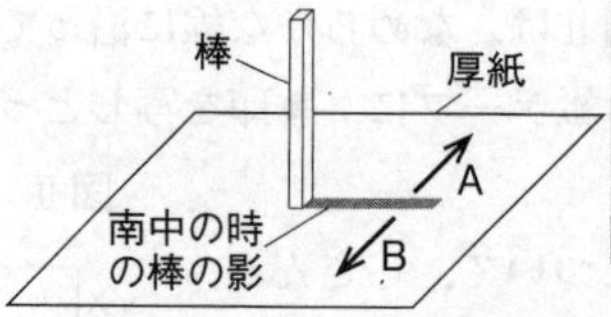


図Ⅳ

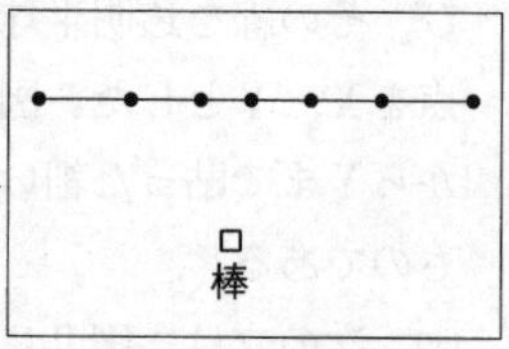


※真上から見た図

⑵　棒の影が動いていくのは，図ⅢのA，Bのうちどちらの方向か，記号を書きなさい。

⑶　観察２と同様の観察を，夏至の日，冬至の日に行った。夏至の日と冬至の日に付けた●印を結んだ線を示したものとして最も適切なものを，次のア～エから選びなさい。

ア

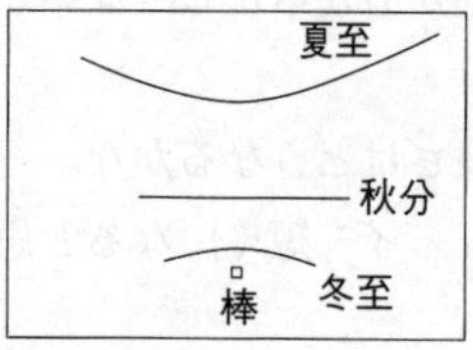


イ

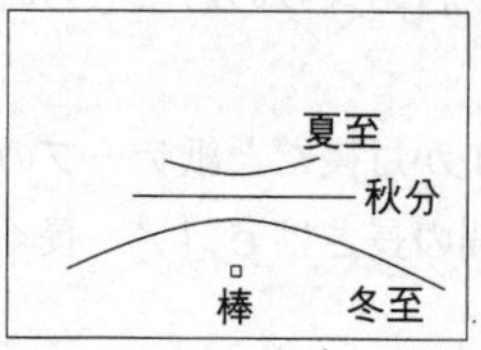


ウ

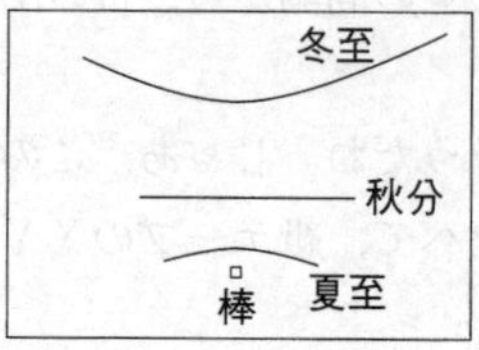


エ

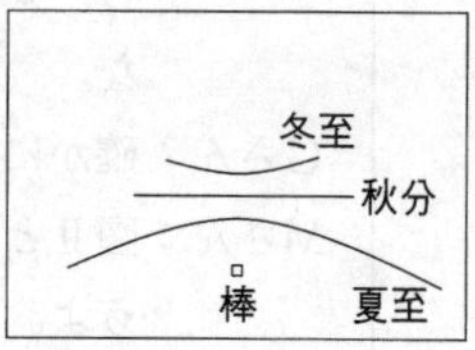


**3**　Mさんは，土壌中の生物について興味を持ち，次の観察と実験を行った。後の⑴～⑷の問いに答えなさい。

［観　察］　落ち葉をルーペで観察したところ，欠けていたり，カビが生えていたりするものがあった。また，落ち葉の下や土の中には，ダンゴムシ，ミミズ，ムカデ，クモが見つかった。

⑴　図Ⅰは，Mさんが観察に用いたルーペを示したものである。落ち葉などの動かすことができるものを観察するときの，ルーペの使い方として最も適切なものを，次のア～エから選びなさい。

図Ⅰ

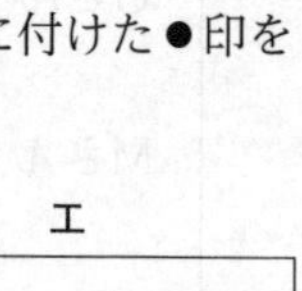

ア　ルーペをできるだけ落ち葉に近づけて持ち，顔を前後に動かしてよく見える位置を探す。

イ　ルーペをできるだけ落ち葉に近づけて持ち，落ち葉とルーペをいっしょに前後に動かしてよく見える位置を探す。

ウ　落ち葉と顔は動かさずに，ルーペを前後に動かしてよく見える位置を探す。

エ　ルーペをできるだけ目に近づけて持ち，落ち葉を前後に動かしてよく見える位置を探す。

⑵　観察で見つかった生物について，

①　ダンゴムシ，ムカデ，クモに共通する体のつくりを，次のア～ウから選びなさい。

ア　体やあしに節がない。　　イ　体が外骨格でおおわれている。

ウ　内臓が外とう膜でおおわれている。

②　クモがふえても鳥などの生物に食べられて減るため，限りなくふえ続けることはない。クモがふえても限りなくふえ続けることがないそのほかの理由を，食べる・食べられるという関係に着目して，簡潔に書きなさい。

[実　験]

観察を行った場所から持ち帰った土を使って，図Ⅱのような手順でビーカーA，Bを用意した。その後，ビーカーA，Bに同量のうすいデンプン溶液を加え，ふたをして室温のままで暗い場所に置いた。次に，ふたをした直後，3日後，5日後，10日後に，ビーカー内の溶液をよくかき混ぜた後，溶液をそれぞれ2mLずつ試験管にとり，ヨウ素液を加えて色の変化を観察した。表は，このときの色の変化をまとめたものである。

図Ⅱ

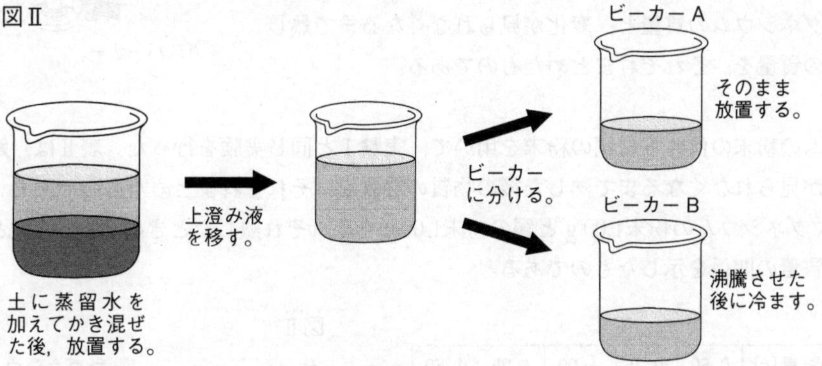


表

| | 直後 | 3日後 | 5日後 | 10日後 |
|---|---|---|---|---|
| ビーカーA | ○ | ○ | × | × |
| ビーカーB | ○ | ○ | ○ | ○ |

○：青紫色に変化した。　×：変化しなかった。

⑶　次の文は，実験について先生とMさんが交わした会話の一部である。文中の ① ， ② に当てはまる文を，それぞれ簡潔に書きなさい。

先　生：今回は，微生物のはたらきを調べる実験を行いました。ビーカーBの実験は，対照実験です。上澄み液を沸騰させた理由は何でしょうか。

Mさん：沸騰させて温度を上げることで，上澄み液中の［　①　］ためだと思います。

先　生：そうですね。では，表のビーカーA，Bの結果を比べると，何が分かりますか。

Mさん：ビーカーBでは10日後まで青紫色に変化しましたが，ビーカーAは３日後までは青紫色に変化し，５日後に初めて色の変化が見られなくなりました。このことから，ビーカーAでは，３日後の観察から５日後の観察までの間に，微生物によって［　②　］ことがいえると思います。

⑷　微生物のはたらきを環境の保全に役立てている取組の例を，１つ書きなさい。

**4**　GさんとMさんは，金属（マグネシウムや銅）と酸素が化合するときの質量の関係を調べるために，次の実験を行った。後の⑴，⑵の問いに答えなさい。

［実験１］

図Ⅰ

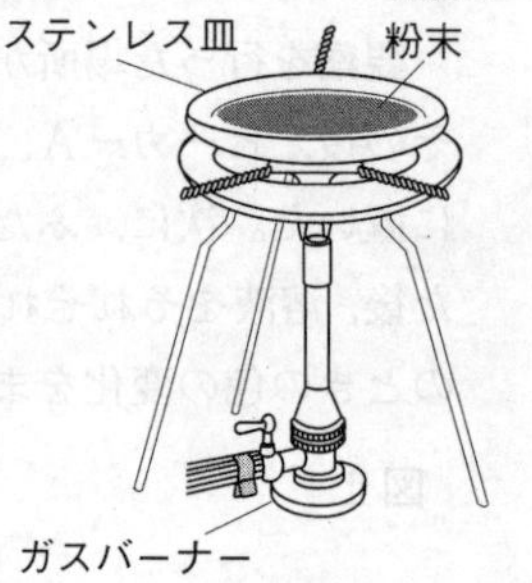


(A)　マグネシウムの粉末をはかりとり，図Ⅰのようにステンレス皿に広げて熱した。粉末の色の変化が見られなくなった後，冷ましてから加熱後の物質の質量を測定し，その後，物質をよく混ぜてから再び熱して，質量の変化が見られなくなるまでこの操作を繰り返した。

(B)　マグネシウムの粉末の質量を変えて，Aと同じ実験を行った。

表Ⅰは，マグネシウムの質量と，変化が見られなくなるまで熱した後の物質の質量を，それぞれまとめたものである。

［実験２］

マグネシウムの粉末の代わりに銅の粉末を用いて，実験１と同じ実験を行った。表Ⅱは，銅の質量と，変化が見られなくなるまで熱した後の物質の質量を，それぞれまとめたものである。また，図Ⅱは，マグネシウムの粉末1.00ｇと銅の粉末1.00ｇをそれぞれ熱したときの，加熱回数と加熱後の物質の質量の関係を示したものである。

表Ⅰ

| | | | | | |
|---|---|---|---|---|---|
| マグネシウムの質量[g] | 0.50 | 0.75 | 1.00 | 1.25 | 1.50 |
| 加熱後の物質の質量[g] | 0.83 | 1.25 | 1.67 | 2.08 | 2.50 |

表Ⅱ

| | | | | | |
|---|---|---|---|---|---|
| 銅の質量[g] | 0.50 | 0.75 | 1.00 | 1.25 | 1.50 |
| 加熱後の物質の質量[g] | 0.59 | 0.90 | 1.18 | 1.49 | 1.78 |

図Ⅱ

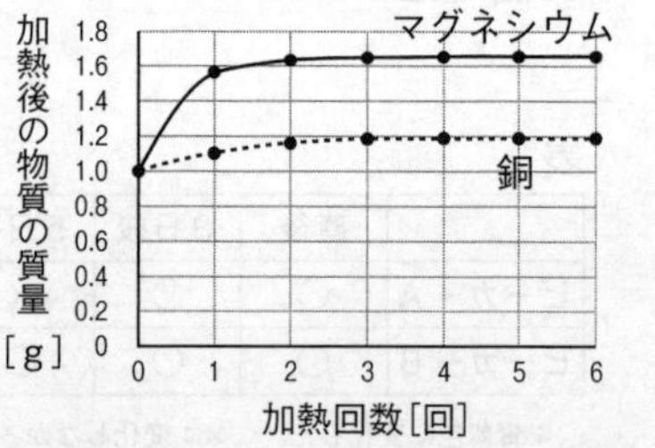


⑴　次の文は，実験結果について，Gさん，Mさん，先生が交わした会話の一部である。後の①～③の問いに答えなさい。

Gさん：表Ⅰと表Ⅱを見ると，加熱後の物質の質量は，酸素と化合する前と比べて大きくなっているね。でも，図Ⅱのグラフの変化を見ると，［　a　］から，マグネシウムや銅と化合する酸素の量には限界がありそうだね。

Mさん：そうだね。マグネシウムと銅が化合する酸素の質量にも違いがあるね。表Ⅰの結果から，マグネシウムの質量と化合する酸素の質量の比は，［ b ］くらいになるよ。

先　生：マグネシウムの質量と化合する酸素の質量の比は，理論上でも［ b ］になります。

Gさん：表Ⅱの結果を見ると，銅の質量と化合する酸素の質量の比は，5：1くらいですか。

先　生：そうですね。でも実は，銅の質量と化合する酸素の質量の比は，正しくは4：1なのです。実験結果が4：1にならなかった原因はいくつか考えられますが，その一つとして銅を保管している間に空気が影響したことが考えられます。

Gさん：それは，保管している間に銅の粉末が［ c ］ということですね。

Mさん：私は4：1にならなかったのは，銅が内部まで完全に反応せずに残ってしまったからだと思います。

①　文中の［ a ］，［ c ］に当てはまる文を，それぞれ簡潔に書きなさい。また，［ b ］に当てはまるものを，次のア～エから選びなさい。

ア　3：5　　イ　2：5　　ウ　3：2　　エ　2：1

②　銅の質量と化合する酸素の質量の比が4：1であるとすると，銅1.00 gを加熱し完全に反応させたとき，生じる化合物は何gであると考えられるか，書きなさい。

③　下線部のとおり，銅が内部まで完全に反応せずに残ってしまったことのみが，銅の質量と化合する酸素の質量の比が4：1にならなかった原因であるとする。この場合，銅1.00 gを加熱したとき，反応せずに残っている銅の質量は，反応する前の銅全体の質量の何％を占めると考えられるか，書きなさい。

(2)　次の①～③の問いに答えなさい。

①　次の図Ⅲは，この実験で起こった化学変化をモデルで表したものである。金属原子1個を●で，酸素原子1個を○で表すものとして，［ a ］，［ b ］に当てはまるモデルをかきなさい。

図Ⅲ

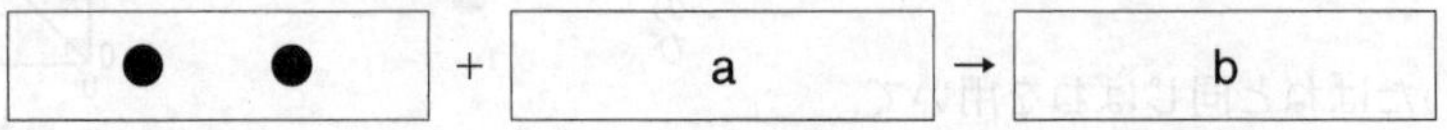


②　次の文は，実験の結果を踏まえて，マグネシウム原子と銅原子の質量について考察したものである。文中のa～dについて｛　｝内のア，イから正しいものを，それぞれ選びなさい。

図Ⅱより，マグネシウムは，同じ質量の銅に比べて化合することのできる酸素の質量がa｛ア　多い　　イ　少ない｝。そのことから，同じ質量のマグネシウムと銅に化合することのできる酸素原子の数は，b｛ア　マグネシウム　　イ　銅｝の方が多いことが分かる。また，図Ⅲより，金属原子1個は酸素原子1個と結びつくため，同じ質量のマグネシウムと銅に含まれる原子の数は，c｛ア　マグネシウム　　イ　銅｝の方が多いことが分かる。よって，原子1個の質量は，d｛ア　マグネシウム　　イ　銅｝の方が大きいと考えられる。

③　マグネシウム原子1個の質量は銅原子1個の質量のおよそ何倍であると考えられるか，(1)の会話の内容を踏まえ，小数第3位を四捨五入して書きなさい。

**5**　GさんとMさんは，物体にはたらく力と圧力について調べるために，次の実験を行った。後の(1)～(3)の問いに答えなさい。

［実験1］

図Ⅰのような物体Xと物体Yを用意した。物体X，Yはともに直方体で，それぞれの重さと面の面積は次のとおりである。

・物体X：重さ1N，面Pの面積 $2\ \mathrm{cm}^2$，面Qの面積 $4\ \mathrm{cm}^2$

・物体Y：重さ2N，面Rの面積 $5\ \mathrm{cm}^2$，面Sの面積 $10\ \mathrm{cm}^2$

図Ⅱのように，物体X，Yをそれぞれスポンジの上にのせたとき，スポンジがへこむ深さを調べた。

図Ⅰ

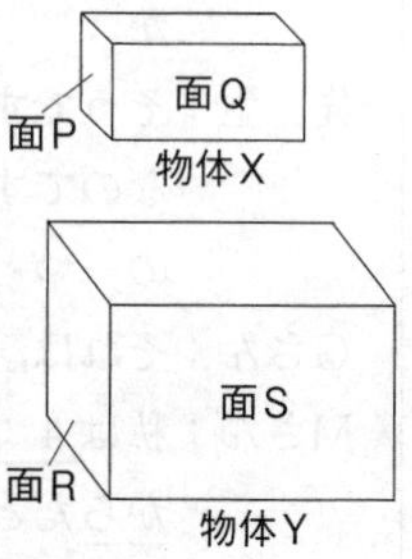


図Ⅱ

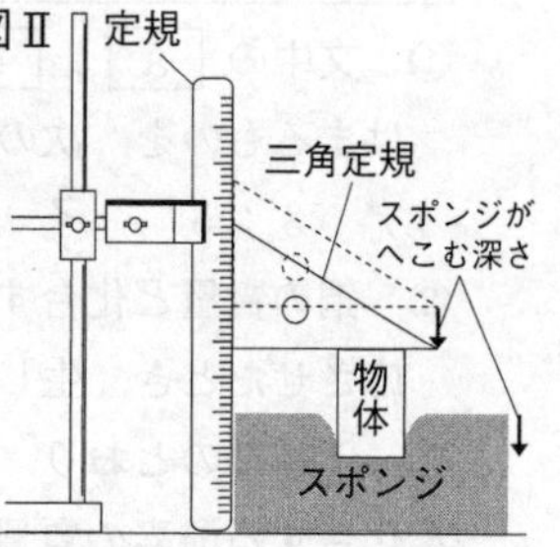


(1)　スポンジが最も深くへこむのはどれか，次のア～エから選びなさい。

ア　物体Xを，面Pを下にして，スポンジの上にのせる。

イ　物体Xを，面Qを下にして，スポンジの上にのせる。

ウ　物体Yを，面Rを下にして，スポンジの上にのせる。

エ　物体Yを，面Sを下にして，スポンジの上にのせる。

［実験2］

(A)　ばねにつるすおもりの重さを変えて，図Ⅲのようにばねののびを測定した。図Ⅳは，ばねにつるすおもりの重さとばねののびの関係をグラフに表したものである。ただし，ばねの重さは考えないものとする。

図Ⅲ

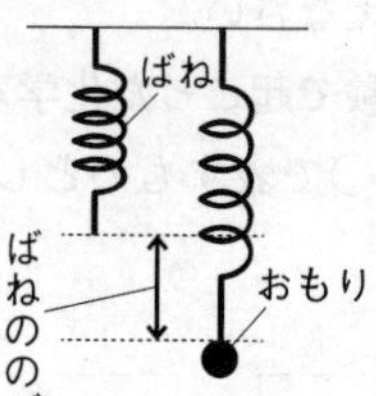


図Ⅳ

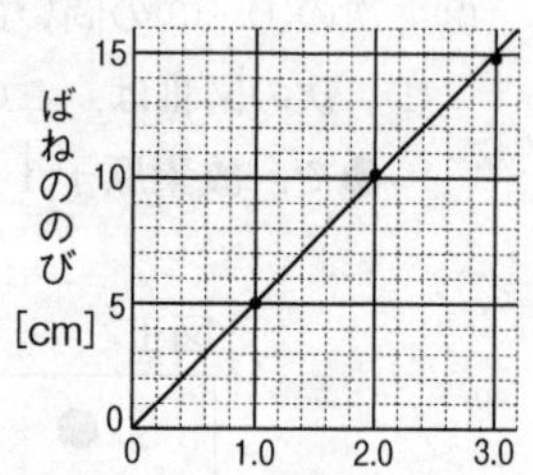


(B)　(A)で用いたばねと同じばねを用いて，ある重さの物体をばねにつるし，台ばかりの上に静かにのせ，図Ⅴのように，ばねののびがなくなるまで，ゆっくりおろしていった。図Ⅵは，台ばかりの示す値とばねののびの関係をグラフに表したものである。

図Ⅴ

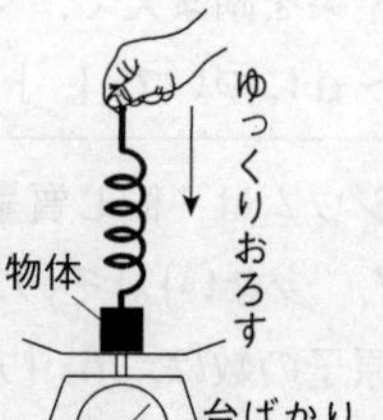


図Ⅵ

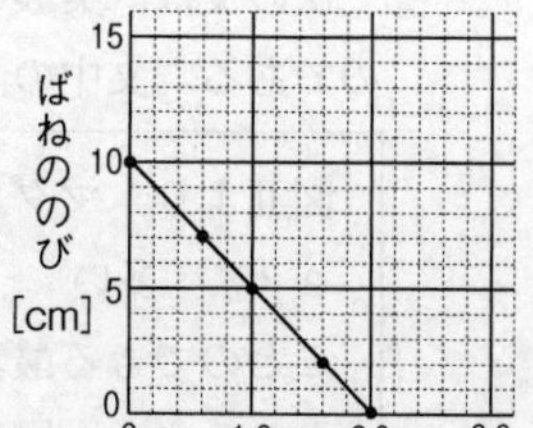


(2)　次の①，②の問いに答えなさい。

①　図Ⅵのグラフから分かる，台ばかりの示す値とばねののびの関係について，簡潔に書きなさい。

②　次の文は，実験2の結果について，GさんとMさんが交わした会話の一部である。文中の

a ～ c に当てはまる数値を書きなさい。また，d に当てはまる文を，「合力」という語を用いて，簡潔に書きなさい。

> Gさん：図Ⅳと図Ⅵから，ばねののびが2.5㎝のとき，ばねにはたらく力は a Nになって，台ばかりが示す値は b Nになるね。
> Mさん：そうだね。ばねののびが５㎝のときも，同様に値が分かるね。
> Gさん：あれ，ばねののびが2.5㎝と５㎝で違うのに，ばねにはたらく力と台ばかりの示す値を足してみると，どちらも同じ値になるね。
> Mさん：本当だ。この物体にはたらく重力は c Nだよね。
> Gさん：物体には，重力，ばねが物体を引く力，台ばかりが物体を押す力の３つの力がはたらいているから，これら３つの力に着目すると，d という関係がありそうだね。

⑶　実験２(B)で用いた物体の代わりに，実験１で用いた重さが１Nの物体Xを，面積２㎝$^2$の面を下にしてばねにつるし，実験２(B)と同じ操作を行った。同様に，実験１で用いた重さが２Nの物体Yを，面積10㎝$^2$の面を下にしてばねにつるし，実験２(B)と同じ操作を行った。このとき，次のａ，ｂで表されるグラフとして最も適切なものを，下のア～エからそれぞれ選びなさい。

> ａ　横軸を台ばかりが物体から受ける力としたときの，ばねののびを表すグラフ
> ｂ　横軸を台ばかりが物体から受ける圧力としたときの，ばねののびを表すグラフ

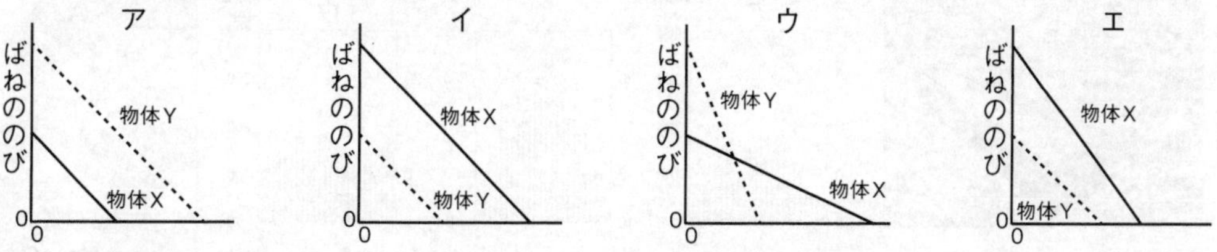

# ＜社会＞

時間　45分～60分（学校裁量による）　満点　100点

**1**　さと子さんは，「日本の様々な地域の学習」のまとめとして，大阪府について調べ，発表した。次の資料と図は，そのときに使用したものの一部である。後の⑴～⑸の問いに答えなさい。

発表内容

私は，(a)百舌鳥《もず》・古市《ふるいち》古墳群が世界遺産に登録されたことをニュースで知って，大阪府に興味を持ち，調べてみました。大阪府のある(b)近畿地方は　北部には山地がなだらかに続き南部には紀伊山地があります。そのため，地域によって気候が異なります。大阪湾の海岸線は，縄文時代には複雑に入り組んでいましたが，何度も治水工事をして，現在の景観になったと聞きました。

中世になると，大阪は産業や交通の拠点として栄えました。江戸時代には，(c)西廻《まわ》り航路が開かれ，商業が発展しました。戦後になると(d)製造業がおこり，様々な技術を持つ企業が今でも多くあります。現在は，多くの外国人も訪れる国際都市として発展しています。2019年には，20か国・地域首脳会議（大阪サミット）が開かれ，(e)情報に関する国際的なルールなども議論されました。

資料Ⅰ

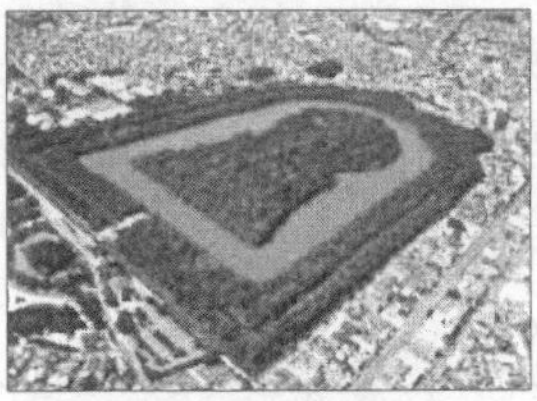

資料Ⅱ

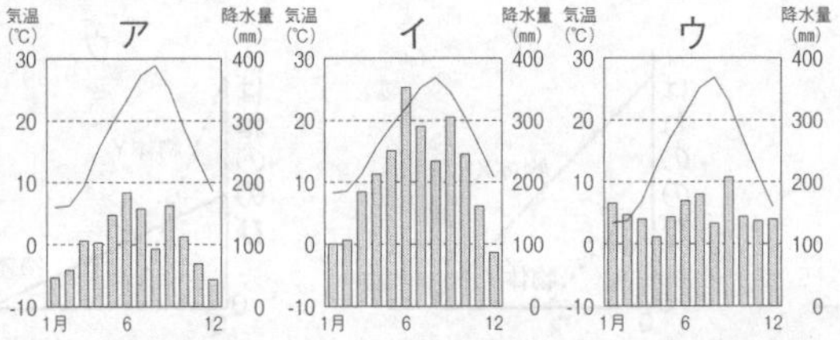


（気象庁ホームページにより作成）

図

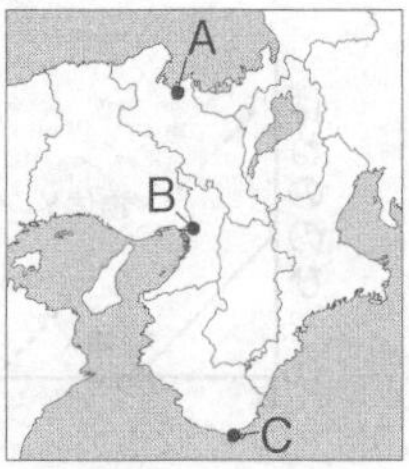


⑴　下線部(a)に関して，資料Ⅰは日本最大の古墳である。この古墳の名称を書きなさい。

⑵　下線部(b)に関して，資料Ⅱのア～ウは，図中のA～Cのいずれかの地点の気温と降水量のグラフである。Bの地点に当たるものを，ア～ウから選びなさい。

⑶　下線部(c)について，西廻り航路によって新たに大阪と海路でつながれた都市を，次のア～エから選びなさい。

ア　銚子　　イ　八戸

ウ　新潟　　エ　平戸

⑷　下線部(d)に関して，さと子さんは，資料Ⅲ，資料Ⅳを見つけた。資料Ⅲの取組事例では，製品づくりにおいて，どのような工夫が見られるか，資料Ⅳからわかる大阪府の製造業の特徴を

資料Ⅲ　東大阪市の取組事例

市の取組…様々な分野の専門的な技術を持つ企業が協力して，製品づくりができるように支援している。

製造品…人工衛星，スカイツリーや新幹線などに使われる精密な機器や部品など

資料Ⅳ　3府県の製造業に関する資料

| | 事業所数（社） | 平均従業員数（人） | 製造品出荷額（百万円） |
|---|---|---|---|
| 大阪 | 15,990 | 27 | 15,819,650 |
| 神奈川 | 7,697 | 46 | 16,288,163 |
| 愛知 | 15,870 | 52 | 44,909,000 |

（「平成29年工業統計表」などにより作成）

踏まえて，書きなさい。

⑸　下線部(e)について，さと子さんは，資料Ⅴを作成した。資料Ⅴ中の波線部について，どのようなデータを蓄積して，どのように活用している事例があるか。その具体的な事例を１つ書きなさい。

資料Ⅴ　発表メモ

> 世界では急速にインターネットの利用者数が増えていますが，個人情報を守る国際的なルールは，まだ整備されていません。大阪サミットでは，情報に関する国際的なルールについて話し合われました。これからの社会では，私たちの暮らしをよりよくするために，人々の生活から得られたデータを蓄積し，有効に活用することが期待されています。インターネットを安全に利用し，情報を有効に使用するためにも，国際的なルールの整備が必要です。

**2**　俊也さんは，祖父の家がある鹿児島県について調べたことをまとめ，発表した。次の図と資料は，そのときに使用したものの一部である。後の⑴～⑶の問いに答えなさい。

図Ⅰ　1983年発行の地形図

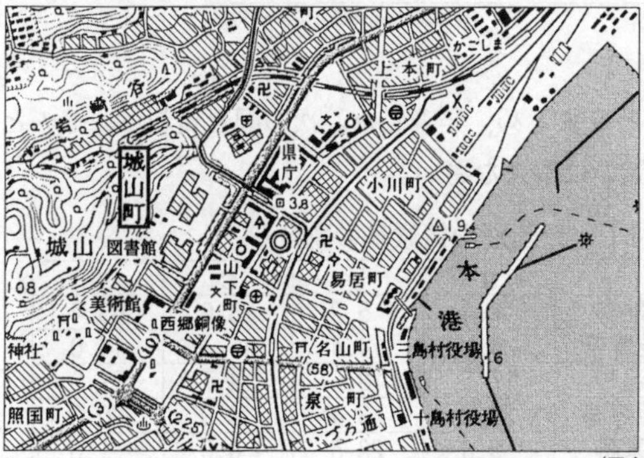


図Ⅱ　2004年発行の地形図

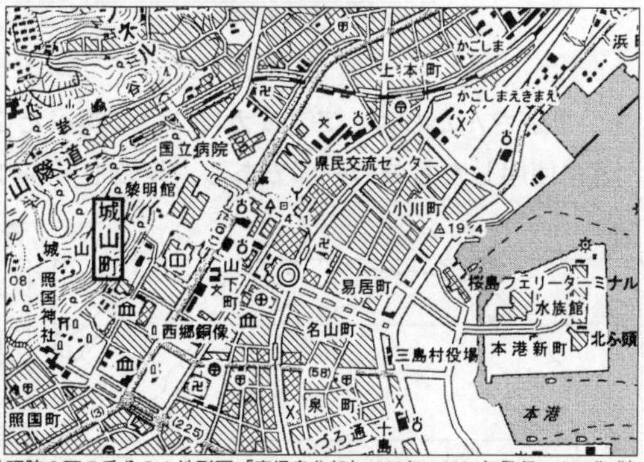


（国土地理院２万５千分の１地形図「鹿児島北部」1983年，2004年発行により作成）

⑴　俊也さんは，1983年と2004年に発行された鹿児島市の地形図を見つけた。図Ⅰの1983年発行の地形図と比較して，図Ⅱの2004年発行の地形図から読み取れる情報として適切なものを，次のア～エから，2つ選びなさい。

ア　城山町で山が削られ，住宅地が開発された。

イ　図書館が地図記号で示されるようになった。

ウ　港の一部が埋め立てられ，海岸線が変化した。

エ　「かごしま」駅の西に，高等学校がつくられた。

⑵　俊也さんは，祖父と訪れた鹿児島県鹿屋市の地形と土地利用について調べ，次のページのようにまとめた。［A］，［B］に当てはまる語を書きなさい。また，［C］，［D］には，台地と低地では土地がそれぞれどのように利用されているか，理由を含めて，当てはまる文を書きなさい。

資料Ⅰ　鹿児島県鹿屋市の地形図

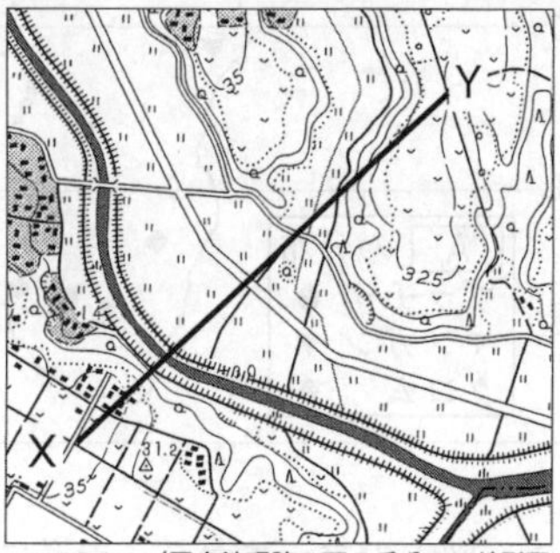


（国土地理院２万５千分の１地形図「大隅高山」1999年発行により作成）

資料Ⅱ　資料ⅠのＸ－Ｙの断面図

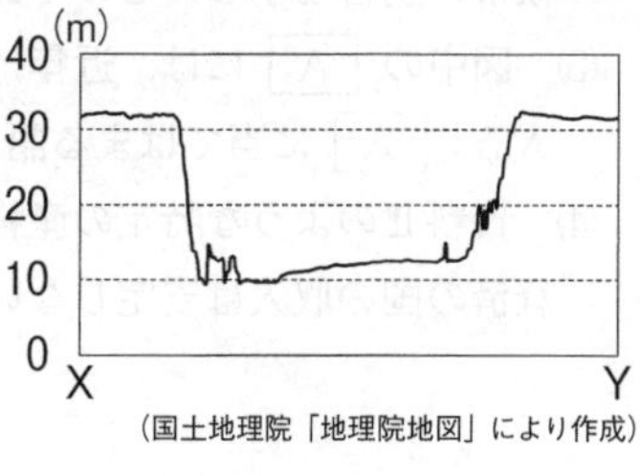


（国土地理院「地理院地図」により作成）

鹿児島県には，かつて噴火した火山の活動によって作られた大規模なくぼ地である［　A　］が，数多くみられる。また，資料Ⅰの地域には，火山活動による噴出物が堆積してできた［　B　］台地が広がっており，資料Ⅰと資料Ⅱより，この地域の台地は，［　C　］。また，低地は，［　D　］。

(3) 資料Ⅲは，2月と8月における，桜島の噴火による降灰の範囲を示したものである。2月と8月で降灰の範囲が変化する理由として考えられることを，簡潔に書きなさい。

資料Ⅲ　2月と8月における桜島の噴火による降灰の範囲

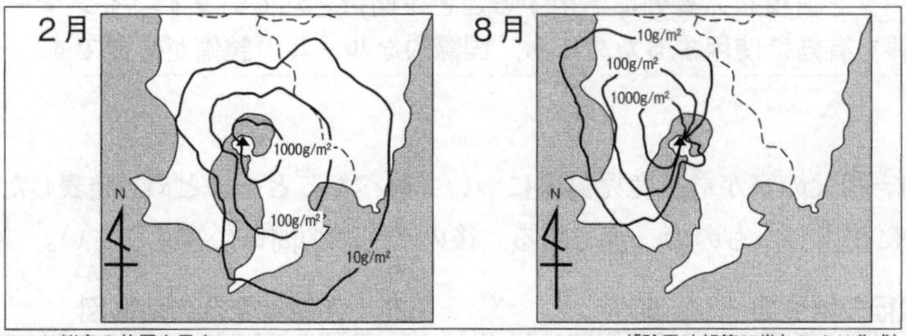


※▲は桜島の位置を示す。　　　　（「験震時報第65巻」により作成）

**3** 里奈さんたちは，アフリカについて調べたことをまとめ，発表した。次の図と資料は，そのときに使用したものの一部である。後の(1)～(5)の問いに答えなさい。

図

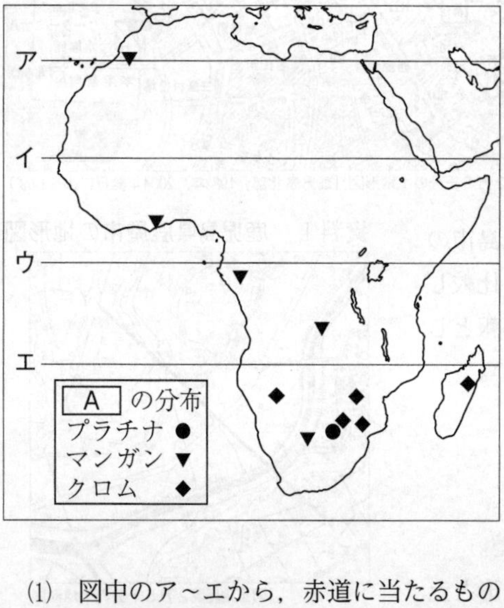


資料Ⅰ　大陸別の気候帯の割合(%)

| | a | b | c | d |
|---|---|---|---|---|
| 熱帯 | 7.4 | 5.2 | 38.6 | 63.4 |
| 乾燥帯 | 26.1 | 14.4 | 46.7 | 14.0 |
| 温帯 | 17.5 | 13.5 | 14.7 | 21.0 |
| 亜寒帯 | 39.2 | 43.4 | 0.0 | 0.0 |
| 寒帯 | 9.8 | 23.5 | 0.0 | 1.6 |

（「データブック オブ・ザ・ワールド2019年版」により作成）

資料Ⅱ　国別の輸出額に占める主な輸出品の割合

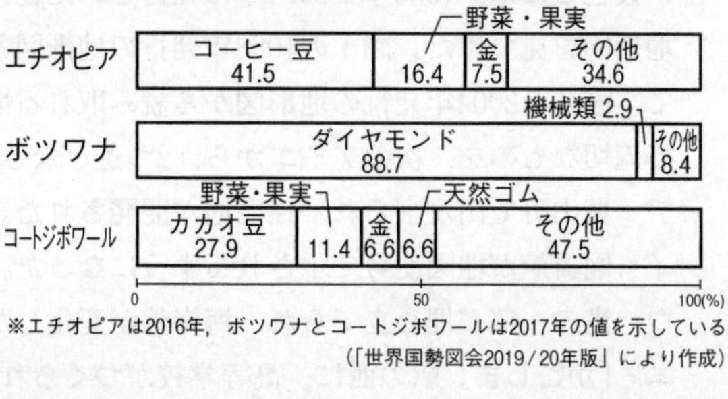


※エチオピアは2016年，ボツワナとコートジボワールは2017年の値を示している。
（「世界国勢図会2019/20年版」により作成）

(1) 図中のア～エから，赤道に当たるものを選びなさい。

(2) 資料Ⅰのa～dは，アフリカ，北アメリカ，南アメリカ，ユーラシアのいずれかの大陸の気候帯の割合を示したものである。アフリカ大陸に当たるものを，a～dから選びなさい。

(3) 図中の［A］には，近年，スマートフォンなどの電子機器に多く使われている金属の総称が入る。［A］に当てはまる語を書きなさい。

(4) 資料Ⅱのような特定の産物の輸出に頼る経済を何というか，書きなさい。また，このような経済の国の収入は安定しない傾向がある。その理由を，簡潔に書きなさい。

(5) 里奈さんたちは，アフリカをはじめとした発展途上国に関する課題を解決する手段の1つとして，「学校給食プログラム」という国際連合の活動を知り，期待できる効果について話し合い，資料Ⅲのワークシートにまとめた。資料Ⅲ中の B に当てはまる文を，資料Ⅲと資料Ⅳを参考にして，書きなさい。

資料Ⅲ　里奈さんたちがまとめたワークシート

■発展途上国に関する課題について書き出そう

・人口増加や天候不順のため食べ物が不足し、飢餓や栄養不足に苦しんでいる人がいる。
・自分たちの食べ物を確保するのに精一杯で、子どもも働かなければならない。

「学校給食プログラム」
国連の機関により，発展途上国の学校で栄養価の高い給食を無償で提供する活動

■期待できる効果を書き出そう

| | |
|---|---|
| 子どもたちが食事をとることができ、必要な栄養を得られる。 | B |

資料Ⅳ　「学校給食プログラム」の必要性を紹介する動画の一部

場面1　農作業をする子どもと勉強をする子ども

場面2　まき拾いをする子どもと給食を食べる子ども

（世界食糧計画ホームページにより作成）

**4**　涼太さんは，「船で結ばれた世界と日本」というテーマで調べたことをまとめ，発表した。次のパネルと資料は，そのときに使用したものの一部である。後の(1)～(6)の問いに答えなさい。

パネルⅠ　遣唐使船の様子

7世紀以降，日本は，唐の諸制度や文化を取り入れて新たな国づくり(a)を目指しました。平安時代以降も遣唐使は派遣されました(b)が，9世紀末に停止されました。

資料Ⅰ

口分田を男に二段，女にはその三分の二を与えよ。（中略）田は六年に一回与えよ。
（部分要約）

※段は土地の単位

パネルⅡ　明に派遣された船の様子

室町幕府は，明に朝貢する形の貿易を行いました。この貿易を通して，明から生糸・絹織物などが輸入され(c)，日本からは銅や硫黄，刀が輸出されました。

資料Ⅱ　定期市の開催数

鎌倉時代：月3回
⇩
室町時代：月6回
（応仁の乱以降）

パネルⅢ　南蛮船の様子

戦国時代の日本では，南蛮人との交流が盛んになりました。戦国大名の中には宣教師の布教活動を保護し，南蛮貿易(d)で利益を上げる者があらわれました。

資料Ⅲ　堺の鉄砲鍛冶《かじ》

パネルⅣ　横浜に来航する外国船の様子

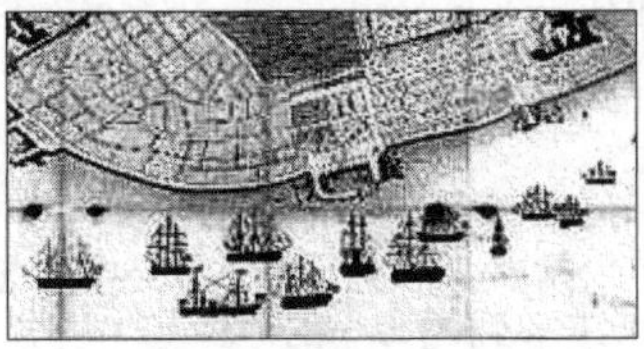

大老井伊直弼(e)がアメリカと通商条約を結び，横浜などで貿易が開始されました。その後，イギリスに接近した薩摩藩(f)が長州藩と結び，倒幕運動を展開しました。

資料Ⅳ　江戸の物価と賃金

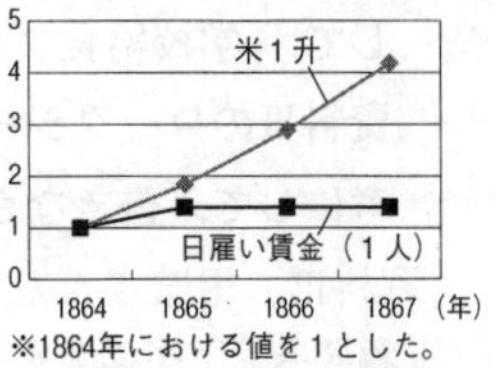


※1864年における値を1とした。
（「近世後期における主要物価の動態」により作成）

⑴　下線部(a)について，資料Ⅰは唐の影響を受けて実施された制度である。この制度を何というか，書きなさい。

⑵　下線部(b)に関して，平安時代に日本から唐に渡り，帰国して仏教の新しい教えを伝えた人物を，次のア～エから選びなさい。

ア　鑑真　　イ　行基　　ウ　最澄　　エ　法然

⑶　下線部(c)に関して，生糸と絹織物以外に日本が明から大量に輸入したものは何か，資料Ⅱを参考にして，書きなさい。

⑷　下線部(d)について，南蛮貿易によってもたらされた鉄砲は，その後，戦国大名に広く行きわたるようになった。その理由を，資料Ⅲを参考にして，簡潔に書きなさい。

⑸　下線部(e)の人物に関わる次のア～ウのできごとを，時代の古い順に並べなさい。

ア　安政の大獄　　イ　桜田門外の変　　ウ　日米修好通商条約の調印

⑹　下線部(f)に関して，この時期に江戸などの都市では打ちこわしが発生した。打ちこわしが発生した理由を，資料Ⅳを参考にして，簡潔に書きなさい。

**5**　誠さんは，夏季オリンピックと関連した国内外の歴史について調べたことをまとめ，発表した。次の資料は，そのときに使用したものの一部である。後の⑴～⑷の問いに答えなさい。

資料Ⅰ　夏季オリンピックの参加国・地域数

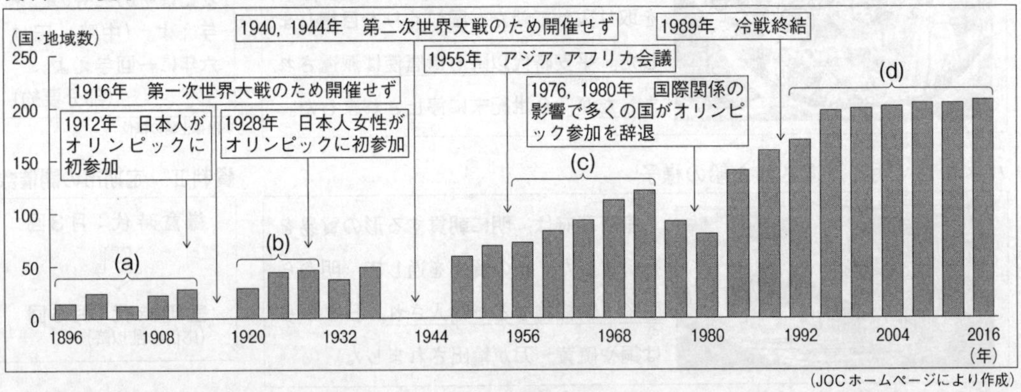


（JOCホームページにより作成）

⑴　資料Ⅰの(a)の時期に，日本の国際的な地位が向上した。(a)の時期に起こった次のア～エのできごとを，時代の古い順に並べなさい。

ア　日露戦争が開始された。　　イ　ポーツマス条約を結んだ。

ウ　日英同盟を結んだ。　　エ　関税自主権を完全に回復した。

⑵　誠さんは，資料Ⅰの(b)の時期について，資料Ⅱを示して，次のように説明した。 A に当て

はまる語句を書きなさい。また，［B］に当てはまる人物を，後のア～エから選びなさい。

> 資料Ⅱの背景として，第一次世界大戦が総力戦となったため，戦後の欧米諸国では人々の要求が高まり，［A］が求められたことがあげられます。日本でもこの時期，［B］などが中心となり，［A］を求める運動が本格化しました。

ア　樋口一葉　　イ　野口英世
ウ　美濃部達吉　　エ　平塚らいてう

⑶　誠さんは，資料Ⅰの(c)の時期の参加国・地域数の変化について，資料Ⅲを見つけた。(c)の時期に参加国・地域数が増加している理由として考えられることを，資料Ⅲを参考にして，書きなさい。

⑷　誠さんは，資料Ⅰの(d)の時期について，資料Ⅳを見つけ，国際連合の活動に興味を持った。日本は，世界各地で起こっている紛争に対する国際連合のどのような活動に参加しているか，資料Ⅴを参考にして，その活動名を書きなさい。

資料Ⅱ

| 年 | オリンピックへの女性の参加数（人） |
|---|---|
| 1920 | 65 |
| 1924 | 135 |
| 1928 | 277 |

(IOCホームページにより作成)

資料Ⅲ　東京オリンピック(1964年)における国名及び国旗の変化

開会式
北ローデシア

閉会式
ザンビア(旧北ローデシア)

資料Ⅳ　国連とオリンピック停戦

> 総会は1993年10月25日の決議により，オリンピック開会の7日前から閉会の7日後まで，加盟国に停戦を守るよう強く訴えました。（中略）オリンピック大会という，最大の国際的スポーツ・イベントに世界各地のアスリートたちを結集させ，平和の維持，相互理解，親善という，国連と共通する目標の推進を目指すものです。

(国際連合広報センターホームページにより作成)

資料Ⅴ　南スーダンで活動する自衛隊員

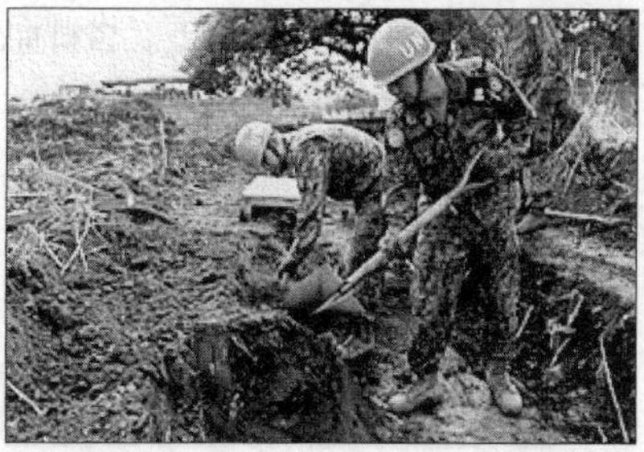

**6**　花子さんたちは，公民の学習で学んだことのまとめとして，「少子高齢化がもたらす影響」について調べ，発表した。次の発表メモと資料は，そのときに使用したものの一部である。後の⑴～⑸の問いに答えなさい。

発表メモⅠ【労働への影響】

> 働く人の数が減少していく中で，外国人も含めた多様な人材の活用が必要だとされています。一方で，厳しい労働環境におかれる外国人労働者もおり，労働者の権利(a)の保障が課題になっています。

発表メモⅡ【財政への影響】

> 日本の歳入は，原則として税金によってまかなわれますが，税収(b)の減少もあり，財政赤字が拡大しています。そのため，政府は［A］を発行しており，その累積額は増え続けています。

発表メモⅢ【社会保障への影響】

高齢者が増え，年金などの社会保障の支出が増加しており，今後もこのような傾向が続くと予想されています。そのため，社会保障支出と国民の負担(c)の関係が，課題になっています。

発表メモⅣ【家族の在り方への影響】

高度経済成長が始まった頃は，三世代世帯が多く見られましたが，現在は家族の在り方も多様化してきています。そうした変化に伴い，子育て(d)や介護などに課題が生じています。

(1) A に当てはまる語を書きなさい。

(2) 下線部(a)に関して，労働者の団結する権利を保障している法律を，次のア～ウから選びなさい。

ア　労働基準法　　イ　労働組合法　　ウ　労働関係調整法

(3) 下線部(b)に関して，花子さんたちは，消費税，法人税，所得税の税収の推移を調べた。消費税を示すグラフとして適切なものを，資料Ⅰのア～ウから選びなさい。

(4) 下線部(c)について，花子さんたちは社会保障支出について調べ，資料Ⅱを用いて発表した。資料Ⅱは，アメリカ，デンマーク，日本の国内総生産に占める社会保障支出の割合と国民負担率を示したものである。社会保障支出の割合と国民負担率にはどのような関係があるか，資料Ⅱを参考に，その傾向を簡潔に書きなさい。

(5) 下線部(d)について，花子さんたちは，子育て支援の取組を示した資料Ⅲを見つけた。資料Ⅲのような取組を行っている理由を，資料Ⅳ，資料Ⅴを参考にして書きなさい。

資料Ⅰ

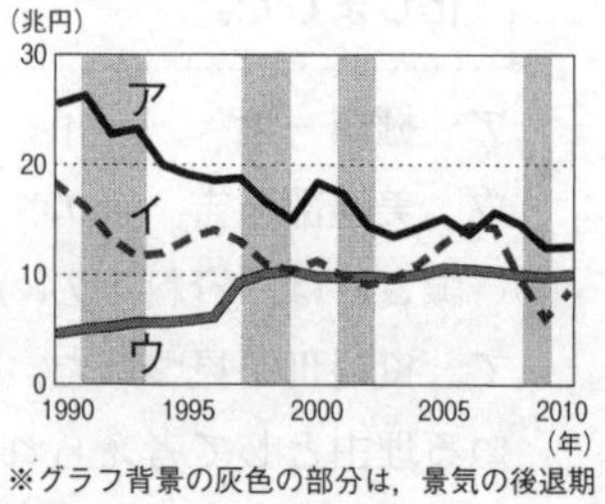


※グラフ背景の灰色の部分は，景気の後退期を示す。

（財務省，内閣府ホームページにより作成）

資料Ⅱ　社会保障支出の割合と国民負担率（2014年）

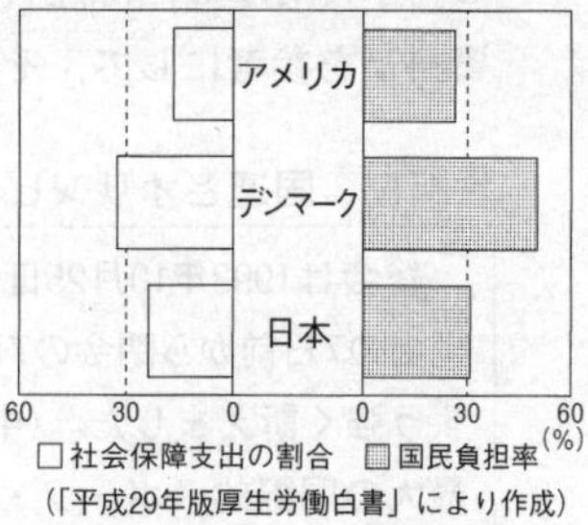


（「平成29年版厚生労働白書」により作成）

資料Ⅲ

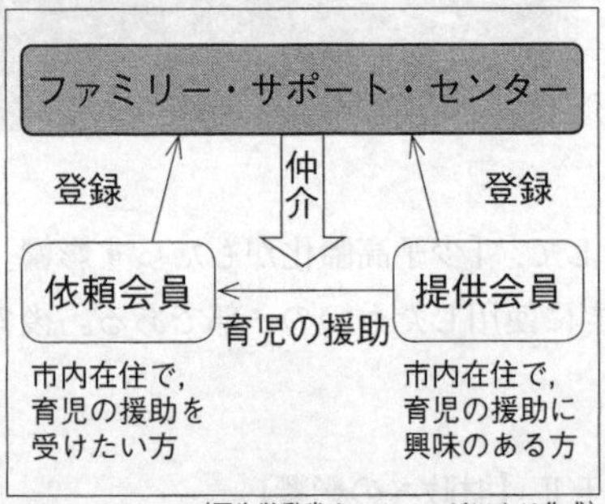


（厚生労働省ホームページにより作成）

資料Ⅳ　家族類型別世帯数

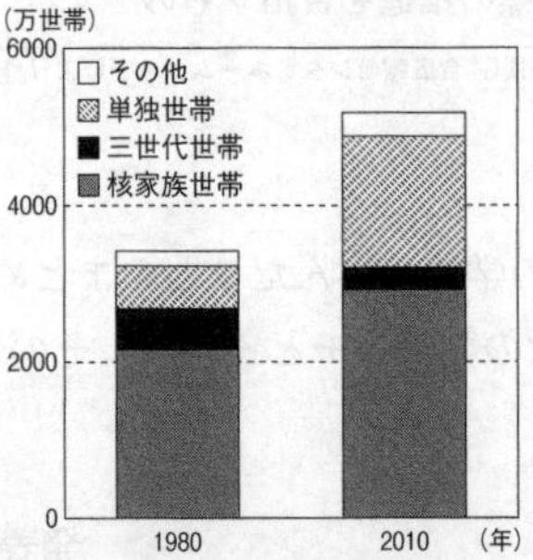


（「国勢調査」により作成）

資料Ⅴ　共働き世帯数

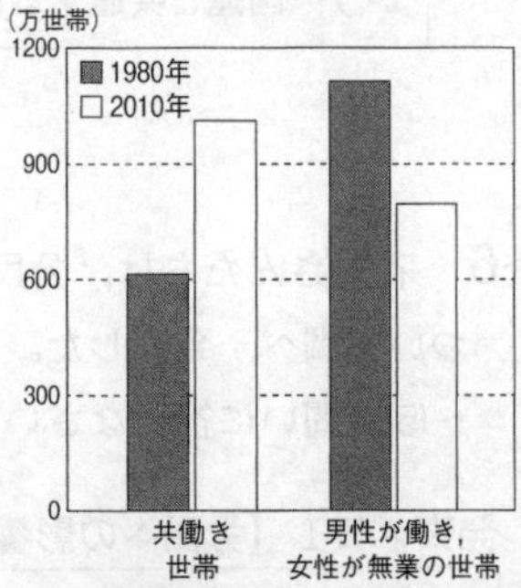


（厚生労働省ホームページにより作成）

**7** 太郎さんは，政治の学習のまとめとして，「議場の形」というテーマで調べ，発表した。次のページのカードと資料は，そのときに使用したものの一部である。後の(1)～(4)の問いに答えなさい。

(1) 下線部(a)について，衆議院のみで審議されるものを，次のア～エから選びなさい。

ア　予算案　　イ　法律案　　ウ　条約の承認　　エ　内閣不信任の決議

カード１

特徴：多くの人に情報を伝達した上で，議決をする。
例：国会(a)，国連総会(b)など

カード２

特徴：少人数で話し合いを行った上で，議決をする。
例：内閣が行う会議である閣議(c)など

カード３

特徴：立場を明確にして，話し合った上で，議決をする。
例：イギリスの議会，日本の一部の市町村議会(d)など

(2)　下線部(b)に関して，資料Ⅰに示された議案の可決に最低限必要な票数を書きなさい。ただし，193か国の全てが出席し投票するものとする。

資料Ⅰ　国連総会の議案

議案（通常議案）
『世界の水問題の解決について』
賛成　○○票
反対　○○票
（193か国中）

(3)　下線部(c)に関して，太郎さんは，資料Ⅱを用いて，次のように説明した。[ A ]，[ B ] に当てはまる語を書きなさい。

**閣議では政府の方針が決められます。資料Ⅱのように，[ A ] は内閣総理大臣を国会議員の中から指名します。また，[ B ] の過半数は国会議員でなければならないとされています。議院内閣制の下では，内閣は [ A ] の意思を執行するしくみをとっています。**

資料Ⅱ　議院内閣制のしくみ

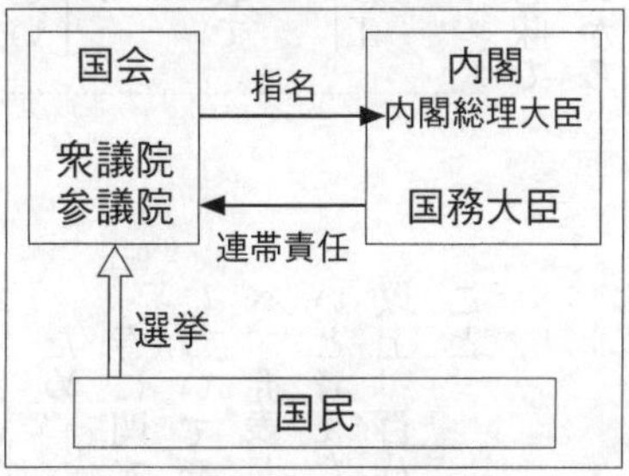


(4)　下線部(d)について，カード３にあるような対面式の議場を導入している市町村議会では，議場を対面式にすることで，首長と議会がそれぞれの立場を明確にして討論をすることを期待している。

首長と議会が，立場を明確にして討論をする必要があるのはどうしてか，資料Ⅲの首長と議会の関係に着目して，その理由を書きなさい。

資料Ⅲ　地方自治のしくみ

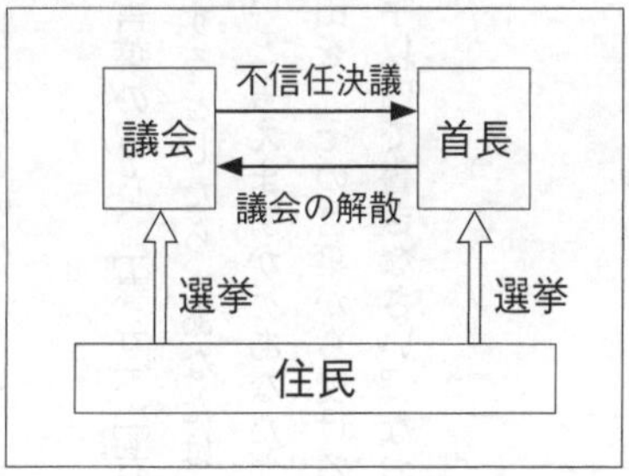

六　次の会話文は、季節に関する言葉について調べたことを発表するという活動に向け、花子さんと太郎さんが話し合った会話の一部です。これを読んで、後の㈠～㈢の問いに答えなさい。

花子さん　国語の授業で勉強した俳句の季語についてさらに調べてみたら、「小春」は春を指す言葉ではないことが分かったわ。

太郎さん　え、そうなの。僕は、春になって間もない頃を指す言葉かと思っていたよ。

花子さん　辞書によると、「小春」は「陰暦十月の別称」とあったから、現在の十一月頃かしら。「冬の初めの頃の、穏やかで暖かな天気」のことを「小春日和」と呼ぶとも書いてあったわ。

太郎さん　へえ、そうなんだ。でも、十一月ってこれから本格的な冬が始まる前だよね。それなのに、どうして「小さい春」って書くんだろう。

花子さん　実は、「小」の意味は、単に「小さい」だけではなく、名詞に付く場合、「～のような、～と似ている」という意味で用いることもあるみたい。A「小春」はその一つの例だと思うわ。

太郎さん　なるほど。おもしろいね。それじゃあ、今回の発表では、「小春」を取り上げるというのはどうかな。

花子さん　そうね。いいと思うわ。B発表するにあたって、何か工夫できることがあるといいわね。

㈠　会話文中A――について、「小春」の「小」と同じような意味で「小」の字が用いられている語を含むものとして、次のア～エから最も適切なものを選びなさい。

ア　家の近くに小川がある。
イ　彼女は小銭を貯金箱に入れた。
ウ　今年、私の妹が小学校を卒業する。
エ　ここは、瀬戸内の小京都と呼ばれる場所だ。

㈡　会話文中B――について、太郎さんは、正岡子規の「桜にもまさる紅葉の小春かな」という俳句を見つけました。二人はこの句について話し合い、この句を発表の冒頭で用いるのが効果的だろうと考えました。二人がこの句を発表の冒頭で聞き手に示そうとした理由として、次のア～エから最も適切なものを選びなさい。

ア　「小春」の意味を誤解している人に気づいてほしいと考えたため。
イ　「小春」という語が持つ意味の多様さを示す例になると考えたため。
ウ　「小春」は俳句を作る人でも間違いやすいと訴えようと考えたため。
エ　「小春」が持つ初春のイメージをよく伝える具体例だと考えたため。

㈢　春に関する言葉のうち、「春分」、「若草」、「山笑う」の中の一つについて発表するとしたら、あなたはどの言葉について詳しく調べ、発表したいと考えますか。あなたがその言葉について発表したいと考えた理由を、その言葉から受けるイメージに触れ、百四十字以上、百八十字以内で書きなさい。なお、選んだ言葉に○を付けること。

① 会話文中 Ⅰ に当てはまる内容を、本文から考えて、現代語で書きなさい。

② 会話文中 Ⅱ に当てはまる内容として、次のア～エから最も適切なものを選びなさい。

ア 不利な立場でも、相手への攻撃を続けるために
イ 逃げ場のない状況で、罪を見逃してもらうために
ウ 悪いことをしたのに、他人に罪をなすりつけるために
エ 阿弥陀仏に対して、心を入れ替えると表明するために

# 四

次の文章は、漢文を書き下し文に書き改めたものです。これを読んで、後の㈠～㈢の問いに答えなさい。

夫《そ》れ善く游《およ》ぐ者は溺れ、善く騎《の》る者は堕《お》つ。各《おのおの》其《そ》の好む所を以《もっ》て、反《かへ》って自ら禍《わざはひ》を為《な》す。是《こ》の故に □ 未《いま》だ嘗《かつ》て中《そこな》はれずんばあらず、（必ず傷つくことになり）利を争ふ者は未だ嘗て窮せずんばあらざるなり。（必ず行き詰まることになる）

（『淮南子』による。）

（注）夫れ……そもそも。　游ぐ……「泳ぐ」に同じ。

㈠ 文中 □ には、「好ムレ事ヲ者ハ」の書き下し文が入ります。□ に当てはまる書き下し文を書きなさい。

㈡ 文中――「利を争ふ者」の意味として、次のア～エから最も適切なものを選びなさい。

ア 利害関係を無視する者
イ 利用方法に口をはさむ者
ウ 利益を勝ち取ろうとする者
エ 不利な状況にも屈しない者

㈢ 本文から読み取れることとして、次のア～エから最も適切なものを選びなさい。

ア 急いで何かをしようとすると、かえって時間がかかってしまうものだということ。
イ 他人に自慢したいと思う話題は、かえって他人から敬遠されるものだということ。
ウ 自分が無理をすることで、かえって周りに迷惑をかけてしまうものだということ。
エ 自分が得意だと考えている事柄のほうが、かえって良くない結果を生むものだということ。

# 五

次の㈠、㈡の問いに答えなさい。

㈠ 次の①～④の――の平仮名の部分を漢字で、または漢字に送り仮名を付けて書きなさい。

① おうふくはがきで送る。
② 情報のかくさんを防ぐ。
③ 彼はほがらかな人だ。
④ 世界一周をこころみる。

㈡ 次の漢字の部首名を書きなさい。また、この漢字を楷書で書いた場合の総画数を書きなさい。

を選びなさい。

ア　祐也が将棋を続けるという道を閉ざすことになったため。

イ　祐也の状況を見ていながら何もしてあげられなかったため。

ウ　祐也の気持ちを考慮せずに勉強を強要することになったため。

エ　祐也の夢の実現よりも兄の秀也のことを第一に考えていたため。

(三)　文中B――「祐也は顔がほころんだ」とありますが、この時の「祐也」の気持ちとして、次のア～エから最も適切なものを選びなさい。

ア　明るく振る舞う母の様子を見て心が和らぐ気持ち。

イ　無理をして自分を励まそうとする母に同情する気持ち。

ウ　自分の心情を察してくれない母に対してあきれる気持ち。

エ　自分を子供扱いする母の態度に照れくささを感じる気持ち。

(四)　文中Ⅰ――「布団をかぶって泣いているうちに眠ってしまい、ふと目をさますと夜中の一時すぎだった」、文中Ⅱ――「祐也はベッドに横になり、深い眠りに落ちていった」とありますが、Ⅱで眠りに落ちていった時の「祐也」の心情はどのようなものであったと考えられますか、Ⅰで眠ってしまった時と比較して、書きなさい。

## 三　次の文章を読んで、後の(一)～(三)の問いに答えなさい。

今は昔、藤六《とうろく》といふ歌よみ、下衆《げす》の家にA入《い》りて、人もなかりける折Bを見つけて入りにけり。鍋に煮ける物を、すくひ食ひける程に、家主《いへあるじ》の女、水をC汲《く》みて、大路の方より来て見れば、かく（このように）すくひD食へば、「いかに、かく人もなき所に入りて、かくはする物をばまゐるぞ（こうして煮ている物を召し上がるのですか）、あなうたてや（ああいやだ）、藤六にこそいましけれ（藤六さんではいらっしゃいませんか）。さらば歌詠《よ》み給《たま》へ。」と言ひければ、

むかしより阿弥陀仏《あみだほとけ》の誓ひにて煮ゆる物をばすくふとぞ知る

とこそ詠みたりけれ。

（『古本説話集』による。）

（注）藤六……藤原輔相《すけみ》のこと。　下衆……身分の低い者。

(一)　文中＝＝「誓ひ」を現代仮名遣いで書きなさい。ただし、全て平仮名で書くこと。

(二)　文中――A～Dの中には、一つだけ他のものと主語が異なるものがあります。主語が異なるものを、A～Dから選びなさい。

(三)　次の会話文は、竹志さんたちが、本文について話し合った会話の一部です。これを読んで、後の①、②の問いに答えなさい。

竹志さん　「藤六」は、ユーモアに富んだ歌を詠む歌人として知られていたんだってね。

小梅さん　うん。だから突然、「家主の女」に「歌詠み給へ」なんて言われたわけよね。ところで、「藤六」が詠んだ歌の中で、急に「阿弥陀仏」が出てきたのはどうしてだろう。

松子さん　「阿弥陀仏」は、地獄で苦しむ罪人にさえも救いの手を差し伸べる慈悲深い仏様のことよね。だから、「煮ゆる物をばすくふ」とは、阿弥陀仏が地獄の釜で煮られる人を救うという意味でしょ。

竹志さん　あ、そうか。それと、「藤六」自身がした［　Ⅰ　］という行為が重ねられているということだね。

小梅さん　なるほど。そう考えると、おもしろい歌だね。この歌は、［　Ⅱ　］詠まれた歌なのかもしれないね。

していけばいい。しかし、おととしの十月に研修会に入ってから、きみはあきらかにおかしかった。おとうさんも、おかあさんも、気づいてはいたんだが、将棋については素人《しろうと》同然だから、どうやってとめていいか、わからなかった。二年と二ヵ月、よくがんばった。今日まで、ひとりで苦しませて、申しわけなかった。」

A父が頭をさげた。

「そんなことはない。」

祐也は首を横にふった。

「たぶん、きみは、秀也《しゅうや》が国立大学の医学部に現役合格したことで、相当なプレッシャーを感じていたんだろう。」

父はそれから、ひとの成長のペースは[　　]なのだから、あわてる必要はないという意味の話をした。

千駄ケ谷《せんだがや》駅で総武線に乗ってからも、父は、世間の誰もが感心したり、褒めそやしたりする能力だけが人間の可能性ではないのだということをわかりやすく話してくれた。

「すぐには気持ちを切り換えられないだろうが、まだ中学一年生の十二月なんだから、いくらでも挽回《ばんかい》はきく。高校は、偏差値よりも、将棋部があるかどうかで選ぶといい。そして、自分なりの将棋の楽しみかたを見つけるんだ。」

ありがたい話だと思ったが、祐也はしだいに眠たくなってきた。錦《きん》糸町《しちょう》駅で乗り換えた東京メトロ半蔵門線のシートにすわるなり、祐也は眠りに落ちた。

午後六時すぎに家に着くと、玄関で母がむかえてくれた。

「祐ちゃん、お帰りなさい。お風呂《ふろ》が沸いているから、そのまま入ったら。」

いつもどおり、張り切った声で話す母に、B祐也は顔がほころんだ。

浴槽につかっているあいだも、夕飯のあいだも、祐也は何度も眠りかけた。二年と二ヵ月、研修会で戦ってきた緊張がとけて、ただただ眠たかった。

悲しみにおそわれたのは、ベッドに入ってからだ。

「もう、棋士にはなれないんだ。」

祐也の目から涙があふれた。Ⅰ布団《ふとん》をかぶって泣いているうちに眠ってしまい、ふと目をさますと夜中の一時すぎだった。父と母も眠っているらしく、家のなかは物音ひとつしなかった。

常夜灯がついた部屋で、ベッドのうえに正座をすると、祐也は将棋をおぼえてからの日々を思い返した。米村《よねむら》君はどうしているだろう。中学受験をして都内の私立に進んでしまったが、いまでも将棋を指しているだろうか。いつか野崎君と、どんな気持ちで研修会に通っていたのかを話してみたい。

祐也は、頭のなかで今日の四局を並べ直した。どれもひどい将棋だと思っていたが、一局目と二局目はミスをしたところで正しく指していれば、優勢に持ち込めたことがわかった。

「おれは将棋が好きだ。プロにはなれなかったけど、それでも将棋が好きだ。」

うそ偽りのない思いにからだをふるわせながら、Ⅱ祐也はベッドに横になり、深い眠りに落ちていった。

（佐川光晴『駒音高く』による。）

（注）秀也……祐也の兄。

(一)　文中[　　]に当てはまる四字熟語として、次のア～エから最も適切なものを選びなさい。

ア　一朝一夕　　イ　一日千秋　　ウ　千差万別　　エ　千載一遇

(二)　文中A――「父が頭をさげた」とありますが、「祐也」に対して「父」が頭をさげたのはどうしてですか、次のア～エから最も適切なものが、西洋近代における宇宙論の変換に連動して生じた哲学の転換に他ならないのです。

（伊藤邦武『宇宙はなぜ哲学の問題になるのか』による。一部省略した箇所がある。）

（注）カオス……秩序がなく、物事の境界や順序がはっきりしない状態。

㈠ 文中㋐～㋓の漢字の読みを平仮名で書きなさい。

㈡ 文中□に当てはまる語として、次のア～エから最も適切なものを選びなさい。

ア さらに　イ そこで　ウ すなわち　エ ところで

㈢ 文中A――「しかしながら、この見方には一つの大きな問題がありました」とありますが、「一つの大きな問題」とはどのような問題ですか、解答用紙にある「問題」という語につながるように、二十五字以内で書きなさい。

㈣ 文中※の部分の段落に見られる表現の効果としてどのようなことが考えられますか、次のア～エから最も適切なものを選びなさい。

ア 擬音語や大げさな表現を用いて宇宙への希望を抱かせている。
イ 対になる表現を用いて宇宙と哲学との対比を明確にしている。
ウ ひらがなを多く用いて宇宙への親しみやすさを強調している。
エ 比喩や体言止めを用いて宇宙の果てしなさを印象づけている。

㈤ 文中B――「そしてこれこそが、西洋近代における宇宙論の変換に連動して生じた哲学の転換に他ならないのです」について、次の①、②の問いに答えなさい。

① 「西洋近代における宇宙論の変換」とありますが、「地動説」が唱えられるようになる以前は、人間はどのような存在であると考えられており、人々は宇宙をどのようなものとして思い描いていましたか、一文で書きなさい。

② 「これこそが、西洋近代における宇宙論の変換に連動して生じた哲学の転換に他ならないのです」とありますが、本文の内容を踏まえると、宇宙論の変換に伴って哲学はどのように転換していったと考えられますか。次のア～エから最も適切なものを選びなさい。

ア 宇宙の真理を解明したことに満足し、人間中心の考え方をさらに強めるようになっていった。
イ 宇宙の計り知れなさを実感し、人間の目に見える世界を相対的に捉えるようになっていった。
ウ 太陽の偉大さを痛感し、人間の力を超えた神のような存在について深く追求するようになっていった。
エ 天体の動きは予測できないと悟り、人間が持つ科学的知識に基づいた思考は誤りだと確信するようになっていった。

**二** 次の文章を読んで、後の㈠～㈣の問いに答えなさい。

「プロを目ざすのは、もうやめにしなさい。」

祐也《ゆうや》より頭ひとつ大きな父が言った。

「二週間後の研修会を最後にして、少し将棋を休むといい。いまのままだと、きみは取り返しのつかないことになる。わかったね？」

「はい。」

そう答えた祐也の目から涙が流れた。足が止まり、あふれた涙が頬をつたって、地面にぼとぼと落ちていく。胸がわななき、祐也はしゃくりあげた。こんなふうに泣くのは、保育園の年少組以来だ。身も世もなく泣きじゃくるうちに、ずっと頭をおおっていたモヤが晴れていくのがわかった。

「将棋をやめろと言っているんじゃない。将棋は、一生をかけて、指

# ＜国語＞

時間　四五〜六〇分（学校裁量による）
満点　一〇〇点

一　次の文章を読んで、後の㈠〜㈤の問いに答えなさい。

広く世界の古代や中世の文明では、私たちの地球は自然世界の中心にあり、天に見える星空が地球の周囲を回転していると思われていました。これは目に見える外界についての理解としては、ごく自然な見方です。天動説は東洋と西洋の古代と中世の世界に共通の見方でありましたが、この見方の下では、自然世界はすべて地球中心にして、人間中心に考えられていました。私たちの地球が宇宙の真ん中にあり、その地球で最高度の知性をもつ人間は、世界全体を見渡すことで、その全体像を見通すことができると考えられたのです。

Aしかしながら、この見方には一つの大きな問題がありました。それは地球を含む太陽系の惑星（水星や火星、木星など）の運動の説明が、あまりにも複雑になってしまうという問題です。惑星は明けの明星や宵の明星のように、私たちの生活に㋐身近な、はっきりと目に見える星です。ところが、そうした身近な星のいくつかが、天空の示す東から西への大きな円運動とはまったく異なった、奇妙にもジグザグな運動をしているように見えることは、いかにも不自然で、容易に納得のいかない事実です（「惑星」という言葉は、惑っている星という意味で、不規則な運動をしているのでこの名前がついたのです）。

□、地球が中心ではなく、太陽が中心で世界が回っていると考えてはどうかという。それまでの天空理解とはまったく異なった、非常に革命的な発想が、㋑西洋の近代において生まれました。これが地動説であり、それを最初に提言した人の一人がポーランドの天文学者でカトリック司祭でもあったコペルニクスです。天動説から地動説、あるいは地球中心説から太陽中心説へのこの大転換は、コペルニクスの名前にちなんで、「コペルニクス的転回」と呼ばれます。

さて、この大転換にはもう一つの大きな視点の変更が含まれていました。それは、有限で閉じられた天空のイメージから、無際限に広がっていて、どこまでも開かれているように見える宇宙のイメージへの転換です。

天動説から地動説へと見方を一八〇度変えた西洋の人びとは、同時に、それまでのように宇宙が天空によっておおわれた、一定の大きさの有限な世界であるという信念を捨てざるをえなくなりました。というのも、さまざまな天体観測を通じて惑星や恒星の研究を積み重ねてきた天文学者たちは、㋒次第に太陽系が属する銀河の他にも、いろいろな星雲が存在し、それぞれが銀河と同じような構造をもっているのではないか、と考えるようになったからです。こうした天体観測の精密化は、もちろん、望遠鏡による夜空の観察の解像度が飛躍的に進歩したことで可能になりました。コペルニクスの後、月や火星や木星についての㋓詳細な観測を行ったガリレイやケプラーは、当時としては非常に高度な観測技術をもっていたのです。

※地球が属する太陽系でさえ、宇宙の片隅にすぎないような、無数の銀河や星雲からなる宇宙。それはあまりにも巨大な空間の中に、無際限な形で続いている、不定形で底の見えない、どろどろとしたカオスの世界のようにも思われます。

地動説とともに生まれた、開かれた宇宙のイメージ――。西洋近代に生じたこの宇宙論上の重大な革命は、ごく自然に、B哲学における大きな発想の転換をも引き起こすことになりました。そしてこれこそ

MEMO

大切なことはメモしておこうネ！

後期

# 2020年度

# 解答と解説

《2020年度の配点は解答用紙集に掲載してあります。》

## ＜数学解答＞

**1**　(1)　①　$-7$　②　$\frac{5}{2}x$　③　$4ab^2$　(2)　イ　(3)　$(x-5)^2$

(4)　$\begin{cases}(x=)-1\\(y=)2\end{cases}$　(求め方は解説参照)　(5)　$\frac{7}{8}$

(6)　$x=\frac{5\pm3\sqrt{2}}{2}$(求め方は解説参照)　(7)　(∠BAC＝)52(°)

(8)　ウ　(9)　(∠)$c$(と∠)$e$

**2**　(1)　エ，オ　(2)　ア，エ

**3**　解説参照

**4**　(1)　$\sqrt{29}$(m)　(2)　①　(記号)　ア　(長さ)　$\sqrt{41}$(m)

②　$\frac{6\sqrt{5}}{5}$(m)

**5**　(1)　160(cm)　(2)　①　$y=-\frac{4}{5}x+240$　②　$96\leqq y\leqq 200$

(3)　$(x=)120$

**6**　(1)　①　右図　②　解説参照　(2)　①　$6\pi$(cm²)　②　$\frac{9}{2}\pi+18-9\sqrt{2}$(cm²)

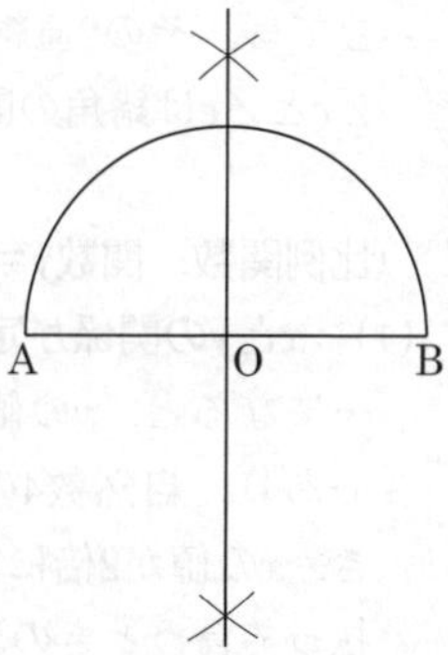


## ＜数学解説＞

**1**　(数・式の計算，絶対値，因数分解，連立方程式，確率，二次方程式，角度，標本調査，平行線と角)

(1)　①　四則をふくむ式の計算の順序は，乗法・除法→加法・減法　となる。$1+2\times(-4)=1+(-8)=1-8=-7$

②　$3x-\frac{1}{2}x=\left(3-\frac{1}{2}\right)x=\left(\frac{6}{2}-\frac{1}{2}\right)x=\frac{5}{2}x$

③　$4a^2b\div2a\times2b=4a^2b\times\frac{1}{2a}\times2b=\frac{4a^2b\times2b}{2a}=4ab^2$

(2)　数直線上で，ある数に対応する点と原点との距離を，その数の**絶対値**という。また，ある数の絶対値は，その数から＋や－の符号を取りさった数ということもできる。3.2の絶対値は3.2…ア　$-\frac{7}{2}$の絶対値は$\frac{7}{2}=\sqrt{\frac{49}{4}}=3.5$…イ　$2\sqrt{2}$の絶対値は$2\sqrt{2}=\sqrt{8}=\sqrt{\frac{32}{4}}$…ウ　$\frac{10}{3}$の絶対値は$\frac{10}{3}=3.3\cdots$…エ　$-3$の絶対値は3…オ　より，絶対値が最も大きい数は$-\frac{7}{2}$である。

(3)　**乗法公式**$\boldsymbol{(a-b)^2=a^2-2ab+b^2}$より，$x^2-10x+25=x^2-2\times x\times5+5^2=(x-5)^2$

(4)　(求め方)(例)$\begin{cases}2x+3y=4\cdots①\\-x+y=3\cdots②\end{cases}$　①＋②×2より　$\begin{array}{rr} & 2x+3y=4\\ +) & -2x+2y=6\\ \hline & 5y=10\end{array}$　よって，$y=2$　②に代入して，$x=-1$

(5)　1枚の硬貨を3回投げたとき，表裏の出方は全部で，(1回目，2回目，3回目)＝(表，表，表)，(表，表，裏)，(表，裏，表)，(表，裏，裏)，(裏，表，表)，(裏，表，裏)，(裏，裏，表)，(裏，裏，裏)の8通り。このうち，1回も表が出ないのは～～を付けた(裏，裏，裏)の1通りだから，少なく

とも1回は表が出る確率は　$\frac{8-1}{8}=\frac{7}{8}$

(6)　(求め方)(例)$2x-5=\pm\sqrt{18}$　$2x-5=\pm3\sqrt{2}$　$2x=5\pm3\sqrt{2}$　よって，$x=\frac{5\pm3\sqrt{2}}{2}$

(7)　**直径に対する円周角は90°**だから，$\angle BCD=90^\circ$　よって，$\overset{\frown}{BC}$に対する円周角なので，$\angle BAC=\angle BDC=180^\circ-\angle CBD-\angle BCD=180^\circ-38^\circ-90^\circ=52^\circ$

(8)　**標本**における黒いビーズと白いビーズの比率は，$(100-10):10=9:1$　よって，**母集団**における黒いビーズと白いビーズの比率も$9:1$と推定できる。母集団における黒いビーズの個数を$x$個とすると，$x:100=9:1$　$x=100\times9=900$　よって，容器の中に入っていた黒いビーズは，およそ900個だと推定できる。

(9)　2直線に1つの直線が交わるとき，「**同位角が等しい**」か，「**錯角が等しい**」のどちらかが成り立てば，その2直線は平行である。$\angle a$，$\angle b$，$\angle d$のうち，同位角や錯角の関係にある角はない。$\angle c$と$\angle e$は錯角の関係にあるから，$\angle c=\angle e$であれば，直線$\ell$と直線$m$は平行であるといえる。

## 2 (比例関数，関数$y=ax^2$)

(1)　**$x$と$y$の関係が定数aを用いて$y=ax$と表されるとき，$y$は$x$に比例**し，$x$の値が2倍，3倍，4倍，…になると，$y$の値も2倍，3倍，4倍，…になる。例えば，**自然数**2の約数の個数は，1と2の2個であり，自然数4の約数の個数は，1と2と4の3個である。自然数$x$の約数の個数を$y$個としたとき，$x$の値が2倍になっても，$y$の値は2倍にならない。$y$は$x$に比例しない。$x$円の商品を1000円支払って買うときのおつりが$y$円であるとき，$y=1000-x=-x+1000$である。$y$は$x$に比例しない。1200mの道のりを分速$x$mの速さで進むときのかかる時間が$y$分であるとき，$(\text{時間})=\frac{(\text{道のり})}{(\text{速さ})}$より，$y=\frac{1200}{x}$である。$y$は$x$に比例しない。5％の食塩水が$x$gあるとき，この食塩水に含まれる食塩の量が$y$gであるとき，$(\text{食塩の量})=(\text{食塩水の量})\times\frac{(\text{濃度％})}{100}$より，$y=x\times\frac{5}{100}=\frac{1}{20}x$である。$y$は$x$に比例する。何も入っていない容器に水を毎分2Lずつ$x$分間入れるときの，たまる水の量が$y$Lであるとき，$y=2\times x=2x$である。$y$は$x$に比例する。

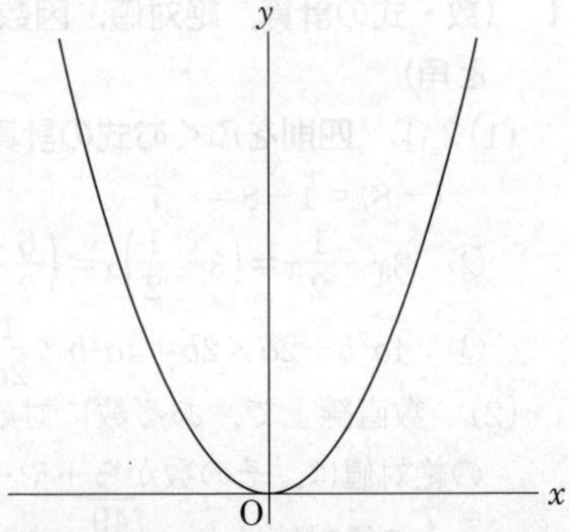


(2)　関数$y=2x^2$のグラフは右図のようになる。この関数のグラフは原点を通るから，アは正しい。この関数のグラフ上の点は，$x>0$の範囲で，右へ移動($x$の値が増加)するとき，上へ移動($y$の値は増加)している。イは正しくない。この関数のグラフは，$y$軸について対称であり，$x$軸について対称ではない。ウは正しくない。$x$の**変域**が$-1\leqq x\leqq2$のとき，$x$の変域に0が含まれているから，$y$の**最小値**は0。$x=-1$のとき$y=2\times(-1)^2=2$，$x=2$のとき$y=2\times2^2=8$で，$y$の**最大値**は8だから，$y$の変域は$0\leqq y\leqq8$である。また，$x$の値が0から2まで増加するときの**変化の割合**は$\frac{8-0}{2-0}=4$である。エは正しいが，オは正しくない。

## 3 (式による証明)

(証明の続き)(例)$1000a+100b+10b+a$となる。$1000a+100b+10b+a=1001a+110b=11(91a+10b)$　$91a+10b$は整数であるから，$11(91a+10b)$は11の**倍数**である。

## 4 (直方体の対角線の長さ，線分和の最短の長さ，相似の利用)

(1)　直角三角形EFGで**三平方の定理**を用いると, $EG^2=EF^2+FG^2=2^2+4^2=20$　直角三角形AEGで三平方の定理を用いると, $AG=\sqrt{AE^2+EG^2}=\sqrt{3^2+20}=\sqrt{29}$m

(2)　①　直方体の面に沿って, 糸の長さが最も短くなるように糸をかけるとき, 展開図上でかけた糸は直線になる。このとき, アの方法で糸をかけたときの展開図を右図の展開図1に, イの方法で糸をかけたときの展開図を展開図2に示す。アの方法で糸をかけたときの糸の長さは, △AFGに三平方の定理を用いると, $AG=\sqrt{AF^2+FG^2}=\sqrt{(2+3)^2+4^2}=\sqrt{41}$m　また, イの方法で糸をかけたときの糸の長さは, △AEGに三平方の定理を用いると, $AG=\sqrt{AE^2+EG^2}=\sqrt{3^2+(2+4)^2}=\sqrt{45}=3\sqrt{5}$m　以上より, かけた糸の長さが短い方はアの方法でかけたときで, そのときの糸の長さは$\sqrt{41}$mである。

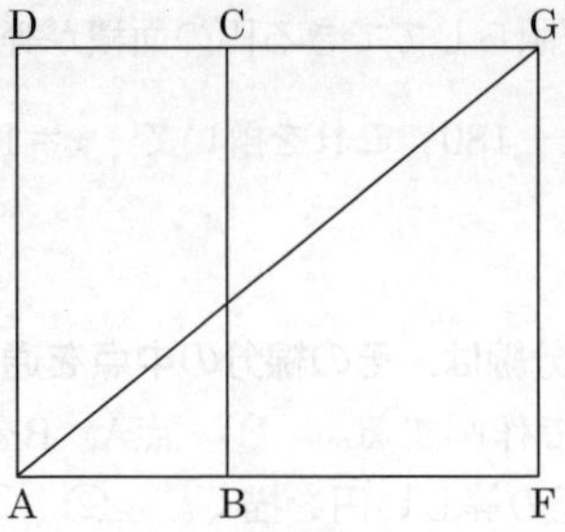

(展開図1)

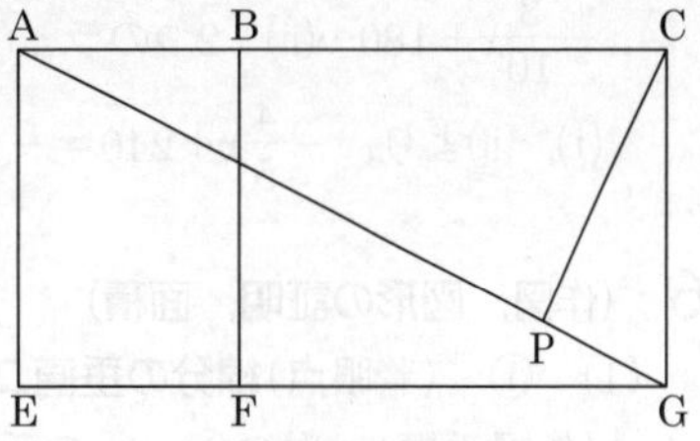

(展開図2)

②　ア, イの方法のそれぞれにおいて, 糸の長さが最も短くなるように糸をかけたときに, かけた糸の長さが長い方は, 前問①の結果より, 展開図2の方である。展開図2で, 点Cから線分AGへ垂線CPを引くと, 線分CPが点Cと直線$\ell$との距離に相当する。△CPG∽△ACGより, CG：CP＝AG：AC　$CP=\frac{CG\times AC}{AG}=\frac{3\times(2+4)}{3\sqrt{5}}=\frac{6\sqrt{5}}{5}$m

## 5 (相似な立体, 線分の長さの比, 面積の比)

(1)　問題図Ⅰ～Ⅲに関して, 各点の記号を下図のように定める。ライトAをつり下げるひもの長さPAが100cmのとき, このライトが床を照らしてできる円の直径BCは, △ABC∽△ADEより, BC：DE＝AQ：AR　$BC=\frac{DE\times AQ}{AR}=\frac{DE\times(PQ-PA)}{AR}=\frac{8\times(300-100)}{10}=160$cm

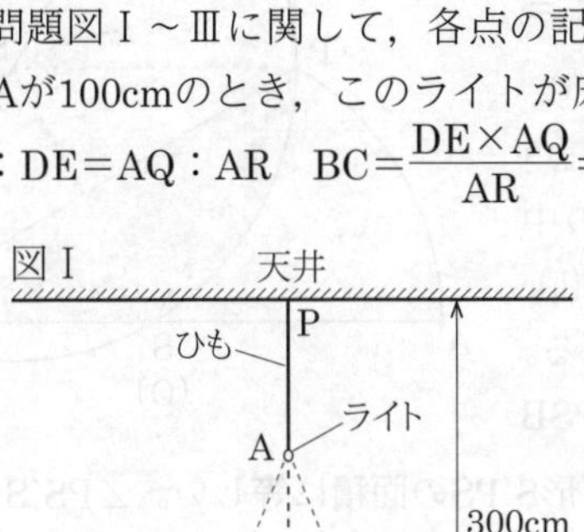


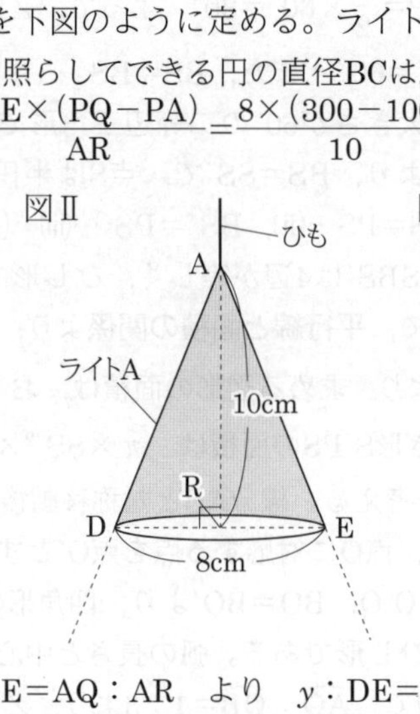


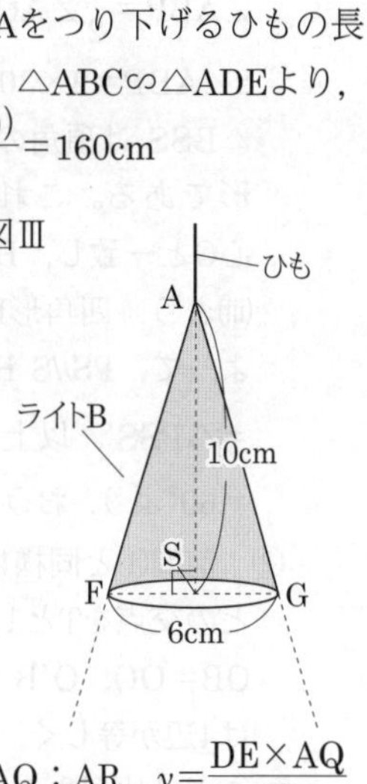


(2)　①　前問(1)と同様に考えて, BC：DE＝AQ：AR　より　$y$：DE＝AQ：AR　$y=\frac{DE\times AQ}{AR}=\frac{DE\times(PQ-PA)}{AR}=\frac{8\times(300-x)}{10}=-\frac{4}{5}x+240$…(i)

②　一次関数$y=-\frac{4}{5}x+240$は右下がりの直線で, $x$の値が増加するとき$y$の値は減少するから, $y$の最小値は$x=180$のとき, $y=-\frac{4}{5}\times180+240=96$, $y$の最大値は$x=50$のとき, $y=-\frac{4}{5}\times50+240=200$　よって, $y$の変域は　$96\leqq y\leqq200$

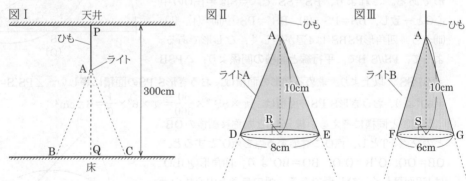

(3)　ライトBが床を照らしてできる円の直径を$y'$cmとすると，前問(1)と同様に考えて，BC：FG＝AQ：AS　より　$y'$：FG＝AQ：AS　$y'=\dfrac{\mathrm{FG}\times\mathrm{AQ}}{\mathrm{AS}}=\dfrac{\mathrm{FG}\times(\mathrm{PQ}-\mathrm{PA})}{\mathrm{AS}}=\dfrac{6\times\left(300-\dfrac{x}{2}\right)}{10}=-\dfrac{3}{10}x+180$…(ii)　2つのライトが照らしてできる円の面積が等しくなるのは，$y=y'$のときだから，(i)，(ii)より，$-\dfrac{4}{5}x+240=-\dfrac{3}{10}x+180$　これを解いて　$x=120$

## 6 (作図，図形の証明，面積)

(1)　①　(着眼点)**線分の垂直二等分線は，その線分の中点を通る。**
(作図手順)　次の①～②の手順で作図する。　①　点A，Bをそれぞれ中心として，交わるように半径の等しい円を描く。　②　①で描いた2つの円の交点を通る直線(線分ABの垂直二等分線)を引き，線分ABとの交点をOとする。　②　(説明)(例)半径は等しいので，AO＝PO…①　手順のⅱより，AO＝AP…②　①，②より，△AOPは正三角形となるから　∠AOP＝60°，∠BOP＝120°　**弧の長さは中心角の大きさに比例する**ので　$\overset{\frown}{\mathrm{AP}}:\overset{\frown}{\mathrm{PB}}=60:120=1:2$　したがって，手順のⅰ，ⅱによって，$\overset{\frown}{\mathrm{AP}}:\overset{\frown}{\mathrm{PB}}=1:2$となる点Pをとることができる。

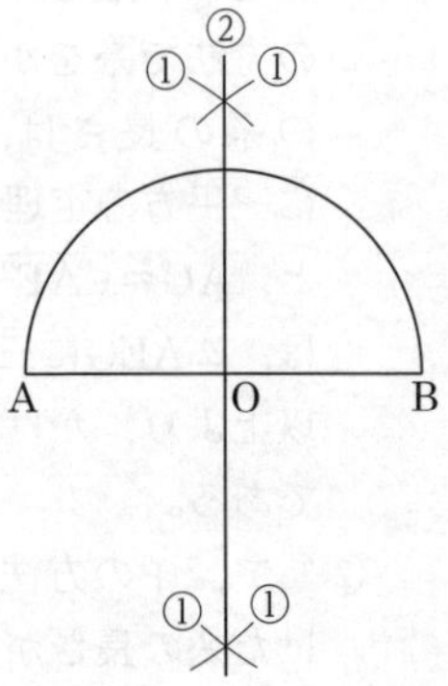


(2)　①　弦PBと$\overset{\frown}{\mathrm{PB}}$で囲まれた部分を，弦PBを折り目として折るということは，右図のように，線分ABを直径とする半円Oを，弦PBを**対称の軸**として**対称移動**することである。線分ABと対称移動後の$\overset{\frown}{\mathrm{PB}}$との交点をSとし，点Sに対応する点を点S′とする。$\overset{\frown}{\mathrm{AP}}$に対する**中心角と円周角の関係**から，$\angle\mathrm{ABP}=\dfrac{1}{2}\angle\mathrm{AOP}=\dfrac{1}{2}\times60°=30°$　よって，∠SBS′＝2∠ABP＝2×30°＝60°　また，BS＝BS′…(i)　より，△BSS′は頂角の大きさが60°の二等辺三角形で正三角形である。これより，BS＝SS′で，点Sは半円Oの中心Oと一致し，BS＝PS…(ii)，BS′＝PS′…(iii)　(i)，(ii)，(iii)より，四角形PSBS′は4辺が等しく，ひし形である。よって，PS//S′Bで，**平行線と面積の関係**より，△PSB＝△PSS′。以上より，求める図形の面積は，おうぎ形S′PSの面積に等しい。∠PS′S＝∠BSS′＝60°より，おうぎ形S′PSの面積は　$\pi\times\mathrm{SS'}^2\times\dfrac{60}{360}=\pi\times6^2\times\dfrac{1}{6}=6\pi\,\mathrm{cm}^2$

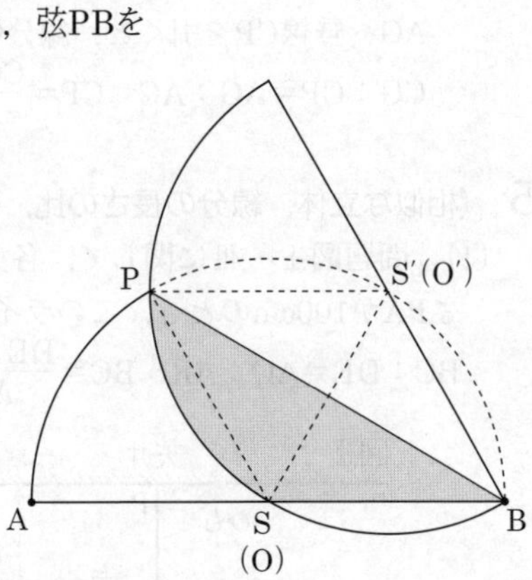


②　前問①と同様に考える。線分ABと対称移動後の$\overset{\frown}{\mathrm{QB}}$との交点をTとし，点Oに対応する点を点O′とすると，OB＝OQ，O′B＝O′Q，BO＝BO′より，四角形QOBO′は4辺が等しく，ひし形である。弧の長さと中心角の大きさは比例するので，$\overset{\frown}{\mathrm{AQ}}:\overset{\frown}{\mathrm{QB}}=1:3$より，$\angle\mathrm{AOQ}=180°\times\dfrac{1}{1+3}=45°$　$\overset{\frown}{\mathrm{AQ}}$に対する中心角と円周角の関係から，$\angle\mathrm{ABQ}=\dfrac{1}{2}\angle\mathrm{AOQ}=\dfrac{1}{2}\times45°=22.5°$　よって，∠OBO′＝2∠ABQ＝2×22.5°＝45°　これより，△O′TBはO′B＝O′Tの二等辺三角形で，底角の1つ∠OBO′が45°だから，**直角二等辺三角形で，3辺の比は1：1：$\sqrt{2}$**。点O′から線分ABへ垂線O′Hを引く

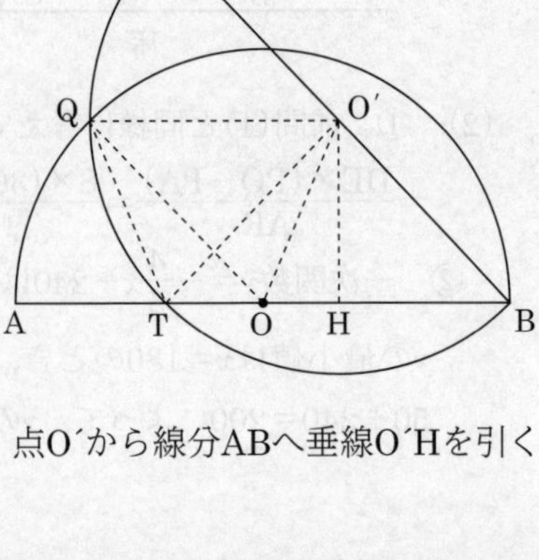

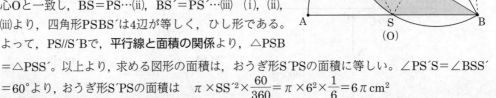

と，$O'H=\frac{BO'}{\sqrt{2}}=\frac{6}{\sqrt{2}}=3\sqrt{2}$ cm　$O'Q/\!/OB$より，平行線と面積の関係から，$\triangle QTB=\triangle O'TB$。また，平行線の錯角で，$\angle QO'T=\angle O'TB=45°$　以上より，求める$\overset{\frown}{QT}$と線分QB，TBで囲まれた部分の図形の面積は，(おうぎ形$O'QT-\triangle O'QT$)$+\triangle QTB=$(おうぎ形$O'QT-\triangle O'QT$)$+\triangle O'TB=\left(\pi\times O'Q^2\times\frac{45}{360}-\frac{1}{2}\times O'Q\times O'H\right)+\frac{1}{2}\times O'T^2=\left(\pi\times 6^2\times\frac{1}{8}-\frac{1}{2}\times 6\times 3\sqrt{2}\right)+\frac{1}{2}\times 6^2=\frac{9}{2}\pi-9\sqrt{2}+18$(cm$^2$)

## ＜英語解答＞

1　No. 1　B　No. 2　D
2　A　ウ　B　イ　C　ア
3　No. 1　エ　No. 2　ア　No. 3　イ
4　〔例〕Because we can do many things before going to school.
5　ア　arrived　イ　wear　ウ　written　エ　decided　オ　crying
6　(1)　A　ウ　B　ア　(2)　エ　(3)　ア，エ
7　(1)　イ→ウ→ア→エ　(2)　〔例〕He felt very nervous because he was not good at speaking English.　(3)　ア，オ　(4)　〔例〕those words, we want to try harder and practice more. We have helped each other by saying those words.
8　〔例〕If they see our video, they can understand about our school easily. Also, they can see our faces and hear our voices in the video, so they will know more about us.

## ＜英語解説＞

### 1・2・3・4　(リスニング)

放送台本の和訳は，44ページに掲載。

### 5　(語句の問題：一般動詞，過去分詞の形容詞的用法，不定詞の名詞的用法，過去進行形)

(英文の訳)　先週の土曜日に，私は母と弟と一緒にショッピングモールへ行きました。私たちは午後2時にモールに着きました。最初に，弟が野球帽を買いました。彼は外出するときに帽子をかぶるのが好きです。それから，私たちは書店に行きました。私は，有名な歌手によって書かれた本を見つけました。私はその歌手が大好きなので，それを買うことに決めました。買い物を終えた後，私たちは，ある家族と彼らの犬についての映画を見ました。映画が終わったとき，母は泣いていました。私も悲しい気持ちになり，自分たちの犬に会いたくなりました。ですから，私たちはすぐに家に帰りました。

ア　**＜arrive(d) at～＞**「～に着く」　イ　wear「～をかぶる，身につける」　ウ　過去分詞**written**から**singer**までのまとまりが，**a new book**を説明している。過去分詞の形容詞的用法。　エ　**＜decide(d) to**＋動詞の原形…**＞**「…することに決める」　オ　過去進行形。＜過去形のbe動詞＋～ing…＞「…していた」

### 6　(会話文読解問題：文補充，絵を用いた問題，内容真偽)

(全訳) Emiと彼女の父親は，中国から来たEmiの友だちのChenと一緒に美術館を訪れている。

Chen：こんな素晴らしい美術館に連れてきてくれてありがとう。

Emi：A ウ どういたしまして。あなたと一緒に来れてうれしいわ。ここにはたくさんの日本画があるわ。浮世絵と呼ばれているのよ。

Chen：とってもワクワクしているわ。

彼らは博物館を歩いてまわり，いくつかの絵画を見た。

Chen：わあ，この絵いいわね！　私これがとても気に入ったわ。

Emi：これは葛飾北斎によって描かれた絵よ。

Chen：彼の有名な絵の何枚かを見たことがあるわ。でもこの絵は見たことがないな。

Emi's father：彼は人生でたくさんの絵を描いたんだよ。これは，おもしろい形をした彼が描いた橋の絵のうちの1枚だ。彼の絵に描かれている橋のいくつかは本物なんだけど，そうではないものもあるんだ。

Chen：私はこの絵の中の橋の形が気に入りました。左右に曲がって，そして上ったり下ったりしている。この橋の上を歩きたいな。

Emi：次の絵を見て，Chen。これは，「大波」と呼ばれているの。これは北斎が描いた一番有名な絵だと私は思うわ。

Chen：あー，この絵を美術の本で以前見たことがあるけど，美術館で見るととても違うわ。これを見ていると，この大波が動いているような気がするわ。

Emi：私もよ。本物そっくりね。B ア 彼はこの絵をどうやって描いたんですか？

Emi's father：とてもいい質問だね。北斎は長時間，海の波をじっと見ていたと聞いたことがあるよ。高速度カメラで本物の波の写真を撮ったら，その写真は北斎の波にそっくりだとわかるんだ。そして，彼が波をどれほど研究したかが理解できるよ。

Chen：彼がカメラなしでこの絵を描いたなんて私，信じられないわ。彼は素晴らしいわ！

(1) A，B 上記全訳を参照し，3人のやりとりと話題の展開を確認しよう。

(2) 下線部の直後の文を参照。

(3) ア Chenは美術館に来る前に，北斎の絵について知っていた。(○) Chenの4番目の発言を参照。 イ 北斎は，おもしろい形をした本物の橋の絵を描くことはなかった。(×) ウ Chenは，北斎が描いた日本の橋の絵が気に入り，それらを描いて楽しんだ。(×) エ 北斎は絵を描くために長時間，波の研究をしたのだと，Emi's fatherは言った。(○) Emi's fatherの最終発言を参照。 オ Chenは，海の本物の波にとても関心を持ち，その写真を撮りたいと思った。(×)

## 7 (長文読解問題・スピーチ：絵を用いた問題，英問英答，内容真偽，条件英作文)

(全訳) 私が中学生のころ，英語を話すことは得意ではありませんでした。ある日，先生が私に，英語でスピーチをするように言いました。私はとても緊張しました。それで私は，私の大好きなサッカー選手の言葉を思い出しました。彼は，「あなたの言葉があなたの行動を変える。あなたの行動はあなたの人生を変える」と言いました。彼は試合前にいつも彼自身にこう言いました，「私はすばらしいプレーヤーだ」。それで私は，「私はすばらしい話し手だ」とスピーチの前に自分自身に向かって言いました。スピーチの後，先生は，「とても上手に話していたよ」と言ってくれました。私はそれを聞いてとてもうれしかったです。

その日にどうして上手に話せたのか私はわかりませんでした。でも，この経験が私の人生を変えました。その経験がきっかけで，私は英語をもっと上手に話したいと本当に思うようになりました。大学生の時，1年間イギリスに留学しました。学校では一生懸命に勉強し，家では英語を学ぶためにテレビをよく見ました。

ある日，ある実験についてのおもしろいテレビ番組を見つけました。それは人々の行動に関する実験でした。ある研究者はこう考えました，「言葉は人の行動をどのように変えるか？」 彼は人々にテストをしました。人々にいくつかの言葉を見せ，それから，それらの言葉を正しい順番に並べるよう彼らに頼んだのです。

その実験には2つの人々のグループがありました。最初のグループは老人に関係したいくつかの言葉を見ました。2番目のグループは若者に関係したいくつかの言葉を見ました。例えば，最初のグループの人々は，“man”，“the”，“old”そして “looks”という単語を見て，それらを正しい順序に並べました。

テストの後，人々は部屋から歩いて出て行きました。その研究者は，テストの前後に人々がどれくらいの速さで歩くかを記録しました。人々にはそのことについては話していませんでした。

研究者は何が分かったでしょうか？ 最初のグループの人々はテストの後，ゆっくり歩きました。2番目のグループの人々はテストの後，早歩きでした。テレビ番組で研究者は言っていました，「私は彼らにゆっくりあるいは早く歩くようには言いませんでした。それらの人々が見た言葉が彼らの行動を変えたのです。」

いくつかの言葉をただ見るだけで人々の行動が変わる，ということを知って私は驚きました。今では，言葉には人の行動を変える力があると私は信じています。あなたが使う言葉はあなた自身の行動を変えることができるのです。あなたの言葉はまた，あなたのまわりにいる人の行動も変えることができるということも覚えておいてください。あなたが使う言葉を聞いて理解するからです。

(1)　イ　第1段落最後から2文目を参照。→　ウ　第2段落最後の2文を参照。→　ア　第4段落最終文を参照。→　エ　第5，6段落を参照。

(2)　問い「森先生は中学の時の英語のスピーチの前，どんな気持ちでしたか，そしてなぜそう感じましたか？」

[例]の訳：彼は，英語を話すことが得意ではなかったので，とても緊張しました。

**nervous**「緊張した」という意味の形容詞。**＜feel＋形容詞＞**「～の気[感じ]がする」。**feel**の過去形は**felt**。

(3)　ア　最初のグループの人々と2番目のグループの人々は，異なる単語を見た。(○)　第4段落を参照。　イ　研究者は，人々がどれくらい速く単語の順序を変えられるのかを知りたかった。(×)　ウ　研究者は最初のグループの人々に早歩きするよう頼んだ。(×)　エ　人々は，自分たちがどれくらいの速さで歩くかを研究者が記録していることを知った。(×)　オ　人々は，老人に関係した単語を見た後にゆっくりと歩いた。(○)　第6段落2文目を参照。

(4)　【授業のまとめ】の英文の訳

森先生の英語の授業で，クラスメートはいつも，「それは素晴らしい考えだね」とか，「良かったよ！」などと，お互いに言い合います。今では，なぜそのような言葉が大切なのか私にはよくわかります。私たちはそのような言葉を聞くと，私たちはもっと熱心に努力したい，もっと練習したいと思います。私たちはそのような言葉を言うことによって，お互いに助け合ってきました。

## 8 (条件英作文)

(英文の訳)

A　Ms. Brown ：私にはアメリカ合衆国の中学で先生をしている友人がいます。彼女の生徒たちがこの学校について知りたがっています。そして彼らは皆さんと友だちになりたがっています。何ができますか？　話し合いましょう。

B　Kazuki ：電子メールを送って，彼らに僕たちの学校について話すべきだと思う。どう思う？

C　Tomoko ：それはいい考えね。でも，ビデオを作るのはどう？　それを送るのにインターネットが使えるわ。私たちの学校に関するビデオを送るほうが，ただ電子メールだけを送るよりもいいと思うわ。

〔解答例訳〕 もし彼らが私たちのビデオを見たら，彼らは私たちの学校について理解できるよね。それに，彼らはビデオで私たちの顔が見れるし，声を聴くことができるから，彼らは私たちのことがもっとわかるわ。

問題の指示に,「Tomokoの下線部の意見の具体的な理由」を書くようにとあることに注意する。

# 2020年度英語　英語の放送を聞いて答える問題

〔放送台本〕

ただいまから，放送を聞いて答える問題を始めます。問題は，1番～4番まであります。それぞれの問題の英文や英語の質問は2度放送されます。

1番は，絵を見て答える問題です。これからNo.1とNo.2について，それぞれ2人の対話と，対話に関する質問が流れます。質問に対する答えとして最も適切なものを，それぞれA～Dの中から選びなさい。では，始めます。

No. 1　*A:* Do you have your own room, Taku?
*B:* Yes, I do.  I have my desk and bed in my room.
*A:* Nice!  Do you have a TV in your room?
*B:* No, but I want one.
質問します。　What does Taku have in his room?

No. 2　*A:* Hi, Naoko.  What are you going to do tomorrow?
*B:* I'm going to play tennis at the park.
*A:* Really?  It's going to rain tomorrow.
*B:* Oh, no!  Then I'll stay at home and read a book.
*A:* That's good for a rainy day.  I'm going to play the piano.
質問します。　What will Naoko do if it rains tomorrow?

〔英文の訳〕

No. 1　A：あなたには自分の部屋があるの，Taku？
B：うん，あるよ。部屋には机とベッドがあるよ。
A：いいね！　自分の部屋にテレビはある？
B：ないよ，でもほしいな。
質問：タクの部屋に何がありますか？

No. 2　A：こんにちは，Naoko。明日は何をする予定？

B：公園でテニスをするつもり。
A：本当？　明日は雨が降るわよ。
B：えー，困るなあ。じゃあ，家にいて本を読むわ。
A：雨の日はそれがいいね。私はピアノをひくつもり。
質問：明日雨が降ったら，Naokoは何をしますか？

〔放送台本〕

2番の問題に移ります。次の図は，中学生のRyotaが自分の家族を紹介するために使ったものです。これから，Ryotaが自分の家族について英語で紹介します。それを聞いて，次の図の A ～ C に当てはまるものとして最も適切なものを，それぞれア～エの中から選びなさい。では，始めます。

Hi, everyone. Today I'll talk about my family. My father works at his own bookstore. He is forty-three years old. He likes reading and knows many things. My mother is a doctor, and she helps many sick people. She is forty-five years old. She loves cooking. She sometimes teaches me how to cook. I live with my grandfather and grandmother, too. They are seventy years old. They usually help my father at his bookstore. My grandfather likes going fishing, and my grandmother loves visiting many places with her friends. All my family enjoy both their work and their free time.

〔英文の訳〕

こんにちは，皆さん。今日，私は自分の家族について話します。父は自分が経営する書店で働いています。彼は43歳です。読書が好きで，たくさんのことを知っています。母は医師で，たくさんの病人を助けています。彼女は45歳です。料理が好きです。ときどき私に料理の仕方を教えてくれます。私は祖父母とも一緒に住んでいます。彼らは75歳です。たいてい父の書店で手伝いをしています。祖父は釣りが好きで，祖母は友人と多くの場所を訪れるのが大好きです。家族全員が自分たちの仕事と自由な時間の両方を楽しんでいます。

〔放送台本〕

3番の問題に移ります。これから，ALTのGreen先生の退任式で，中学校の生徒会長Akiが行ったスピーチが流れます。それに続いて，その内容について，No.1～No.3の3つの質問が流れます。それぞれの質問に対する答えを，ア～エの中から選びなさい。では，始めます。

Mr. Green, thank you very much for everything you did for us. We really enjoyed your classes. The English songs and games in your classes were fun. But I liked learning about Australia the best. You told us about many nice places in your country. I would like to visit them in the future. Also, you often played basketball with our team after school. You played it very well! When we were practicing basketball, I had a chance to talk with you in English. I wanted to ask you more questions about basketball, so I started to study English hard. You've told us that you will start to work as a music teacher at a junior high school in your country. Good luck and see you again. Thank you.

質問します。

No. 1　What did Aki like the best in Mr. Green's English classes?
No. 2　Why did Aki begin to study English hard?
No. 3　What will Mr. Green do in his country?

〔英文の訳〕

Green先生，私たちのためにいろいろなことをしてくださり，ありがとうございました。先生の授業は本当に楽しかったです。先生の授業での英語の歌やゲームは面白かったです。でも私はオーストラリアについて学ぶことが1番好きでした。先生はご自分の国のたくさんの素敵な場所について教えてくれました。私は将来，そこを訪問してみたいです。そのうえ，先生は放課後，私たちのチームとバスケットボールもよくしてくれましたね。先生はとても上手でした！　バスケットボールの練習をしているとき，私は先生と英語で話す機会がありました。バスケットボールについて先生にもっとたくさんの質問をしたかったので，私は英語を一生懸命に勉強し始めたんですよ。先生はオーストラリアの中学校で音楽の先生として働き始めると話していましたね。がんばってください。そしてまたお会いしましょう。ありがとうございました。

No.1　AkiはGreen先生の授業で何が1番好きだったか？
　答え：エ　彼女はオーストラリアについて学ぶのが好きだった。
No.2　Akiはなぜ英語を一生懸命に勉強し始めたのか？
　答え：ア　彼女はバスケットボールについてGreen先生と話したかったから。
No.3　Green先生は彼の国でどんな仕事をする予定か？
　答え：イ　彼は学校で音楽を教える予定である。

〔放送台本〕

4番の問題に移ります。これから，中学生のRikaと留学生のMikeの対話が流れます。Rikaが2度目に発言する部分で次のチャイムを鳴らします。(チャイム音)あなたがRikaなら，このチャイムのところで何と言いますか。対話の流れに合うように内容を考えて，英語で書きなさい。では，始めます。

*Mike:*　My father always says that getting up early is important.
*Rika:*　I agree with him.
*Mike:*　Why is it important?
*Rika:*　(チャイム音)
*Mike:*　That's true.

以上で放送を終わります。

〔英文の訳〕

Mike：早起きするのは大切だと父はいつも言うんだ。
Rika：私はお父さんに同意するわ。
Mike：なぜそれが大切なの？
Rika：(解答例)なぜなら，学校へ行く前にたくさんのことができるからよ。
Mike：それは本当だね。

## <理科解答>

**1**　A　(1)　白血球　(2)　ウ　B　(1)　イ　(2)　断層　C　(1)　ア，ウ，エ　(2)　(最も大きいもの)　b　(最も小さいもの)　c　D　(1)　3600〔J〕　(2)　25〔%〕

**2**　(1)　①　a　(例)太陽の動く速さが一定である　b　昼　c　イ　②　イ　③　ア　(2)　B　(3)　ウ

**3**　(1)　エ　(2)　①　イ　②　(例)クモのえさが不足するから。　(3)　①　(例)微生物を死滅させる　②　(例)デンプンが分解されて無くなった　(4)　(例)下水処理場における生活排水の浄化

**4**　(1)　①　a　(例)加熱回数が多くなると，加熱後の物質の質量が一定となっている　b　ウ　c　(例)空気中の酸素によって，一部酸化されていた　②　1.25〔g〕　③　28〔%〕
(2)　①　a　○○　b　●○　●○　②　a　ア　b　ア　c　ア　d　イ
③　0.38〔倍〕

**5**　(1)　ア　(2)　①　(例)台ばかりの示す値が大きくなるのに対して，ばねののびは一定の割合で小さくなる。　②　a　0.5　b　1.5　c　2.0　d　(例)ばねが物体を引く力と台ばかりが物体を押す力の合力は，重力とつり合っている　(3)　a　ア　b　ウ

## <理科解説>

### 1 (小問集合)

A　(1)　体内に侵入した細菌などの異物をとらえ，体を守るはたらきをしているのは，血液成分中の白血球である。

(2)　吸気は，空気の成分の割合と一致することから，窒素がより8割に近い Y が吸気，X が呼気である。吸気の約20%を占めている a が酸素，吸気では0.04%だが呼気で4.0%に増加している b が二酸化炭素である。

B　(1)　日本付近では，陸のプレートの下に，海のプレートが沈み込んでいる。これによって陸のプレートにひずみがたまり，ひずみが限界に達すると反発して大きな地震が発生する。

(2)　地層に大きな力がはたらいて生じるずれを断層という。

C　(1)　磁石につくのは，鉄などの一部の金属のみに見られる性質である。

(2)　**密度〔g/$cm^3$〕＝質量〔g〕÷体積〔$cm^3$〕**より，金属a～cの密度を求める。金属a…47.2〔g〕÷6.0〔$cm^3$〕＝7.86…〔g/$cm^3$〕　金属b…53.8〔g〕÷6.0〔$cm^3$〕＝8.96…〔g/$cm^3$〕　金属c…53.8〔g〕÷20.0〔$cm^3$〕＝2.69〔g/$cm^3$〕

D　(1)　**1Wの電力を1時間使ったときの電力量**である。1〔W〕×(60×60)〔s〕＝3600〔J〕

(2)　LED電球が消費した電気エネルギーは，6〔W〕×(5×60)〔s〕＝1800〔J〕　このうち450Jが光エネルギーになったことから，450÷1800×100＝25〔%〕

### 2 (天体)

(1)　①　a…天球上で太陽の動く速さが一定なのは，**地球の自転の速さが一定**になっているためである。　b…XY間は，日の出から日の入りを表すことから，昼の長さを表す。　c…1か月後は，日の出および日の入りの位置がいずれもXとYよりも南にずれる。また，太陽の動く道筋は図Iと平行になるため，一日のうちの昼の長さが短くなる。

②　太陽は，透明半球上を1時間で1.5cm動くので，5.25cm動くのにかかる時間x分を求めると，

1.5：60＝5.25：$x$　$x$＝210〔分〕　よって，午前9時の210分(3時間30分)前の午前5時30分と求められる。

③　南半球では，太陽は東からのぼり，北の空の高い所を通って，西に沈む。

(2)　太陽は，**東→南→西**の順に進む。影はその逆にできるので，西→北→東の順に進む。

(3)　南中高度を比べると，高度の高い日から，夏至の日，秋分の日，冬至の日となるが，南中時の影の長さは太陽高度が高いほど短くなるため，短いほうから同じ順になる。また，同じ9時の太陽の高度を比べると，高いほうから夏至→秋分→冬至となる。高度が高いほうができる影の長さは短くなることから，同じ午前9時の記録でも，高度の高い夏至の日にできる影の長さが最も短く，冬至の日にできる影の長さが最も長い。

## 3 (動物の分類，土中の生物)

(1)　ルーペを持つときは，目に近づけて持つ。

(2)　①　いずれも節足動物である。

②　クモの個体数がふえると，えさが不足するため，個体数が徐々に減っていく。

(3)　①　この実験では，加熱をして生物を死滅させた場合と，生物がいる場合とで比較して実験を行う必要がある。

②　微生物が有機物であるデンプンを分解して無くなったために，ヨウ素液によって青紫色に変化しなくなった。

(4)　下水処理場では，汚泥に含まれる有機物を無機物へ分解する過程で，微生物のはたらきを利用している。

## 4 (化学変化と質量)

(1)　①　a…3回目以降は，加熱をくり返しても，質量の増加は見られなくなっている。 b…マグネシウム1.50gに結びつく酸素の質量は，2.50－1.50＝1.00〔g〕　よって，**マグネシウムの質量：酸素の質量＝1.50：1.00＝3：2**　c…銅は，加熱しなくても，室温で空気中の酸素と少しずつ化合し，酸化銅に変化する。

②　銅1.00gに化合する酸素の質量$x$gは，4：1＝1.00：$x$　$x$＝0.25〔g〕　よって，生じる化合物の質量は，1.00＋0.25＝1.25〔g〕

③　1.00gの銅に化合した酸素の質量は，1.18－1.00＝0.18〔g〕　よって，反応に使われた銅の質量xgは，4：1＝$x$：0.18　$x$＝0.72〔g〕　このことから，未反応の銅の質量は，1.00－0.72＝0.28〔g〕　未反応の銅の質量は，反応する前の銅全体の質量に対して，0.28÷1.00×100＝28〔%〕を占める。

(2)　①　aには酸素分子1個，bには酸化銅2個が当てはまる。

②　a…1.50gのマグネシウムに化合した酸素の質量は，2.50－1.50＝1.00〔g〕　銅の場合は，**銅：酸素＝4：1**の質量の割合で化合するので，1.50gの銅に化合する酸素の質量$x$gを求めると，4：1＝1.50：$x$　$x$＝0.375〔g〕　よって，同じ質量の金属に化合する酸素の質量は，マグネシウムのほうが多い。　b・c・d…反応するときの質量の比は，マグネシウムの質量：酸素の質量＝3：2である。マグネシウムと酸素は，原子の数の比が1：1で化合することから，マグネシウム原子1個の質量：酸素原子1個の質量＝3：2となる。銅についても同様で，化合する銅と酸素の質量の比は，銅：酸素＝4：1となることから，銅原子1個の質量：酸素原子1個の質量＝4：1となる。よって，同じ質量の酸素に化合するマグネシウムと銅の質量の比は，**マグネシウム：酸素：銅＝3：2：8**となり，それぞれの原子1個の質量の比も同じになる(d)。

また，同じ質量の金属に含まれる原子の数の比は，マグネシウム：銅＝8：3となる(c)。さらに，マグネシウム原子1個や銅原子1個にはそれぞれ酸素原子が1個ずつ結合しているので，同量の金属に化合している酸素原子の数の比も，マグネシウム：銅＝8：3となる(b)。

③　反応するときの質量の比は，マグネシウム：酸素＝3：2，銅：酸素＝4：1である。よって，同じ質量の酸素に化合するマグネシウムと銅の質量を比で表すと，マグネシウム：酸素：銅＝3：2：8となる。マグネシウムと酸素はそれぞれ原子が1個ずつ結合し，銅も同様であることから，マグネシウムの原子1個の質量：銅原子1個の質量＝3：8となる。よって，マグネシウム原子1個の質量は，銅原子1個の質量の，3÷8＝0.375→0.38〔倍〕

## 5 (圧力)

(1)　**圧力〔Pa〕＝力の大きさ〔N〕÷力のはたらく面積〔$m^2$〕**より，それぞれの面を下にして置いたときの圧力の大きさを求めると，面P…1〔N〕÷0.0002〔$m^2$〕＝5000〔Pa〕，面Q…1〔N〕÷0.0004〔$m^2$〕＝2500〔Pa〕，面R…2〔N〕÷0.0005〔$m^2$〕＝4000〔Pa〕，面S…2〔N〕÷0.001〔$m^2$〕＝2000〔Pa〕　このうち，圧力が最も大きくなるのは面Pとなる。

(2)　①　台ばかりの示す値が大きくなるにしたがい，ばねののびは一定の割合で小さくなっている。

②　a…図Ⅳより，このばねは，1.0Nの力を加えると，5cmのびていることがわかる。よって，半分の2.5cmのばすためには，ばねに加える力も半分の0.5Nとなる。　b・d…物体にはたらく重力〔N〕＝ばねが物体を引く力の大きさ〔N〕＋台ばかりが物体を押す力〔N〕の関係となる。この物体の重さは図Ⅵより2.0Nである。よって，台ばかりが示す値bNは，2.0－0.5＝1.5〔N〕　c…図Ⅳより，ばねののびが0cmになるときの台ばかりの示す値を読む。

(3)　a…ばねののびが一定の割合で短くなるにしたがい，台ばかりに加わる力は一定の割合で大きくなる。また，同じばねを使っているので，グラフの傾きは物体XとYで等しくなる。　b…物体Xの重さは1N，Yの重さは2N。また，ばねののびが0cmになったときに物体Xが台ばかりに加える圧力は，1〔N〕÷0.0002〔$m^2$〕＝5000〔Pa〕，物体Yが台ばかりに加える圧力は，2〔N〕÷0.001〔$m^2$〕＝2000〔Pa〕

# ＜社会解答＞

**1**　(1)　大仙古墳　(2)　ア　(3)　ウ　(4)　(例)専門的な技術を持つ多くの小規模企業が協力し，高度で大規模な事業にかかわる製品づくりができるようにしている。
(5)　(例)人々の買い物データを蓄積し，商品開発に活用している。

**2**　(1)　イ　ウ　(2)　A　カルデラ　B　シラス　C　(例)水はけがよいため，畑として利用されている　D　(例)水が得やすいため，水田として利用されている
(3)　(例)季節風の影響を受けるため。

**3**　(1)　ウ　(2)　c　(3)　レアメタル(希少金属)　(4)　(経済)　モノカルチャー経済
(理由)　(例)特定の産物に頼っているため，天候や他国との関係の影響を受けやすいから。
(5)　(例)働いていた子どもたちが学校に行くようになり，教育を受ける機会が得られる。

**4**　(1)　班田収授法　(2)　ウ　(3)　銅銭〔明銭〕　(4)　(例)日本国内で鉄砲が生産されるようになったから。　(5)　ウ→ア→イ　(6)　(例)賃金は上昇しないのに物価が上昇し，生活が苦しくなったから。

5 (1)　ウ→ア→イ→エ　(2)　A　(例)女性の権利拡大　B　エ　(3)　(例)植民地支配から独立した国々が，オリンピックに参加するようになったから。
(4)　平和維持活動[PKO]

6 (1)　国債　(2)　イ　(3)　ウ　(4)　(例)社会保障支出の割合が高い国ほど，国民負担率が高い。　(5)　(例)核家族世帯数や共働き世帯数が増えたことで，育児の支援を必要とする世帯が多くなったため。

7 (1)　エ　(2)　97票　(3)　A　国会　B　国務大臣　(4)　(例)一方の意見に偏らないように，住民の代表である首長と議会が互いに抑制し合う必要があるから。

## ＜社会解説＞

**1** (歴史的分野―日本史時代別－古墳時代から平安時代・安土桃山時代から江戸時代，―日本史テーマ別－社会史・文化史，地理的分野―日本地理－気候・工業・通信)

(1)　**百舌鳥古市古墳群**の中にある，日本最大の古墳は，大阪府堺市にある**大仙古墳**である。**大和政権**の**大王**の陵墓であり，**仁徳天皇**の陵墓として，宮内庁によって管理されている。長さが約480mの前方後円墳であり，クフ王のピラミッド，始皇帝陵と並んで，世界三大陵墓の一つである。

(2)　Bの地点は大阪府である。大阪府は，**瀬戸内式気候(瀬戸内海式気候)**に分類され，年間を通して天候が安定し，**降水量**は少なめである。**雨温図**のアが大阪府である。なお，Aは，京都府宮津市であり，日本海側にあるため，冬には，大陸にあるシベリア気団から吹く冷たい北西の**季節風**の影響で**降雪量**が多い。雨温図のウである。また，Cは和歌山県潮岬であり，降水量は年間を通じて多めで，梅雨時期と台風の来る9月頃に特に多い。雨温図のイである。

(3)　江戸時代に開かれた，日本海沿岸の港と大阪を結ぶ幹線航路のことを**西廻り航路**という。17世紀半ばに，**河村瑞賢**によって開かれ，日本海を南西へ航海し，下関から瀬戸内海に入り大阪に達する。選択肢の中で，西廻り航路によって大阪と海路でつながれた都市は新潟である。

(4)　資料Ⅳから，大阪では平均従業員数が神奈川や愛知に比べてかなり少なく，小規模企業が多いことがわかる。そうした小規模企業はそれぞれ専門的な技術を持ち，協力しあって，高度で大規模な事業にかかわる製品づくりができるように市が支援している，といった趣旨の解答ができればよい。

(5)　小売店では，**POS**(販売時点情報管理)システムを導入し，商品を販売するごとに情報を記録し，集計結果を在庫管理やマーケティング材料，また，商品開発に生かしている。などの例をあげられればよい。

**2** (地理的分野―日本地理－地形図の見方・農林水産業・地形・気候)

(1)　イ　図書館が地図記号「🕮」を使って表されるようになった。　ウ　三島村役場の東側が埋め立てられ，フェリーターミナル・水族館・北ふ頭などがつくられ，海岸線が変化した。イ・ウが正しい。

(2)　A　**火山活動**によって火山体に生じた凹地を**カルデラ**という。噴火時にできた火口とは区別され，火口よりも大きい。　B　**九州南部**に数多く分布する，火山噴出物からなる台地を**シラス台地**という。典型的な火砕流台地であり，シラスや溶結凝灰岩などで構成される。シラスは雨水がしみやすい，酸性の強い土壌である。　C　シラスは雨水がしみやすく水はけがよいため，畑として利用されていることを指摘すればよい。　D　低地では，しみこんでいた水が湧き出し，水が得やすいため，水田として利用されていることを指摘すればよい。

(3)　夏には海洋から大陸に向かって吹く，南東の**季節風**の影響を受け，冬には大陸にある気団から吹く北西の季節風の影響を受けるためであることを，必ず「季節風」の語を使って解答する。

## 3 (地理的分野―世界地理－地形・気候・資源・貿易・産業・人々のくらし)

(1)　緯度0度の緯線を**赤道**という。赤道は，インドネシア・南アメリカ大陸北部・アフリカ大陸中央部を通る。ウの線が赤道である。

(2)　**寒帯**・**亜寒帯**のない大陸がアフリカ大陸である。また，砂漠が多く，**乾燥帯**の占める割合が六大陸の中で最も大きいのが，アフリカ大陸である。

(3)　地球上に埋蔵量が少ないか，技術的に取り出すことが難しく，または金属の特性から精錬のコストが高くなるなどの理由で，産業界での流通量が少ない，希少な金属を**レアメタル**(**希少金属**)という。プラチナ・クロム・マンガンなどがレアメタルである。レアメタルは携帯電話・電池・液晶パネルなど身近なものでも使われている。

(4)　(経済)　数種類の鉱産資源や農産物の輸出に依存している国の経済状態を，**モノカルチャー経済**という。カカオ豆に大きく依存するコートジボワールや，原油輸出に依存するナイジェリアなどアフリカ州の国に多く見られる。(理由)　農産物は気候の影響を受けやすく，特定の産物に頼っていると経済が不安定になりやすい。また，その農産物や資源の価格や，他国との関係によって輸出量の変動に左右されやすいからであることを簡潔に指摘するとよい。

(5)　農作業など，食べ物を確保するために，やむなく働いていた子どもたちが学校に行くようになり，教育を受ける機会が得られることを指摘すればよい。

## 4 (歴史的分野―日本史時代別－古墳時代から平安時代・鎌倉時代から室町時代・安土桃山時代から江戸時代，―日本史テーマ別－政治史・宗教史・外交史・技術史・社会史)

(1)　律令制度の下で，6歳以上の男女に**口分田**を貸し与えたのが，**班田収授法**である。**良民**男子2段，女子はその3分の2とされ，**賤民**は良民の3分の1とされていた。死後は収公された。

(2)　**最澄**が唐から帰国し，**比叡山**に**延暦寺**を建立して**天台宗**を開いたのは，平安時代初期の9世紀初頭である。最澄は伝教大師と呼ばれる。正解はウである。なお，アの**鑑真**は，戒律を日本にもたらすために唐から招かれ，**唐招提寺**を開いた僧侶である。イの**行基**は，奈良時代に民衆に布教し，**僧尼令**違反とされた僧侶である。エの**法然**は，**鎌倉新仏教**の開祖の一人で，**浄土宗**を開いた僧侶である。

(3)　明の皇帝に対して朝貢貿易を行い，明の皇帝から日本国王として認められたのが，室町幕府の3代将軍の**足利義満**である。この貿易にあたっては，勘合符が用いられたため，**勘合貿易**といわれる。勘合貿易での日本の輸出品は，銅・金・刀剣・漆器などであり，日本が輸入したものは銅銭・生糸・絹織物・陶磁器・書籍などであった。輸入された銅銭(明銭)は，日本で広く流通した。

(4)　**戦国時代**後期となると，和泉の**堺**・近江の**国友**・紀伊の**根来**など，日本各地で**鉄砲**が生産されるようになったから，鉄砲は戦国大名に広くいきわたるようになったことを，簡潔に指摘するとよい。

(5)　アの**安政の大獄**は，1858年から1859年にかけて，**大老**の**井伊直弼**が幕府に反対する大名・武士・公家などを処罰したできごとである。イの**桜田門外の変**は，1860年に江戸城の桜田門の近くで起きた，元水戸藩士らによる大老井伊直弼の殺害事件のことである。ウの**日米修好通商条約**は，**駐日総領事ハリス**の圧力に押され，大老の井伊直弼が**朝廷**の**勅許**を得ないまま，1858年に米国との間に結んだ条約である。したがって，年代の古い順に並べると，ウ→ア→イとなる。

(6)　資料Ⅳに見られるように，賃金は上昇しないのに米などの物価が何倍にも上昇し，生活が苦しくなったから，都市部での打ちこわしが起こったことを指摘すればよい。

**5** (歴史的分野―日本史時代別－明治時代から現代，―日本史テーマ別－外交史・政治史,―世界史－政治史，公民的分野―国際社会との関わり)

(1) ア　**日露戦争**が開始されたのは，1904年のことである。　イ　アメリカの仲介により，ロシアとの間に**ポーツマス条約**を結んだのは，1905年のことである。　ウ　日本は，ロシアの南下を警戒するイギリスと，ロシアの満州・朝鮮への進出を抑えようとする日本の利害の一致から，1902年に**日英同盟**を締結した。　エ　**外務大臣**の**小村寿太郎**が**関税自主権の回復**に成功したのは，1911年のことである。したがって，時代の古い順に並べると，ウ→ア→イ→エとなる。

(2) A　**第一次世界大戦**が1918年に終わり，戦後は世界的民主化傾向が顕著になった。その一つの表れが，女性の権利拡大であった。欧米諸国の中には，この時期に女性選挙権が認められた国が多い。　B　明治末期に**青鞜社**を結成して，**女性解放活動**をした人物は，**平塚らいてう**である。青鞜社の機関誌『青鞜』の巻頭言の「**元始女性は太陽であった**」が有名である。なお，アの**樋口一葉**は，19世紀末期の女性作家である。イの**野口英世**は，20世紀前期に黄熱病の研究をした医学者である。ウの**美濃部達吉**は，20世紀前期に**天皇機関説**を主張した法学者である。

(3) アフリカでは，**第二次世界大戦後**，多くの国が独立した。特に1960年には多くの国が独立し，**アフリカの年**と言われた。北ローデシアがイギリスから独立したように，**植民地支配**から独立した国々がオリンピックに参加するようになったから，オリンピック参加国が急増したことを指摘するとよい。なお，北ローデシアは東京オリンピック期間中に独立を果たしたため，開会式と閉会式で国旗が異なっていることに注意したい。

(4) 地域紛争で停戦を維持したり，紛争拡大を防止したり，公正な選挙を確保するなどのための活動が国連の**PKO(平和維持活動)**である。日本は，1992年以来この活動に参加している。しかし，PKOの派遣は，**安全保障理事会**の決議により決定されるため，**常任理事国**のうち1か国でも反対の国があると，実施できない。

**6** (公民的分野―財政・経済一般・国民生活と社会保障)

(1) 国家が証券発行という方式で行う借入金のことを**国債**という。発行時に**償還期限**と**利率**が定められており，基本的には，購入者はこれに応じた利息を受け取ることができる。償還期限を迎えると，**元金**である国債の発行時の金額が支払われる。いわば国債は**国の借金**であり，増え続けることは望ましくない。

(2) アの，**労働基準法**は，労働者のための統一的な保護法として，1947年に制定され，労働条件の基準を定め，1日8時間労働制や，1週40時間労働制などを内容としている。ウの，**労働関係調整法**は，労働関係の公正な調整をはかり，労働争議を予防し，または解決して，産業の平和を維持することを目的として，1946年に制定された法律である。ア・ウとも誤りであり，イが正しい。**労働組合法**は，1945年に制定され，労働組合の結成の保障や，使用者との団体交渉とストライキなど，労働争議に対する権利を認めている。労働基準法・労働組合法・労働関係調整法を合わせて，**労働三法**という。

(3) **消費税**は，税率が高くなればなるほど税収が多くなり，3%→5%→8%→10%と税率が変更されるにしたがって，税収が増えてきた。消費税は，もともと年収の低い世帯ほど，年収に占める税負担の割合が高いが，税率を上げればさらにいっそう税負担の割合が高くなるという問題がある。

(4) デンマークは**社会保障支出**の割合が最も高く，アメリカが最も低い。一方，**国民負担率**はデンマークが最も高く，アメリカが最も低い。社会保障支出の割合が高い国ほど，国民負担率が高いといえることを，簡潔に述べればよい。

(5) 資料Ⅳから，**核家族世帯**数が増えたことが，資料Ⅴから，**共働き世帯**数が増えたことが読みとれる。それによって，育児の支援を必要とする世帯が多くなったため，ファミリー・サポート・センターのような取り組みが行われるようになってきた。

## 7 (公民的分野―国の政治の仕組み・国際社会との関わり・地方自治)

(1) アの**予算案**，イの**法律案**，ウの**条約の承認**は，どれも衆議院・参議院ともに審議する。なお，予算案は衆議院が**先議権**を持っている。エの**内閣不信任案**は，衆議院のみが審議・議決できるものである。参議院が審議できるのは，内閣総理大臣や個々の国務大臣に対しての**問責決議案**であるが，法的拘束力はない。

(2) **国際連合**の**総会**は，過半数で議案の可決がなされるので，193か国の過半数となる97票が必要である。

(3) A 日本国憲法第67条に「**内閣総理大臣**は，**国会議員**の中から**国会の議決**で，これを指名する。」と記されている。 B 日本国憲法第68条に「内閣総理大臣は，**国務大臣**を任命する。但し，その過半数は，国会議員の中から選ばれなければならない。」との規定がある。

(4) 地方公共団体では，その首長と議会の議員が，どちらも住民の直接選挙によって選ばれる。これを**二元代表制**という。いずれも住民の代表である，首長と議会が互いに抑制し合う必要があるから，議会は首長に対して**不信任決議**をすることができ，首長は**議会を解散**することができるという関係になっている。

## ＜国語解答＞

一 (一) ㋐ みぢか　㋑ ていげん　㋒ しだい　㋓ しょうさい　(二) イ
(三) (例)太陽系の惑星の運動の説明があまりに複雑になるという(問題)　(四) エ
(五) ① (例)人間は世界の全体像を見通すことができる存在であると考えられており，人々は宇宙を天空におおわれた有限な世界として思い描いていた。　② イ

二 (一) ウ　(二) イ　(三) ア　(四) (例)Ⅰで眠ってしまった時には，もうプロ棋士にはなれないという悲しみを感じていたが，Ⅱで眠りに落ちていった時には，プロにはなれなくとも自分は将棋が好きだという思いを再確認することで，前向きな気持ちになっていた。

三 (一) ちかい　(二) C　(三) ① (例)鍋で煮られた物をすくう　② イ

四 (一) 事を好む者は　(二) ウ　(三) エ

五 (一) ① 往復　② 拡散　③ 朗らか　④ 試みる
(二) (部首名) たけかんむり　(画数) 十八画

六 (一) エ　(二) ア　(三) (例)山笑う　私は「山笑う」について発表してみたいと考えます。言葉の詳しい意味は知らないのですが，この言葉からは，暖かくなると木々や草花が茂ってきて，山全体が明るくにぎやかになっている様子が感じられます。実際に山が笑うことはないのに，春の雰囲気をよく伝えている言葉だと思ったので，私はこの言葉を選びました。言葉の由来についても詳しく調べると，よりよい発表になると思います。

# ＜国語解説＞

**一**　(論説文－内容吟味，接続語の問題，漢字の読み書き)

(一)　㋐　仮名遣いに注意。「みじか」ではなく「**みぢか**」である。　㋑　「**提言**」は，意見や考えなどを出すこと。　㋒　「**次第**」の「次」は「**し**」と読む。　㋓　「**詳細**」は，くわしくこまかいこと。

(二)　空欄の前は天動説の問題点を述べ，空欄の後は，前の内容をふまえて地動説について述べているので，イ「**そこで**」が当てはまる。

(三)　傍線部Aの直後に「それは地球を含む**太陽系の惑星**(水星や火星，木星など)の**運動の説明**が，あまりに**複雑**になってしまうという問題です。」とある。この内容を25字以内にまとめて書く。

(四)　※の部分は，「～宇宙。」という**体言止め**や「カオスの世界のようにも」という**比喩**を用いて，宇宙の「**無際限**な形」を印象づけている。エが正解である。文中の「どろどろ」は擬態語であり，アの「擬音語」ではない。イの「対になる表現」は※の部分には使われていない。ウの「ひらがなを多く用いて」という説明は不適切である。

(五)　①　「地動説」以前の人間については，第1段落の最後に「～人間は，**世界**全体を見渡すことで，その**全体像を見通すことができる**と考えられたのです。」とある。また宇宙のイメージについては，第5段落に地動説以前は「**宇宙が天空によっておおわれた，一定の大きさの有限な世界**であるという信念」があったことが書かれている。この2つの内容を一文にまとめる。

②　第7段落初めの「開かれた宇宙のイメージ」と同じ内容が，第4段落では「**無際限に広がっていて，どこまでも開かれているように見える宇宙のイメージ**」と表現されている。また，複数の銀河の存在を認めることで，**地球や人間**を中心に考えるのではなく，**相対的に捉える**ようになった。このことを説明したイが正解。アは，「宇宙の真理」を解明したとはいえないし，「人間中心の考え方」が強められたという説明も誤り。ウの「太陽の偉大さ」やエのような「確信」は，本文に書かれていない。

**二**　(小説－情景・心情，内容吟味，熟語)

(一)　四字熟語の意味は，ア「一朝一夕」＝短い時間，イ「一日千秋」＝時間がたつのが遅く感じられること，ウ「**千差万別**」＝たくさんのものがそれぞれ違っていること，エ「千載一遇」＝めったにないこと，である。このうち，「ひとの成長のペース」について述べ，「あわてる必要はない」という内容につながる四字熟語は，ウである。

(二)　「頭をさげる」は，謝罪するということ。父は，祐也がプロ棋士を目ざすことについて，「**どうやってとめていいか，わからなかった。**」「**ひとりで苦しませて，申しわけなかった。**」と言っている。父は，苦しむ祐也を見ていながら助けてやれなかったことについて謝っているのである。正解はイ。アは「将棋をやめろと言っているんじゃない」という父の言葉と矛盾するので誤り。ウの「勉強を強要する」は，後の「高校は，偏差値よりも，将棋部があるかどうかで選ぶといい」という言葉と合わない。父が祐也より兄を優先していた様子は読み取れないので，エは不適切である。

(三)　「顔がほころぶ」は，笑みが浮かぶこと。祐也はプロ棋士を目ざして将棋中心の生活をしていたが，ずっと結果を出せなかった。見かねた父にプロを目ざすのをやめるように言われても，すぐには気持ちを切り替えられない。そんなときに，**「いつもどおり」の明るい母の姿を見て，ほっとした**のである。したがって，アが正解。母に「無理」は感じられないし，祐也は母に「同情」していないので，イは誤り。母は祐也の心情を察していないかもしれないが，祐也は「あきれる気持ち」にはなっていないので，ウは不適切。母の態度は祐也を「子供扱い」しているとは言えず，祐也の気持ちとして「照れくささ」も読み取れないので，エは不適切である。

(四)　Iのときの心情は，「**悲しみ**」「もう，**棋士にはなれない**んだ。」「目から涙があふれた」からわかる。Ⅱの時の心情は，「おれは**将棋が好きだ**。プロにはなれなかったけど，それでも将棋が好きだ。」「**うそいつわりのない思い**」から読み取る。Iの時と異なり，Ⅱの時は自分の気持ちを再確認して納得したことで前向きな気持ちになり，「深い眠り」につくことができたのである。

## 三 (古文─内容吟味，脱文・脱語補充，仮名遣い)

〈口語訳〉 今となっては昔のことであるが，藤六という歌人が，身分の低い者の家に入って，人がいないときを見つけて入った。鍋で煮た物をすくって食べたときに，家主の女が水を汲んで大通りの方から来て見ると，このように(鍋で煮た物を)すくって食べているので，「どうしてこのように人もいない所に入って，こうして煮ている物を召し上がるのですか，ああいやだ，藤六さんではいらっしゃいませんか。それならば歌を詠んでください。」と言ったので，

　昔から阿弥陀仏の誓いで，地獄の釜で煮られる人を救うということを知っている(だから，私も鍋で煮えている物をすくうのだ)

と詠んだということだ。

(一)　「誓ひ」の「ひ」を「い」に改め，全て平仮名で「**ちかい**」と書く。

(二)　それぞれの主語は，A「藤六」，B「藤六」，C「**家主の女**」，D「藤六」なので，Cが正解。

(三)　①「**鍋に煮ける物**」を「**すくふ**」ということを，現代語で書く。　②　藤六は，家主の留守に上がりこんで盗み食いしているところを見つかった。いわば**逃げ場のない状況**にあり，何とか**見逃してもらう**ために家主の求めに応じて歌を詠んだのである。このことを指摘したイが正解である。アは「相手への攻撃を続ける」，ウは「他人に罪をなすりつける」が誤りである。また，本文の和歌は家主の女に対する言い訳として詠んだものなので，エの「阿弥陀仏に対して，心を入れ替えると表明するため」という説明は不適切である。

## 四 (漢文─内容吟味，口語訳，その他)

〈口語訳〉 そもそも泳ぎが上手な者は溺れ，乗馬が上手な者は落馬する。それぞれ自分が得意だと考えている事柄のほうが，かえって悪い結果をもたらす。このために，事件が起こるのを喜ぶ者は必ず傷つくことになり，利益を勝ち取ろうとする者は必ず行き詰まることになる。

(一)　「好」の左下にレ点があるので，漢字を読む順序は「事好者」となる。書き下し文は，これに送り仮名をつけて「**事を好む者は**」となる。

(二)　この場合の「利」は**利益**,「争ふ」は**勝とうとする**ことなので，ウが正解。アの「無視する」，イの「口をはさむ」は「争う」の意味として不適切。エの「不利」は「利ではない」という意味である。

(三)　「**各其の好む所を以て，反って自ら禍を為す**」から，エの内容を読み取ることできる。本文の「善く」は「急ぐ」という意味ではないので，アは誤り。イの「他人から敬遠される」，ウの「周りに迷惑をかけてしまう」といった周囲との関係については，本文に書かれていないので不適切である。

## 五 (知識─漢字の読み書き，書写)

(一)　①「**往**」は行く，「**復**」は帰るという意味である。　②「**拡散**」は，ばらばらに広くちらばること。　③「**朗**」の音読みは「ロウ」で，「明朗」「朗読」などの熟語を作る。　④「**試みる**」は送り仮名に注意。

(二)「簡」の部首は「竹」，部首名は「たけかんむり」である。また，行書では書き方によって画数が変わるが，楷書で書く場合は18画になる。

**六**　(会話・議論・発表―内容吟味，熟語，作文)

(一)「小春」の「小」は，花子さんの言葉にあるように「～のような，～に似ている」という意味。ア「小川」は小さい川，イ「小銭」は額が少ない銭，ウ「小学校」は年齢が低い子どものための学校，エ「小京都」は京とに似ている町ということなので，適切なのはエである。

(二)「小春」は「陰暦十月の別称」であるが，太郎さんのように「春になって間もない頃を指す言葉」などと誤解する人が多い。太郎さんは「紅葉の小春」という表現を含む子規の俳句を紹介することで，「小春」の意味を誤解している人に気づいてほしいと思ったのである。正解はア。「小春」の意味は「多様」ではないので，イは誤り。子規は「小春」の意味を誤解していないので，ウの内容を説明するためにこの俳句を用いるのは不適切。「小春」は「初春」を表す言葉ではないので，エは誤りである。

(三)　まず，「春分」「若草」「山笑う」のうちからどれか1つを選び，詳しく調べて発表したいと考えた理由を，その言葉から受けるイメージに触れながら書く。解答例では，「山笑う」という言葉を選び，山全体が明るくにぎやかになっているというイメージにふれながら，春の雰囲気をよく伝えている言葉だと思ったことを理由として書いている。書き終わったら必ず読み返して，誤字・脱字や表現がおかしなところを改めること。

## 群馬県公立高等学校（前期）

# 2019年度

# 入試問題

2019年度

●くわしい解説……15ページ

# ＜数学＞

時間　40分　　満点　50点

**1**　次の⑴～⑶の問いに答えなさい。

⑴　次の①～⑥の計算をしなさい。

① $-7+3$　　② $5x-2x$　　③ $8\times\frac{3a-1}{4}$

④ $4x+5y-(x+3y)$　　⑤ $4a^3b\div 2ab$　　⑥ $\sqrt{50}-\sqrt{8}$

⑵　$(x+3)(2x-1)$ を展開しなさい。

⑶　$x^2-9y^2$ を因数分解しなさい。

**2**　次の⑴～⑸の問いに答えなさい。

⑴「1個 $a$ gのおもり2個と，1個 $b$ gのおもり3個の，合計の重さは500gである。」という数量の関係を等式で表しなさい。

⑵　右の図の直方体ABCD－EFGHにおいて，AB＝6㎝，AD＝4㎝，AE＝4㎝ のとき，四面体ABCFの体積を求めなさい。

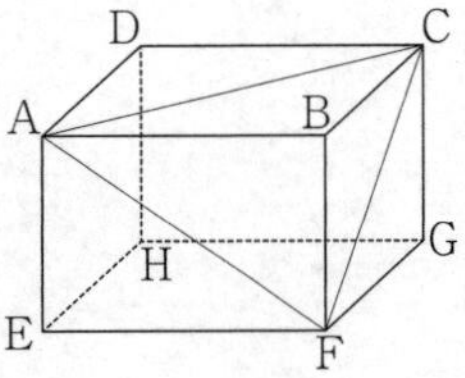


⑶　2次方程式 $(x-1)^2=x+4$ を解きなさい。

⑷　関数 $y=x^2$ について，$x$ の変域が $-1\leqq x\leqq 3$ のとき，$y$ の変域を求めなさい。

⑸　ある20人の生徒に対して10点満点のテストを実施したところ，平均値が6.3点，中央値が7点，最頻値が7点であった。次のア～エのうち，この20人の生徒の得点をもとに作成したヒストグラムとして正しいものを1つ選び，記号で答えなさい。

ア

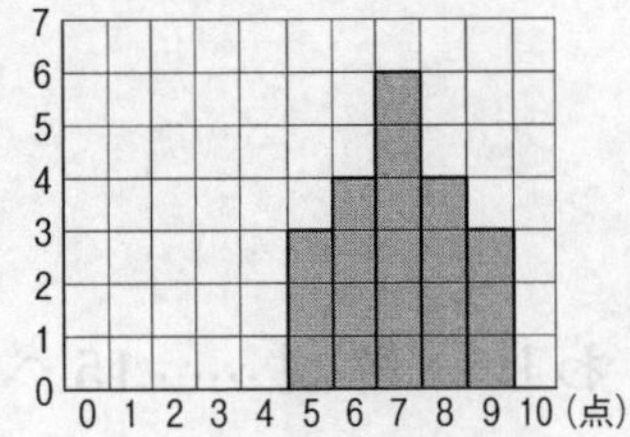


イ

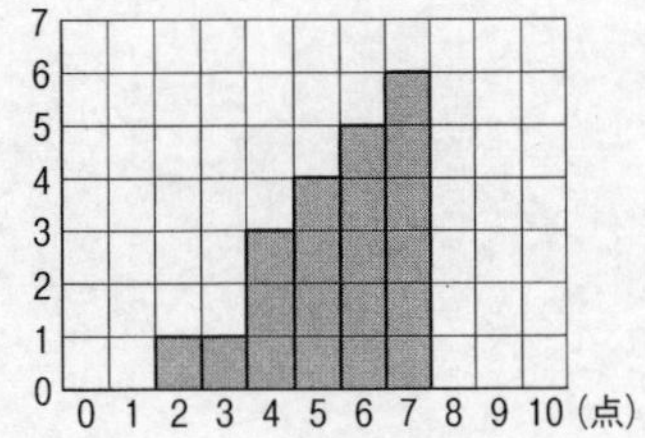

ウ
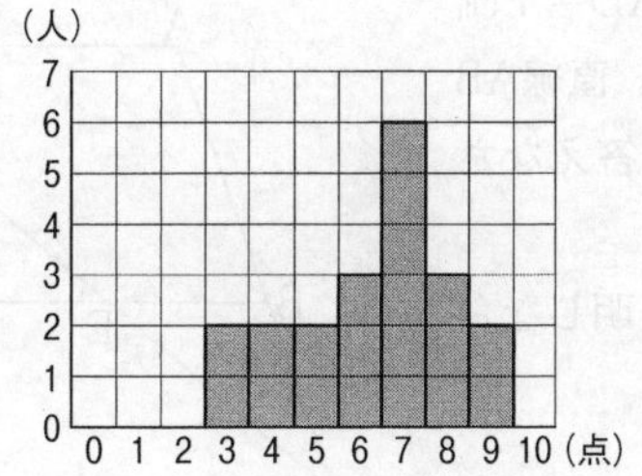


エ
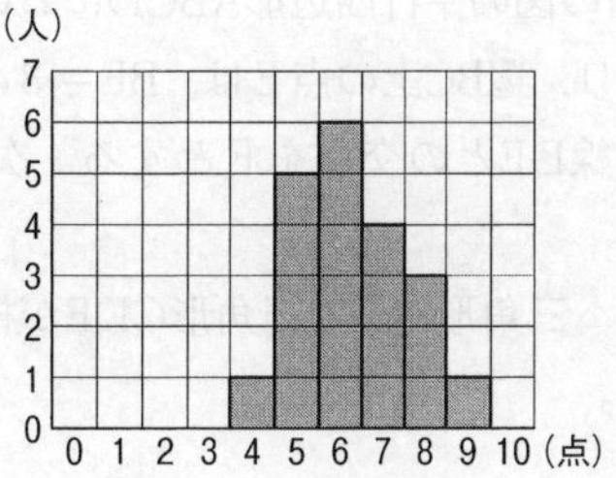


**3**　次の⑴～⑶の問いに答えなさい。

⑴　1辺が10㎝の正方形がある。この正方形の1辺の長さを $a$ ㎝長くした正方形は，もとの正方形と比べてどれだけ面積が増えるか，$a$ を用いて表しなさい。

ただし，$a>0$ とする。

⑵　さいころを2回投げて，出た目の和を $a$ とする。このとき，$x$ についての方程式 $ax=24$ の解が整数となる確率を求めなさい。

⑶　右の図で，点A，B，C，Dは円Oの周上の点であり，線分BDは円Oの直径である。AB＝AC のとき，∠ACDの大きさを求めなさい。

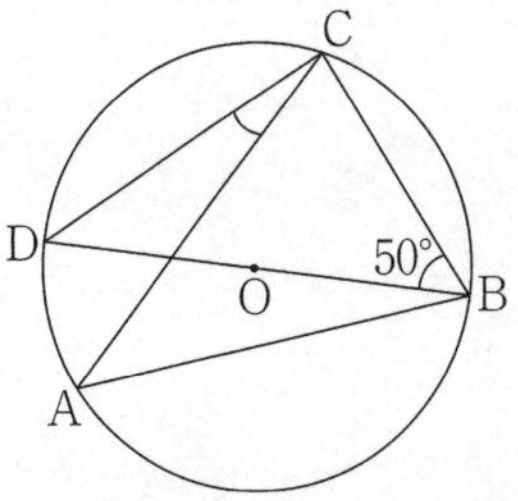


**4**　ガス会社Aとガス会社Bでは，定額の基本料金と，使用したガス1 $m^3$ 当たりにかかる料金を，会社ごとにそれぞれ定めており，契約している世帯の1か月のガス料金は次の計算式によって決まる。後の⑴，⑵の問いに答えなさい。

計算式

（1か月のガス料金）＝（基本料金）＋（1 $m^3$ 当たりにかかる料金）×（1か月の使用量【$m^3$】）

⑴　ガス会社Aと契約しているある世帯において，使用量が2.2 $m^3$ であった月の料金は2822円であり，使用量が3.1 $m^3$ であった月の料金は3281円であった。ガス会社Aが定めている，基本料金と1 $m^3$ 当たりにかかる料金を，それぞれ求めなさい。

⑵　ガス会社Bでは，ガス会社Aよりも基本料金を90円安く定めている。1か月の使用量が4.5 $m^3$ のとき，ガス会社A，ガス会社Bのいずれの会社と契約している場合でも，この月のガス料金は同じ額になるという。ガス会社Bが定めている1 $m^3$ 当たりにかかる料金を求めなさい。

**5**　右の図の平行四辺形ABCDにおいて，AB＝５㎝，AD＝７㎝であり，辺BC上の点Ｅは，BE＝３㎝ となる点である。直線ABと直線DEとの交点をＦとする。次の⑴～⑶の問いに答えなさい。

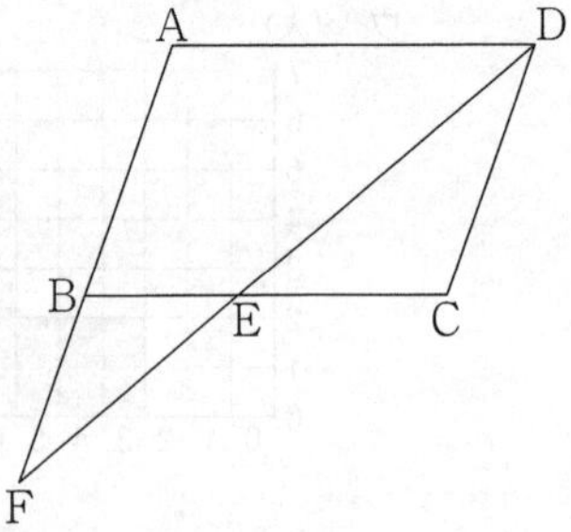


⑴　△三角形BFEと三角形CDEが相似であることを証明しなさい。

⑵　△三角形BFEの面積Ｓと三角形CDEの面積S′の比　Ｓ：S′ を，最も簡単な整数比で表しなさい。

⑶　三角形BFEの面積Ｓと平行四辺形ABCDの面積Ｔの比　Ｓ：Ｔ を，最も簡単な整数比で表しなさい。

# ＜英語＞

時間　40分　　満点　50点

1　次のＡ～Ｄは，Yutaが英語の授業で発表した際に用いた４枚のスライドとその説明です。（　）に当てはまる単語をそれぞれ１つ書きなさい。ただし，与えられた文字から始まる単語とすること。

A

Last summer, it was very (h　　). So, one day, my family decided to go to a mountain.

B

My brother and I played in the (r　　) there. The water was cold, and we felt so good.

C

We (c　　) a fish together. It was fun.

D

After that, we had lunch (u　　) a big tree. It was a wonderful day.

**2**　次の⑴～⑶の対話文で，□に当てはまるものとして最も適切なものを，それぞれア～エから選びなさい。

⑴　*A*：I'm going to see a movie with my sister.
*B*：What are you going to see?
*A*：□
*B*：That sounds good.
ア　We are going to see her.
イ　We are going to see a love story.
ウ　We are going to see it on Thursday.
エ　We often see movies with our friends.

⑵　*A*：I hear you like dogs very much.　How many dogs do you have?
*B*：I have one.　This is his picture.
*A*：He is very big.　How old is he?
*B*：□
ア　He is as old as me.
イ　The old dog is mine.
ウ　I don't like old dogs.
エ　The picture is not so old.

⑶　*A*：Do you have any good news?　You look so happy.
*B*：My brother gave me a present yesterday.　Look at this.
*A*：Wow.　That's a nice watch!
B：□
ア　He watched the news yesterday.
イ　I bought this for myself.
ウ　You sent me good news last week.
エ　I wanted this for a long time.

**3**　次の英文は，中学生のTakashiが，アメリカからホームステイに来ているMikeと，自分の部屋で交わした会話の一部です。これを読んで，後の⑴，⑵の問いに答えなさい。

*Mike*：Takashi, what is this?
*Takashi*：It's a **Daruma* doll.　Many *Daruma* dolls（ ① ）in Gunma.　Some people believe that *Daruma* dolls bring good luck.
*Mike*：I didn't know that.　This *Daruma* doll is（ ② ）than my head!　Are all *Daruma* dolls like this?
*Takashi*：No.　There are small ones, too.　Do you want to hold it?
*Mike*：Yes.　Oh, it's light!　But it's heavy at the *bottom.
*Takashi*：That's an important point.　If you push it, it *falls over.　But it quickly stands up again.　This *Daruma* doll always stands up after falling over.　Try it.

*Mike* : Wow.　That's amazing!

*Takashi* : This is like a person who never ( ③ ) trying.　When I *make a mistake, I look at this *Daruma* doll.　It *cheers me up.

*Mike* : Oh, I see.　Your *Daruma* doll helps you.　Now, I'm very interested in *Daruma* dolls.　I want to buy some for my family and friends.　Where ( ④ ) buy them?

*Takashi* : I know a shop that sells *Daruma* dolls.　I have an English *flyer.　Look at this.

（注） *Daruma doll* だるま　bottom 底　fall over 転ぶ　make a mistake 失敗をする
cheer ~ up ～を元気づける　flyer 広告

⑴ （①）～（④）に当てはまるものとして最も適切なものを，それぞれア～エから選びなさい。

① ア make　イ made　ウ are making　エ are made
② ア big　イ small　ウ bigger　エ smaller
③ ア stops　イ starts　ウ keeps　エ enjoys
④ ア I can　イ can I　ウ it does　エ does it

⑵ 次の【Flyer】（広告）は，Takashi が Mike に見せたものです。これを読んで，後の①，②の問いに対する答えとして最も適切なものを，それぞれア～エから選びなさい。

【Flyer】

**ABC DARUMA SHOP**

*Daruma* dolls — Large : 5,000 *yen
— Small : 3,000 yen

A Big *Discount !
If you buy two *Daruma* dolls,
you'll get a 1,000 yen discount from the *total.

◇Our shop sells *Daruma* dolls in seven different colors.　You can see those colors on our website.

◇Please send us an e-mail if you have questions about our *Daruma* dolls.

Phone ○○○-○○○-○○○○　E-mail abcdaruma@○○.com　Website http://www.abcdaruma.○○.com

（注） yen 円　discount 値引き　total 合計金額

① If Mike buys one large *Daruma* doll and one small *Daruma* doll, how much money does he need?

ア　5,000 yen　　イ　6,000 yen　　ウ　7,000 yen　　エ　8,000 yen

② What does the flyer show?

ア　It shows how to go to the shop.

イ　It shows how to make *Daruma* dolls.

ウ　It shows how many *Daruma* dolls there are at the shop.

エ　It shows how many colors of *Daruma* dolls the shop sells.

**4**　次の英文は，中学生のMamiが，英字新聞に投書した意見文です。これを読んで，後の(1)～(3)の問いに答えなさい。

□

How do people in Gunma go to work? About 85% of them use cars. Buses, trains, and bikes are not so popular in Gunma. My father went to his office by car *before, but he started going to work by bike last April. Now, he enjoys riding his bike every day. I think people should use bikes when they go to work. I have two *reasons.

First, we can *stay healthy. Many doctors say that we need to *exercise for 30 minutes a day if we want to stay healthy. But that is difficult for busy people. My father wanted to exercise, but he was too busy with his work. Now, he rides his bike for 40 minutes every day. I think it's really good for his health.

Second, we can save the *environment if more people go to work by bike. We see many cars on the street every day. Most cars *give off $CO_2$, and it is not good for the environment. Car companies have made *eco-friendly cars. Those cars give off *less $CO_2$, and it is better for the environment. But now, I would like to ask you one question. Do bikes give off $CO_2$? The answer is "No." So, bikes are very eco-friendly.

For these reasons, I think people should use bikes when they go to work. What do you think about my idea?

（注）before　以前は　　reason　理由　　stay healthy　健康を保つ　　exercise　運動する

environment　環境　　give off ～　～を排出する　　eco-friendly　環境に優しい

less　より少ない

(1) □ に入る，この英文全体のタイトルとして最も適切なものを，次のア～エから選びなさい。

ア　Let's enjoy bikes on weekends.

イ　Why don't you go to work by bike?

ウ　Let's exercise more for our health.

エ　Why don't you do something for the environment?

⑵　次の①～③の問いに対して，本文の内容に合うように英語で答えなさい。

① When did Mami's father start going to work by bike?

② How long do we need to exercise to stay healthy?

③ Why are bikes eco-friendly?

⑶　＿＿の部分の問いかけに対して，次のように，Mami の意見に反対する立場で意見を述べるとします。あなたなら［　］にどのようなことを書きますか。15語～20語の英語を書いて意見を完成させなさい。なお，英文の数はいくつでもよく，符号（，．！？“ ”など）は語数に含めません。また，解答の仕方は，〔記入例〕に従いなさい。

**【意見】**

I don't agree with Mami's idea, and I have one reason. ［　　　　　　　　　　　　］

〔記入例〕 Is ＿ it ＿ raining ＿ now? ＿ No, ＿ it ＿ isn't. ＿

㈢　文中A——「それはすなわち自分という存在の相対化ということである」とありますが、「自分という存在の相対化」の説明として、次のア～エから最も適切なものを選びなさい。

ア　相手との関係を保ちつつ自分の立場を積極的に確立すること。
イ　様々なものとの関わりの中で自分自身を客観的に捉えること。
ウ　海外に目を向けることで自分の生き方を総合的に見直すこと。
エ　新しい環境で自分自身が存在する意味を主体的に見いだすこと。

㈣　文中B——「それが学問のモチベーションになり、駆動力になる」とありますが、この一文の内容を具体的に示した例として、次のア～エから最も適切なものを選びなさい。

ア　尊敬する科学者について書かれた本を読み終えたので、読書感想文を書いてみることにした。
イ　大好きな昆虫の図鑑が家の近くの書店で売られていたので、欲しくなって購入することにした。
ウ　宇宙に関する本を読んだら知らないことが書かれていたので、宇宙についてもっと知りたくなった。
エ　外国の小説家の本を再度読み直したらやはりおもしろかったので、これからもこの本を読み返そうと思った。

㈤　文中＝＝「読書をすること、あるいは学問をすることの意味とは何なのだろうか」という問いに対して、筆者はどのような答えを示していますか、また、あなたはその答えに対してどのように考えますか、百十字以上、百四十字以内でまとめて書きなさい。

ウ　自分の意見と相手の意見とを戦わせることで、自分の考えをより深めていくことができる。
エ　自分だけでなく相手の状況も的確に把握することで、常に相手より優位に立つことができる。

**五**　次の文章を読んで、後の㈠～㈤の問いに答えなさい。

読書をすること、あるいは学問をすることの意味とは何なのだろうか。一般には、これまで知らなかった知識を得ることという答えが返ってきそうだが、読書の〈意味〉、学問の〈意味〉というものを考えたとき、その答えだけでは十分ではないだろうと私は考えている。
【ア】
読書によって、あるいは学ぶということによって、［Ⅰ］新しい知識が自分のものとなる。［Ⅱ］読書や学問をすることの〈意味〉は、端的に言って、自分がそれまで何も知らない存在であったことを初めて知る、そこに〈意味〉があるのだと思う。ある知識を得ることは、そんな知識も持っていなかった〈私〉を新たに発見することなのだ。
【イ】
私一人の身体のなかに地球十五周分もの細胞が詰まっていると知ることは、そんなにすごい存在だったのかと感動することは、そんなことも知らない自分であったということを、改めて知ることからくる感動なのだ。初めから何でも知っていたら、感動などは生まれない。「知らない存在としての自分を知る」こと、学問はそこから出発する。
【ウ】
自分の知っていることは世界のほんの一部にしか過ぎないのだと自覚する、Aそれはすなわち自分という存在の相対化ということである。それを自覚しないあいだは、自分が絶対だと思いがちである。自分だけしか見えていない。【エ】
自分は〈まだ〉何も知らない存在なのだと知ることによって、相手と自分との関係も見えてくるだろうし、世界のなかでの自分が存在することの意味も考えることになるだろう。私は〈まだ〉何も知らないと自覚することは、いまから世界を見ることができるということでもある。Bそれが学問のモチベーションになり、駆動力になる。
「何も知らない自分」を知らないで、ただ日常を普通に生きていることに満足、充足しているところからは、敢《あ》えてしんどい作業を伴う学問、研究などへの興味もモチベーションも生まれないのは当然である。しかし、ああ、自分は実は世界のほんのちっぽけな一部しかこれまで見てこなかった、知っていなかったと実感できれば、そして自分がこれまで知らなかった世界がいかに驚異に満ち、知る喜びにあふれていることを垣間見《かいまみ》ることができれば、おのずから知ることに対する敬意、リスペクトの思いにつながるはずである。

（永田和宏『知の体力』による。）

㈠　文中［Ⅰ］、［Ⅱ］に当てはまる語の組み合わせとして、次のア～エから最も適切なものを選びなさい。
ア　Ⅰ　むしろ　　Ⅱ　決して
イ　Ⅰ　確かに　　Ⅱ　しかし
ウ　Ⅰ　たとえ　　Ⅱ　そのため
エ　Ⅰ　もちろん　Ⅱ　なぜなら

㈡　次の［　］で囲まれた文は、文中【ア】～【エ】のいずれかの箇所に入ります。当てはまる箇所として、ア～エから最も適切なものを選びなさい。

［世界は自分のために回っているような錯覚を持つ。］

浅間先生　いいですよ。それでは、職員会議が終わってから［　　］読みますね。

ア　腰を据えて　　イ　目を奪って
ウ　足を棒にして　　エ　手をこまねいて

## 三

次の文章を読んで、後の㈠～㈢の問いに答えなさい。

ある犬、肉《ししむら》をAくはへて河を渡る。まん中ほどにてその影水に映りて大きに見えければ、「わがくはゆる所の肉より大きなる。」と心得て、Bこれを捨ててかれを取らんとす。かるがゆゑに《（それゆえに）》、二つながら《（二つとも）》これを失ふ。

（『伊曾保物語』による。）

㈠　文中A――「くはへて」を現代仮名遣いで書きなさい。

㈡　文中B――「これを捨ててかれを取らんとす」とありますが、「これ」と「かれ」は、別のものを指しています。それぞれ何を指していますか、違いが分かるように書きなさい。

㈢　この文章からどのような教訓が読み取れますか、次のア～エから最も適切なものを選びなさい。

ア　何かをしているときには、広い視野で新しいものを発見しようとするのがよいということ。
イ　他者を通して自分を見つめ直すことで、自分自身の行動を反省することができるということ。
ウ　欲に心を奪われて行動すると、自分が持っている財産もなくしてしまうことがあるということ。
エ　自分が満ち足りている場合には、相手のことを思いやる気持ちがなくなってしまうということ。

## 四

次の文章を読んで、後の㈠、㈡の問いに答えなさい。

知《リ》レ彼《ヲ》知《レバ》レ己《ヲ》者、百戦《シテ》不《ず》レ殆《あやふカラ》。不《シテ》レ知《ラ》レ彼《ヲ》而知《レバ》レ己《ヲ》、一勝一負《ス》。不《ざレバ》レ知《ラ》レ己《ヲ》、毎《ごとニ》レ戦《フ》必《ズ》殆《シ》。

（『孫子』による。）

書き下し文

彼を知り己を知れば、百戦して殆からず。彼を知らずして己を知れば、一勝一負す。彼を知らず己を知らざれば、戦ふ毎に必ず殆し。

㈠　文中――「不知《ラ》彼《ヲ》不《レバ》知《ラ》己《ヲ》」に、書き下し文の読み方になるように返り点を付けたものとして、次のア～エから最も適切なものを選びなさい。

ア　不レ知レ彼　不レ知レ己
イ　不レ知レ彼レ不レ知レ己
ウ　不二知彼一不二知己一
エ　不レ知レ彼不二知己一

㈡　この文章からどのようなことが言えると考えられますか、次のア～エから最も適切なものを選びなさい。

ア　自分の主張に関わる裏づけをとることで、論理的に相手を言い負かすことができる。
イ　自分を支持してくれる仲間を増やしておくことで、最後には必ず相手に勝つことができる。

# 〈国語〉

時間　四〇分　　満点　五〇点

一　次の㈠～㈢の問いに答えなさい。

㈠　次の①～⑤の――の平仮名の部分を漢字で書きなさい。

① ふんまつの薬を飲む。

② 似たようなじゅうたくが並ぶ。

③ 部長に判断をゆだねる。

④ 彼の学説に異をとなえる。

⑤ 受賞をじたいする。

㈡　次の①～⑤の――の漢字の読みを平仮名で書きなさい。

① 概略を説明する。

② 好奇心が旺盛だ。

③ 人生を顧みる。

④ 彼女を会長に推す。

⑤ 魚が岩陰に潜む。

㈢　次の①、②の熟語の構成を説明したものとして、後のア～オから最も適切なものをそれぞれ選びなさい。

① 創造

② 登山

ア　上の漢字が下の漢字を修飾している。

イ　反対の意味の漢字を組み合わせている。

ウ　下の漢字が上の漢字の対象を表している。

エ　同じような意味の漢字を組み合わせている。

オ　上の漢字と下の漢字が主語と述語の関係にある。

二　次の㈠～㈢の問いに答えなさい。

㈠　次の①、②の――の部分が修飾する文節を抜き出して書きなさい。

① たくさんの白い花が野原に咲いている。

② 僕は彼の名前を大きな声で何度も呼んだ。

㈡　次の①、②の□に当てはまる表現として、後のア～エから最も適切なものを選びなさい。

① 皆さんから□寄付金は、森林の保護のために使われます。

ア　申しあげた　　イ　いただいた

ウ　くださった　　エ　召しあがった

② 「走れメロス」を書いた人物といえば、□。

ア　太宰治《だざいおさむ》を知らない　　イ　太宰治が語っている

ウ　太宰治にほかならない　　エ　太宰治の有名な作品だ

㈢　次の①、②の対話の□に当てはまる表現として、後のア～エから最も適切なものを選びなさい。

①

夏子さん　冬実と千秋は本当に仲がいいんだね。言葉にしなくても通じ合っている感じだよね。

冬実さん　千秋とは幼稚園からずっと一緒に過ごしてきたから、お互いのことが□で分かるんだ。

ア　異口同音　　イ　以心伝心

ウ　自画自賛　　エ　無我夢中

②

春雄さん　先生、作文を書いてきたので、見ていただけますか。

MEMO

大切なことはメモしておこうネ！

前期

# 2019年度
# 解答と解説

《2019年度の配点は解答用紙集に掲載してあります。》

## ＜数学解答＞

**1** (1) ① $-4$　② $3x$　③ $6a-2$　④ $3x+2y$　⑤ $2a^2$　⑥ $3\sqrt{2}$
(2) $2x^2+5x-3$　(3) $(x+3y)(x-3y)$

**2** (1) $2a+3b=500$　(2) $16(\mathrm{cm}^3)$　(3) $x=\dfrac{3\pm\sqrt{21}}{2}$(求め方は解説参照)
(4) $0\leqq y\leqq 9$　(5) ウ

**3** (1) $a^2+20a(\mathrm{cm}^2)$　(2) $\dfrac{17}{36}$　(3) $(\angle\mathrm{ACD}=)20(°)$

**4** (1) (基本料金)1700(円)，($1\mathrm{m}^3$当たりにかかる料金)510(円)(求め方は解説参照)
(2) 530(円)

**5** (1) 解説参照　(2) $(\mathrm{S}:\mathrm{S}'=)9(:)16$　(3) $(\mathrm{S}:\mathrm{T}=)9(:)56$

## ＜数学解説＞

### 1 (数・式の計算，平方根，式の展開，因数分解)

(1) ① 異符号の2数の和の符号は絶対値の大きい方の符号で，絶対値は2数の絶対値の大きい方から小さい方をひいた差だから，$-7+3=(-7)+(+3)=-(7-3)=-4$

② $5x-2x=(5-2)x=3x$

③ $8\times\dfrac{3a-1}{4}=2(3a-1)=6a-2$

④ $4x+5y-(x+3y)=4x+5y-x-3y=4x-x+5y-3y=3x+2y$

⑤ $4a^3b\div 2ab=\dfrac{4a^3b}{2ab}=2a^2$

⑥ $\sqrt{50}-\sqrt{8}=\sqrt{2\times5^2}-\sqrt{2\times2^2}=5\sqrt{2}-2\sqrt{2}=(5-2)\sqrt{2}=3\sqrt{2}$

(2) 分配法則$\boldsymbol{(a+b)(c+d)=ac+ad+bc+bd}$より，$(x+3)(2x-1)=x\times2x+x\times(-1)+3\times2x+3\times(-1)=2x^2-x+6x-3=2x^2+5x-3$

(3) $\boldsymbol{a^2-b^2=(a+b)(a-b)}$より　$x^2-9y^2=x^2-(3y)^2=(x+3y)(x-3y)$

### 2 (文字を使った式，体積，二次方程式，関数$y=ax^2$，資料の散らばり・代表値)

(1) 1個$a$gのおもり2個の重さは　$a\mathrm{g}\times2$個$=2a\mathrm{g}$。1個$b$gのおもり3個の重さは　$b\mathrm{g}\times3$個$=3b\mathrm{g}$。合計の重さが500gだから　$2a\mathrm{g}+3b\mathrm{g}=500\mathrm{g}$　すなわち　$2a+3b=500$

(2) 四面体ABCFは，△ABCを底面と考えると，高さが線分BFの三角錐だから，(四面体ABCFの体積)＝(底面積)×(高さ)$\times\dfrac{1}{3}=\triangle\mathrm{ABC}\times\mathrm{BF}\times\dfrac{1}{3}=\left(\dfrac{1}{2}\times\mathrm{AB}\times\mathrm{BC}\right)\times\mathrm{BF}\times\dfrac{1}{3}=\left(\dfrac{1}{2}\times6\times4\right)\times4\times\dfrac{1}{3}=16(\mathrm{cm}^3)$

(3) (解き方)(例)$(x-1)^2=x+4$　$x^2-2x+1=x+4$　$x^2-3x-3=0$
$x=\dfrac{-(-3)\pm\sqrt{(-3)^2-4\times1\times(-3)}}{2}=\dfrac{3\pm\sqrt{21}}{2}$

(4) $x$の変域に0が含まれているから，$y$の最小値は0。$x=-1$のとき，$y=(-1)^2=1$　$x=3$のとき，$y=3^2=9$　よって，$y$の最大値は9　$y$の変域は，$0\leqq y\leqq 9$

(5)　**ヒストグラム**の中で**度数**が最も大きい**階級**の**階級値**が**最頻値**。エのヒストグラムの最頻値は6点だから，正しくない。**中央値**は資料の値を大きさの順に並べたときの中央の値。生徒の人数は20人で偶数だから，得点の低い方から10番目と11番目の生徒の得点の平均値が中央値。イのヒストグラムの中央値は　$\frac{6点+6点}{2人}=6点$　だから，正しくない。アのヒストグラムの**平均値**は $\frac{5点\times3人+6点\times4人+7点\times6人+8点\times4人+9点\times3人}{20人}=7点$，ウのヒストグラムの平均値は $\frac{3点\times2人+4点\times2人+5点\times2人+6点\times3人+7点\times6人+8点\times3人+9点\times2人}{20人}=6.3点$　だから，アは正しくない。

## 3 (面積，確率，角度)

(1)　1辺が10cmの正方形の面積は　$10^2=100cm^2$。1辺の長さを$a$cm長くした正方形の面積は　$(a+10)^2=(a^2+20a+100)cm^2$　だから，増えた面積は　$(a^2+20a+100)-100=a^2+20a(cm^2)$

(2)　さいころを2回投げるとき，全ての目の出方は　6×6＝36通り。$x$についての方程式　$ax=24$の解　$x=\frac{24}{a}$　が整数となるのは，$a$の値が，24の**約数**1，2，3，4，6，8，12，24の何れかになるときで，1回目のさいころの目の数を$m$，2回目のさいころの目の数を$n$とするとき，$(m,\ n)=$(1，1)，(1，2)，(2，1)，(1，3)，(2，2)，(3，1)，(1，5)，(2，4)，(3，3)，(4，2)，(5，1)，(2，6)，(3，5)，(4，4)，(5，3)，(6，2)，(6，6)の17通り。よって，求める確率は　$\frac{17}{36}$

(3)　**直径に対する円周角は90°**だから，∠BCD＝90°　∠BDC＝180°－∠BCD－∠CBD＝180°－90°－50°＝40°　**弧BCに対する円周角の大きさは等しい**から，∠BAC＝∠BDC＝40°　△ABCはAB＝ACの二等辺三角形だから，$\angle ACB=\frac{180^\circ-\angle BAC}{2}=\frac{180^\circ-40^\circ}{2}=70^\circ$　∠ACD＝∠BCD－∠ACB＝90°－70°＝20°

## 4 (方程式の応用)

(1)　(求め方)(例)ガス会社Aが定めている，基本料金を$x$円，$1m^3$当たりにかかる料金を$y$円とすると $\begin{cases} x+2.2y=2822\cdots① \\ x+3.1y=3281\cdots② \end{cases}$　②－①より　$0.9y=459$　よって，$y=510$　①に代入して，$x=1700$　$x=1700$，$y=510$は問題に適している。

(2)　ガス会社Bが定めている基本料金は　1700－90＝1610円。1か月の使用量が$4.5m^3$のとき，ガス会社Aとガス会社Bのガス料金が同じ額になるというから，ガス会社Bが定めている$1m^3$当たりにかかる料金をz円とすると　$1700+510\times4.5=1610+z\times4.5$　これを解いて　$z=530$。これは問題に適しているから，ガス会社Bが定めている$1m^3$当たりにかかる料金は530円。

## 5 (図形の証明，面積比)

(1)　(証明)(例)△BFEと△CDEにおいて　AF//DCより，**平行線の錯角は等しい**から　∠BFE＝∠CDE…①　**対頂角は等しい**から　∠BEF＝∠CED…②　①，②より，**2組の角がそれぞれ等しい**ので　△BFE∽△CDE

(2)　△BFEと△CDEの**相似比**は　BE：CE＝3：(7－3)＝3：4　**相似な図形では，面積比は相似比の2乗に等しい**から　$\triangle BFE:\triangle CDE=S:S'=3^2:4^2=9:16$

(3)　前問(2)より　$\triangle CDE=\frac{16}{9}S$　$\triangle BDE=\triangle CDE\times\frac{BE}{CE}=\frac{16}{9}S\times\frac{3}{4}=\frac{4}{3}S$　$\triangle ABD=\triangle BCD=\triangle CDE+\triangle BDE=\frac{16}{9}S+\frac{4}{3}S=\frac{28}{9}S$　以上より，$S:T=S:(\triangle ABD\times2)=S:\left(\frac{28}{9}S\times2\right)=9:56$

## ＜英語解答＞

**1** A hot　B river　C caught　D under

**2** (1) イ　(2) ア　(3) エ

**3** (1) ① エ　② ウ　③ ア　④ イ　(2) ① ウ　② エ

**4** (1) イ　(2) ①［例］He started going to work by bike last April.
②［例］We need to exercise for 30 minutes a day.　③［例］Because they don't give off $CO_2$.　(3)［例］There are many people who don't live near their office. It's difficult for them to go to work by bike.

## ＜英語解説＞

### 1 (適語補充)

(全訳)

A　去年の夏は，とても(暑かっ)たです。そこである日，ぼくの家族は山に行こうと決めました。

B　ぼくの兄[弟]とぼくはそこで，(川)の中で遊びました。水は冷たく，ぼくたちはとてもよい気分になりました。

C　ぼくたちは一緒に魚を(捕まえました)。楽しかったです。

D　その後，ぼくたちは大きな木(の下で)食べました。すばらしい１日でした。

いずれもスライドを参考に適語を入れる。Cはcatch「捕まえる」の過去形caughtが適切。

### 2 (適文選択)

(1)　A：私は姉[妹]と一緒に映画を見るつもりです。
B：あなたは何を見るつもりですか？
A：イ　私はラブストーリーを見るつもりです。
B：それはいいですね。

Aは最初の発言で「映画を見る」ことは伝えているので，より具体的に答えているものが適切。

(2)　A：私は，あなたはイヌが大好きだと聞いています。あなたはイヌを何頭飼っていますか？
B：私は１頭飼っています。これが彼の写真です。
A：かれはとても大きいですね。彼は何歳ですか？
B：ア　彼は私と同じくらい歳をとっています[同い年です]。

**How old ～?**「何歳～」に対する応答なので，年齢を答えている者を選ぶ。

(3)　A：あなたには何かよい知らせがあるのですか？　あなたはうれしそうに見えます。
B：私の兄[弟]が昨日，私にプレゼントをくれました。これを見てください。
A：わあ。それはすてきな腕時計ですね！
B：エ　私は長い間，これがほしいと思っていました。

watchがここでは「腕時計」の意味であることと，兄[弟]からのプレゼントであることから考える。

### 3 (会話文読解問題：適語選択)

(全訳)

マイク：タカシ，これは何だい？

タカシ：それはだるまだよ。多くのだるまが群馬では(① 作られている)んだ。だるまは幸運をもたらすと信じている人もいるね。

マイク：それは知らなかったよ。このだるまはぼくの頭よりも(②(さらに)大きい)ね！　すべてのだるまがこんなふうなのかい？

タカシ：いや。小さいものもあるよ。きみはそれを持ってみたいかい？

マイク：うん。おや，軽いね！　でも底はとても重いよ。

タカシ：それが重要な点なんだ。それを押せば，それは転ぶ。でもそれはすぐにまた立ち上がるんだよ。このだるまは転んだあと，いつも立ち上がるよ。やってみて。

マイク：わあ。すごいね。

タカシ：これは挑戦することを決して(③ やめ)ない人みたいでしょ？　ぼくは失敗をしたとき，このだるまを見る。それがぼくを元気づけてくれるんだ。

マイク：ああ，なるほど。きみのだるまはきみを助けているんだね。今では，ぼくはだるまにとても興味を持っているよ。ぼくは家族と友だちのためにいくつか買いたいな。(④ ぼくは)どこでそれらを買う(ことができる)の？

タカシ：ぼくはだるまを売る店を知っているよ。英語の広告があるんだ。これを見て。

(1)　①　主語が Many *Daruma* dolls「多くのだるま」なので，「作られる」という意味になるよう**受け身<be 動詞＋過去分詞>**の形を選ぶ。　②　直後に than があるので比較級が入る。またタカシは次の発言で「小さいものもある」と言っているので，「大きい」の比較級であるウが適切。　③　直前の never は「決して～ない」の意味。タカシはそのあとで「ぼくを元気づける」と言っているので，前向きな意味の文になるものを選ぶ。　④　直後の them が「だるま」を指すことから考える。

(2)　(広告の訳)

ABCだるま店

だるま　──　大：5,000円

　　　　──　小：3,000円

大幅値引き！

だるまを2つ買うなら，合計金額から1,000円の値引きが受けられます。

◇私たちの店は，7つの異なる色のだるまを売っています。あなたはそれらの色をウェブサイトで見ることができます。

◇私たちのだるまについて質問があれば，Eメールを送ってください。(以下省略)

①　質問は「もしマイクが大のだるまを1つと小のだるまを1つ買うなら，彼はいくらのお金が必要ですか？」という意味。2つ買うと1,000円の値引きが受けられるので，5,000＋3,000－1,000＝7,000(円)となる。

②　質問は「広告は何を示していますか？」という意味。各選択肢の意味は以下のとおり。
ア「それは店への行き方を示しています」(×)　イ「それはだるまの作り方を示しています」(×)　ウ「それは店にいくつだるまがあるか示しています」(×)　エ「それは店が何色のだるまを売っているかを示しています」(○)

## 4　(長文読解問題・意見文：要旨把握，英問英答，自由英作文)

(全訳)

群馬の人々はどのようにして仕事に行くのでしょうか？　彼らの約85％は車を使います。バス，電車，そして自転車は，群馬ではあまり一般的ではありません。私の父は，以前は車で職場に行っていましたが，この前の4月，自転車で仕事に行き始めました。今では，彼は毎日，自転車に乗ることを楽しんでいます。私は，仕事に行くときには自転車に乗るべきだと思います。理由は2つあります。

第1に，私たちは健康を保つことができます。多くの医師が，もし私たちが健康を保ちたいなら，1日に30分間運動する必要があると言っています。しかしそれは，忙しい人々にとっては難しいでしょう。私の父は運動したがっていましたが，仕事であまりに忙しかったのです。今では，彼は毎日40分間自転車に乗ります。私は，それはほんとうに健康によいと思います。

第2に，もしより多くの人々が自転車で仕事に行けば，環境を守ることができます。私たちは毎日，通りで多くの車を見ます。ほとんどの車は二酸化炭素を排出し，それは環境によくありません。自動車会社は環境に優しい車を作っています。それらの車が排出する二酸化炭素はより少ないので，環境によりよいでしょう。しかしここで，私はあなたに1つ質問したいです。自転車が二酸化炭素を排出するでしょうか？　答えは「ノー」です。だから，自転車はとても環境に優しいのです。

これらの理由から私は，仕事に行くときには自転車に乗るべきだと思います。あなたは私の考えについてどう思いますか？

(1)　まずは第1段落最後の2文に着目するとよい。マミは「仕事に行くときには自転車に乗るべきだ」という考えを述べ，理由は2つあると言っている。第2・3段落で理由を説明したあと，最終段落では再び同じ考えを伝えていることから，イ「自転車で仕事に行ってはどうですか？」が適切。**Why don't you ～?＝「(あなたが)～してはどうですか，～しませんか」**

(2)　①「マミの父はいつ，自転車で仕事に行き始めましたか？」「彼はこの前の4月，自転車で仕事に行き始めました」第1段落4文目後半を参照。②「私たちは健康を保つために，どのくらい運動する必要がありますか？」「私たちは1日に30分間運動する必要があります」第2段落2文めを参照。**<need to ＋動詞の原形>「～する必要がある」**　③「自転車はなぜ環境に優しいのですか？」「それらは二酸化炭素を排出しないからです」第3段落後半を参照。

(3)【意見】の最初の文は「私はマミの考えに同意しません，そして理由が1つあります」という意味。問題の条件と，この文の内容に合った英文を完成さえること。解答例は「職場の近くに住んでいない人が多くいます。彼らにとって自転車で仕事に行くのは難しいです」という意味。

## <国語解答>

一　(一)　①　粉末　②　住宅　③　委(ねる)　④　唱(える)　⑤　辞退
(二)　①　がいりゃく　②　おうせい　③　かえり(みる)　④　お(す)
⑤　ひそ(む)　(三)　①　エ　②　ウ

二　(一)　①　花が　②　呼んだ　(二)　①　イ　②　ウ　(三)　①　イ　②　ア

三　(一)　くわえて　(二)　[これ](例)犬が実際にくわえている肉。　[かれ](例)水に映っている肉。　(三)　ウ

四　(一)　ア　(二)　エ

五　(一)　イ　(二)　エ　(三)　イ　(四)　ウ　(五)　(例)新しい知識を得るだけではなく，自分が何も知らない存在だったと気づくことに，読書や学問をすることの意味が

あると筆者は述べています。私にも，本を読むことでさらに知りたいことが増えたという経験があります。「何も知らない自分」を知ることが学問への駆動力になるという考えに，私も同感です。

## ＜国語解説＞

**一**　(知識－漢字の読み書き，熟語)

(一)　①　「**粉末**」の「末」は横画の長さに注意。「未」と書き間違えないようにする。　②　「**住宅**」の「住」は「注」「往」などと形が似ているので注意。　③　「**委**」の音読みは「イ」で「委員」「委任」などの熟語を作る。　④　この場合の「**唱える**」は，主張するということ。　⑤　「**辞退する**」は，勧められたことなどを断るという意味である。

(二)　①　「**概略**」は，大体の様子という意味。　②　「**旺盛**」は，勢いが満ちあふれていること。　③「**顧みる**」は，過去のことを思い出して考えるという意味である。　④　この場合の「**推す**」は，推薦するということ。　⑤　「**潜む**」は，周囲から見えないように中やかげに隠れるという意味である。

(三)　①　「創」も「造」も「つくる」と読む**同じような意味**の漢字なので，エが正解。
②　「登山」は「山に登る」ということで，**下の「山」が上の「登」の対象を表している**ので，ウが正解となる。

**二**　(知識－脱文・脱語補充，熟語，ことわざ・慣用句，文と文節，敬語・その他)

(一)　①　「たくさんの」は「**花が**」を修飾する**連体修飾語**である。　②　「名前を」は「**呼んだ**」を修飾する**連用修飾語**である。

(二)　①　敬語を使わない言い方ではア「言った」，イ「**もらった**」，ウ「くれた」，エ「食べた」となる。このうち，「みなさん**から**□寄付金」に当てはまるのはイ。ウが紛らわしいが，「くださった」を当てはめるためには，「みなさん**が**□寄付金」とならなければおかしい。
②　「走れメロス」は太宰治の作品なので，当てはめたときに「『走れメロス』を書いた人物は，太宰治だ。」という意味になるものを選ぶ。ウの「**ほかならない**」を当てはめると，「『走れメロス』を書いた人物は，**確かに**太宰治だ。」という意味になるのでこれが正解。アとイは太宰治が「走れメロス」の作者であることと合わない。エだと「人物といえば－作品だ」という形の文になり，意味が通らなくなる。

(三)　①　対話の中の「**言葉にしなくても通じ合っている**」という意味を表す四字熟語はイ「以心伝心」である。他の四字熟語の意味は，ア「異口同音」＝多くの人が同じことを言うこと，ウ「自画自賛」＝自分で自分のことをほめること，エ「無我夢中」＝他のことを忘れるほど熱中すること，なので不適切。　②　慣用句の意味は，ア「**腰を据える**」＝落ち着いて一つの物事に取り組む，イ「目を奪う」＝驚きや感動で見とれさせる，ウ「足を棒にする」＝歩き回って足がひどく疲れる，エ「手をこまねく」＝何もしないで見ている，となる。このうち，先生が生徒の作文を読む姿勢としてふさわしいのはアである。

**三**　(古文－主題・表題，指示語の問題，仮名遣い)

〈口語訳〉　ある犬が肉をくわえて川を渡った。真ん中あたりでその(肉の)影が水に映って大きく見えたので，「自分がくわえている肉より大きい(肉だ)」と考えて，これを捨ててあれを取ろうとする。それゆえに，二つとも肉を失った。

(一) 語中にあるハ行の「**は**」を「**わ**」,「**へ**」を「**え**」に改めて「**くわえて**」とする。

(二) 文中B――は,「これを捨ててあれを取ろうとする」という意味で,「これ」も「かれ」も肉を指している。「これ」は自分に近いものを指すので,**犬が実際にくわえている肉**を指す。「かれ」は自分から遠いものを指すので,**水に映っている肉**を指す。

(三) 犬は,水に映った大きな肉が欲しいと思って取ろうとしたために,自分の肉を失ってしまった。これと合致するのは,**欲に心を奪われて行動すると自分の財産をなくしてしまうことがある**と説明するウである。犬は新しい肉を「発見」したことで自分の肉を失ったので,アは不適切。イの「他者」と反省の関わりやエの「思いやる気持ち」はこの文章に書かれていないことであり,的はずれである。

## 四 (漢文－主題・表題,その他)

〈口語訳〉 相手のことを知って自分のことを知っていれば,百回戦っても負ける心配はない。相手のことを知らずに自分のことを知っていれば,勝ったり負けたりする。相手のことを知らず自分のことを知らなければ,戦うたびに必ず危なくなる。

(一) 「不知彼不知己」を書き下し文で読む順序は「**彼→知→不→己→知→不**」で,前半3字を読んでから後半3字を読むことになる。前半3字は1字ずつ返って読むから,「**不**」と「**知**」の左下に**レ点**を付ける。後半3字も1字ずつ返って読むから,「**不**」と「**知**」の左下に**レ点**を付ける。したがって,アが正解。イは「彼」の左下にもレ点がついており,「己→知→不→彼→知→不」の順に読むことになるので誤り。

(二) 本文は,「**相手のことを知って自分のことを知っていれば,相手に勝つ**」ということを言っている。この内容と合致するエが正解。アの「裏付け」,イの「自分を支持してくれる仲間」,ウの「自分の考えをより深めていく」は,いずれもこの文章の内容と無関係である。

## 五 (論説文－内容吟味,脱文・脱語補充,接続語の問題,作文)

(一) 読書することや学問することの意味について述べた部分である。［Ⅰ］は一般的な考え方である「知識を得る」を認めるところなので,「**確かに**」や「もちろん」が当てはまる。［Ⅱ］は一般的な考え方とは異なる自分の考えを提示するところなので,「**しかし**」が当てはまる。両方を満たすイが正解となる。

(二) 提示された文は【エ】の前の段落の「**自分が絶対だと思いがちである**」とほぼ同じ内容を言い換えたものなので,【エ】に当てはめるのが適切である。

(三) 「相対化」は,**他のものとの関係から見るようにする**という意味なので,イが正解。アの「積極的に確立する」,エの「意味を主体的に見いだす」は「相対化」と結びつかない。また,本文の「世界」は「海外」という意味ではないので,ウは不適切である。

(四) B――の「それ」は,「**私は〈まだ〉何も知らないと自覚し**,いまから世界を見ることができると考えること」を指している。「学問の駆動力」は,**学問をしたいという気持ちをかきたてる**ことであるから,「知らないことが書かれていたのでもっと知りたくなった」ことの具体例を示したウが適切である。アの「読書感想文」は,この自覚や学問への駆動力を示すものとは限らないので不適切。イの図鑑の購入の動機は「好きだから欲しい」ということであって,何も知らないと自覚したことではない。エの小説を読み直すことは,学問の駆動力とは無関係である。

(五) 「**読書をすること,あるいは学問をすることの意味**」についての**筆者の考え**と**自分の考え**をまとめる。筆者はその意味を「**私は〈まだ〉何も知らないと自覚すること**」と考え,その自覚が知る喜びや知ることへの敬意につながって学問への駆動力になると考えているので,これをふまえて自分の考えを展開する。書き終わったら必ず読み返して，誤字・脱字や表現のおかしなところは改めること。

## 群馬県公立高等学校（後期）

# 2019年度

# 入　試　問　題

2019
年
度

●くわしい解説……37ページ

# ＜数学＞

時間　45分～60分（学校裁量による）　満点　100点

**1**　次の⑴～⑼の問いに答えなさい。

⑴　次の①～③の計算をしなさい。

①　$-4 \times 3$　　　②　$6a^2 \times \frac{1}{2}a$　　　③　$\frac{x+y}{2}+\frac{x-y}{4}$

⑵　$2<\sqrt{a}<3$ を満たす自然数 $a$ を，小さい順にすべて書きなさい。

⑶　$x^2+5x-6$ を因数分解しなさい。

⑷　$a=3$，$b=-4$ のとき，$(-ab)^3 \div ab^2$ の値を求めなさい。

⑸　2次方程式 $x^2=6x$ を解きなさい。

⑹　右の図の円Oにおいて，$\angle x$ の大きさを求めなさい。

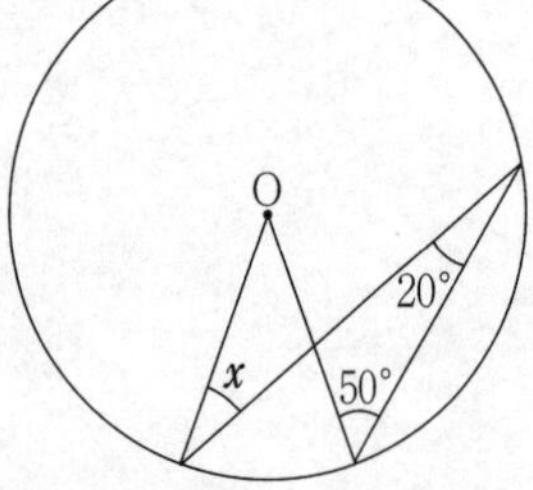


⑺　4枚の硬貨を同時に投げたとき，表と裏が2枚ずつ出る確率を求めなさい。

⑻　底面の半径が3㎝，高さが4㎝である円柱の表面積を求めなさい。
ただし，円周率は $\pi$ とする。

⑼　右の表は，群馬県内のある市における，平成30年7月の日ごとの最高気温を度数分布表にまとめたものである。次のア～エのうち，この表から読み取れることとして正しいものをすべて選び，記号で答えなさい。

ア　最高気温が37.0℃の日は，5日あった。
イ　最高気温が40.0℃以上の日は，1日もなかった。
ウ　28.0℃以上30.0℃未満の階級の相対度数は，1である。
エ　中央値が含まれるのは，34.0℃以上36.0℃未満の階級である。

| 階級（℃） | 度数（日） |
|---|---|
| 以上　未満 | |
| 24.0～26.0 | 2 |
| 26.0～28.0 | 0 |
| 28.0～30.0 | 1 |
| 30.0～32.0 | 5 |
| 32.0～34.0 | 3 |
| 34.0～36.0 | 6 |
| 36.0～38.0 | 10 |
| 38.0～40.0 | 4 |
| 合計 | 31 |

**2**　右の図において，点Oは線分AC上にある。次の⑴，⑵の問いに答えなさい。

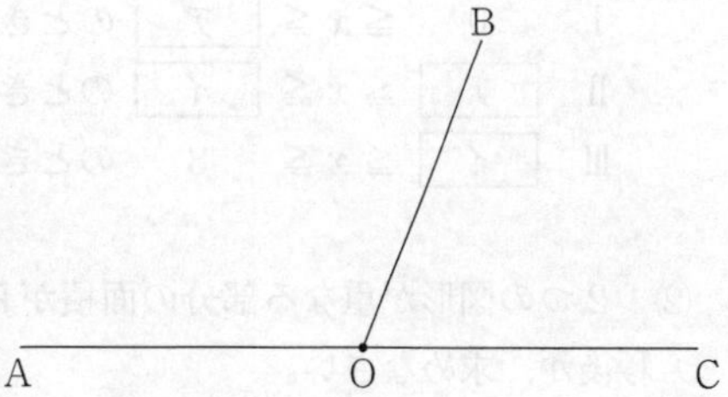


⑴　∠AOBの二等分線OPと，∠BOCの二等分線OQを，コンパスと定規を用いてそれぞれ作図しなさい。
ただし，作図に用いた線は消さないこと。

⑵　⑴で作図した図形について，次の①，②の問いに答えなさい。
①　∠POQの大きさを求めなさい。

②　∠POQの大きさが①の答となる理由を，$\angle AOB=\angle a$，$\angle BOC=\angle b$ とおいて説明しなさい。

**3**　右のような貯金箱に，100円硬貨３枚と500円硬貨１枚を月に１回ずつ貯金することにした。この貯金をしばらく続けた後，貯金箱の重さを量ったところ，全体の重さは571ｇであった。このとき，貯金箱の中にある硬貨の合計金額を求めなさい。
ただし，100円硬貨１枚の重さを4.8ｇ，500円硬貨１枚の重さを７ｇとする。また，貯金箱にはもともと硬貨が入っていなかったものとし，貯金箱そのものの重さを250ｇとする。

**4**　右の図のように，長方形ABCDを対角線ACで折り，頂点Bが移動した点をB′，ADとB′Cの交点をEとする。次の⑴，⑵の問いに答えなさい。

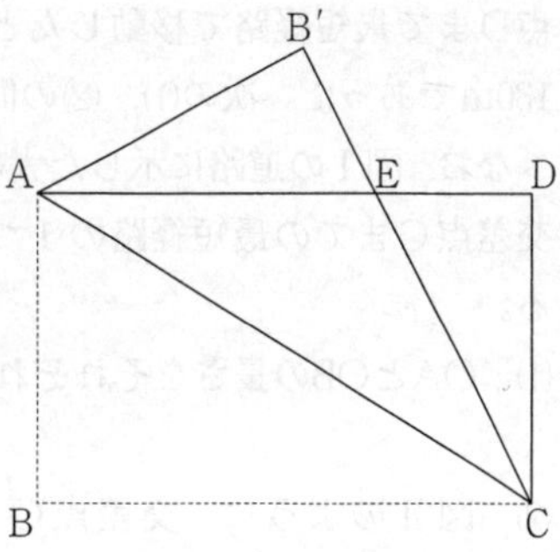


⑴　三角形EACが二等辺三角形であることを証明しなさい。

⑵　もとの長方形ABCDにおいて，AB＝６㎝，BC＝10㎝とする。AEの長さを求めなさい。

**5**　直線$\ell$上に，次のページの図のような図形Ｐと長方形Ｑがある。Ｑを固定したまま，Ｐを図の位置から$\ell$にそって矢印の向きに毎秒１㎝の速さで動かし，点Ｂと点Ｄが重なるのと同時に停止させるものとする。点Ｂと点Ｃが重なってから$x$秒後の，２つの図形が重なる部分の面積を$y$㎠とするとき，次の⑴，⑵の問いに答えなさい。

⑴　点Ｂと点Ｃが重なってからＰが停止するまでの$x$と$y$の関係を，重なる部分の図形の種類と$x$と$y$の関係を表す式の変化に着目して，次のⅠ～Ⅲの場合に分けて考えた。［ア］，［イ］には適する数を，［あ］～［う］にはそれぞれ異なる式を入れなさい。

Ⅰ　　0　　$\leqq x \leqq$ ［ア］　のとき，$y$ を $x$ の式で表すと，［あ］

Ⅱ　［ア］　$\leqq x \leqq$ ［イ］　のとき，$y$ を $x$ の式で表すと，［い］

Ⅲ　［イ］　$\leqq x \leqq$　8　　のとき，$y$ を $x$ の式で表すと，［う］

⑵　２つの図形が重なる部分の面積がＰの面積の半分となるのは，点Ｂと点Ｃが重なってから何秒後か，求めなさい。

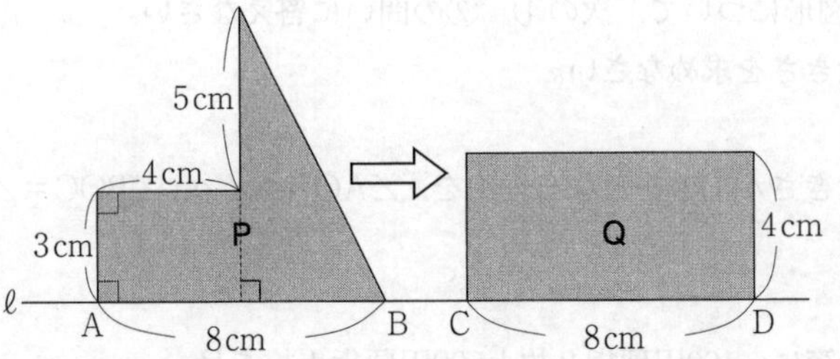


**6**　図Ⅰのように，すべての道路が直角に交わっている町がある。４本の道路に囲まれた長方形はすべて合同であり，点Ｏ，Ａ，Ｂ，Ｃ，Ｄのように長方形の頂点に位置している点を交差点と呼ぶことにする。

北の方向または東の方向にだけ道路を進み，交差点Ｏから交差点Ｃまで最短経路で移動したときの距離の合計は180mであり，交差点Ｃから交差点Ｄまで最短経路で移動したときの距離の合計は130mであった。次の⑴，⑵の問いに答えなさい。

なお，図Ⅰの道路に示した太線は，交差点Ｏから交差点Ｃまでの最短経路の１つを示したものである。

図Ⅰ

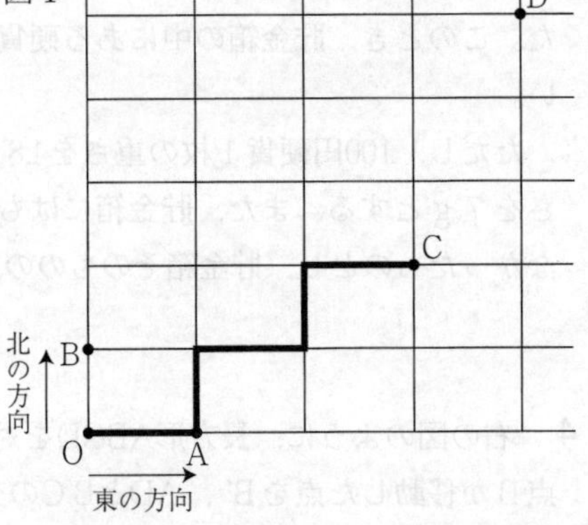


⑴　ＯＡとＯＢの長さをそれぞれ求めなさい。

⑵　図Ⅱのように，交差点Ｏから交差点Ｄまで真っすぐな道路を新たにつくった。次の①，②の問いに答えなさい。

①　道路ＯＤを交差点Ｏから交差点Ｄに向かって進み，最初に道路と交わる点をＥとする。
　このとき，ＢＥの長さを求めなさい。

図Ⅱ

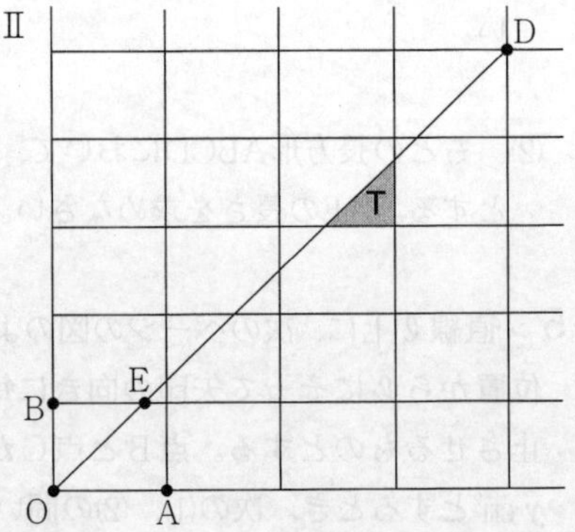


②　図Ⅱで色を付けて示した三角形の土地Ｔの面積を求めなさい。

# ＜英語＞

時間　45分～60分（学校裁量による）　満点　100点

**1**　これから，No. 1とNo. 2について，それぞれ２人の対話と，対話に関する質問が流れます。質問に対する答えとして最も適切なものを，それぞれA～Dの中から選びなさい。

No. 1

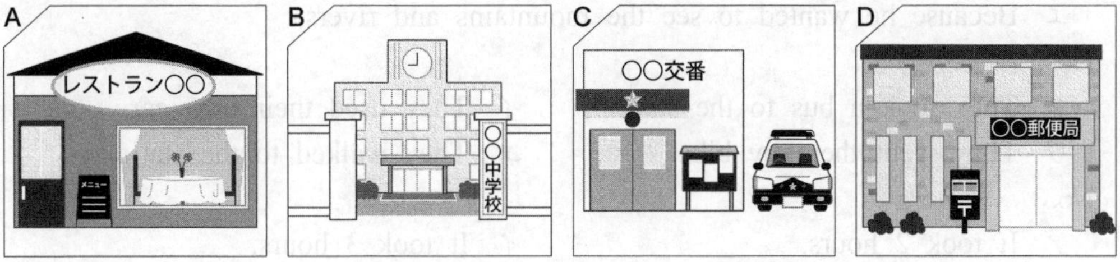


No. 2

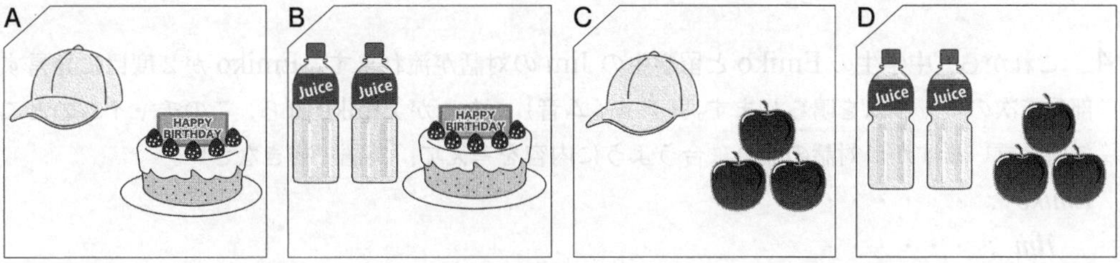


**2**　次のグラフは，家庭での手伝いに関する学級アンケートの結果をまとめたものです。これから，このグラフについての，Yuji と Mika の対話が流れます。それを聞いて，グラフの A ～ C に当てはまるものを，それぞれア～エの中から選びなさい。

ア　Cleaning the bath
イ　Cooking dinner
ウ　Washing the dishes
エ　Cleaning the windows

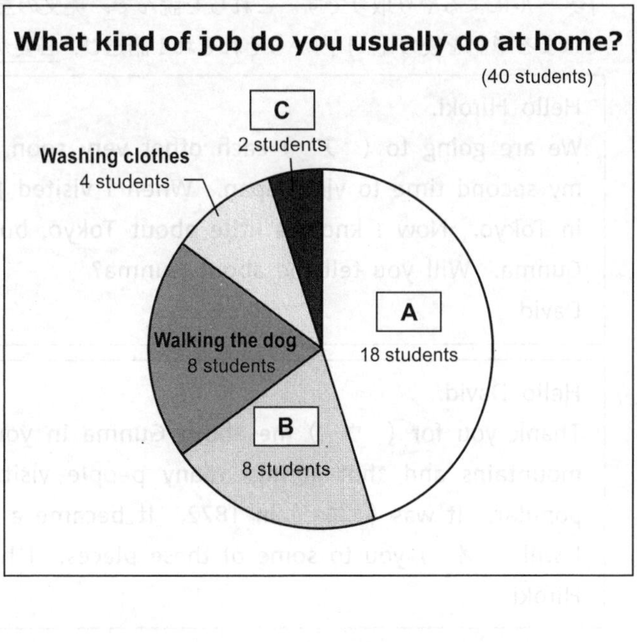

**3** これから，中学生の Ken が，自分の体験について話をします。それに続いて，その内容について，No. 1～No. 3の３つの質問が流れます。それぞれの質問に対する答えを，ア～エの中から選びなさい。

No. 1

ア Because he wanted to take the train.

イ Because it was his first trip to Nikko.

ウ Because he likes visiting old temples and shrines.

エ Because he wanted to see the mountains and rivers.

No. 2

ア They took a bus to the station.　イ They used their own car.

ウ They went there by bike.　エ They walked to the station.

No. 3

ア It took 2 hours.　イ It took 3 hours.

ウ It took 4 hours.　エ It took 5 hours.

**4** これから，中学生の Emiko と留学生の Jim の対話が流れます。Emiko が２度目に発言する部分で次のチャイムを鳴らします。（チャイム音）あなたが Emiko なら，このチャイムのところで何と言いますか。対話の流れに合うように内容を考えて，英語で書きなさい。

*Emiko* : ・・・・・・

*Jim* : ・・・・・・

*Emiko* : [　　　　　　]

*Jim* : ・・・・・・

**5** 次の英文は，群馬に住む Hiroki と，Hiroki の家にホームステイする予定の David との，電子メールによるやり取りです。これらを読んで，英文の意味が通るように，（ア）～（オ）に当てはまる単語を後の［　］内からそれぞれ１語選び，必要があれば適切な形に変えて書きなさい。

Hello Hiroki.
We are going to（ ア ）each other very soon. I'm so happy. This will be my second time to visit Japan. When I visited Japan two years ago, I（ イ ）in Tokyo. Now I know a little about Tokyo, but I don't know anything about Gunma. Will you tell me about Gunma?
David

Hello David.
Thank you for（ ウ ）me about Gunma in your e-mail. Gunma has famous mountains and *hot springs many people visit. Also, *Tomioka Silk Mill is popular. It was（ エ ）in 1872. It became a *World Heritage Site in 2014. I will（ オ ）you to some of these places. I hope you will like Gunma.
Hiroki

〔注〕 hot spring 温泉　Tomioka Silk Mill 富岡製糸場　World Heritage Site 世界遺産

［ ask　become　build　look　meet　stay　take ］

**6** 次の英文を読んで，後の(1)，(2)の問いに答えなさい。

In the teachers' room. Ami and Yusuke are talking to Mr. Green, their school's ALT.

*Ami* : Hi, Mr. Green. What are you doing now?

*Mr. Green* : I'm trying to find *information on the Internet for my next lesson.

*Yusuke* : I see. Do you often use the Internet?

*Mr. Green* : Yes. How about you?

*Yusuke* : [ A ] I'm interested in science, so I often watch *online science videos.

*Ami* : I enjoy learning English on the Internet. I read online news and stories written in easy English.

*Mr. Green* : Oh, that's great. You use the Internet as a learning *tool. [ B ] For example, I often talk with my family in Australia on the Internet. I also *exchange online messages with my friends in Japan and other countries.

*Ami* : Oh. I want to have friends in other countries and exchange messages with them someday.

*Mr. Green* : You'll have a lot of chances. We can do many things easily if we use the Internet. But there are some problems with the Internet, too.

*Ami* : We talked about them in our class. Some students spend too much time on the Internet.

*Yusuke* : I sometimes keep watching videos for a long time, and my mother tells me to stop. It is difficult to *control myself.

*Mr. Green* : Many people have the same problem. [ C ] The Internet will become a more useful tool for us if we use it in a good way.

（注） information 情報　online インターネット上の　tool 手段
exchange ～ ～をやり取りする　control ～ ～を抑える

(1) [A] ～ [C] に当てはまるものとして，次のア～エから最も適切なものを，それぞれ選びなさい。

A　ア I agree.　イ That sounds good.
　　ウ Me, too.　エ And you?

B　ア The Internet is always good for making a website about science.
　　イ The Internet is always useful for writing stories.
　　ウ The Internet is also good for learning English.
　　エ The Internet is also useful for communication.

C　ア We should not use the Internet too much.

イ We should use the Internet more often.
ウ We should not use the Internet any more.
エ We should use the Internet for a long time.

(2) 本文の内容と合っているものを，次のア～オから２つ選びなさい。
ア Yusuke can make science videos easily on the Internet.
イ Ami reads online news and stories to learn English.
ウ Ami sends online messages to her friends in other countries.
エ In Ami's class, students talked about problems with the Internet.
オ Yusuke's mother enjoys watching online videos with him.

7 次の英文は，Rika が学校の職場体験学習（work experience program）に参加して経験したことについて書いた文章です。これを読んで，後の(1)～(3)の問いに答えなさい。

I joined my school's work experience program in July. I was interested in food, so I chose a *farm. My friend Ayumi chose it, too. We didn't have any *farming experience, and we were a little nervous.

On the first day, we went to the farm and met Mr. and Mrs. Sato. They were very kind. We went to one of their rice *fields with them. Mr. Sato said, "We have to do many kinds of things to grow rice. Today, I want you to try an easy one. There are some *weeds here. I will show you how to *remove them with your hands." It was very difficult for us to find weeds because the weeds looked like rice *shoots. After working for a few hours, we were very tired and asked Mr. Sato, "Are there easier ways to remove weeds?"

He answered, "Yes. We can use *weedkillers." Ayumi asked, "Then, why do you remove weeds with your hands?" He answered, "It takes more time, but I think this way is better for people's health." I *was impressed with his words.

The next morning, Ayumi and I went to another rice field with Mr. and Mrs. Sato. Removing weeds with our hands was easier for us this time. We already knew how to do it and why it was important.

In the afternoon, Mrs. Sato told us about the things they do to grow rice. In May, they start to grow rice from *seeds. When the young rice shoots become taller in June, they *plant them in the rice fields. In October, they *harvest the rice. Mrs. Sato said, "If you are interested in harvesting rice, please come again." We said, "Of course, we will!"

One Sunday in October, we visited the farm again. Mr. Sato showed us how to harvest and *dry rice, and we tried it. It was very interesting, and we enjoyed working with them. Mrs. Sato said, "Thank you very much for your help. Rice becomes more *delicious after it is dried slowly under the sun. I'll send this rice to you later. The rice you harvested will be delicious."

A few weeks later, Mr. and Mrs. Sato sent us the rice. I cooked it and ate it with my family. My mother said, "Thank you, Rika. This is the best rice I have ever eaten." I was very glad to hear that.

（注） farm 農場　farming 農業　field 田畑　weed 雑草　remove ～ ～を取り除く
shoot 植物の茎や葉の部分　weedkillers 除草剤　be impressed with ～ ～に感動する
seed 種子　plant ～ ～を植える　harvest ～ ～を収穫する　dry ～ ～を乾燥させる
delicious おいしい

⑴ 次の①，②の問いに，英語で答えなさい。

① Why does Mr. Sato remove weeds with his hands?

② How do Mr. and Mrs. Sato dry their rice?

⑵ 右の【メモ】は，Rikaが文章の構成を考える際に，文章の主な内容を書き出したものです。［A］～［C］に当てはまるものとして，ア～ウから最も適切なものを，それぞれ選びなさい。

【メモ】

The first day
It was difficult ［A］
↓
The second day
We learned about ［B］
↓
After the program
I was glad because ［C］

A　ア　to get to the rice field.
　　イ　to find weeds in the rice field.
　　ウ　to meet kind people.

B　ア　different ways to remove weeds.
　　イ　the things Mr. Sato wants to try someday.
　　ウ　the things Mr. and Mrs. Sato do to grow rice.

C　ア　my mother liked the rice Ayumi and I harvested.
　　イ　I cooked and ate the rice with Mrs. Sato.
　　ウ　Ayumi sent us the rice we grew.

⑶ Rikaは，この文章を書いた後で，今回の経験を通して学んだことや，経験を今後どう生かしたいかについて，英語で短いスピーチをすることりなりました。次の【アイディアシート】は，Rikaが自分の話したいことを整理したものです。これをもとに，下の【スピーチ】の［　］に入る内容を考え，〈条件〉に従って，20語～25語の英語で書きなさい。

【アイディアシート】

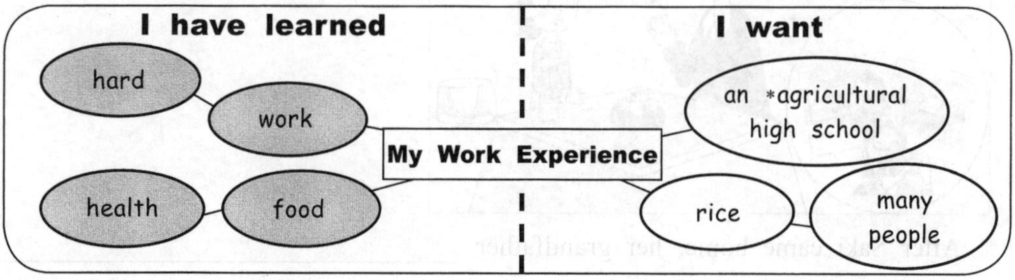


（注） agricultural 農業の

【スピーチ】

I have learned two things from my work experience. ______________________

Now, I want to study at an agricultural high school. I want many people to eat the rice I grow in the future.

《条件》

・【アイディアシート】の**I have learned**の欄にある（　　）の中の4つの単語は全て使うこと。
単語は，必要があれば適切な形に変えてもかまいません。

・英文の数はいくつでもよく，符号（ ， ． ！ ？ “ ” など）は語数に含めません。

・解答の仕方は，〔記入例〕に従うこと。

〔記入例〕 Is　it　raining　now?　No,　it　isn't.

**8** 次の5つの絵は，Saki と友人 Yuka のある日のできごとをAからEの順番に表したものです。これらの絵とA，Dの絵の下に書かれた説明を参考に，B，C，Eのそれぞれの場面を説明する英語を，書き出しに続けて1文または2文で書きなさい。

A

One day. Saki and Yuka's family went to Gunma Park by car.

B

After Saki came home, her grandfather ______________________

C

Saki ______________________________

D

Yuka found it in the car.

E

Yuka ______________________________

# ＜理科＞

時間　45分～60分（学校裁量による）　満点　100点

**1**　次の⑴～⑻の問いに答えなさい。

⑴　アブラナの花のつくりを調べ，外側についているものから順に並べたとき，次の ① ～ ③ に当てはまるものを，下のア～ウからそれぞれ選びなさい。

| ① → ② → ③ → めしべ |
|---|

ア　花弁　　イ　おしべ　　ウ　がく

⑵　静脈にはところどころに弁がある。その弁のはたらきを，簡潔に書きなさい。

⑶　地震計で記録される地震の揺れには，初めの小さな揺れと後に続く大きな揺れの２つがある。初めの揺れを初期微動というのに対し，後に続く大きな揺れを何というか，書きなさい。

⑷　右の図は，温帯低気圧にともなう前線を示したものである。次の文中の ① ～ ③ に当てはまる語の組み合わせとして正しいものを，下のア～エから選びなさい。

図

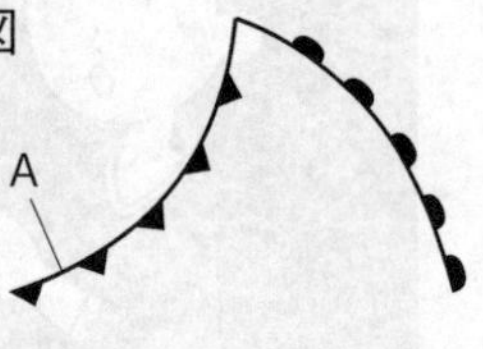


| Aが示す ① 前線では， ② が ③ を押し上げている。 |
|---|

ア　［　①　温暖　　②　暖気　　③　寒気　］
イ　［　①　温暖　　②　寒気　　③　暖気　］
ウ　［　①　寒冷　　②　暖気　　③　寒気　］
エ　［　①　寒冷　　②　寒気　　③　暖気　］

⑸　水素と酸素が化合して水が生成する化学変化を表す化学反応式を書きなさい。

⑹　銅0.8ｇを空気中で加熱し，完全に酸素と反応させると1.0ｇの酸化物が生じた。銅2.0ｇを空気中で加熱し，完全に反応させたとき，反応する酸素の質量はいくらか，書きなさい。

⑺　右の図は，水平な床の上に置かれた物体にはたらいている力を示したものである。このとき，つり合いの関係にある２つの力を，図のア～ウから選びなさい。なお，アは「床が物体を押す力」，イは「物体にはたらく重力」，ウは「物体が床を押す力」を示している。

図

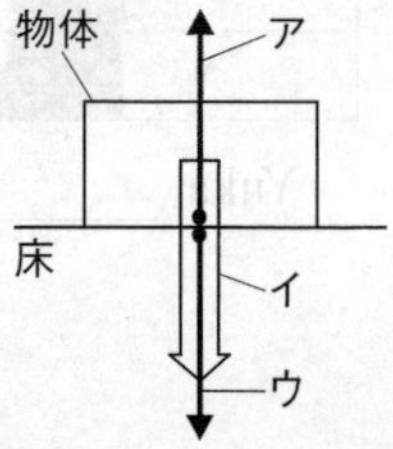


⑻　図Ⅰのような装置を作り，Aの位置で小球を静かに放した。図Ⅱのグラフは，このときの小球がもつ位置エネルギーの変化を表したものである。AC間における小球がもつ力学的エネルギーの変化を表したグラフをかきなさい。

図Ⅰ

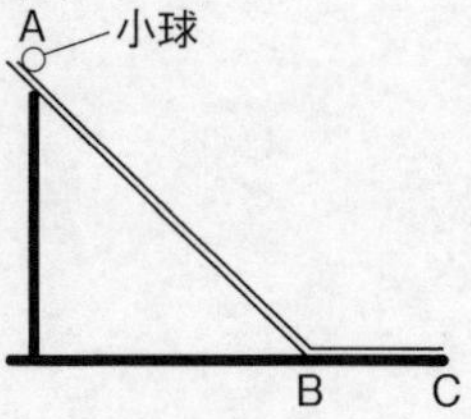


図Ⅱ

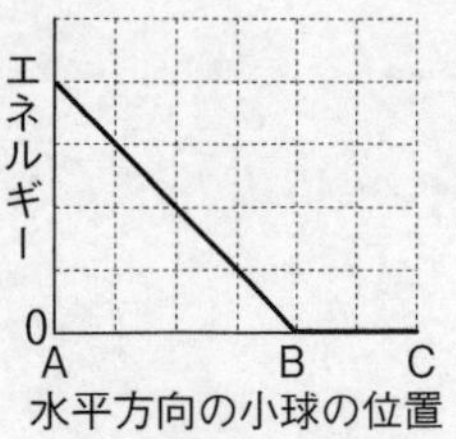


※摩擦や空気の抵抗，小球の大きさは考えないものとする。

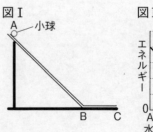

**2**　次のA～Dの問いに答えなさい。

A　刺激に対するヒトの反応について調べるために，次の実験を行った。後の⑴～⑶の問いに答えなさい。

［実　験］　図のように，15人が輪になって手をつなぐ。1人目がストップウォッチのスタートボタンを押すと同時に，もう一方の手で隣の人の手を握る。2人目以降，手を握られた人は，すぐに次の人の手を握る。15人目は手を握られたら，すぐにもう一方の手でストップウォッチのストップボタンを押し，2人目以降の反応にかかる時間を測定する。これを3回繰り返す。表は，測定した結果をまとめたものである。

図

表

| 回数 | 1回目 | 2回目 | 3回目 |
|---|---|---|---|
| 時間[秒] | 3.41 | 3.38 | 3.29 |

⑴　皮ふのように，刺激を受け取る器官を何というか，書きなさい。

⑵　次の文は，実験結果についてまとめたものである。文中の ① ， ② に当てはまる数値を，それぞれ書きなさい。

> 表から，3回の測定時間の平均値を算出すると ① 秒となる。このことから，1人当たりの反応にかかるおよその時間は， ② 秒となることが分かった。

⑶　下線部のような，ヒトが意識して起こす反応について，皮ふが刺激を受け取ってから，筋肉が反応するまでに信号が伝わる経路として最も適切なものを，次のア～エから選びなさい。

ア　皮ふ　→　せきずい　→　筋肉
イ　皮ふ　→　せきずい　→　脳　→　筋肉
ウ　皮ふ　→　脳　→　せきずい　→　筋肉
エ　皮ふ　→　せきずい　→　脳　→　せきずい　→　筋肉

B　ある物質を水に溶かし，その水溶液を冷却することによって，溶けている物質を再び固体として取り出す実験を行った。表は，各温度での水100 g当たりに溶かすことのできる各物質の質量を示したものである。次の⑴～⑷の問いに答えなさい。

表

| 水の温度[℃] | 20 | 40 | 60 | 80 |
|---|---|---|---|---|
| 硝酸カリウム[g] | 31.6 | 63.9 | 109.2 | 168.8 |
| 塩化ナトリウム[g] | 35.8 | 36.3 | 37.1 | 38.0 |
| ミョウバン[g] | 11.4 | 23.1 | 57.3 | 320.7 |

⑴　この実験で行ったように，一度水に溶かした物質を再び固体として取り出すことを何というか，書きなさい。

⑵　80℃の水200 gに硝酸カリウムを溶かして飽和水溶液を作り，40℃まで冷却した場合，再び取り出すことができる固体の質量はいくらか，書きなさい。

⑶　塩化ナトリウムの飽和水溶液を冷却した場合には，固体をわずかしか取り出すことができなかった。その理由を，簡潔に書きなさい。

⑷　80℃のミョウバンの飽和水溶液を20℃までゆっくりと冷却した場合の，冷却し始めてからの時間と，取り出すことができる固体の質量の関係を表したグラフとして最も適切なものを，次

のア～エから選びなさい。ただし，水溶液を80℃から冷却し始めたときの時間を０とし，一定の時間に温度が一定の割合で低下するように冷却したものとする。

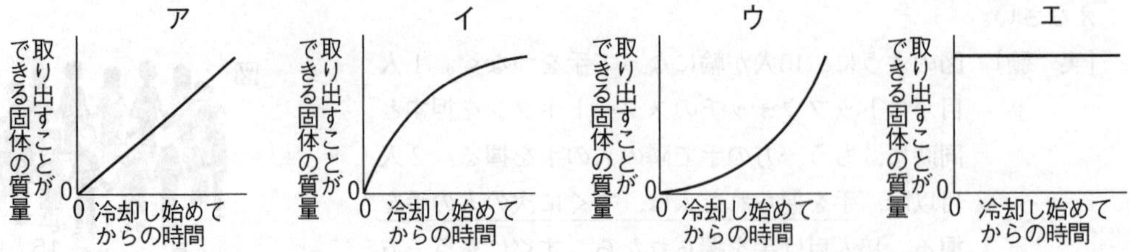


C　群馬県のある地点で，７月中旬の午後８時に火星と金星を観測したところ，火星が南東の空に，金星が西の空に見えた。図Ⅰは観測した際のそれぞれの見えた位置を，図Ⅱは金星，地球，火星のそれぞれの公転軌道と観測した日の地球の位置を，それぞれ模式的に示したものである。次の⑴～⑷の問いに答えなさい。

図Ⅰ

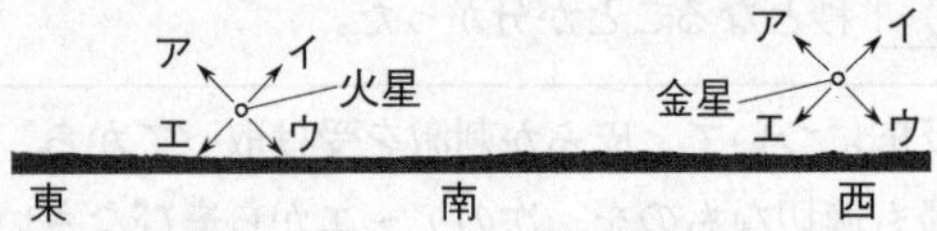


図Ⅱ

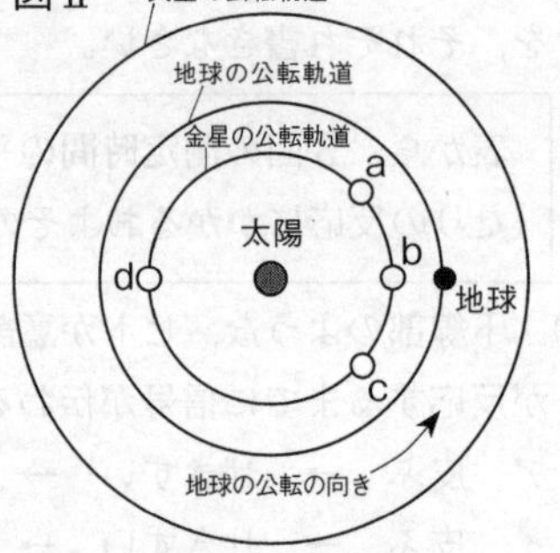


⑴　地球型惑星を，次のア～エから全て選びなさい。

ア　火星　　イ　水星　　ウ　木星　　エ　金星

⑵　同じ日の午後９時にもう一度観測したところ，火星と金星の見える位置が移動していた。火星と金星の見える位置は，図Ⅰのア～エのどの方向に移動していたか，最も適切なものをそれぞれ選びなさい。

⑶　この日の金星の位置として最も適切なものを，図Ⅱのａ～ｄから選びなさい。

⑷　地球と火星が最も接近した日の，群馬県における火星の見え方として最も適切なものを，図Ⅱを参考にして，次のア～エから選びなさい。

ア　夕方に西の空に見える。　　　イ　真夜中に真南の空に見える。

ウ　真夜中に東の空に見える。　　エ　夕方に真南の空に見える。

D　光の進み方を調べるために，次の実験を行った。後の⑴，⑵の問いに答えなさい。

［実　験］

図Ⅰのように，茶わんの底に硬貨を置き，点Oから茶わんの中を見たところ，硬貨は見えず茶わんの内側の点O′が見えた。次に，茶わんの中に水を入れながら，点Oから茶わん

図Ⅰ

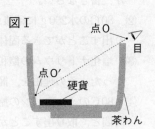

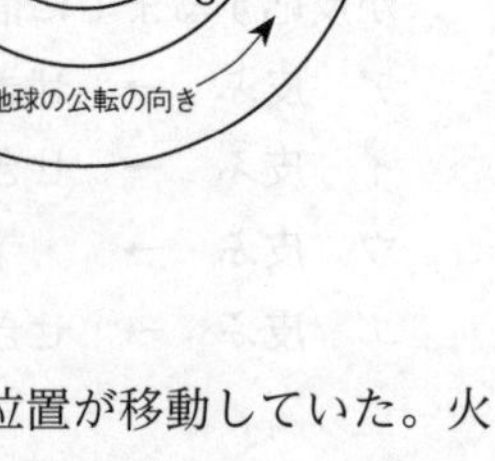

の中を見たところ，図Ⅱの水面の高さまで水を入れたとき，硬貨の点Aが初めて見えた。

なお，図の点線は，水を入れる前に点Oから茶わんの中を見たときに見えた点O′と，点Oを結んだ直線を示している。

図Ⅱ

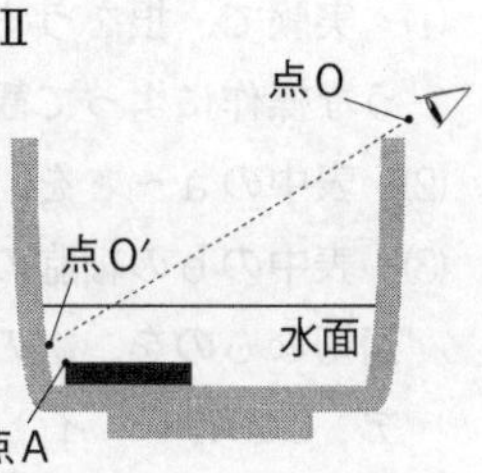


⑴　光が水中から空気中へ進むときの，入射角と屈折角の大きさの関係として適切なものを，次のア～ウから選びなさい。

ア　入射角＜屈折角　　イ　入射角＝屈折角

ウ　入射角＞屈折角

⑵　次の①，②の問いに答えなさい。

①　図Ⅱで，硬貨の点Aから出た光が点Oまで進む道筋を，かきなさい。

②　図Ⅱからさらに水を入れた場合，硬貨の点Bが初めて見えるときの水面の高さとして最も適切なものを，図Ⅲのア～ウから選びなさい。

図Ⅲ

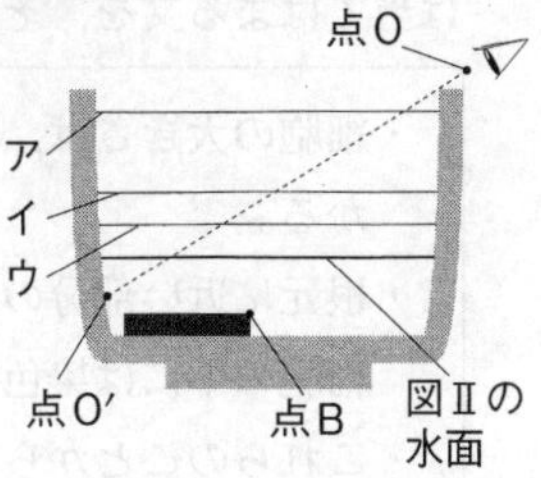


**3**　植物の根の成長について調べるために，次の実験を行った。後の⑴～⑷の問いに答えなさい。

［実　験］

図Ⅰのように，ニンニク１片を水につけておくと根が伸び始めた。伸びた根の１つに，先端から１㎝の間に同じ間隔で印を３つ付け，ニンニクを再び水につけたところ，１日後，根は１㎝伸びていた。図Ⅱは，このときの様子を示したものである。伸びた根を根元から切り，60℃のうすい塩酸に入れ，数分間温めた。この根をスライドガラス上に取り出し，図Ⅲのように，３つの部分X，Y，Zをそれぞれ１㎜ずつ切り出した。X，Y，Zを別々のスライドガラスにのせ，染色液を１滴たらして10分間置いた。その後，カバーガラスとろ紙をのせ，押しつぶしたものを顕微鏡で観察した。表は，全て同じ倍率で観察した際の細胞のスケッチである。

図Ⅰ

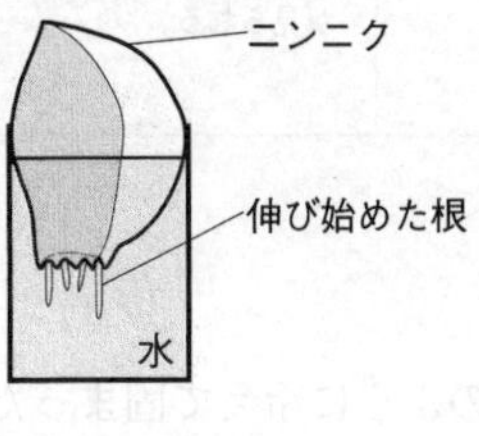


図Ⅱ

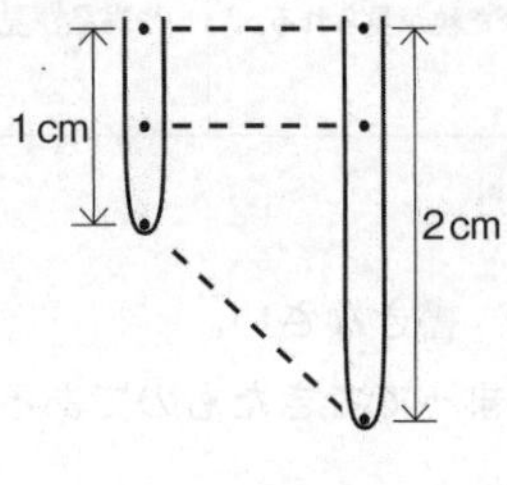


図Ⅲ

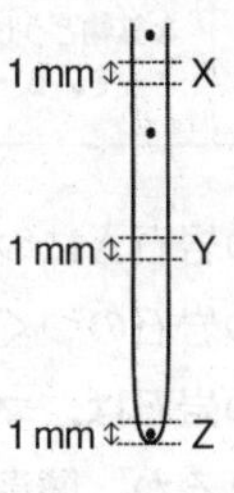


表

| X | Y | Z |
|---|---|---|
| 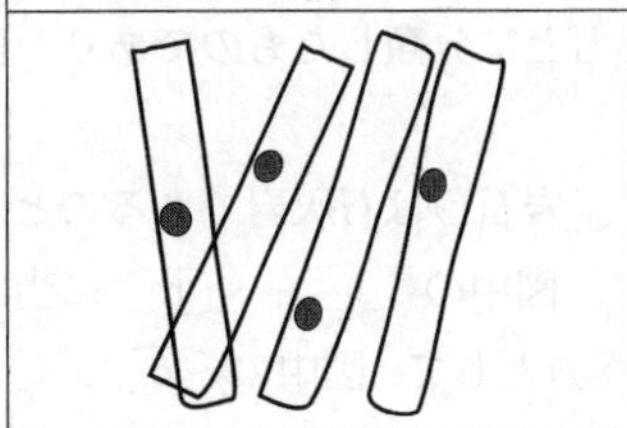 |  | 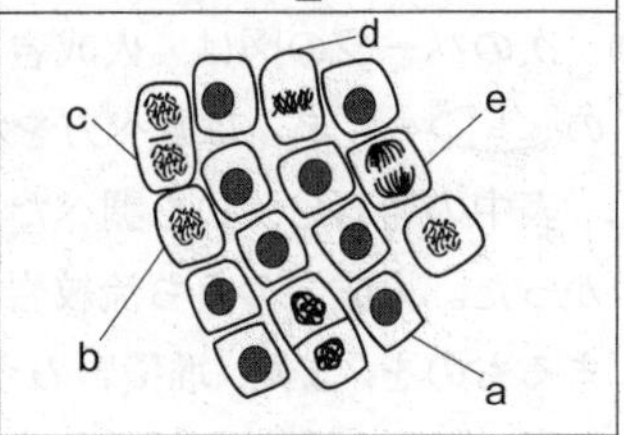 |

(1) 実験で，根をうすい塩酸に入れて温めるのは，細胞を観察しやすくするためである。このような操作によって観察しやすくなる理由を，簡潔に書きなさい。

(2) 表中のａ～ｅを，ａを１番目として，細胞分裂の過程に沿って並べなさい。

(3) 表中のｂの細胞の染色体数をｎとする。ｂの細胞がｄの過程になったときの染色体数として適切なものを，次のア～エから選びなさい。

ア 0.25ｎ　イ 0.5ｎ　ウ ｎ　エ ２ｎ

(4) 次の文は，表をもとに，まとめたものである。文中の ① には当てはまる語句を， ② には当てはまる文を，それぞれ書きなさい。

・細胞の大きさは，根元に近い部分と比べて，先端に近い部分のほうが ① ことが分かる。
・根元に近い部分の細胞の中には染色体を見ることができないが，根の先端に近い部分の細胞の中には染色体が見られる細胞もある。
・これらのことから，根は ② ことで成長することが分かる。

**4** 表は，岩石Ａ～Ｄを，ルーペを使って観察し，その結果をまとめたものである。後の(1)～(4)の問いに答えなさい。

表

| 岩石 | A | B | C | D |
|---|---|---|---|---|
| スケッチ |  | 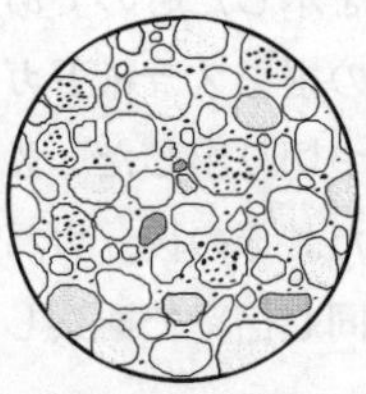 | 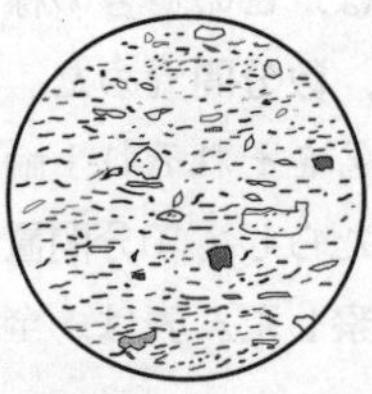 | 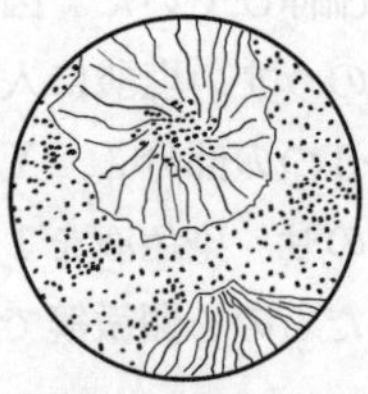 |
| 気づいたこと | 全体的に黒っぽく，大きな鉱物どうしが組み合わさっている。 | 全体的に白っぽく，丸みを帯びた粒が見られる。 | 全体的に白っぽく，石基や斑晶が見られる。 | 全体的に白っぽく，化石が見られる。 |

(1) 表中の岩石Ａについて，

① この岩石のつくりを何というか，書きなさい。

② この岩石は，マグマが冷えて固まってできたものである。どのように冷えて固まったと考えられるか，簡潔に書きなさい。

(2) 表中の岩石Ｂをつくっている粒が丸みを帯びている理由を，簡潔に書きなさい。

(3) 次のページの図は，火成岩と堆積岩をいくつかの調べ方をもとに分類したものであり，図中のⓐ～ⓕは調べ方を示したものである。

表中の岩石Ｃ，Ｄを調べたところ，岩石Ｃは流紋岩であり，岩石Ｄは石灰岩であることが分かった。火成岩のうち流紋岩を区別するための調べ方として，図中のⓐ，ⓑに当てはまるものを，また，堆積岩のうち石灰岩を区別するための調べ方として，図中のⓒ，ⓔに当てはまるものを，次のア～エからそれぞれ選びなさい。

図

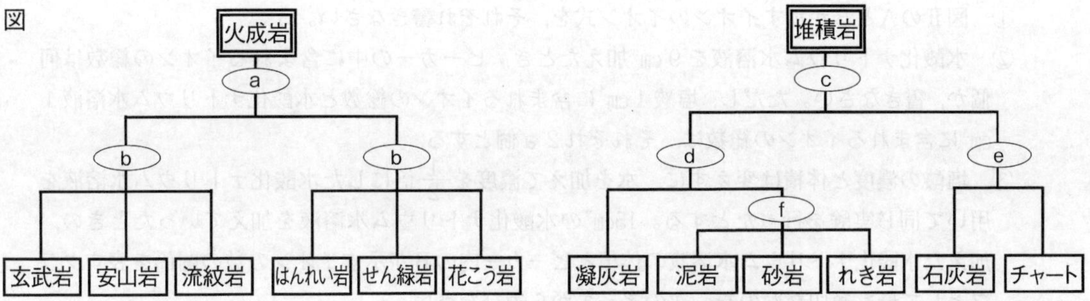


d：岩石を構成する粒が丸みを帯びているかどうかを調べる。
f：岩石を構成する粒が大きいかどうかを調べる。

ア　無色鉱物の割合が多いかどうかを調べる。
イ　生物の死がいなどが含まれているかどうかを調べる。
ウ　うすい塩酸をかけて，気体が発生するかどうかを調べる。
エ　鉱物が，形が分からないほど小さな粒の間に，散らばって見えるかどうかを調べる。

(4)　表中の岩石Dに見られる化石は，サンゴであることが分かった。この岩石が含まれる地層ができた当時，この地域はどのような環境であったと考えられるか，簡潔に書きなさい。

**5**　酸の水溶液とアルカリの水溶液を混ぜ合わせたときの反応を調べるために，次の実験を行った。後の(1)～(3)の問いに答えなさい。

［実　験］

うすい塩酸6㎤をビーカーに入れ，ＢＴＢ溶液を数滴加えた。次に，こまごめピペットを用いて塩酸と同じ濃度の水酸化ナトリウム水溶液を少しずつビーカーの中に加えていき，加えた体積とビーカー内の水溶液の色の変化を観察すると，6㎤加えたところで水溶液は緑色になった。その後，水酸化ナトリウム水溶液を水溶液の色の変化がなくなるまで加え続けた。

(1)　図Ⅰのようなこまごめピペットで水酸化ナトリウム水溶液を吸い取った後に注意すべき点を，こまごめピペットの向きに着目して，簡潔に書きなさい。

図Ⅰ

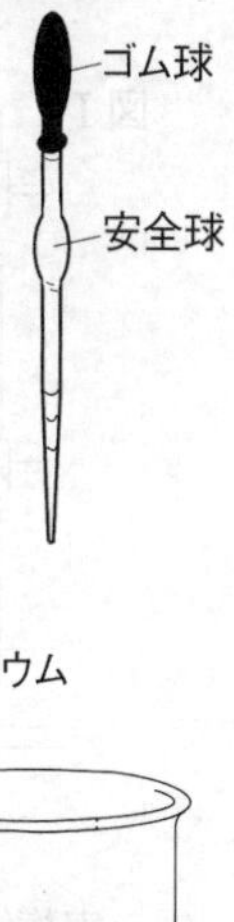


(2)　この実験において，水酸化ナトリウム水溶液を加え始めてから加え終えるまでの，ビーカー内の水溶液の色の変化を表すように，次の ① ～ ③ に当てはまるものを，下のア～ウからそれぞれ選びなさい。

① → ② → ③

ア　緑色　　イ　黄色　　ウ　青色

(3)　図Ⅱは，実験の様子を，塩酸と少量の水酸化ナトリウム水溶液に含まれるイオンのモデルを用いて表したものである。ただし，水酸化ナトリウム水溶液を加える前と後のイオンの個数は，反応した数をもとにかかれている。また，電解質は全て電離し，水は電離していないものとして考えている。次のページの①～③の問いに答えなさい。

図Ⅱ

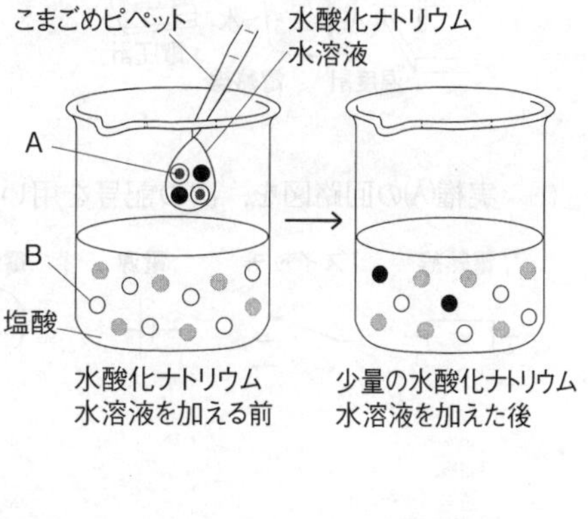

①　図ⅡのAとBが示すイオンのイオン式を，それぞれ書きなさい。

②　水酸化ナトリウム水溶液を9$cm^3$加えたとき，ビーカーの中に含まれるイオンの総数は何個か，書きなさい。ただし，塩酸1$cm^3$に含まれるイオンの総数と水酸化ナトリウム水溶液1$cm^3$に含まれるイオンの総数は，それぞれ2a個とする。

③　塩酸の濃度と体積は変えずに，水を加えて濃度を$\frac{1}{2}$倍にした水酸化ナトリウム水溶液を用いて同じ実験を行ったとする。15$cm^3$の水酸化ナトリウム水溶液を加えていったときの，加えた水酸化ナトリウム水溶液の体積とビーカー内のBが示すイオンの数の関係を表すグラフとして最も適切なものを，次のア～エから選びなさい。

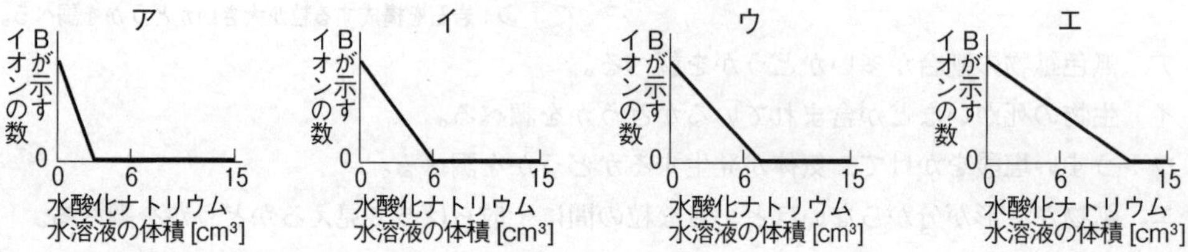


**6**　電熱線の発熱について調べるために，次の実験を行った。後の⑴～⑷の問いに答えなさい。

［実　験］

⒜　図1のような装置で，コップに水を入れてしばらく置いた後，水の温度を測定した。次に，スイッチを入れて電熱線a（6V－8W）に6Vの電圧を加えて，ときどき水をかき混ぜながら，1分ごとに5分までの温度を測定した。

⒝　電熱線aの代わりに電熱線b（6V－4W）を用いて，実験⒜と同様の操作を行った。

⒞　電熱線aの代わりに電熱線c（6V－2W）を用いて，実験⒜と同様の操作を行った。

図Ⅱは，実験⒜～⒞において，電流を流した時間と水の上昇温度の関係を，グラフに表したものである。

図Ⅰ

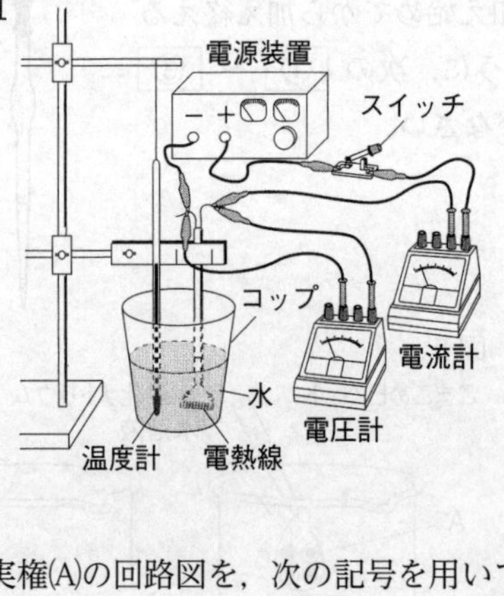


図Ⅱ

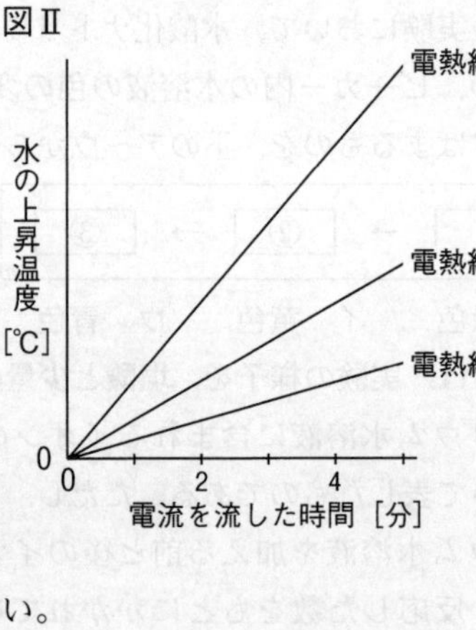


⑴　実権⒜の回路図を，次の記号を用いて，かきなさい。

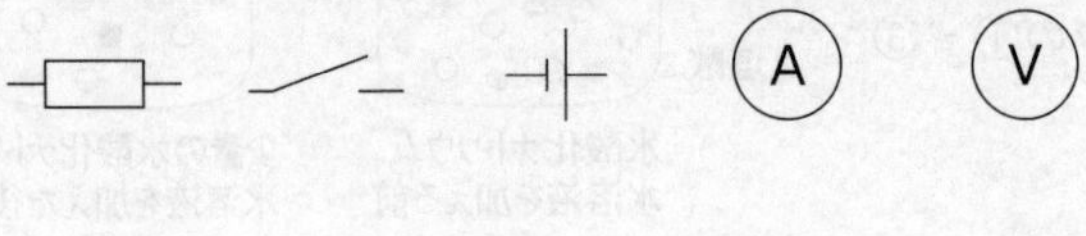

⑵　図Ⅱのグラフから分かることについて，次の①，②の問いに答えなさい。

①　１つの電熱線に着目した場合の，電流を流した時間と水の上昇温度の関係について，簡潔に書きなさい。

②　３つの電熱線を比較した場合の，電熱線の消費電力と一定時間における水の上昇温度の関係について，簡潔に書きなさい。

⑶　実験Ⓐで，電熱線ａから５分間に発生する熱量はいくらか，書きなさい。

⑷　実験Ⓐにおける電熱線ａの代わりに，３つの電熱線ａ～ｃのうち２つをつないだものを用いて，実験Ⓐと同様の操作を行ったところ，図ⅢのＸのようなグラフとなった。次の文は，２つの電熱線のつなぎ方について，図Ⅲから分かることをまとめたものである。文中の ① ， ② にはａ～ｃのうち当てはまる記号を書き，③については｛　｝内のア，イから正しいものを選びなさい。

図Ⅲ

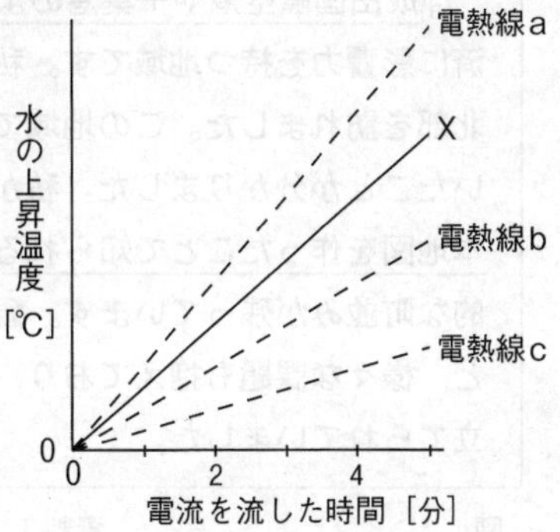


> 図Ⅲのグラフの傾きから，電熱線 ① と電熱線 ② を③｛ア　直列　　イ　並列｝につないだことが分かる。

# ＜社会＞

時間　45分～60分（学校裁量による）　満点　100点

1　勇太さんは，夏休みに訪れた千葉県について調べたことをまとめ，発表した。次の図と資料は，そのときに使用したものの一部である。後の⑴～⑸の問いに答えなさい。

> (a)成田国際空港や千葉港のような大きな貿易港がある千葉県は，関東地方や日本全体の経済に影響力を持つ地域です。私は，群馬県に源流のある［　A　］の下流域に当たる，千葉県北部を訪れました。この地域では多くの(b)貝塚を見ることができ，古くから人々が生活していたことが分かりました。私が滞在したのは，親戚の住む香取市です。ここは，(c)正確な日本地図を作ったことで知られる伊能忠敬にゆかりのある地で，その旧宅をはじめとした歴史的な町並みが残っています。観光客も訪れていますが，人口減少に伴うまちの活力の低下など，様々な課題も抱えており，(d)市で行う事業の方向性を示した新しいまちづくりの計画が立てられていました。

図

資料Ⅰ　貿易港別の貿易品目（上位３品目）

ア

| | 品目 | 割合(%) |
|---|---|---|
| 輸入 | 通信機 | 15.7 |
| | 医薬品 | 10.4 |
| | 集積回路 | 9.6 |
| 輸出 | 金（非貨幣用） | 7.7 |
| | 科学光学機器 | 6.0 |
| | 集積回路 | 4.0 |

イ

| | 品目 | 割合(%) |
|---|---|---|
| 輸入 | 石油 | 51.2 |
| | 液化ガス | 17.9 |
| | 自動車 | 10.0 |
| 輸出 | 石油製品 | 22.4 |
| | 鉄鋼 | 19.0 |
| | 有機化合物 | 16.6 |

（「日本国勢図会2018／19年版」により作成）

資料Ⅱ

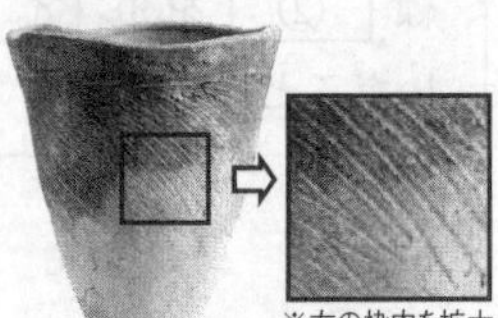

※左の枠内を拡大したもの

（国立歴史民俗博物館ホームページにより作成）

資料Ⅲ　香取市の歳入（財源別）

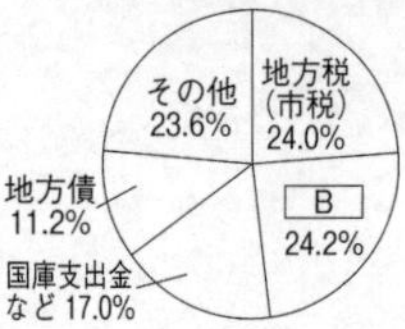


資料Ⅳ　香取市民がまちづくりのために重視する取組の上位３項目（アンケート結果）

| 年齢層＼順位 | 1位 | 2位 | 3位 |
|---|---|---|---|
| 10～30代 | 商業の振興 | 雇用機会・労働環境の向上 | 子育て支援の充実 |
| 40～50代 | 商業の振興 | 工業・企業誘致の振興 | 雇用機会・労働環境の向上 |
| 60代以上 | 商業の振興 | 工業・企業誘致の振興 | 地域医療体制の充実 |

（資料Ⅲ，資料Ⅳは「第２次香取市総合計画」により作成）

⑴　本文と図中に示した［　A　］に当てはまる河川名を書きなさい。

⑵　下線部(a)について，資料Ⅰのア，イは，成田国際空港と千葉港のいずれかの貿易品目を示したものである。成田国際空港の貿易品目を示しているものを，ア，イから選びなさい。また，そのように判断した理由を，簡潔に書きなさい。

⑶　下線部(b)に関して，資料Ⅱは貝塚の周辺で発見されたもので，表面に特徴的な文様がつけられた道具である。この道具の主な使用目的を，簡潔に書きなさい。

⑷　下線部(c)について，このような日本地図が作成された背景として，蘭学が盛んになり，西洋の知識を取り入れるようになったことが挙げられる。この地図の作成と同時期のできごとで，蘭学に関連するものを，次のア～エから選びなさい。

ア　黒田清輝が「湖畔」を描いた。　　イ　本居宣長が「古事記伝」を書いた。

ウ　松尾芭蕉が「奥の細道」を書いた。　エ　杉田玄白らが「解体新書」を出版した。

⑸　下線部(d)について，次の①，②の問いに答えなさい。

①　資料Ⅲに関して，［B］は，地方税などの自主財源を補い，地方公共団体どうしの格差を減らすために国から配分されるものである。［B］に当てはまる語を書きなさい。

②　勇太さんたちは，まちづくりの方向性について，資料Ⅳをもとに，下のように話し合った。資料Ⅳにある項目のうち，勇太さん，大介さんが着目した以外の項目についてのあなたの意見を，［C］に当てはまるように，簡潔に書きなさい。

**勇太さんたちが話し合ったこと**

勇　太：全ての年齢層で商業の振興が重視されているので，買い物しやすい環境をつくることが大事だと思います。

大　介：雇用機会・労働環境の向上や，工業・企業誘致の振興が重視されているので，安心して働ける場所をつくることが大事だと思います。

あなた：［　　　C　　　］が大事だと思います。

**2**　司さんは，祖父の家がある新潟県新潟市で行った地域調査について，発表した。次の図と資料（次のページ）は，そのときに使用したものの一部である。次の⑴～⑶の問いに答えなさい。

図

（国土地理院2万5千分の1地形図「水原」2010年発行により作成）

資料Ⅰ　4道県の農業産出額の内訳

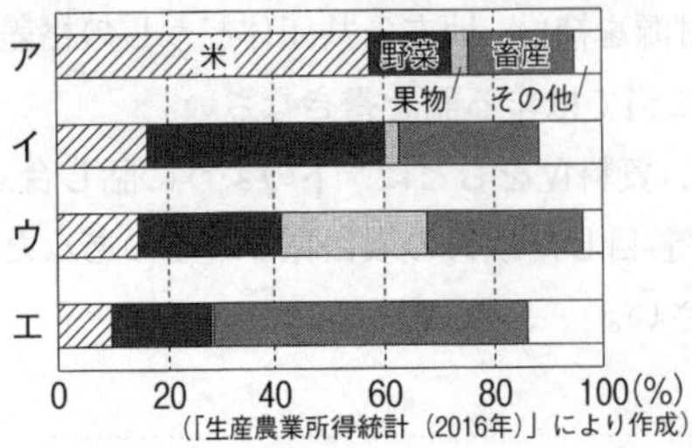


（「生産農業所得統計（2016年）」により作成）

資料Ⅱ　X−Yの断面図

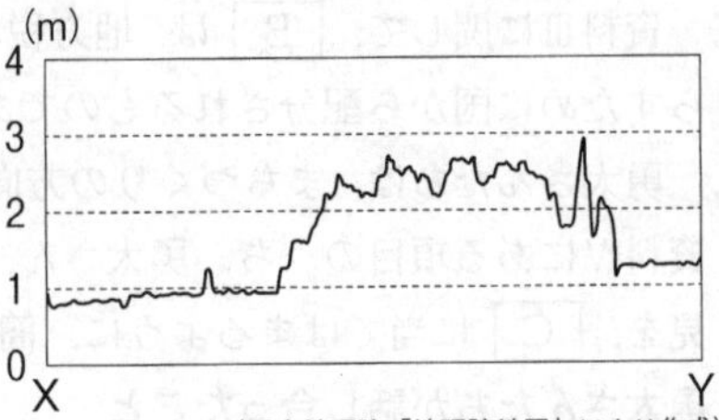


（国土地理院「地理院地図」により作成）

(1)　司さんは，次のような経路で，祖父の家がある「長戸」の集落を訪ねた。後の①，②の問いに答えなさい。

> **「とよさか」駅の南口から，南東へ進み，役場（区役所）に立ち寄り，地域に関する資料をもらいました。先ほどの道を，さらに1kmほど進み，交差点を右折すると，左手に「総合体育館」がありました。1kmほど進み，交差点を右へ曲がって進むと，「長戸」の集落に着きました。**

①　司さんが通った道路に接しているものを，次のア～エから選びなさい。

ア　消防署　　イ　郵便局　　ウ　博物館　　エ　老人ホーム

②　司さんが通った経路を地図上で測ると，長さが16cmであった。実際の距離は何kmになるか書きなさい。

(2)　司さんは，新潟県は農業が盛んであることを祖父から聞き，農業について調べた。資料Ⅰは，日本において耕地面積が上位である，北海道，青森県，茨城県，新潟県のいずれかの農業産出額の内訳を示している。新潟県と茨城県に当たるものを，資料Ⅰのア～エからそれぞれ選びなさい。

(3)　司さんは，新潟市にある図書館で調べたところ，「長戸」の集落は，江戸時代に開発された「長戸呂新田」が元となっており，古くから人々が住んでいたことが分かった。防災の観点から考えた場合，この場所に集落が形成された理由として考えられることを，資料Ⅱを踏まえ，簡潔に書きなさい。

**3**　美月さんは，インドとブラジルについて調べたことをまとめ，発表した。次の資料は，そのときに使用したものの一部である。後の(1)～(4)の問いに答えなさい。

資料Ⅰ

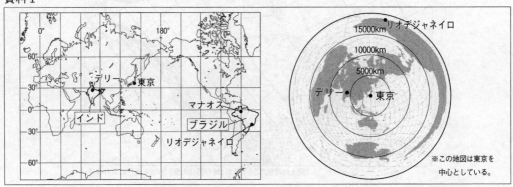

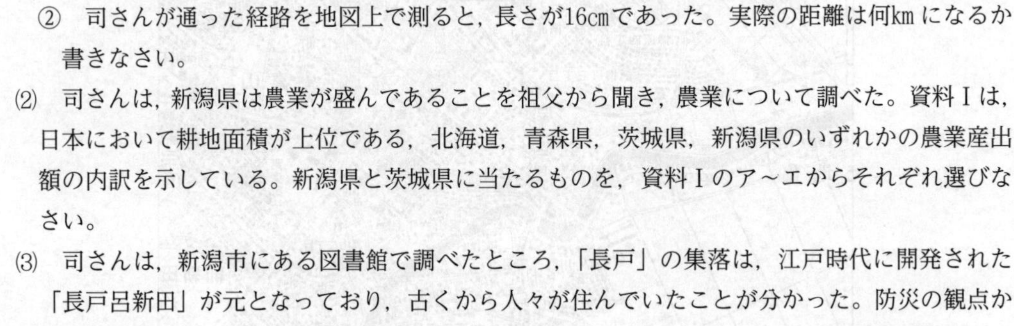

⑴　資料Ⅰから読み取れる内容として適切なものを，次のア～エから選びなさい。

ア　デリーとリオデジャネイロの経度の差は約50度である。

イ　リオデジャネイロから見るとデリーは南西にあり，その間の距離は約20000㎞である。

ウ　東京からリオデジャネイロまでの距離は，東京からデリーまでの距離の約３倍である。

エ　東京，デリー，リオデジャネイロのうち，最も早く日付が変わるのはリオデジャネイロである。

⑵　資料Ⅱのア～ウは，資料Ⅰのデリー，マナオス，リオデジャネイロのいずれかの都市の気温と降水量のグラフである。リオデジャネイロに当たるものを，ア～ウから選びなさい。

資料Ⅱ

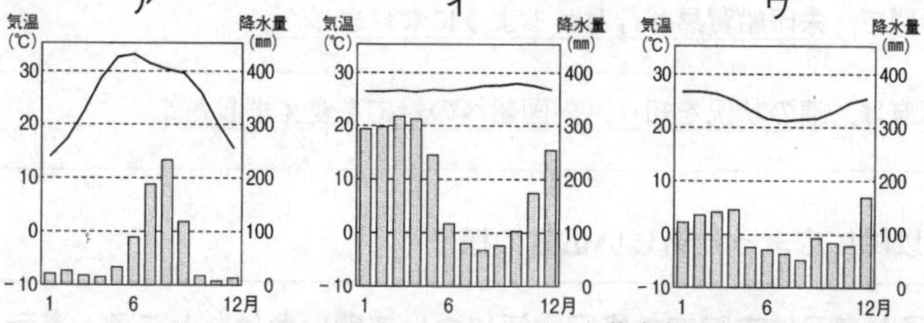


（気象庁ホームページにより作成）

⑶　美月さんは，インドとブラジルの農業について，次のように発表した。文中の［A］～［C］に当てはまる語句や文を，それぞれ書きなさい。

> インドとブラジルの農業について調べてみると，家畜としての牛の頭数とさとうきびの生産量が，ともにブラジルが世界第１位，インドが世界第２位であることが分かりました。このうち牛については，ブラジルでは肉牛が多いのに対し，インドでは［A］教徒の割合が大きいため，乳牛が多くなっています。ブラジルでは，さとうきびが，砂糖の生産のほか，［B］の生産にも利用されています。［B］は，燃やしても［C］と考えられており，環境にやさしいエネルギーとして注目されています。しかし，一方で，さとうきび畑の開発による森林破壊なども問題となっています。

⑷　資料Ⅲは，インド，ブラジル，日本におけるメーカー別乗用車生産台数の割合を示したものである。資料Ⅲから分かる，インドとブラジルの乗用車の生産に共通する特徴を，日本と比較して，簡潔に書きなさい。

資料Ⅲ　メーカー別乗用車生産台数の割合（2016年における上位５社）

インド

| | |
|---|---|
| A社（日本系企業） | 45.0% |
| B社（韓国系企業） | 19.9% |
| C社（日本系企業） | 10.3% |
| D社（ドイツ系企業） | 5.7% |
| E社（日本系企業） | 5.2% |
| その他 | 13.8% |

ブラジル

| | |
|---|---|
| D社（ドイツ系企業） | 15.6% |
| F社（アメリカ系企業） | 15.3% |
| G社（イタリア系企業） | 13.9% |
| H社（アメリカ系企業） | 11.8% |
| I社（日本系企業） | 9.9% |
| その他 | 33.5% |

日本

| | |
|---|---|
| I社（日本系企業） | 34.8% |
| J社（日本系企業） | 10.7% |
| C社（日本系企業） | 10.4% |
| E社（日本系企業） | 9.0% |
| A社（日本系企業） | 8.7% |
| その他 | 26.3% |

※割合は小数第２位を四捨五入している。

※インドとブラジルの「その他」には，それぞれ自国のメーカーが含まれている。

（「世界自動車統計年報2018」などにより作成）

**4**　直子さんは，日本と諸外国との関係について調べたことをまとめ，発表した。次の資料は，そのときに使用したものの一部である。後の(1)～(4)の問いに答えなさい。

資料Ⅰ

| | |
|---|---|
| 5世紀 | 大和政権（ヤマト王権）は，朝鮮半島の伽耶（加羅）地域から得た［　A　］を利用して，関東や九州の豪族を支配しました。 |
| 12世紀 | 日宋貿易に力を入れた平清盛は，瀬戸内海の航路を整えました。その頃，宋との間を多くの商人や僧侶が往来し，(a)新しい仏教が武士や庶民に広まりました。 |
| 17世紀 | 徳川家康は，大名や豪商に朱印状を発行しました。この後，東南アジアの国々との間で，(b)朱印船貿易が行われるようになりました。 |
| 19世紀 | 江戸幕府は，(c)清の状況を知り，外国船への対応を変えました。 |

資料Ⅱ

資料Ⅲ　12世紀以降に広まった新しい仏教の様子

ある時，弟子が道元に寺院での修行生活について問いかけたところ，道元は，「ひたすら座禅をすることである。場所を選ばずひたすら座禅をすることだ。」と答えた。　（部分要約）

資料Ⅳ　朱印船貿易による主な物資の流れ

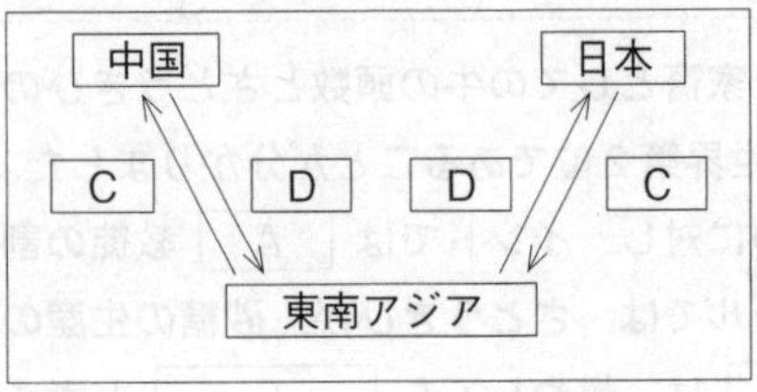


資料Ⅴ

(1)［　A　］に当てはまる金属の名称を，資料Ⅱの埴輪《はにわ》に表現された武人が身に付けているものに着目して，書きなさい。

(2)　下線部(a)について，次の①，②の問いに答えなさい。

①　栄西が宋から伝えた仏教を，次のア～エから選びなさい。

ア　時宗　　イ　臨済宗　　ウ　浄土宗　　エ　浄土真宗

②　直子さんは，新しい仏教の広まりについて，資料Ⅲを用いて次のように発表した。次の文中の［　B　］に当てはまる文を，資料Ⅲを参考にして，簡潔に書きなさい。

当時は，ききんや災害，戦乱などの不安から，人々は仏教に救いを求めていました。以前の仏教は，教えを教典から学び，山奥の寺で厳しい修行を行うもので，主に天皇や貴族に信仰されていました。一方，新しい仏教は，［　B　］ことから，武士や庶民に広まりました。

(3)　下線部(b)について，資料Ⅳの［　C　］，［　D　］に当てはまる語の組み合わせとして適切なものを，次のア～エから選びなさい。

ア　C：金　D：木綿　　イ　C：金　D：生糸
ウ　C：銀　D：木綿　　エ　C：銀　D：生糸

⑷　下線部(c)について，江戸幕府は，資料Ⅴのできごとの影響により，外国船への対応を変化させた。資料Ⅴのできごとの前と後において，幕府はどのような対応をしたか，それぞれ書きなさい。

**5**　豊さんは，明治以降の歴史学習のまとめとして，「外国の影響を受けて変化した日本の社会」というテーマで発表した。次の資料は，そのときに使用したものの一部である。後の⑴～⑸の問いに答えなさい。

資料Ⅰ

| 外国のできごと | 影響 → | 日本の社会 |
|---|---|---|
| 17～18世紀に，イギリスやフランスで革命が起こり，アメリカが独立し(a)，民主政治の体制が確立しました。 | 明治 | 板垣退助らが，大久保利通らの政治を専制政治であると批判し，国民が政治に参加する権利の確立を目指す，自由民権運動(b)が始まりました。 |
| 第一次世界大戦(c)は総力戦となり，労働者や女性も貢献したため，戦後の欧米諸国はこうした人々の要求に応える政策をとりました。 | 大正 | 民衆による護憲運動が盛り上がり，吉野作造が民本主義を唱えるなど，民主主義(d)に基づく社会運動が盛んになりました。この時代の風潮は大正デモクラシーと呼ばれます。 |
| 第二次世界大戦後は，アメリカを中心とした自由貿易体制が確立し，欧米先進国では急速な経済成長が進み，豊かな社会が実現しました。 | 昭和 | 経済は，戦後10年で戦前の水準に戻り，その後1970年代の初めまで急成長しました。この経済の急成長は高度経済成長(e)と呼ばれ，人々の生活水準は急速に高まりました。 |

⑴　下線部(a)について，次の文中の［A］，［B］に当てはまる語を書きなさい。

フランス人権宣言（1789年，部分要約）

> 第１条
> 人間は，生まれながらにして，［A］で［B］な権利をもっている。

アメリカ独立宣言（1776年，部分要約）

> 我々は以下のことを自明の真理であると信じる。人間はみな［B］に創られ，ゆずりわたすことのできない権利を神によって与えられていること，その中には，生命，［A］，幸福の追求が含まれていること，である。

⑵　下線部(b)について，この運動を進めた人々が政府に要求したことは何か，書きなさい。

⑶　下線部(c)について，この大戦中に起きたできごとを，次のア～エから選びなさい。

ア　朝鮮戦争　　イ　ロシア革命
ウ　インド大反乱　　エ　アメリカ南北戦争

⑷　下線部(d)について，豊さんは資料Ⅱを用いて，次のように発表した。後の①，②の問いに答えなさい。

資料Ⅱ

| 選挙法成立年 | 選挙の実施年 | 全人口に占める有権者の割合(%) |
|---|---|---|
| 1889 | 1890 | 1.1 |
| 1900 | 1902 | 2.2 |
| 1919 | 1920 | 5.5 |
| 1925 | 1928 | 19.8 |
| 1945 | 1946 | 48.7 |

（総務省ホームページにより作成）

> 衆議院議員選挙の実施年における，全人口に占める有権者の割合は，1925年に実現した，満 C 歳以上の全ての男性に選挙権を与える男子普通選挙で大きく増加し，その後，1945年に成立した新選挙法により，1946年にはさらに増加しました。

①　文中の C に当てはまる数字を書きなさい。

②　文中の下線部について，この理由を，有権者になる資格に着目して，書きなさい。

(5)　下線部(e)に関して，資料Ⅲは，かつて石炭産業で栄えた福島県いわき市で，炭鉱を経営する企業が，新たな事業として1960年代中頃に開業したレジャー施設の様子である。この地域で，新たな事業が始められた理由を，資料Ⅳに着目して，簡潔に書きなさい。

資料Ⅲ

地元の女性による，フラ（ハワイの伝統舞踊）のショーが話題となりました。

資料Ⅳ　日本のエネルギー供給量の割合といわき市産業別就業者の割合の推移

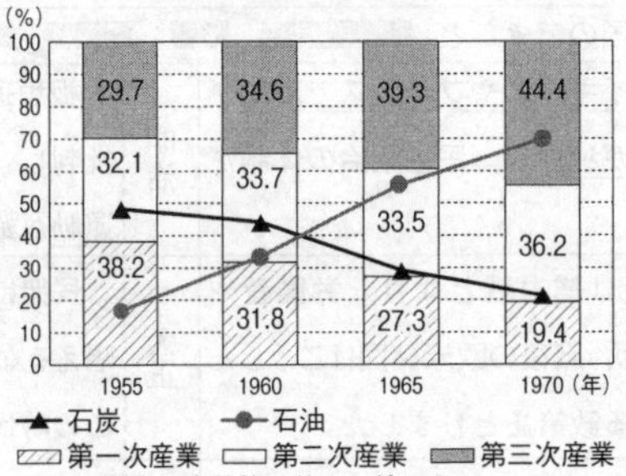


※割合は小数第２位を四捨五入している。

（いわき市ホームページなどにより作成）

**6**　聡太さんと奈々さんの班は，地元の商店街でインタビューを行い，商店街の活性化案を発表した。次の資料は，そのときに使用したものの一部である。後の(1)〜(5)の問いに答えなさい。

洋菓子店へのインタビュー

> 聡太：お店の一番人気のケーキは何ですか。
>
> 店長：いちごをたっぷり使ったケーキです。(a)いちごの価格は季節によって変わりますが，ケーキに使ういちごの量は減らさないよう努力しています。
>
> 聡太：お店の経営や，商店街の様子で，気になっていることはありますか。
>
> 店長：(b)経営状態が景気に左右されることが悩みですね。あとは，商店街を訪れる人の数が減少していることが心配です。

コーヒー店へのインタビュー

> 奈々：お店を経営する上でのこだわりは何ですか。
>
> 店長：常に，たくさんの種類の豆を扱うようにしています。国際貢献のために，(c)フェアトレード認証を受けたコーヒー豆も販売していますよ。
>
> 奈々：お店の経営で困っていることはありますか。
>
> 店長：うちの店は，外国からコーヒー豆を輸入し，販売しているのですが，最近 A が進んで，仕入れ価格が上がり，困っています。

聡太さんと奈々さんのメモ

○お店へのインタビューから分かったこと
・店ごとに，特色を打ち出した経営をしている。
・商店街を訪れる人の数は，減少している。
・店の経営状態は景気や為替相場の影響を受ける。
○商店街の活性化案
・ホームページの開設やイベントの開催などの(d)PR活動を行い，お客を呼び込む。
・銀行からお金を借りるなど，［B］金融を利用したり，県や市に補助金を申請したりして必要な資金を集める。

(1)　［A］，［B］に当てはまる語の組み合わせとして適切なものを，次のア～エから選びなさい。

ア　A：円高　B：直接　　イ　A：円高　B：間接

ウ　A：円安　B：直接　　エ　A：円安　B：間接

(2)　下線部(a)に関して，以下の①，②の問いに答えなさい。

資料Ⅰ　いちごの価格と入荷量

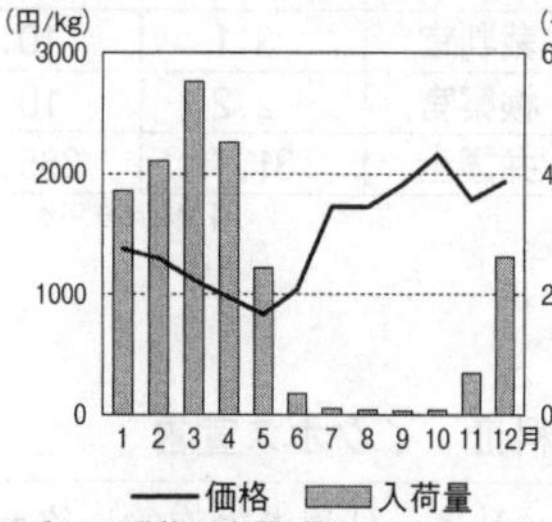


※グラフの数値は5年間を平均したものである。

（平成25～29年「東京都中央卸売市場年報」により作成）

資料Ⅰの1月～11月を見ると，一般的に，いちごの入荷量が多い時期は，価格は［ i ］くなっている。12月は，11月に比べ，いちごの入荷量が多くなっているにもかかわらず，価格は，［ ii ］くなっている。この理由として，［ iii ］ことが考えられる。

①　［ i ］，［ ii ］に当てはまる語の組み合わせとして適切なものを，次のア～エから選びなさい。

ア　i：高　ii：高　　イ　i：高　ii：低

ウ　i：低　ii：高　　エ　i：低　ii：低

②　［ iii ］に当てはまる文を，「需要」と「供給」という語を用いて，簡潔に書きなさい。

(3)　下線部(b)に関して，不況のときに企業が一般的に行うと考えられる取組として最も適切なものを，次のア～エから選びなさい。

ア　従業員の数を増やす。　　イ　商品の生産を減らす。

ウ　従業員の給与を上げる。　エ　商品を値上げして販売する。

(4)　下線部(c)について，フェアトレードとはどのようなことか，「発展途上国」，「価格」という語を用いて，簡潔に書きなさい。

(5)　下線部(d)に関して，聡太さんと奈々さんは，PR活動の事例を調べ，資料Ⅱのポスターを見つけた。このポスターは，地域の飲食店をPRして集客をねらうだけでなく，ある問題を解決することも目的としている。この問題は，資料Ⅲから分かるように，多くの商店街が抱えている問題である。資料Ⅱ，資料Ⅲの［C］に当てはまる語を書きなさい。

資料Ⅱ

**絶やすな！絶品グルメ**
**このままでは消えてしまう！**
**地元で長年愛されてきた**
**名物店主や絶品グルメ**
**店の将来を担う**
**［C］・働き手募集中！**

資料Ⅲ　各地の商店街が抱える主な課題

・［C］不足
・店舗等の老朽化
・話題性のある店が少ない
・商店街の魅力が知られていない

（「平成27年度商店街実態調査報告書」により作成）

**7** 貴史さんの班では，現代の社会の課題についてまとめ，発表した。次のワークシートと資料はそのときに使用したものの一部である。後の(1)～(4)の問いに答えなさい。

ワークシート「よりよい社会を目指して」

| | 貴史さん | 涼子さん | 健太さん |
|---|---|---|---|
| 課題であると感じたこと | 無実の罪で有罪となる［A］によって長期間拘束されていた人がいる。 | (b)女性が働く際に育児と仕事の両立が難しい場合がある。 | マスメディアが伝える情報に振り回されてしまう場合がある。 |
| 理想だと思うこと | ［A］を生まない制度や救済手段があること。 | 仕事と家庭生活が両立しやすい社会であること。 | 人々が正しい情報を共有できること。 |
| 課題を解決するために大切だと思うこと | (a)法律についての相談窓口や救済手段についてよく学んでおく。 | 一人一人が性別による固定的な役割分担の意識にとらわれず，男女が協力する。 | 情報を受けとる側が(c)メディアリテラシーを身に付ける。 |

資料Ⅰ　人口10万人当たりの裁判官，検察官，弁護士の人数

| | 日本 | アメリカ | フランス |
|---|---|---|---|
| 裁判官 | 3.1 | 10.0 | 8.5 |
| 検察官 | 2.2 | 10.1 | 2.9 |
| 弁護士 | 31.7 | 385.4 | 97.6 |

（「裁判所データブック2018」により作成）

資料Ⅱ

第一条〔目的〕
この法律は，法の下の平等を保障する日本国憲法の理念にのっとり雇用の分野における男女の均等な機会及び待遇の確保を図るとともに，女性労働者の就業に関して妊娠中及び出産後の健康の確保を図る等の措置を推進することを目的とする。

資料Ⅲ　イクボス宣言

1. 私は，仕事を効率的に終わらせ早く帰る部下を評価します。
2. 私は，土日，定時以降には，仕事の依頼をしません。（できるだけ）
3. 私は無駄に残らず，率先して早く帰ります。
4. 「え，男なのに育休？」などとは絶対に思いません。
5. 私は，部下のどんな相談にも応じます。

（厚生労働省ホームページにより作成）

資料Ⅳ　6歳未満の子供を持つ夫・妻の1日当たりの育児時間（2016年）

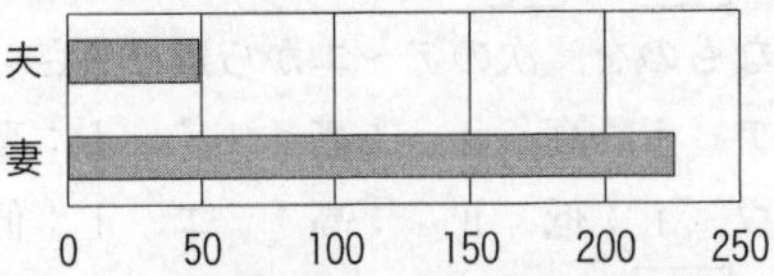


（総務省「平成28年社会生活基本調査結果」により作成）

(1) ［A］に当てはまる語を書きなさい。

(2) 下線部(a)について，貴史さんは，相談窓口について調べたことを資料Ⅰを用いて，次のように発表した。後の①，②の問いに答えなさい。

日本は，アメリカやフランスと比べると，［あ］ことが分かる。そこで，司法制度改革の一環として，法律にまつわる問題を解決するための総合案内所である［い］が設置された。

① 資料Ⅰを参考にして，［あ］に当てはまる文を，簡潔に書きなさい。

② ［い］に当てはまる語を書きなさい。

(3) 下線部(b)に関して，資料Ⅱ，資料Ⅲ，資料Ⅳは，涼子さんが見つけたものである。次の①，②の問いに答えなさい。

①　資料Ⅱは，1985年に制定された法律の一部である。この法律の名称を書きなさい。

②　資料Ⅲは，部下にとって理解ある上司が増えるよう，行われている取組の１つである。この取組が広まることによって，どのようなことが期待できると考えられるか，資料Ⅳを踏まえて，簡潔に書きなさい。

(4)　下線部(c)について，健太さんはメディアリテラシーに着目した。メディアリテラシーとはどのようなことか，簡潔に書きなさい。

ると考えられますか、次のア～エから最も適切なものを選びなさい。

ア　多くの人々の立場が正しいものかどうかを検証する効果。
イ　聞き手が発表内容を理解しているかどうかを確かめる効果。
ウ　発表方法に興味を持たせて聞き手の視点を変化させる効果。
エ　聞き手に考えさせることで発表内容に関心を持たせる効果。

(二)　会話文中□には、資料Ⅰから読み取れる内容が入ります。どのような内容が入るか、□に当てはまるように書きなさい。

(三)　会話文中A――とB――で、花子さんと太郎さんはそれぞれ違った意見を述べています。資料Ⅱから読み取れることに触れて、どちらの意見を支持するか、あなたの考えを書きなさい。

ア　楷書とは違う筆順となっている。
イ　楷書ではねる部分を止めている。
ウ　楷書に比べて点画が連続している。
エ　楷書に比べて点画が省略されている。
オ　楷書で左に払う部分を横画に変えている。

## 六

太郎さんと花子さんは、国語の授業中に、言葉の意味について発表することになりました。次の会話文は、発表に向けて二人が交わした会話で、資料Ⅰ、Ⅱは発表のために準備したものです。これらを読んで、後の㈠～㈢の問いに答えなさい。

太郎さん　資料Ⅰと資料Ⅱは、「檄《げき》を飛ばす」と「知恵熱」という言葉の意味をどう理解しているかについて、年齢別の割合を示したものだよ。

花子さん　「檄を飛ばす」は「激励する」という意味で使うことが多い気がするけど、これが本来の意味とは違うなんて知らなかったわ。きっとクラスのみんなも知らないだろうから、発表の最初にみんなに問いかけてみましょうよ。

太郎さん　それはいいね。でも、みんなが本来の意味を知らないのも無理はないと思うな。資料Ⅰを見ると、本来の意味とは違った意味で理解している人の割合が［　　］ことが分かるよ。それに比べて、資料Ⅱの「知恵熱」は、五十代を境に逆転している様子が見られるね。

花子さん　私は「知恵熱」の意味も知らなかったな。日本語を本来の意味で使っていない人が多いのは残念に思うわ。やはりA言葉が持つ本来の意味を大切にしていくべきじゃないかしら。

太郎さん　でも、『枕草子』などの古典に出てきた言葉の中には、現代とは違った意味で使われている言葉もあったよね。言葉の意味は、変化していくものなんじゃないかな。B新しい意味を柔軟に受け入れていくことが必要かもしれないよ。

花子さん　なるほど。それもあるかもしれないね。それじゃ、お互いの考えを示して、みんなにも考えてもらいましょうよ。

資料Ⅰ

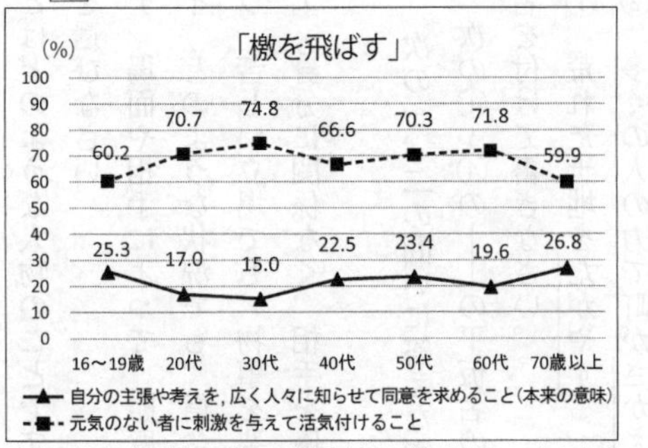


平成29年度「国語に関する世論調査」（文化庁）により作成

資料Ⅱ

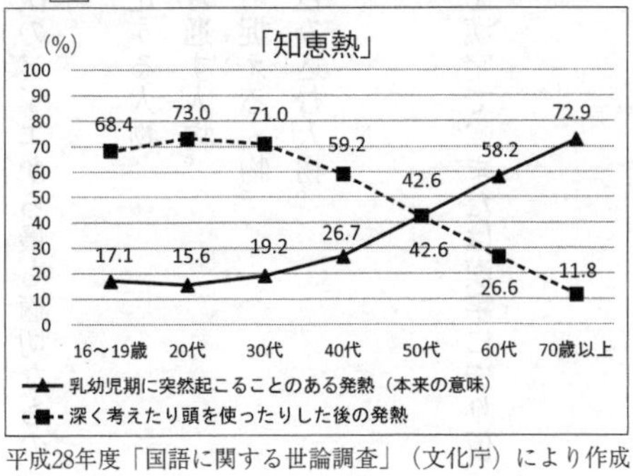


平成28年度「国語に関する世論調査」（文化庁）により作成

㈠　会話文中══「発表の最初にみんなに問いかけて」とありますが、発表を問いかけで始めることによって、どのような効果が期待され

**四** 次の文章を読んで、後の㈠〜㈢の問いに答えなさい。

居《を》リ二天下之《の》広居ニ一、A立チ天下之正位ニ、
行ク二天下之大道ヲ一。得レバレ志ヲ与《と》レ民由《よ》リレ之《これ》ニ、
不《ざ》レバレ□レ志ヲ独リ行フ二其《そ》ノ道ヲ一。富《ふう》貴《き》モ不《ず》レ能《あた》ハレ淫《いん》スルコト。
貧《ひん》賤《せん》モ不レ能ハレ移スコト。威武モ不レ能ハレ屈スルコト。此《こ》レ之ヲ
謂《い》フ二B大《だい》丈《ぢやう》夫《ふ》ト一。

（『孟子』による。）

書き下し文

天下の広居に居り、天下の正位に立ち、天下の大道を行く。志を得れば民と之に由り、志を□ざれば独り其の道を行ふ。富貴も淫すること能はず。貧賤も移すこと能はず。威武も屈すること能はず。此れ之を大丈夫と謂ふ。

（注）広居……広い住居のことで、ここでは「仁」をたとえている。
正位……正しい位置のことで、ここでは「礼」をたとえている。
大道……大きな道のことで、ここでは「義」をたとえている。
能……できる。
淫……心をかき乱す。
威武……権威・武力のこと。

㈠ 文中A――「立チ天下之正位ニ」に、書き下し文の読み方になるように返り点を書きなさい。

㈡ 文中□に当てはまる漢字一字を、本文から抜き出して書きなさい。

㈢ 文中B――「大丈夫」とありますが、本文から読み取れる「大丈夫」とはどのような人物のことですか、次のア〜エから最も適切なものを選びなさい。

ア　場面や相手によって、態度が変化する人物。
イ　どのような状況でも、信念を貫き通す人物。
ウ　苦しい立場でも、物事を楽観的に捉える人物。
エ　身分に関係なく、相手を優しく包み込む人物。

**五** 次の一、二の問いに答えなさい。

㈠ 次の①〜④の――の平仮名の部分を漢字で、または漢字に送り仮名を付けて書きなさい。

① 荒れた土地をたがやす。
② 多くの人の力で町がさかえる。
③ 時間をたんしゅくする。
④ ここは有名なぼうえき港だ。

㈡ 次の漢字は、行書で書いたものです。この漢字の○で囲まれた部分には行書のどのような特徴が見られますか、その特徴として、次のア〜オから適切なものを二つ選びなさい。

ウ　難解な語を用いることで物語全体に厚みを持たせるとともに、様々な登場人物の視点を通して複雑な人間関係を表現している。

エ　時間の流れに沿って描写することで理解させやすくするとともに、なじみやすい言葉を用いて歴史的事実が頭に入るよう工夫している。

**三**　次の文章を読んで、後の㈠、㈡の問いに答えなさい。

十一日。暁に船を出《い》だして、室津《むろつ》を追ふ（へ向かう）。人みなまだ寝たれば（寝ているので）、海のありやう（様子）も見えず。ただ、月を見てぞ、西東《にしひむがし》をば知りける。かかるあひだに（こうしている間に）、みな夜明けて、手A洗ひ、例のことども（朝の支度や食事など）して、昼になりぬ（なった）。

今し（今まさに）、羽根《はね》といふところに来ぬ（来た）。わかき童《わらは》、このところの名を聞きて、「羽根といふところは、鳥の羽のやうにやある。」といふ。まだ幼き童の言《こと》なれば、B人々笑ふときに、ありける女童（以前に歌をよんだ女の子）なむ、この歌をよめる。

まことにて名に聞くところ羽根ならば□がごとくにみやこへもがな（都へ帰りたいものだなあ）

とぞいへる。男も女も、いかでとく京へもがな（なんとかして早く都へ帰りたいものだ）、と思ふ心あれば、この歌よしとにはあらねど（よいというわけではないが）、げに（なるほど）、と思ひて、人々忘れず。

（『土佐日記』による。）

（注）室津……現在の高知県室戸市室津のことで、一行が船で都に帰る途中で寄ろうとしている場所。

㈠　文中A――「洗ひ」を現代仮名遣いで書きなさい。ただし、全て平仮名で書くこと。

㈡　次の会話文は、春雄さんたちが、文中B――「人々笑ふときに」について話し合ったときの会話の一部です。これを読んで、後の①～③の問いに答えなさい。

春雄さん　人々はどうして笑ったのかなあ。

千秋さん　「わかき童」の言葉に、地名の羽根から□を連想するという、子どもらしい無邪気さがあったからよ。

春雄さん　なるほど。その連想から、次に「ありける女童」がよんだ歌の中で「□がごとくに」というたとえを用いているんだね。

夏子さん　じゃあ、本文の最後に「人々忘れず」とあるのは、その連想がおもしろかったからかな。

冬実さん　どうかしら。「この歌よしとにはあらねど」とあるから、違うと思うわ。

①　会話文中□に当てはまる言葉を、本文から三字で抜き出して書きなさい。

②　本文中の和歌と会話文中の□に共通して当てはまる語として、次のア～エから最も適切なものを選びなさい。

ア　泳ぐ　イ　飛ぶ　ウ　乗る　エ　走る

③　夏子さんと冬実さんは、本文中＝＝「人々忘れず」に着目しています。「人々」が「ありける女童」の歌を忘れないのはどうしてだと考えられますか、冬実さんの発言を踏まえて書きなさい。

「あ、弁当か。それは気付かなかったな。」
「そんなことだろうと思った。中に梅干しを入れといてやったから、残さず食いなよ。」
「もちろんだ。恩に着る。しかし、手拭いはいらんぞ。汗拭きなら持っている。」
　お代が苦笑した。
「違うよ、馬鹿だね。肩に当てるんだよ、肩に。でないと俵に擦れて肌が裂けちまうよ。それに、炭の粉が鼻に入ると厄介でさ、くしゃみが止まんなくなるやつがけっこういるんだ。手拭い一枚、口と鼻を塞ぐのに使いな。」
「なるほど。お代、かたじけない。借りるぞ。」
「二枚ともあげるよ。だけど、ほんとに。」
お代が眉を寄せた。若さとは釣り合わない□になる。
「大丈夫？　藤士郎さん、荷運びなんてやったことないんだろ。」
「ない。しかし、何とかなるさ。命のやり取りをするわけじゃなし、案じなくてもいい。」
「呑気《のんき》なんだからねえ。」
お代は□のまま、ため息を吐いた。
「けっこうきつい仕事だよ。ほんとにやれる？　今からでも断った方がいいんじゃないのかい。」
　余計なお世話だと、今朝はお代のことを少し疎《うと》ましくも感じたが、今はひたすらありがたい。B我ながら身勝手なものだ。
「みなさん、お疲れでした。おかげさまで、荷は全て無事に運び終わりました。」
　さきほどの手代がにこやかに挨拶する。ほどなく、人夫に茶と一摘《ひとつま》みの白い粉が配られた。
「これは、塩？」
「そうさ。決まってんだろう。」
隣に座った人夫が、そんなことも知らないのかと言わんばかりの口調で答えた。それから、手のひらの塩を舐《な》め、茶を飲む。藤士郎もそれに倣《なら》った。
美味《うま》い。

（あさのあつこ『地に滾《たぎ》る』による。）

（注）手代……店の主人から仕事を任されている使用人。
　　　内証……財政状態

(一) 文中□に共通して当てはまる語句として、次のア～エから最も適切なものを選びなさい。
ア　意地悪げな態度　　イ　迷惑そうな表情
ウ　分別くさい表情　　エ　よそよそしい態度

(二) 文中A——「藤士郎は、熟練の人夫と思しき男の後ろにつき、その動きを逐一、真似るようにした」とありますが、「藤士郎」が「熟練の人夫と思しき男」の動きを真似るようにしたのは、どのようなことが大切だと思ったからですか、書きなさい。

(三) 文中B——「我ながら身勝手なものだ」とありますが、このように「藤士郎」が考えるのは、「今朝」と「今」で「お代」への気持ちがどのように変化したためですか、荷物担ぎという仕事に対する考え方に触れて、書きなさい。

(四) 本文全体の表現の特徴として、次のア～エから最も適切なものを選びなさい。
ア　簡潔な表現を重ねることで歯切れのよさを生み出すとともに、回想場面を挿入して登場人物の心情を巧みに描いている。
イ　比喩表現を用いることで登場人物の心情を効果的に表すとともに、現代の若者言葉を取り入れて読者に親近感を持たせている。

す。その名にふさわしく、C私たちは知恵を出しあって、自滅の道を歩まないようにしたいものです。

（伊藤明夫『40億年、いのちの旅』による。）

（注）汽水……淡水と海水が混じり合った、塩分の少ない水。
ホモ・サピエンス……現生人類としての『ヒト』を表す学名。

㈠　文中㋐～㋓の漢字の読みを平仮名で書きなさい。

㈡　文中□に当てはまる語として、次のア～エから最も適切なものを選びなさい。

ア　いまや　　イ　必ずしも　　ウ　それでも　　エ　ましてや

㈢　文中A「これらには、タガメ、メダカ、エビネ、キキョウ、サクラソウなど、かつては私たちのまわりで普通にみられた動物や植物もふくまれています」とありますが、この一文には、読者にどのようなことを気づかせる役割があると考えられますか、書きなさい。

㈣　文中B「四〇億年にわたる「いのち」の旅をいまに伝える、生きものたちの多様性」とありますが、本文です、生きものたちはどうすることで多様性を手に入れてきたと述べられていますか、四十字以内で書きなさい。

㈤　文中C「私たちは知恵を出しあって、ヒトが自滅の道を歩まないようにしたいものです」とありますが、ヒトが自滅の道を歩まないために、あなたならどのような提案をしますか、本文の内容に触れて、百四十字以上、百八十字以内で書きなさい。

## 二　次の文章を読んで、後の㈠～㈣の問いに答えなさい。

「お侍さん。まだ荷はたんとあるんだ。しっかり頼みますよ。ぐずぐずしてたら、すぐに日が暮れちまいますからね。」

手代《てだい》らしい男が声をかけてくる。

ぐずぐずしていた覚えはないが、こいつがまだ呑《の》み込めなくて、無駄にあちこちしてしまう。手代の目にはじれったくも間怠《まだる》くも映ったのだろう。

慣れた人夫《にんぷ》たちは実に滑らかに動くのだ。荷を担《かつ》ぎ、船着場から蔵まで運び、積み上げる。その一連の動作に淀《よど》みがない。歩き方も、荷の扱い方も藤士郎《とうしろう》とはまるで違う。

荷物担ぎなど、力のある男なら誰でもできると考えていた。働き始めてすぐ、そうではないのだと思い知った。

要領を身体で覚える。

それが肝要なのだ。そして、それは一日や二日で体得できるものではない。よく、わかった。それでもA藤士郎は、熟練の人夫と思《おぼ》しき男の後ろにつき、その動きを逐一、真似《まね》るようにした。荷物を受け取るときの僅かな屈《かが》み具合、足さばきと呼んでも差し支えないほどの足の運び方、姿勢、呼吸、ともかく習う。覚える。身に付ける。

昼過ぎまで働き、荷揚げはほぼ終わった。藤士郎は、蔵の前の空き地にしゃがみこんだ。煮炊き用なのか薪《まき》がうずたかく積んである。それだけで、讃岐《さぬき》屋の内証の豊かさが窺《うかが》える。

他の人夫たちも思い思いの格好で地面に腰をおろして一息つく。

「つうっ、痛い。」

疲労より肩の痛みが辛《つら》い。肌が擦《こす》れて赤くなっている。少し腫れてもいるようだ。それでも、裂けて血を出さなかったのはお代《だい》のおかげだった。

「藤士郎さん。これ、持っていきなよ。」

今朝、黒松長屋を出るとき、お代が握り飯の包みと手拭いを二枚手渡してくれた。

# 〈国語〉

時間　四五～六〇分（学校裁量による）
満点　一〇〇点

一　次の文章を読んで、後の㈠～㈤の問いに答えなさい。

種の絶滅は進化の過程で自然に起きることでもありますが、現在進んでいる種の絶滅は、これとは㋐異なって、生息地の破壊や環境の悪化、過剰な捕獲や採取、森林の伐採、外来生物の持ちこみによる生態系のかく乱など、私たちヒトの活動をおもな原因としています。

過去の大量絶滅においては、絶滅に向かう期間が少なくとも一〇〇万年以上の長期にわたって起こったものですが、現在、地球では世界で毎年四万種の生物が絶滅しているといわれており、過去五億年間の平均的なペースの何百倍、何千倍ものはやさで、生物たちが姿を消しているといわれています。

環境省が作成した絶滅のおそれのある種のリスト（レッドリスト）によると、日本に生息する哺乳類の約二三％、鳥類の約一三％、爬虫《はちゅう》類《るい》の約一九％、両生類の約二二％、汽水・淡水魚類の約二五％、維管束植物の約二〇％が絶滅のおそれのある種とされています。Aこれらには、タガメ、メダカ、エビネ、キキョウ、サクラソウなど、かつては私たちのまわりで普通にみられた動物や植物もふくまれています。

ほかの生きものたちが絶滅してしまってヒトだけが生きのびられる世界などありえませんし、□、物質的に豊かで安全な生活などもありえません。

生きものたちには一つ一つに個性があり、すべてが直接に、間接に㋑支えあって生きています。そのなかの一つの生物種が欠けたことによって、その影響が生態系のシステム全体におよぶ可能性もあります。食物連鎖の下位のものの絶滅により、上位の生きものが影響を受け、生態系が変化することはしばしば㋒指摘されています。

二〇一五年、英国・リーズ大学のアレキサンダー・ダンヒル教授は、「大規模な火山噴火の頻発により起こった第四回目の大量絶滅では、初めは火山に近い場所の生きものが大きな影響を受けたが、やがて遠くに離れた場所に生息する生きものもふくめて最終的には約八〇％の種が絶滅したことがわかった」と報告しています。

そして、大量絶滅期には、量的にほかを圧倒して最も影響力をもつ種であっても、特定の場所に生息する弱小種と同じように環境変化の影響を大きく受けるということで、現在、種の頂点に立つヒトもその影響をまぬがれないと警告しています。

くりかえしになりますが、生きものは、生活場所や食べ物などをほかの生きものと違うものにすることにより競争をさけ、それぞれの生活環境に適合するように分化してきました。そして、このことが多様性を生み出す結果になってきたのです。さらに、それぞれの生きものはたがいに有機的にからみあい、影響をおよぼしあいながら地球の生態系を形づくっています。

B四〇億年にわたる「いのち」の旅をいまに伝える、生きものたちの多様性。それをこれからも引きついでいくのは、現在、生きものの頂点にいる私たちの責務です。しかし、これからもこのままほかの生きものたちを圧迫し続けてしまったら、地球環境はさらに悪化し、ヒトは自ら絶滅する危機をまねいてしまうかもしれません。

歴史に目を向け、それが鳴らす㋓警鐘に耳をかたむけ、ヒトが長い歴史のなかで得てきた文化や科学をほかの生きものと共存するために使うことが求められています。

ホモ・サピエンスとは、ラテン語で「知恵のある人」という意味で

後期

# 2019年度

# 解答と解説

《2019年度の配点は解答用紙集に掲載してあります。》

## ＜数学解答＞

**1**　(1)　①　$-12$　②　$3a^3$　③　$\dfrac{3x+y}{4}$　(2)　5, 6, 7, 8　(3)　$(x-1)(x+6)$

(4)　36　(5)　$x=0,\ x=6$　(6)　$(\angle x=)30(°)$

(7)　$\dfrac{3}{8}$　(8)　$42\pi(\text{cm}^2)$(求め方は解説参照)

(9)　イ，エ

**2**　(1)　右図　(2)　①　$(\angle \text{POQ}=)90(°)$　②　解説参照

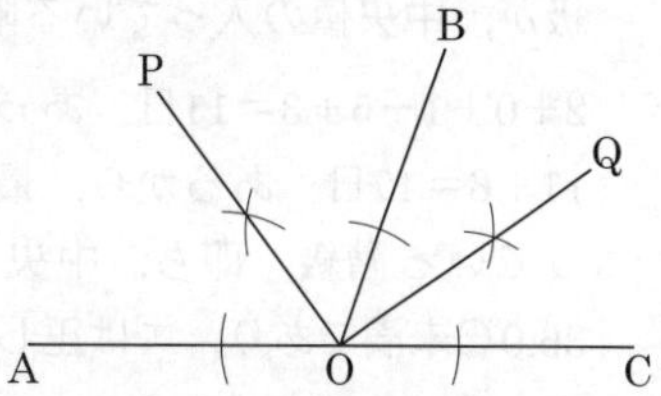


**3**　12000円(求め方は解説参照)

**4**　(1)　解説参照　(2)　$\dfrac{34}{5}(\text{cm})$

**5**　(1)　ア　2　イ　4　あ　$y=x^2$　い　$y=4x-4$　う　$y=3x$　(2)　$\dfrac{14}{3}$(秒後)

**6**　(1)　$(\text{OA}=)40(\text{m})$，$(\text{OB}=)30(\text{m})$(求め方は解説参照)

(2)　①　$32(\text{m})$　②　$270(\text{m}^2)$

## ＜数学解説＞

**1**　(数・式の計算，平方根，因数分解，式の値，二次方程式，角度，確率，円柱の表面積，資料の散らばり・代表値)

(1)　①　異符号の2数の積の符号は負で，絶対値は2数の絶対値の積だから，$-4\times3=(-4)\times(+3)=-(4\times3)=-12$

②　$6a^2\times\dfrac{1}{2}a=\dfrac{6a^2\times a}{2}=3a^3$

③　$\dfrac{x+y}{2}+\dfrac{x-y}{4}=\dfrac{2(x+y)+(x-y)}{4}=\dfrac{2x+2y+x-y}{4}=\dfrac{3x+y}{4}$

(2)　$2=\sqrt{2^2}=\sqrt{4}$，$3=\sqrt{3^2}=\sqrt{9}$ より　$2<\sqrt{a}<3$…①　は　$\sqrt{4}<\sqrt{a}<\sqrt{9}$　と書き換えられるから，不等式①をみたす自然数$a$の値は　$4<a<9$　すなわち　$5\leqq a\leqq 8$　より，5, 6, 7, 8

(3)　たして5，かけて$-6$になる2つの数は$-1$と6だから　$x^2+5x-6=\{x+(-1)\}(x+6)=(x-1)(x+6)$

(4)　$a=3$，$b=-4$のとき，$(-ab)^3\div ab^2=-a^3b^3\div ab^2=-\dfrac{a^3b^3}{ab^2}=-a^2b=-3^2\times(-4)=(-9)\times(-4)=36$

(5)　$x^2=6x$　より　$x^2-6x=0$　因数分解して　$x(x-6)=0$　よって　$x=0,\ x=6$

(6)　弧ABに対する中心角と円周角の関係から，$\angle\text{AOB}=2\angle\text{ACB}=2\times20°=40°$　△CBDの内角と外角の関係から，$\angle\text{ADB}=\angle\text{BCD}+\angle\text{CBD}=20°+50°=70°$　△OADの内角と外角の関係から，$\angle x=\angle\text{ADB}-\angle\text{AOD}=70°-40°=30°$

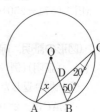

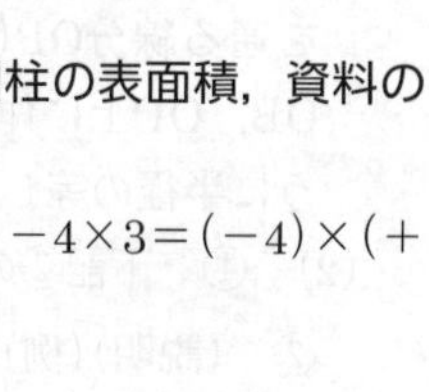


(7)　表を㋔，裏を㋒で表すと，4枚の硬貨を同時に投げたとき，表と裏の出方は全部で次ページの図の樹形図に示す16通り。このうち，表と裏が2枚ずつ出るのは，☆印を付けた6通りだから，求める確率は　$\dfrac{3}{8}$

(8)　(求め方)(例)底面の面積は，$\pi\times3^2=9\pi$　側面の面積は，$4\times(2\pi\times3)=24\pi$　したがって　$9\pi\times2+24\pi=42\pi$

(9)　36.0℃以上38.0℃未満の**階級**に属する10日間の具体的な最高気温がわからないから，アのことは問題の**度数分布表**から読み取ることはできない。平成30年7月の31日間の最高気温はすべて40.0℃未満だから，イは正しい。28.0℃以上30.0℃未満の階級の**相対度数**は　$\frac{1}{31}=0.03\cdots$　だから，ウは正しくない。**中央値**は資料の値を大きさの順に並べたときの中央の値。日数の合計は31日で奇数だから，最高気温の低い方から16番目の日が入っている階級が，中央値の入っている階級。24.0℃以上34.0℃未満の日は$2+0+1+5+3=11$日　あって，24.0℃以上36.0℃未満の日は$11+6=17$日　あるから，最高気温の低い方から16番目の日が入っている階級，即ち，中央値の入っている階級は，34.0℃以上36.0℃未満であり，エは正しい。

1枚目の硬貨　2枚目の硬貨　3枚目の硬貨　4枚目の硬貨

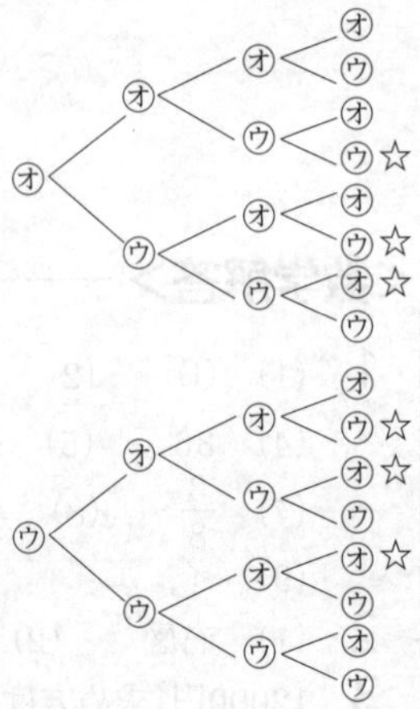


## 2 (作図，角度，式による証明)

(1)　(作図手順)　次の①～③の手順で作図する。　①　点Oを中心とした円を描き，線分OA，OB，OC上に交点を作る。
②　①で線分OA，OB上に作ったそれぞれの交点を中心として，交わるように半径の等しい円を描き，その交点と点Oを通る線分OP(∠AOBの二等分線)を引く。　③　①で線分OB，OC上に作ったそれぞれの交点を中心として，交わるように半径の等しい円を描き，その交点と点Oを通る線分OQ(∠BOCの二等分線)を引く。

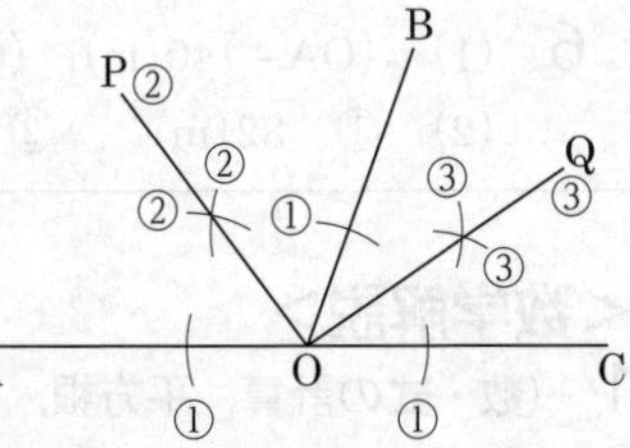


(2)　①　下記②の説明参照
②　(説明)(例)OPは∠AOBの二等分線だから，$\angle POB=\frac{1}{2}\angle a$　OQは∠BOCの二等分線だから，$\angle BOQ=\frac{1}{2}\angle b$　$\angle POQ=\angle POB+\angle BOQ=\frac{1}{2}(\angle a+\angle b)$　ここで，$\angle a+\angle b=180°$であるから　$\angle POQ=\frac{1}{2}\times180°=90°$　となる。

## 3 (方程式の応用)

(求め方)(例)この貯金を$x$回行ったとする。重さについての数量の関係より　$(4.8\times3+7)\times x+250=571$　$21.4x=321$　$x=15$　$x=15$は問題に適している。よって，貯金を15回行ったことがわかる。したがって，貯金箱の中にある硬貨の合計金額は　$(100\times3+500)\times15=12000$

(別解)貯金箱の中にある硬貨の合計金額を$x$円とする。金額と重さの関係より　800円：21.4g＝$x$円：(571−250)g　$21.4x=800\times(571-250)$　$x=12000$　$x=12000$は問題に適している。

## 4 (図形の証明，線分の長さ)

(1)　(証明)(例)△EACにおいて，AD//BCより，**平行線の錯角**は等しいから，∠EAC＝∠BCA…①　折り返した角は等しいから，∠BCA＝∠ECA…②　①，②より，∠EAC＝∠ECA　よって△EACは，2つの角が等しい三角形であるから，二等辺三角形であるといえる。

(2)　AE＝$x$cmとすると，ED＝AD−AE＝$10-x$　△EACはAE＝CEの二等辺三角形だから，

CE＝AE＝$x$　△CEDで三平方の定理を用いると，$CE^2=ED^2+CD^2$　より　$x^2=(10-x)^2+6^2$
$20x=136$　$x=\frac{136}{20}=\frac{34}{5}$

## 5 (関数とグラフ)

(1)　Ⅰの場合，重なる部分の図形は三角形で，$x$の変域は下図の図ⅰ～図ⅲに該当する。図ⅲに関して，平行線と線分の比についての定理より，BC：BF＝JC：IF　$BC=\frac{BF\times JC}{IF}=\frac{4\times 4}{8}=2$cm だから，$0\leqq x\leqq 2$である。また，図ⅱに関して，△LCB∽△IFB　より　$\frac{LC}{BC}=\frac{IF}{BF}=\frac{8}{4}=2$　で，BC＝毎秒1cm×$x$秒＝$x$cm　LC＝2BC＝2$x$cm　だから，重なる部分の△LCBの面積は　$y=\frac{1}{2}\times BC\times LC=\frac{1}{2}\times x\times 2x=x^2$　である。Ⅱの場合，重なる部分の図形は台形で，$x$の変域は下図の図ⅲ～図ⅴに該当する。図ⅴに関して，BC＝BF＝4cmだから，$0\leqq x\leqq 4$である。また，図ⅳに関して，平行線と線分の比についての定理より，BO：BF＝LO：IF　$BO=\frac{BF\times LO}{IF}=\frac{4\times 4}{8}=2$cm だから，BC＝毎秒1cm×$x$秒＝$x$cm　LJ＝BC－BO＝$(x-2)$cm　で，重なる部分の台形JCBLの面積は　$y=\frac{1}{2}\times(LJ+BC)\times JC=\frac{1}{2}\times\{x+(x-2)\}\times 4=4x-4$　である。Ⅲの場合，重なる部分の図形は台形＋長方形で，$x$の変域は下図の図ⅴ～図ⅶに該当する。図ⅶに関して，BC＝BA＝8cmだから，$4\leqq x\leqq 8$である。また，図ⅵに関して，Ⅱの場合と同様に考えると，重なる部分の図形の面積は　$y$＝長方形NCFH＋台形MFBL＝$NC\times FC+\frac{1}{2}\times(LM+BF)\times JC=3\times(x-4)+\frac{1}{2}\times\{2+4\}\times 4=3x$　である。

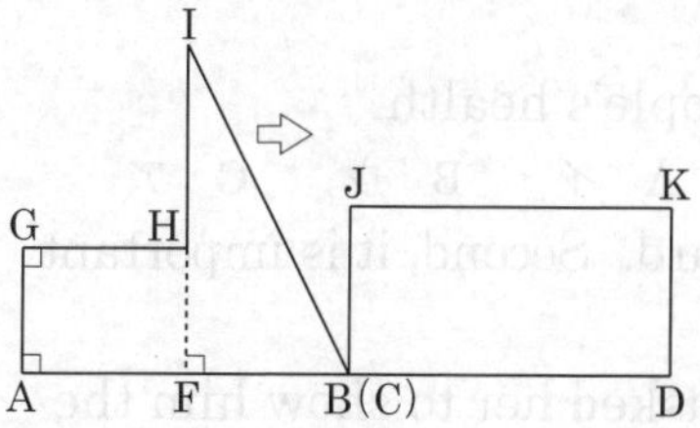

図ⅰ

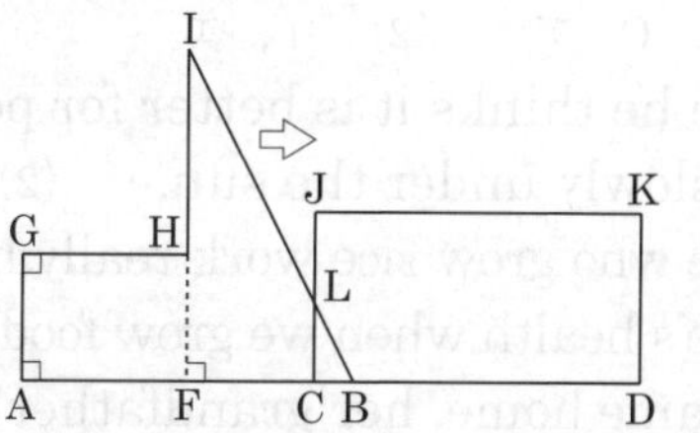

図ⅱ

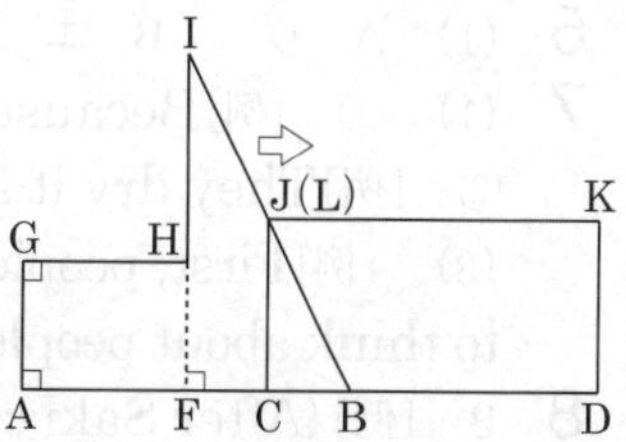

図ⅲ

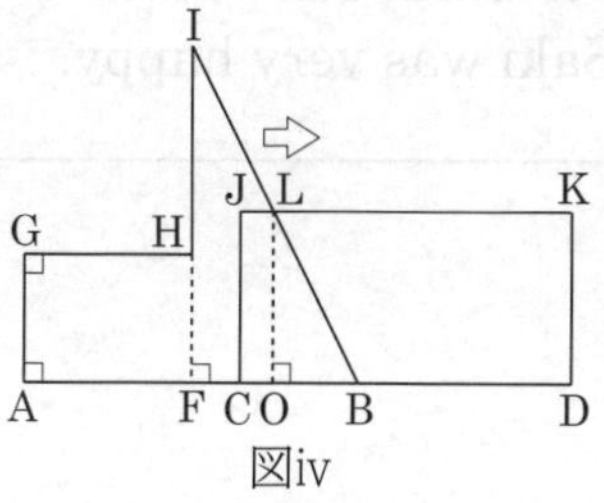

図ⅳ

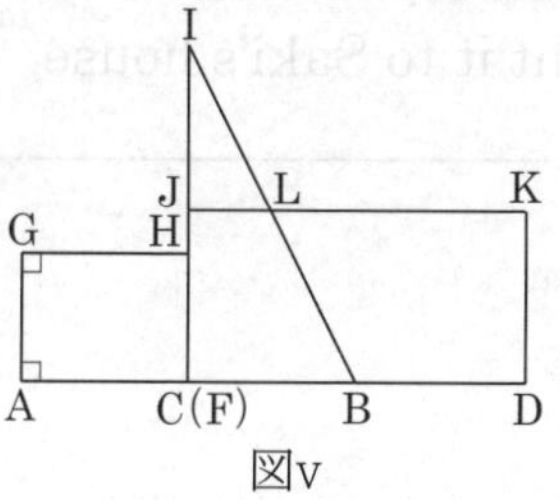

図ⅴ

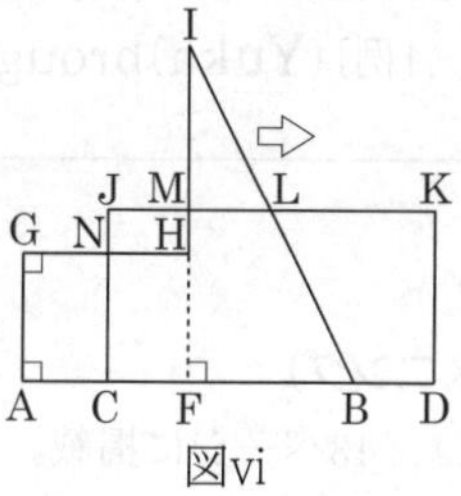

図ⅵ

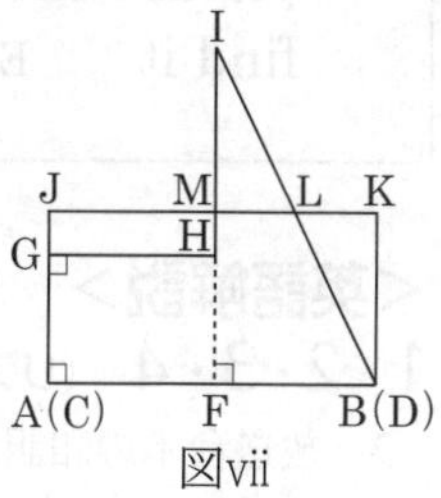

図ⅶ

(2)　Pの面積の半分は　$\left(3\times 4+\frac{1}{2}\times 4\times 8\right)\times\frac{1}{2}=14$cm$^2$　Ⅰ～Ⅲのそれぞれの場合の$y$の変域は，Ⅰが$0\leqq y\leqq 4$，Ⅱが$4\leqq y\leqq 12$，Ⅲが$12\leqq y\leqq 24$　だから，2つの図形が重なる部分の面積が14cm$^2$となるのはⅢのときで　$14=3x$　より　$x=\frac{14}{3}$秒後

## 6 (方程式の応用，相似，線分の長さ，面積)

(1)　(求め方)(例)OAの長さを$x$m，OBの長さを$y$mとすると　$\begin{cases} 3x+2y=180\cdots① \\ x+3y=130\cdots② \end{cases}$　②×3－①より　$7y=210$　$y=30$　②に代入して，$x=40$　$x=40$，$y=30$は問題に適している。

(2) 右図のように，点F～Kを定める。

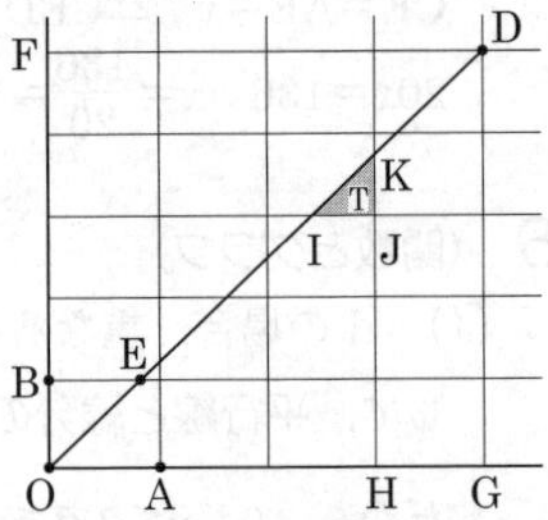


① 平行線と線分の比についての定理より，BE：DF＝OB：OF

$BE=\frac{DF\times OB}{OF}=\frac{(40\times4)\times(30\times1)}{(30\times5)}=32\text{m}$

② 平行線と線分の比についての定理より，DG：KH＝OG：OH＝4：3　$KH=\frac{DG\times3}{4}=\frac{(30\times5)\times3}{4}=\frac{225}{2}\text{m}$　また，$KJ=KH-JH=\frac{225}{2}-(30\times3)=\frac{45}{2}\text{m}$　△IJK∽△OGDで，相似比は　$KJ:DG=\frac{45}{2}:(30\times5)=3:20$　相似な図形では，面積比は相似比の2乗に等しいから，$\triangle IJK:\triangle OGD=3^2:20^2=9:400$　以上より，(三角形の土地Tの面積)$=\triangle IJK=\frac{9}{400}\triangle OGD=\frac{9}{400}\times\left(\frac{1}{2}\times OG\times DG\right)=\frac{9}{400}\times\left\{\frac{1}{2}\times(40\times4)\times(30\times5)\right\}=270\text{m}^2$

## ＜英語解答＞

**1**　No. 1　A　　No. 2　C

**2**　A　ウ　　B　エ　　C　イ

**3**　No. 1　イ　　No. 2　エ　　No. 3　ウ

**4**　〔例〕You should go home early.

**5**　ア　meet　　イ　stayed　　ウ　asking　　エ　built　　オ　take

**6**　(1)　A　ウ　　B　エ　　C　ア　　(2)　イ，エ

**7**　(1)　①　〔例〕Because he thinks it is better for people's health.
②　〔例〕They dry it slowly under the sun.　　(2)　A　イ　　B　ウ　　C　ア
(3)　〔例〕First, people who grow rice work really hard.　Second, it is important to think about people's health when we grow food.

**8**　B　〔例〕(After Saki came home, her grandfather) asked her to show him the picture she took.　　C　〔例〕(Saki) looked for her camera, but she couldn't find it.　　E　〔例〕(Yuka) brought it to Saki's house.　Saki was very happy.

## ＜英語解説＞

### 1・2・3・4　(リスニング)

放送台本の和訳は，43ページに掲載。

### 5　(適語選択，語形変化)

(全訳)

こんにちは，ヒロキ

ぼくたちはもうすぐ，お互いに(ア　会う)ことになるね。ぼくはとてもうれしいよ。日本を訪れるのはこれで 2 回目になるんだ。2 年前に日本を訪れたとき，ぼくは東京に(イ　滞在した)んだよ。今，ぼくは東京については少し知っているけれど，群馬については何も知らないんだ。群馬についてぼくに教えてくれない？

デイビッド

こんにちは，デイビッド
　E メールで，群馬についてぼくに(ウ　質問して)くれてありがとう。群馬には多くの人々が訪れる，有名な山と温泉があるんだ。さらに，富岡製糸場も人気があるね。それは 1872 年に(エ　建てられ)たんだよ。それは 2014 年に，世界遺産になったんだ。ぼくがきみを，これらの場所のいくつかに(オ　連れて行く)よ。きみが群馬を気に入るといいな。
　ヒロキ

ア　直後の **each other** は「お互い」の意味。　イ　2 年前のことなので過去形にする。
ウ　**Thank you for ~ing.**「～してくれてありがとう」　エ　主語の It は「富岡製糸場」を指すので，「建てられた」と受け身にする。build は **build - built - built** と変化する。
オ　take＋人＋to ～「(人)を～に連れて行く」

## 6 (会話文：適文選択，内容真偽)

(全訳)
　職員室で，アミとユウスケは学校の ALT であるグリーン先生と話しています。

アミ　　　　：こんにちは，グリーン先生。あなたは今，何をしているのですか？
グリーン先生：私は次の授業のための情報をインターネットで見つけようとしています。
ユウスケ　　：なるほど。あなたはよくインターネットを使いますか？
グリーン先生：はい。あなたたちはどうですか？
ユウスケ　　：A　ぼくもです。ぼくは科学に興味があるので，よくインターネット上の科学動画を見ます。
アミ　　　　：私はインターネットで英語を学ぶことを楽しんでいます。私は簡単な英語で書かれた，インターネット上のニュースや物語を読みます。
グリーン先生：ああ，それはすばらしいです。あなたたちはインターネットを学ぶ手段として使っているのですね。B　インターネットはコミュニケーションにも役立ちます。例えば，私はインターネットで，オーストラリアにいる家族とよく話します。私はまた，日本や他の国にいる友だちと，インターネット上のメッセージのやり取りもします。
アミ　　　　：ああ，私もいつか外国の友だちをもって，彼らとメッセージをやり取りしたいです。
グリーン先生：チャンスはたくさんありますよ。インターネットを使うと，私たちは多くのことを簡単にできます。しかしインターネットにはいくつか問題もあります。
アミ　　　　：私たちはそれらについて授業で話しました。インターネット上でお金を使いすぎてしまう生徒もいます。
ユウスケ　　：ぼくはときどき長い時間，動画を見続けるので，お母さんがぼくにやめるよう言います。自分自身を抑えることは難しいですね。
グリーン先生：多くの人々が同じ問題を抱えています。C　私たちはインターネットを使いすぎるべきではありません。インターネットは私たちがよい方法で使えば，より便利な手段になるでしょう。

(1)　A　インターネットをよく使うグリーン先生が，「あなたたちはどうですか」とたずねたことに対する応答。直後の文から，ユウスケはインターネットをよく使うとわかるのでウが適切。

B　直前の文では「学ぶ手段としてのインターネット」が話題であったのに対して，直後の文から話題が変わっていることから考える。　C　グリーン先生はインターネットの良い点・悪い点の両方にふれているので，アが適切。too much＝「あまりに多く～，～しすぎる」

(2)　各選択肢の意味は以下のとおり。誤答については，下線部が誤っている部分。　ア「ユウスケはインターネットで，簡単に科学動画を作ることができます」(×)　イ「アミは英語を学ぶために，インターネット上のニュースや物語を読みます」(○)　アミの2番めの発言内容に合う。　ウ「アミは他の国の友だちに，インターネット上のメッセージを送ります」(×)　エ「アミのクラスでは，生徒たちはインターネットの問題について話しました」(○)　アミの最終発言の内容に合う。　オ「ユウスケの母親は，彼と一緒にインターネット上の動画を見て楽しみます」(×)

## 7　(長文読解問題・エッセイ：英問英答，要旨把握，条件英作文)

(全訳)

私は7月に，学校の職場体験学習に参加しました。私は食べ物に興味があったので，農場を選びました。私の友だちのアユミもそれを選びました。私たちには農業経験がまったくなかったので，少し緊張していました。

最初の日に，私たちは農場に行ってサトウ夫妻に会いました。彼らはとても親切でした。私たちは彼らと一緒に，田んぼの一つに行きました。(夫の)サトウさんが言いました。「私たちは米を育てるために多くのことをしなければなりません。今日は，あなたたちには簡単なことをしてもらいたいと思います。ここにいくらか雑草があります。私があなたたちに，手でそれらを取り除く方法を見せましょう」　雑草は稲の茎のように見えたので，雑草を見つけることは私たちにとっては難しかったです。数時間働いたあと，私たちはとても疲れたのでサトウさんに，「雑草を取り除くもっと簡単な方法はありますか？」とたずねました。彼は，「はい。除草剤を使うことができます」と答えました。アユミは，「それなら，あなたはどうして手でそれらを取り除くのですか？」とたずねました。彼は，「より多くの時間がかかりますが，私はこの方法のほうが人々の健康によいと思うのです」と答えました。私は彼の言葉に感動しました。

その次の朝，アユミと私はサトウ夫妻と一緒に別の田んぼに行きました。手で雑草を取り除くことは，今回はもっと簡単でした。私たちはすでにそれのやり方や，なぜそれが重要かを分かっていました。

午後に，(妻の)サトウさんが私たちに，米を育てるためにすることについて話してくれました。5月に，彼らは種子から米を育て始めます。その若い茎が6月に背が高くなると，彼らはそれを田んぼに植えます。10月に，彼らは米を収穫します。サトウさんは，「もし米を収穫することに興味があるなら，また来てくださいね」と言いました。私たちは，「もちろん来ます！」と言いました。

10月のある日曜日，私たちは再び農場を訪ねました。(夫の)サトウさんが私たちに，米を収穫して乾燥させる方法を見せてくれました。それはとても興味深かったので，私たちは彼らと働くことを楽しみました。(妻の)サトウさんが言いました。「手伝ってくれてどうもありがとう。米は太陽の下でゆっくり乾燥させたあと，さらにおいしくなるんですよ。この米はあとであなたたちに送ります。あなたたちが収穫した米はおいしいでしょうね」

数週間後，サトウ夫妻が私たちに米を送ってくれました。私がそれを料理して家族と一緒に食べました。私の母が，「ありがとう，リカ。これは私が今までに食べた中でいちばんおいしい米ですよ」と言いました。私はそれを聞いて，とてもうれしく思いました。

(1)　①　「(夫の)サトウさんはなぜ，手で雑草を取り除くのですか？」「彼はそれのほうが人々の健康によいと思っているからです」第 2 段落後半，とくに最後から 2 文めを参照。 ②「サトウ夫妻はどのようにして米を乾燥させますか？」「彼らはそれを，太陽の下でゆっくり乾燥させます」第 5 段落後半を参照。本文では it(＝rice) is dried「それ(＝米)は乾燥させられます」と受け身だが，質問文は Mr. and Mrs. Sato dry their rice「サトウ夫妻が米を乾燥させる」と能動態である点に注意。Mr. and Mrs. Sato は，答えの文では They「彼ら」にかえる。

(2)　(メモ全訳)

| | |
|---|---|
| 最初の日 | A　雑草を見つけること は難しかった |
| →2日目 | 私たちは B　サトウ夫妻が米を育てるためにすること について学んだ |
| →プログラムのあと | C　母が，アユミと私が収穫した米を気に入った のでうれしかった |

A　第2段落半ば参照。メモの空所を含む部分は **It is ～ to ....**「…することは～だ」の文。 B　第4段落参照。正答となるウの選択肢では，things と Mr. の間に**目的格の関係代名詞 which [that]**が省略されている。 C　最終段落参照。正答のアでは，rice と Ayumi の間に関係代名詞が省略されている。

(3)　まずはスピーチの，空所の前後とつながる英文を書くことが重要。スピーチの意味は「私は職場体験から2つのことを学びました。[　　　] 今，私は農業高校で学びたいと思っています。私は将来，多くの人々に私が育てた米を食べてもらいたいです」。また，アイディアシートの 4 単語を全て使うことや，ある程度は本文の内容に沿った英文とすること(Rika 本人によるスピーチであるため)などに注意しよう。解答例は「第1に，米を育てる人々はほんとうに熱心に 働いています。第2に，私たちが食べ物を育てるとき，人々の健康について考えるのは重要です」という意味。

**8**　(条件英作文)

(本文・解答例和訳)

A　ある日，サキとユカの家族は車で「群馬パーク」に行きました。

B　サキが帰宅したあと，彼女の祖父が彼女に，撮った写真を見せてくれるように頼みました。

C　サキはカメラを探しましたが，見つけることができませんでした。

D　ユカがそれを車内で見つけました。

E　ユカはそれをサキの家に持ってきました。サキはとても喜びました。

いずれも絵を参考に英文を考える。できるだけシンプルな表現を使い，ミスの少ない英作文を心がけるとよいだろう。

# 2019年度英語　英語の放送を聞いて答える問題

〔放送台本〕

ただいまから，放送を聞いて答える問題を始めます。問題は，1番～4番まであります。それぞれの問題の英文や英語の質問は2度放送されます。

1番は，絵を見て答える問題です。これからNo.1とNo.2について，それぞれ2人の対話と，対話に関する質問が流れます。質問に対する答えとして最も適切なものを，それぞれA～Dの中から選びなさい。では，始めます。

No. 1　*A:*　Excuse me. I think I left a book on a table yesterday. Have you seen it?

*B:* I'm sorry. I haven't. Which table did you use?
*A:* The table over there. I had dinner with my mother last night.
*B:* I see. I'll check.
質問します。Where are they now?

No. 2 *A:* Mom, I'm going to go shopping now.
*B:* Now? We'll have your father's birthday party, Mark. You should stay home.
*A:* But I'm going to buy a cap for him. Do you want me to buy anything for the party?
*B:* Well, we have cake and juice.... Oh, we need some apples.
*A:* OK. I'll buy some.
質問します。What will Mark buy?

〔英文の訳〕

No. 1 A：すみません。私は昨日，テーブルに本を置いていったと思います。あなたはそれを見ましたか？
B：すみません。見ていません。あなたはどのテーブルを使いましたか？
A：むこうのテーブルです。私は昨夜，母と一緒に夕食をとりました。
B：なるほど。調べます。
質問：彼らは今，どこにいますか？

No. 2 A：お母さん，ぼくは今から買い物に行くよ。
B：今？　あなたのお父さんの誕生日パーティーがあるじゃない，マーク。家にいるべきよ。
A：でもぼくはお父さんのために帽子を買うつもりなんだ。ぼくに何か，パーティーのために買ってほしい？
B：ええと，ケーキとジュースはあるから…。ああ，りんごが必要ね。
A：わかった。いくつか買うよ。
質問：マークは何を買うでしょうか？

〔放送台本〕

2番の問題に移ります。次のグラフは，家庭での手伝いに関する学級アンケートの結果をまとめたものです。これから，このグラフについての，YujiとMikaの対話が流れます。それを聞いて，グラフの［A］～［C］に当てはまるものを，それぞれア～エの中からそれぞれ選びなさい。では，始めます。

*Yuji:* Look at this. The most popular job at home is washing the dishes. What was your answer, Mika?
*Mika:* Cooking dinner.
*Yuji:* Oh, you're one of the two students who cook dinner.
*Mika:* Right. What do you usually do, Yuji?
*Yuji:* I usually walk the dog. Walking the dog is as popular as cleaning the windows.
*Mika:* I see. We can help our family in many ways.

〔英文の訳〕

ユウジ：これを見て。最も人気がある家での仕事は，皿を洗うことだね。きみの答えは何だったの，ミカ？

ミカ　：夕食を料理することよ。

ユウジ：ああ，きみは夕食を料理する２人の生徒の１人だね。

ミカ　：そうね。あなたはふだん何をするの，ユウジ？

ユウジ：ぼくはふだん，イヌを散歩させるよ。イヌの散歩は窓の掃除と同じくらい人気だね。

ミカ　：なるほど。私たちは多くの方法で家族の手伝いができるのね。

〔放送台本〕

3番の問題に移ります。これから，中学生のKenが，自分の体験について話をします。それに続いて，その内容について，No.1～No.3の3つの質問が流れます。それぞれの質問に対する答えを，ア～エの中から選びなさい。では，始めます。

Last Saturday, I went to Nikko with my family. I was so excited because it was my first time to visit Nikko. My sister was also excited. She loves old temples and shrines. We left home at 7 o'clock in the morning and walked to the station near our house. We enjoyed looking at the mountains and rivers from the train. They were so beautiful. We got off the train, and we got on a bus in front of the station. We arrived at a famous shrine in Nikko at 11 o'clock. It was a long trip, but I had a good time with my family in Nikko.

質問します。

No.1　Why was Ken excited about going to Nikko?

No.2　How did they go to the station near their house?

No.3　How long did it take to get to the famous shrine from their house?

〔英文の訳〕

この前の土曜日に，ぼくは家族と一緒に日光へ行きました。ぼくが日光を訪れるのはそれが初めてだったので，ぼくはとてもわくわくしました。ぼくの姉[妹]もわくわくしていました。彼女は古い寺や神社が好きなのです。ぼくたちは朝７時に家を出て，家の近くにある駅まで歩きました。ぼくたちは電車から山や川を見て楽しみました。それらはとても美しかったです。ぼくたちは電車を降りて，駅の前でバスに乗りました。ぼくたちは11時に，日光にある有名な神社に着きました。長い旅でしたが，ぼくは家族と一緒に日光で楽しい時間を過ごしました。

No. 1　ケンはなぜ日光に行くことにわくわくしていたのですか？

答え：イ　それが彼の，初めての日光への旅だったからです。

No. 2　彼らはどうやって家の近くにある駅まで行きましたか？

答え：エ　彼らは歩いて駅まで行きました。

No. 3　家から有名な神社に着くのにどのくらいかかりましたか？

答え：ウ　４時間かかりました。

〔放送台本〕

4番の問題に移ります。これから，中学生のEmikoと留学生のJimの対話が流れます。Emikoが2度目に発言する部分で次のチャイムを鳴らします。(チャイム音)あなたがEmikoなら，このチャイムのところで何と言いますか。対話の流れに合うように内容を考えて，英語で書きなさい。では，始めます。

*Emiko:*　Are you OK, Jim?　What's the matter?
*Jim:*　Well, I'm a little sick.
*Emiko:*　(チャイム)
*Jim:*　I'll do that.　Thank you.

〔英文の訳〕
エミコ：だいじょうぶ，ジム？　どうしたの？
ジム　：うーん，すこし気分が悪いんだ。
エミコ：(例)あなたは早く帰宅するべきよ。
ジム　：そうするよ。ありがとう。

## ＜理科解答＞

**1**　(1) ① ウ　② ア　③ イ　(2) (例)血液の逆流を防ぐ。(3) 主要動　(4) エ　(5) $2H_2+O_2 \to 2H_2O$　(6) 0.5g　(7) ア(と)イ　(8) 右図1

**2**　A (1) 感覚器官　(2) ① 3.36　② 0.24　(3) エ
B (1) 再結晶　(2) 209.8g　(3) (例)塩化ナトリウムは，水の温度が変わっても溶解度がほとんど変化しないから。
(4) イ　C (1) ア，イ，エ　(2) 火星：イ　金星：ウ
(3) c　(4) イ　D (1) ア　(2) ① 右図2
② ア

**3**　(1) (例)1つ1つの細胞が離れやすくなるから。
(2) (a)→b→d→e→c　(3) ウ　(4) ① 小さい
② (例)先端に近い部分で細胞分裂によって細胞の数が増え，それぞれの細胞が大きくなる

**4**　(1) ① 等粒状組織　② (例)ゆっくりと冷えて固まった。
(2) (例)流水で運ばれることによって，角がとれたから。
(3) a：エ　b：ア　c：イ　e：ウ　(4) (例)あたたかくて浅い海

**5**　(1) (例)こまごめピペットの先を上に向けない。
(2) ① イ　② ア　③ ウ　(3) ① A $OH^-$
B $H^+$　② 18a個　③ エ

**6**　(1) 右図3　(2) ① (例)電流を流した時間が長いほど，水の上昇温度は大きい。　② (例)電熱線の消費電力が大きいほど，一定時間における水の上昇温度は大きい。
(3) 2400J　(4) ① b　② c　③ イ

図1
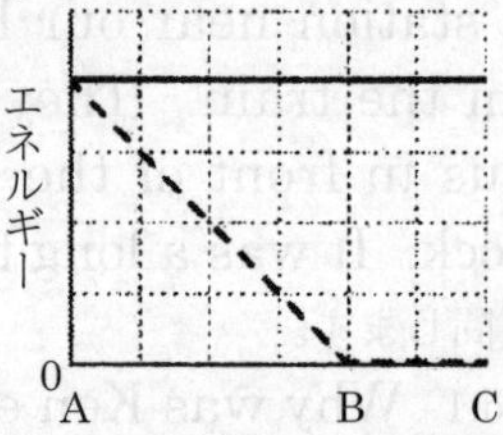

※点線 --- は位置エネルギーの変化を示している。

図2
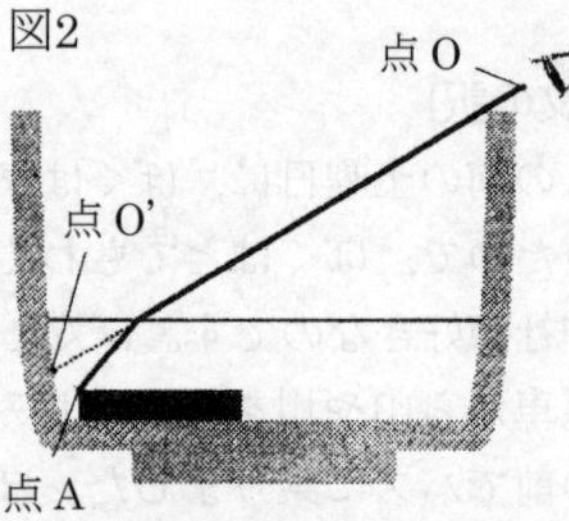


図3
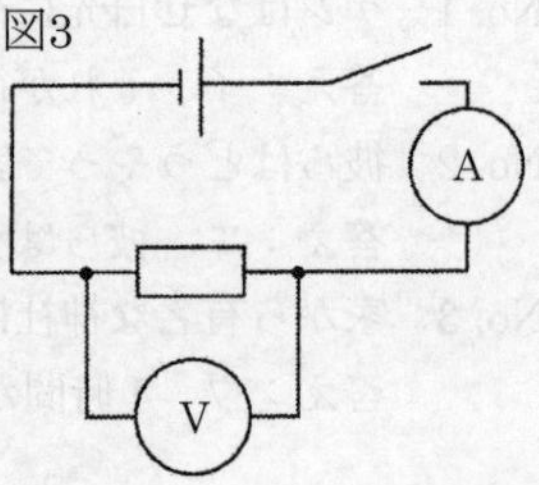


## ＜理科解説＞

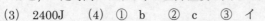

## 1 (小問集合)

(1)　花の外側から，がく→花弁→おしべ→めしべの順についている。

(2)　静脈にある弁は，血液が逆流するのを防いでいる。

(3)　地震が起こると初めに小さな揺れの初期微動が起こり，続いて大きな揺れの主要動が起こる。

(4)　寒冷前線は，寒気が暖気の下にもぐりこんで進むため，暖気が急激に押し上げられる。

(5)　**水素＋酸素→水**　化学反応式では，矢印の左右で原子の種類と数が等しくなるようにする。

(6)　0.8gの銅に化合する酸素の質量は，1.0－0.8＝0.2〔g〕　銅2.0gに酸化する酸素の質量を$x$gとすると，0.8：0.2＝2.0：$x$　$x$＝0.5〔g〕

(7)　つり合う2力は大きさが等しく向きが反対で，同一直線上にはたらく。また，同じ物体にはたらく。

(8)　運動によって減少した位置エネルギーは運動エネルギーに移り変わっているため，位置エネルギーと運動エネルギーの和である**力学的エネルギーはつねに一定**になっている。

## 2 (刺激と反応，溶解度，天体，光)

A (1)　外界の刺激を受ける目，耳，舌，皮ふ，鼻などの器官を感覚器官という。

(2)　①　(3.41＋3.38＋3.29)÷3＝3.36〔s〕　②　3.36〔s〕÷14〔人〕＝0.24〔s〕

(3)　皮ふで受け取った刺激は，感覚神経を通りせきずいに伝わる。刺激の信号がせきずいから脳へ伝えられると，脳で判断して命令を出す。せきずいに伝えられた命令の信号は運動神経を通って筋肉に伝わる。

B (1)　固体の溶質が溶けている溶液から，溶質を再び固体として取り出すことを再結晶という。

(2)　表を使って100gの水を使った場合をもとにする。80℃100gの水を使ってつくった飽和水溶液を40℃まで冷やしたときに出てくる結晶の質量は，168.8－63.9＝104.9〔g〕　実際は水が2倍の200g分あったことから，求める結晶の質量は，104.9〔g〕×2＝209.8〔g〕

(3)　塩化ナトリウムは，温度が変化しても溶解度があまり変化しないため，冷却しても溶質の結晶を取り出しにくい。

(4)　水100gを使った場合，得られる結晶の質量は，60℃まで冷やすと，320.7－57.3＝263.4〔g〕　40℃まで冷やすと，320.7－23.1＝297.6〔g〕　20℃まで冷やすと，320.7－11.4＝309.3〔g〕　この関係がグラフに適切に表されているものを選ぶ。

C (1)　水星，金星，地球，火星を地球型惑星という。

(2)　東の地平線からのぼった天体は，南の空高くへ向かってのぼり，その後，西の地平線に向かって沈んでいく。

(3)　夕方の西の空に見える金星は，地球と太陽を結んだ線よりも，地球から見て東側に位置している。

(4)　地球と火星が最も接近した日の天体の位置関係は，太陽，地球，火星がこの順に一直線上に並んでいる。このときの火星は，夕方に東の空からのぼり，真夜中に南中し，明け方に西の空に沈む。

D (1)　光が水中から空気中へ進むとき，境界面で**入射角＜屈折角**となるように進む。

(2)　①　点Aから出た光は，水面と点線の交点で屈折し，点線上を目まで進む。　②　①における作図と，入射角と屈折角が同じになるように点Bから出る光の道筋を作図する。このとき，①で作図した光の道筋と平行に進み，水面で点線OO’と交わるのは，水面がアのときである。

## 3 (生物の成長，細胞分裂)

(1)　塩酸処理を行うことで細胞どうしが離れやすくなるため，細胞の重なりをなくしやすくなる。

(2)　核の中に染色体が現れ始め(b)，染色体が太く短くなり細胞の中央に並ぶ(d)。染色体が縦に2つに裂けて細胞の両端に移動し(e)，中央に仕切りができて細胞が2つに分かれる(c)。

(3)　bで現れた染色体は，dではまだ1つの細胞内にあるので，1つの細胞内にふくまれる染色体の数は同じである。

(4)　細胞分裂は根の先端で行われるため，根の先端ほど分裂直後の小さな細胞が多く見られる。また，新しくできた細胞はその後大きく成長していく。

## 4 (岩石)

(1)　①　同じくらいの大きさに成長した鉱物の結晶がきっちりと組み合わさった**等粒状組織**である。　②　等粒状組織は，マグマが地下深くでゆっくりと冷え固まってできたため，同じ種類の鉱物どうしが集まっている。

(2)　粒が丸みを帯びている場合，流水のはたらきで角がけずれたと考えられる。

(3)　aによって，大きく3種類ずつの岩石に分けているが，これらは火山岩と深成岩を分けている。また，火山岩，深成岩をそれぞれ3種類に分けるためには，無色鉱物の割合を用いればよい。cは，岩石を土砂や火山灰などの堆積物によってできた岩石か，生物の遺骸をもとにできた岩石かで分けている。生物の遺骸がもととなってできた石灰岩とチャートは，うすい塩酸をかけることで見分けることができる。

(4)　サンゴは，当時，あたたかな浅い海であったことを示す，代表的な**示相化石**である。

## 5 (酸・アルカリと中和)

(1)　こまごめピペットの先は，薬品がゴム球に流れ込むことを防ぐために，上に向けないようにする。

(2)　BTB溶液は，**酸性で黄色**，**中性で緑色**，**アルカリ性で青色**を示す。この実験では，うすい塩酸中にBTB溶液を加えるのではじめは黄色であるが，水酸化ナトリウム水溶液を加えていくにしたがい中性，アルカリ性へと変化していくので，黄色から緑色，青色へと変化する。

(3)　①　水酸化ナトリウム水溶液の中には，$OH^-$(水酸化物イオン)と$Na^+$(ナトリウムイオン)が含まれる。このうち，$OH^-$は塩酸中に加えると，うすい塩酸中の$H^+$(水素イオン)と結びついて水に変化するが，$Na^+$は溶液中にそのまま残る。よって，Aが$OH^-$，Bが中和によって水になって減少する$H^+$である。②　1cm$^3$にふくまれるイオンの総数を2a個とするので，$H^+$，$Cl^-$，$Na^+$，$OH^-$の数はそれぞれ1cm$^3$中にa個ずつあると表せる。よって，イオンの数は上の表のようになる。このとき，$H^+$，$OH^-$は結合して水になるので，混合したあとの$H^+$の残りは0個，$OH^-$が3a個余る。また，$Cl^-$，$Na^+$は，水溶液中ではイオンのまま存在しているので，イオン総数は，6a＋9a＋3a＝18a〔個〕と表せる。　③　うすい塩酸6cm$^3$を完全に中和するのにはじめの水酸化ナトリウム水溶液6cm$^3$が必要であることから，濃度を$\frac{1}{2}$倍にした水酸化ナトリウム水溶液を使用した場合，12cm$^3$が必要である。ただし，実際に使用する水酸化ナトリウム水溶液は15cm$^3$であることから，水素イオン(Bのイオン)の数は，加える水酸化ナトリウム水

| イオン | $H^+$ | $Cl^-$ | $Na^+$ | $OH^-$ |
|---|---|---|---|---|
| うすい塩酸6cm$^3$〔個〕 | 6a | 6a | － | － |
| 水酸化ナトリウム水溶液9cm$^3$〔個〕 | － | － | 9a | 9a |

溶液が$12cm^3$になるまでは徐々に減っていき，$12cm^3$に達したあとは0個となる。

## 6 (電気のはたらき)

(1) 電流計は回路に直列に，電圧計は回路に並列になるようにつなぐ。

(2) ① 電流を流した時間が長くなると，電熱線から発生した熱を水が受けとる時間が長くなる。② 消費電力の値が大きい電熱線ほど，より多くの電気エネルギーを消費し，発熱量も大きくなる。

(3) 熱量〔J〕＝電力〔W〕×時間〔s〕より，8〔W〕×(60×5)〔s〕＝2400〔J〕

(4) 2本の電熱線を直列につなぐと全抵抗が大きくなるため，同じ電圧を加えたときに回路を流れる電流が小さくなり，実際の消費電力も小さくなることから発熱量が実験のときよりも小さくなる。よって，2本の電熱線は直列ではなく並列につながれていると考えることができる。2本の電熱線を並列につないだ場合，水の上昇温度は実験のときの各電熱線における上昇温度の和で求めればよい。よって，使用した電熱線はbとcであると予想できる。

## <社会解答>

**1** (1) 利根川　(2) 記号 ア　理由 (例)重量が軽いものや高価なものが中心であるから。　(3) (例)食料を煮たきすること。(食料を保存すること。)　(4) エ
(5) ① 地方交付税交付金　② (例)子育て支援の充実が重視されているので，保育所を整備すること

**2** (1) ① エ　② 4km　(2) 新潟県 ア　茨城県 イ　(3) (例)川がはんらんしても，周囲より標高が高く，安全であること。

**3** (1) ウ　(2) ウ　(3) A ヒンドゥー　B バイオエタノール[バイオ燃料]
C (例)大気中の二酸化炭素の総量は増えない　(4) (例)日本は自国企業による生産の割合が高いが，インドとブラジルは外国企業による生産の割合が高い。

**4** (1) 鉄　(2) ① イ　② (例)教えが分かりやすく信仰しやすい　(3) エ
(4) (できごとの前) (例)外国船を打ち払った。　(できごとの後) (例)外国船にまきや水などを与えて退去させた。

**5** (1) A 自由　B 平等　(2) 国会(議会)の開設　(3) イ　(4) ① 25
② (例)選挙権年齢が満20歳以上に引き下げられ，女性にも選挙権が認められたから。
(5) (例)エネルギー源が石炭から石油へ転換し，石炭産業に代わる産業が必要となったから。

**6** (1) エ　(2) ① ウ　② (例)12月は，供給を上回るいちごの需要がある　(3) イ
(4) (例)発展途上国で生産された農産物や製品を適正な価格で取引すること。　(5) 後継者

**7** (1) えん罪　(2) ① (例)人口10万人当たりの裁判官，検察官，弁護士の数が少ない
② 法テラス(日本司法支援センター)　(3) ① 男女雇用機会均等法　② (例)夫の育児時間が増えること。　(4) (例)マスメディア等の発する情報について的確に判断し活用する能力のこと。

## <社会解説>

## 1 (地理的分野－日本地理－地形・貿易，歴史的分野－日本史時代別－旧石器時代から弥生時代，－日本史テーマ別－社会史・文化史，公民的分野－地方自治)

(1)　群馬県北部に源を発し，関東地方を北西から南東に貫流する大河川が，利根川である。古来「坂東太郎」と呼ばれてきた。全長322kmは日本第2位，流域面積は1万6840$km^2$で，日本最大である。

(2)　(記号)　成田空港の貿易品目を表すのは，通信機が第1位であり，金が輸出の第1位である，アである。　(理由)　輸入の半数以上を石油が占め，輸出の第1位が石油製品となっている千葉港の貿易品目を表すイよりも，重量が軽いものや高価なものが中心となっていることを簡潔に記せばよい。

(3)　そのままでは食べにくい硬い木の実や小さな貝などの食料を，煮たきすることに使われたと考えられる。また，食料を保存すること，でも正解となる。

(4)　伊能忠敬が「大日本沿海輿地全図」を作成したのは，化政文化の時代である。　ア　黒田清輝が「湖畔」を描いたのは，明治時代である。黒田は，近代日本洋画の父といわれる。　イ　本居宣長が「古事記伝」を書いたのは，江戸中期のことである。本居宣長は，江戸時代の国学者・文献学者である。　ウ　松尾芭蕉が「奥の細道」を書いたのは，元禄時代のことである。　エ　杉田玄白・前野良沢らが「解体新書」を出版したのは，化政文化の時代である。「大日本沿海輿地全図」と同時期なのは，エである。

(5)　①　地方自治体の収入の格差を少なくするために，国から交付される資金のことを，地方交付税交付金という。国税の一部を財政基盤の弱い自治体に配分し，自治体間の財政格差を補うことが目的である。　②　資料Ⅳから，10代から30代の回答で，子育て支援の充実が重視されていることがわかる。保育所を整備することが必要であることなどを指摘すればよい。

## 2 (地理的分野－日本地理－地形図の見方・農林水産業・地形)

(1)　①　地図上に見えるのは，老人ホーム「⌂」である。　②　地形図は2万5000分の1地形図であるから16cm×25000＝400000cm＝4000m＝4kmとなる。

(2)　米が農業産出額の60％を占めるのが新潟県であり，資料Ⅰのアである。野菜の産出額が4県の中で一番多いのは，茨城県である。茨城県は，近郊農業を行い，野菜の産出額で，北海道に次いで，全国第2位である。資料Ⅰの，イである。

(3)　資料Ⅱの断面図を見ると，標高2mよりも高い地域がある。ここが古くから人々が住んでいたところで，新井郷川がはんらんしても，周囲より標高が高く，安全であるためだと考えられる。

## 3 (地理的分野－世界地理－地形・気候・人々のくらし・資源・エネルギー・産業)

(1)　ア　デリーとリオデジャネイロの経度差は，約240度である。　イ　リオデジャネイロから見ると，デリーは北西にある。　エ　東京・デリー・リオデジャネイロのうち，最も早く日付が変わるのは，日付変更線よりも西にあり，日付変更線に最も近い東京である。ア・イ・エのどれも誤りであり，ウが正しい。

(2)　ア　夏冬の気温差が激しく，夏に降水量が多いのがデリーである。　イ　一年中気温がほとんど変わらないのは，ほぼ赤道上にあるマナオスである。ウがリオデジャネイロである。リオデジャネイロは，南半球に位置するため，1月と2月の気温が最も高い。

(3)　A　インドの国民の80％が信仰しているのが，ヒンドゥー教である。ヒンドゥー教では牛を食べない。　B　とうもろこし・さとうきびなど植物由来の燃料が，バイオエタノールである。バイオエタノールは，原料の供給が容易なため，石油・石炭・天然ガスなどの有限な化石燃料と異なり，再生可能なエネルギー源とみなされている。バイオエタノールはバイオ燃料でもよい。C　バイオエタノールは，石油・石炭・天然ガスなどの化石燃料とは異なり，大気中の二酸化炭素の総量は増えないことが特徴である。温暖化が問題視される中で，バイオエタノールは，注目されている。

(4)　日本は，自国企業による生産の割合が高く，75％以上を占めているが，インドとブラジルは，日本・ドイツ・アメリカなどの外国企業による生産の割合が高く，自国企業の割合が大変低いことを，簡潔にまとめる。

## 4 (歴史的分野－日本史時代別－古墳時代から平安時代・鎌倉時代から室町時代・安土桃山時代から江戸時代，－日本史テーマ別－技術史・宗教史・外交史)

(1)　資料Ⅱの埴輪の武人が身につけているのは，武器としての剣である。朝鮮半島から得た鉄を原料として作られたと考えられている。

(2)　①　栄西は，宋に2度に渡って学び，臨済宗の禅とともに茶の文化も日本に持ち帰った。曹洞宗の道元とともに，鎌倉新仏教を興した禅宗の開祖である。　②　鎌倉新仏教は，教えが分かりやすいこと，厳しい修行をしなくてもよいこと。以上の2点を信仰が広まりやすいことの理由として指摘して解答する。

(3)　朱印船貿易では，鉄砲・火薬・中国産の生糸・絹織物などが輸入され，日本からはおもに銀が輸出された。この時代は生糸が輸入品であることに注意が必要である。

(4)　資料Ⅴはアヘン戦争を表している。できごとの前1825年に出した異国船打払令に基づいて，外国船を攻撃し，追い払った。できごとの後1842年に出された薪水給与令に基づいて，外国船にまきや水などを与えて退去させた。

## 5 (歴史的分野－世界史－政治史，－日本史時代別－明治時代から現代，－日本史テーマ別－政治史・法律史)

(1)　A・B　フランス人権宣言は，正確には「人間と市民の権利の宣言」という。アメリカの独立宣言の影響を受けて起草されたといわれている。「人間は，生まれながらにして，自由で平等な権利をもっている。」と記している。

(2)　自由民権運動は，板垣退助らによる民撰議院設立建白書の提出に始まり，藩閥政治に反対して国民の自由と権利を要求した政治運動である。国会の開設を要求する運動として全国的に広がった。

(3)　第一次世界大戦は，1914年に起こり，1918年に終結した。　ア　朝鮮戦争は，1950年に起こった。　ウ　インド大反乱は，1857年に起こった。　エ　アメリカの南北戦争は，1861年に起こった。ア・ウ・エのどれも時期が異なる。第一次世界大戦中に起こったのは，イの，1918年のロシア革命である。

(4)　①　1889年の初の衆議院議員選挙法では，選挙権は，直接国税15円以上を納める25歳以上の男子と定められていた。1924年の法改正で，25歳以上の男子であれば，納税額による制限がなくなった。このような，納税額による制限のない選挙を，普通選挙という。　②　第二次世界大戦直後の1945年に選挙法が改正され，新しい選挙法では，選挙権年齢が満20歳以上に引き下げられたこと。女性にも初めて選挙権が認められたこと。上記の2点に触れて，有権者が大幅に増加したことについて解答する。

(5)　資料Ⅳに見られるように，エネルギー源が石炭から石油へ転換するエネルギー革命が起こり，石炭産業が斜陽化し，それに代わる産業が必要となったことを，簡潔にまとめて解答する。

## 6 (公民的分野－経済一般・国際社会との関わり)

(1)　例えば1ドル100円が1ドル120円になるとき，ドルに対して円の価値が低くなったということで円安になったという。円安になると輸入品の価格が高くなる。株式会社が，株式を発行して資金を調達するのは，**直接金融**である。金融機関から資金を調達するのが，**間接金融**である。

(2)　①　資料Ⅰを見ると，一般にいちごの入荷量の多い時期は価格が低くなっているが，12月は11月に比べ入荷量が多くなっているにもかかわらず，価格は高くなっている。　②　12月は，クリスマスなどの関係で，**供給**(入荷量)を上回るいちごの**需要**があるため，価格が高くなる。

(3)　ア・ウ・エは，**好況**の時に企業がすることである。**不況**の時にするのは，イの，商品の生産を減らすことである。不況の時は，消費者の購買意欲が下がっているので，生産を減らすのが良い。

(4)　**発展途上国**の農産物や製品を適正な価格で継続的に購入し，**先進国市場**で販売し，消費することを**フェアトレード**という。

(5)　特に地方各地の商店街がかかえる最大の問題点は，**後継者**不足である。自分の子供が都会に出たり，他の業種についたりして，後を継がない場合に，後継者を募集することも行われている。

## 7 (公民的分野－三権分立・基本的人権・国民生活)

(1)　刑事事件において，犯罪を行っていないにもかかわらず，有罪の判決が確定した場合のことを，**えん罪**という。**免田事件**・財田川事件・島田事件など，日本でも数多くの事例がある。

(2)　①　資料Ⅰから，人口10万人当たりの**裁判官**・**検察官**・**弁護士**の数が，アメリカやフランスに比べ，数分の一から10分の1程度であり，少ないことがわかる。　②　全国のどこにおいても，法的トラブルを解決するための情報やサービスを受けられることを目指して，2006年**日本司法支援センター**が業務を開始した。その愛称が「**法テラス**」である。

(3)　①　1985年に制定され，職場における男女の差別を禁止し，募集・採用・昇給・昇進・教育訓練・定年・退職・解雇などの面で，男女とも平等に扱うことを定めたのが，**男女雇用機会均等法**である。　②　イクボス宣言をする上司がいれば，**残業**・**休日出勤**等が減り，現在は夫の育児時間は妻の4分の1未満であるが，夫の育児時間の増加が期待できることを簡潔にまとめる。

(4)　様々なメディアから発信される情報の取り扱いに関する知識と能力のことを，**メディアリテラシー**という。

## ＜国語解答＞

**一**　(一)　㋐　こと(なって)　　㋑　ささ(え)　　㋒　してき　　㋓　けいしょう　　(二)　エ
(三)　(例)私たちの身近なところでも，種の絶滅が急速に進みつつあるということ。
(四)　(例)ほかの生きものとの競争をさけ，それぞれの生活環境に適合するように分化すること。　(五)　(例)本文では，ヒトが他の生命を圧迫し続けると，結果として自滅に追い込まれる可能性があると書かれています。先日，海にあるプラスチックごみが海の生物に悪影響を及ぼしているというニュースを耳にしました。私は，ヒトが自分たちの都合を優先したり便利さだけを求めたりするのではなく，物の使い方や捨て方についても改めて考えるべきだということを，多くの人に提案したいと思います。

**二**　(一)　ウ　(二)　(例)荷物担ぎの要領を身体で覚えること。　(三)　(例)今朝は，荷物担ぎなど誰にでもできると思っていたため,「余計なお世話だ」と感じていたのに,今は,荷物担ぎは大変だと知って,お代の気づかいを「ありがたい」と感じるように変化したため。

(四)　ア

三　(一)　あらい　　(二)　①　鳥の羽　　②　イ　　③　(例)歌によまれた「早く都へ帰りたい」という思いに共感したから。

四　(一)　立チ㆓天下之正位ニ㆒　　(二)　得　　(三)　イ

五　(一)　①　耕す　　②　栄える　　③　短縮　　④　貿易　　(二)　ア,ウ

六　(一)　エ　　(二)　(例)どの年齢層でも高い　　(三)　(例)資料Ⅲからは,若者の多くは本来と違う意味で理解しており,高齢の方の多くは本来の意味で理解していることが分かります。お互いの会話の際に誤解が生じないよう,言葉本来の意味を学び,大切にしていくべきだと考えるので,私は花子さんの意見を支持します。

## <国語解説>

**一**　(論説文－内容吟味,脱文・脱語補充,漢字の読み書き,作文)

(一)　㋐　「異」の音読みは「イ」で,「異性」「驚異」などの熟語を作る。　㋑　「支える」は,倒れないようにするという意味。　㋒　「指摘」は,全体の中から大切なことや注意しなければならないことを取り上げて示すこと。　㋓　「警鐘を鳴らす」は,人々の注意を促すという意味である。

(二)　前の「ヒトだけが生きのびられる世界」と後の「物質的に豊かで安全な生活」を比べていることに注目する。可能性が高そうな前のことがありえないのだから,なおさら後のことはありえないということを言っているので,エの「ましてや」が当てはまる。

(三)　前の段落は,現在の地球では過去のペースの何百倍,何千倍ものはやさで生物が絶滅していることを説明している。A──の「これら」は「絶滅のおそれのある種」を指しており,筆者はこの一文によって,遠く離れたところの希少な生物だけでなく,「かつては私たちのまわりで普通にみられた動物や植物」も急速に絶滅しそうになっていることを読者に気づかせようとしている。

(四)　B──の前の段落の「そして,このことが多様性を生み出す結果になってきたのです。」という一文に注目する。「このこと」は,生きものが「生活場所や食べ物などをほかの生きものと違うものにすることにより競争をさけ,それぞれの生活環境に適合するように分化してきたこと」を指しているので,この内容を制限字数内で書く。

(五)　本文には,「これからもこのままほかの生きものたちを圧迫し続けてしまったら,地球環境はさらに悪化し,ヒトは自ら絶滅する危機を招いてしまうかもしれません」と書かれている。このことをふまえて,ヒトが自滅の道を歩まないための提案を書く。生きものを圧迫することを防ぐ手段や,地球環境を悪化させないための工夫などを提案するとよいだろう。書き終わったら必ず読み返して,誤字・脱字や表現のおかしなところは改める。

**二**　(小説－情景・心情,内容吟味,脱文・脱語補充)

(一)　「眉を寄せる」は,不快や心配を示す表情。「若さとは釣り合わない」様子や,この後の藤士郎が「余計なお世話」と感じるような態度と合致するのはウの「分別くさい表情」である。この場合の「分別」は「ふんべつ」と読み,物事の道理や善悪を常識的に判断することという意味。「くさい」は,いかにもそれらしい感じがするという意味を添える接尾語である。

(二)　A——の段落の冒頭の「**それが肝要なのだ**」という表現に注目する。「肝要」は非常に大切だという意味。ここは藤士郎が「**荷物担ぎ**」のこつを覚えようとしている場面であり，「それ」は前の「**要領を身体で覚える**」ことを指している。

(三)　B——の直前に「**余計なお世話だ**と，今朝はお代のことを少し疎ましくも感じたが，今はひたすら**ありがたい**」とある。これは藤士郎が荷物担ぎに対して今朝は「**力のある男なら誰でもできる**」と考えていたが，今は「**そうではない**」，つまり荷物担ぎはいろいろなことを身に付けなければならない大変な仕事だと知ったためである。「お代」への気持ちの変化と仕事に対する考え方の関わりが分かるように書く。

(四)　本文は，短い文が多く，**簡潔な表現**をたたみかけるように重ねている。また，「今」の荷担ぎの場面に「今朝」のお代とのやり取りを**回想場面**として挿入することで，藤士郎の心情の変化を描いている。したがって，正解はアである。「比喩表現」や「現代の若者言葉」が特徴とは言えないのでイは誤り。「難解」な語はなく，視点は藤士郎のものだけなのでウは誤り。エの説明は回想場面の挿入と合わないし，「歴史的事実」にあたる内容が本文にないので不適切である。

## 三　(古文－内容吟味，文脈把握，脱文・脱語補充，仮名遣い)

〈口語訳〉　十一日。夜明け前に船を出して，室津へ向かう。人々は皆まだ寝ているので(自分だけ起きるわけにもいかず)，海の様子も見えない。ただ月を見て，西と東(の方角)を知った。こうしている間に，すっかり夜が明けて，手を洗い，朝の支度や食事などをして，昼になった。

今まさに，羽根というところに来た。幼い子どもがこの土地の名前を聞いて，「羽根というところは，鳥の羽のようなの？」と言う。まだ幼い子どもの言葉なので人々が笑うときに，以前に歌をよんだ女の子がこの歌をよんだ。

本当に名前に聞くところの羽根であるならば□ように都へ帰りたいものだなあ

と言った。男も女も，なんとかして早く都へ帰りたいものだ，と思う気持ちがあるので，この歌がよいというわけではないが，なるほどと思って，人々は忘れない。

(一)　「洗ひ」の語中にあるハ行の「ひ」を「い」に改め，全て平仮名で「**あらい**」と書く。

(二)　①　「わかき童」の言葉「羽根といふところは，**鳥の羽**のやうにやある」から抜き出す。

②　「鳥の羽」から連想する言葉として適切なのは，イ「**飛ぶ**」である。　③　冬実さんの発言は，「『人々』がこの歌を忘れないのは連想がおもしろかったからではない」というものである。「人々」が歌を忘れない理由は，本文に「男も女も，**いかでとく京へもがな**，と思ふ心あれば」と説明されており，「ありける女童」の歌の「**みやこへもがな**」(都へ帰りたいものだなあ)という言葉に**共感**したためと考えられるので，この内容を書けばよい。

## 四　(漢文－内容吟味，文脈把握，その他)

〈口語訳〉　天下の広い住居のような仁にいて，天下の正しい位置のような礼に立ち，天下の大きな道のような義を行く。志を得(て官職に就くことができ)れば民と共にこの仁・礼・義に基づいて行動し，志を得なければその道を独り行う。富貴も心をかき乱すことができない。貧賤も心を動かすことができない。権威や武力も屈服させることができない。これこそを大丈夫というのである。

(一)　元の文の漢字の順序は「**立天下之正位**」だが書き下し文の漢字の順序は「**天下之正位立**」で，「立」と「天下之正位」を読む順序が逆になっている。2字以上返って読むときは**一二点**を用いるので，「**位**」の左下に**一点**，「**立**」の左下に**二点**を書けばよい。

(二)　「**得志与民由之**」と「**不□志独行其道**」が対になっていることに着目する。「得志」に対応するのは「不得志」なので，□には「得」が当てはまる。

(三)　漢文の「大丈夫」は現代の日本語とは意味が異なり，立派な男のことである。本文から読み取れるのは，仁・礼・義を重んじ，独りでもその**信念を貫き**，富貴・貧賤・権威・武力にも**動じることのない**人物である。したがって，この内容と合致するイが正解となる。

## 五 (知識－漢字の読み書き，書写)

(一)　①「**耕す**」は送り仮名に注意すること。　②「**栄**」は，上の部分の形に注意。　③「**短縮**する」は，短くするという意味である。　④「**貿易**」の「易」を「昜」と書き間違えないようにすること。

(二)　適切なものを**二つ**選ぶことに注意する。囲まれた部分は「くさかんむり」で，楷書では横画を先に書くが，**行書では筆順が異なり**横画を後に書く。また，楷書では点画を切り離すが，**行書では点画が連続している**。このことを説明したアとウを選ぶ。

## 六 (会話・議論・発表－内容吟味，脱文・脱語補充，作文)

(一)　「問いかけ」は「答え」を求める表現であるから，**聞き手に考えさせる**ことになり，**発表内容に関心を持たせる**ことにつながる。したがって，エが正解。「検証」が目的ではないので，アは誤り。聞き手はまだ発表内容を聞いていないので，イは不適切。聞き手に興味を持たせたいのは「方法」ではなく，「視点」の変化も期待していないので，ウは不適切である。

(二)　資料Ⅰを見ると，破線が常に実線の上にある。これは，「檄を飛ばす」を本来の意味とは違った意味で理解している人の割合が**どの年齢層でも高い**ということを示している。

(三)　資料Ⅱからは，「知恵熱」という言葉について，50代を境に**若者の多くは本来と違う意味で理解しており**，**高齢者の多くは本来の意味で理解している**ことが分かる。解答例は，このことに触れて，**花子さんの意見を支持する**という立場から**自分の意見**を書いている。

MEMO

大切なことはメモしておこうね！

群馬県公立高等学校（前期）

平成30年度

# 入　試　問　題



●くわしい解説……11ページ

# ＜数学＞

時間　40分　　満点　50点

**1**　次の⑴～⑶の問いに答えなさい。

⑴　次の①～⑥の計算をしなさい。

①　$5-(-3)$　　②　$6-5\times(-2)$　　③　$4x-7x$

④　$(2x+7y)-4(x-y)$　　⑤　$18a^3\div\dfrac{2}{3}a$　　⑥　$\sqrt{75}-\sqrt{27}$

⑵　$(2x+3)(2x-3)$　を展開しなさい。

⑶　$x^2+6x+8$　を因数分解しなさい。

**2**　次の⑴～⑹の問いに答えなさい。

⑴　２次方程式 $(x-3)^2=2$ を解きなさい。

⑵　$y$ は $x$ に比例し，$x=3$ のとき，$y=-15$ である。$y$ を $x$ の式で表しなさい。

⑶　右の図の直角三角形ABCにおいて，辺ACの長さを求めなさい。

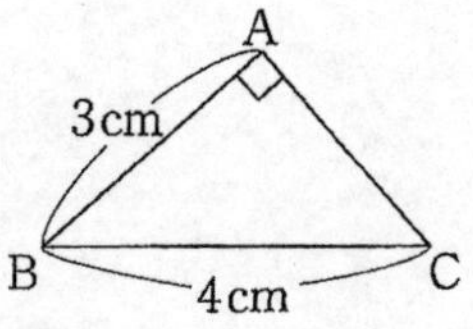


⑷　大小２個のさいころを同時に投げるとき，出た目の和が８となる確率を求めなさい。

⑸　右の図の四角形ABCDと四角形EFGHは相似であり，その相似比は ２：３ である。四角形ABCDの面積が20㎠であるとき，四角形EFGHの面積を求めなさい。

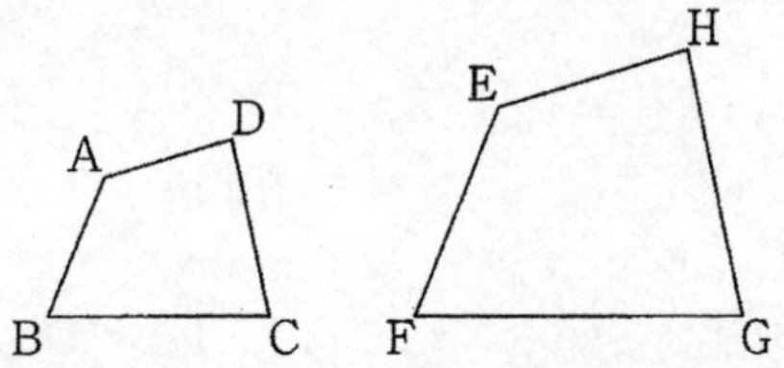


⑹　右の図は，あるクラスの生徒20人について，１学期中に読んだ本の冊数をヒストグラムにまとめたものである。次のア～エのうち，この図から読み取れることとして正しいものを１つ選び，記号で答えなさい。

ア　生徒が読んだ冊数の範囲は，５冊である。

イ　生徒が読んだ冊数の最頻値は，27.5冊である。

ウ　度数が最も大きい階級の相対度数は，0.3である。

エ　度数が最も小さい階級の階級値は，2.5冊である。

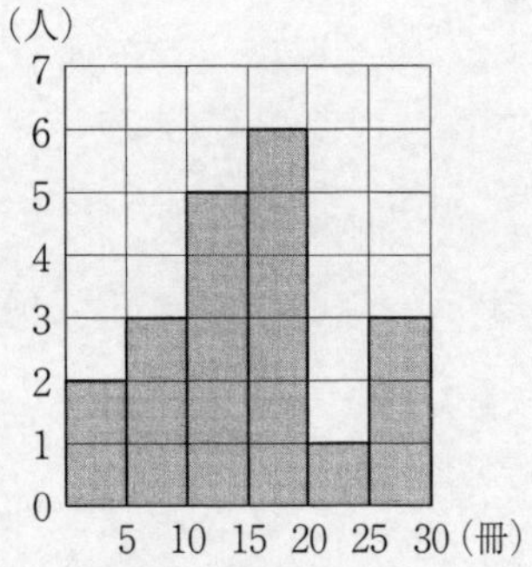

**3**　次の(1)～(3)の問いに答えなさい。

(1)　右の図の直角三角形ABCを，直線ACを軸として１回転させてできる立体の体積を$V$cm³とするとき，$V$を$a$の式で表しなさい。

ただし，円周率は$\pi$とする。

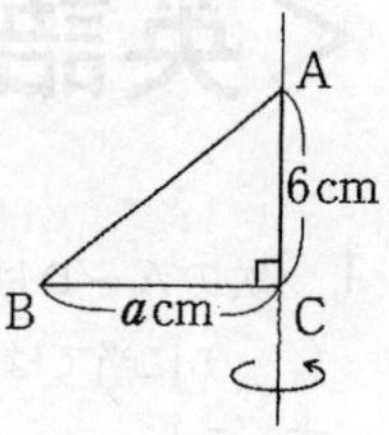


(2)　関数 $y = ax^2$ において，$x$の値が１から３まで増加するときの変化の割合が２であるとき，$a$の値を求めなさい。

(3)　右の図のように，線分PQを直径とする半円Oがあり，４点A，B，C，Dが弧PQの長さを５等分している。このとき，∠DPQの大きさを求めなさい。

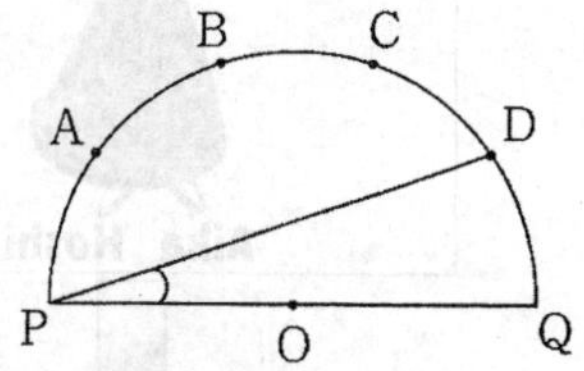


**4**　ある店では，ハンバーガーの単品を１個240円，ジュースの単品を１杯120円，ハンバーガー１個とジュース１杯のセットを300円で売っている。ある１日において，準備していたハンバーガー200個とジュース180杯がすべて売り切れ，２種類の単品とセットの売り上げは合計で60000円であった。この日，ハンバーガーとジュースのセットは何セット売れたか，求めなさい。

ただし，値段は税込みとする。

**5**　次の(1)，(2)の問いに答えなさい。

(1)　三角形の内角の和が180°であることを，次のように証明した。［ア］には適する記号を，［イ］には適することばを入れ，証明を完成させなさい。

証　明

右の図のように，△ABCの辺BAを延長した直線をADとし，点Aを通り辺BCに平行な直線をAEとする。

平行線の同位角は等しいので，∠ABC＝∠［ア］

［　イ　］は等しいので，∠ACB＝∠CAE

したがって，∠ABC＋∠ACB＋∠BAC

＝∠［ア］＋∠CAE＋∠BAC

＝∠BAD

＝180°

よって，三角形の内角の和は180°である。

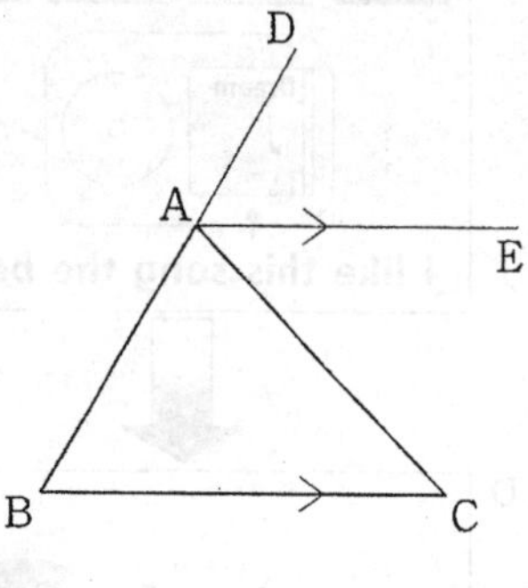


(2)　「三角形の内角の和が180°であること」を根拠にして，九角形の内角の和が1260°であることを，解答用紙にある九角形の図を用いながら，説明しなさい。

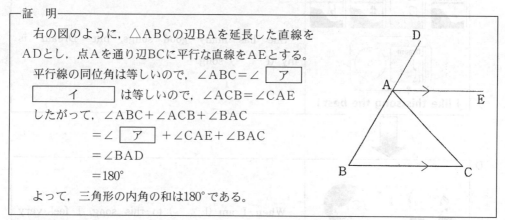

# ＜英語＞

時間　40分　　満点　50点

**1**　次のＡ～Ｄは，Yuri が英語の授業で発表した際に用いた４枚のスライドとその説明です。（　　）に当てはまる単語をそれぞれ１つ書きなさい。ただし，与えられた文字から始まる単語とすること。

Ａ

Look at this picture. Her name is Aika Hoshi. She is the (s　　　) I like the best.

Ｂ

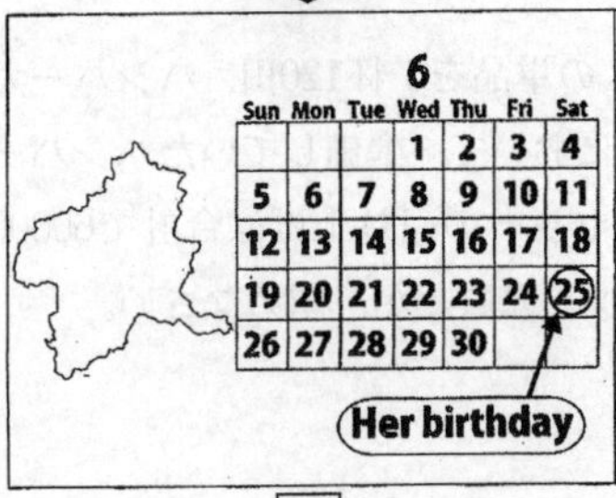


She was born in Gunma on (J　　　) 25, 1994. She really loved music when she was a child.

Ｃ

She has many good songs, but "Dream" is my (f　　　) song.

Ｄ

When I am (l　　　) to this song, I feel very happy.

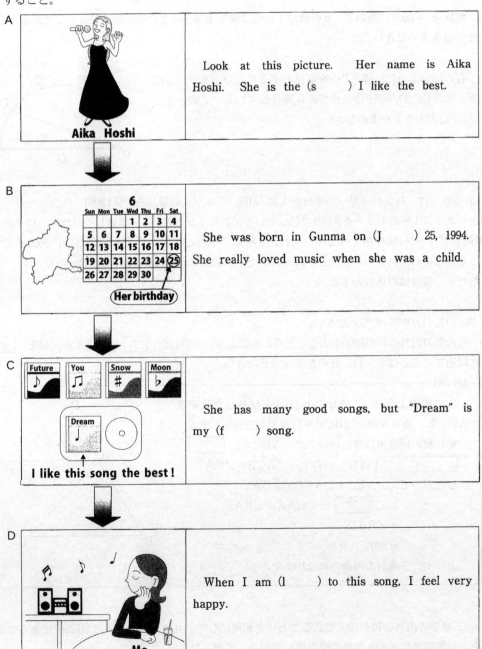

**2**　次の(1)~(3)の対話文で，[　　]に当てはまるものとして最も適切なものを，それぞれア~エから選びなさい。

(1)　*A*：May I help you?
*B*：Yes, please.　I'm looking for a shirt as a birthday present for my brother.
*A*：OK.　What color does he like?
*B*：[　　　　]

ア　Well, I think he likes blue.
イ　No, he doesn't.　He likes a cap.
ウ　Great.　But it's large for me.
エ　Oh, it's nice.　I like the color very much.

(2)　*A*：Oh, it's already eleven o'clock.　Can you go and buy some eggs?
*B*：Sorry, Mom.　I haven't finished my science homework yet.
*A*：Really?　What did you do after breakfast?
*B*：[　　　　]

ア　I will make lunch tomorrow.
イ　I did my English homework first.
ウ　I went to see a movie last Sunday.
エ　I went to the park before breakfast.

(3)　*A*：Can I have some cake, Mom?
*B*：Of course, but you have to wash your hands.
*A*：I just did.
*B*：OK.　Do you want something to drink?
*A*：[　　　　]

ア　Yes.　I'll have tea.
イ　I'm sorry.　I don't like cake.
ウ　Sure.　You're welcome.
エ　No, thank you.　I like tea better.

**3**　次の英文は，中学生のMakotoと留学生のEmmaが昼休みに学校の図書館で交わした会話の一部です。これを読んで，後の(1)，(2)の問いに答えなさい。

*Emma*：　What are you reading, Makoto?
*Makoto*：　I'm reading a book about *microbes.　They are really interesting.
*Emma*：　Microbes?　Why are you interested in them?
*Makoto*：　I watched a TV program last week.　It was about microbes and our health.　I have been very interested in microbes（ ① ）then.
*Emma*：　I see.
*Makoto*：　They are（ ② ）small to see with our own eyes.　But they are *everywhere.　*According to this book, we have about 1.5 *kilograms of them in our bodies.

*Emma* : 1.5 kilograms? I can't believe it!

*Makoto* : There are some microbes ( ③ ) may make problems, but others are doing good things for our health.

*Emma* : What do they do for our health?

*Makoto* : For example, some microbes can make *vitamins. Other microbes clean our *intestines. ( ④ ) they stop working, we can't enjoy our lives.

*Emma* : I have never thought about microbes before, but now [　　　　].

*Makoto* : That's true.

(注) microbe 微生物　everywhere どこにでも　according to～ ～によると
kilogram キログラム　vitamin ビタミン　intestine 腸

(1) (①) ～ (④) に当てはまるものとして最も適切なものを，それぞれア～エから選びなさい。

| | | | | |
|---|---|---|---|---|
| ① | ア by | イ during | ウ for | エ since |
| ② | ア enough | イ only | ウ too | エ no |
| ③ | ア it | イ that | ウ they | エ these |
| ④ | ア And | イ Because | ウ Before | エ If |

(2) あなたがEmmaなら，[　　]のところで何と言いますか。本文の流れに合うように内容を考えて，英語で書きなさい。

**4** 次の英文は，中学生のMariが，国際交流イベントに参加したときに行ったスピーチです。これを読んで，後の(1)～(3)の問いに答えなさい。

Do you know there are some Japanese words which have become English words? Now, you can find the words "kimono" and "manga" in some English dictionaries, so we can say that these words are English. These things have become popular in many countries. ① But〔 are how kimonos popular 〕and manga?

First, I'll talk about kimonos. Do people in other countries really like kimonos? Yes, they do. I found a lot of *websites about kimonos. ② Most of〔 in them written were 〕English. On one website, a girl from America wrote, "Kimonos have *vivid colors. When I wear a kimono, I get excited. So I like kimonos."

Last month, I went to *Asakusa with my mother and sister. I saw many *foreign people who were wearing kimonos. They looked very beautiful.

Next, I'll talk about manga. The other day, I read a newspaper *article. It was about Japanese manga in *France. In France, bookstores usually have a Japanese manga *section. People in France love Japanese manga, and they often buy them.

Our ALT from America showed me *English editions of some Japanese manga. He said, "I like Japanese manga because their stories are really interesting and their pictures are beautiful." When I went to a big bookstore in my city, I was surprised to find many English editions of Japanese manga.

I am happy to know that kimonos and manga are so popular among people in other countries. There are many other good things in Japan. Let's *introduce them to the world! What do you want to introduce? Please tell me a good point about it.

(注) website ウェブサイト　vivid 鮮やかな　Asakusa 浅草（東京の地名）　foreign 外国の
article 記事　France フランス　section 売り場　English edition 英語版
introduce ～ ～を紹介する

(1) ........ の部分①，②の意味が通るように，それぞれ〔　〕内の単語を並べかえて書きなさい。

(2) 次の①，②の問いに，英語で答えなさい。

① Who went to Asakusa with Mari?

② Why was Mari surprised in the bookstore?

(3) ＿＿ の部分の問いかけに対して，あなたならどのように答えますか。下の《条件》に従って，あなたの答えを完成させなさい。

**あなたの答え**

I want to introduce [ kotatsu / onigiri ].

□

**《条件》**

・〔選択肢〕のうち１つを選び，解答用紙の [　　　] 内のどちらかに○をつけること。

〔選択肢〕

kotatsu（こたつ）　　onigiri（おにぎり）

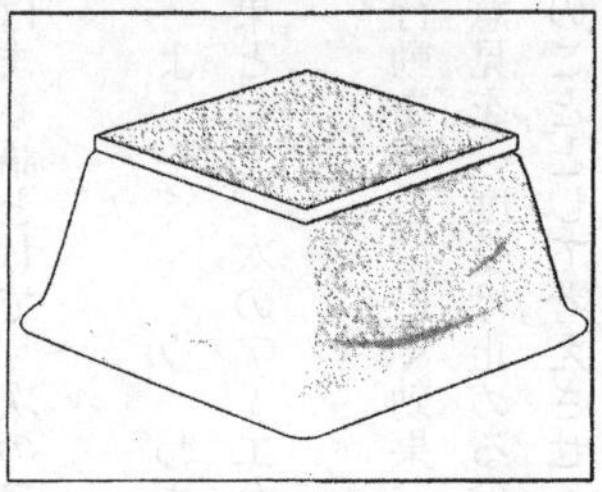

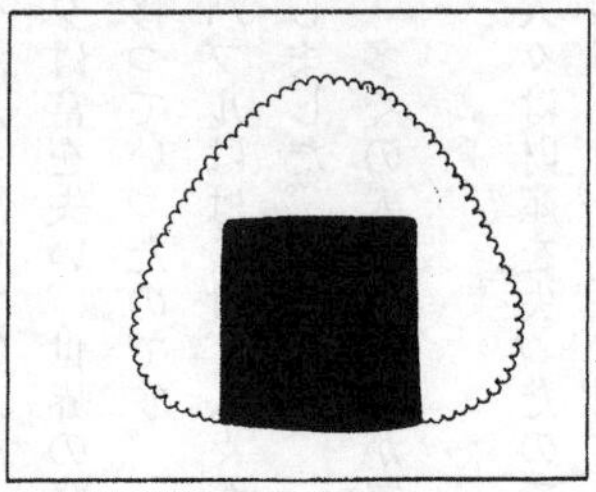

・□には，選んだものの良い点について，〔記入例〕に従って，10語～15語の英語で書くこと。なお，英文の数はいくつでもよく，符号（ , . ! ? " " など）は語数に含めません。

〔記入例〕 Is it raining now? No, it isn't.

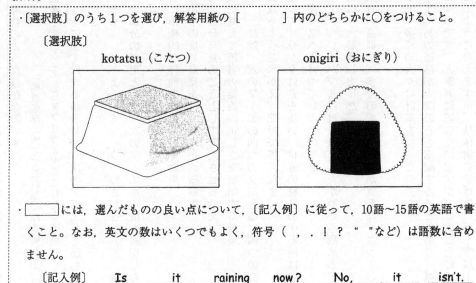

何と、十七世紀のオランダでは、中近東からもたらされたチューリップの人気が高まり、高価なものでは、球根一個で一般市民の年収の十倍もの値段がつけられるようになったと言います。そして、家一軒と同等の価値にまで高まり、球根たった一個を手に入れるために、家まで売り払ってしまう人もいたというから、恐ろしい話です。

当時のオランダは海洋貿易に成功し、世界有数の経済大国となっていました。そのため、余ったお金で人々は球根を買い求めたのです。

しかし、所詮は花の球根です。どこまでも値段が上がり続けるということはありえません。

［　　　　］

植物の球根が、世界の勢力地図を塗り替えて、歴史まで変えてしまったのです。

チューリップバブルで、希少価値があるとされて特に高値で取り引きをされたのが「ブロークン」と呼ばれるしま模様の花を咲かせる珍しいチューリップでした。このチューリップは、アブラムシによって媒介されたウイルス病によって引き起こされることが現在では知られています。

こんな病気のチューリップに人々は熱狂し、バブル経済が引き起こされたのです。何と言う恐ろしいことでしょう。

バカな話と思うかも知れません。しかし、これは昔の話でしょうか。

流行というのは、おかしなものです。

流行が終わると、どうしてあんなものが流行《はや》っていたのかと不思議に思うことが少なくありません。また、コレクターの間では、高い値段で取り引きされるものもあります。興味のない人にとっては、どうして、こんなガラクタが高価なのかと思えるものもあります。物の価格は人間が決めていますが、じつは物の価格が人間の心を支配することもあり、魔物のような存在なのです。

（稲垣栄洋『怖くて眠れなくなる植物学』による。）

（注）中近東……西アジアからアフリカ北東部にわたる地域。

㈠　文中□に当てはまる語として、次のア～エから最も適切なものを選びなさい。

ア　そもそも　　イ　ようやく　　ウ　わざわざ　　エ　ますます

㈡　文中※の部分の効果として、次のア～エから最も適切なものを選びなさい。

ア　読者に積極的な行動を促していく効果。

イ　読者からの反対意見を一度受け止める効果。

ウ　読者に自分自身のこととして考えさせる効果。

エ　読者に対して筆者の結論の正しさを証明する効果。

㈢　文中［　］には、次のア～エの四つの文が入る。四つの文が正しい順序となるよう並べかえ、記号で答えなさい。

ア　こうしてオランダは富を失い、世界の経済の中心地はオランダからイギリスへと移っていったのです。

イ　そしてついにバブルははじけ、人々が夢から醒《さ》めると、球根の価格は、大暴落しました。

ウ　あまりの高値に、多くの人々は球根が買えなくなってしまいました。

エ　そして、多くの人々は財産を失ったのです。

㈣　文中――「物の価格が人間の心を支配することもあり、魔物のような存在なのです」と筆者は述べていますが、このことについてあなたはどのように考えますか、具体例を挙げて、百十字以上、百四十字以内で書きなさい。

詠《なが》めゐけるに、大児、「Bあれほどの餅をかかへて、そろそろとくは《(ゆっくりと食べたら)》ば、おもしろからふ。」と、ささやきける時、小児、「されば、大きさはあれほどでもよひ《(良い)》が、あつさをしらぬ《(わからない)》。」と。

（『醒睡笑』による。）

(注)　児……子ども。

(一)　文中A――「まじはり」を現代仮名遣いで書きなさい。

(二)　文中B――「あれほどの餅」とありますが、この部分で「あれ」とは何を指していますか、指し示すものを文中から抜き出して書きなさい。

(三)　小児の発言についての説明として、次のア～エから最も適切なものを選びなさい。

ア　餅の大きさについては同意するが、厚さが確認できないではないかと指摘している。

イ　餅は大きさよりも、できたてで熱いかどうかでおいしさが変わると主張している。

ウ　一緒に大きな餅を食べたとしても、あつい友情が生まれるはずはないと諦めている。

エ　大きな餅を好きなだけ食べられるのなら、暑さも忘れられるに違いないと考えている。

**四**　次の漢文を読んで、後の(一)、(二)の問いに答えなさい。

好事不《ず》出《い》デ門ヲ、悪事行ク二千里ヲ一。

（『北夢瑣言』による。）

(一)　文中――「好事不出デ門ヲ」について、「好事門を出でず」と読むように返り点を付けたものとして、次のア～エから最も適切なものを選びなさい。

ア　好事レ不出レ門　　イ　好事不レ出レ門

ウ　好事不二出門一　　エ　好事二不レ出門一

(二)　本文の内容についての説明として、次のア～エから最も適切なものを選びなさい。

ア　良いことはなかなか外部に伝わらないが、悪いことはすぐに遠くまで伝わる。

イ　好きな物は自分の近くに置きたくなるが、嫌いな物は遠くに捨ててしまいたくなる。

ウ　好きな物はゆっくりと味わうのがよいが、嫌いな物は一口で食べてしまうのがよい。

エ　良いことは他人に知られないように行うものだが、悪いことは堂々と行うのがよい。

**五**　次の文章を読んで、後の(一)～(四)の問いに答えなさい。

「みんなが持っているから買って」とおもちゃやゲームを親におねだりしたことはありませんか。みんなが持っているものを欲しがるのは、相当に恐ろしいことです。

本当は、そんなに欲しいわけではないのに、みんなが持っていると欲しくなります。

みんなが欲しがると値段が上がっていきます。値段が上がると、本当は欲しくない人も、高く売るお金もうけのために買うようになります。すると［　　］値段が上がるのです。そして、その物の価値よりも、ずっとずっと値段が高くなっていきます。これがバブル経済です。

※〔皆さんはチューリップの球根を買いますか？
いくらだったら球根を買いますか？

# 〈国語〉

時間　四〇分　満点　五〇点

一　次の㈠～㈣の問いに答えなさい。

㈠　次の①～⑤の――の平仮名の部分を漢字で書きなさい。

①　荷物をとどける。

②　シャワーをあびる。

③　銀行にしゅうしょくする。

④　人工えいせいを打ち上げる。

⑤　二人の性格はにている。

㈡　次の①～⑤の――の漢字の読みを平仮名で書きなさい。

①　新記録に挑む。

②　彼女は賢い人だ。

③　現状を把握する。

④　一斉に歓声をあげた。

⑤　緩やかな坂を上る。

㈢　次の二つの四字熟語の□に共通して当てはまる漢字を書きなさい。

□我夢中　感慨□量

㈣　次の対話［　　］に当てはまる表現として、後のア～エから最も適切なものを選びなさい。

Aさん　昨日、他の部員から「部長なのに、部員のことを全然わかっていない。部長としての自覚を持ち、もっと全体を見て適切な指示を出すべきだ。」と言われて、ちょっと腹が立ったよ。

Bさん　へえ、そうなんだ。でも「［　　］」というように、厳しい言葉は聞きづらくても自分のためになると思って、素直に耳を傾けたほうがいいよ。

ア　焼け石に水　　イ　良薬は口に苦し

ウ　情けは人のためならず　　エ　人のふり見て我がふり直せ

二　次の㈠、㈡の問いに答えなさい。

㈠　次の文について、――の部分の主語となる文節として、後のア～エから最も適切なものを選びなさい。

祖父が飼っている犬のしっぽは、うちの番犬のしっぽよりも長い。

ア　祖父が　　イ　犬の　　ウ　しっぽは　　エ　しっぽよりも

㈡　次の①、②の［　　］に当てはまる表現として、後のア～エから最も適切なものを選びなさい。

①　演奏会の発表順については、受付で［　　］ください。

ア　伺って　　イ　申しあげて

ウ　おおせられて　　エ　お尋ねになって

②　大雨が続いているので、［　　］外出できない。

ア　しだいに　　イ　どうにか

ウ　ほとんど　　エ　わずかに

三　次の文章を読んで、後の㈠～㈢の問いに答えなさい。

八月十五夜の月にむかひ、坊主《ばうず》あまた（たくさん）あつまり、児《ちご》もAまじはり、

前期

# 平成30年度

# 解答と解説

《平成30年度の配点は解答用紙集に掲載してあります。》

## ＜数学解答＞

**1** (1) ① 8　② 16　③ $-3x$　④ $-2x+11y$　⑤ $27a^2$　⑥ $2\sqrt{3}$
(2) $4x^2-9$　(3) $(x+2)(x+4)$

**2** (1) $x=3\pm\sqrt{2}$　(2) $y=-5x$　(3) $\sqrt{7}$(cm)　(4) $\frac{5}{36}$
(5) 45($\mathrm{cm}^2$)(求め方は解説参照)　(6) ウ

**3** (1) $\mathrm{V}=2\pi a^2$　(2) $(a=)\frac{1}{2}$(求め方は解説参照)　(3) (∠DPQ＝)18(°)

**4** 160(セット)(求め方は解説参照)

**5** (1) ア DAE　イ 平行線の錯角　(2) 解説参照

## ＜数学解説＞

**1** (数・式の計算，平方根，式の展開，因数分解)

(1) ① 正の数・負の数をひくには，符号を変えた数をたせばよい。$5-(-3)=5+(+3)=5+3=8$

② 四則をふくむ式の計算の順序は，乗法・除法→加法・減法　となる。$6-5\times(-2)=6+(-5)\times(-2)=6+10=16$

③ $4x-7x=(4-7)x=-3x$

④ $(2x+7y)-4(x-y)=2x+7y-4x+4y=2x-4x+7y+4y=-2x+11y$

⑤ $18a^3\div\frac{2}{3}a=18a^3\div\frac{2a}{3}=18a^3\times\frac{3}{2a}=\frac{18a^3\times3}{2a}=27a^2$

⑥ $\sqrt{75}-\sqrt{27}=\sqrt{3\times5^2}-\sqrt{3^2\times3}=5\sqrt{3}-3\sqrt{3}=(5-3)\sqrt{3}=2\sqrt{3}$

(2) 乗法公式$(\boldsymbol{a}+\boldsymbol{b})(\boldsymbol{a}-\boldsymbol{b})=\boldsymbol{a}^2-\boldsymbol{b}^2$より，$(2x+3)(2x-3)=(2x)^2-3^2=4x^2-9$

(3) たして6，かけて8になる2つの数は2と4だから　$x^2+6x+8=(x+2)(x+4)$

**2** (二次方程式，比例関数，三平方の定理，確率，相似比と面積比，資料の散らばり・代表値)

(1) $(x-3)^2=2$　より，$x-3$は2の平方根であるから　$x-3=\pm\sqrt{2}$　よって，$x=3\pm\sqrt{2}$

(2) $\boldsymbol{y}$は$\boldsymbol{x}$に比例するから，$x$と$y$の関係は　$y=ax$　と表せる。$x=3$，$y=-15$を代入して，$-15=a\times3=3a$　$a=\frac{-15}{3}=-5$　よって，$y=-5x$

(3) 直角三角形ABCで三平方の定理を用いると，$\mathrm{AC}=\sqrt{\mathrm{BC}^2-\mathrm{AB}^2}=\sqrt{4^2-3^2}=\sqrt{16-9}=\sqrt{7}\,\mathrm{cm}$

(4) 大小2個のさいころを同時に投げるとき，全ての目の出方は　$6\times6=36$通り。このうち，出た目の和が8になるのは，(大，小)＝(2，6)，(3，5)，(4，4)，(5，3)，(6，2)の5通り。よって，求める確率は　$\frac{5}{36}$

(5) (求め方)(例)四角形ABCDと四角形EFGHの相似比は2：3であるから，それらの面積の比は$2^2:3^2=4:9$　となる。四角形EFGHの面積を$x\mathrm{cm}^2$とすると　$4:9=20:x$　$4x=180$　$x=45$
(補足説明)相似な図形では，面積の比は相似比の2乗に等しい。

(6) 資料の最大の値と最小の値の差が**分布の範囲**。生徒が読んだ冊数の最大の値は25冊以上で，最小の値は4冊以下だから，生徒が読んだ冊数の範囲は$25-4=21$冊以上である。アは正しくない。**ヒストグラム**の中で**度数**が最も大きい**階級**の**階級値**が**最頻値**。度数が最も大きい階級は15冊以上20冊未満で，最頻値は$\frac{15+20}{2}=17.5$冊。イは正しくない。**相対度数**$=\frac{\text{各階級の度数}}{\text{度数の合計}}$。度数の合計は20，度数が最も大きい階級15冊以上20冊未満の度数は6だから，その相対度数は$\frac{6}{20}=0.3$ ウは正しい。度数が最も小さい階級20冊以上25冊未満の階級値は$\frac{20+25}{2}=22.5$冊。エは正しくない。

## 3 (回転体の体積，関数$y=ax^2$，角度)

(1) できる立体は，底面の半径が$a$cm，高さが6cmの円錐だから，その体積は　$V=\frac{1}{3}\times\pi a^2\times 6=2\pi a^2$

(2) (求め方)(例)関数$y=ax^2$について，$x$の値が1から3まで増加するときの**変化の割合**は$\frac{a\times 3^2-a\times 1^2}{3-1}=4a$　これが2となるから　$4a=2$　$a=\frac{1}{2}$

(3) $\angle DOQ=\frac{180^\circ}{5}=36^\circ$　$\overset{\frown}{DQ}$に対する**中心角と円周角の関係**から，$\angle DPQ=\frac{1}{2}\angle DOQ=\frac{1}{2}\times 36^\circ=18^\circ$

## 4 (方程式の応用)

(求め方)(例)ハンバーガーとジュースのセットが$x$セット売れたとすると，ハンバーガーの単品は$(200-x)$個，ジュースの単品は$(180-x)$杯売れたことになるので　$240(200-x)+120(180-x)+300x=60000$　両辺を60でわると　$4(200-x)+2(180-x)+5x=1000$　$800-4x+360-2x+5x=1000$　$-x=-160$　$x=160$　$x=160$は問題に適している。

## 5 (図形の証明，多角形の内角の和)

(1) **平行線の同位角と錯角が等しいこと**を利用して，三角形の3つの内角を1つの頂点に集め，直線(180°)になることを示す。

(2) (説明)(例)右の図のように，1つの頂点からひいた対角線によって九角形を7つの三角形に分けると，九角形の内角の和は，7つの三角形の内角のすべての和と等しくなることがわかる。三角形の内角の和は180°であるから　$180^\circ\times 7=1260^\circ$　よって，九角形の内角の和は1260°である。

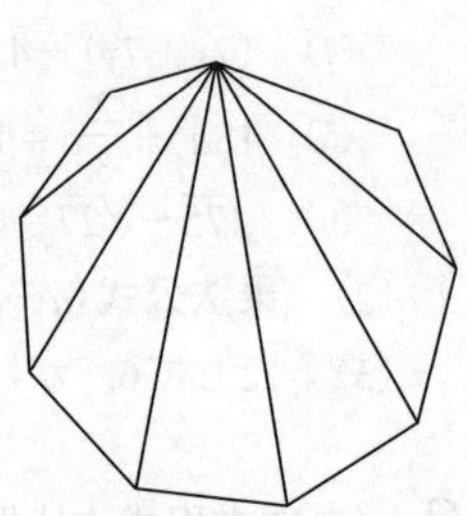

## ＜英語解答＞

**1** A singer　B June　C favorite　D listening

**2** (1) ア　(2) イ　(3) ア

**3** (1) ① エ　② ウ　③ イ　④ エ　(2) (例)I think they are very important for us

**4** (1) ① how popular are kimonos　② them were written in　(2) ① Her mother and sister did.　② Because she found many English editions of Japanese manga.　(3) (例)(kotatsu の場合)In winter, you can enjoy eating and talking around it with your family.　(onigiri の場合) You can eat it easily and quickly when you are busy.

## ＜英語解説＞

### 1 (語句補充問題：名詞，形容詞，進行形)

A 「彼女は私が一番好きな歌手です」絵から歌を歌っている人だとわかる。singer「歌手」

B 「彼女は1994年6月25日に群馬で生まれました」カレンダーから6月生まれとわかる。June「6月」各月や曜日をスペルを間違えずに書けるようにすること。

C 「彼女にはたくさんのいい歌がありますが，『ドリーム』が私のお気に入りです」絵に「この歌が一番好き！」とある。favorite「お気に入りの」

D 「この歌を聞いているとき私はとても幸せな気分になります」listen to ～「～を聞く」，**＜be 動詞＋動詞の～ ing 形＞**は「～している(ところ)」という進行形の意味がある。

### 2 (文挿入問題：現在形，目的語，前置詞，不定詞)

(1) 服屋での会話。空欄直前にAが「彼は何色が好きですか」と聞いているのでその返答を考える。ア「そうですね，彼は青が好きだと思います」

(2) 空欄直前Aの「朝食後に何をしていたの？」に対する返答。イ「最初に英語の宿題をした」after「～のあと」

(3) 空欄直前Bの「何か飲み物はいる？」という質問。ア「はい。紅茶をください」

### 3 (会話文問題：語句選択補充，前置詞，副詞，不定詞，関係代名詞，接続詞，条件英作文)

(全訳)

エマ　：何を読んでいるの，マコト？

マコト：微生物についての本を読んでいるんだ。本当におもしろいよ。

エマ　：微生物？　なんでそれに興味があるの？

マコト：先週テレビ番組を見たんだ。それは微生物と私たちの健康についての番組だったんだよ。それ①(以来)微生物にとても興味があるんだ。

エマ　：なるほど。

マコト：微生物は小さ②(すぎて)僕たちの目では見ることができないんだよ。でも彼らはどこにでもいる。この本によると，私たちの体には約1.5キロの微生物がいるんだよ。

エマ　：1.5キロ？　信じられない！

マコト：③(問題を引き起こすかもしれない微生物)もいるけど，私たちの体にいいことをしているのもいるんだよ。

エマ　：私たちの健康にどんなことをするの？

マコト：例えば微生物にはビタミンを作るものもいるよ。腸をきれいにしてくれる微生物もいる。④(もし)彼らが働くのをやめると私たちは生活を楽しめないんだ。

エマ　：私は今まで微生物について考えたことなかったけど，今は私たちにとってとても重要だと思うわ。

マコト：本当だね。

(1) ① **since**「～以来」完了形と共に使われ「～以来ずっと…」という意味を表すことができる。

② **＜too ＋形容詞＋ to ＋動詞の原形＞**は「(形容詞)すぎて～できない」という意味がある。

③　この文には be 動詞 are と may make の2つの動詞があるので，空欄には接続詞か関係代名詞が必要となる。ここでは microbes を先行詞とした関係代名詞 that が入る。There are some microbes. と Microbes may make problems. の2文を関係代名詞を使って1文にしたもの。　④　if「もし～ならば」, because「～なので」, before「～の前に」という接続詞。

(2)　マコトの話を聞いて微生物についてどう思ったのかを書く。また直後にマコトが「本当だ，その通りだ」と言っているので，何か同意するような内容を書くこと。

## 4 (長文読解問題・スピーチ：語句並び替え，英問英答，条件英作文)

(全訳)

英単語になった日本語がいくつかあるのを知っていますか？　今英語の辞書には「着物」や「漫画」という単語が載っているものもあるので，これらの単語は英語だと言うことができます。これらは多くの国々で人気になっています。①しかし着物と漫画はどれくらい人気なんでしょうか？

まず，着物について話します。他の国の人たちは本当に着物が好きなのでしょうか？　はい，好きなんです。私は着物についてのたくさんのウェブサイトを見つけました。②それらのほとんどが英語で書かれていました。1つのウェブサイトではアメリカの女の子が「着物は鮮やかな色です。着物を着ると興奮します。だから着物が好きです」と書いていました。

先月，私は母と姉と浅草に行きました。私は着物を着ているたくさんの外国人を見ました。彼らはとても美しく見えました。

次に漫画について話します。先日，私は新聞記事を読みました。それはフランスでの日本の漫画についてでした。フランスでは本屋には通常日本の漫画売り場があります。フランスの人たちは日本の漫画が大好きで，よく買います。

アメリカから来た私たちの ALT が私に日本の漫画の英語版を見せてくれました。彼は「話が本当におもしろくて，絵が美しいから日本の漫画が好きだ」と言いました。私の町の大きな本屋に行ったとき，日本の漫画の英語版がたくさんあるのを見て驚きました。

着物と漫画が他の国の人たちの間でとても人気だと知って嬉しいです。日本には他にもいいものがたくさんあります。それを世界に紹介しましょう！　何を紹介したいですか？　それについてのいい点を教えてください。

(1)　①　(But) how popular are kimonos (and manga?)　**how** は「どれほど，どれくらい」と程度を表す意味がある。後ろに形容詞や副詞を続け，例えば，how many で「どれくらい多いか」, how old で「どれくらい古いか(何歳か)」という意味になる。ここでは how popular で「どれくらい人気か」という意味。疑問文なので be 動詞 are は主語 kimonos and manga の前に置く。　②　(Most of) them were written in (English.)　**Most of** ～「～のほとんど」, them が指すものは前述された複数の名詞でここでは websites を指している。**＜be 動詞＋動詞の過去分詞形＞で「～される，られる」という受け身の意味を表す。**

(2)　①「誰がマリと一緒に浅草へ行きましたか」「彼女の母親と姉が行きました」第3段落第1文参照。　②「なぜマリは本屋で驚いたのですか」「なぜなら日本の漫画の英語版をたくさん見つけたから」第4段落最終文参照。**代名詞や動詞の時制に気を付けること。**

(3)　世界に紹介したい日本のいいところとして，こたつとおにぎりがあげられている。いい点を考えて自分の意見を書くこと。解答例は，こたつは「冬に家族とその周りで食べたり話したりして楽しむことができる」, おにぎりは「忙しいときに簡単に速く食べられる」という意味。**身近なことに対する自分の考えを持ち，その理由を英語で書く練習をしておくこと。**

## ＜国語解答＞

一　(一)　①　届(ける)　②　浴(びる)　③　就職　④　衛星　⑤　似(ている)
(二)　①　いど(む)　②　かしこ(い)　③　はあく　④　いっせい　⑤　ゆる(やかな)　(三)　無　(四)　イ

二　(一)　ウ　(二)　①　エ　②　ウ

三　(一)　まじわり　(二)　八月十五夜の月　(三)　ア

四　(一)　イ　(二)　ア

五　(一)　エ　(二)　ウ　(三)　ウ→イ→エ→ア
(四)　(例)　筆者が述べるように，物の価格が人間の心を支配することはあると思います。値段が高いほうが価値も高いような気がして，たいして必要でない文房具を買ってしまったという経験が，私にもあります。値段によって価値を決めるのではなく，自分の価値観に従って判断していくことが大切なのだと思います。

## ＜国語解説＞

一　(知識－漢字の読み書き，熟語，ことわざ・慣用句)

(一)　①　「届」は「尸」と「由」を組み合わせる。　②　「浴」は「溶」(と・ける)と形が似ているので注意。③「就職」は，職業につくこと。④「衛星」を同音異義語の「衛生」と混同しない。⑤「似」は「以」と間違えないようにする。

(二)　①　「挑」の音読みは「チョウ」で，「挑戦」「挑発」などの熟語を作る。　②　「賢い」は，頭がいいということ。　③　「把握する」は，完全に理解するという意味である。④「一斉に」は，みんなそろって同時にということ。　⑤　「緩」の音読みは「カン」で，「緩和」「緩慢」などの熟語を作る。

(三)　「無我夢中」は他のことを忘れるほど熱中すること，「感慨無量」はしみじみとした思いがとても深いことを言う四字熟語である。

(四)　Bさんは，他の部員に言われた言葉に腹を立てているAさんをなだめるためにことわざを使っている。空欄の後の「厳しい言葉は聞きづらくても自分のためになる」という意味を表すことわざは　イ「良薬は口に苦し」である。ア「焼け石に水」は対処しても効果が上がらないこと，ウ「情けは人のためならず」は他の人に情けをかけるとめぐりめぐって自分に良い報いがある，エ「人のふり見て我がふり直せ」は他の人の良くない行いを見たら自分はどうか反省せよ，という意味である。

二　(知識－文と文節，品詞・用法，敬語)

(一)　述語の「長い」に対応する主語はウの「しっぽは」となる。ア「祖父が」に対応する述部は「飼っている」で，「祖父が飼っている」はイ「犬の」を修飾し，「祖父が飼っている犬の」は「しっぽは」を修飾している。また，エ「しっぽよりも」は「長い」に係る修飾部の一部である。

(二)　①　「受付で聞いてください」の敬語表現。相手が「聞く」という動作をするので，尊敬語を用いた　エ「お尋ねになって」が当てはまる。「伺う」は「聞く」の謙譲語，「申しあげる」は「言う」の謙譲語なので，アとイは誤り。なお，ウに用いている「おおせられる」は「言う」の尊敬語であるが，「おっしゃる」などのほうが一般的である。　②　ウを当てはめて「ほとんど外出できない」とすると，少しは外出できるが大部分は外出できないという意味になる。イ「どうにか」やエ「わずかに」を用いる場合は，後が「外出できる」となる。

## 三 (古文ー内容吟味，指示語の問題，仮名遣い)

〈口語訳〉 八月十五夜の月に向かって，僧がたくさん集まり，子どもも交じって(月を)眺めていたときに，大きいほうの子どもが，「あれくらいの(大きさの)餅を抱えてゆっくりと食べたら，おもしろいだろう。」とささやいたとき，小さいほうの子どもは「そう，大きさはあれくらいでも良いが，厚さがわからない。」と(言った)。

(一) 語中にあるハ行の「**は**」を「**わ**」に改めて「**まじわり**」とする。

(二) 冒頭に「**八月十五夜の月**」とある。子どもたちは，満月を見て丸い餅を連想したのである。

(三) 小児の発言の「大きさはあれほどでもよいが，**あつさをしらぬ**」の「あつさ」が「厚さ」「暑さ」「熱さ」のどの意味を表しているかを読み取る。ここでは「大きさ」と対比されているので，「表面から裏面までの隔たり」という意味を表す「**厚さ**」が適切であり，アが正解となる。

## 四 (漢文ー主題・表題，その他)

〈口語訳〉 良いことは門を出ないが，悪いことは千里先まで行く。

(一) 漢字の順序を比べると，原文は「**好事不出門**」で読むときは「**好事門出(不)**」となっており，「不」「出」「門」の順序が逆になっている。1字返って読むときはレ点を用いるので，「**不**」と「**出**」の左下に**レ点**を入れればよい。

(二) 本文は「**好事**」と「**悪事**」を擬人化しており，「**門を出でず**」は**外部に伝わらないこと**，「**千里を行く**」は**遠くまで伝わること**を表している。正解はア。イとウは，「出でず＝出ない」と「行く」の対比を説明できていない。エが紛らわしいが，「行」を「行く」と読んでいることや，「千里」に「堂々と」という意味がないことから判断する。

## 五 (論説文ー内容吟味，脱文・脱語補充，作文)

(一) 「値段が上がる→みんなが買う→　　値段が上がる」という文脈なので，「前よりももっと」という意味のエ「**ますます**」が当てはまる。イ「ようやく」を入れると，「値段が上がるのを待っていたがやっと上がる」という意味になってしまい，文脈に合わない。

(二) ※の二つの文は読者に対する**問いかけ**である。読者が答えを出すためには，本文で取り上げた内容を**自分自身のこととして考えなければならない**。したがって，ウが正解となる。筆者は読者に球根を買うことを求めていないので，アは誤り。「読者からの反対意見」や「筆者の結論」はここまでの文章に示されていないので，イとエは不適切である。

(三) 前後とのつながりを考えて文の順序を並べかえる。正しい順序で内容を整理すると，次の通り。［前］「チューリップの球根の値段がどんどん上がったが，どこまでも上がり続けることはありえない」→ウ「あまりの高値に球根が**買えなくなった**」→イ「球根の価格が**大暴落した**」→エ「多くの人々が**財産を失った**」→ア「世界の経済の中心地が**オランダ**から**イギリス**へと移っていった」［後］「植物の球根が世界の歴史まで変えてしまった」 文を並べかえたら通して読み，つながりに不自然なところがないか確かめること。

(四) 「**物の価格が人の心を支配すること**」についての**自分の考え**を，**具体例**を挙げて書く。「価格が人の心を支配する」という考え方でも「価格と人の心は無関係」という考え方でもよいが，具体例はその考え方の根拠としてふさわしいものを取り上げる。書き終わったら必ず読み返して，誤字・脱字や表現のおかしなところは改めること。

## 群馬県公立高等学校（後期）

# 平成30年度

# 入　試　問　題

30年度

●くわしい解説……35ページ

# ＜数学＞

時間 45分～60分（学校裁量による）　満点 100点

**1** 次の(1)～(9)の問いに答えなさい。

(1) 次の①～③の計算をしなさい。

① $3+4\times(-2)$　② $6x^2y\div 2xy$　③ $a-\dfrac{a-3}{2}$

(2) 8の平方根を求めなさい。

(3) $x=2$，$y=-3$ のとき，$2(x-3y)-(3x-5y)$ の値を求めなさい。

(4) $(a-4)^2+4(a-4)-12$ を因数分解しなさい。

(5) 直線 $y=-3x+2$ に平行で，点（1，－4）を通る直線の式を求めなさい。

(6) 右の図において，DE∥BC であるとき，$x$，$y$ の値をそれぞれ求めなさい。

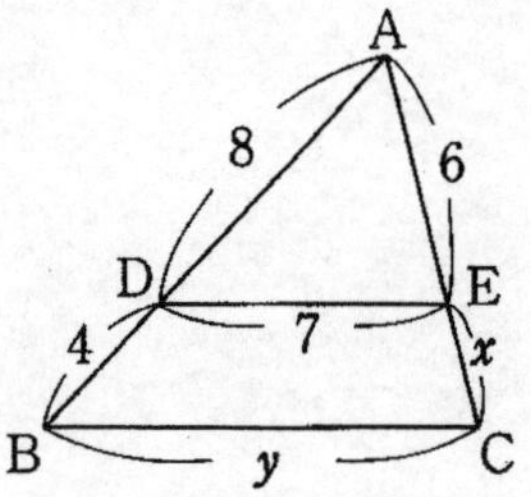


(7) 2次方程式 $x^2+2x=1$ を解きなさい。

(8) 右の図のように，円Oと直線 $\ell$ がある。円Oの周上にある点で，直線 $\ell$ までの距離が最も短くなるような点Pを，コンパスと定規を用いて作図しなさい。

ただし，作図に用いた線は消さないこと。

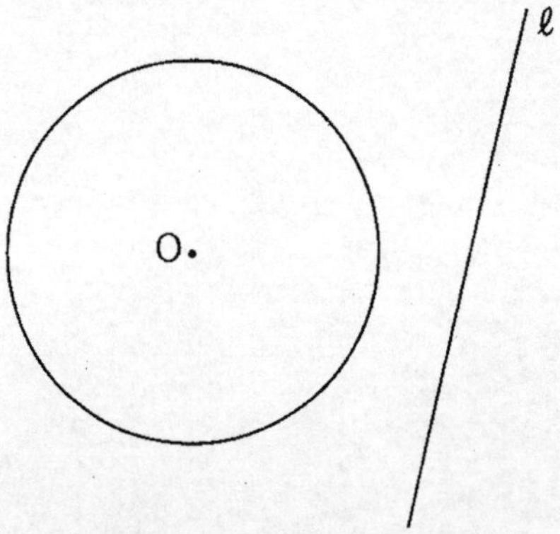


(9) 十の位の数と一の位の数の和が10である2けたの自然数がある。この自然数の十の位の数と一の位の数を入れかえた自然数は，もとの自然数より36大きくなる。もとの自然数を求めなさい。

**2**　$y$ は $x$ に反比例し，$x=-2$ のとき，$y=2$ である。次の(1)，(2)の問いに答えなさい。

(1)　$y$ を $x$ の式で表しなさい。

(2)　(1)で表した式について，この関数のグラフをかきなさい。

**3**　右の資料は，関東７都県のはくさいの出荷量をまとめたものであり，次の文は，広志さんたちが数学の授業でこの資料について話し合ったときの会話の一部である。後の(1)，(2)の問いに答えなさい。

**はくさいの出荷量(平成28年)**

| 都県名 | 出荷量(t) |
|---|---|
| 茨城県 | 224400 |
| 栃木県 | 18600 |
| 群馬県 | 22300 |
| 埼玉県 | 14000 |
| 千葉県 | 6560 |
| 東京都 | 2840 |
| 神奈川県 | 3420 |

(農林水産省ホームページにより作成)

広志さん：この資料の代表値としてどんな値を使えばいいかな。
優子さん：代表値には，平均値や(ア)中央値，最頻値があるって習ったよね。教科書には，平均値が代表値としてよく使われるってあったよ。
良男さん：でも，(イ)この資料の分布だと，平均値は代表値としてふさわしくないと思うよ。

(1)　下線部(ア)について，この資料の中央値を求めなさい。

(2)　下線部(イ)のようにいえるのはなぜか，この資料がもつ分布の特徴に着目して，説明しなさい。

**4**　右の図は，１辺が６cmの立方体である。２点Ｐ，Ｑは同時にＡを出発し，Ｐは毎秒１cmの速さで辺上をＡ→Ｂ→Ｃ→Ｄの順に動き，Ｄで停止する。Ｑは毎秒１cmの速さで辺上をＡ→Ｄの順に動き，Ｄで停止したまま動かない。Ｐ，ＱがＡを出発してから $x$ 秒後の，四面体ＡＥＰＱの体積を $y$ cm$^3$ とする。次の(1)～(3)の問いに答えなさい。

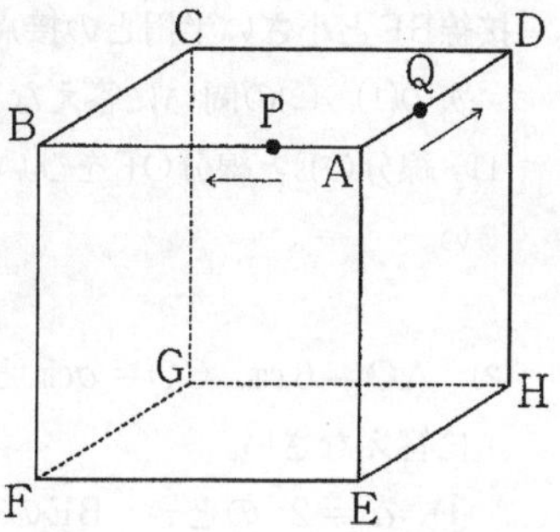


(1)　$0 \leqq x \leqq 6$ のとき，$y$ を $x$ の式で表しなさい。

(2)　$6 \leqq x \leqq 12$ のとき，$y$ の値の変化として正しいものを，次のア～ウから１つ選び，記号で答えなさい。また，そのように判断した理由を，四面体ＡＥＰＱの底面積と高さに着目して，説明しなさい。

ア　増加する　　イ　減少する　　ウ　変化しない

(3)　ＰがＡを出発してからＤに到着するまでの間で，$y=12$ となる $x$ の値をすべて求めなさい。

**5**　右の図のような，９つのマスにそれぞれ１から９までの数字が順に書かれたカードと１個のさいころを使って，次のルールでゲームを行う。後の⑴～⑶の問いに答えなさい。

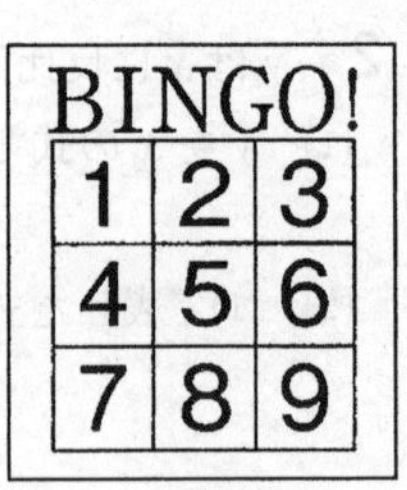

ルール

さいころを投げて，１の目が出たら，素数が書かれているマスをすべて塗りつぶす。２以上の目が出たら，出た目の倍数が書かれているマスをすべて塗りつぶす。縦，横，斜めのいずれかが３マスとも塗りつぶされたときに，「ビンゴ」とする。

⑴　さいころを１回投げたとき，どの目が出ても塗りつぶされることのないマスはあるか。あればそのマスの数字をすべて答え，なければ「ない」と答えなさい。

⑵　さいころを１回投げたとき，「ビンゴ」となる確率を求めなさい。

⑶　さいころを２回投げたとき，１回目に投げたところでは「ビンゴ」とならず，２回目に投げたところで「ビンゴ」となる確率を求めなさい。
　ただし，１回目に塗りつぶしたマスは，そのままにしておくものとする。

**6**　右の図のように，ABを直径とする大きい半円と，CDを直径とする小さい半円があり，ともに直径の中点はOで，直径ABと直径CDは同じ直線上にある。点Bから小さい半円にひいた接線と大きい半円との交点をＥとし，接線BEと小さい半円との接点をＦとする。

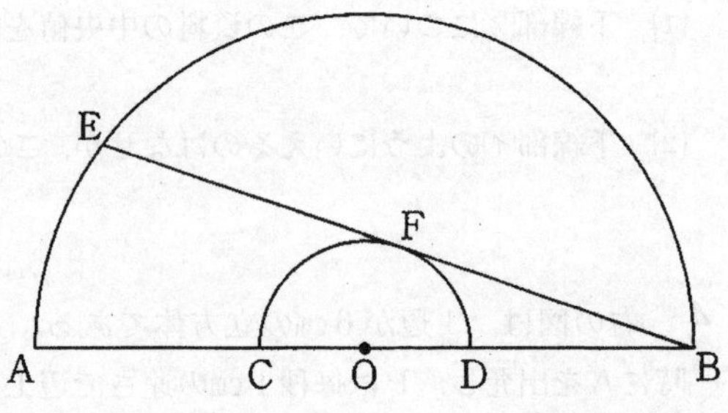


次の⑴，⑵の問いに答えなさい。

⑴　線分OEと線分OFをひいたとき，三角形OEFと三角形OBFが合同であることを証明しなさい。

⑵　AO＝６㎝，CO＝$a$㎝とする。$a$が $0 < a < 6$ の範囲で変化するとき，次の①～③の問いに答えなさい。

①　$a = 2$ のとき，BEの長さを求めなさい。

②　$a = 3$ のとき，CEの長さを求めなさい。

③　$a = 3\sqrt{2}$ のときのＥの位置をＰ，$a = 3\sqrt{3}$ のときのＥの位置をＱとする。線分BP，線分BQおよび弧PQで囲まれた部分の面積を求めなさい。
　ただし，円周率は$\pi$とする。

# ＜英語＞

時間　45分～60分（学校裁量による）　満点　100点

**1**　これから，No. 1とNo. 2について，それぞれ2人の対話が流れます。それぞれどの場面での対話ですか，A～Dの中から選びなさい。

No. 1

No. 2

**2**　これから流れる英文は，中学生のShoheiがアメリカを訪れた際に，カルチャーセンターで受けた説明です。それを聞いて，【広告】の空欄 ① ～ ③ に当てはまるものを，ア～ウの中からそれぞれ選びなさい。

① ア　From Tuesday to Saturday
　イ　From Tuesday to Sunday
　ウ　From Thursday to Saturday

② ア　Room number 15
　イ　Room number 30
　ウ　Room number 50

③ ア　From 1:30 p.m. to 2:30 p.m.
　イ　From 1:30 p.m. to 3:00 p.m.
　ウ　From 3:30 p.m. to 4:30 p.m.

【広告】

**Special Summer Lessons**

**Drum Lessons**

DAYS of the WEEK : ［ ① ］

TIME : From 3:30 p.m. to 5:30 p.m.

PLACE : ［ ② ］

**English Lessons**

DAYS of the WEEK : From Thursday to Sunday

TIME : ［ ③ ］

PLACE : Room number 10

**3**　これから，Ken さんと Mika さんがそれぞれ自分の仕事について話をします。２人の話に続いて，No. 1～No. 3 の３つの質問が流れます。それぞれの質問に対する答えを，ア～エの中から選びなさい。

No. 1　ア　He was 16 years old.　　イ　He was 18 years old.
　　　ウ　He was 22 years old.　　エ　He was 26 years old.

No. 2　ア　She was a friend of the doctor.
　　　イ　She read a book about the doctor.
　　　ウ　She met the doctor in a small village.
　　　エ　She watched a TV program about the doctor.

No. 3　ア　They enjoy working in a big city.
　　　イ　They save many people in Japan.
　　　ウ　They work together to help people.
　　　エ　They have the jobs they wanted.

**4**　これから，中学生の Junko と，Junko の家でホームステイをしている Steve の対話が流れます。Junko が２度目に発言する部分で次のチャイムを鳴らします。（チャイム音）あなたが Junko なら，このチャイムのところで何と言いますか。対話の流れに合うように内容を考えて，英語で書きなさい。

*Steve* : …………
*Junko* : …………
*Steve* : …………
*Junko* : [　　　　　　　　]
*Steve* : …………

**5**　中学生の Hiroshi が，学校新聞に英語で次の【記事】を書きました。これを読んで，英文の意味が通るように，（ア）～（エ）に当てはまる単語を下の〔　〕内からそれぞれ１語選び，書きなさい。また，[ A ] には，この【記事】全体の適切な見出しとなるように，【記事】の中から連続した４語の英語を抜き出して，書きなさい。

**【記事】**

**Find your own [　A　]!**

Last week, I talked to our English teachers and asked them about learning English. How did they learn English?

Mr. Suzuki

I learned many good *expressions in movies ( ア ) watching them again and again. If you like movies, watching them in English is a very good way.

I was in the English *drama club when I was a student. In the club, I learned ( イ ) to show my *feelings in English.

Ms. Mori

Ms. Yamada

Talking with friends from other countries was a wonderful way for me. I learned both English（ ウ ）things about their countries.

Each teacher has his or her own way of learning English. I（ エ ）that we can find our own ways, too!

(注) expression 表現　drama 演劇　feeling 感情

〔 also　and　by　hope　how　of　want　what 〕

**6** 次の英文を読んで，後の(1)，(2)の問いに答えなさい。

Before dinner, Sota is talking with his mother and Kevin, his friend from Canada.

*Kevin* : Everything looks *delicious! What's this, Sota?

*Sota* : This is **chirashizushi*.

*Kevin* : *Chirashizushi*? I've never seen it before. Do you often eat it?

*Sota* : Yes. My mother usually makes it when we have happy events.

*Kevin* : Interesting! Can I have some?

*Sota's mother* : [ A ] Please try it.

*Kevin* : Oh, it's really delicious!

*Sota's mother* : I'm glad to hear that. I cooked some other Japanese *dishes for you. Please enjoy all of them.

*Kevin* : Thank you so much. I really like Japanese food.

*Sota* : [ B ]

*Kevin* : I like *sushi* the best. I sometimes go to a *sushi* restaurant in Canada with my family.

*Sota* : Is Japanese food popular in Canada?

*Kevin* : Yes, it is. There the many Japanese restaurants in my city.

*Sota* : Why do *Canadian people like Japanese food so much?

*Kevin* : Let's see. [ C ] It is *well-balanced because many kinds of food are used in Japanese dishes.

*Sota's mother* : That's one good point about Japanese food. And Japanese food has another good point. Some traditional Japanese dishes look beautiful, so we can enjoy them with our eyes.

*Sota* : I agree. When I went to Kyoto with my family, we enjoyed very beautiful Japanese dishes. Some of them were *decorated with flowers. They were so beautiful that I took a lot of pictures. Here are some of the pictures.

*Kevin* : Wow! They look really beautiful.

(注) delicious おいしい　*chirashizushi* ちらしずし　dish 料理　Canadian カナダの
well-balanced バランスのとれた　decorated with ～ ～で飾られた

⑴ A ～ C に当てはまるものとして，次のア～エから最も適切なものを，それぞれ選びなさい。

A ア Me, too. イ Of course. ウ Good job. エ I have some.

B ア What Japanese food do you like?
イ Where are *sushi* restaurants in Canada?
ウ How do you cook it?
エ When do you eat *chirashizushi* ?

C ア I have seen Japanese restaurants in my city before.
イ I don’t know about Japanese people very much.
ウ I don’t think that Japanese food has been so popular.
エ Canadian people think Japanese food is good for their health.

⑵ 本文の内容と合っているものを，次のア～オから２つ選びなさい。

ア Kevin has eaten *chirashizushi* in Canada before.
イ Sota’s mother made Canadian dishes with Sota and Kevin.
ウ Kevin and his family have been to a *sushi* restaurant in Canada.
エ In Kyoto, Sota enjoyed dishes decorated with flowers.
オ Sota took many pictures of his friends in Kyoto.

**7** 次の英文を読んで，後の⑴～⑶の問いに答えなさい。

Atsuko is a junior high school student. One day, Mr. Kobayashi, Atsuko’s English teacher, said to the class, “Everyone, *the Olympic Games will come to Tokyo in 2020. About 200 countries *took part in the Olympic Games in 2016. It will be fun to watch the Olympic Games if you know more about the *connections between Japan and other countries. Now, I am going to give everyone a card. Each card has the name of a country. Your homework is to find some connections between Japan and the country on your card. You are going to *make a speech about them in the next class.” The country written on Atsuko’s card was Australia.

That night, she talked with her mother. Atsuko said, “I don’t know what to do for my speech.” Her mother asked, “What do you know about Australia?” Atsuko answered, “Well .... Oh, *koalas!” “Why don’t you study about them?” her mother said. Atsuko used the Internet and found a connection between Japan and Australia.

The next day, Atsuko and her mother went to the supermarket. Atsuko found some food from Australia. She thought, “Oh, I’ve found another connection.” After she came home, she looked for more food from Australia in her house.

In her next English class, she made a speech.

Hello, everyone. I will talk about two connections between Japan and

Australia.

First, I will tell you about koalas. Do you like koalas? I like them very much. But I am sad because the number of koalas is *decreasing in Australia. Koalas are losing their homes and food. People cut down the trees koalas need. And then, Japan *imports those trees to make paper. So there is a connection between koalas in Australia and the paper we use.

Second, I will talk about food from Australia. I went to the supermarket with my mother, and I found *beef and oranges from Australia. About 40% of beef eaten in Japan is from Australia. Japan imports a lot of oranges, and about 30% of them are from Australia. So the food you eat may come from Australia.

Now, you know that there are connections between Japan and Australia. When you use paper or eat an orange, remember these connections.

After Atsuko's speech, Mr. Kobayashi said, "You found interesting connections. You did very well." Atsuko smiled and said, "Thank you. I want to learn more about other countries."

(注) the Olympic Games　オリンピック　　take part in ~　~に参加する　　connection　関係
make a speech　スピーチをする　　koala　コアラ　　decrease　減少する
import ~　~を輸入する　　beef　牛肉

(1) 次の①，②の問いに，英語で答えなさい。

① What was Atsuko's homework?

② What did Atsuko do after she came home from the supermarket?

(2) 次の【ポスター】は，Atsuko が要点をまとめて，スピーチをする際に示したものです。【ポスター】中の A ， B に当てはまるものとして，ア～ウから最も適切なものを，それぞれ選びなさい。

【ポスター】

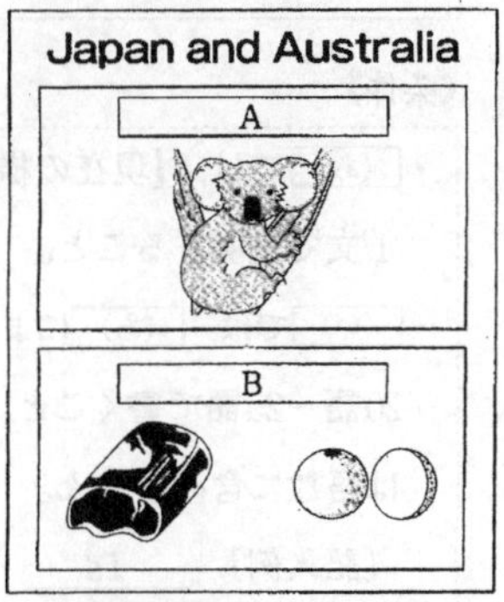


A　ア Japan buys the trees koalas need.
　　イ The number of koalas in Japan is decreasing.
　　ウ People in Japan built houses for koalas.

B　ア Shopping in Australia is fun.
　　イ I love beef and oranges from Australia.
　　ウ Japan imports food from Australia.

(3) 全員のスピーチの後で，友人の発表について感想や考えを英語で書く活動を行いました。あなたなら，次のページの Atsuko の発表について，　　にどのようなことを書きますか。〔記入例〕に従って，20語～25語の英語で自由に考えて書きなさい。なお，英文の数はいくつでもよく，符号（，．！？“　”など）は語数に含めません。

Thank you for your speech, Atsuko. I learned many things from it.
I want to save koalas, and I have an idea.

〔記入例〕 Is it raining now? No, it isn't.

**8** 次の２つの絵は，ある市の15年前の様子と現在の様子を同じ場所から描いたものです。この２つの絵の違いに関して，下の《条件》に従って，(あ)，(い) に英語で書きなさい。

【15年前の様子】

【現在の様子】

Now, (あ)
So people in this city (い)

《条件》

・(あ) では，【現在の様子】について，【15年前の様子】と異なる点のうち１つに着目して，１文で説明すること。

・(い) では，(あ) によって人々の生活が現在どうなっているかを想像し，〔記入例〕に従って，20語～25語で書くこと。なお，英文の数はいくつでもよく，符号（ ， ． ！ ？ “ ” など）は語数に含めません。

〔記入例〕 Is it raining now? No, it isn't.

# ＜理科＞

時間　45分～60分（学校裁量による）　満点　100点

**1** 次の(1)～(8)の問いに答えなさい。

(1) 次のア～エから菌類を選びなさい。

ア ミジンコ　　イ アオミドロ　　ウ アオカビ　　エ 乳酸菌

(2) 大気中の気体について，文中の①については｛　｝内のア，イから正しいものを選び，［②］には当てはまる語を書きなさい。

> 大気中の①｛ア　酸素　　イ　二酸化炭素｝やメタンなどの気体には，地表から放出される熱を吸収し，吸収した熱の一部を地表に向けて放出するはたらきがある。このようなはたらきをもつ気体を［②］ガスという。

(3) 右の図は，安山岩をルーペで観察したときのスケッチである。拡大して観察したところ，大きな結晶が，形がわからないほどの小さな粒の間に散らばって見えた。このようなつくりを何というか，書きなさい。

(4) 太陽系の惑星について，次の文中の［①］，［②］に当てはまる語の組み合わせとして正しいものを，下のア～エから選びなさい。

> 木星型惑星は，地球型惑星と比較すると，［①］で，密度は［②］。

ア　［①小型　②小さい］　イ　［①小型　②大きい］
ウ　［①大型　②小さい］　エ　［①大型　②大きい］

(5) 水とエタノールの混合物から，蒸留によってエタノールを取り出すとき，水とエタノールの何の違いを利用しているか，書きなさい。

(6) 質量パーセント濃度が15％の硝酸カリウム水溶液を300gつくるには，水何gに硝酸カリウム何gを溶かせばよいか，それぞれ書きなさい。

(7) 次の文は，蛍光灯についてまとめたものである。文中の①については｛　｝内のア～ウから正しいものを選び，［②］には当てはまる語を書きなさい。

> 蛍光灯の管内の圧力の大きさは，まわりの空気と比べて①｛ア　大きく　　イ　同じくらいに　　ウ　小さく｝なっており，蛍光灯に大きな電圧を加えると管内に電流が流れる。このような現象を［②］という。

(8) 水中の物体にはたらく水圧について，最も適切に表しているものを，右のア～エから選びなさい。ただし，矢印の長さと向きは，水圧の大きさと向きを表すものとする。

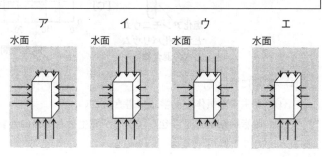

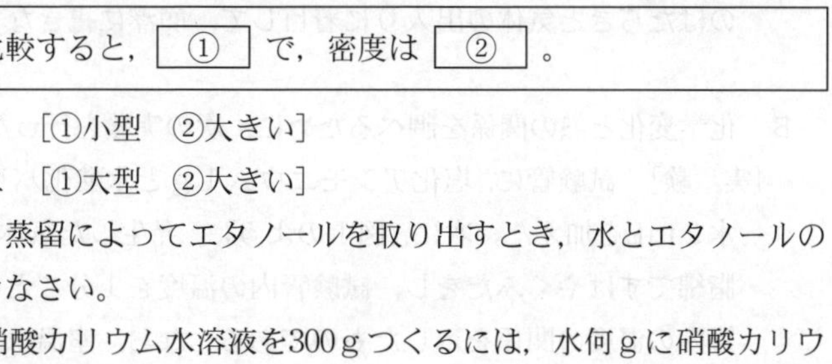

**2**　次のＡ～Ｄの問いに答えなさい。

Ａ　植物のはたらきを調べるために，次の実験を行った。後の⑴～⑶の問いに答えなさい。

［実験Ｘ］　葉のついた(a)アジサイの枝を３本用意し，１本目は葉の表側にのみワセリンを塗り，２本目は裏側にのみワセリンを塗り，３本目はワセリンを塗らなかった。これらを同量の水が入った試験管にそれぞれさして(b)油を１滴たらし，１日後，試験管の水の量を調べた。

［実験Ｙ］　ポリエチレンの袋に空気とアジサイの葉を入れたもの，空気のみを入れたものを用意し，それぞれの袋の口を輪ゴムでしっかりとめた。両方を暗い場所に一晩置いた後，それぞれの袋の中の空気を石灰水の中に通し，石灰水の色の変化を調べた。

⑴　実験Ｘ，Ｙからわかることについて最も適切なものを，次のア～エからそれぞれ選びなさい。

ア　植物は呼吸を行っていること。　　　イ　光合成で酸素がつくられること。

ウ　吸収された水は道管を通ること。　　エ　蒸散により水が吸収されること。

⑵　実験Ｘにおいて，

①　下線部(a)について，実験の結果を比較するために必要な，葉についての条件を，簡潔に書きなさい。

②　下線部(b)について，油を１滴たらした理由を，簡潔に書きなさい。

⑶　実験Ｙで，ポリエチレンの袋を暗い場所に置いた理由を，明るい場所に置いたときの植物のはたらきと気体の出入りに着目して，簡潔に書きなさい。

Ｂ　化学変化と熱の関係を調べるために，次の実験を行った。後の⑴～⑶の問いに答えなさい。

［実　験］　試験管に，塩化アンモニウム１ｇと水酸化バリウム３ｇをそれぞれ入れ，混ぜた後，水２mLを加えた。次に，図Ⅰのように，発生した気体が外に出ないように，水で湿らせた脱脂綿ですばやくふたをし，試験管内の温度を１分ごとに測定した。図Ⅱは，測定時間と試験管内の温度の関係を示したものである。なお，室温は27.5℃で一定とする。

図Ⅰ

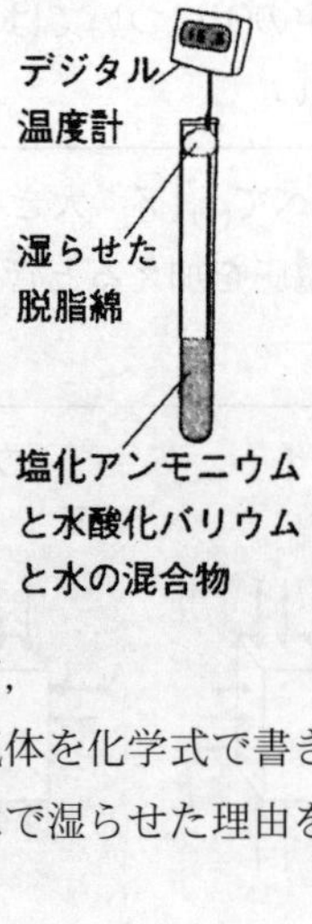


図Ⅱ

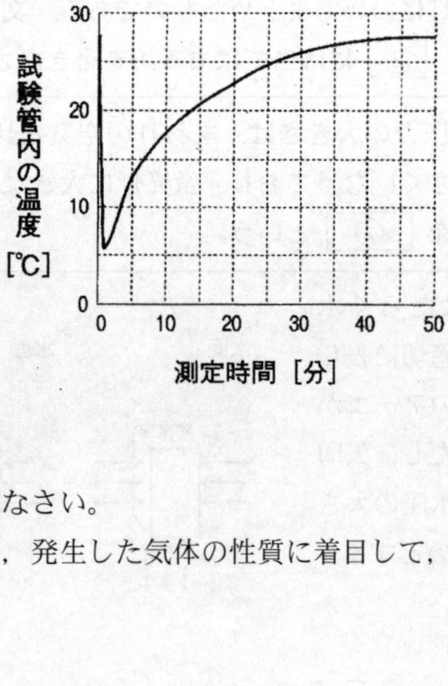


⑴　実験において，

①　発生する気体を化学式で書きなさい。

②　脱脂綿を水で湿らせた理由を，発生した気体の性質に着目して，簡潔に書きなさい。

(2) 次の文は，実験の結果を考察したものである。文中の①については｛　｝内のア，イから正しいものを選び，［②］には当てはまる語を書きなさい。

> 塩化アンモニウムと水酸化バリウムを混ぜると化学反応が起き，そのときに熱を①{ア　周囲からうばう　　イ　周囲に出す} ため，試験管内の温度が下がった。このような化学反応を［②］という。やがて，試験管内の温度は上がり始め，さらに十分な時間が経過すると，室温と等しくなった。

(3) 前のページの図Ⅱで，十分な時間が経過した後に試験管内の温度が室温と等しくなった理由を，簡潔に書きなさい。

C　図Ⅰは，太陽と地球の位置関係を模式的に示したもので，A～Dは，日本における春分，夏至，秋分，冬至の，いずれかの日の地球の位置を示している。図Ⅱは，群馬県のある場所における，２月からの１年間の日の出，日の入りの時刻の変化をグラフに表したものである。また，１年を４つの期間に分け，それぞれａ～ｄで示した。次の(1)～(4)の問いに答えなさい。

図Ⅰ

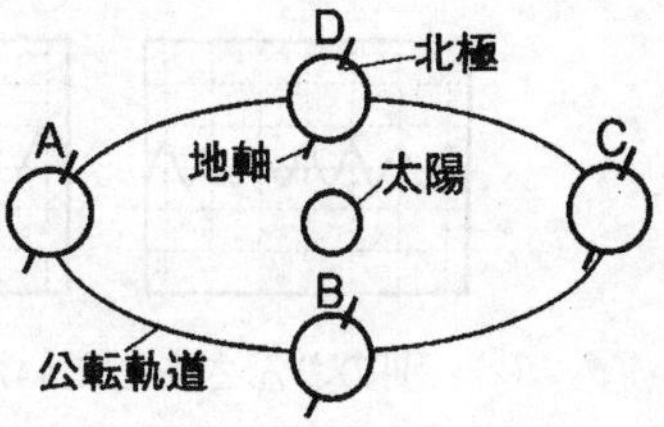


(1) 次の文は，地球の運動についてまとめたものである。文中の①，②の｛　｝内のア，イから正しいものを，それぞれ選びなさい。

> 地球を北極側から見たとき，地球の公転の向きは，①{ア　時計　　イ　反時計} 回りであり，地球の自転の向きと②{ア　同じ　　イ　逆} である。

(2) 地球が，図ⅠのCの位置にある日を含むのは，図Ⅱのａ～ｄの期間のうちどれか，選びなさい。

(3) 図Ⅱのａ～ｄの期間のうち，すべての日において真東よりも北寄りの地平線から太陽が昇るのはどれか，選びなさい。

(4) 図Ⅱのように，日の出，日の入りの時刻が，１年を通して変化する理由を，「地球の公転面」という語を用いて，簡潔に書きなさい。

図Ⅱ

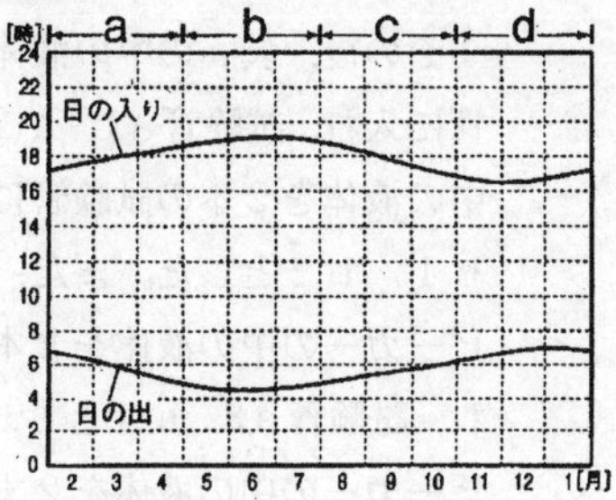


（国立天文台ホームページにより作成）

D　音の性質について調べるために，次の実験を行った。後の(1)，(2)の問いに答えなさい。

［実験１］　音が出ているおんさを水面に軽くふれさせると，激しく水しぶきが上がった。

［実験２］　図Ⅰのような密閉容器に，音の出ている電子ブザーを入れ，容器内の空気を抜いていくと，音が聞こえにくくなった。

図Ⅰ

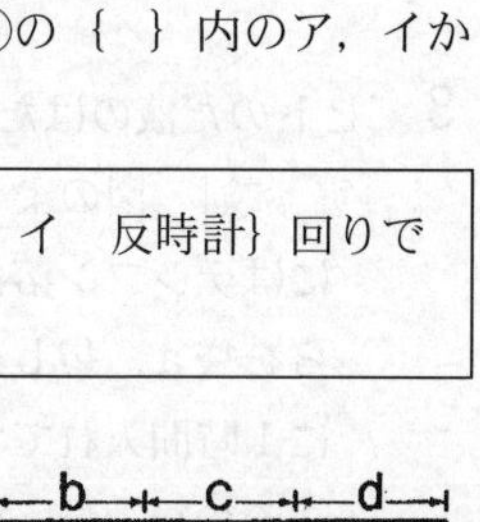


(1) 次のページの文は，実験１，２の結果から考察したものである。文中の□に当てはまる文を書きなさい。

音が出ている物体は振動しており，実験２の結果から，空気が［　　　］ことがわかる。

(2)　実験１で，おんさから発生した音をマイクで取り込み，コンピュータの画面に表示したところ，図Ⅱのような波形が観察された。次の①，②の問いに答えなさい。ただし，画面の横軸は時間，縦軸は振幅を表し，軸の１目盛りは，図Ⅱ，図Ⅲ，下のア～エにおいて，すべて等しいものとする。

図Ⅱ

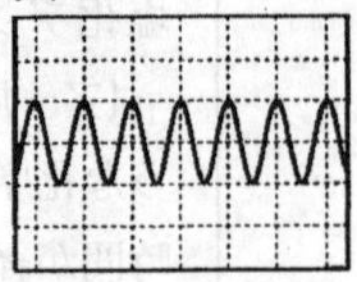

図Ⅲ

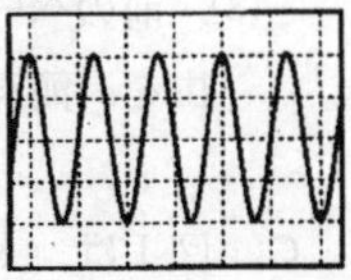

①　実験１で用いたおんさを，実験１でたたいた強さよりさらに強くたたいたとき，観察される波形として適切なものを，次のア～エから選びなさい。

ア

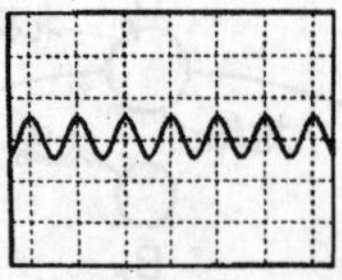

イ

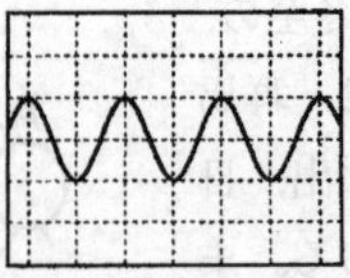

ウ

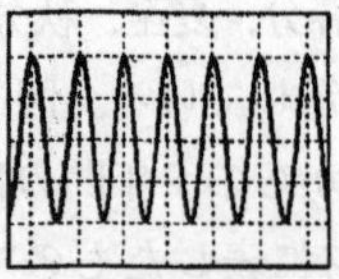

エ

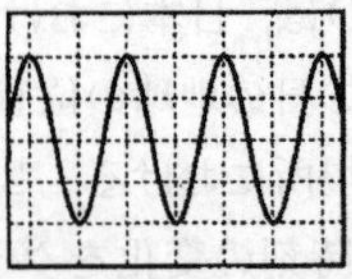

②　別のおんさをたたいたところ，図Ⅲのような波形が観察された。このおんさの振動数はいくらか，書きなさい。ただし，実験１で用いたおんさの振動数を400Hzとする。

**3**　ヒトのだ液のはたらきを調べるために，次の実験を行った。後の⑴，⑵の問いに答えなさい。

［実　験］　図のように，セロハンの袋を２つ用意し，１つにはデンプン溶液とだ液，もう１つにはデンプン溶液と蒸留水を入れ，これらを袋ａ，袋ｂとし，約40℃の蒸留水中に１時間入れておいた。

その後，袋ａの中の液体を２本の試験管に入れ，試験管ａ1，ａ２とし，袋ｂの中の液体を２本の試験管に入れ，試験管ｂ1，ｂ２とした。また，袋ａを入れたビーカーの中の液体を２本の試験管に入れ，試験管ａ3，ａ４とし，袋ｂを入れたビーカーの中の液体を２本の試験管に入れ，試験管ｂ3，ｂ４とした。

試験管ａ１，ａ3，ｂ1，ｂ３には，ヨウ素液を数滴加え，液体の色の変化を観察した。試験管ａ2，ａ4，ｂ2，ｂ４には，ベネジクト液を数滴加え，ガスバーナーで加熱し，液体の色の変化を観察した。次のページの表は，このときの色の変化をまとめたものである。

図

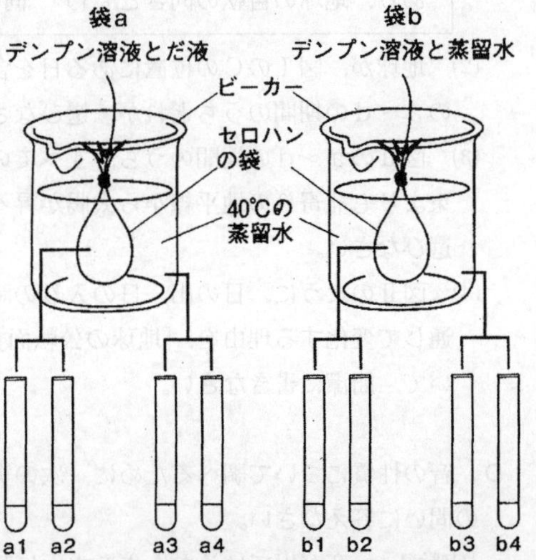


**（注１）セロハンは目に見えない小さな穴があいているシートであり，穴よりも小さな物質が通り抜けることができる。**

**（注２）袋ａと袋ｂのデンプン溶液は，同じ量である。**

**（注３）袋ａのだ液と袋ｂの蒸留水は，同じ量である。**

表

| ヨウ素液を加えた場合 | | | | ベネジクト液を加えた場合 | | | |
|---|---|---|---|---|---|---|---|
| a1 | a3 | b1 | b3 | a2 | a4 | b2 | b4 |
| 変化なし | 変化なし | 青紫色 | 変化なし | 赤褐色 | 赤褐色 | 変化なし | 変化なし |

(1)　試験管ａ１とｂ１の液体の色の変化を比べることでわかることを，簡潔に書きなさい。

(2)　次の文は，実験の結果をもとに，まとめたものである。文中の［①］～［⑥］には当てはまる試験管の記号を，［⑦］には当てはまる語を，それぞれ書きなさい。

> 試験管［①］と［②］を比べると，だ液のはたらきによりデンプンが麦芽糖（ブドウ糖の分子が２つ結合したもの）などに変化したことがわかる。デンプンがセロハンの穴を通り抜けないことがわかるのは，試験管［③］と［④］を比べたときである。また，麦芽糖がセロハンの穴を通り抜けることがわかるのは，試験管［⑤］と［⑥］を比べたときである。これらのことから，デンプンの分子と麦芽糖の分子の大きさを比べると，麦芽糖のほうが小さいと考えられる。実際にヒトでは，麦芽糖は消化液のはたらきによって，さらに小さいブドウ糖に変化する。このように，食物やその栄養分が体内に［⑦］されやすい形や大きさに変化していく一連の流れを消化という。

**4**　実験室内の湿度を調べるために，次の実験を行った。後の(1)～(3)の問いに答えなさい。ただし，測定中は実験室の室温と実験室内の空気に含まれる水蒸気量は変化しないものとする。

［実　験］　はじめに，実験室の室温を測定し，図のように，金属製のコップに実験室の室温と同じ温度の水と，くだいた氷の入った試験管を入れた。次に，コップ内の水温が平均して下がるように試験管をゆっくり動かし，コップの表面がくもり始めたときの水温を測定した。同様の実験を１日２回，４日間行った。表Ⅰは，その結果をまとめたものであり，表Ⅱは，気温と飽和水蒸気量の関係を示したものである。

表Ⅰ

| 日　時 | 10月20日 | | 10月21日 | | 10月22日 | | 10月23日 | |
|---|---|---|---|---|---|---|---|---|
| | 9時 | 15時 | 9時 | 15時 | 9時 | 15時 | 9時 | 15時 |
| 室　温［℃］ | 21 | 24 | 16 | 25 | 20 | 25 | 15 | 19 |
| くもり始めたときの水温［℃］ | 15 | 16 | 14 | 13 | 11 | 10 | 12 | 13 |

図

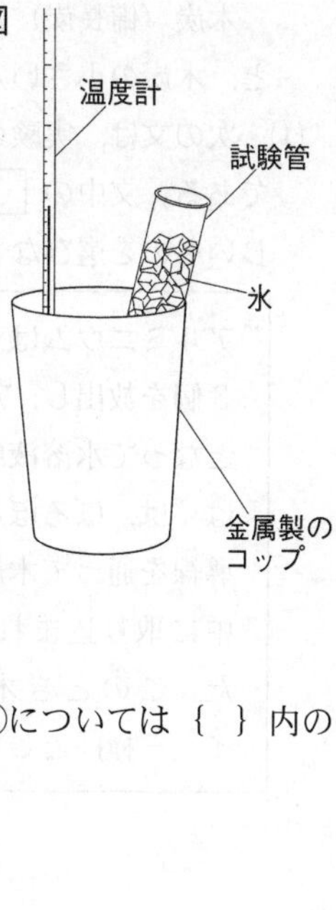


表Ⅱ

| 気　温［℃］ | 10 | 11 | 12 | 13 | 14 | 15 | 16 | 17 |
|---|---|---|---|---|---|---|---|---|
| 飽和水蒸気量［g/m³］ | 9.4 | 10.0 | 10.7 | 11.4 | 12.1 | 12.8 | 13.6 | 14.5 |
| 気　温［℃］ | 18 | 19 | 20 | 21 | 22 | 23 | 24 | 25 |
| 飽和水蒸気量［g/m³］ | 15.4 | 16.3 | 17.3 | 18.3 | 19.4 | 20.6 | 21.8 | 23.1 |

(1)　次のページの文は，この実験についてまとめたものである。文中の①については｛　｝内のア，イから正しいものを選び，［②］には当てはまる語を書きなさい。

> 氷を入れた試験管によって水温とコップに接している空気の温度が下がり，飽和水蒸気量は①{ア　大きく　　イ　小さく} なった。その後，コップに接している空気の湿度が100%になったとき，コップの表面がくもり始めた。このときの空気の温度を ② という。

(2) 実験において，

① 10月20日９時の実験室内の湿度はいくらか，書きなさい。ただし，小数第１位を四捨五入すること。

② 10月20日９時と10月23日15時の湿度は，ほぼ同じ値であることがわかった。この２つの日時において，実験室内の空気に含まれる水蒸気量をそのままとし，室温を20℃に設定したとする。この場合の，飽和に達するまでさらに含むことができる水蒸気量について述べたものとして，適切なものを，次のア～ウから選びなさい。また，そのように判断した理由を，「飽和水蒸気量」という語を用いて，簡潔に書きなさい。

ア　10月20日９時のほうが多い　　イ　10月23日15時のほうが多い　　ウ　等しい

(3) この実験で見られた現象と同様な現象を，次のア～エからすべて選びなさい。

ア　寒い日に池の水が凍った。　　イ　寒い日の早朝に霧が発生した。

ウ　熱いお茶から湯気が出た。　　エ　寒い日に吐いた息が白くくもった。

**5**　木炭電池について調べるために，次の実験を行った。後の(1)～(3)の問いに答えなさい。

［実　験］ 図のように，木炭（備長炭）に食塩水をしみ込ませたろ紙を巻き，その上からアルミニウムはくを巻いて木炭電池をつくった。アルミニウムはくと木炭を電極として電子オルゴールにつないだところ，電子オルゴールが鳴った。長時間鳴らした後，アルミニウムはくを見るとぼろぼろになっていた。

図

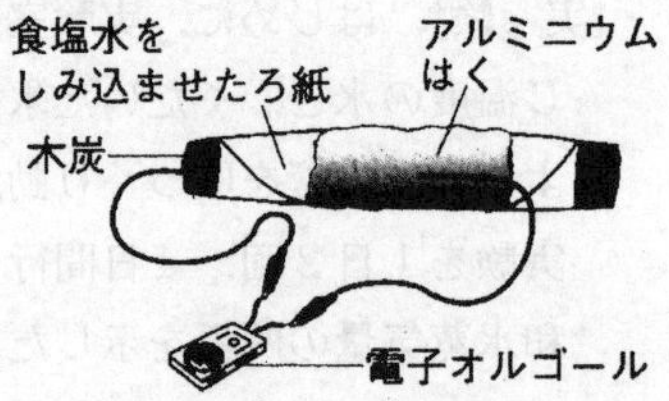


木炭（備長炭）についてインターネットで調べてみると，木炭の小さい穴の中に，空気中の酸素分子などが取り込まれていることがわかった。

(1) 次の文は，実験の結果をもとに，木炭電池のしくみについて，モデルを用いて考察したものである。文中の ① には当てはまるイオン式を書き，②については { } 内のア，イから正しいものを選びなさい。

> アルミニウムはく中のアルミニウム原子が電子３個を放出し，アルミニウムイオン（ ① ）となって水溶液中に溶けたため，アルミニウムはくは，ぼろぼろになった。放出された電子は導線を通って木炭へ移動し，木炭の小さい穴の中に取り込まれた酸素分子が電子を受け取った。このとき木炭は電池の②{ア　＋極　イ　－極} としてはたらく。
>
> モデル
>
> 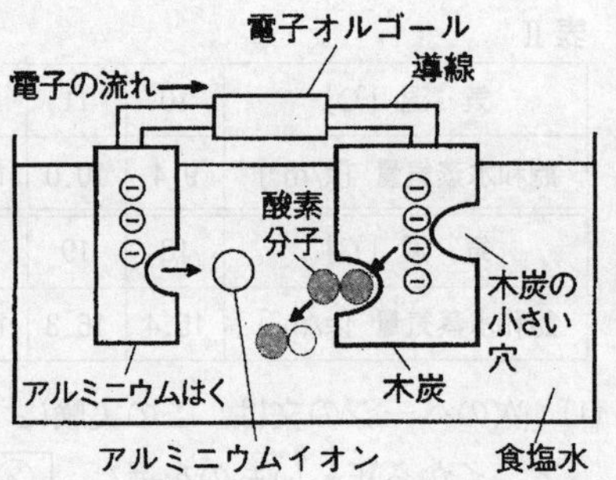
> 

(2) 木炭における反応を調べるために，実験において，食塩水をしみ込ませたろ紙にフェノールフタレイン溶液を数滴加えたところ，電流が流れる前では，ろ紙の色の変化は見られなかったが，電流が流れた後では，ろ紙は赤色に変化した。次の①，②の問いに答えなさい。

① ろ紙が赤色に変化したことからわかることを，簡潔に書きなさい。

② 木炭における化学変化は，

$$\boxed{\text{ア}} + \ominus\ominus\ominus\ominus + 2H_2O \rightarrow (\text{ イ }) \boxed{\text{ウ}}$$

と表すことができる。ア，ウ には化学式またはイオン式を，（イ）には数字を，それぞれ書きなさい。ただし，⊖は電子1個を表すものとする。

(3) 木炭の小さい穴の中に取り込まれている酸素分子3個が電子を受け取るとき，アルミニウムはく中では少なくとも何個のアルミニウム原子がアルミニウムイオンになる必要があるか，書きなさい。ただし，アルミニウム原子1個当たり電子3個を放出し，酸素分子1個当たり電子4個を受け取るものとし，それぞれの電極で受け渡される電子の総数は等しいものとする。

**6** 台車が斜面を下る運動について調べるために，次の実験を行った。後の(1)～(3)の問いに答えなさい。ただし，空気抵抗や台車と面との摩擦は考えないものとし，斜面と水平な床はなめらかにつながっているものとする。

[実験1] 図Ⅰのように，紙テープをつけた台車を斜面上に置き，静かに離したところ，台車は斜面を下った。台車が手から離れた後の運動を，$\frac{1}{50}$秒間隔で点を打つ記録タイマーを用いて紙テープに記録した。図Ⅱは，記録された紙テープを5打点ごとに切って台紙にはり，5打点ごとに移動した距離を示したものである。

図Ⅰ

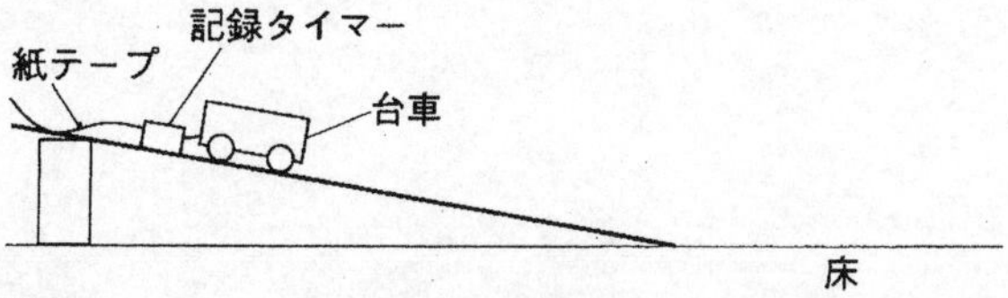


[実験2] 実験1よりも斜面の傾きを大きくして，紙テープをつけた台車を斜面上に置き，静かに離したところ，台車は斜面を下った。図Ⅲは，台車が手から離れた後の運動について，記録された紙テープを5打点ごとに切って台紙にはり，5打点ごとに移動した距離を示したものである。

図Ⅱ

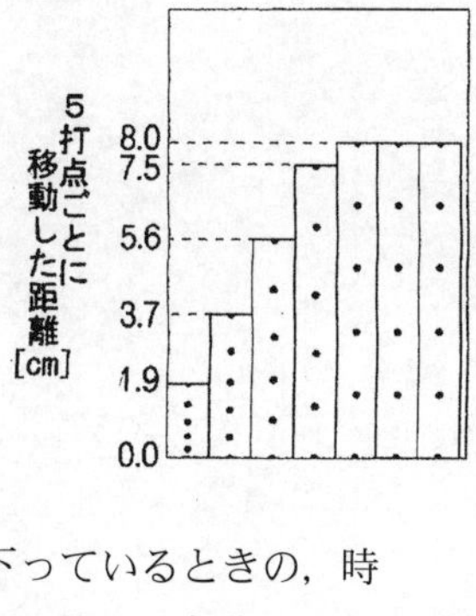


図Ⅲ

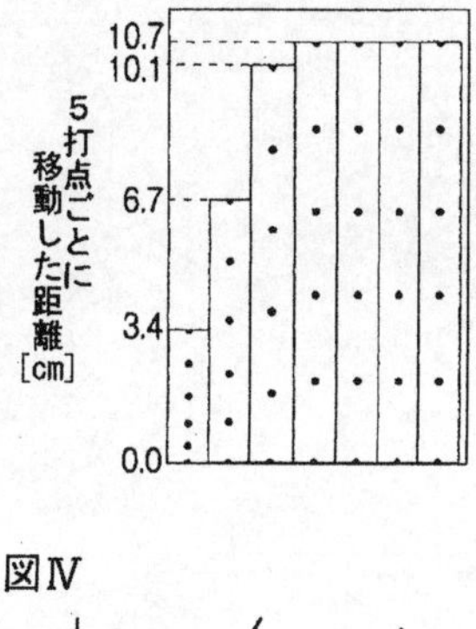


(1) 図Ⅳは，実験1，2で台車が斜面を下っているときの，時間と速さの関係をそれぞれ表すグラフである。実験1に比べ，実験2のほうが直線の傾きが大きくなった理由を，台車にはたらく力に着目して，簡潔に書きなさい。

図Ⅳ

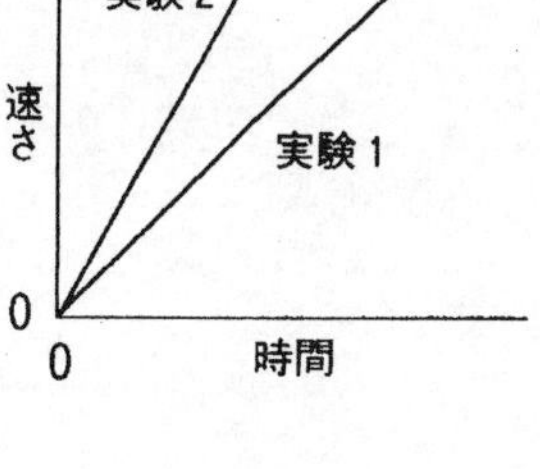

(2)　次の①，②の問いに答えなさい。

①　実験１において，台車が斜面を下りきってから水平な床を進んでいるときの速さはいくらか，書きなさい。

②　実験１，２において，台車が斜面を下りきってから水平な床を進んでいるときの，時間と移動距離の関係を表すグラフとして最も適切なものを，次のア～エから選びなさい。

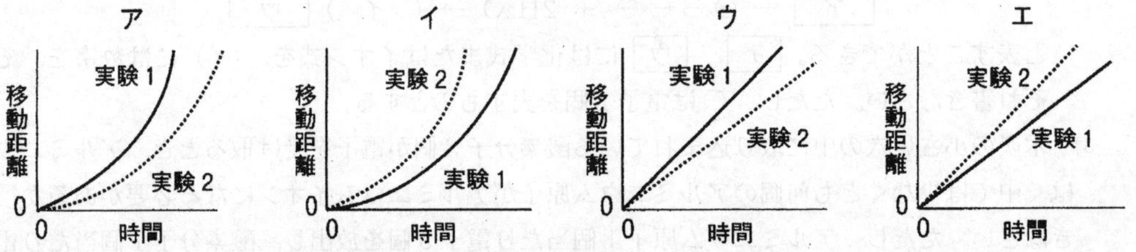


(3)　実験１，２において，台車を置く位置をそれぞれ変えて実験したところ，台車が手から離れた後の，時間と速さの関係を表すグラフは図Ⅴのようになった。この場合，実験１，２における台車を置く位置をどのように設定したか，簡潔に書きなさい。

図Ⅴ

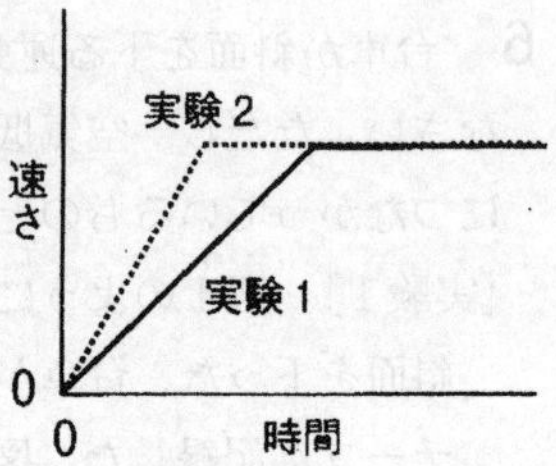

# ＜社会＞

時間　45分～60分（学校裁量による）　満点　100点

**1**　大介さんは，「日本の諸地域の学習のまとめ」として，東海道新幹線に関わる内容について発表した。次の図と資料は，そのときに使用したものの一部である。後の(1)～(5)の問いに答えなさい。

図

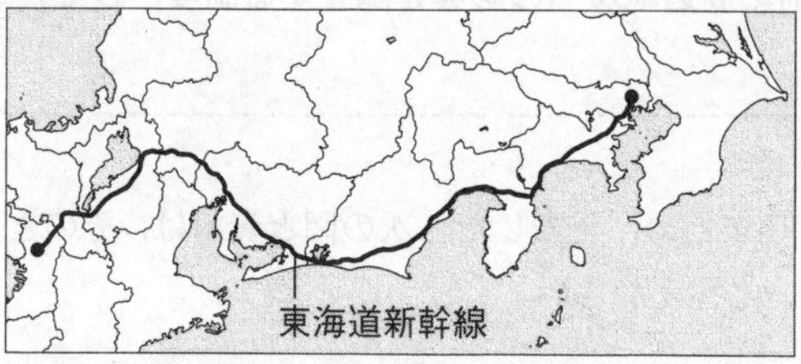


資料Ⅰ　東海道を描いた浮世絵

資料Ⅱ　工業地帯・工業地域の製造品出荷額

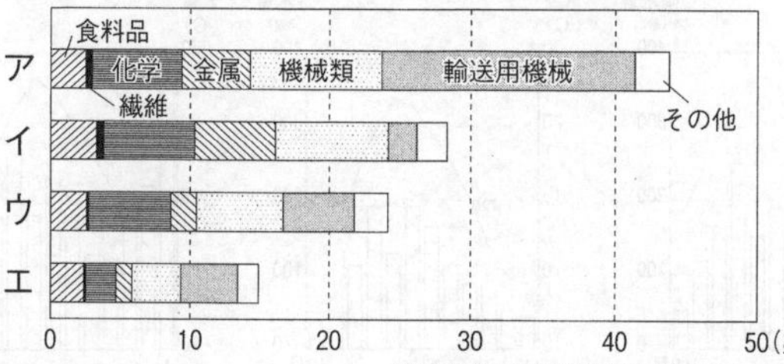


（「平成26年工業統計表品目編」により作成）

資料Ⅲ

（ＪＲ東海ホームページより）

(1)　大介さんは，東海道新幹線が通る都道府県を，次のように整理した。 A ， B に当てはまる都道府県名を，図を参考にして，それぞれ書きなさい。

**東京都　→　神奈川県　→　静岡県　→ A → 岐阜県　→　滋賀県　→ B →**
**大阪府**

(2)　大介さんは，東海道新幹線という名称が，江戸時代に整備された五街道の１つである東海道に由来していることを発表した。次の①，②の問いに答えなさい。

①　五街道のうち，現在の群馬県と長野県との境にある碓氷峠を通るものを，次のア～エから選びなさい。

ア　奥州道中　　イ　日光道中　　ウ　甲州道中　　エ　中山道

②　江戸時代の文化・文政期には，江戸において，歌川広重による資料Ⅰのような浮世絵が流行したり，十返舎一九による『東海道中膝栗毛』が評判となったりした。この時期に発展した文化がどのようになっていったか，五街道などの交通路の整備に着目して，簡潔に書きなさい。

(3)　東海道新幹線の開通と最も近い時期に日本であったできごとを，次のア～エから選びなさい。

ア　テレビ放送が始まった。　　　　　イ　ラジオ放送が始まった。
ウ　東京でオリンピックが行われた。　エ　大阪で日本万国博覧会が行われた。

(4)　大介さんは，東海道新幹線の沿線にある工業地帯や工業地域について調べ，発表した。資料Ⅱのア～エは，京浜工業地帯，東海工業地域，中京工業地帯，阪神工業地帯のいずれかの製造品出荷額を示している。中京工業地帯に当たるものを，ア～エから選びなさい。

(5)　大介さんは，資料Ⅲの写真を示して，次のように発表した。文中の［C］，［D］に当てはまる語を，それぞれ書きなさい。

> 東海道新幹線の沿線の一部で見られる防音壁は，沿線住民が良好な［C］を求める権利である［C］権を主張するようになり，設置されました。近年では，新幹線の敷設のような大規模な事業を行うときは，事前に周辺地域への影響を調査する制度として［D］が行われるようになりました。

**2**　恵さんは，中部地方について調べたことをまとめ，発表した。次の図と資料は，そのときに使用したものの一部である。後の(1)～(4)の問いに答えなさい。

図

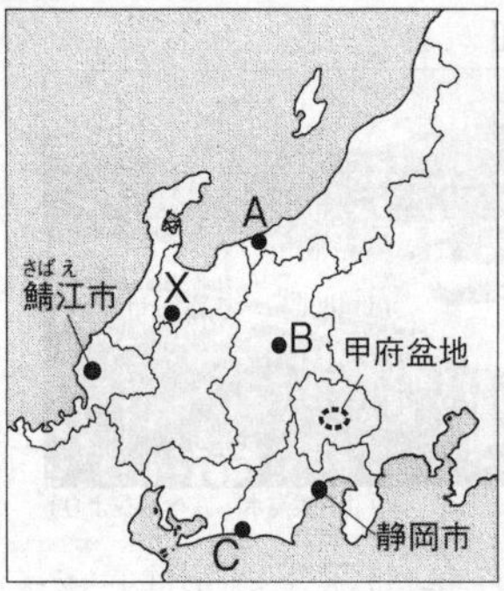


資料Ⅰ

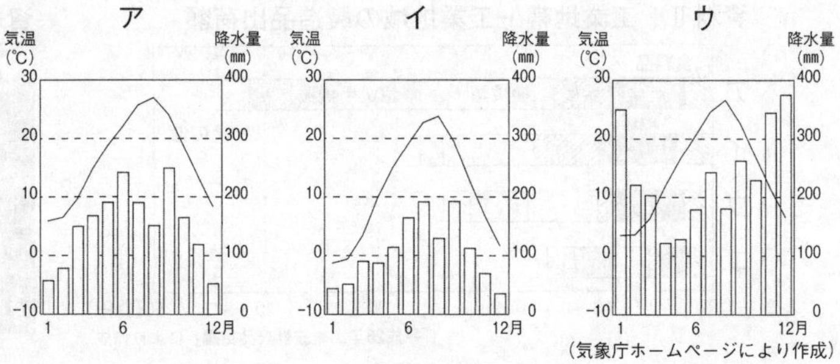


（気象庁ホームページにより作成）

(1)　資料Ⅰのア～ウは，図中のA～Cのいずれかの都市の気温と降水量のグラフである。Bの都市に当たるものを，ア～ウから選びなさい。

(2)　資料Ⅱは，甲府盆地の一部を示した地形図である。これに関して，次の①，②の問いに答えなさい。

①　この地域は，川が山間部から平野や盆地に出たところに，土砂がたまってできた地形となっている。このような地形を何というか，書きなさい。

②　資料Ⅱから読み取れる内容として最も適切なものを，次のア～エから選びなさい。

ア　金川に沿って水力発電所が見られる。

イ　緩やかな斜面が果樹園に利用されている。

ウ　金川は北西から南東に向かって流れている。

エ　地形図上のPQ間の長さは直線で4㎝なので，実際の距離は2㎞である。

資料Ⅱ

（国土地理院2万5千分の1地形図「石和」2006年発行により作成）

(3)　恵さんは，資料Ⅲの写真を示して，次のように発表した。文中の D ， E に当てはまる文を，それぞれ書きなさい。

> 資料Ⅲは，図中のXの地域で見られる伝統的な建築物です。この地域では， D という気候の特徴があるため，資料Ⅲのように，屋根の形に工夫が見られます。このような気候の地域では，農家の副業としてさまざまな地場産業が生まれました。その1つが，鯖江市の眼鏡フレーム製造業です。鯖江市の眼鏡フレームは，国内生産の9割を占めますが，中国などで E という利点を生かして生産された，価格の低い商品との競争が激しくなっています。

資料Ⅲ

（南砺市観光協会ホームページより）

(4)　恵さんは，静岡市が公開している防災情報を利用して，津波により浸水が想定される区域を表した資料Ⅳを作成した。津波が発生する危険が生じた際に住民の安全確保に役立つものとするためには，資料Ⅳの地図に，どのような情報を加えるとよいか，簡潔に書きなさい。

資料Ⅳ

（静岡市ホームページにより作成）

**3**　進さんは，北アメリカとヨーロッパについて調べたことをまとめ，発表した。次の図と資料（次のページにもあります）は，そのときに使用したものの一部である。後の(1)～(3)の問いに答えなさい。

図

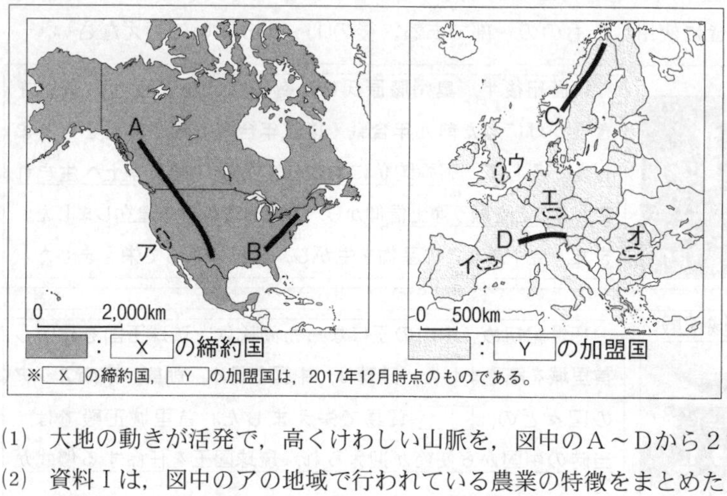


資料Ⅰ

> 夏は，高温で乾燥するため，かんきつ類などの果樹栽培が行われている。一方，冬は，雨が多いため，小麦などを栽培する農業が行われている。

(1)　大地の動きが活発で，高くけわしい山脈を，図中のA～Dから2つ選びなさい。

(2)　資料Ⅰは，図中のアの地域で行われている農業の特徴をまとめたものである。資料Ⅰと同様の特徴が見られる地域を，図中のイ～オから選びなさい。

資料Ⅱ　［ X ］の締約国３か国における貿易相手国と貿易額の割合（%）（2015年）

| アメリカ | | | | カナダ | | | | メキシコ | | | |
|---|---|---|---|---|---|---|---|---|---|---|---|
| 輸出 | | 輸入 | | 輸出 | | 輸入 | | 輸出 | | 輸入 | |
| カナダ | 18.6 | 中国 | 21.5 | アメリカ | 76.7 | アメリカ | 53.1 | アメリカ | 81.2 | アメリカ | 47.3 |
| メキシコ | 15.7 | カナダ | 13.2 | 中国 | 3.9 | 中国 | 12.2 | カナダ | 2.8 | 中国 | 17.7 |
| 中国 | 7.7 | メキシコ | 13.1 | イギリス | 3.1 | メキシコ | 5.8 | 中国 | 1.3 | 日本 | 4.4 |
| 日本 | 4.2 | 日本 | 5.8 | 日本 | 1.9 | ドイツ | 3.2 | ブラジル | 1.0 | 韓国 | 3.7 |
| イギリス | 3.7 | ドイツ | 5.5 | メキシコ | 1.3 | 日本 | 2.8 | コロンビア | 1.0 | ドイツ | 3.5 |

［ Y ］の貿易額上位３か国における貿易相手国と貿易額の割合（%）（2015年）

| ドイツ | | | | フランス | | | | イギリス | | | |
|---|---|---|---|---|---|---|---|---|---|---|---|
| 輸出 | | 輸入 | | 輸出 | | 輸入 | | 輸出 | | 輸入 | |
| アメリカ | 9.6 | オランダ | 13.7 | ドイツ | 15.9 | ドイツ | 19.5 | アメリカ | 14.6 | ドイツ | 14.8 |
| フランス | 8.6 | フランス | 7.6 | スペイン | 7.3 | ベルギー | 10.7 | ドイツ | 10.1 | 中国 | 9.8 |
| イギリス | 7.5 | 中国 | 7.3 | アメリカ | 7.2 | イタリア | 7.7 | スイス | 7.0 | アメリカ | 9.2 |
| オランダ | 6.6 | ベルギー | 6.0 | イタリア | 7.1 | オランダ | 7.5 | 中国 | 6.0 | オランダ | 7.5 |
| 中国 | 6.0 | イタリア | 5.2 | イギリス | 7.0 | スペイン | 6.8 | フランス | 5.9 | フランス | 5.8 |

（「世界国勢図会2017/18年版」により作成）

(3)　進さんは，図中の［ X ］，［ Y ］におけるそれぞれの地域内でのつながりについて発表した。次の①～③の問いに答えなさい。

①　北アメリカの３か国が締結している協定の名称［ X ］と，ヨーロッパの28か国が加盟している組織の名称［ Y ］を，それぞれ書きなさい。

②　進さんは，図中の２つの地域における人々の移動について，次のように発表した。次の文中の［ あ ］には当てはまる語を，［ い ］には当てはまる語句を，それぞれ書きなさい。

> アメリカ合衆国は，多くの国や地域からの移民を受け入れていますが，特に，メキシコからの移民が多くなっています。メキシコからの移民のように，スペイン語を話す移民は，［ あ ］と呼ばれています。一方，ヨーロッパでは，協定を結んだ国どうしの国境において［ い ］をなくしたため，人々の移動が活発に行われるようになりました。

③　進さんは，［ X ］，［ Y ］が貿易の自由化を目的の１つとしていることを学習し，資料Ⅱを用いて発表した。資料Ⅱから読み取れる，［ X ］，［ Y ］に共通する貿易の特徴を，「関税」という語を用いて，簡潔に書きなさい。

**4**　誠さんは，歴史的に価値が高い建造物に関して調べたことをまとめ，発表した。次の資料と次のページの図は，そのときに使用したものの一部である。後の(1)～(6)の問いに答えなさい。

資料Ⅰ　中尊寺金色堂

11世紀後半，奥州藤原氏は，有力な武士どうしの争いをきっかけにした前九年合戦・後三年合戦を経て，力をもちました。そして，(a)阿弥陀仏にすがって死後に極楽浄土へ生まれ変わることを願う浄土信仰から，(b)中尊寺金色堂を建立しました。また，金や馬などの産物を生かし，交易によって栄えました。

資料Ⅱ　復元された首里城正殿

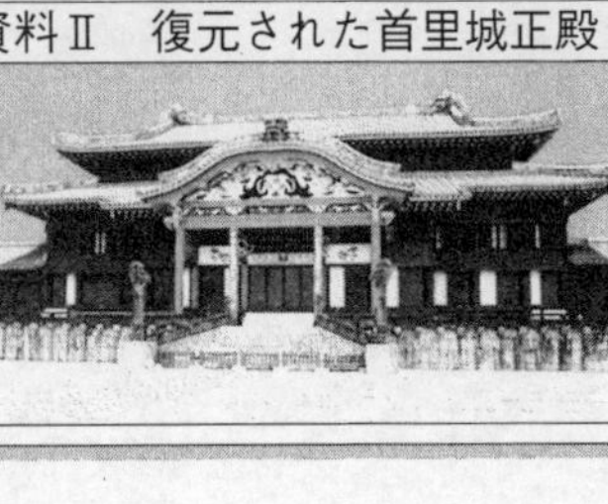

15世紀初め，中山の王になった尚氏は，琉球王国を建国し首里城を築きました。琉球は，中国や日本，朝鮮，東南アジアの国々との，［　　］貿易で栄えました。首里城正殿では，(c)当時の中国から使節が迎えられ，琉球国王を任命する儀式が行われました。

資料Ⅲ　閑谷学校

17世紀後半，岡山藩主の池田光政は，儒学(d)の教えを藩政に取り入れました。そして，庶民にも学問が必要だと考え，閑谷学校をつくりました。そのほかの地域でも，18世紀頃から，町人や百姓の間で教育がさかんになり，寺子屋が増えました(e)。

図

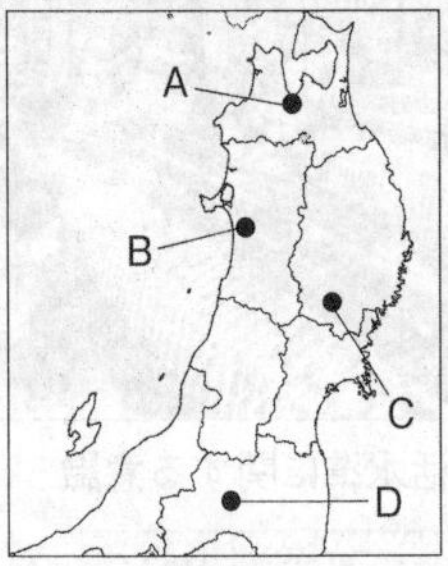


資料Ⅳ　琉球王国の貿易

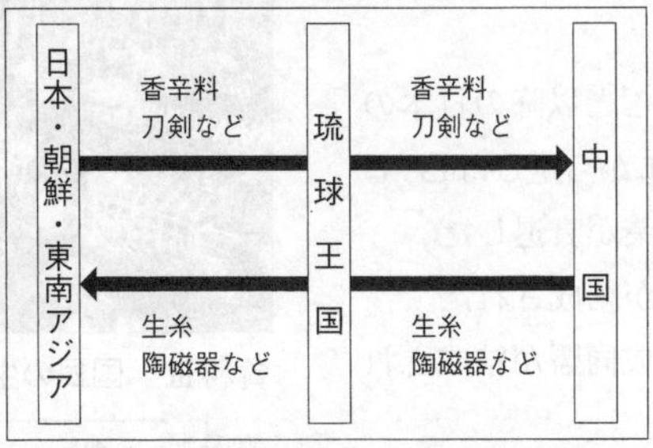


資料Ⅴ　寺子屋での学習

寺子屋では，往来物と呼ばれる教科書が使用されました。手紙文や日常用語を集めたものが多く，読む，書くなどの学習が中心でした。また，庶民の生活に関係した「商売往来」・「百姓往来」などの往来物も，多数作成されました。

(1)　下線部(a)について，浄土信仰にもとづいて建立されたものを，次のア～エから選びなさい。

ア　伊勢神宮　　イ　唐招提寺　　ウ　日光東照宮　　エ　平等院鳳凰堂

(2)　下線部(b)について，この建造物のある位置を，図中のＡ～Ｄから選びなさい。

(3)　資料Ⅱの[　　]に当てはまる語を，資料Ⅳを参考にして，書きなさい。

(4)　下線部(c)について，琉球国王は，当時の中国にみつぎ物を送ることで，国王としての地位を認めてもらっていた。このような関係を何というか，書きなさい。

(5)　下線部(d)に関して，儒学の中でも，江戸幕府は朱子学を重視した。幕府が朱子学を重視した理由を，簡潔に書きなさい。

(6)　下線部(e)について，町人や百姓が寺子屋で学ぶようになったのはどうしてか，資料Ⅴ，資料Ⅵを参考にして，簡潔に書きなさい。

資料Ⅵ　寺子屋の様子

**5**　健さんは，「明治以降の日本の貿易と国民生活の様子」というテーマで調べたことをまとめ，発表した。次の資料は，そのときに使用したものの一部である。後の(1)～(5)の問いに答えなさい。

**資料Ⅰ**

| | | おもな輸出品 | おもな輸入品 | 国民生活の様子 |
|---|---|---|---|---|
| 明治 | 1870年頃 | 生糸(a)，茶 | 綿織物，毛織物 | 西洋文明の受容による生活様式の近代化 |
| | 1900年頃 | 生糸，綿糸(b) | 綿花，砂糖 | 産業の発展による生活格差の拡大 |
| 大正<br>昭和 | 1930年頃 | 生糸，綿織物 | 綿花，石油 | 世界恐慌(c)の影響による都市や農村での生活苦 |
| | 1960年頃 | 綿織物，機械 | 綿花，石油 | 高度経済成長による生活水準の向上(d) |
| 平成 | 1990年頃 | 自動車(e)，機械 | 機械，石油 | バブル経済とその後の不況による生活の混迷 |

(1)　下線部(a)に関して，健さんは，生糸と群馬県との関わりについて，次のように発表した。文中の［A］に当てはまる地名を書きなさい。

> **幕末の開国以降，現在の群馬県嬬恋村出身の中居屋重兵衛などの商人が，生糸の最大の輸出港であった［A］に進出し，生糸貿易でめざましい活躍をしました。**

(2)　下線部(b)について，この頃に綿糸がおもな輸出品となった理由を，資料Ⅱに着目して，簡潔に書きなさい。

(3)　下線部(c)について，このできごと以降の日本の様子を述べたものを，次のア～エから選びなさい。

ア　まゆの価格が暴落し，養蚕業が衰退した。

イ　日本で最初の社会主義政党が結成された。

ウ　国会の開設を求める国会期成同盟が結成された。

エ　米価の上昇に対する米騒動が，全国的に広がった。

(4)　下線部(d)に関して，健さんは，資料Ⅲを用いて，次のように発表した。文中の［B］に当てはまる語を，漢字４字で書きなさい。

> **高度経済成長によって，家庭電化製品や自動車が広く普及すると，人々の生活水準が向上し，多くの人々が「［B］」をもつようになりました。**

(5)　下線部(e)について，1980年代のアメリカでは，資料Ⅳのような様子が見られた。この背景として，日本とアメリカの間には，どのような問題があったのか，資料Ⅴに着目して，簡潔に書きなさい。

資料Ⅱ　大阪の紡績工場の様子（1907年頃）

資料Ⅲ　国民の生活水準に関する意識

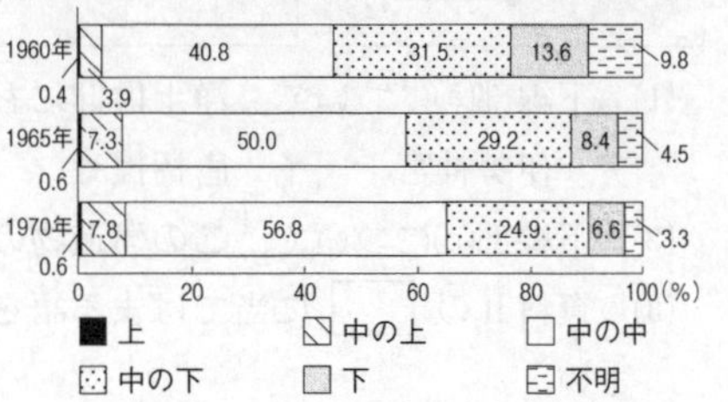


※「お宅の生活程度は，世間一般から見て，この中のどれにはいると思いますか。」という質問への回答。

（内閣府「国民生活に関する世論調査」により作成）

資料Ⅳ　日本車を打ち壊すアメリカ人

資料Ⅴ　日本の対米貿易黒字額と対米自動車輸出台数の推移

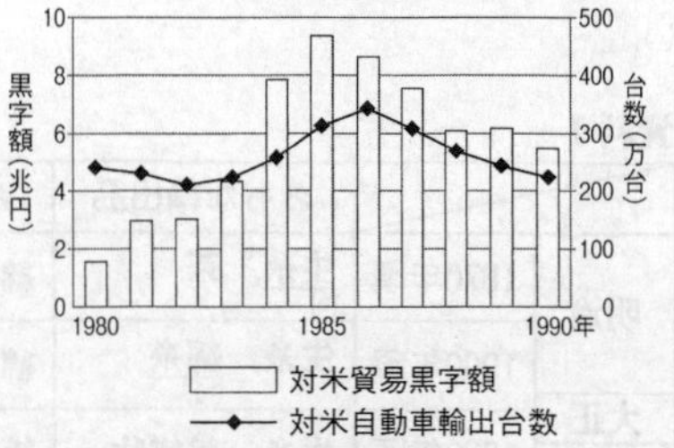


（「日本長期統計総覧」などにより作成）

**6**　真奈さんのクラスでは,「私たちと経済」の学習において，企業見学を行い，見学内容について発表した。次の資料は，そのときに使用したものの一部である。後の(1)～(5)の問いに答えなさい。

**ポスター**

**見学先　【〇〇自動車△△工場】**

●生産台数や従業員数について

・国内で年間約73万台の自動車を生産している。(a)

・見学した工場では4,000人以上の従業員(b)が働いている。

●企業の[ A ]（ＣＳＲ）を果たすために

・交通安全教室を実施したり，小中学生の職場体験の受入れを行ったりする。

・雇用を守ったり，所得に応じて税金(c)を負担したりする。

●環境への配慮について

・すべての工場や事業所において３Ｒを実践し，循環型社会形成のための取組を行っている。(d)

・自社で小規模水力発電所を設置するなど，省エネルギー対策を行っている。

**資料Ⅰ**

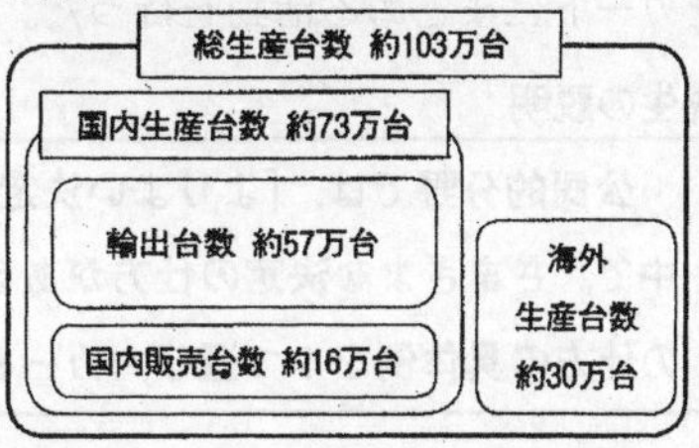


**資料Ⅱ**

| 工場の従業員数（見学時） | |
|---|---|
| 正　社　員 | 約3,000人 |
| 期間従業員（非正規） | 約1,300人 |
| 合　計 | 約4,300人 |

(1)　[ A ] に当てはまる語を書きなさい。

(2)　下線部(a)に関して，資料Ⅰについての記述Ｘ，Ｙの正誤の組み合わせとして適切なものを，後のア～エから選びなさい。

Ｘ：国内生産台数のうち，70％以上が輸出されていることが読み取れる。

Ｙ：海外生産台数は，総生産台数の３分の１を超えていることが読み取れる。

ア【Ｘ　正　Ｙ　正】　イ【Ｘ　正　Ｙ　誤】

ウ【Ｘ　誤　Ｙ　正】　エ【Ｘ　誤　Ｙ　誤】

**資料Ⅲ　〇〇自動車の国内生産台数の推移**

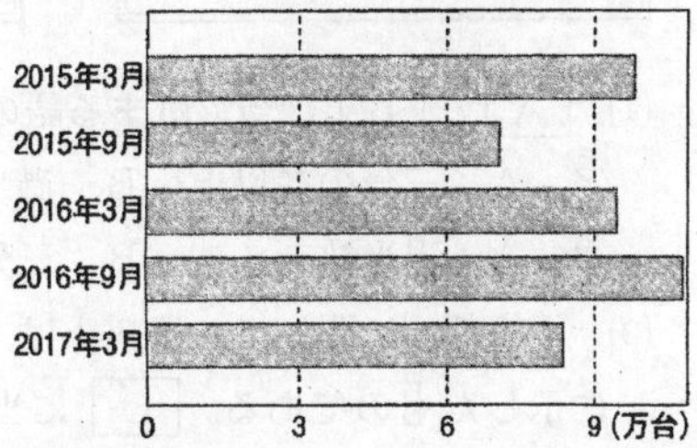


(3)　下線部(b)に関して，資料Ⅱは工場の従業員数の内訳である。企業が，正社員のほかに非正規の期間従業員を雇用する理由を，資料Ⅲに着目して，簡潔に書きなさい。

(4)　下線部(c)に関して，次の①，②の問いに答えなさい。

①　発表用メモの [ B ] に当てはまる語を書きなさい。

②　発表用メモの下線部について，間接税とはどのような税か，簡潔に書きなさい。

**発表用メモ**

企業が納める税には，[ B ]税や消費税などがあります。企業の所得に応じて納める[ B ]税は直接税で，モノやサービスの売り上げに課される消費税は間接税です。

(5)　下線部(d)に関して，真奈さんは見学した企業の３Ｒの取組について，さらに詳しく調べ，資料Ⅳにまとめた。資料Ⅳ中の [ C ] ～ [ E ] には，企業の３Ｒの取組の例として次のア～ウのいずれかが入る。[ C ] と [ E ] に当てはまるものを，ア～ウからそれぞれ選びなさい。

ア　部品を運搬する際に使うプラスチック製容器を，繰り返し利用している。

**資料Ⅳ　〇〇自動車の３Ｒについて**

| 用　語 | 取組の例 |
|---|---|
| リデュース | C |
| リユース | D |
| リサイクル | E |

イ　製品の輸送時に使う段ボールを減らすなど，ごみの排出量を抑制している。
ウ　自動車製造時の廃プラスチックを，固形燃料として再資源化（再生利用）している。

**7**　美咲さんのクラスでは，公民的分野の学習の最後に，先生の説明にもとづいて，学習した内容をカードにまとめる活動を行った。後の(1)～(5)の問いに答えなさい。

**先生の説明**

> **公民的分野では，「よりよい決定の仕方とは，どのようなものだろうか」ということを考える中で，さまざまな決定の仕方があることを学習しました。これらの中から，多数決(a)による決定の仕方の具体例を１つ選び，カードにまとめましょう。**

**美咲さんがまとめたカード**

> **○日本国憲法の改正手続き**
> **日本国憲法第九十六条**
> **この憲法の改正は，各議院の総議員の［　A　］の賛成で，国会が，これを発議し，国民に提案してその承認を経なければならない(b)。この承認には，特別の国民投票又は国会の定める選挙の際行はれる投票において，その［　B　］の賛成を必要とする。**

**大輝さんがまとめたカード**

> **○国会議員の選び方**
> **衆議院**
> **１つの選挙区で最多得票者が１人当選する小選挙区選挙(c)と，各政党の得票数に応じて議席を配分する比例代表選挙の組み合わせ。**
> **参議院**
> **１つの選挙区で１人または数人が当選する選挙区選挙と，各政党の得票数に応じて議席を配分する比例代表選挙の組み合わせ。**

**愛さんがまとめたカード**

> **○国際連合での議決**
> **総会**
> **すべての加盟国が平等に１票をもち，通常は過半数で議決される。**
> **安全保障理事会**
> **常任理事国(d)５か国（アメリカ，イギリス，中国，フランス，ロシア）と非常任理事国10か国が平等に１票をもつ。ただし，重要事項については，すべての常任理事国を含む９票以上で議決される。**

(1)　［A］，［B］に当てはまる語の組み合わせとして適切なものを，次のア～エから選びなさい。
ア　A：三分の二以上　B：過半数　　　イ　A：三分の二以上　B：三分の二以上
ウ　A：過半数　　　　B：三分の二以上　エ　A：過半数　　　　B：過半数

(2)　下線部(a)に関して，資料Ⅰは，先生が説明のときに示したものである。［C］に当てはまる文を書きなさい。

**資料Ⅰ　多数決の長所と短所**

| 長所 | 短所 |
|---|---|
| ・意見が反映される人の数が多い。<br>・一定時間内で決まる。 | ・［　C　］ |

(3)　下線部(b)について，憲法は，国会の議決だけではなく，最終的に国民投票が行われ，改正される。このような手続きをとることと，最も関わりのある日本国憲法の基本原理（原則）を，書きなさい。

(4)　下線部(c)に関して，大輝さんは小選挙区選挙の結果について調べていると，資料Ⅱを見つけた。大輝さんがまとめたカードに書かれていること以外に，資料Ⅱに見られる小選挙区選挙の特徴を，各候補者の得票数と結果に着目して，簡潔に書きなさい。

**資料Ⅱ　ある小選挙区での各候補者の得票数と結果**

| | 得票数 | 結果 |
|---|---|---|
| ○党のＷ候補 | 59,488票 | 当選 |
| □党のＸ候補 | 55,947票 | 落選 |
| △党のＹ候補 | 21,970票 | 落選 |
| ☆党のＺ候補 | 15,424票 | 落選 |

(5)　下線部(d)に関して，次の①，②の問いに答えなさい。

①　安全保障理事会の議決に関して，常任理事国に与えられている特権を何というか，書きなさい。

②　愛さんは，安全保障理事会について調べていると，資料Ⅲを見つけた。資料Ⅲから読み取れる，安全保障理事会の課題を，簡潔に書きなさい。

**資料Ⅲ　地域別国連加盟国数と安全保障理事会の常任理事国数(2017年11月現在)**

| 地域 | 加盟国数 | 常任理事国数 |
|---|---|---|
| アジア | 54か国 | 1か国 |
| アフリカ | 54か国 | 0か国 |
| 中南米 | 33か国 | 0か国 |
| 西欧その他 | 29か国 | 3か国 |
| 東欧 | 23か国 | 1か国 |

(外務省ホームページにより作成)

(二)　次の漢字を楷書で書いた場合の総画数を書きなさい。

補

六　太郎さんのクラスでは、国語の授業中に、四字熟語を一つ取り上げて、それについてのスピーチを行うことになりました。次のⅠはスピーチに向けて太郎さんが作成したメモで、Ⅱは実際に行ったスピーチです。これらを読んで、後の(一)、(二)の問いに答えなさい。

Ⅰ〈メモ〉

「一《いち》期《ご》一《いち》会《え》」

［はじめに］　言葉の説明

［自分の経験］　海外で出会った女性について　【イラスト】

▽　自分もそうありたい。

［調べたこと］　茶道で用いられる意味

▽　今後、自分も心がけたい。

⇩

［まとめ］

Ⅱ〈実際のスピーチ〉

私が取り上げたい四字熟語は、「一期一会」です。この言葉は「一生に一度限りの出会い」という意味で用いられます。

海外旅行に行ったとき、私は現地の空港で家族とはぐれてしまいました。とても不安だったのですが、【　※　】一人の外国人女性が私に優しく声をかけ、一緒に探してくれたおかげで、無事に家族と再会できました。見ず知らずの私に優しく接してくれたその女性は、本当にすばらしい人だと感じました。

また、私は「一期一会」という言葉についてもう少し詳しく調べてみました。すると、茶道では「一生に一度の機会と考えて、誠意を尽くす」という意味で用いるということがわかりました。

［　　　　］

(一)　太郎さんは、Ⅱの実際のスピーチにある【※】の部分で、次のイラストを提示しました。どのような効果をねらって提示したと考えられますか、後のア～エから最も適切なものを選びなさい。

ア　客観的な根拠を示して説得力を高める効果。

イ　自分の結論を聞き手の意見と結び付ける効果。

ウ　具体的な状況を聞き手にわかりやすく示す効果。

エ　これまでの情報を整理して細かな説明を省く効果。

(二)　太郎さんは、Ⅱの実際のスピーチにある［　　］の部分で、メモに書いたことでまだ話していない内容について述べました。Ⅰをもとに、スピーチのまとめとしてふさわしい内容を考えて、一文で書きなさい。

① 会話文中□には、「よき」に込められたもう一つの意味が入る。当てはまる言葉として適切なものを書きなさい。

② 千秋さんは、文中C──「人はただ歌を構へて詠むべし」と見えたり」に着目しています。本文の最後が「常に心がけて歌を詠むようにするのがよい」という内容の一文でまとめられているのは、おのを取られた木こりにどのようなことがあったからですか、書きなさい。

**四**　次の文章を読んで、後の㈠～㈢の問いに答えなさい。

学ハ貴ブ二以《もつテ》レ漸ヲ日ニ進ムヲ一。天下之《の》極遠、固《まことニ》有リ二人跡ノ所ノレ不ザルレ及バ者一。然《しかレドモ》日日力《つとメ》征《ゆキテ》而不レバレ已《やマ》、則《すなはチ》亦《また》無キ所不ル至ラ也《なり》。学之源流ハ遠シ矣。苟《いやしクモ》下学之功、日ニ進ンデ不レバレ息《やマ》、久シクシテ則チ可ベキ二以テ上達ス一也。

（『慎思録』による。）

書き下し文

学は漸を以て日に進むを貴ぶ。天下の極遠、固に人跡の及ばざる所の者有り。然れども日日力め征きて已まざれば、則ち亦至らざる所無きなり。学の源流は遠し。苟くも下学の功、日に進んで息まざれば、久しくして則ち以て上達すべきなり。

（注）漸……少しずつ。　天下……この世界。
　苟……もし。　下学……身近なところから学ぶこと。
　久……長い時間が続くさま。

㈠ 文中═「無キ所不ル至ラ也」に、書き下し文の読み方になるように返り点を書きなさい。

㈡ 文中──「有リ二人跡ノ所ノレ不ルレ及バ者一」の意味として、次のア～エから最も適切なものを選びなさい。

ア　人の目には見えないような場所がある。
イ　人が行ったことのないような場所がある。
ウ　人が生活していけないような場所がある。
エ　人の出入りが許されないような場所がある。

㈢ 本文の内容に合っているものとして、次のア～エから最も適切なものを選びなさい。

ア　難しい課題に挑戦することで、学問をさらに深めることができる。
イ　毎日決まった時間に学ぶことで、学問の原点を知ることができる。
ウ　成長に合った方法を選ぶことで、学問を一生続けることができる。
エ　日々の努力を継続することで、学問の真理を究めることができる。

**五**　次の㈠、㈡の問いに答えなさい。

㈠ 次の①～④の──の平仮名の部分を漢字で、または漢字に送り仮名を付けて書きなさい。

① 魚屋をいとなむ。
② 観光地をおとずれる。
③ めんみつな計画を練る。
④ 相手の意見をそんちょうする。

ア　舌を巻いた　　イ　肩を落とした
ウ　首をひねった　　エ　耳を澄ました

(二)　文中A――「少しだけ待っててやってもらえますか」とありますが、「紺野さん」がこのように言うのはどうしてですか、次のア～エから最も適切なものを選びなさい。
ア　紗英が何をしているか理解しているから。
イ　紗英は自分から他人に頼めない性格だから。
ウ　紗英の不安定な気持ちを落ち着かせたいから。
エ　紗英にここで恩を売っておく必要があったから。

(三)　文中B――「紺野さんは驚いた顔になり、それからさっと頬を赤らめた」とありますが、「紺野さん」が驚いた顔になり、頬を赤らめたのはどうしてですか、書きなさい。

(四)　文中C――「実はこの子も「真ん中に当たる」よう努力しているのかもしれない」とありますが、二人の先生である「私」は、「紗英」と「紺野さん」をそれぞれどのような人だと評価していますか、本文全体から読み取り、書きなさい。

## 三

次の文章を読んで、後の(一)～(三)の問いに答えなさい。

今は昔、木こりの、山守に斧《よき》を取られて、わびし《(困った)》、心《こころ》憂《う》し《(つらい)》とA思ひて、頬杖《つらづゑ》突きてをりける。山守見て、「さるべき事《(何か気のきいた歌)》を申せ。取らせん《(返してやろう)》。」とBいひければ、

悪《あ》しきだに《(さえ)》なきはわりなき《(困る)》世間《よのなか》によきを取られてわれいかにせん《(どうしたらよいか)》

と詠《よ》みたりければ、山守返しせん《(返歌をしよう)》と思ひて、「うううう。」と呻《うめ》きけれど、えせざりけり《(できなかった)》。さて斧返し取らせてければ、嬉《うれ》しと思ひけりとぞ。C人はただ歌を構へて詠むべし《(常に心がけて歌を詠むようにするのがよい)》と見え《(思われる)》たり。

（『宇治拾遺物語』による。）

（注）山守……山の番人。　斧……木を切る道具で、「おの」のこと。
　　頬杖……ほおづえ。

(一)　文中A――「思ひて」を現代仮名遣いで書きなさい。ただし、すべて平仮名で書くこと。

(二)　文中B――「いひければ」の主語となる人物を、文中から抜き出して書きなさい。

(三)　次の会話文は、夏子さんたちが、本文について話し合ったときの会話の一部である。これを読んで、後の①、②の問いに答えなさい。

夏子さん　和歌にある「よきを取られて」の「よき」は「おの」という意味だから、和歌の後半は「おのを取られて自分はどうしたらよいか」という意味だよね。
冬実さん　それだけかな。和歌の前半にある「悪しき」に着目すると、「おのを取られて」以外にも、「□を取られて」という意味があるはずだよ。
春雄さん　そうか。和歌では一つの言葉に二つの意味が込められているときもあるんだね。とっさに詠んだ和歌にそんな工夫があるなんて、昔の人はすごいね。
千秋さん　昔の人すべてがそうだったわけではないと思うな。本文の最後に「人はただ歌を構へて詠むべしと見えたり」と書かれているからね。

んだっていってました。」
「大きさも形も違うのに？」
はい、と紺野さんはうなずく。
「花器の形によって主枝《しゅし》の位置から変わってきますよね。紗英は今日の花材のようすを細かく覚えていて、頭の中で別の花器に活けるときにそれを少し変えてみたりできるんだそうです。枝のどの辺に葉っぱが何枚どちら向きについていたか、はっきり覚えているんですって。それで、花器を替えても、どの枝をどうアレンジすれば同じように活けられるか反芻《はんすう》できるんだそうです。」
「それはたいしたものね。」
相槌《あいづち》を打つと、紺野さんも大きくうなずいた。記憶力が優れている点をほめているのではなく、花器を替えておさらいするところをほめたい。それは、活け花への情熱だ。知りたいという気持ちの強さが、花の隅々までを記憶に残すのだ。
「頭の中で、剣山を少しずらしてみたりすることもできるそうです。」
紺野さんがいい添える。
頭を撫《な》でてあげたくなった。紗英は恵まれている。身近にこんなにいい友達がいて。後片づけの手伝いもせず、自分の興味や好奇心や能力に没頭できるのは、それをゆるしてくれる環境があるからだ。
「紺野さん、あなたは伸びるわよ。」
私の言葉に、B紺野さんは驚いた顔になり、それからさっと頬を赤らめた。
「私は取り柄がないから。真面目にやるしかないんです。」
こういう子にこそ自信を持ってほしい。真面目にやることがすべての基本だと伝えたい。
「真面目で気配りができるっていうのは、ひととしていちばんの美徳なの。友達のこと、いつも大事にしているし。」
いいえ、と彼女は首を振った。
「友達のことは、いつも羨んでます。」
小さな声でいって、目を細める。
「でも、だいじょうぶです。特別な才能がなく生きるっていうのはけっこうむずかしくて、だからこそやりがいがあって、私はわりと気に入ってます。」
特別な才能があるかないかなど、まだわからない。こつこつと素振りを繰り返しているうちにラケットの真ん中にボールが当たるようになるかもしれない。
「先生。」
呼ばれてふりむくと、紗英が立っていた。
「今度の稽古のとき、花器をふたつ使わせてもらってもいいですか。同じ花材で、違う花器にまったく同じように活けたら、型がどうなるのか確かめたいんです。」
背伸びをしない。正直に、体当たりで来る。紺野さんじゃなくても羨ましいくらいだ。奇抜なことをしているようで、C実はこの子も「真ん中に当たる」よう努力しているのかもしれない。
「いいわよ。」
「ありがとうございます。」
紗英は顔をくしゃっとさせ、たんぽぽのような笑顔になった。

（宮下奈都『つぼみ』による。）

（注）花器……活け花で用いる器。　反芻……繰り返し考えること。
剣山……活け花で花などを固定する道具。

㈠ 文中□に当てはまる語句として、次のア～エから最も適切なものを選びなさい。

宅したときに、妻が言ってくれる「お帰り」には、今日もお疲れ様でしたの意味もあります。だからどちらの「お帰り」にも、プラスの意味の表情や身振りが含まれており、「ほめる」ことに通じています。

B「おはよう」、「こんにちは」などのあいさつのやり取りも同じことです。先に述べた「ありがとう」と同じく、あいさつは言葉だけでなく、表情や手振り、身振りも一緒に表出されます。無表情の口先だけのあいさつは、本来のあいさつの意味が伝わりません。つまり、あいさつはお互いに「ありがとう」を表現し、「ほめる」ことにつながるのです。ヒト以外の霊長類でも「あいさつ行動」と称されるものがありますが、対等で親和的なものと言うよりは、優位、劣位の順位関係などを反映したものであり、ヒトの日常的なあいさつ行動がもっている「ほめる」要素を含んでいないと思います。このように、ヒトの子育てだけでなく、Cヒトとヒトのさまざまな関わりの中に「ほめる」ことが含まれているのです。

（中道正之『サルの子育て　ヒトの子育て』による。）

（注）霊長類……ヒトやサルが含まれる、生物分類上のグループの一つ。

㈠ 文中㋐～㋓の漢字の読みを平仮名で書きなさい。

㈡ 文中※の部分の本文全体における役割として、次のア～エから最も適切なものを選びなさい。

ア 相反する二つの主張を示し、後の議論を活発にさせる役割。

イ 一般的な意見を示し、後の主張に共感させやすくする役割。

ウ 筆者自身の捉え方を示し、後の展開に読者を導いていく役割。

エ 筆者と異なる視点を示し、後の具体例について考えさせる役割。

㈢ 文中A「ヒト同士の関わりの潤滑油」とはどのようなものですか、次のア～エから最も適切なものを選びなさい。

ア 人間と人間の関係を一時的に修復するためのもの。

イ 人間と人間の関係を機械的に進めていくためのもの。

ウ 人間と人間の関係を限りなく拡大させるためのもの。

エ 人間と人間の関係を滞りなく成り立たせるためのもの。

㈣ 文中B「「おはよう」、「こんにちは」などのあいさつのやり取りも同じことです」とありますが、「おはよう」、「こんにちは」などのあいさつのやり取りは、何とどのような点で同じであると筆者は述べていますか、書きなさい。

㈤ 文中C「ヒトとヒトのさまざまな関わりの中に「ほめる」ことが含まれているのです」とありますが、このことについてあなたが考えたことや感じたことを、自分の経験と結び付けて、百四十字以上、百八十字以内で書きなさい。

二 次の文章を読んで、後の㈠～㈣の問いに答えなさい。

首を伸ばしてみると、紗英《さえ》は花器置き場の前にいた。何をしているのか、そこで屈《かが》んだままじっと動かない。

私の視線に気づいたのか、紺野さんがふりかえって紗英の様子を見、忍び笑いをしながら私に視線を戻す。

「A少しだけ待っててやってもらえますか。」

「いいけど。」

「あの子は記憶力がいいんです。」こっそりと教えてくれる。

「何を記憶しているの？」

私が聞くと、紺野さんもちょっと［　　］。

「よくわからないんですけど、今日活《い》けた花を、別の花器に活けていたとしたらどうなっていたか、その花器の前でシミュレーションする

# ＜国語＞

時間　四五～六〇分（学校裁量による）
満点　一〇〇点

一　次の文章を読んで、後の㈠～㈤の問いに答えなさい。

※テストでいい点を取って親にほめてもらうとか、大きな契約を取ってきて上司にほめてもらうなどが、「ほめる」の本来の使い方だと思います。「ほめる」ことはこのような限定した場面だけではなく、私たちの日常の暮らしの中では、いろいろなところで用いられるとてもありふれた行動だと私は思っています。

「ありがとう」という感謝の言葉はまさに「ほめる」ことです。「ありがとう」は相手の行為に対して感謝すると同時に、その行為を素晴らしいものとして㋐賞賛するときに用いる言葉です。だから、「ありがとう」と言ってもらえると「ほめてもらえた」とも思えるのです。「ありがとう」の言葉がなくても、ニコッと笑顔を見せるだけでも「ほめる」ことになると思います。だから、口先だけで表情の㋑伴わない「ありがとう」は感謝を表すことにも、ほめることにもなっていないと思います。

「うなずく」という動作があります。賛成や同意を表す動作ですが、これも「ほめる」に通じると私は思っています。授業や講演をしているとき、学生や聴衆の方々が首をたてに動かすことが㋒全くなかったらとてもやりづらくなるはずです。会話の際も同じです。子どもが話しているとき、親のうなずきや「ふーん」とか「そうなの」などの相づちがなかったりすると、子どもは楽しくないはずです。

「うなずき」が無意識に行われる行動かどうかははっきりしません。話し相手を見ながら、そのヒトの言うことを聞いていて「確かに」と思うときには、すでにうなずいていることが多いというのが、私の実感です。だから、話し手に同意するときは、意識せずにうなずきなどの同意の動作や表情を表出しているときもあると思います。他方、話し手は聞き手のうなずきを意識していなくても、そのうなずきに影響をされることはわかっています。大学生に思いつく英語の名詞を次々に声に出して言う課題を出します。英語の名詞には単数形と複数形があります。複数形のときのみ、聞き手がうなずくのです。そうすると、大学生は複数形を言うことが多くなります。しかも、この簡単な実験に参加した多くの大学生は、聞き手が複数形のときだけうなずいているのに気が付いていませんでした。つまり、ヒト同士の関わりの中で㋓頻繁に表出されているうなずきは送り手も受け手も必ずしも意識しないでやり取りしているということです。しかも、このうなずきがAヒト同士の関わりの潤滑油になるのです。親と子の間ではなおさらのことだと思います。

首をたてに動かして同意を意味する行動様式は、ヒト以外の動物にはありません。ヒトだけが「うなずき」で同意を表現できるのです。私は「うなずき」が生まれたときからヒトが持っている行動、つまり生得的行動なのか、あるいは国や地域、文化の違いに関係なく「うなずき」が肯定や同意を示す動作であるのかは知りません。でも、「うなずき」は「ほめる」ことに通じる行動なので、親と子の間だけでなく、さまざまなヒト同士の関わりを結びつけるとても大事な行動だと思っています。

「ただいま」「お帰り」というやり取りにも、ほめる要素は含まれていると思います。「ただいま」と言って家に帰って来た子に向かって、親が言う「お帰り」は「元気に帰ってきてくれてありがとう、良かった」の意味を含んでいるはずです。「ただいま」と言って私が帰

MEMO

大切なことはメモしておこうネ！

後期

# 平成 30 年度

# 解 答 と 解 説

《平成30年度の配点は解答用紙集に掲載してあります。》

## ＜数学解答＞

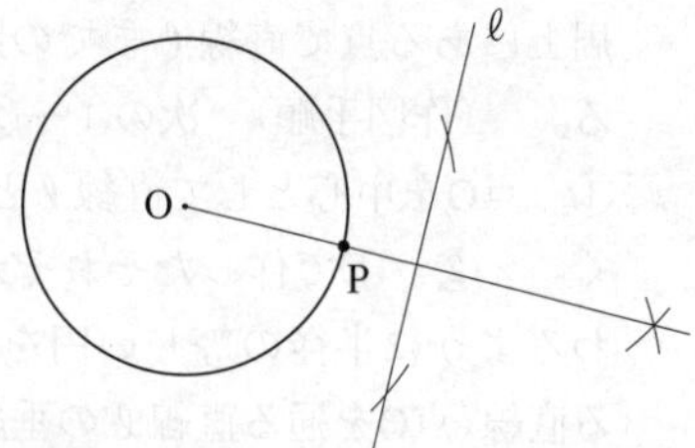


1　(1)　①　$-5$　②　$3x$　③　$\dfrac{a+3}{2}$

(2)　$2\sqrt{2}$，$-2\sqrt{2}$　(3)　1　(4)　$(a+2)(a-6)$

(5)　$y=-3x-1$(求め方は解説参照)

(6)　$(x=)3(,\ y=)\dfrac{21}{2}$　(7)　$x=-1\pm\sqrt{2}$

(8)　右上図　(9)　37(求め方は解説参照)

2　(1)　$y=-\dfrac{4}{x}$　(2)　右下図

3　(1)　14000(t)　(2)　(説明)(例)茨城県の出荷量の値が，他の値と比べて極端に大きいから。

4　(1)　$y=x^2$　(2)　ウ(説明は解説参照)

(3)　$x=2\sqrt{3}$，$x=16$

5　(1)　1　(2)　$\dfrac{1}{3}$　(3)　$\dfrac{5}{18}$

6　(1)　解説参照　(2)　①　$8\sqrt{2}$ (cm)　②　$3\sqrt{3}$ (cm)

③　$3\pi-18+9\sqrt{3}$ (cm$^2$)

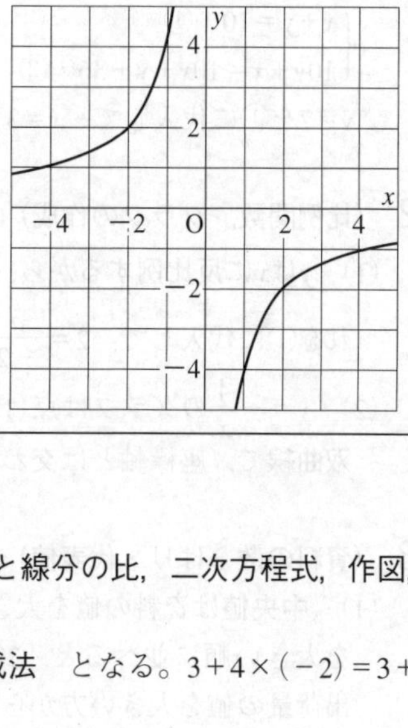


## ＜数学解説＞

1　(数・式の計算，平方根，式の値，因数分解，一次関数，平行線と線分の比，二次方程式，作図，方程式の応用)

(1)　①　四則をふくむ式の計算の順序は，乗法・除法→加法・減法　となる。$3+4\times(-2)=3+(-8)=-5$

②　$6x^2y\div 2xy=\dfrac{6x^2y}{2xy}=3x$

③　$a-\dfrac{a-3}{2}=\dfrac{2a}{2}-\dfrac{a-3}{2}=\dfrac{2a-(a-3)}{2}=\dfrac{2a-a+3}{2}=\dfrac{a+3}{2}$

(2)　正の数$a$の平方根のうち，正の方を$\sqrt{a}$，負の方を$-\sqrt{a}$，両方合わせて$\pm\sqrt{a}$と表すから，8の平方根は$\pm\sqrt{8}=\pm\sqrt{2^2\times 2}=\pm 2\sqrt{2}$

(3)　$x=2$，$y=-3$のとき，$2(x-3y)-(3x-5y)=2x-6y-3x+5y=-x-y=-2-(-3)=-2+3=1$

(4)　$(a-4)^2+4(a-4)-12$　$a-4=\mathrm{M}$とおくと，$\mathrm{M}^2+4\mathrm{M}-12$　たして4，かけて$-12$になる2つの数は6と$-2$だから　$\mathrm{M}^2+4\mathrm{M}-12=(\mathrm{M}+6)\{\mathrm{M}+(-2)\}=(\mathrm{M}+6)(\mathrm{M}-2)$　Mを$a-4$にもどして，$(\mathrm{M}+6)(\mathrm{M}-2)=\{(a-4)+6\}\{(a-4)-2\}=(a+2)(a-6)$

(5)　(求め方)(例)直線$y=-3x+2$に平行であるから求める直線の式は　$y=-3x+b$　とおける。点$(1,\ -4)$を通るので$x=1$，$y=-4$を代入して　$-4=-3\times 1+b$　$b=-1$　よって，$y=-3x-1$

(6)　DE//BCだから，平行線と線分の比についての定理より，AD：DB＝AE：EC　$\mathrm{EC}=x=\dfrac{\mathrm{DB}\times\mathrm{AE}}{\mathrm{AD}}$

$=\frac{4\times6}{8}=3$　DE：BC＝AD：AB　BC＝$y=\frac{\mathrm{DE}\times\mathrm{AB}}{\mathrm{AD}}=\frac{7\times(8+4)}{8}=\frac{21}{2}$

(7)　$x^2+2x=1$　より　$x^2+2x-1=0$　**2次方程式$ax^2+bx+c=0$**　の解は，$x=\frac{-b\pm\sqrt{b^2-4ac}}{2a}$で求められる。問題の2次方程式は，$a=1$，$b=2$，$c=-1$の場合だから，$x=\frac{-2\pm\sqrt{2^2-4\times1\times(-1)}}{2\times1}=\frac{-2\pm\sqrt{4+4}}{2}=\frac{-2\pm2\sqrt{2}}{2}=-1\pm\sqrt{2}$

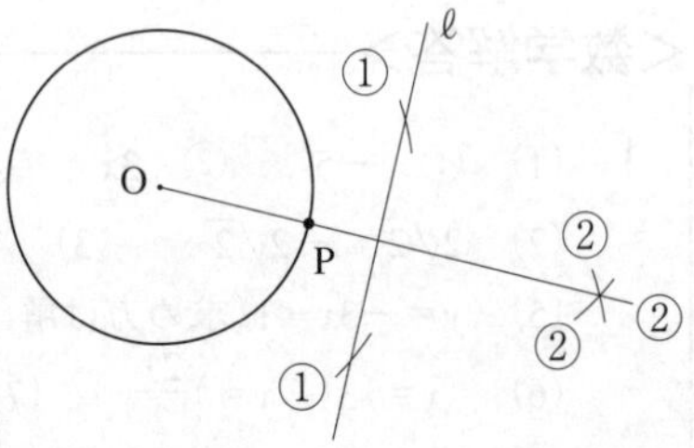


(8)　(着眼点)　点Oを通る直線ℓの垂線と円Oとの交点のうち，直線ℓに近い方の点をPとするとき，点Pは円Oの周上にある点で直線ℓまでの距離が最も短くなる点である。　(作図手順)　次の①～②の手順で作図する。

①　点Oを中心として直線ℓと2点で交わるように円を描く。　②　①で作ったそれぞれの交点を中心として，交わるように半径の等しい円を描き，その交点と点Oを通る直線(点Oを通る直線ℓの垂線)を引き，円Oとの交点をPとする。

(9)　(求め方)(例)もとの自然数の十の位の数を$x$，一の位の数を$y$とすると

$\begin{cases} x+y=10\cdots① \\ 10y+x=10x+y+36\cdots② \end{cases}$　②より　$-9x+9y=36$　$-x+y=4\cdots③$　①＋③より　$2y=14$　$y=7$

$y=7$を①に代入して　$x=3$　$x=3$，$y=7$は問題に適している。したがって，もとの自然数は37

## 2 (比例関数，グラフの作成)

(1)　**$y$は$x$に反比例するから**，$x$と$y$の関係は　$y=\frac{a}{x}\cdots①$　と表せる。$x=-2$のとき$y=2$だから，これを①に代入して，$2=\frac{a}{-2}$　$a=-4$　$x$と$y$の関係は$y=-\frac{4}{x}$と表せる。

(2)　$y=-\frac{4}{x}$のグラフは点(1，−4)，(2，−2)，(4，−1)，(−1，4)，(−2，2)，(−4，1)を通る**双曲線**で，座標軸とは交わらない2つの曲線である。

## 3 (資料の散らばり・代表値)

(1)　**中央値**は資料の値を大きさの順に並べたときの中央の値。関東7都県のはくさいの出荷量の値を大きい順に並べると，224400，22300，18600，14000，6560，3420，2840。よって，中央値は出荷量の値を大きい方から4番目の14000t

(2)　**代表値**には，**平均値**の他に中央値，**最頻値**などがある。中央値は資料の値を大きさの順に並べたときの中央の値。最頻値は資料の値の中でもっとも頻繁に現れる値で，**度数分布表**の中では度数のもっとも多い**階級**の**階級値**が最頻値。たとえば，全体の分布からはずれた極端な数値があるときは，平均値はその値に大きく影響されるが，中央値は少数の極端な数値にはあまり影響されない。

## 4 (立方体の辺上を移動する2つの動点)

(1)　$0\leqq x\leqq6$のとき，点Pは辺AB上を，点Qは辺AD上を動いているので，AP＝毎秒1cm×$x$秒＝$x$cm　AQ＝毎秒1cm×$x$秒＝$x$cm　$y$＝(四面体AEPQの体積)＝$\frac{1}{3}\times\triangle\mathrm{APQ}\times\mathrm{AE}=\frac{1}{3}\times\left(\frac{1}{2}\times\mathrm{AQ}\times\mathrm{AP}\right)\times\mathrm{AE}=\frac{1}{3}\times\left(\frac{1}{2}\times x\times x\right)\times6=x^2\cdots①$

(2)　(説明)(例)四面体AEPQの底面を△APQとすると高さはAEである。△APQは，AQを底辺とすると，底辺と高さが変化しないので，面積は一定である。また，四面体の高さAEも一定である。

したがって，$6 \leqq x \leqq 12$のとき，底面積と高さがともに一定であるから，四面体AEPQの体積は変化しない。　(補足説明)$6 \leqq x \leqq 12$のとき，点Qは点Dで停止したまま動かないからAQは一定である。また，点Pは辺BC上を動いているので，BC//ADより平行線と面積の関係から，△APQの底辺をAQとしたときの高さも一定である。

(3)　$12 \leqq x \leqq 18$のとき，点Qは点Dで停止したままで，点Pは辺CD上を動いているので，AQ＝AD＝6cm　PD＝(AB＋BC＋CD)－(AB＋BC＋CP)＝(6cm×3)－(毎秒1cm×$x$秒)＝$18-x$cm　$y=\frac{1}{3}\times$△APD×AE＝$\frac{1}{3}\times\left(\frac{1}{2}\times \text{AD}\times \text{PD}\right)\times \text{AE}=\frac{1}{3}\times\left\{\frac{1}{2}\times 6\times(18-x)\right\}\times 6=-6x+108$…②　このとき，$y$の変域は　$(-6\times 12+108)\leqq y\leqq(-6\times 18+108)$　つまり　$36\leqq y\leqq 0$　また，(1)の①式より，$0\leqq x\leqq 6$のときの$y$の変域は　$0^2\leqq y\leqq 6^2$　つまり　$0\leqq y\leqq 36$　以上より，$y=12$となるのは，①式より　$12=x^2$　$x>0$より，$x=\sqrt{12}=2\sqrt{3}$　のときと，②式より　$12=-6x+108$　$x=16$　のとき。

## 5 (場合の数，確率)

(1)　1の目が出たら(2，3，5，7)のマスが塗りつぶされ，2の目が出たら(2，4，6，8)のマスが塗りつぶされ，3の目が出たら(3，6，9)のマスが塗りつぶされ，4の目が出たら(4，8)のマスが塗りつぶされ，5の目が出たら(5)のマスが塗りつぶされ，6の目が出たら(6)のマスが塗りつぶされるから，さいころを1回投げたとき，どの目が出ても塗りつぶされることのないマスの数字は1。

(2)　さいころを1回投げたとき，全ての目の出方は6通り。このうち，「ビンゴ」となるのは，1か3の目が出たときの2通りだから，求める確率は　$\frac{2}{6}=\frac{1}{3}$

(3)　さいころを2回投げたとき，全ての目の出方は　6×6＝36通り。このうち，1回目に投げたところでは「ビンゴ」とならず，2回目に投げたところで「ビンゴ」となるのは，(1回目に出た目の数，2回目に出た目の数)＝(2，1)，(2，3)，(2，5)，(4，1)，(4，3)，(5，1)，(5，2)，(5，3)，(6，1)，(6，3)の10通りだから，求める確率は　$\frac{10}{36}=\frac{5}{18}$

## 6 (平面図形，合同の証明，線分の長さ，面積)

(1)　(証明)(例)△OEFと△OBFにおいて，BEは小さい半円の接線なので，OF⊥BEとなるから，∠OFE＝∠OFB＝90°…①　大きい半円の半径より，OE＝OB…②　OFは共通…③　①～③より直角三角形の斜辺と他の1辺がそれぞれ等しいので　△OEF≡△OBF

(2)　①　△OBFで三平方の定理を用いると，BF＝$\sqrt{\text{BO}^2-\text{FO}^2}=\sqrt{\text{AO}^2-\text{CO}^2}=\sqrt{6^2-2^2}=4\sqrt{2}$ cm
△OEF≡△OBFより，EF＝BFだから，BE＝2BF＝$2\times 4\sqrt{2}=8\sqrt{2}$ cm

②　①と同様にして，BF＝$\sqrt{6^2-3^2}=3\sqrt{3}$ cm　BE＝2BF＝$2\times 3\sqrt{3}=6\sqrt{3}$ cm　直径に対する円周角は90°だから，∠AEB＝90°　△ABEで三平方の定理を用いると，AE＝$\sqrt{\text{AB}^2-\text{BE}^2}=\sqrt{12^2-(6\sqrt{3})^2}=$ 6cm　よって，△AOEはAO＝EO＝AE＝6cmの正三角形。点Cは辺AOの中点で，二等辺三角形の頂角と底辺の中点を結ぶ線分は底辺と垂直に交わるから，△ACEは30°，60°，90°の直角三角形で，3辺の比は2：1：$\sqrt{3}$　CE＝$\frac{\sqrt{3}}{2}$AE＝$\frac{\sqrt{3}}{2}\times 6=3\sqrt{3}$ cm

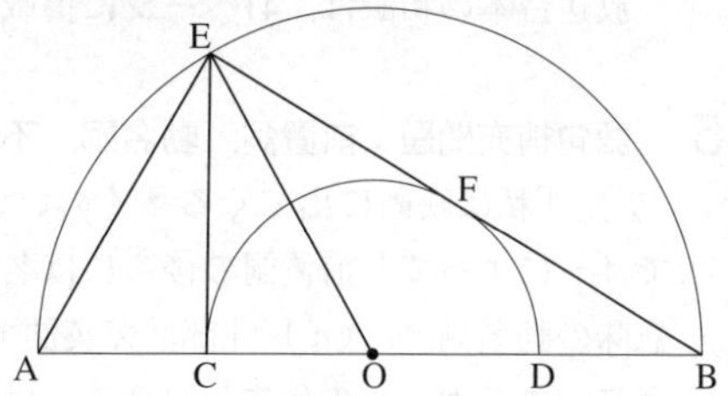


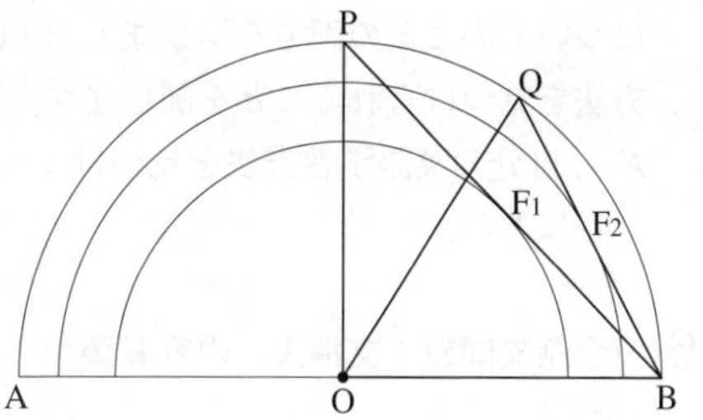

③ 接線BPと半径$3\sqrt{2}$ cmの半円との接点を$F_1$, 接線BQと半径$3\sqrt{3}$ cmの半円との接点を$F_2$とする。①と同様にして, $BP=2BF_1=2\sqrt{6^2-(3\sqrt{2})^2}=6\sqrt{2}$ cm　$BQ=2BF_2=2\sqrt{6^2-(3\sqrt{3})^2}=6$cm よって, △BOPはBO：PO：BP＝6：6：$6\sqrt{2}$＝1：1：$\sqrt{2}$で三平方の定理の逆より, 45°, 45°, 90°の直角三角形。また, △BOQはBO＝QO＝BQ＝6cmの正三角形。以上より, 求める面積は, ②の結果のCE＝$3\sqrt{3}$ cmも考慮すると　おうぎ形OBP－直角二等辺三角形BOP－線分BQおよび弧BQで囲まれた部分＝おうぎ形OBP－直角二等辺三角形BOP－(おうぎ形OBQ－正三角形BOQ)＝

$$\pi\times6^2\times\frac{90°}{360°}-\frac{1}{2}\times6\times6-\left(\pi\times6^2\times\frac{60°}{360°}-\frac{1}{2}\times6\times3\sqrt{3}\right)=3\pi-18+9\sqrt{3}\,(\text{cm}^2)$$

## ＜英語解答＞

1 No.1　C　No.2　B

2 ①　ア　②　ア　③　イ

3 No. 1　ウ　No. 2　イ　No. 3　エ

4 (例) Please cut some potatoes.

5 ア　by　イ　how　ウ　and　エ　hope　A　way of learning English

6 (1)　A　イ　B　ア　C　エ　(2)　ウ　エ

7 (1)　①　It was to find some connections between Japan and Australia.　②　She looked for more food from Australia in her house.　(2)　A　ア　B　ウ
(3)　(例) I think recycling paper is the most important thing. If we recycle more paper, we don't have to use a lot of trees koalas need.

8 (例) (あ)　(Now,) there is a big hospital near the river.　(い)　(So people in this city) can go to the hospital when they are sick. Many families living here have small children. They can take their children to the hospital easily.

## ＜英語解説＞

### 1・2・3・4　(リスニング)

放送台本の和訳は, 41ページに掲載。

### 5　(語句補充問題：前置詞, 動名詞, 不定詞, 接続詞, 現在形)

(ア) 「私は映画に出てくる多くのいい表現を何度も何度も見ることで学びました。」by は前置詞で「～によって」前置詞の後ろには名詞や動名詞が来る。ここでは watching「見ること」という意味の動名詞。　(イ) 「部活で英語で自分の感情の表し方を学びました」**how to ～** は「どのように～するか, ～の仕方」の意味。to の後ろには動詞の原形が続く。　(ウ) 「英語と彼らの国々についてのことの両方を学びました」both A and B「A とB 両方」　(エ) 「私たちも自分自身の方法を見つけられることを願います」**hope**「～することを願う, 望む」

A 「自分の英語学習方法を見つけよう！」way は「方法」の意味。同じような表現が最後から2文目にある。

### 6　(会話文問題：文挿入, 内容真偽)

(全訳)

夕食前，ソウタは母親とカナダから来た友達のケビンと話をしています。

ケビン　：全部美味しそうだ！　ソウタ，これは何？

ソウタ　：これはちらし寿司だよ。

ケビン　：ちらし寿司？　見たことないな。よく食べるの？

ソウタ　：うん。嬉しいことがあるとお母さんがいつも作ってくれるんだよ。

ケビン　：おもしろいね！　少し食べていい？

ソウタの母：$_A$もちろん。食べてみて。

ケビン　：ああ，本当においしい！

ソウタの母：それを聞いて嬉しいわ。他にも日本料理を作ったのよ。全部味わってね。

ケビン　：ありがとうございます。僕は日本食が大好きなんです。

ソウタ　：$_B$どの日本食が好きなの？

ケビン　：寿司が一番好き。カナダで家族と時々寿司レストランに行くよ。

ソウタ　：カナダでは日本食は人気なの？

ケビン　：うん。僕の町にはたくさんの日本料理屋があるよ。

ソウタ　：なんでカナダの人たちはそんなに日本食が好きなの？

ケビン　：そうだね，うーん。$_C$カナダの人たちは日本食が健康にいいと思ってるんだ。多くの種類の食品が日本料理に使われているからバランスが取れているんだ。

ソウタの母：それが日本食のいいところの一つね。そして日本食にはもう一つのポイントがあるわ。日本料理には美しく見えるものがあるから，目で楽しめるの。

ソウタ　：同感だよ。家族で京都に行ったとき，とても美しい日本料理を味わったんだよ。花で飾られたものもあったよ。とても美しかったからたくさん写真を撮ったよ。ほら，これがその写真。

ケビン　：わあ！　本当に美しいね。

(1)　A　ケビンがちらし寿司を食べていいかと聞いているので，その返答。空欄直後には「食べてみて」と言っているので **Of course**「もちろん」がふさわしい。　B　直後のソウタの発話から「何が好きか」を聞いているのが考えられる。　C　直前のソウタの質問への返答。空欄直後には「バランスがとれている」と言っているので日本食が健康にいいと思われていることが考えられる。

(2)　ア「ケビンは以前カナダでちらし寿司を食べたことがある」(×)　2つ目のケビンの発話参照。　イ「ソウタの母親はソウタとケビンとカナダ料理を作った」(×)　2つ目のソウタの母親の発話参照。　ウ「ケビンと彼の家族はカナダで寿司レストランに行ったことがある」(○)　6つ目のケビンの発話参照。　エ「京都でソウタは花で飾られた料理を楽しんだ」(○)　最後のソウタの発話第3文参照。　オ「ソウタは京都で友達の写真をたくさん撮った」(×)　最後のソウタの発話参照。

## 7　(長文読解問題・物語文：英問英答，語句補充，条件英作文)

(全訳)

アツコは中学生です。ある日，アツコの英語の先生であるコバヤシ先生が「みなさん，2020年にオリンピックが東京に来ます。約200の国々が2016年のオリンピックに参加しました。もし日本と他の国々との関係についてもっと知ればオリンピックを見るのが楽しいものになるでしょう。では，みなさんにカードを渡します。それぞれのカードに国の名前が書いてあります。宿題は，日本とそのカードに書かれている国との関係を見つけることです。次の授業でそのことについてスピーチをします」とクラスに言いました。アツコのカードに書かれていた国はオーストラリアでした。

その夜彼女は母親と話をしました。アツコは「スピーチのために何をしたらいいかわからない」と言いました。母親は「オーストラリアについて何を知ってる？」と聞きました。アツコは「ええと…ああ，コアラ！」と答えました。「コアラについて調べたらどう？」と母親は言いました。アツコはインターネットを使い，日本とオーストラリアの関係を見つけました。

次の日，アツコと母親はスーパーに行きました。アツコはオーストラリアの食品をいくつか見つけました。彼女は「ああ，もう一つの関係を見つけた」と思いました。家に帰った後，彼女は家にあるオーストラリアの食品をもっと探してみました。

次の英語の授業で彼女はスピーチをしました。

こんにちは，みなさん。私は日本とオーストラリアの2つの関係について話しをします。

1つ目はコアラについて話します。みなさんはコアラは好きですか？　私は大好きです。でもオーストラリアではコアラの数が減少しているので私は悲しいです。コアラは住みかとえさを失っています。人間がコアラが必要としている木を切っています。そして日本では紙を作るためにそれらの木を輸入しています。それなのでオーストラリアのコアラと私たちが使う紙には関係があるのです。

2つ目にオーストラリアの食品について話しをします。私は母とスーパーに行って，オーストラリアのビーフとオレンジを見つけました。日本で食べられているビーフの約40%がオーストラリア産です。日本はたくさんのオレンジを輸入していて，その約30%はオーストラリアから来ています。それなのであなたの食べているものはオーストラリアから来たものかもしれません。

みなさんは今日本とオーストラリアの関係を知りました。紙を使うときやオレンジを食べる時，これらの関係を思い出してください。

アツコのスピーチのあと，コバヤシ先生は「おもしろい関係を見つけましたね。とてもよかったです」と言いました。アツコは微笑んで「ありがとうございます。他の国々についてもっと知りたいです」と言いました。

(1)　①「アツコの宿題は何ですか」「日本とオーストラリアの関係を見つけること」第1段落コバヤシ先生の発話内最後2文，第1段落最終文参照。　②「スーパーから帰って来てからアツコは何をしましたか」「彼女は家にあるオーストラリアの食品を探しました」第3段落最終文参照。同じような単語や表現のある本文を参考に，代名詞や時制に気を付けて解答すること。

(2)　A　ア「コアラの必要とする木を日本が買っている」スピーチ内第2段落第6，7文参照。

B　ウ「日本はオーストラリアから食品を輸入している」スピーチ内第3段落参照。

(3)「アツコ，スピーチをありがとう。私はそこから多くの事を学びました。私はコアラを救いたいです。そして考えがあります」に続く文を考える。コアラを救うためにできることを考える。解答例は「私は紙をリサイクルすることが一番大切だと思います。もっと紙をリサイクルすればコアラが必要とする木をたくさん使わなくてもいいのです」という意味。自分の考えを表現できるように日頃から考えて書く練習をしておくこと。

## 8 (条件英作文)

(あ)　解答例「(今)川のそばには大きな病院があります」　(い)　解答例「(それなのでこの町の人々は)病気のときにこの病院に行けます。ここに住んでいる多くの家族は小さな子ども達がいます。彼らは簡単に病院に子どもたちを連れて行くことができます」絵の明らかな違いを考える。自分の知っている単語を使って表現できるように英文を書く練習をしておくこと。

# 30年度英語　英語の放送を聞いて答える問題

〔放送台本〕

ただいまから，放送を聞いて答える問題を始めます。問題は，1番～4番まであります。それぞれの問題の英文や英語の質問は2度放送されます。

1番は，絵を見て答える問題です。これからNo.1とNo.2について，それぞれ2人の対話が流れます。それぞれどの場面での対話ですか，A～Dの中から選びなさい。では，始めます。

No. 1　*A:*　Look at those mountains.
　*B:*　Wow! They are very beautiful! Let's take a picture after lunch.
　*A:*　OK. What do you want to eat?
　*B:*　The pizza at this restaurant is good.

No. 2　*A:*　Hi. Are you going to go home now?
　*B:*　Yes. I've just finished studying. Are you going to study here, too?
　*A:*　Well, no. I came here to find a book about Hokkaido. I will go there with my family next week.
　*B:*　That's great! Why don't you buy a book about it?
　*A:*　I went to the bookstore, but I couldn't find any good books there.

〔英文の訳〕

No.1　A：あの山を見て。
　B：わあ！　とても美しいね。昼食後に写真を撮ろう。
　A：オーケー。何を食べたい？
　B：このレストランのピザが美味しいよ。

No.2　A：こんにちは。今家に帰るところ？
　B：うん。ちょうど勉強が終わったんだ。きみもここで勉強するつもり？
　A：ええと，違う。北海道についての本を探しにここに来たの。来週家族で行くのよ。
　B：それはいいね！　それについての本を買ったらどう？
　A：本屋に行ったんだけど，そこでいい本が見つけられなかったの。

〔放送台本〕

2番の問題に移ります。これから流れる英文は，中学生のShoheiがアメリカを訪れた際に，カルチャーセンターで受けた説明です。それを聞いて，【広告】の空欄①～③に当てはまるものを，ア～ウの中からそれぞれ選びなさい。では，始めます。

We are going to have two special lessons next week. First, we will have drum lessons from Tuesday to Saturday. They will start at three thirty p.m. and end at five thirty p.m. The lessons will be in room number fifteen.

Second, we will have English lessons from Thursday to Sunday. You can enjoy speaking English with our wonderful teachers. The lessons will start at one thirty p.m. and end at three p.m. They will be in room number ten. I hope you will enjoy our lessons.

〔英文の訳〕

来週は2つの特別レッスンがあります。1つ目は火曜日から土曜日までドラムレッスンがあります。午後3時半から始まって5時半に終わります。このレッスンは15番教室で行われます。

2つ目は木曜日から日曜日まで英語のレッスンがあります。私たちの素晴らしい先生たちと英会話を楽しむことができます。レッスンは午後1時半から3時までです。10番教室で行われます。これらのレッスンを楽しんでくれることを願っています。

〔放送台本〕

3番の問題に移ります。これから，KenさんとMikaさんがそれぞれ自分の仕事について話をします。二人の話に続いて，No.1～No.3の3つの質問が流れます。それぞれの質問に対する答えを，ア～エの中から選びなさい。では，始めます。

【Ken】　Hello. I'm Ken. I'm a soccer player. I started playing soccer when I was six years old. My dream was to join a famous soccer team in Spain, so I practiced soccer very hard every day. When I was eighteen years old, I joined a strong soccer team in Japan. I played on that team for four years. When I was twenty-two years old, I went to Spain and joined a soccer team. I'm happy because my dream has come true.

【Mika】　Nice to meet you. My name is Mika. I'm a doctor. When I was a junior high school student, I read a book about a great doctor. She was very kind and worked hard to save people in a poor country. I wanted to be like her. Now, I work as a doctor in a small village in the same county. I can't see my family or friends very often, but I love my job.

質問します。　No.1　How old was Ken when he started playing soccer in Spain?

No.2　How did Mika learn about the great doctor?

No.3　What can we say about Ken and Mika?

〔英文の訳〕

【ケン】　こんにちは。ケンです。私はサッカー選手です。6歳の時にサッカーを始めました。私の夢はスペインの有名なサッカーチームに入ることだったので，毎日とても一生懸命練習しました。18歳のとき，日本の強いサッカーチームに入りました。そこで4年間プレーしました。22歳のとき，スペインへ行ってサッカーチームに入りました。私の夢が叶って嬉しいです。

【ミカ】　お会いできてうれしいです。私の名前はミカです。医者です。中学生のときに偉大な医者についての本を読みました。彼女はとても親切で，貧しい国の人たちを救うために熱心に働きました。私は彼女のようになりかったのです。今私は同じ国の小さな村で医者として働いています。家族や友達に頻繁には会うことが出来ませんが私は自分の仕事が大好きです。

No.1　質問：ケンがスペインでサッカーを始めた時，彼は何歳でしたか。

答え：ウ　彼は22歳でした。

No.2　質問：ミカは偉大な医者についてどのように知りましたか。

答え：イ　彼女はその医者についての本を読んだ。

No.3　質問：ケンとミカについて何が言えますか。

答え：エ　彼らは自分がしたかった仕事をしている。

〔放送台本〕

4番の問題に移ります。これから中学生のJunkoと，Junkoの家でホームステイをしているSteveの対話が流れます。Junkoが2度目に発言する部分で次のチャイムを鳴らします。(チャイム音)あなたがJunkoなら，このチャイムのところで何と言いますか。対話の流れに合うように内容を考えて，英語で書きなさい。では，始めます。

*Steve:*　What are you cooking?
*Junko:*　I'm cooking curry and rice for dinner.
*Steve:*　Oh, good!　I want to help you.　What can I do?
*Junko:*　(チャイム)
*Steve:*　Sure.　That's easy!

〔英文の訳〕

スティーブ：何を料理しているの？
ジュンコ　：夕飯のカレーライスよ。
スティーブ：ああ，いいね！　お手伝いするよ。何ができる？
ジュンコ　：(例)ジャガイモを切って。
スティーブ：もちろん。簡単だよ！
以上で放送を終わります。

## ＜理科解答＞

**1**　(1)　ウ　(2)　①　イ　②　温室効果　(3)　斑状組織　(4)　ウ　(5)　沸点　(6)　水　255g　硝酸カリウム　45g　(7)　①　ウ　②　真空放電　(8)　エ

**2**　A　(1)　実験X　エ　実験Y　ア　(2)　①　(例)葉の大きさと枚数が，3本ともほぼ同じであること。　②　(例)水面から水が蒸発するのを防ぐため。　(3)　(例)明るい場所に置くと，呼吸によって放出された二酸化炭素が光合成によって吸収されてしまうから。　B　(1)　①　$NH_3$　②　(例)発生した気体は，水に溶けやすいから。　(2)　①　ア　②　吸熱反応　(3)　(例)化学反応が終わり，熱の移動により試験管内の温度が上がったから。　C　(1)　①　イ　②　ア　(2)　d　(3)　b　(4)　(例)地軸が地球の公転面に対して傾いているから。　D　(1)　(例)音を伝えている　(2)　①　ウ　②　300Hz

**3**　(1)　(例)だ液のはたらきによって，デンプンがなくなったこと。　(2)　①　a2　②　b2　③　b1　④　b3　⑤　a2　⑥　a4　⑦　吸収

**4**　(1)　①　イ　②　露点　(2)　①　70%　②　水蒸気量　イ　理由　(例)室温が等しい場合，飽和水蒸気量も等しいので，空気に含まれている水蒸気量が少ない10月23日15時のほうが，さらに含むことができる水蒸気量が多くなるから。　(3)　イ，ウ，エ

**5**　(1)　①　$Al^{3+}$　②　ア　(2)　①　(例)ろ紙にしみ込んでいる溶液がアルカリ性になったこと。　②　ア　$O_2$　イ　4　ウ　$OH^-$　(3)　4個

**6**　(1)　(例)台車にはたらく重力の斜面に平行な分力が，実験2のほうが大きいから。　(2)　①　80cm/s　②　エ　(3)　(例)台車を置く位置を，床からの高さが等しくなるように設定した。

## ＜理科解説＞

## 1 (小問集合)

(1)　ア(動物)とイ(植物)は水中の微小な生物で，エは細菌類である。

(2)　温室効果ガスは，**地球温暖化**の要因の一つと考えられている。

(3)　安山岩は火成岩のうちの**火山岩**で，マグマが地表または地表付近で急に冷やされてできるため，大きな**結晶**に成長できなかった**石基**の部分の中に，やや大きな結晶である**斑晶**が散らばったつくりをしている

(4)　木星型惑星(木星，土星，天王星，海王星)は，大型でおもに気体からなるため密度が小さい。

(5)　液体の混合物を加熱すると，**沸点**の低い物質から順に沸騰して気体に変わる。この気体を冷やして純粋な物質(液体)を取り出すことができる。

(6)　硝酸カリウムの質量を$x$とすれば，$\frac{x}{300}\times 100 = 15$，$x = 45$(g)　したがって，水の質量は，$300 - 45 = 255$(g)

(7)　真空に近い状態の気圧の小さな空間に大きな電圧を加えると，その空間の中を**電子**が移動して電流が流れる。

(8)　水中の物体にはすべての面に対して水の**圧力**が加わるが，この水圧は水面から深いほど大きい。

## 2 (植物のはたらき，化学反応，太陽，音)

A　(1)　実験Xは，植物の体の中の水が，水蒸気として空気中に放出される**蒸散**について調べている。また，実験Yは，植物を**光合成**を行わない状態にして，**呼吸**について調べている。

(2)　①　植物の体の表面からの蒸散について調べているので，表面積および**気孔**の数などがほぼ等しくなるような条件にする。　②　アジサイの枝以外からの水の蒸発を防ぐ。

(3)　明るい場所に置いた植物は，光合成と呼吸の両方のはたらきを行う。呼吸によって放出された二酸化炭素を，光合成に使うために取り入れてしまう。

B　(1)　①　塩化アンモニウム($NH_4Cl$)と水酸化バリウム($Ba(OH)_2$)の反応によって，アンモニア($NH_3$)の気体が発生する。$2NH_4Cl + Ba(OH)_2 \rightarrow 2NH_3 + BaCl_2 + 2H_2O$　②　アンモニアは有害な気体で，水にたいへんよくとけるので，脱脂綿の水にとかして試験管の外へ出ないようにする。

(2)　塩化アンモニウムと水酸化バリウムは，周囲から熱をうばうことによって反応が進んでいく。このような反応を**吸熱反応**という。一方，熱を発生して反応が進んでいくものを**発熱反応**という。

(3)　試験管内の物質の化学反応が終わり，周囲から熱をうばうことがなくなったために，しだいに室温に近づいていった。

C　(1)　地球の自転・公転，太陽の自転，月の自転・公転はすべて同じ向きである。

(2)　地軸の傾きから考えてAは夏至，Bは秋分，Cは冬至，Dは春分の地球の位置である。冬至は1年のうちで最も昼の時間が短い。

(3)　真東よりも北寄りから太陽が昇るのは，春分から秋分までの期間で，昼の長さが夜の長さよりも長い日である。

(4)　図Ⅰのように，地球は太陽のまわりを回る公転面に対して，地軸を傾けて公転している。このために，太陽の光を受ける時間の長さが，1年を通して変化する。

D　(1)　実験1によって，発音体であるおんさが振動していることがわかる。また，実験2では，空気が少なくなったために音が伝わりにくいことが確認できる。

(2)　①　音の大小は波形の**振幅**に現れる。おんさをより強くたたくと大きな音になり，図Ⅱよりも振幅が大きくなるので山が高くなる。ただし，同じおんさなので音の高さは変わらず，**振動数**は同じで，一定時間に現れる山(または谷)の数は変わらない。　②　$400\times\frac{3}{4}=300$(Hz)

## 3 (動物の体のつくりとはたらき－だ液のはたらき)

(1)　表に示された結果から，a1にはデンプンが含まれず，b1にはデンプンが含まれていることがわかる。このちがいは，だ液の有無によって引き起こされた現象である。

(2)　麦芽糖の有無は，**ベネジクト液**との反応によって赤かっ色の沈殿ができるかどうかで確認できる。デンプンが含まれていれば，**ヨウ素液**との反応によって青紫色になる。表より，袋bの中にはデンプンがあるが，袋bの外のビーカー内の水にはデンプンが含まれないことがわかる。同様に，袋aの中と外のビーカー内の水のいずれにも，麦芽糖が含まれていることが確認できる。消化のはたらきによって，デンプンのように大きな分子の物質が分解されて小さな分子の物質に変わることによって，体内に吸収されやすくなる。

## 4 (大気中の水－露点，湿度)

(1)　**飽和水蒸気量**は温度が高いほど大きい。したがって，空気の温度が下がるにつれて，飽和水蒸気量も小さくなっていく。含みきれなくなった水蒸気(気体)が水滴(液体)に変わる温度が**露点**である。

(2)　①　12.8÷18.3×100＝69.9…(％)　②　**湿度**が等しいとき，室温が高いほうが飽和水蒸気量が大きいので水蒸気を多く含んでいる。これらの室温を20℃にすると，もともとの温度が低いほうがさらに含むことができる水蒸気量は多くなる。

(3)　イ～エはいずれも水蒸気(気体)が水滴(液体)に変化している。アは水(液体)が氷(固体)になった**状態変化**である。

## 5 (化学変化と電池－イオン，化学電池)

(1)　①　電気的に中性なアルミニウム原子が電子を3個放出すると，＋の電気をもつアルミニウムイオン($Al^{3+}$)になる。　②　電子の流れは(アルミニウムはく)→(木炭)なので，電流の向きは(木炭)→(アルミニウムはく)。したがって，木炭が＋極になる。

(2)　①　**フェノールフタレイン溶液**は，アルカリ性で赤色を示す。　②　**酸素**は原子2個が結びついた分子になっている。酸素原子1個は電子を2個受け取るので，酸素分子($O_2$)に電子4個と水($H_2O$)2分子が反応して，アルカリ性を示すもとになる水酸化物イオン($OH^-$)が生じる。→の左右で原子の種類と数，さらに電子の数が一致していなければならない。

(3)　酸素分子3個が4×3＝12(個)の電子を受け取るためには，12÷3＝4(個)のアルミニウム原子がイオンになる必要がある。

## 6 (物体の運動－速さ，等速直線運動，力のはたらき)

(1)　物体の運動する方向にさらに力がはたらくと，物体の速さが増加する。斜面の傾きが大きいほど台車にはたらく**重力**の斜面に平行な**分力**は大きくなるので，台車の速さの変化が大きくなる。

(2)　①　5打点ごとに移動した距離が一定になったとき，台車は水平な床の上を進んでいる。8.0(cm)÷$\frac{5}{50}$(秒)＝80(cm/秒)　②　摩擦のない水平な床の上を進むとき，台車の運動方向に力ははたらかないので，**等速直線運動**をする。図Ⅱ，図Ⅲより，実験1よりも実験2のほうが床の上を進むときの速さは大きいので，実験2のほうが傾きの大きい直線のグラフになる。

(3)　図Ⅴでは，実験1，2で水平な床に達したときの速さが等しい。したがって，台車が手から離れたときにそれぞれがもつ**位置エネルギー**の大きさが等しい。物体のもつ位置エネルギーは，物体の高さに比例する。

## ＜社会解答＞

**1**　(1)　A　愛知県　B　京都府　(2)　①　エ　②　(例)街道が整備されることで人々が行き来するようになり，江戸で栄えた文化が地方へ広まった。　(3)　ウ　(4)　ア
(5)　C　環境　D　環境アセスメント(環境影響評価)

**2**　(1)　イ　(2)　①　扇状地　②　イ　(3)　D　(例)降雪が多い　E　(例)賃金が安い
(4)　(例)避難場所の位置や避難方向の情報を加えるとよい。

**3**　(1)　A，D　(2)　イ　(3)　①　X　北米自由貿易協定(NAFTA)　Y　ヨーロッパ連合(EU)　②　あ　ヒスパニック　い　(例)パスポートの検査　③　(例)地域内での関税が撤廃されているため，地域内の国との貿易の割合が高い。

**4**　(1)　エ　(2)　C　(3)　中継　(4)　朝貢　(5)　(例)朱子学は，身分秩序を重んじる学問であるため。　(6)　(例)「読み・書き・そろばん」など，商売や農村の運営に役立つことが学べるから。

**5**　(1)　横浜　(2)　(例)大規模な紡績工場がつくられて，綿糸を大量生産できるようになったから。　(3)　ア　(4)　中流意識　(5)　(例)自動車輸出などによる日本の貿易黒字が続くことで，貿易摩擦が発生していた。

**6**　(1)　社会的責任　(2)　イ　(3)　(例)自動車の生産台数に合わせ，従業員数を調整することがあるから。　(4)　①　法人　②　(例)税を負担する人と税を納める人が異なる税
(5)　C　イ　E　ウ

**7**　(1)　ア　(2)　(例)少数意見が反映されにくい。　(3)　国民主権　(4)　(例)当選した候補者の得票数より，落選した候補者の得票数の合計のほうが多くなることがある。
(5)　①　拒否権　②　(例)地域別に見ると，国連加盟国数に対する常任理事国数に偏りがあること。

## ＜社会解説＞

**1**　(三分野融合－日本のすがた，江戸時代，現代社会，日本の産業，環境問題)

(1)　図を確認すると，東海道新幹線は東京都から神奈川県，静岡県，愛知県，岐阜県，滋賀県，京都府を経て大阪府に至っていることが読み取れる。

(2)　①　中山道は江戸から碓氷峠などの内陸部を経て京都に至る街道である。なお，アの奥州道中は江戸から白河(福島県)，イの日光道中は江戸から日光(栃木県)，ウの甲州道中は江戸から甲府(山梨県)を経て下諏訪(長野県)で中山道と合流する街道で，ア～エと東海道を合わせて五街道という。　②　交通網が整備されたことによって人々の往来がさかんになったこと，それによって江戸の文化が各地へ広まったことを説明できれば良い。

(3)　ウの東京オリンピックは1964年10月10日に開幕し，これに合わせて同年の10月1日に東海道新幹線が開通した。なお，アのテレビ放送の開始は1953年，イのラジオ放送の開始は1925年，エの

万国博覧会は1970年のできごとである。

(4)　製造品出荷額が最も多く輸送用機械の割合が高いことなどからアが中京工業地帯と判断できる。なお，イは京浜工業地帯，ウは阪神工業地帯，エは東海工業地域である。

(5)　Cの環境権は日本国憲法に直接規定されていない**新しい人権**に含まれる。また，「事前に周辺地域への影響を調査する制度」からDには環境アセスメントが当てはまる。アセスメントとは影響評価のことである。

## 2　(日本地理－中部地方)

(1)　Bの都市は内陸に位置することから，夏と冬の気温差が大きく降水量が少ない**中央高地の気候**(内陸の気候)に属するイと判断できる。なお，Aはウ，Cはアが当てはまる。

(2)　①　川が山間部から平野や盆地に出て，扇状に等高線が広がることから扇状地と呼ばれる。②　イ…地形図に果樹園(♁)が多くみられる。ア…金川に沿って発電所(☼)はみられない。ウ…等高線から標高を読み取ると金川は南東から北西に向かって流れている。エ…地形図の縮尺が25000分の1なので，実際の距離は4(cm)×25000＝100000(cm)＝1(km)となる。

(3)　Xの地域は**日本海側の気候**に属するため，屋根の傾斜を大きくして雪が積もらないように工夫されている。また，中国や東南アジアなど人件費(賃金)が安い国に進出して価格の低い商品を生産する日本企業が増えており，これらの内容を簡潔に説明できれば良い。

(4)　資料Ⅳから津波の被害が想定される区域が読み取れるので，その被害に対処するためにどこに避難すれば良いかなどの情報が必要であることを説明できれば良い。

## 3　(世界地理－北アメリカ州，ヨーロッパ州)

(1)　大地の動きが活発で高くけわしいのは造山帯に属している山脈なので，Aのロッキー山脈とDのアルプス山脈が当てはまる。ロッキー山脈は**環太平洋造山帯**，アルプス山脈は**アルプス・ヒマラヤ造山帯**に属している。なお，Bのアパラチア山脈とCのスカンディナビア山脈は造山帯に属していない。

(2)　夏は高温で乾燥してかんきつ類などの果樹栽培，冬は雨が多く小麦などが栽培されていることから，**地中海式農業**の説明であると判断でき，地中海に面しているイの地域が当てはまる。

(3)　①　北米自由貿易協定(NAFTA)はカナダ，アメリカ合衆国，メキシコの3か国，ヨーロッパ連合(EU)はドイツ，フランスなどの28か国(いずれも2017年12月時点)が加盟する組織である。②　あ　ヒスパニックとはメキシコなどの中南米諸国からアメリカに移り住み，スペイン語を話す移民である。　い　異なる国家の間を移動するにはパスポートの検査が必要であるが，その手間をなくし，加盟国間であれば自由に移動できるようにしたことで，人々の移動が活発に行われるようになった。　③　資料Ⅱからは加盟国間での貿易がさかんに行われていることが読み取れ，その理由として輸出入品にかけられる関税をなくしていると判断できるので，それらの内容をまとめて説明できれば良い。

## 4　(歴史－奈良時代～江戸時代)

(1)　浄土信仰は11世紀以降にさかんになったので，エの平等院鳳凰堂が当てはまる。平等院鳳凰堂は**藤原頼通**によって1053年に京都の宇治に建てられた。なお，アの伊勢神宮は約2000年前の創建，イの唐招提寺は鑑真によって奈良時代に，ウの日光東照宮は徳川家康をまつるために1617年に建てられた。

(2)　奥州藤原氏は**平泉**(岩手県)を本拠地としていたことなどからCと判断できる。

(3) 琉球(沖縄県)は中国や朝鮮，日本，東南アジア各地と結びつくことができる位置にあり，各地の産物を琉球王国を通してやり取りする中継貿易で栄えた。

(4) 朝貢とは中国周辺の国々が中国の皇帝に貢ぎ物を差し出してその地域の支配者としての地位を認めてもらう制度で，古くは日本や朝鮮なども中国に使節を送っていた。

(5) 朱子学は身分などの上下関係や秩序を重んじる学問であったことを説明できれば良い。

(6) 資料Ⅴ，Ⅵからは寺子屋で日常生活にまつわる内容が学べることを読み取れるので，それらの内容を具体的に説明できれば良い。

## 5 (歴史－明治時代～現代)

(1) 幕末の最大の輸出港なので，横浜(港)と判断できる。

(2) 1880年代後半に日本の軽工業の分野で**産業革命**がおこり，機械による大量生産が行われるようになったことを説明できれば良い。

(3) 世界恐慌でおもな輸出品である生糸の価格が暴落し，それにともない原料のまゆの価格も暴落したことなどからアと判断できる。なお，イは1901年，ウは1880年，エは1918年のできごとである。

(4) 資料Ⅲから「中の上」と「中の中」の割合が高くなっていることが読み取れ，漢字4字とあるので，中流意識が当てはまる。

(5) 資料Ⅴを見ると1980年代前半に日本の貿易黒字額と対米自動車輸出台数が大きく増加していることが読み取れ，これに対し，アメリカで資料Ⅳのような様子がみられたことから，**貿易摩擦**が起こっていたと判断でき，これらの内容をまとめて説明できれば良い。なお，貿易摩擦とは特定の国において輸出額と輸入額に極端な偏りが生じることで，貿易相手国との間に起こる問題のことである。

## 6 (公民－経済総合)

(1) 直後に(CSR)とあることから，社会的責任と判断できる。

(2) X…国内生産台数が約73万台，輸出台数が約57万台なので，約78％が輸出されており，正しい。 Y…総生産台数は約103万台，海外生産台数は約30万台なので，割合は約29％となり，3分の1未満である。

(3) 資料Ⅲを見ると自動車の生産台数は時期によってばらつきがある。このことから自動車の生産台数によって従業員数を調整する必要があることを，簡潔に説明できれば良い。

(4) ①「企業の所得に応じて納める」税なので，法人税が当てはまる。 ② 間接税は税金を納める人(納税者)と税金を負担する人(担税者)が異なる税金である。これに対し，直接税は納税者と担税者が同じ税金である。

(5) リデュースは**抑制**，リユースは**再使用**，リサイクルは**再生利用**という意味なので，Cにはイ，Dにはア，Eにはウがそれぞれあてはまる。

## 7 (公民－政治総合)

(1) 憲法の改正には通常の法律よりも厳格な手続きが定められている。

(2) 多数決の場合は全員一致と異なるため，少数の意見が反映されないことがある。このことを簡潔に説明できれば良い。

(3) 日本国憲法の基本原理(原則)は**基本的人権の尊重**，**国民主権**，**平和主義**の三つで，このうち国民投票に関係するものなので，国民主権と判断できる。

(4)　資料Ⅱからは当選したW候補以外の候補の票数を合計するとW候補の得票数よりも多いことが読み取れるので，これらの内容を簡潔に説明できれば良い。

(5)　①　拒否権とは1か国でも反対すると議題を可決できない権限である。　②　資料Ⅲからは地域ごとの加盟国数と常任理事国数が比例していないことが読み取れるので，それらの内容を簡潔に説明できれば良い。

## ＜国語解答＞

一　(一)　㋐　しょうさん　㋑　ともな(わない)　㋒　まった(く)　㋓　ひんぱん
(二)　ウ　(三)　エ　(四)　(例)「ただいま」に対する「お帰り」という答えと，プラスの意味の表情や身振りを含み，「ほめる」ことにつながるという点で同じであると述べている。　(五)　(例)筆者の考え方はおもしろいと思いました。「おはよう」と言われて，ほめられたと感じたことはありませんが，あいさつをすることで，気持ちよく一日を過ごすことができたという経験は，私にもあります。筆者が述べる「ほめる」とは，相手の存在を認めたり，相手を大切に思ったりするという意味だと思います。今後も，あいさつに込められた意味を大切にしながら生活していこうと思います。

二　(一)　ウ　(二)　ア　(三)　(例)思いがけず自分自身の話題になり，ほめられて恥ずかしくなったから。　(四)　[紗英](例)活け花への情熱を持ち，その思いをまっすぐにぶつけてくる人。　[紺野さん](例)友達への気配りができ，こつこつと真面目に努力する人。

三　(一)　おもいて　(二)　山守　(三)　①　良いもの　②　(例)気のきいた歌を詠むことで，取られたおのを返してもらえたということ。

四　(一)　無《キ》レ所レ不《ル》レ至《ラ》也　(二)　イ　(三)　エ

五　(一)　①　営む　②　訪れる　③　綿密　④　尊重　(二)　十二(画)

六　(一)　ウ　(二)　(例)これからは，私も，海外で出会った女性を見習って，日々の生活で接する人に対して誠意を尽くすよう心がけていきたいです。

## ＜国語解説＞

一　(論説文－内容吟味，段落・文章構成，漢字の読み書き，作文)

(一)　㋐　「賞賛」は，ほめたたえること。　㋑　「伴う」は，一緒に連れていく，同時に起こるという意味。　㋒　「全」の音読みは「ゼン」で「全然」「完全」などの熟語を作る。　㋓　「頻繁」は，しばしばそのことが起きたり行われたりする様子。

(二)　※の部分は「ほめる」ことについて，前半で「本来の使い方」として「限定した場面」で使われるという一般的な考え方を述べ，後半で「いろいろなところで用いられるとてもありふれた行動」という筆者の意見を述べている。後半の内容は，「うなずき」やあいさつのやり取りなど一般的には「ほめる」と認識されていない行動に「ほめる」ことが含まれているという後の展開に読者を導いているので，このことを説明したウが正解。アは「後の議論」が本文にない内容。「一般的な意見」は示されているが，それが後の主張に共感させやすくする役割を果たしているとは言えないので，イは誤り。※の「筆者と異なる視点」は一般的な意見のことで後の具体例に結びつかないので，エは不適切である。

(三)　「潤滑油」は，なめらかに動くように機械にさす油のことであるが，物事を滞りなく進めるために役立つものという意味でも用いられる表現である。したがって，エが正解となる。

(四)　B——の直前に着目する。筆者は「ただいま」「お帰り」というやり取りの例を二つ挙げて，「プラスの意味の表情や身振りが含まれており，『ほめる』ことに通じています」と説明している。この内容をもとに，「〜と〜という点(で同じであると筆者は述べている)。」という形で答えを書くとよい。

(五)　筆者は，「うなずき」やあいさつのやり取りなどは人間と人間の関係を滞りなく成り立たせるための「ほめる」行動であり，さまざまな関わりの中に「ほめる」ことが含まれていると主張している。これについて自分の考えたことや感じたことを，経験と結び付けて書く。筆者の意見を要約するだけでは不十分である。書き終わったら必ず読み返して，誤字・脱字や表現のおかしなところは改める。

**二**　(小説－情景・心情，内容吟味，ことわざ・慣用句)

(一)　空欄の直後に「よくわからないんですけど」とあるのに注目する。「首をひねる」は疑問に思う気持ちを表す慣用句なので，ウが当てはまる。「舌を巻く」は非常に感心する，「肩を落とす」はがっかりする，「耳を澄ます」は注意してよく聞くという意味で使われる慣用句である。

(二)　紗英が「花器置き場の前」で「屈んだままじっと動かない」ので，活け花の指導者である「私」は「何をしているのか」わからない。紺野さんが何も言わなければ，「私」は紗英に後片づけの手伝いをするように言ったかもしれない。しかし，紺野さんには紗英が花器の前で活け花のシミュレーションをしていることがわかっているため，A——のように言ったのである。正解はア。紗英が自分で頼まないのは，「他人に頼めない性格」だからではなく，自分の世界に没頭しているためなので，イは不適切。このときの紗英は「不安定な気持ち」ではないので，ウは誤り。また，紺野さんが「紗英にここで恩を売っておく必要があった」と説明するエは，文脈に合わない。

(三)　紺野さんは，自分には特別の才能がなく，話題にされることもほめられることもないと思っていた。この場面では，「私」と紗英の才能について話をしていたのに，思いがけず「紺野さん，あなたは伸びるわよ」と自分自身のことを話題にされたので驚き，しかもほめられて恥ずかしくなったため頬を赤らめたのである。

(四)　［紗英］　地の文の「花器を替えておさらいするところをほめたい。それは，活け花への情熱だ。」「背伸びをしない。正直に，体当たりで来る。」をもとに書く。　［紺野さん］「私」は紺野さんに「真面目で気配りができるっていうのは，ひととしていちばんの美徳なの。友達のこと，いつも大事にしてるし。」と言っている。

**三**　(古文－内容吟味，脱文・脱語補充，仮名遣い)

〈口語訳〉　今となっては昔のことであるが，木こりが山の番人におのを取られて，「困った。つらい」と思って，ほおづえをついていた。山の番人が(木こりの様子を)見て，「何か気のきいた歌を詠め。(そうしたらおのを)返してやろう。」と言ったので，(木こりが)

悪いものさえないと困る世の中で，良いものであるおのを取られて私はどうしたらよいか

と詠んだところ，山の番人は返歌をしようと思って「うううう。」とうめいたけれど，(返歌することが)できなかった。それで(木こりに)おのを返してやったので，(木こりは)嬉しいと思ったということだ。人は常に心がけて歌を詠むようにするのがよいと思われる。

(一)　語中にあるハ行の「ひ」を「い」に改めて「おもいて」とする。

(二)　会話文直前の「山守見て」は，現代語訳すると「山守が見て」「山守は見て」となる。したが

って，会話文直後の「いひければ」の主語も「**山守**」となる。

(三)　①　この和歌は，前半の「悪しき」(＝悪いもの)と後半の「よき」を対比している。「よき」は，「悪しき」の反対語である「良き」(＝**良いもの**)と「斧」(＝**おの**)の**掛詞**になっている。

②　木こりは山守におのを取られたが，山守に「さるべき事を申せ」を言われたときに**気のきいた歌を詠むことができたため，おのを返してもらうことができた**。本文の作者は，この出来事を根拠に，読者に歌を詠むことを勧めている。

## 四　(漢文－主題・表題，古文の口語訳，その他)

〈口語訳〉　学問は，少しずつ毎日進めることが大切である。この世界のとても遠いところには，まさに人が行ったことがないような場所がある。しかし，毎日努力して行くことをやめなければ，また行き着けない場所はないのである。学問の源流ともいうべき真理は遠い。(しかし，)もし身近なところから学ぶということを毎日努力してやめなければ，長い時間がかかって上達するはずである。

(一)　漢字の順序は，原文は「**無所不至也**」だが書き下し文は「**至(不)所無**(也)」で，「無所不至」を読む順序が逆になっている。1字ずつ返って読むときはレ点を用いるので，「**無**」「**所**」「**不**」の左下にそれぞれ**レ点**を入れればよい。

(二)　「人跡」は人が何かをした痕跡，「及ばざる」は及ばない，届かないという意味である。したがって，「人跡の及ばざる所」は人が届いたという痕跡がない場所，つまり，**人が行ったことのないような場所**という意味になり，イが正解となる。

(三)　最後の一文に「苟も下学の功，**日に進んで息まざれば**，久しくして則ち以て上達すべきなり。」とある。「日に進んで息まざれば」は「毎日努力してやめなければ」という意味であるから，**努力の継続**について述べたエが正解。アの「挑戦」やイの「決まった時間」については本文に書かれていない。また，「学問を一生続けること」が目的ではないので，ウは不適切である。

## 五　(知識－漢字の読み書き，書写)

(一)　①　「**営**」は上の部分の形に注意。「宮」や「常」と混同しないようにすること。　②　「**訪**」の音読みは「ホウ」で，「訪問」「来訪」などの熟語を作る。　③　「**綿密**」は，細かいところまで注意が行き届いている様子。　④　「**尊重する**」は，価値を認めて大切に扱うという意味である。

(二)　「補」の総画数は**十二画**である。左側が「**ネ**」(ころもへん)であることに注意する。

## 六　(会話・議論・発表－内容吟味，短文作成)

(一)　イラストは，外国人女性と太郎さんが話しているという**具体的な状況**を示すものなので，ウが正解。このイラストを見せてもア「根拠」やイ「結論」を聞き手に示すことはできないし，エ「細かな説明」の代わりにはならない。

(二)　Ⅰの[自分の経験]からは，「**自分も海外で出会った女性のようでありたい**」という内容が導きだせる。また，[調べたこと]の内容は，「今後の生活で出会う人に，一生に一度の機会と考えて**誠意を尽くすよう心がけたい**」などとまとめることができる。この二つを入れた一文を書けばよい。

MEMO

大切なことはメモしておこうネ！

# 解答用紙集

○月×日 △曜日　天気(合格日和)

◆ご利用のみなさまへ
＊解答用紙の公表を行っていない学校につきましては、弊社の責任において、解答用紙を制作いたしました。
＊編集上の理由により一部縮小掲載した解答用紙がございます。
＊編集上の理由により一部実物と異なる形式の解答用紙がございます。

人間の最も偉大な力とは、その一番の弱点を克服したところから生まれてくるものである。──カール・ヒルティ──

※データのダウンロードは 2024 年 3 月末日まで。

東京学参株式会社

※ 167％に拡大していただくと，解答欄は実物大になります。

| 令和5 前期選抜 | 第2時 | 数学　解答用紙 |
|---|---|---|

| 受検番号 | 得点 |
|---|---|
| | |

※ ［　］の欄には何も書かないこと。

**1**

(1) ①

答

②

答

③

答

④

答

⑤

答

⑥

答

(2)

答

(3)

答

(4)

答

(5)

答

(6)

答　$x=$　　　，$y=$

(7)

答　$\angle x=$　　　°

1小計

**2**

(1)

答

(2)

答　　　$cm^3$

(3)

答　　　中学校の方が　　　人多い

(4)（解）

答　　　円

2小計

**3**

(1)

答　　　cm

(2)

答　　　分後

3小計

**4**

(1)

答　$\angle AQC=$　　　°

(2)（証明）

(3)

答　　　cm

4小計

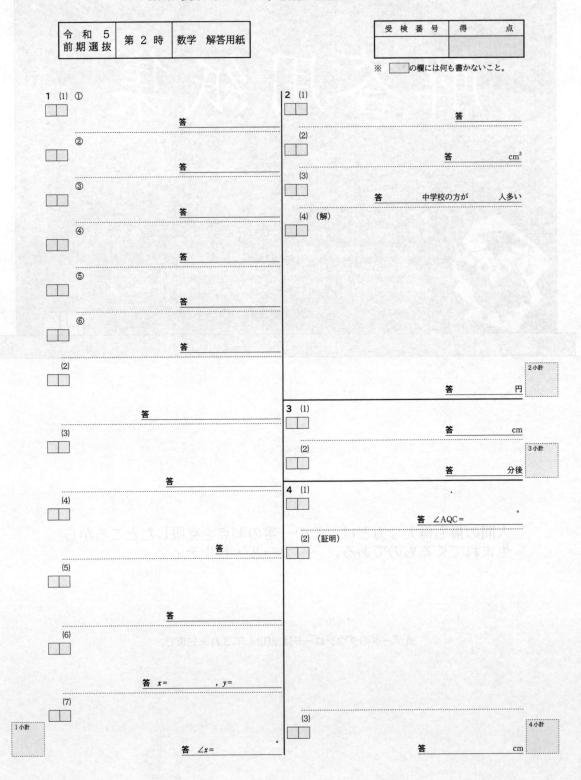

※ 161％に拡大していただくと，解答欄は実物大になります。

| 令和５<br>前期選抜 | 第３時 | 英語　解答用紙 |
|---|---|---|

| 受検番号 | 得点 |
|---|---|
| | |

※ 　　の欄には何も書かないこと。

**1**

| A | | B | | C | | D | |
|---|---|---|---|---|---|---|---|

1小計

**2**

| (1) | | (2) | | (3) | |
|---|---|---|---|---|---|

2小計

**3** (1)

| ① | | ② | |
|---|---|---|---|

(2)

(3)

(4)

3小計

**4** (1)

(2) ①

②

(3)

(4) One day, I ＿＿＿＿＿＿＿＿＿＿＿＿＿＿＿＿＿＿＿＿ 20 ＿＿＿＿＿＿ 30 And she said, "Thank you very much."

4小計

群馬県公立高校(前期)

2023年度

※167%に拡大していただくと、解答欄は実物大になります。

令和5 前期選抜 第一時 国語 解答用紙

受検番号

得点 点

※ の欄には何も書かないこと

一

(一) ① ②る ③ ④いる ⑤

(二) ① ②す ③ ④える ⑤

(三) ① ②

(四) ① ②

(五)

一小計

二

(一)

(二)

(三)

(四) ① ②

二小計

三

(一)

(二) 軽 重

(三)

三小計

四

(一)

(二)

四小計

五

(一)

(二)

(三)

(四)

(五) (20×7) 110 140

五小計

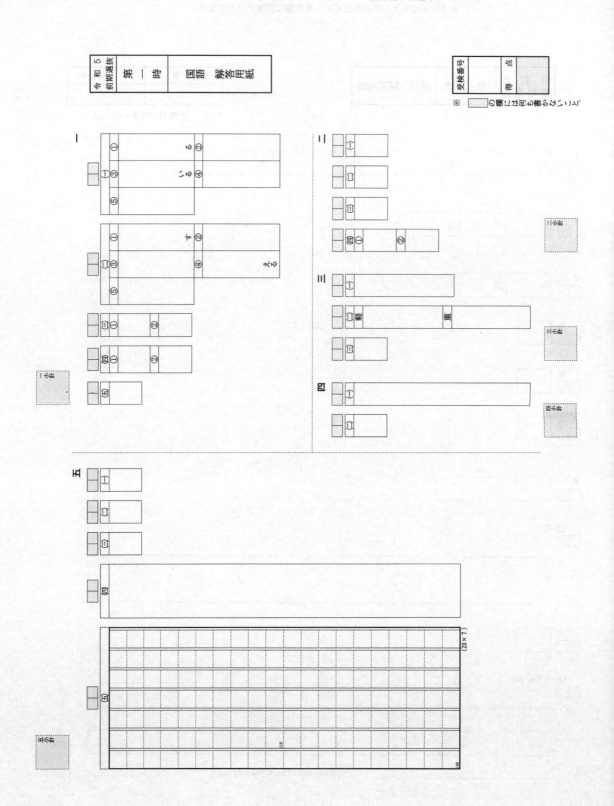

※ 167%に拡大していただくと，解答欄は実物大になります。

| 令和5 後期選抜 | 第 1 日 | 第 2 時 | 数学 解答用紙 | 2枚中の1 |
|---|---|---|---|---|

| 受検番号 | 得点 |
|---|---|
| | |

※ □の欄には何も書かないこと。

2枚中の1小計

1 (1) ①

答

②

答

③

答

(2) ①

答

②

答

(3)

答

(4)

答 $a=$

(5)

答 $\angle x=$ °

(6) (解)

答

(7)

答

(8)

答

(9)

答

1小計

2 (1) ①

答

②

答

(2)

答

2小計

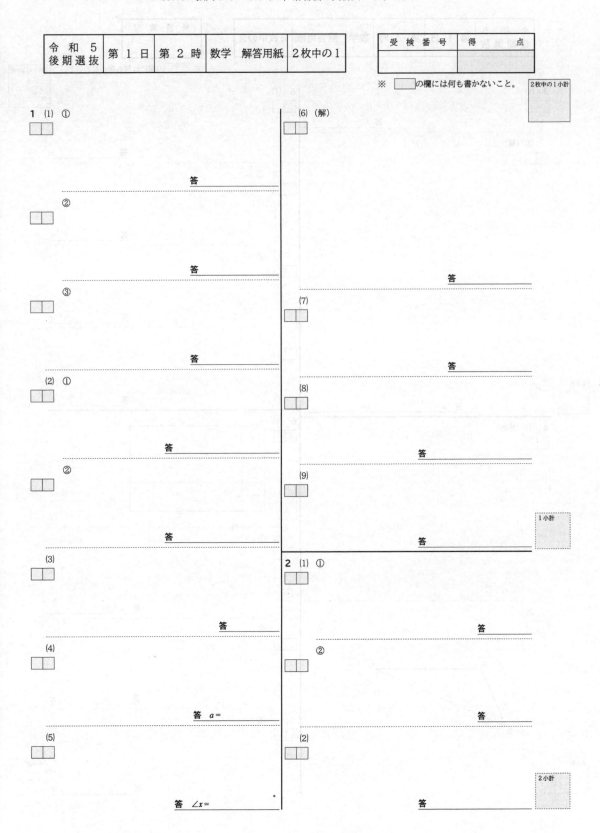

| | | | | | |
|---|---|---|---|---|---|
| 令和5<br>後期選抜 | 第1日 | 第2時 | 数学 | 解答用紙 | 2枚中の2 |

| 受検番号 |
|---|
| |

※ 　　の欄には何も書かないこと。

2枚中の2小計

**3** (1)

答

(2)（解）

答 $a=$ 　　　, $b=$

3小計

**4** (1)（証明）

(2)

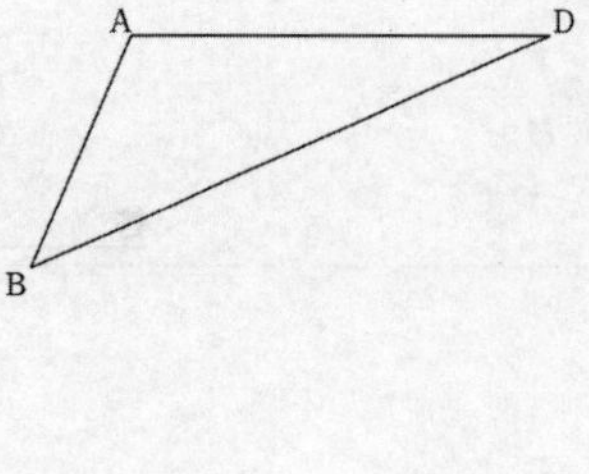


4小計

**5** (1)

答 　　　m

(2) ①

答

②

答 　　　m

③

答 　　　m

5小計

**6** (1)

| | |
|---|---|
| ア | |
| イ | |
| ウ | |

(2) ①

答 ∠EDF = 　　　°

②

答 　　　cm

③

答 　　　$cm^2$

6小計

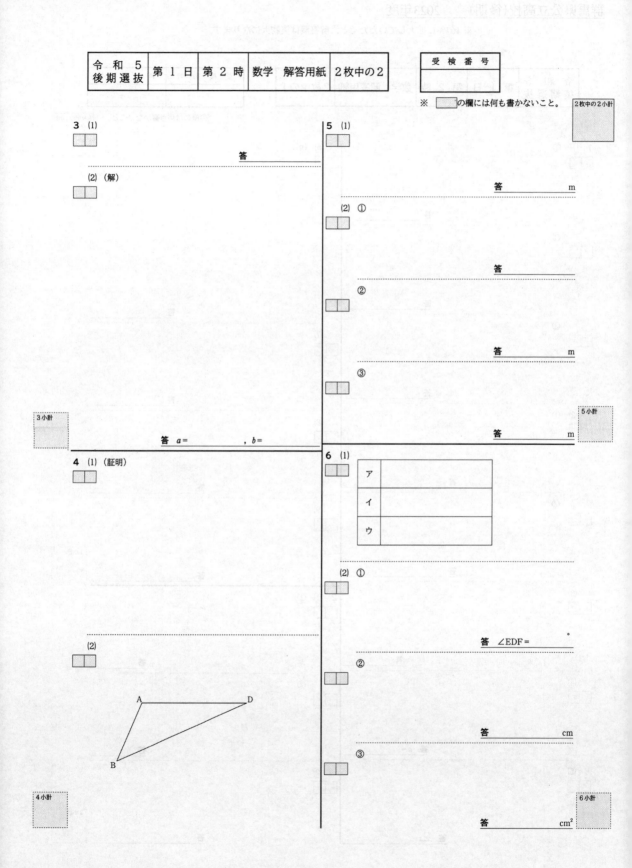

※161%に拡大していただくと，解答欄は実物大になります。

| | | | |
|---|---|---|---|
| 令和5 後期選抜 | 第2日 | 第2時 | 英語　解答用紙 |

| 受検番号 | 得点 |
|---|---|
| | |

※ □の欄には何も書かないこと。

**1** No.1 No.2 　1小計

**2** No.1 No.2 No.3 　2小計

**3** A B C
D I want many students ＿＿＿＿.　3小計

**4** (1)
(2) So
(3) I　4小計

**5** ア イ ウ エ オ　5小計

**6** (1) → → →
(2) A B
(3) ① ②　6小計

**7** (1) ①
②
(2)
(3) A B
C
D　7小計

**8** (A) ＿＿＿　(B) ＿＿＿ ＿＿＿ ＿＿＿

In Japan, we　(C) ＿＿＿

30

40　8小計

※ 164％に拡大していただくと，解答欄は実物大になります。

| 令　和　5<br>後期選抜 | 第 2 日 | 第 1 時 | 理科　解答用紙 |
|---|---|---|---|

| 受　検　番　号 | 得　　　点 |
|---|---|
| | |

※ 　の欄には何も書かないこと。

| | | | |
|---|---|---|---|
| 1 | A | (1) | |
| | | (2) | |
| | B | (1) | |
| | | (2) | ①　②　③ |
| | C | (1) | |
| | | (2) | ①　② |
| | D | (1) | |
| | | (2) | |

1小計

| | | |
|---|---|---|
| 2 | (1) | ①　② |
| | (2) | |
| | (3) | |
| | (4) | ①　②　③ |

2小計

| | | |
|---|---|---|
| 3 | (1) | a　b |
| | (2) | ①　②　③ |
| | (3) | ①　②　a　b |
| | | ③ |

3小計

| | | |
|---|---|---|
| 4 | (1) | |
| | (2) | ①　a　b　②　X　Y |
| | (3) | ①　② |
| | (4) | ①　②　③ |

4小計

| | | |
|---|---|---|
| 5 | (1) | ①　② |
| | (2) | |
| | (3) | ①　② |
| | (4) | ①　②　記号　理由 |

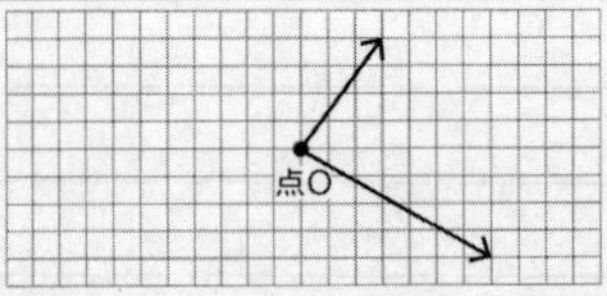


5小計

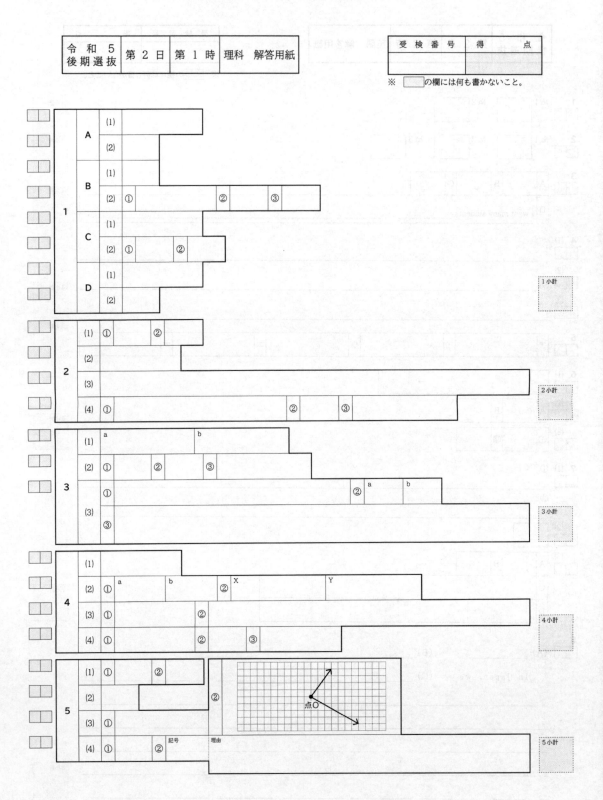

※ 159%に拡大していただくと，解答欄は実物大になります。

| 令　和　5<br>後期選抜 | 第 1 日 | 第 3 時 | 社会　解答用紙 |
|---|---|---|---|

| 受 検 番 号 | 得　　点 |
|---|---|
| | |

※ ＿の欄には何も書かないこと。

| | | |
|---|---|---|
| 1 | (1) | |
| | (2) | |
| | (3) | |
| | (4) | |
| | (5) | |

1小計

| | | | | |
|---|---|---|---|---|
| 2 | (1) | ① | ② | |
| | (2) | | | |
| | (3) | | | |
| | (4) | | | |

2小計

| | | | | |
|---|---|---|---|---|
| 3 | (1) | | | |
| | (2) | ① | ② | |
| | (3) | ① | ② | |

3小計

| | | | | |
|---|---|---|---|---|
| 4 | (1) | | | |
| | (2) | | | |
| | (3) | ① | ② | |
| | (4) | | | |

4小計

| | | | | |
|---|---|---|---|---|
| 5 | (1) | X | Y | |
| | (2) | | | |
| | (3) | | | |
| | (4) | | | |

5小計

| | | |
|---|---|---|
| 6 | (1) | |
| | (2) | |
| | (3) | |
| | (4) | |
| | (5) | |

6小計

| | | | | |
|---|---|---|---|---|
| 7 | (1) | | | |
| | (2) | | | |
| | (3) | | | |
| | (4) | i | ii | |

7小計

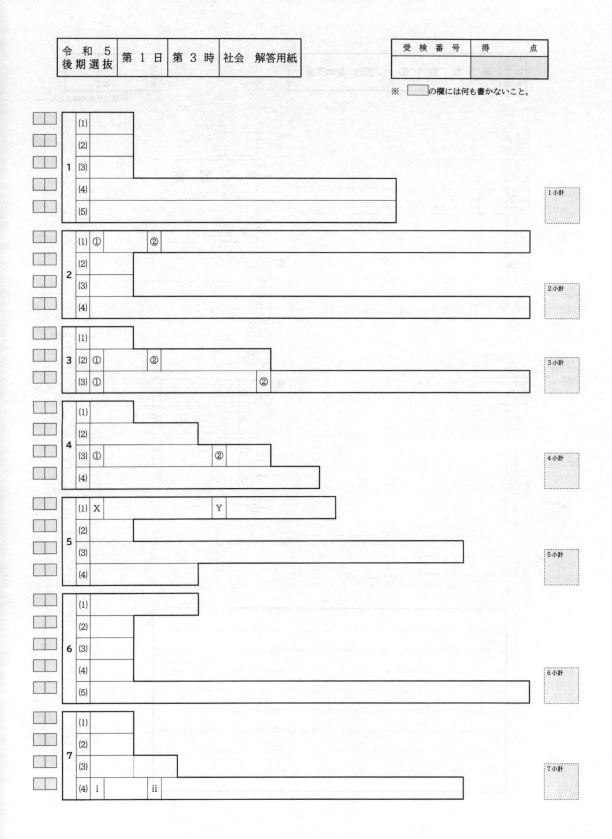

群馬県公立高校（後期）

2023年度

※167%に拡大していただくと、解答欄は実物大になります。

令和5 後期選抜 第一日 第一時

国語 解答用紙

受検番号

得点

※ □の欄には何も書かないこと。

一

(一)

(二)

(三)

(四)

(五)

一小計

二

(一)

(二)

(三)

(四)

二小計

三

(一)

(二) 入ル池塘ニ

(三) ① ② Ⅰ Ⅱ

三小計

四

(一)

(二)

(三)

(四)

四小計

五

(一) ① ② える ③ ④

(二) ① ② ③ ④

(三)

五小計

六

(一)

(二)

(三)

(20×9)

140

180

六小計

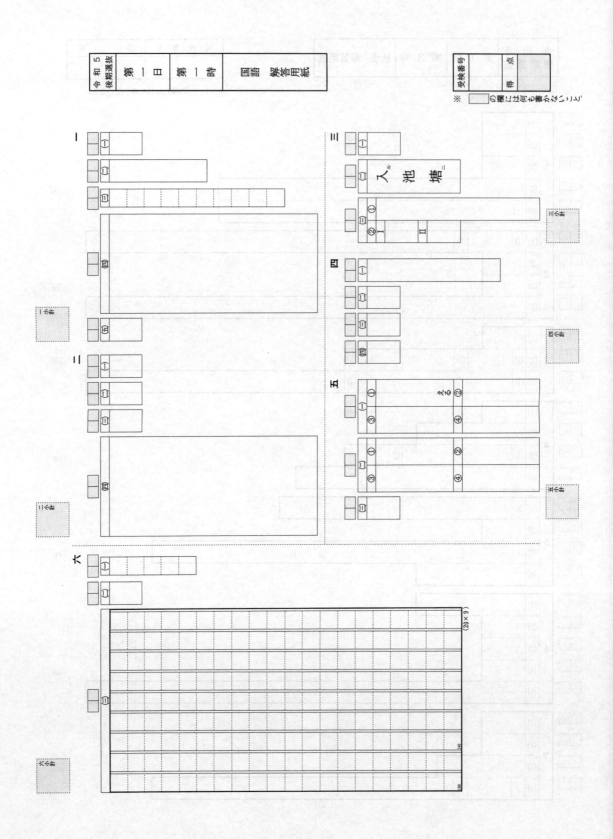

## 2023年度入試推定配点表(群馬県 前期選抜)

| | 1 | 2 | 3 | 4 | 計 |
|---|---|---|---|---|---|
| 数学 | 各2点×12 | (1),(2) 各2点×2<br>他 各3点×2 | 各3点×2 | (1) 2点<br>他 各4点×2 | 50点 |

| | 1 | 2 | 3 | 4 | 計 |
|---|---|---|---|---|---|
| 英語 | 各2点×4 | 各3点×3 | (1) 各2点×2<br>他 各3点×3 | (2) 各3点×2<br>(4) 6点<br>他 各2点×4 | 50点 |

| | 一 | 二 | 三 | 四 | 五 | 計 |
|---|---|---|---|---|---|---|
| 国語 | 各1点×15 | 各1点×5 | 各2点×4 | 各2点×2 | (五) 10点<br>他 各2点×4 | 50点 |

## 2023年度入試推定配点表(群馬県 後期選抜)

| | 1 | 2 | 3 | 4 | 5 | 6 | 計 |
|---|---|---|---|---|---|---|---|
| 数学 | (1) 各2点×3<br>(2) 各3点×2<br>他 各4点×7<br>((8)・(9)各完答) | (1) 各2点×2<br>(2) 4点(完答) | (1) 3点<br>(2) 5点 | (1) 4点<br>(2) 5点 | (1) 5点<br>他 各4点×3 | (1) 各2点×3<br>(2) 各4点×3 | 100点 |

| | 1 | 2 | 3 | 4 | 5 | 6 | 7 | 8 | 計 |
|---|---|---|---|---|---|---|---|---|---|
| 英語 | 各3点×2 | 各3点×3 | D 4点<br>他 各3点×3 | 各3点×3 | 各3点×5 | 各3点×5<br>((1)完答) | (3)A・B<br>各2点×2<br>他 各3点×5 | (C) 10点<br>他 各2点×2 | 100点 |

| | 1 | 2 | 3 | 4 | 5 | 計 |
|---|---|---|---|---|---|---|
| 理科 | B(1)・(2)②・③<br>各1点×3<br>他 各2点×8 | (1)①・②,(4)②<br>各2点×3<br>(2),(4)③ 各3点×2<br>他 各4点×2 | (1) 各1点×2<br>(2)①・②,(3)②<br>各2点×4<br>他 各3点×3 | (2) 各1点×4<br>(3)① 2点<br>他 各3点×5 | (1) 各2点×2<br>(2),(3)①,(4)①<br>各3点×3<br>他 各4点×2((4)②完答) | 100点 |

| | 1 | 2 | 3 | 4 | 5 | 6 | 7 | 計 |
|---|---|---|---|---|---|---|---|---|
| 社会 | (4) 4点<br>(5) 5点<br>他 各2点×3 | (1)②,(4)<br>各5点×2<br>他 各2点×3 | (2)②,(3)①<br>各3点×2<br>(3)② 4点<br>他 各2点×2 | (2),(3)①<br>各3点×2<br>(4) 5点<br>他 各2点×2 | (1) 各3点×2<br>(3) 4点<br>他 各2点×2 | (5) 6点<br>他 各2点×4 | (4)ii 4点<br>他 各2点×4<br>((3)完答) | 100点 |

| | 一 | 二 | 三 | 四 | 五 | 六 | 計 |
|---|---|---|---|---|---|---|---|
| 国語 | (三),(五)<br>各3点×2<br>(四) 10点<br>他 各2点×3 | (四) 10点<br>他 各2点×3 | (一),(二)<br>各2点×2<br>他 各3点×3 | (三) 2点<br>他 各3点×3 | 各2点×9 | (一) 3点<br>(二) 2点<br>(三) 15点 | 100点 |

※ 167%に拡大していただくと，解答欄は実物大になります。

| 令和 4<br>前期選抜 | 第 2 時 | 数学　解答用紙 |
|---|---|---|

| 受検番号 | 得　　点 |
|---|---|
| | |

※ □の欄には何も書かないこと。

**1** (1) ①

答

②

答

③

答

④

答

⑤

答

⑥

答

(2)

答

(3)

答 $x=$　　　，$y=$

(4)

答

(5)

答

(6)

答

(7)

答　　　　cm²

1小計

**2** (1)

答　　　回

(2)

答

(3)

答 ∠ACD＝　　　°

(4) (解)

答　　　冊

2小計

**3** (1) (証明)

(2)

答 $S:S'=$　　：

3小計

**4** (1)

答

(2) ①

答 $a=$

②

答

4小計

※ 161%に拡大していただくと，解答欄は実物大になります。

| 令和 4 前期選抜 | 第 3 時 | 英語　解答用紙 |
|---|---|---|

| 受 検 番 号 | 得 | 点 |
|---|---|---|
| | | |

※ 　　の欄には何も書かないこと。

**1**

| A | | B | | C | | D | |
|---|---|---|---|---|---|---|---|

1 小計

**2**

| (1) | | (2) | | (3) | |
|---|---|---|---|---|---|

2 小計

**3** (1)

| ① | | ② | | ③ | |
|---|---|---|---|---|---|

(2)

(3)

3 小計

**4** (1)

| A | | B | | C | |
|---|---|---|---|---|---|

(2) ①

②

(3)

(4) One day, ______ ______ ______ ______ ______ ______

______ ______ ______ ______ ______ ______ ______

______ ______ ______ ______ ______ ______ ______

______ ______ ______ ______ ______ ______ ______ 25

______ ______ ______ ______ ______ ______ ______

______ 35 I was late for school.

4 小計

群馬県公立高校（前期）

2022年度

※167%に拡大していただくと、解答欄は実物大になります。

令和4 前期選抜

第一時

国語 解答用紙

受検番号

得点

※ の欄には何も書かないこと。

一

(一) ① ③ ⑤ ② める ④ う

(二) ① ③ ⑤ ② る ④ り

(三) ① ②

(四) ① ②

一小計

二

(一)

(二)

(三) ① ②

(四) ① ②

二小計

三

(一)

(二)

(三)

三小計

四

(一) 射之不ル中ラ也

(二)

(三)

四小計

五

(一)

(二)

(三)

(四)

(五)

(六) (20×7) 110 140

五小計

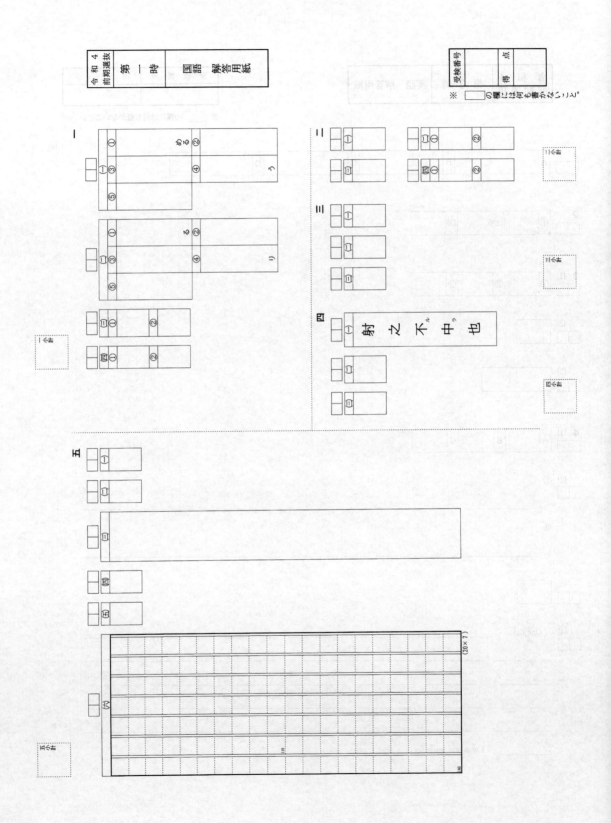

※ 167%に拡大していただくと，解答欄は実物大になります。

| | | | | | |
|---|---|---|---|---|---|
| 令和4 後期選抜 | 第1日 | 第2時 | 数学 | 解答用紙 | 2枚中の1 |

| 受検番号 | 得点 |
|---|---|
| | |

※ ☐の欄には何も書かないこと。

2枚中の1小計

1 (1) ①

答

②

答

③

答

(2) ①

答

②

答

(3)

答

(4)

答

(5)

答 ∠BAC=　°

(6) (解)

答 $y=$

(7)

答

(8)

答

(9)

答

1小計

2 (1) ①

答

②

答

③

答

(2)

答

2小計

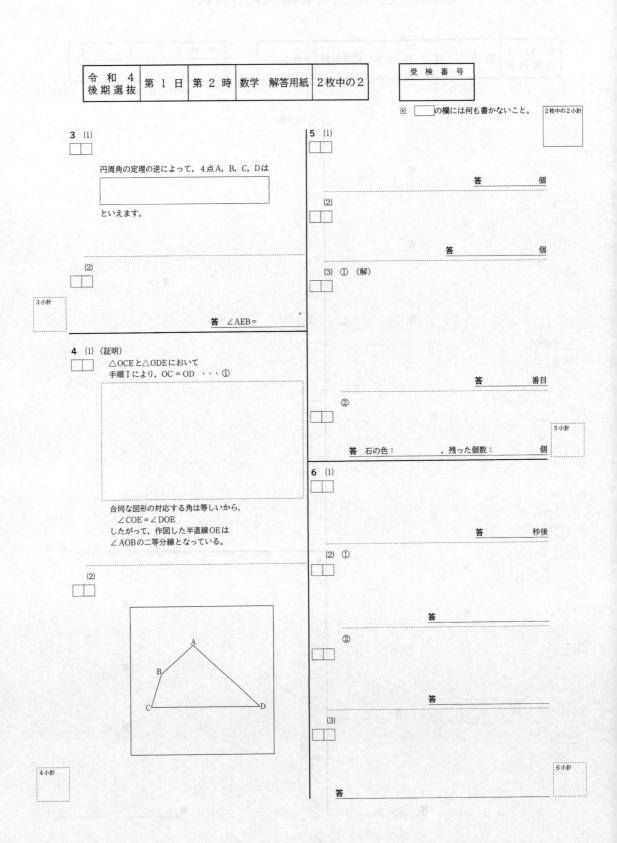

| 令和4<br>後期選抜 | 第1日 | 第2時 | 数学　解答用紙 | 2枚中の2 |
|---|---|---|---|---|

| 受検番号 |
|---|
| |

※ □ の欄には何も書かないこと。

2枚中の2小計

**3** (1)

円周角の定理の逆によって，4点A，B，C，Dは

［　　　　　　　　　　　　］

といえます。

(2)

3小計

答　∠AEB=　　　　　°

**4** (1)（証明）

△OCEと△ODEにおいて

手順Ⅰにより，OC = OD　・・・①

［　　　　　　　　　　　　］

合同な図形の対応する角は等しいから，

∠COE = ∠DOE

したがって，作図した半直線OEは

∠AOBの二等分線となっている。

(2)

4小計

**5** (1)

答　　　　　個

(2)

答　　　　　個

(3) ①（解）

答　　　　　番目

②

5小計

答　石の色：　　　　，残った個数：　　　　個

**6** (1)

答　　　　　秒後

(2) ①

答

②

答

(3)

6小計

答

※ 161%に拡大していただくと，解答欄は実物大になります。

| 令和４<br>後期選抜 | 第２日 | 第２時 | 英語　解答用紙 |
|---|---|---|---|

| 受検番号 | 得点 |
|---|---|
| | |

※ □の欄には何も書かないこと。

**1** №1　№2

1小計

**2** №1　№2　№3

2小計

**3** №1 ①　②

№2

№3

3小計

**4** (1)

(2)

(3)

4小計

**5** ア　イ　ウ　エ　オ

5小計

**6** (1) A　B

(2) ①　②

(3)

6小計

**7** (1) ①

②

(2) →　→　→

(3) You should also ask yourself ＿＿＿＿＿＿＿＿.

(4)

7小計

**8**

30

40

8小計

※ 164％に拡大していただくと，解答欄は実物大になります。

| 令和 4<br>後期選抜 | 第 2 日 | 第 1 時 | 理科　解答用紙 |
|---|---|---|---|

| 受検番号 | 得点 |
|---|---|
| | |

※ 　　の欄には何も書かないこと。

| | | | | | | |
|---|---|---|---|---|---|---|
| 1 | A | (1) | | | | |
| | | (2) | ① | | ② | |
| | B | (1) | ① | | ② | |
| | | (2) | | | | |
| | C | (1) | | | | |
| | | (2) | 粉末X | | 粉末Z | |
| | D | (1) | | | | |
| | | (2) | | | | |

1小計

| | | | | | | |
|---|---|---|---|---|---|---|
| 2 | (1) | ① | ② 薬品a | 薬品b | ③ | |
| | (2) | ① | ② | ③ | | |
| | (3) | | | | | |
| | (4) | X | Y | Z | | |

2小計

| | | | | | |
|---|---|---|---|---|---|
| 3 | (1) | | | | |
| | (2) | ① | a | b | c |
| | | ② | 袋 | 理由 | |
| | (3) | ① | ② | | |
| | (4) | ① | ② | ③ | |

3小計

| | | | | | | |
|---|---|---|---|---|---|---|
| 4 | (1) | ① | ② | | | |
| | (2) | ① | ② | ③ | | |
| | (3) | | | | | |
| | (4) | ① | ② | ③ | ④ | |

4小計

| | | | | |
|---|---|---|---|---|
| 5 | (1) | ① | ② | |
| | (2) | ① | ② | |
| | (3) | ① | ② | |
| | (4) | ① | ② | |

5小計

※ 159%に拡大していただくと，解答欄は実物大になります。

| 令　和　4<br>後期選抜 | 第 1 日 | 第 3 時 | 社会　解答用紙 |
|---|---|---|---|

| 受 検 番 号 | 得　　点 |
|---|---|
| | |

※ □の欄には何も書かないこと。

| | | |
|---|---|---|
| 1 | (1) | |
| | (2) | |
| | (3) | |
| | (4) | → → |
| | (5) | |
| 1小計 | | |
| 2 | (1) | |
| | (2) | 記号　理由 |
| | (3) | ①　② |
| | (4) | 新潟県　長野県 |
| 2小計 | | |
| 3 | (1) | |
| | (2) | |
| | (3) | |
| | (4) | |
| | (5) | |
| 3小計 | | |
| 4 | (1) | |
| | (2) | |
| | (3) | → → |
| | (4) | |
| | (5) | |
| 4小計 | | |
| 5 | (1) | |
| | (2) | |
| | (3) | |
| | (4) | |
| | (5) | |
| 5小計 | | |
| 6 | (1) | |
| | (2) | |
| | (3) | |
| | (4) | ① |
| | | ② |
| 6小計 | | |
| 7 | (1) | |
| | (2) | |
| | (3) | |
| | (4) | |
| | (5) | |
| 7小計 | | |

# 群馬県公立高校(後期)

２０２２年度

※１６７％に拡大していただくと、解答欄は実物大になります。

令和４
後期選抜

第一日

第一時

国語　解答用紙

※受検番号

得点

※ 　の欄には何も書かないこと。

一

(一)

(二)

(三)

(四)

(五)

一小計

二

(一)

(二)

(三)

(四)

(五)

二小計

三

(一)

(二) ① Ⅰ Ⅱ ②

三小計

四

(一) 興《シテ》兵《ヲ》伐《チ》之《ヲ》

(二) ① ②

(三)

四小計

五

(一) ① ②　らず ③ ④　れる

(二) ① ②　る ③ ④　げる

(三) 部首名　総画数　画

五小計

六

(一) 質問① 質問②

(二) A B C

選んだ記号に○を付けること。

(20×9)

140

180

六小計

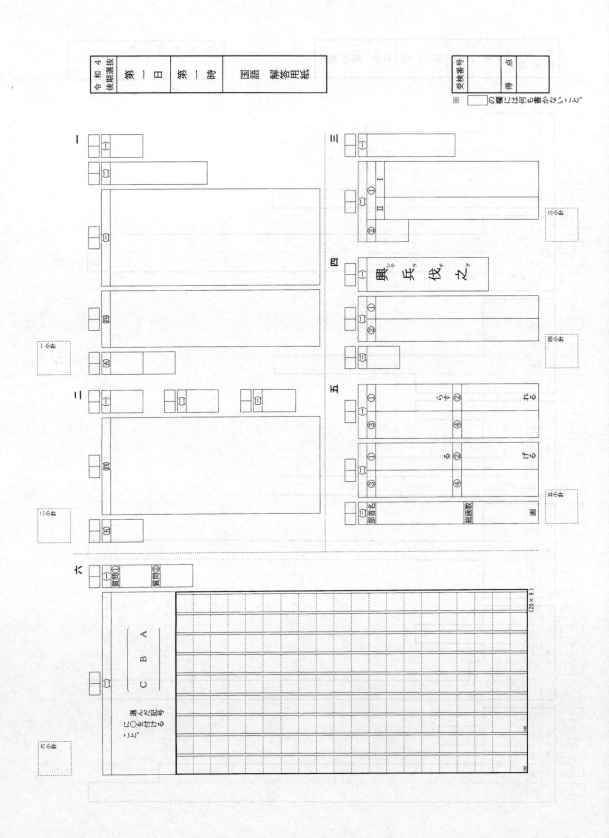

# 2022年度入試推定配点表(群馬県 前期選抜)

| | 1 | 2 | 3 | 4 | 計 |
|---|---|---|---|---|---|
| 数学 | 各2点×12 | (1),(2)　各2点×2<br>他　各3点×2 | (1)　4点<br>(2)　3点 | 各3点×3 | 50点 |

| | 1 | 2 | 3 | 4 | 計 |
|---|---|---|---|---|---|
| 英語 | 各2点×4 | 各3点×3 | 各2点×6 | (2)　各3点×2<br>(4)　7点<br>他　各2点×4 | 50点 |

| | 一 | 二 | 三 | 四 | 五 | 計 |
|---|---|---|---|---|---|---|
| 国語 | 各1点×14 | 各1点×6 | (一)　1点<br>各2点×2 | (一)　1点<br>各2点×2 | (六)　10点<br>他　各2点×5 | 50点 |

# 2022年度入試推定配点表(群馬県 後期選抜)

| | 1 | 2 | 3 | 4 | 5 | 6 | 計 |
|---|---|---|---|---|---|---|---|
| 数学 | (1)　各2点×3<br>(2)　各3点×2<br>他　各4点×7 | (1)　各2点×3<br>(2)　4点(完答) | 各4点×2 | 各4点×2 | (3)　各5点×2<br>他　各3点×2<br>((3)②完答) | (3)　6点(完答)<br>他　各4点×3 | 100点 |

| | 1 | 2 | 3 | 4 | 5 | 6 | 7 | 8 | 計 |
|---|---|---|---|---|---|---|---|---|---|
| 英語 | 各3点×2 | 各3点×3 | No.3　4点<br>他　各3点×3 | 各3点×3 | 各3点×5 | 各3点×5<br>((3)完答) | (4) 3点(完答)<br>他　各4点×4<br>((2)完答) | 14点 | 100点 |

| | 1 | 2 | 3 | 4 | 5 | 計 |
|---|---|---|---|---|---|---|
| 理科 | 各2点×10<br>(C(2)完答) | (1)①・③,(2)①・②<br>各2点×4<br>(1)②,(4)　各1点×5<br>他　各3点×2 | (1),(2)①a・b,<br>(4)①・②　各1点×5<br>(2)①c　2点<br>他 各3点×4((2)②完答) | (3)　3点<br>他　各2点×9 | (1)①,(2)②,(3)①・<br>②,(4)②　各3点×5<br>他　各2点×3 | 100点 |

| | 1 | 2 | 3 | 4 | 5 | 6 | 7 | 計 |
|---|---|---|---|---|---|---|---|---|
| 社会 | (1),(4) 各2点<br>×2((4)完答)<br>(2)　3点<br>他　各4点×2 | (2)理由,(3)②<br>各4点×2<br>(3)①　1点<br>他　各2点×4 | (4)　4点<br>(5)　3点<br>他　各2点×3 | (1),(3) 各3点<br>×2((3)完答)<br>(5)　4点<br>他　各2点×2 | (2)　2点<br>(3)　4点<br>他　各3点×3 | (4)②　4点<br>他　各2点×4 | (4),(5)<br>各4点×2<br>他　各2点×3 | 100点 |

| | 一 | 二 | 三 | 四 | 五 | 六 | 計 |
|---|---|---|---|---|---|---|---|
| 国語 | (三)　6点<br>(四)　5点<br>他　各2点×5 | (四)　6点<br>他　各3点×4 | 各3点×4 | (三)　1点<br>他　各3点×3 | 各2点×10 | (二)　15点<br>他　各2点×2 | 100点 |

※ 167%に拡大していただくと，解答欄は実物大になります。

| | | |
|---|---|---|
| 令　和　3<br>前期選抜 | 第 2 時 | 数学　解答用紙 |

| 受検番号 | 得　　点 |
|---|---|
| | |

※ □の欄には何も書かないこと。

**1** (1) ①

答

②

答

③

答

④

答

⑤

答

⑥

答

(2)

答

(3)

答

(4)

答　　cm²

(5)

答

(6)

答

(7)

答

1小計

**2** (1)

答

(2)

答　∠$x$＝

(3)

答

(4)

答

2小計

**3**　(解)

答　運動部に所属している男子　　人，運動部に所属している女子　　人

3小計

**4** (1)　(証明)

(2)

答　　cm

4小計

※ 161％に拡大していただくと，解答欄は実物大になります。

| 令和 3<br>前期選抜 | 第 3 時 | 英語　解答用紙 |
|---|---|---|

| 受検番号 | 得 | 点 |
|---|---|---|
| | | |

※ □の欄には何も書かないこと。

1　A　B　C　D

1 小計

2 (1)

(2)

(3)

2 小計

3 (1) ①　②　③　④

(2)

3 小計

4 (1) ①

②

(2) A　B

(3)

(4) I think

20

30

4 小計

群馬県公立高校（前期）　2021年度

※167%に拡大していただくと、解答欄は実物大になります。

令和3 前期選抜
第一時
国語 解答用紙

受検番号

得点

※ □の欄には何も書かないこと。

一

（一）①　②　③　④す　⑤める

（二）①　②　③　④す　⑤

（三）①　②

（四）①　②

一小計

二

（一）

（二）

（三）①　②

二小計

三

（一）

（二）

（三）

三小計

四

（一）終　身　不　解セ

（二）

（三）

四小計

五

（一）

（二）

（三）

（四）

（五）

（六）

(20×7)

110

140

五小計

※ 167%に拡大していただくと，解答欄は実物大になります。

| 令和3 後期選抜 | 第1日 | 第2時 | 数学 | 解答用紙 | 2枚中の1 |
|---|---|---|---|---|---|

| 受検番号 | 得点 |
|---|---|
| | |

※ □の欄には何も書かないこと。

2枚中の1小計

1 (1) ①

答

②

答

③

答

(2)

答

(3)

答

(4)

答 $n=$

(5)

答

(6)

答 cm

(7)

答

(8) (解)

答 mL

(9)

答

1小計

2 (1) ①

答

②

答

(2)

答

2小計

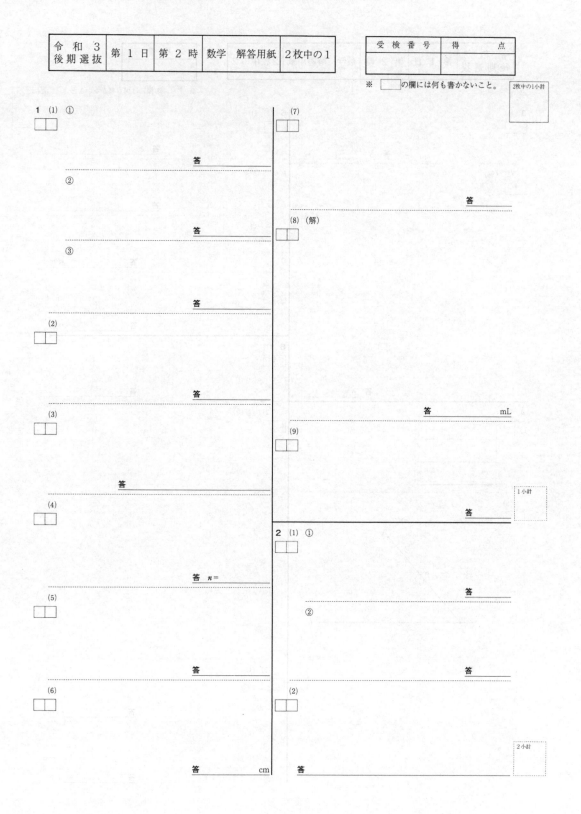

| 令和3 後期選抜 | 第1日 | 第2時 | 数学　解答用紙 | 2枚中の2 |
|---|---|---|---|---|

| 受検番号 |
|---|
| |

※ □の欄には何も書かないこと。

2枚中の2小計

**3** (1)

答　A＝

(2) (解)

答　A＝

3小計

**4** (1)

| | |
|---|---|
| ア | |
| イ | |
| ウ | |

(2) ①

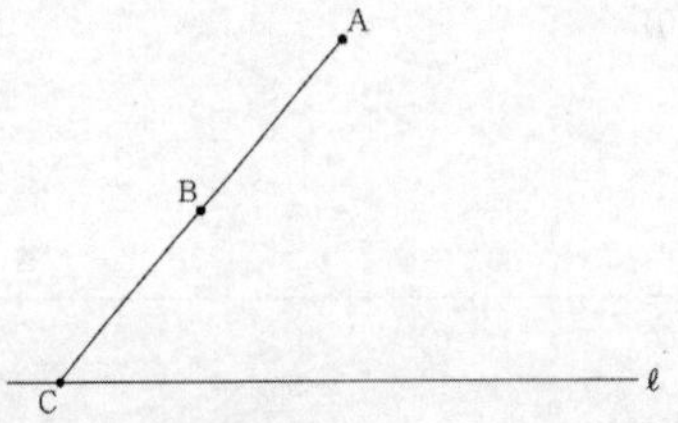


② (説明)

4小計

**5** (1) ①

答

②

答

③

答　　秒間

(2)

答　　秒間

5小計

**6** (1)

答

(2) (証明)

(3) ①

答　　cm

②

答　　$cm^2$

6小計

※ 161%に拡大していただくと，解答欄は実物大になります。

| 令和 3 後期選抜 | 第 2 日 | 第 2 時 | 英語　解答用紙 |
|---|---|---|---|

| 受検番号 | 得点 |
|---|---|
| | |

※ □の欄には何も書かないこと。

1

| №1 | №2 |
|---|---|
| | |

1小計

2

| №1 | №2 | №3 |
|---|---|---|
| | | |

2小計

3

A　B　C

D

3小計

4 (1)

(2)

(3)

4小計

5

ア　イ　ウ　エ　オ

5小計

6 (1)

A　B

(2)

(3)

6小計

7 (1)

【1】　【2】　【4】

(2)

→　→

(3)

... those robots may ______ at convenience stores.

(4)

7小計

8

Now many people ______

30

40

8小計

※164%に拡大していただくと，解答欄は実物大になります。

| 令和３<br>後期選抜 | 第２日 | 第１時 | 理科　解答用紙 |
|---|---|---|---|

| 受検番号 | 得点 |
|---|---|
| | |

※ □の欄には何も書かないこと。

| | | | | |
|---|---|---|---|---|
| 1 | A | (1) | | |
| | | (2) | | |
| | B | (1) | | |
| | | (2) | | |
| | C | (1) | 体積 | 質量 |
| | | (2) | | |
| | D | (1) | | |
| | | (2) | | |

1小計

| | | | | | |
|---|---|---|---|---|---|
| 2 | (1) | | | | |
| | (2) | ① | a | b | ② 丸形：しわ形＝　： |
| | (3) | ① | | ② | |
| | (4) | | | | |

2小計

| | | | | | | | | | | |
|---|---|---|---|---|---|---|---|---|---|---|
| 3 | (1) | | | | | | | | | |
| | (2) | ① | a | | b | | | | | |
| | | ② | 時　分　秒 | ③ | 時　分　秒 | ④ | | ⑤ | 秒後 | |

3小計

| | | | | | | | | | |
|---|---|---|---|---|---|---|---|---|---|
| 4 | (1) | | | | | | | | |
| | (2) | ① | a | b | ② | a | b | ③ | |
| | (3) | | | | | | | | |
| | (4) | ① | | | | | | ② | |

4小計

| | | | | | | | | | |
|---|---|---|---|---|---|---|---|---|---|
| 5 | (1) | | | | | | | | |
| | (2) | | | | | | | | |
| | (3) | ① | a | b | c | d | ② | 倍 | |
| | (4) | | | | | | | | |

5小計

※ 159%に拡大していただくと，解答欄は実物大になります。

| 令和3 後期選抜 | 第1日 | 第3時 | 社会　解答用紙 |
|---|---|---|---|

| 受検番号 | 得点 |
|---|---|
| | |

※ □の欄には何も書かないこと。

| | | |
|---|---|---|
| 1 | (1) | |
| | (2) | |
| | (3) | |
| | (4) | |
| | (5) | |
| | 1小計 | |
| 2 | (1) | |
| | (2) | ①　　② |
| | (3) | |
| | (4) | |
| | 2小計 | |
| 3 | (1) | ①　　② |
| | (2) | ① A　　B |
| | | ② |
| | (3) | |
| | 3小計 | |
| 4 | (1) | ①　　② |
| | (2) | |
| | (3) | |
| | (4) | →　→ |
| | (5) | |
| | 4小計 | |
| 5 | (1) | |
| | (2) | |
| | (3) | |
| | (4) | |
| | (5) | |
| | 5小計 | |
| 6 | (1) | |
| | (2) | |
| | (3) | |
| | (4) | |
| | (5) | |
| | 6小計 | |
| 7 | (1) | |
| | (2) | |
| | (3) | |
| | (4) | ① |
| | | ② |
| | 7小計 | |

群馬県公立高校(後期)

2021年度

※167%に拡大していただくと、解答欄は実物大になります。

令和3 後期選抜 第一日 第一時 国語 解答用紙

受検番号

得点

※ □の欄には何も書かないこと

一
(一)
(二)
(三)
(四)
(五)
一小計

二
(一)
(二)
(三)
(四)
二小計

三
(一)
(二)
(三) ① ②
三小計

四
(一)
(二)
(三)
四小計

五
(一) ① ② ③ ④
(二) ① ②れ ③ ④らぐ
五小計

六
(一)
(二)
(三)
(四) Ⅰ Ⅱ
(五) (20×9)
140
180
六小計

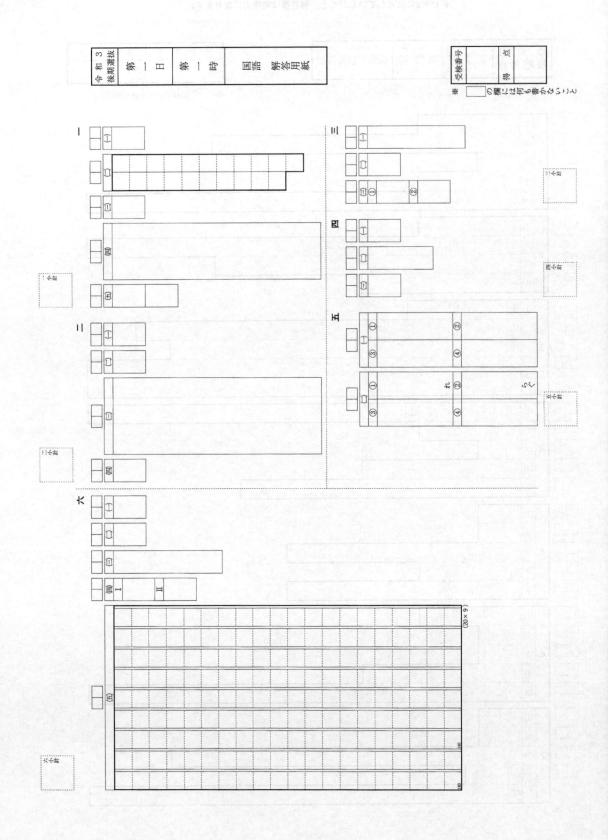

## 2021年度入試推定配点表(群馬県 前期選抜)

| | 1 | 2 | 3 | 4 | 計 |
|---|---|---|---|---|---|
| 数学 | 各2点×12<br>((6)完答) | (1),(2) 各2点×2<br>他 各3点×2<br>((1),(3)各完答) | 6点 | 各5点×2 | 50点 |

| | 1 | 2 | 3 | 4 | 計 |
|---|---|---|---|---|---|
| 英語 | 各2点×4 | 各3点×3 | (1) 各2点×4<br>(2) 3点 | (1) 各3点×2<br>(4) 10点<br>他 各2点×3 | 50点 |

| | 一 | 二 | 三 | 四 | 五 | 計 |
|---|---|---|---|---|---|---|
| 国語 | 各1点×14 | 各1点×4 | 各2点×3 | 各2点×3 | (六) 10点<br>他 各2点×5 | 50点 |

## 2021年度入試推定配点表(群馬県 後期選抜)

| | 1 | 2 | 3 | 4 | 5 | 6 | 計 |
|---|---|---|---|---|---|---|---|
| 数学 | (1) 各2点×3<br>(2),(5) 各3点×2<br>他 各4点×6<br>((3)完答) | (1) 各3点×2<br>(2) 4点 | (1) 3点<br>(2) 6点 | (1) 各1点×3<br>他 各4点×2 | 各4点×4 | (1) 3点(完答)<br>他 各5点×3 | 100点 |

| | 1 | 2 | 3 | 4 | 5 | 6 | 7 | 8 | 計 |
|---|---|---|---|---|---|---|---|---|---|
| 英語 | 各3点×2 | 各3点×3 | D 4点<br>他 各3点×3 | 各3点×3 | 各3点×5 | 各3点×5 | (1) 各2点×3<br>(3) 4点<br>他 各3点×3 | 14点 | 100点 |

| | 1 | 2 | 3 | 4 | 5 | 計 |
|---|---|---|---|---|---|---|
| 理科 | 各2点×8<br>(C(1)完答) | 各3点×7 | 各3点×7 | 各3点×7<br>((2)①ab・②ab<br>各完答) | (3)① 各2点×4<br>(4) 4点<br>他 各3点×3 | 100点 |

| | 1 | 2 | 3 | 4 | 5 | 6 | 7 | 計 |
|---|---|---|---|---|---|---|---|---|
| 社会 | (2) 3点<br>(5) 4点<br>他 各2点×3 | (2)② 4点<br>(3),(4)<br>各3点×2<br>他 各2点×2 | (2)①B・②<br>各3点×2<br>(3) 4点<br>他 各2点×3 | (1)②,(4)<br>各3点×2<br>(5) 4点<br>他 各2点×3 | (3),(5)<br>各4点×2<br>(4) 3点<br>他 各2点×2 | (4) 3点<br>(5) 4点<br>他 各2点×3 | (3) 3点<br>(4)② 4点<br>他 各2点×3 | 100点 |

| | 一 | 二 | 三 | 四 | 五 | 六 | 計 |
|---|---|---|---|---|---|---|---|
| 国語 | (二),(四)<br>各5点×2<br>他 各3点×3<br>((五)完答) | (三) 6点<br>他 各4点×3 | (一) 2点<br>他 各3点×3 | (一) 2点<br>他 各3点×2 | 各2点×8 | (五) 13点<br>他 各3点×5<br>((三)完答) | 100点 |

※この解答用紙は 179%に拡大していただきますと，実物大になります。

| 令　和　2<br>前期選抜 | 第 2 時 | 数学　解答用紙 |
|---|---|---|

| 受 検 番 号 | 得　　点 |
|---|---|
| | |

※　小計の欄には何も書かないこと。

**1**

(1)

①

答

②

答

③

答

④

答

⑤

答

⑥

答

(2)

答

(3)

答　　　cm

(4)

答

(5)

答

(6)

答　　　cm

(7)

答　∠BDC＝　　　°

1 小計

**2**

(1)

答

(2)

答

(3)

答　$P:Q=$　　　：

(4)

答

2 小計

**3**　（解）

答　　　杯

3 小計

**4**

(1)

| | |
|---|---|
| ア | |
| イ | |

(2)　（証明）

(3)

答　　　$cm^2$

4 小計

※この解答用紙は167%に拡大していただきますと，実物大になります。

| | | |
|---|---|---|
| 令　和　2<br>前期選抜 | 第 3 時 | 英語　解答用紙 |

| 受検番号 | 得　　点 |
|---|---|
| | |

※　小計の欄には何も書かないこと。

1

| A | | B | | C | | D | |
|---|---|---|---|---|---|---|---|

1小計

2

| (1) | | (2) | | (3) | |
|---|---|---|---|---|---|

2小計

3 (1)

| ① | | ② | | ③ | |
|---|---|---|---|---|---|

(2)

(3)

| ① | | ② | |
|---|---|---|---|

3小計

4 (1) ①

②

(2)

(3)

(4) Traveling is good because we can (あ) ＿＿＿＿＿＿＿＿＿＿＿＿＿＿＿＿＿＿＿＿＿＿＿＿＿＿＿＿＿＿

But we don't want to make problems for local people.

So, when we travel, we should (い) ＿＿＿＿＿＿＿＿＿＿＿＿＿＿＿＿＿＿＿＿＿＿＿＿＿＿＿＿＿＿

4小計

# 群馬県公立高校（前期）　２０２０年度

※この解答用紙は１７５％に拡大していただきますと、実物大になります。

令和２前期選抜　第一時　国語　解答用紙

受検番号　　得点

※小計の欄には何も書かないこと。

一

(一) ①　②　③　④う　⑤い　つ

(二) ①　②　③　④　⑤く

(三) ①　②

(四)

一小計

二

(一)　(二)　(三)

(四) ①　②

二小計

三

(一)

(二)　(三)

三小計

四

(一) 君子ハ安ンズルモ而不レ忘レ危フキヲ、存スレドモ而不レ忘レ亡ブルヲ、治マルモ而不レ忘レ乱ルルヲ。

(二)　(三)

四小計

五

(一)　(二)　(三)

(四)

(五)

(六)

80　100　(20×5)

五小計

※この解答用紙は178％に拡大していただきますと，実物大になります。

| 令和2<br>後期選抜 | 第1日 | 第2時 | 数学 | 解答用紙 | 2枚中の1 |
|---|---|---|---|---|---|

| 受検番号 | 得点 |
|---|---|
| | |

※　小計の欄には何も書かないこと。

2枚中の1小計

1 (1) ①

答

②

答

③

答

(2)

答

(3)

答

(4) (解)

答 $\begin{cases} x = \\ y = \end{cases}$

(5)

答

(6) (解)

答

(7)

答 ∠BAC =　　　°

(8)

答

(9)

答 ∠　　と ∠

1小計

2 (1)

答

(2)

答

2小計

3 (証明の続き)

3小計

| | | | | |
|---|---|---|---|---|
| 令 和 ２<br>後 期 選 抜 | 第 １ 日 | 第 ２ 時 | 数学　解答用紙 | ２枚中の２ |

| 受 検 番 号 |
|---|
| |

※　小計の欄には何も書かないこと。

2枚中の2小計

4 (1)

答　　　　m

(2) ①

答　記号　　　，長さ　　　m

②

4小計

答　　　　m

5 (1)

答　　　　cm

(2) ①

答

②

答

(3)

5小計

答　$x=$

6 (1) ①

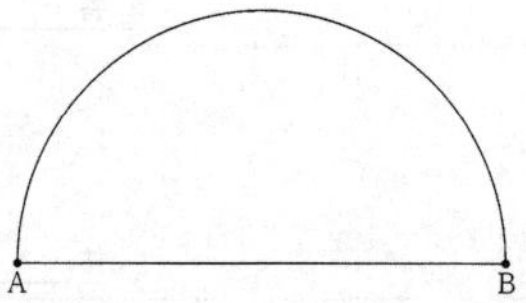


② (説明)

(2) ①

答　　　　$cm^2$

②

6小計

答　　　　$cm^2$

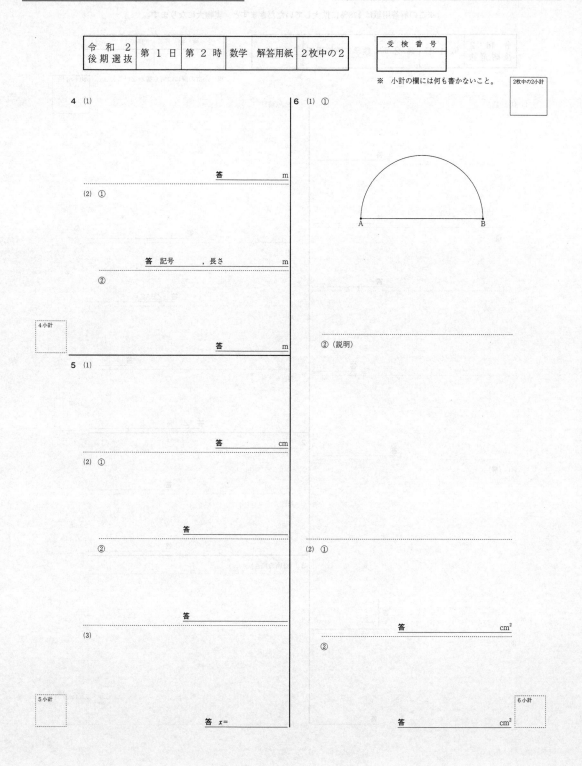

※この解答用紙は167%に拡大していただきますと，実物大になります。

| | | | |
|---|---|---|---|
| 令和２<br>後期選抜 | 第２日 | 第２時 | 英語　解答用紙 |

| 受検番号 | 得点 |
|---|---|
| | |

※　小計の欄には何も書かないこと。

**1**

| No.1 | No.2 |
|---|---|
| | |

1小計

**2**

| A | B | C |
|---|---|---|
| | | |

2小計

**3**

| No.1 | No.2 | No.3 |
|---|---|---|
| | | |

3小計

**4**

4小計

**5**

| ア | イ | ウ | エ | オ |
|---|---|---|---|---|
| | | | | |

5小計

**6**

(1) A　B

(2)

(3)

6小計

**7**

(1) →　→　→

(2)

(3)

(4) When we hear

15

20

7小計

**8**

30

35

8小計

※この解答用紙は169％に拡大していただきますと，実物大になります。

| | | | |
|---|---|---|---|
| 令　和　2<br>後期選抜 | 第　2　日 | 第　1　時 | 理科　解答用紙 |

| 受　検　番　号 | 得　　点 |
|---|---|
| | |

※　小計の欄には何も書かないこと。

| | | | | | | |
|---|---|---|---|---|---|---|
| 1 | A | (1) | | (2) | | |
| | B | (1) | | (2) | | |
| | C | (1) | | (2) | 最も大きいもの | 最も小さいもの |
| | D | (1) | J | (2) | % | |

1小計

| | | | | | | |
|---|---|---|---|---|---|---|
| 2 | (1) | ① | a | | | |
| | | | b | c | | |
| | | ② | | ③ | | |
| | (2) | | (3) | | | |

2小計

| | | | | | |
|---|---|---|---|---|---|
| 3 | (1) | | (2) | ① | ② |
| | (3) | ① | | ② | |
| | (4) | | | | |

3小計

| | | | | | | | | | | | |
|---|---|---|---|---|---|---|---|---|---|---|---|
| 4 | (1) | ① | a | | | | | | | | |
| | | | b | c | | | | | | | |
| | | ② | g | ③ | % | | | | | | |
| | (2) | ① | a | b | ② | a | b | c | d | ③ | 倍 |

4小計

| | | | | | |
|---|---|---|---|---|---|
| 5 | (1) | | | | |
| | (2) | ① | | | |
| | | ② | a | b | c |
| | | | d | | |
| | (3) | a | b | | |

5小計

※この解答用紙は167%に拡大していただきますと，実物大になります。

| 令和２<br>後期選抜 | 第１日 | 第３時 | 社会　解答用紙 |
|---|---|---|---|

| 受検番号 | 得点 |
|---|---|
| | |

※　小計の欄には何も書かないこと。

**1**
(1)　(2)　(3)
(4)
(5)
1小計

**2**
(1)
(2) A　B
C
D
(3)
2小計

**3**
(1)　(2)　(3)
(4) 経済
理由
(5)
3小計

**4**
(1)　(2)　(3)
(4)　(5)　→　→
(6)
4小計

**5**
(1)　→　→　→　(2) A　B
(3)
(4)
5小計

**6**
(1)　(2)　(3)
(4)
(5)
6小計

**7**
(1)　(2)　票
(3) A　B
(4)
7小計

群馬県公立高校（後期）　２０２０年度

※この解答用紙は１７５％に拡大していただきますと、実物大になります。

令和２ 後期選抜　第一日　第一時　国語解答用紙

受検番号

得点　点

※　小計の欄には何も書かないこと。

一

(一) ㋐ ㋑ ㋒ ㋓

(二)

(三) 問題

(四)

(五) ① ②

一小計

二

(一)

(二)

(三)

(四)

二小計

三

(一)

(二)

(三) ① ②

三小計

四

(一)

(二)

(三)

四小計

五

(一) ① ② ③ ④

(二) 部首名　総画数　画

五小計

六

(一)

(二)

(三)

・山笑う　・若草　・春分

選んだ言葉に○を付けること。

(20×9)

140

180

六小計

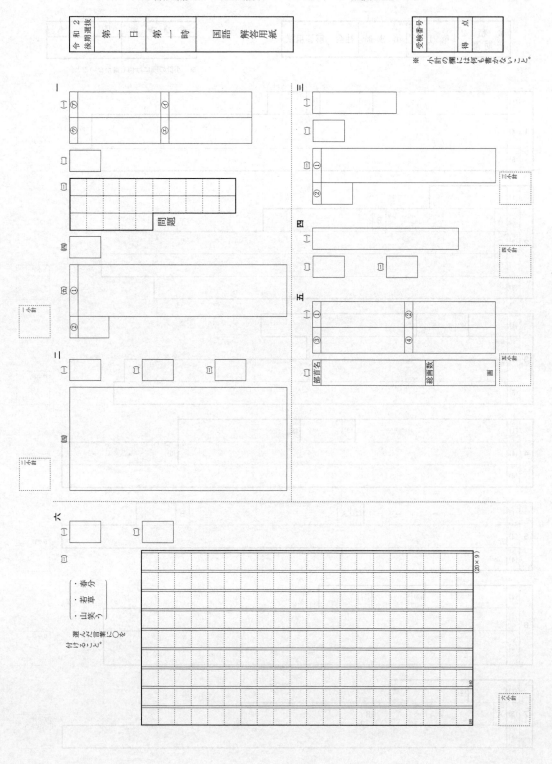

# 2020年度入試推定配点表（群馬県 前期選抜）

| | 1 | 2 | 3 | 4 | 計 |
|---|---|---|---|---|---|
| 数学 | 各2点×12 | (1),(2) 各2点×2<br>((2)完答)<br>他 各3点×2 | 5点 | (1) 3点(完答)<br>他 各4点×2 | 50点 |

| | 1 | 2 | 3 | 4 | 計 |
|---|---|---|---|---|---|
| 英語 | 各2点×4 | 各3点×3 | 各2点×6 | (4)(あ) 4点<br>(い) 5点<br>他 各3点×4 | 50点 |

| | 一 | 二 | 三 | 四 | 五 | 計 |
|---|---|---|---|---|---|---|
| 国語 | 各1点×13 | 各1点×5 | 各2点×3 | 各2点×3 | (六) 10点<br>他 各2点×5 | 50点 |

# 2020年度入試推定配点表（群馬県 後期選抜）

| | 1 | 2 | 3 | 4 | 5 | 6 | 計 |
|---|---|---|---|---|---|---|---|
| 数学 | (1) 各2点×3<br>他 各4点×8 | 各4点×2<br>(各完答) | 6点 | 各4点×3<br>((2)①完答) | 各4点×4 | 各5点×4 | 100点 |

| | 1 | 2 | 3 | 4 | 5 | 6 | 7 | 8 | 計 |
|---|---|---|---|---|---|---|---|---|---|
| 英語 | 各3点×2 | 各3点×3 | 各3点×3 | 6点 | 各3点×5 | 各3点×5 | (1) 4点<br>(2) 6点<br>(3) 各3点×2<br>(4) 10点 | 14点 | 100点 |

| | 1 | 2 | 3 | 4 | 5 | 計 |
|---|---|---|---|---|---|---|
| 理科 | 各2点×8<br>(C(2)完答) | 各3点×7 | (1),(2) 各3点×3<br>他 各4点×3 | (1)①a・c 各3点×2<br>(1)①b,(2)②<br>各1点×5<br>他 各2点×5 | (2)① 4点<br>(2)②d 5点<br>他 各2点×6 | 100点 |

| | 1 | 2 | 3 | 4 | 5 | 6 | 7 | 計 |
|---|---|---|---|---|---|---|---|---|
| 社会 | (3) 3点<br>(4) 4点<br>他 各2点×3 | (2)C・D,(3)<br>各3点×3<br>他 各2点×3 | (2) 1点<br>(4)理由,(5)<br>各4点×2<br>他 各2点×3 | (4),(6)<br>各4点×2<br>他 各2点×4 | (2)B 2点<br>(3) 4点<br>他 各3点×3 | (4) 3点<br>(5) 4点<br>他 各2点×3 | (2) 3点<br>(4) 4点<br>他 各2点×3 | 100点 |

| | 一 | 二 | 三 | 四 | 五 | 六 | 計 |
|---|---|---|---|---|---|---|---|
| 国語 | (一) 各2点×4<br>(五)① 7点<br>他 各3点×4 | (四) 9点<br>他 各3点×3 | 各3点×4 | 各3点×3 | 各2点×6 | (三) 16点<br>他 各3点×2 | 100点 |

※この解答用紙は179％に拡大していただきますと，実物大になります。

| 平成３１<br>前期選抜 | 第２時 | 数学　解答用紙 |
|---|---|---|

| 受検番号 | 得　　点 |
|---|---|
| | |

※　小計の欄には何も書かないこと。

1 (1) ①

答

②

答

③

答

④

答

⑤

答

⑥

答

(2)

答

(3)

答

1小計

2 (1)

答

(2)

答　　　cm$^3$

(3) （解）

答

(4)

答

(5)

答

2小計

3 (1)

答　　　cm$^2$

(2)

答

(3)

答　∠ACD＝　　　°

3小計

4 (1) （解）

答 基本料金　　　円, 1m$^3$当たりにかかる料金　　　円

(2)

答　　　円

4小計

5 (1) （証明）

(2)

答　S：S′＝　　：

(3)

答　S：T＝　　：

5小計

※この解答用紙は167％に拡大していただきますと，実物大になります。

| 平成３１<br>前期選抜 | 第３時 | 英語　解答用紙 |
|---|---|---|

| 受検番号 | 得点 |
|---|---|
| | |

※　小計の欄には何も書かないこと。

1

| A | | B | | C | | D | |
|---|---|---|---|---|---|---|---|

1小計

2

| (1) | | (2) | | (3) | |
|---|---|---|---|---|---|

2小計

3 (1)

| ① | | ② | | ③ | | ④ | |
|---|---|---|---|---|---|---|---|

(2)

| ① | | ② | |
|---|---|---|---|

3小計

4 (1)

| |
|---|

(2) ①

②

③

(3)

15

20

4小計

群馬県公立高校（前期）　２０１９年度

※この解答用紙は１７９％に拡大していただきますと、実物大になります。

平成３１
前期選抜　第一時　国語　解答用紙

受検番号　第　番
得点　点

※　小計の欄には何も書かないこと。

一

(一) ①　②　③　④ねる　⑤える

(二) ①　②　③　④みる　⑤す　む

(三) ①　②

一小計

二

(一) ①　②

(二) ①　②

(三) ①　②

二小計

三

(一)

(二) これ　かれ

(三)

三小計

四

(一)

(二)

四小計

五

(一)　(二)　(三)　(四)

(五) (20×7)

五小計

# 群馬県公立高校（後期）　2019年度

※この解答用紙は 179％に拡大していただきますと，実物大になります。

| | | | | | |
|---|---|---|---|---|---|
| 平成３１<br>後期選抜 | 第 １ 日 | 第 ２ 時 | 数学 | 解答用紙 | ２枚中の１ |

| 受検番号 | 得点 |
|---|---|
| | |

※　小計の欄には何も書かないこと。

2枚中の1小計

**1** (1) ①

答

②

答

③

答

(2)

答

(3)

答

(4)

答

(5)

答

(6)

答　∠$x$ =　　　°

(7)

答

(8) （解）

答　　　　cm$^2$

(9)

答

1小計

**2** (1)

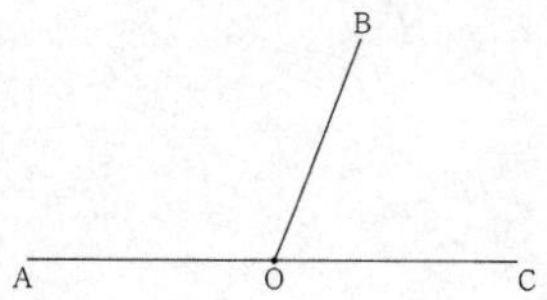


(2) ①

答　∠POQ =　　　°

② （説明）

2小計

| | | | | | |
|---|---|---|---|---|---|
| 平成３１<br>後期選抜 | 第１日 | 第２時 | 数学 | 解答用紙 | ２枚中の２ |

| 受検番号 |
|---|
| |

※　小計の欄には何も書かないこと。

2枚中の2小計

3 （解）

答　　　円

3小計

4 (1) （証明）

(2)

答　　　cm

4小計

5 (1)

| | |
|---|---|
| ア | |
| イ | |

| | |
|---|---|
| あ | |
| い | |
| う | |

(2)

答　　　秒後

5小計

6 (1) （解）

答　OA＝　　　m, OB＝　　　m

(2) ①

答　　　m

②

答　　　$m^2$

6小計

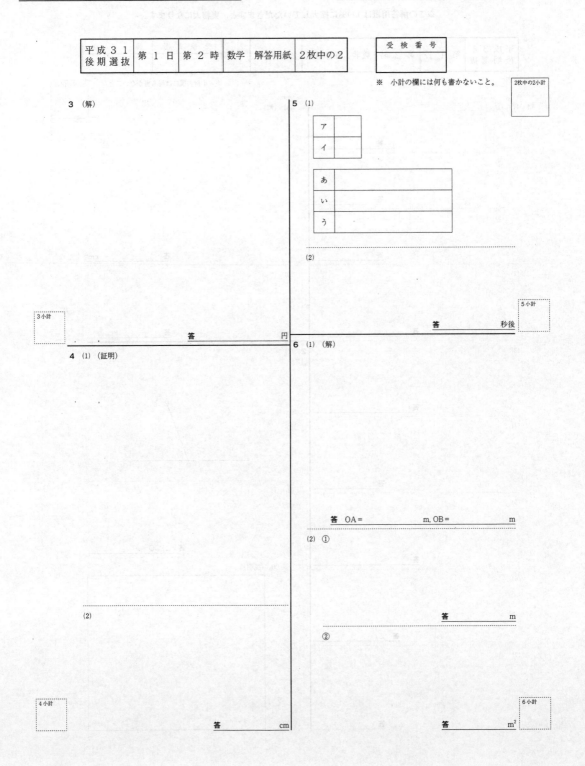

※この解答用紙は167%に拡大していただきますと，実物大になります。

| 平成３１<br>後期選抜 | 第２日 | 第２時 | 英語　解答用紙 |
|---|---|---|---|

| 受検番号 | 得　点 |
|---|---|
| | |

※　小計の欄には何も書かないこと。

**1**

| No.1 | No.2 |
|---|---|
| | |

1小計

**2**

| A | B | C |
|---|---|---|
| | | |

2小計

**3**

| No.1 | No.2 | No.3 |
|---|---|---|
| | | |

3小計

**4**

4小計

**5**

| ア | | イ | | ウ | | エ | | オ | |
|---|---|---|---|---|---|---|---|---|---|

5小計

**6** (1)

| A | | B | | C | |
|---|---|---|---|---|---|

(2)

6小計

**7** (1) ①

②

(2)

| A | | B | | C | |
|---|---|---|---|---|---|

(3)

20

25

7小計

**8** B　After Saki came home,

her grandfather

C　Saki

E　Yuka

8小計

※この解答用紙は172％に拡大していただきますと，実物大になります。

| 平成３１ 後期選抜 | 第２日 | 第１時 | 理科　解答用紙 |
|---|---|---|---|

| 受検番号 | 得点 |
|---|---|
| | |

※　小計の欄には何も書かないこと。

**1**

(1) ①　②　③　(2)　(3)

(4)　(5)　(6)　(7)　と

(8)

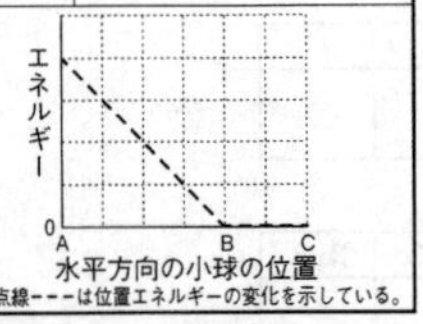

※点線---は位置エネルギーの変化を示している。

1小計

**2**

A (1)　(2) ①　②

A (3)

B (1)　(2)

B (3)　(4)

C (1)　(2) 火星　金星　(3)　(4)

D (1)　②

D (2) ①

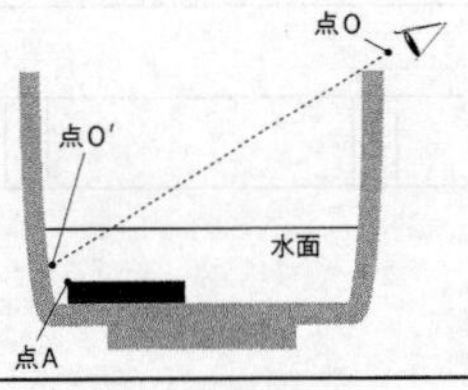


2小計

**3**

(1)

(2) a →　→　→　→　(3)

(4) ①

(4) ②

3小計

**4**

(1) ①　②

(2)

(3) a　b　c　e　(4)

4小計

**5**

(1)　(2) ①　②　③

(3) ① A　B　②　③

5小計

**6**

(1)

(2) ①

(2) ②

(3)　(4) ①　②　③

6小計

# 群馬県公立高校（後期）　2019年度

※この解答用紙は167％に拡大していただきますと，実物大になります。

| | | | |
|---|---|---|---|
| 平成３１<br>後期選抜 | 第 １ 日 | 第 ３ 時 | 社会　解答用紙 |

| 受検番号 | 得点 |
|---|---|
| | |

※　小計の欄には何も書かないこと。

**1**

(1)　(2) 記号　理由

(3)　(4)

(5) ①　②

1小計

**2**

(1) ①　②　km　(2) 新潟県　茨城県

(3)

2小計

**3**

(1)　(2)

(3) A　B　C

(4)

3小計

**4**

(1)

(2) ①　②

(3)

(4) できごとの前　できごとの後

4小計

**5**

(1) A　B　(2)　(3)

(4) ①　②

(5)

5小計

**6**

(1)　(2) ①　②

(3)

(4)

(5)

6小計

**7**

(1)

(2) ①　②

(3) ①　②

(4)

7小計

群馬県公立高校（後期）　２０１９年度

※この解答用紙は１７９％に拡大していただきますと、実物大になります。

平成３１ 後期選抜　第一日　第一時　国語解答用紙

受検番号

得点

※ 小計の欄には何も書かないこと。

一

(一) ㋐　なって ㋑　え ㋒　㋓

(二)

(三)

(四) (20×2)

(五) (20×9)

140

180

一小計

二

(一)

(二)

(三)

(四)

二小計

三

(一)

(二) ①　②　③

三小計

四

(一) 立《チ》天下之正位《ニ》

(二)

(三)

四小計

五

(一) ①　②　③　④

(二)

五小計

六

(一)

(二)

(三)

六小計

## 2019年度入試推定配点表(群馬県 前期選抜)

| | 1 | 2 | 3 | 4 | 5 | 計 |
|---|---|---|---|---|---|---|
| 数学 | 各2点×8 | (3) 3点<br>他 各2点×4 | (1) 2点<br>他 各3点×2 | (1) 4点<br>(2) 3点 | (2) 2点<br>他 各3点×2 | 50点 |

| | 1 | 2 | 3 | 4 | 計 |
|---|---|---|---|---|---|
| 英語 | 各2点×4 | 各3点×3 | 各2点×6 | (1) 3点<br>(2) 各4点×3<br>(3) 6点 | 50点 |

| | 一 | 二 | 三 | 四 | 五 | 計 |
|---|---|---|---|---|---|---|
| 国語 | 各1点×12 | (三) 各2点×2<br>他 各1点×4 | 各2点×4 | 各2点×2 | (五) 10点<br>他 各2点×4 | 50点 |

## 2019年度入試推定配点表(群馬県 後期選抜)

| | 1 | 2 | 3 | 4 | 5 | 6 | 計 |
|---|---|---|---|---|---|---|---|
| 数学 | (1), (2) 各3点<br>×4((2)完答)<br>他 各4点×7<br>((9)完答) | (2)② 4点<br>他 各3点×2 | 6点 | (1) 5点<br>(2) 4点 | (1)ア・イ<br>各2点×2<br>(2) 4点<br>他 各3点×3 | 各6点×3 | 100点 |

| | 1 | 2 | 3 | 4 | 5 | 6 | 7 | 8 | 計 |
|---|---|---|---|---|---|---|---|---|---|
| 英語 | 各3点×2 | 各3点×3 | 各3点×3 | 5点 | 各3点×5 | 各3点×5 | (1) 各5点×2<br>(2) 各3点×3<br>(3) 10点 | 各4点×3 | 100点 |

| | 1 | 2 | 3 | 4 | 5 | 6 | 計 |
|---|---|---|---|---|---|---|---|
| 理科 | 各2点×8<br>((1)完答) | B(4) 1点<br>B(3), D(2) 各3<br>点×3 他 各2点<br>×11(C(2)完答) | (1), (4)②<br>各3点×2<br>他 各2点×3 | (1)① 2点<br>(3)ab・ce 各1点<br>×2(各完答)<br>他 各3点×3 | (1), (3)②・③<br>各3点×3<br>他 各2点×2<br>((2), (3)①各完答) | (1), (4)③ 各1<br>点×2 (2)①・②<br>各3点×2<br>他 各2点×3 | 100点 |

| | 1 | 2 | 3 | 4 | 5 | 6 | 7 | 計 |
|---|---|---|---|---|---|---|---|---|
| 社会 | (2)記号 1点<br>(3), (5)②<br>各3点×2<br>他 各2点×4 | (1)② 3点<br>(3) 4点<br>他 各2点×3 | (3)C, (4)<br>各4点×2<br>他 各2点×4 | (2)②, (4)でき<br>ごとの前・後<br>各3点×3<br>他 各2点×3 | (4)②, (5)<br>各3点×2<br>他 各2点×5 | (2)① 1点<br>(4) 3点<br>他 各2点×4 | (4) 3点<br>他 各2点×5 | 100点 |

| | 一 | 二 | 三 | 四 | 五 | 六 | 計 |
|---|---|---|---|---|---|---|---|
| 国語 | (一) 各2点×4<br>(二) 3点 (三) 5点<br>(四) 8点<br>(五) 12点 | (二) 4点<br>(三) 8点<br>他 各3点×2 | (一) 2点<br>他 各3点×3 | (一) 2点<br>他 各3点×2 | (一) 各2点×4<br>(二) 4点 | (一) 3点<br>(二) 4点<br>(三) 8点 | 100点 |

※この解答用紙は172％に拡大していただきますと，実物大になります。

| | | |
|---|---|---|
| 平成３０<br>前期選抜 | 第２時 | 数学　解答用紙 |

| 受検番号 | 得点 |
|---|---|
| | |

※　小計の欄には何も書かないこと。

**1** (1) ①

答

②

答

③

答

④

答

⑤

答

⑥

答

(2)

答

(3)

答

1小計

**2** (1)

答

(2)

答

(3)

答　cm

(4)

答

(5) （解）

答　$cm^2$

(6)

答

2小計

**3** (1)

答

(2) （解）

答　$a$＝

(3)

答　∠DPQ＝　°

3小計

**4** （解）

答　セット

4小計

**5** (1)

| ア | | イ | |
|---|---|---|---|

(2) （説明）

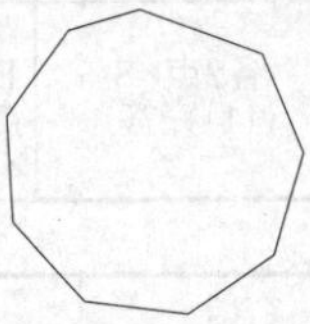

5小計

※この解答用紙は161％に拡大していただきますと，実物大になります。

| 平成３０<br>前期選抜 | 第３時 | 英語　解答用紙 |
|---|---|---|

| 受検番号 | 得点 |
|---|---|
| | |

※　小計の欄には何も書かないこと。

1

| A | | B | | C | | D | |
|---|---|---|---|---|---|---|---|

1小計

2

| (1) | | (2) | | (3) | |
|---|---|---|---|---|---|

2小計

3 (1)

| ① | | ② | | ③ | | ④ | |
|---|---|---|---|---|---|---|---|

(2) I have never thought about microbes before,

but now＿＿＿＿＿＿＿＿＿＿＿＿＿＿＿＿＿＿＿＿＿＿＿＿＿＿＿＿＿＿＿＿.

3小計

4 (1) ①

But ＿＿＿＿＿＿＿＿＿＿＿＿＿＿＿＿＿＿＿＿ and manga?

②

Most of ＿＿＿＿＿＿＿＿＿＿＿＿＿＿＿＿＿＿＿＿ English.

(2) ①

＿＿＿＿＿＿＿＿＿＿＿＿＿＿＿＿＿＿＿＿＿＿＿＿＿＿＿＿＿＿＿＿

②

＿＿＿＿＿＿＿＿＿＿＿＿＿＿＿＿＿＿＿＿＿＿＿＿＿＿＿＿＿＿＿＿

(3) I want to introduce［ kotatsu / onigiri ］.

＿＿＿＿ ＿＿＿＿ ＿＿＿＿ ＿＿＿＿ ＿＿＿＿ ＿＿＿＿ ＿＿＿＿ ＿＿＿＿.

＿＿＿＿ ＿＿＿＿ 10 ＿＿＿＿ ＿＿＿＿ ＿＿＿＿ ＿＿＿＿ ＿＿＿＿ 15

4小計

※この解答用紙は１７２％に拡大していただきますと、実物大になります。

平成３０前期選抜　第一時　国語解答用紙

受検番号　　得点

※　小計の欄には何も書かないこと。

一

(一) ①　ける　②　びる　③　④　⑤　ている

(二) ①　む　②　い　③　④　⑤　やかな

(三)

(四)

一小計

二

(一)

(二) ①　②

二小計

三

(一)

(二)

(三)

三小計

四

(一)

(二)

四小計

五

(一)

(二)

(三)　→　→　→

(四)　(20×7)　110　140

五小計

※この解答用紙は172％に拡大していただきますと，実物大になります。

| | | | | |
|---|---|---|---|---|
| 平成３０<br>後期選抜 | 第１日 | 第２時 | 数学　解答用紙 | ２枚中の１ |

| 受検番号 | 得点 |
|---|---|
| | |

※　小計の欄には何も書かないこと。

2枚中の1小計

1 (1) ①

答

②

答

③

答

(2)

答

(3)

答

(4)

答

(5)（解）

答

(6)

答 $x=$　　　，$y=$

(7)

答

(8)

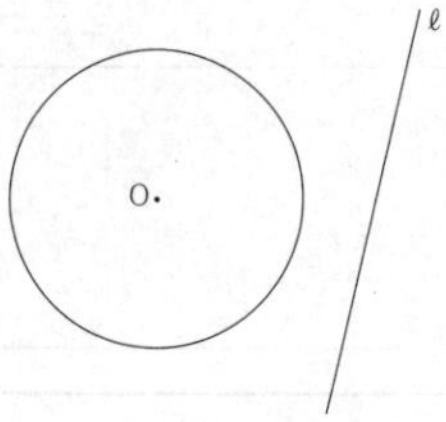


(9)（解）

答

1小計

2 (1)

答

(2)

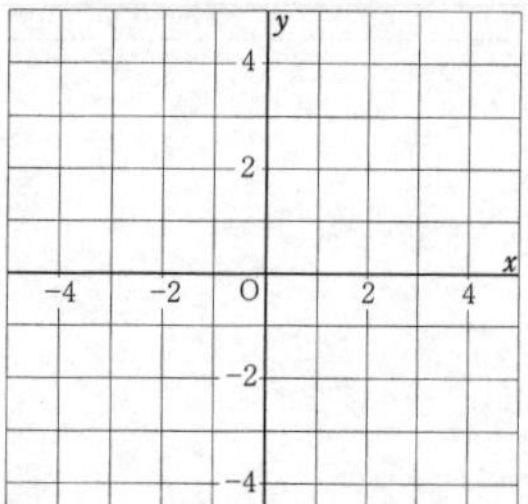


2小計

| 平成３０<br>後期選抜 | 第　１　日 | 第　２　時 | 数学　解答用紙 | ２枚中の２ |
|---|---|---|---|---|

| 受　検　番　号 |
|---|
| |

※　小計の欄には何も書かないこと。

2枚中の2小計

**3** (1)

答　　　　　t

(2) （説明）

3小計

**4** (1)

答

(2)

答

（説明）

(3)

4小計

答

**5** (1)

答

(2)

答

(3)

答

5小計

**6** (1) （証明）

(2) ①

答　　　　　cm

②

答　　　　　cm

③

答　　　　　$cm^2$

6小計

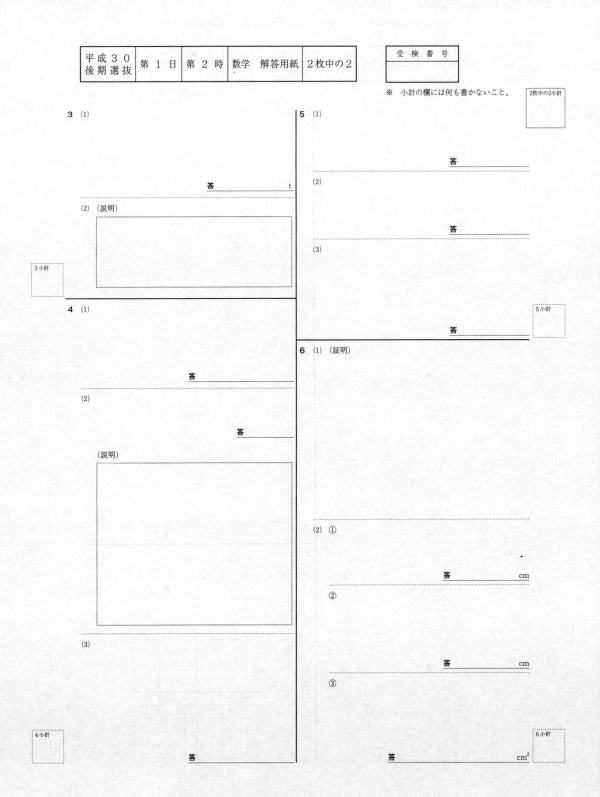

※この解答用紙は161％に拡大していただきますと，実物大になります。

| 平成３０<br>後期選抜 | 第２日 | 第２時 | 英語　解答用紙 |
|---|---|---|---|

| 受検番号 | 得点 |
|---|---|
| | |

※　小計の欄には何も書かないこと。

**1**

| No.1 | No.2 |
|---|---|
| | |

1小計

**2**

| ① | ② | ③ |
|---|---|---|
| | | |

2小計

**3**

| No.1 | No.2 | No.3 |
|---|---|---|
| | | |

3小計

**4**

4小計

**5**

| ア | | イ | | ウ | | エ | |
|---|---|---|---|---|---|---|---|

| A | |
|---|---|

5小計

**6** (1)

| A | | B | | C | |
|---|---|---|---|---|---|

(2)

6小計

**7** (1) ①

②

(2)

| A | | B | |
|---|---|---|---|

(3)

20

25

7小計

**8** Now,（あ）

So people in this city（い）

20

25

8小計

※この解答用紙は167%に拡大していただきますと，実物大になります。

| 平成３０<br>後期選抜 | 第 ２ 日 | 第 １ 時 | 理科　解答用紙 |
|---|---|---|---|

| 受検番号 | 得　点 |
|---|---|
| | |

※　小計の欄には何も書かないこと。

| 1 | | | | | | | | | |
|---|---|---|---|---|---|---|---|---|---|
| (1) | | (2) ① | ② | (3) | | (4) | | (5) | |
| (6) | 水 | 硝酸カリウム | (7) ① | ② | (8) | | | | |

1小計

| 2 | | | | | | | |
|---|---|---|---|---|---|---|---|
| A | (1) | 実験X | 実験Y | | | | |
| A | (2) | ① | | | | | |
| A | (2) | ② | | | | | |
| A | (3) | | | | | | |
| B | (1) | ① | ② | | | | |
| B | (2) | ① | ② | (3) | | | |
| C | (1) | ① | ② | (2) | (3) | | |
| C | (4) | | | | | | |
| D | (1) | | (2) ① | ② | | | |

2小計

| 3 | | | | | | | |
|---|---|---|---|---|---|---|---|
| (1) | | | | | | | |
| (2) | ① | ② | ③ | ④ | ⑤ | ⑥ | ⑦ |

3小計

| 4 | | | |
|---|---|---|---|
| (1) | ① | ② | 理由 |
| (2) | ① | ② 水蒸気量 | |
| (3) | | | |

4小計

| 5 | | | | | | |
|---|---|---|---|---|---|---|
| (1) | ① | ② | | | | |
| (2) | ① | ② ア | イ | ウ | (3) | |

5小計

| 6 | | | |
|---|---|---|---|
| (1) | | | |
| (2) | ① | ② | (3) |

6小計

※この解答用紙は164％に拡大していただきますと，実物大になります。

| | | | |
|---|---|---|---|
| 平成３０<br>後期選抜 | 第 １ 日 | 第 ３ 時 | 社会　解答用紙 |

| 受検番号 | 得点 |
|---|---|
| | |

※　小計の欄には何も書かないこと。

**1**
(1) A　B
(2) ①　②
(3)　(4)　(5) C　D
1小計

**2**
(1)　(2) ①　②
(3) D　E
(4)
2小計

**3**
(1)　(2)
(3) ① X　Y
② あ　い
③
3小計

**4**
(1)　(2)　(3)　(4)
(5)
(6)
4小計

**5**
(1)　(2)
(3)　(4)
(5)
5小計

**6**
(1)　(2)
(3)
(4) ①　②
(5) C　E
6小計

**7**
(1)　(2)　(3)
(4)
(5) ①　②
7小計

※この解答用紙は１７２％に拡大していただきますと、実物大になります。

| 平成３０後期選抜 | 第一日 | 第一時 | 国語　解答用紙 |
|---|---|---|---|

| 受検番号 | |
|---|---|
| 得点 | |

※　小計の欄には何も書かないこと。

一

(一)　㋐　　㋑　　わない　㋒　　く　㋓

(二)　　(三)

(四)

(五)　（20×9）　140　180

一小計

二

(一)　　(二)

(三)

(四)　紗英　　紺野さん

二小計

三

(一)

(二)

(三)　①　　②

三小計

四

(一)　無《キ》所不《ル》至《ラ》也

(二)　　(三)

四小計

五

(一)　①　②　③　④

(二)

五小計

六

(一)

(二)

六小計

## 平成30年度入試推定配点表（群馬県 前期選抜）

| | 1 | 2 | 3 | 4 | 5 | 計 |
|---|---|---|---|---|---|---|
| 数学 | 各2点×8 | (5) 3点<br>他 各2点×5 | (2) 3点<br>他 各2点×2 | 6点 | (1) 各2点×2<br>(2) 4点 | 50点 |

| | 1 | 2 | 3 | 4 | 計 |
|---|---|---|---|---|---|
| 英語 | 各2点×4 | 各3点×3 | (1) 各2点×4<br>(2) 5点 | (1), (2) 各3点×4<br>他 8点 | 50点 |

| | 一 | 二 | 三 | 四 | 五 | 計 |
|---|---|---|---|---|---|---|
| 国語 | (一), (二)<br>各1点×10<br>他 各2点×2 | 各2点×3 | (二) 3点<br>他 各2点×2 | (一) 2点<br>(二) 3点 | (三) 4点<br>(四) 8点<br>他 各3点×2 | 50点 |

## 平成30年度入試推定配点表（群馬県 後期選抜）

| | 1 | 2 | 3 | 4 | 5 | 6 | 計 |
|---|---|---|---|---|---|---|---|
| 数学 | (1), (2)<br>各3点×4<br>他 各4点×7<br>((6)完答) | (1) 3点<br>(2) 4点 | (1) 3点<br>(2) 4点 | (1) 4点<br>他 各6点×2<br>((3)完答) | 各4点×3 | (1), (2)①<br>各4点×2<br>他 各5点×2 | 100点 |

| | 1 | 2 | 3 | 4 | 5 | 6 | 7 | 8 | 計 |
|---|---|---|---|---|---|---|---|---|---|
| 英語 | 各3点×2 | 各3点×3 | 各3点×3 | 4点 | 各3点×5 | 各3点×5 | (1) 各5点×2<br>(2) 各3点×2<br>(3) 10点 | 各8点×2 | 100点 |

| | 1 | 2 | 3 | 4 | 5 | 6 | 計 |
|---|---|---|---|---|---|---|---|
| 理科 | (1), (8) 各1点×2<br>他 各2点×8<br>((6)完答) | C (2) 1点<br>他 各2点×16<br>(A(1)完答) | (1) 3点<br>(2)⑤·⑥·⑦<br>各2点×3<br>他 各1点×4 | (1) 各2点×2<br>他 各3点×3<br>((2)②完答) | (2)① 3点<br>他 各2点×4<br>((2)②完答) | 各3点×4 | 100点 |

| | 1 | 2 | 3 | 4 | 5 | 6 | 7 | 計 |
|---|---|---|---|---|---|---|---|---|
| 社会 | (2)② 5点<br>(5) 各2点×2<br>他 各1点×5 | (4) 5点<br>他 各2点×5 | (3)③ 4点<br>他 各2点×6<br>((1)完答) | (5) 3点<br>(6) 4点<br>他 各2点×4 | (2), (5)<br>各4点×2<br>他 各2点×3 | (3) 3点<br>他 各2点×5<br>((5)完答) | (1) 1点<br>(4), (5)②<br>各3点×2<br>他 各2点×3 | 100点 |

| | 一 | 二 | 三 | 四 | 五 | 六 | 計 |
|---|---|---|---|---|---|---|---|
| 国語 | (一) 各2点×4<br>(四) 7点<br>(五) 12点<br>他 各4点×2 | (三) 7点<br>(四) 各5点×2<br>他 各3点×2 | (三)② 4点<br>他 各3点×3 | (三) 4点<br>他 各3点×2 | 各2点×5 | (一) 3点<br>(二) 6点 | 100点 |

〈リスニング問題の音声について〉

本問題集掲載のリスニング問題の音声は、弊社ホームページでデータ配信しております。

現在お聞きいただけるのは「2024年度受験用」に対応した音声で、2024年3月末日までダウンロード可能です。弊社ホームページにアクセスの上、ご利用ください。

※本問題集を中古品として購入された場合など、配信期間の終了によりお聞きいただけない年度がございますのでご了承ください。

**群馬県公立高校　2024年度**

ISBN978-4-8141-2852-5

発行所　東京学参株式会社

〒153-0043　東京都目黒区東山2-6-4

URL　https://www.gakusan.co.jp

編集部　E-mail　hensyu@gakusan.co.jp

※本書の編集責任はすべて弊社にあります。内容に関するお問い合わせ等は、編集部まで、メールにてお願い致します。なお、回答にはしばらくお時間をいただく場合がございます。何卒ご了承くださいませ。

営業部　TEL　03 (3794) 3154

FAX　03 (3794) 3164

E-mail　shoten@gakusan.co.jp

※ご注文・出版予定のお問い合わせ等は営業部までお願い致します。



2023年6月15日　初版